Sous le signe des étoiles

Les relations astrologiques mère-enfants

DU MÊME AUTEUR

Étoile-moi (signe par signe, comment les séduire), Calmann-Lévy, 1987.

Aline Apostolska

Sous le signe des étoiles

Les relations astrologiques mère-enfants

BALLAND

33, rue Saint-André-des-Arts, 75006 Paris

A ceux dont le regard nous fait mère...

Préface

Il n'y a rien de plus difficile, en astrologie, que de « faire simple ». Cela exige une vertu rare qui tient tout entière à l'esprit de synthèse. Il faut opérer, en permanence, une confrontation avec le symbolisme essentiel d'un signe et le symbolisme essentiel d'un autre. Opération chimique, ou alchimique, comme on voudra, qui fera que cette combinaison-là (mère Cancer, enfant Taureau, par exemple) sera naturellement harmonieuse ou qu'une autre (mère Scorpion, enfant Verseau) sera plus problématique. Dans un cas la « mayonnaise » prend aisément, dans un autre, le précipité risque de dégager des vapeurs plus surprenantes.

Pour réussir ce genre d'ouvrage, il faut avoir beaucoup lu, intégré cette connaissance symbolique et psychologique, posséder d'instinct ce langage poétique qui a nom astrologie.

Le discours coule alors avec aisance et touche le lecteur – ou la lectrice, en l'occurrence – en qui résonnera l'écho de quelque subtile évidence : « Oui, c'est bien ainsi que réagissait ma mère » ou « Je me reconnais bien là, couvant trop mon enfant ou ayant du mal à communiquer avec lui ou bien encore, discrètement culpabilisante... » Occasion étant alors donnée de faire d'utiles prises de conscience pour améliorer cette relation mère-enfant.

Aline Apostolska écrit avec charme, gentillesse, et ses réserves, ses critiques, ne sont jamais mordantes ni agressives. Elle a raison. Car nous savons bien, nous autres pauvres mères que, comme le disait Sigmund Freud, quoi qu'on fasse, ce sera toujours mal. Alors, crier haro sur le baudet, accabler encore davantage ces mères qui, somme toute, font ce qu'elles peuvent – avec bonne volonté, ne leur serait d'aucun secours, même si parfois la tentation est grande de forcer le trait, d'épingler les faiblesses des uns et de se gausser des autres, pour nous amuser un peu, parce que l'humour est un remède précieux. Chez Aline Apostolska, cet humour n'est jamais grinçant, ne fait jamais mal.

Mères de famille, vous pouvez ouvrir ce livre sans crainte. Il ne vous exposera pas aux remords torturants, aux regrets, aux « Si j'avais su... »

Le destin, parfois, nous envoie des enfants conformes à nos désirs... et à nos compétences. Parfois, il y a le vilain petit canard, pas si vilain que ça et qui se transformera sûrement en cygne mais auquel nous ne comprenons pas grand-chose ou qui, tout simplement, ne marche pas au même rythme que nous.

Alors, dans ce cas de figure, la connaissance de la structure astrologique de l'enfant – même si l'approche est fatalement réductrice – constituera une aide appréciable.

J. de Gravelaine

Note de l'auteur

Enceinte ou déjà maman, on lit une multitude de livres de psychologie pour tenter de mieux comprendre « l'étranger qui débarque » et lui faire le meilleur accueil. Sur ce plan l'astrologie a bien des conseils à donner d'autant que la grille symbolique sur laquelle elle s'appuie rejoint la caractérologie mise en place par la psychologie infantile moderne. Dans tous les livres de puériculture, on retrouve décrites les étapes du développement du nourrisson et la manière de les respecter au mieux. Là où la psychologie dit « âge néo-natal » pour la période de 0 à 1 mois, l'astrologie dit « âge lunaire », là où le bébé prend conscience de son environnement extérieur et donc de son père, entre 7 et 12 mois, l'astrologie dit « âge solaire » mais ces différences de langage témoignent bien de la même réalité. C'est un code que l'on a voulu ici débarrasser de son aspect ésotérique en le traduisant en langage clair, pratique et applicable au quotidien. L'idée de base est que derrière un signe, il y a une structure précise de l'inconscient et qu'il y a a fortiori des choses à dire sur les transmissions qui se font entre une maman et son enfant. Dans la vie de tous les jours, cela produit du meilleur et du pire, autant le savoir à l'avance.

On pourra reprocher une certaine dureté de langage, un refus de complaisance dans ce qui est dit, mais il ne faut pas y voir un désir de « charger » les mères de toutes les culpabilités. Le meilleur et le pire sont produits à deux, suivant les caractéristiques de chacun. Une maman avertie en vaut deux, il n'y a là aucune idée culpabilisante, au contraire. Dans tous les livres de psychologie, c'est forcément le parent qui doit se transformer quitte à gommer sa personnalité derrière le devoir qu'il a choisi, comme si le parent ne faisait que ce qui lui plaît et avait obligatoirement faux deux fois sur trois, poussant directement son enfant sur un divan. Cet ouvrage propose une vision différente selon laquelle les mêmes choses ne conviennent pas à toutes les mamans, à tous les enfants ni aux mêmes âges. Il n'est pas pour autant rassurant ou déterministe, même si l'horoscope donne généralement cette idée erronée de l'astrologie. Face à une structure précise, il ne s'agit surtout pas de se dire « Ah voilà comment les choses se passeront » mais bien « Ah voilà les éléments et maintenant qu'est-ce que j'en fais? » L'enfant qui arrive n'est jamais celui que l'on a imaginé, et heureusement pour lui! Est-ce une raison pour en faire un autre, le plier à son idéal ou se métamorphoser soi-même? L'essentiel finalement, avant de plonger dans ces pages, est de dire que c'est un – gros – livre de désir. Désir originel d'être mère, désir existentiel d'un enfant, désir de s'aimer l'un l'autre, chacun à sa manière, entre les devoirs, les obligations, les impossibles et les paroxysmes, et le père comme chef d'orchestre.

A.A.

Les Cycles de la vie *

De 0 à 1 mois : cycle lunaire

Il parle de la période fœtale puis de l'enfant jusqu'au 28e jour de sa vie. Durant cette période, il fait toujours corps avec son environnement devant lequel il reste totalement démuni et sans possibilité interactive. Sa vie consiste à recevoir tout ce dont il a besoin pour satisfaire ses besoins élémentaires.

De 1 à 3 mois : cycle mercurien

Ici s'effectue le passage de la seule satisfaction des besoins naturels élémentaires à la différenciation des éléments disparates de son environnement. Il est ouvert à toutes les nouveautés, au changement, au jeu. C'est ici que s'amorce sa relation au monde. Il se découvre et découvre les autres. Son rapport de confiance ou de méfiance vis-à-vis de l'extérieur se construit pendant ces trois premiers mois.

De 3 à 7 mois : cycle vénusien

Bébé s'assoit pour mieux reconnaître et sélectionner l'environnement suivant ses critères personnels des goûts, des formes, des couleurs, des sons. C'est la période des premières dents et aussi celle de l'arrivée des aliments solides.

L'émotion et la sensibilité se développent, bébé aime ou n'aime pas, sourit ou se fâche, gazouille ou grogne, se met à adorer Mozart ou le Top 50 et décide que le jus de carottes ne lui

* D'après *La théorie des âges* de Jean-Pierre Nicola.

convient pas... Il découvre aussi le temps, le prend avec plus ou moins de patience, de quiétude ou d'inquiétude.

De 7 à 12 mois : cycle solaire

Bébé perd sa place de « centre du monde » et devient une personne parmi d'autres. Il découvre qu'il faut se plier à certaines exigences et développe alors ses stratagèmes personnels pour aller dans leur sens ou bien continuer à n'en faire qu'à sa tête. Il dégage là les premières caractéristiques de son identité sociale, en conformité ou en réaction à son contexte socioculturel. Il découvre la discipline et l'ordre avec plus ou moins de perméabilité, accepte ou rechigne devant les lois du groupe. « Miroir, gentil miroir, aide-moi à me voir en toi! », son papa devient une figure de plus en plus importante et il veut marcher et parler suivant son envie de participer à ce monde-là.

De 1 à 2 ans : cycle de Mars

Bébé fait des bêtises. Son indépendance motrice lui permet enfin d'aller aux choses, de s'en saisir, de les manipuler et surtout, de les casser. Il s'affirme dans l'opposition, semble ne craindre ni les bosses ni les réactions de ses parents. C'est une période physique, concrète et active qui témoigne de sa curiosité et de son rapport d'appréhension au monde. Par périodes de un an et jusqu'à l'âge de 6 ans, il affirmera son entrée « chez les grands » en s'y conformant puis en s'y opposant tour à tour.

De 2 à 12 ans : cycle jupitérien

La maîtrise grandissante du langage lui fait découvrir la vie à plusieurs, d'abord dans sa famille puis à l'école. Il n'est pas seul au monde et il apprend qu'il peut développer le sien sur tous les plans. La socialisation se met en place avec sa part d'intégration et de fuite, d'éloquence ou d'observation, de conformisme ou d'originalité, d'opportunisme ou de solidarité. Ce cycle se scinde en 2 : de 2 à 6, de 6 à 12.

Il arrive au seuil de l'adolescence.

De 12 à 30 ans : cycle saturnien

Pendant le cycle saturnien on entre d'abord dans l'adolescence qui voit se répéter, à partir de 12 ans, dans un ordre qui n'est forcément pas celui du vécu, les phases énumérées précédemment.

Ce glissement de l'enfance à l'adolescence puis de l'adolescence à l'âge adulte se fait durant cette période de 12 à 30 ans, bien sûr différemment pour chacun de nous. L'âge adulte arrive avec l'émergence de la personnalité saturnienne caractérisée par le fait de donner à sa vie un sens choisi et non plus subi. Dans l'idéal, elle conduit à la distanciation et à la réflexion et dans l'échec, elle pousse au renoncement, à la solitude et à l'insatisfaction chroniques.

Vers 30 ans débute le cycle uranien, celui de l'adulte-type, qui culmine à son apogée vers 42 ans. Cette apogée est caractérisée par un summum d'indépendance mais aussi par le début du déclin du sensoriel.

Connaître ses cycles est important à deux niveaux

Suivant son signe solaire, l'enfant vit chacun des cycles différemment.

Suivant leur signe solaire, les parents ont un impact différent au cours de l'un ou de l'autre des cycles.

Ils permettent ici la lecture des graphiques.

BÉLIER

Être mère selon la femme Bélier

La maternité ne vous a jamais empêchée de dormir car vous n'avez jamais voulu vous inscrire dans la société comme mère, ni même comme épouse. Vos valeurs sont celles des hommes : courage, dynamisme, performance, compétitivité et votre intérêt premier va à un long parcours de golf plutôt qu'à un après-midi de pouponnage. Cependant dans votre piste sans embûches, il arrive parfois des « accidents » aussi voulus et programmés soient-ils. Finalement, vous regorgez de tendresse et d'affectivité, même menées à un rythme trépidant, alors à qui les donner sinon à un enfant? Qu'il soit de « votre ventre » ou pas vous préoccupe d'ailleurs moins que d'autres femmes. La grossesse n'est pas la période qui vous convient le mieux tant vous exécrez être ainsi épuisée et molle, lourde et tellement moins aventureuse qu'à l'ordinaire, sans parler des séances de relaxation, recommandées pendant les cours d'accouchement, qui vous font hurler de rire plutôt que de vous calmer! Vous vous occupez moins de layette que des modalités d'admission dans les grandes écoles ou dans les clubs de sports juvéniles, vous vous sentez plus investie d'une mission d'incitation que d'une mission de protection douce.

Alors puisque la maternité semble ne rien vous apporter, que vous procure-t-elle? Je dirais : tout! – ou en d'autres termes, l'ébahissement – car il n'y a sans doute pas de maman plus étonnée que vous, qui n'imaginiez tellement pas qu'un tel état puisse exister. Contrairement à d'autres qui vivent la maternité le plus naturellement du monde, comme quelque chose d'inscrit dans leur désir conscient, pour vous qui n'y pensiez jamais, un bébé est véritablement la huitième merveille du monde en même temps qu'un miracle presque surnaturel...

Vous êtez désarmée, vous qui passiez votre temps à mesurer l'efficacité de votre force physique et psychique, ahurie de voir que même dans votre organisation hyperminutée il y a de la place pour un tempo très différent, fragilisée car vous voilà contrainte de penser à demain, après-demain et plus loin encore et du coup, vous regardez le responsable de cette métamorphose avec un œil encore plus pétillant car il a réussi à vous prendre au piège de ce qui demeure la féminité... quoi que vous en disiez!

Ce que maman Bélier attend de sa fille

Envisageant la vie comme une bataille qu'il faut mener avec le maximum de compétence de bout en bout, vous êtes bien reconnaissante à la société de vous avoir débarrassée des carcans qui vous empêchaient de marcher sur les plates-bandes interdites de vos conjoints et confrères. C'est dire que vous n'imaginez pas que votre fille ne perpétue pas le combat, c'est-à-dire qu'elle abdique alors que tant de bastions restent à renverser, qu'elle veuille « rentrer à la maison » alors que vous êtes faite pour vivre dehors, qu'elle minaude et reste passive alors qu'il s'agit de faire le premier pas pour ne pas être importunée par des indésirables, qu'elle prenne des cours de cuisine au lieu de foncer à l'auto-école ou pire, qu'elle thésaurise en gardant l'œil rivé sur sa calculette alors qu'il n'y a pour vous de plaisir qu'à dépenser pour avoir une bonne raison de remplir à nouveau les caisses. Si d'ailleurs elle le fait pour flamber autour d'une table de casino ou pour partir à l'autre bout du monde, vous la soutenez. Si elle laisse des fortunes en soins esthétiques et en maquillage, vous ne la reconnaissez plus, bientôt vous la prendrez pour une lâcheuse, pour une qui préfère se soumettre plutôt que d'exister car votre fille, selon vous, ne peut exister que comme une femme pleine d'entrain, d'énergie, de peps et d'audace, un peu exotique et cavalière mais tellement indépendante.

Ce que maman Bélier attend de son fils

« Avoir un petit garçon c'est bien plus rassurant et bien plus marrant parce que beaucoup plus trépidant! » Je vous y prends à vous chantonner ces mots en douce, mais il est vrai qu'en voyant arriver un fils vous vous sentez d'emblée plus en concordance, d'esprit et de cœur. Vous allez pouvoir vous laisser aller à partager vos fortes émotivités, vos fous rires, vos impatiences, voire vos confidences sur les filles, pourvu qu'il vous suive à la lettre, sinon à l'autorité, et vous serez bien heureuse d'être un « grand frère » tout à fait à la hauteur des quatre cents coups qu'il ne peut qu'être désireux de faire. Votre fils sera intrépide, énergique, fort en gueule et faible en discipline, premier en maths mais surtout en décathlon avec ses muscles saillants, sa poitrine bien bâtie, ses hanches fines et puissantes. Enfin un Hercule parfait qui n'aurait de talon d'Achille que le respect qu'il doit à votre propre enthousiasme inépuisable. Ce sera un battant, évidemment, qui aura l'esprit aussi droit, juste et vif que le vôtre... ou que son père puisque l'homme qui est encore à vos côtés ne peut être, à ses yeux comme aux vôtres, que digne de toutes les admirations. Si en plus de se lever à l'aube pour remporter un match de tennis, il n'hésite pas à donner une partie de l'argent que son statut de chef d'entreprise lui fait largement gagner, pour une œuvre humanitaire, alors là, vraiment, vous serez comblée!

Maman Bélier-fille Bélier

Le meilleur de la relation

Cela se passe comme si deux moteurs exactement identiques, puisque vos rythmes intérieurs et extérieurs concordent, tournaient en même temps au maximum de leur rendement. Votre entente est celle de la surenchère, de l'entraînement mutuel, du soutien implicite qui fait de votre couple mère-fille un bloc dont la complicité affichée et quotidiennement réaffirmée constitue un rempart infaillible contre toutes les remises en question de l'extérieur. Maman Bélier est le chevalier Bayard de sa propre fille qui attend de grandir pour jouer à son tour ce rôle de protection rapprochée. A vous deux, vous épuisez tout le monde mais vos batteries intimes semblent au contraire se recharger à chaque défi remporté. Vous vous entendez toujours pour trouver tout le monde plus faible, plus lâche, plus mièvre et plus banal que vous et que ce soit pour disputer une partie de tennis, décider un voyage surprise, préférer les salades sur le pouce aux longs repas dominicaux, bousculer la maisonnée parce que tout va toujours trop lentement, tomber d'accord sur le port du pantalon de préférence à celui de la robe à volants et sur l'impossibilité d'être autrement que libre, indépendante sans homme-boulet au pied, vous vous retrouvez pour vivre à cent à l'heure et n'en faire qu'à votre tête, mais aussi pour vous plaindre mutuellement de la faiblesse des mâles et vous en consoler dans de langoureux romans qui, grâce aux Superwomen que vous êtes toutes deux, connaissent le destin de bestseller internationaux. En tous les cas, vous ne vous ennuyez jamais ensemble et la petite enfance ainsi que les rapports femme-femme sont sans doute des plus passionnants.

Le pire de la relation

Dans ce cas de figure, la petite Bélier trouvera chez sa maman ce qu'elle attendait de préférence chez son papa... et qui est aussi ce que la maman attendait de son propre père, bref, l'idéal masculin de ces deux femmes, s'il ne trouve à s'ancrer à l'extérieur, se fera dans un double jeu de miroirs dans le couple mère-fille. Or comme la nature même du Bélier, son moteur vital, est l'opposition, le duel, le jeu de ping-pong, le pire de la relation est ni plus ni moins l'incessante agressivité qui se transforme en exagération de sévérité de la part de maman Bélier, en exagération de désobéissance de la part de fille Bélier.

Cris et emportements peuvent facilement être le lot quotidien, et cela très rapidement, dès que la fille Bélier marche, casse, découvre le summum d'agressivité arrivant avec l'adolescence. Ces « féminités viriles » ne sont jamais évidentes à vivre : maman Bélier n'est souvent prête à aucun compromis avec sa fille Bélier justement parce qu'elle est une fille. Fille Bélier voudrait au fond d'elle que tant d'autorité ne vienne pas de sa mère mais de son père. Peut-on carrément parler de concurrence, non pas de féminité mais presque de virilité, c'est de toutes les façons une combinaison où l'on perdrait facilement son Œdipe.

Le conseil

Déplacer la relation vers l'extérieur. Un troisième larron doit obligatoirement jouer son rôle de soupape dans cette rencontre consanguine. Il est bon que l'agressivité et la surenchère se fasse sur le dos d'un autre pour que la relation entre maman et fille Bélier prenne les couleurs du meilleur et non du pire. Évidemment, on souhaitera aussi à ce larron d'être assez fort, ou suffisamment indifférent, pour ne pas devenir le dindon de la farce... Pères et frères, face à ce couple de mère-fille-là, à vos gardes!

Maman Bélier-fils Bélier

Le meilleur de la relation

Le ravissement dans lequel plonge maman Bélier à l'annonce d'un petit garçon se traduira soit par des larmes de joie, soit par une vitalité redoublée et en tout cas par une indulgence immédiate, et bien surprenante, pour tous les agissements de ce Tarzan en herbe. Il suit son rythme à la lettre puis en grandissant impose le sien que maman Bélier se dépêche de rattraper. Les défis, les tournois sportifs, les grandes internationales et les soirées entre copains, voilà autant de passions communes que maman Bélier se plaît à vivre avec son fils. Pour lui elle est très stimulante, représentant dans l'inconscient de ce petit homme la barre, sociale et affective, à sauter et il a l'énergie et les biceps nécessaires et suffisants pour franchir cet obstacle. On envisage donc une relation des plus impétueuses où domine la joie de vivre, les francs éclats de rire, la justesse de ton et la sincérité autant dans les soutiens mutuels que dans les violentes discordes. Mais même les nuages passagers les unissent car ils fonctionnent de la même façon : on vide son sac et on oublie, les ressassements, les rancœurs, les méandres compliqués de la psychologie humaine n'étant décidément pas leur fort. Fils Bélier est reconnaissant à sa maman de faire à ce point confiance à sa virilité, maman Bélier est rassurée de sentir les effets de ses stimulations immédiatement mis en actes. Dans cette rencontre astrale, rien ne traîne ni ne lasse, à deux ils épuisent toute une armée et ce n'est pas la moindre des complicités qui les fait franchement rire!

Le pire de la relation

Évidemment cette maman-là est bien dynamique et dynamisante, évidemment elle comprend son casse-cou de fils et se révèle en toute occasion son meilleur supporter mais enfin, pour fils Bélier entre tous préoccupé par l'expression de sa virilité, une telle maman est un peu... encombrante. Car enfin, le garçon c'est lui alors ne pourrait-elle pas avoir un comportement plus féminin, plus simple et ne s'occuper que des domaines qui ne le concernent pas directement? Il envie les mamans calmes et douces de ses copains quand il ne se met pas à fantasmer sur elles dès l'adolescence, pendant laquelle il est pour lui vital de s'opposer très vivement à sa mère. Maman Bélier marche facilement, trop naturellement dirons-nous, sur ses plates-bandes et sur celles de son père et il le vit mal dès qu'il en prend conscience, c'est-à-dire dès qu'il a besoin d'elle comme d'un coussin amortisseur et non comme d'un copain de jeu, ce changement arrivant avec l'entrée à l'école. Jaloux et possessif, il est à parier que son besoin de prise d'indépendance se fera en passant par quelques crises de rejet d'autant plus spectaculaires que maman Bélier ne les comprend pas bien, jugeant sa relation à son fils très épanouissante et se révélant même prête à tout pour ne pas perdre ce « jumeau compagnon de quatre cents coups ». A trop se ressembler, maman Bélier pourrait « noyer » son fils Bélier, ou du moins le mettre à l'ombre mais, heureusement, celui-ci est loin de l'entendre de cette oreille...

Le conseil

Bien sûr, petit il a répondu à toutes les demandes, toutes les offres, tous les jeux et nouveautés présentés par sa maman, il a toujours suivi le rythme et s'en est évidemment bien porté. L'harmonie entre maman Bélier et son fils Bélier ont été manifestes pour tout le monde. Mais petit Bélier qui devient grand est foncièrement fait pour vivre au pays des messieurs et il lui est inadmissible d'y retrouver sa maman. Sinon à quoi servirait-il bon sang?... Le conseil adressé à maman Bélier est de savoir se retirer à temps et sans dommages...

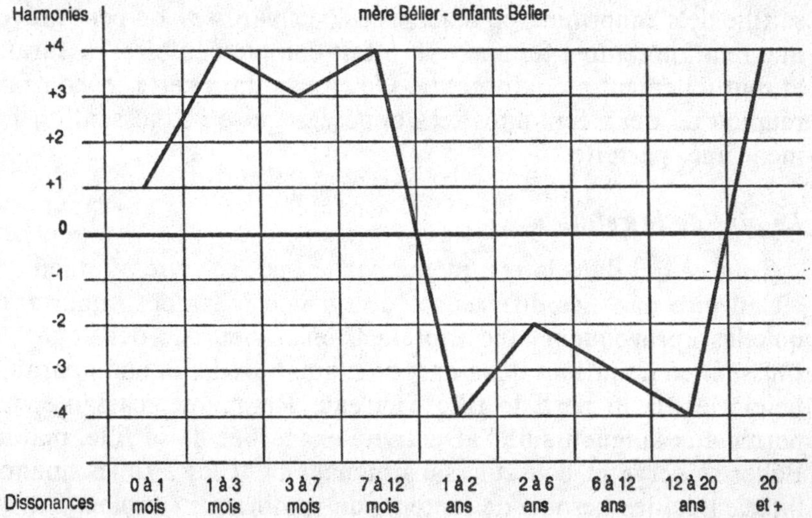

Maman Bélier-fille Taureau

Le meilleur de la relation

Fille Taureau cherche l'aspect le plus tendre, le plus doux, le plus caressant de la vie et à son contact si sensuel et si gourmand, même la trépidante maman Bélier trouve douceur et se prend à aimer savourer les plaisirs de la vie simple. Au début, évidemment, maman Bélier n'en finit pas de s'étonner de ce « p'tit bout » de calme serein, téteur, dormeur, tranquille et ce contact, jusqu'au moment où cette petite fille commence à montrer et exprimer le caractère dont elle est très loin de manquer, elle trouve certainement équilibre, stabilisation, recentrage autour du quotidien qu'elle pourrait facilement mépriser. Il n'est pas question de faire rater un repas à cette fille-là, de la priver des câlins qu'elle réclame, le refuser chansons, bains, câlins que sa vénusté requiert et d'être obligée d'en donner fait découvrir à maman Bélier des voluptés qu'elle ignorait pouvoir apprécier à ce point. Par la suite, c'est fille Taureau qui prendra en charge tous les aspects matériels et concrets du foyer, en parfaite future maîtresse de maison, étalant au nez de sa maman ses goûts esthétiques, ses minauderies de coquette, son bon sens terrien et son goût pour ce qui est fait lentement, sûrement, efficacement. Maman Bélier, déchargée de cet aspect qui lui pèse, appréciera ses qualités et l'appellera tendrement « ma chatte persane »... Comme pour sa part, elle saura apporter à sa fille la stimulation et le dynamisme qui empêcheront sa fille de s'endormir trop dans ses suaves paresses, on peut prévoir une relation femme-femme tout à fait complémentaire, rassurante et mutuellement rééquilibrante. On trouve dans cette rencontre la réunion de deux féminités très opposées qui en s'unissant en forment une, parfaite.

Le pire de la relation

Tout ce qui dans la complémentarité peut se vivre au mieux, se vit au pire dans les différences de rythme tellement importantes qu'elles provoquent incompréhensions, heurts, décalages et finissent en irritations de la part de maman Bélier et en imparables bouderies de la part de fille Taureau. Remuante, cassante, peu portée aux langueurs de l'affectivité exacerbée de sa fille, maman Bélier s'énerve et bouscule sans ménagement les infinies nuances intérieures, les besoins de lenteur, de ruminement prolongé avant l'action et l'expression de sa fille tellement sensible et impressionnable. Le pire pourrait effectivement être qu'à sans cesse chercher à la faire réagir à coups de ruades expéditives, maman Bélier fasse sortir sa fille de ses gonds et parvienne même à la blesser en profondeur car toute autre manifestation que la douceur et la tendresse est immédiatement prise par fille Taureau pour un manque d'amour. Or une fille Taureau qui manque d'amour est, littéralement, une fleur privée de sève. Face à une autorité faite d'agacement et de critique, fille Taureau se ferme, se cabre, ronge son frein et couve en silence ses rancunes car c'est là sa façon de se protéger contre les carences affectives qui mettent à mal son émotivité et sa grande sentimentalité. Les crises d'angoisse qui s'ensuivent sont la source possible de mille refoulements qui, si elle « n'explose » pas ou ne trouve pas un lieu extérieur pour manifester ses douleurs, nourriront chez elle une tendance à l'inhibition des plus néfastes à l'épanouissement de sa féminité. Priver Vénus de sa féminité et donc entraver la séduction qui la fait exister, quel drame! Toute mésintelligence sur ce point à l'âge si délicat de l'éveil de la sensualité de fille Taureau pourrait facilement en faire une « avide d'amour », une boulimique vengeresse ou une timide jalouse. Bref, tout le contraire de ce qu'elle est!

Le conseil

C'est ici presque une supplique adressée à la maman Bélier qui a le devoir maternel de comprendre que sa fille Taureau n'a pas le même esprit vindicatif et le même dynamisme au premier degré qu'elle mais qu'elle n'en regorge pas moins de richesses et de possibilités qu'elle exploitera dans son bon droit, même si sa vie de femme, et surtout sa séduction particulière, ne sont pas celles de sa maman. Il s'agit donc pour elle de prendre sur elle pour ne pas exagérer son irritation et apporter gentillesse, complaisance, attention et faire les pas d'amour tendre que sa fille lui demande, sans voix, du bout de ses cils papillonnants dont la coquetterie est certes un jeu... mais un jeu vital.

Maman Bélier-fils Taureau

Le meilleur de la relation

Le meilleur n'arrivera dans cette rencontre astrologique qu'une fois comprises et acceptées les divergences respectives car, jusqu'au moment où fils Taureau pourra enfin se faire reconnaître comme un homme à part entière par sa mère Bélier, il est fort à craindre que petit garçon il n'en finisse pas de subir les conséquences de leurs rythmes absolument antinomiques. Les caractères une fois bâtis, c'est-à-dire à l'âge adulte, maman Bélier et fils Taureau découvriront leur complémentarité avec bonheur et quiétude. Il est affectif, posé, stable, concret et constructif et il saura débroussailler les labyrinthes complexes de l'inconscient de sa maman Bélier, ou du moins elle sera rassurée de le voir lui simplifier la vie matérielle et ne pas se noyer dans un verre d'eau. Quant à lui, il la remerciera tacitement de savoir toujours le secouer, le stimuler, mettre le feu à ses poudres et le pousser avec tant de confiance pour qu'il ait l'envie de mener les choses à terme et recueillir les suffrages sociaux ou amoureux qu'il n'ose revendiquer. A eux deux, les entreprises les plus ardues trouvent un dénouement positif et l'attirance physique, affective et amicale qui les rapproche, presque malgré eux, constitue le terreau d'une relation réconfortante et durable.

Le pire de la relation

Bébé Taureau a besoin de douceur, de calme, de tendresse, de câlins et encore de douceur, de câlins, etc. Il attend posément les gros poutoux que sa maman doit lui donner en vrac en le serrant fort dans ses bras et s'ils ne viennent pas avec la fréquence, l'intensité et l'impartialité qu'il espère, ses grands yeux tendres se voileront mais il n'en saura pas moins pour autant réclamer ou se mettre en colère contre sa maman. Il l'aime quoi qu'il arrive et il attend, toute sa sensibilité et toute sa sentimentalité dehors. Le problème important qui risque d'arriver avec maman Bélier, c'est que fils Taureau a toutes les chances d'attendre longtemps, sinon en vain. Pudique, silencieux, obéissant, il ruminera dans sa tête et dans son cœur et la frustration affective qui s'installera ainsi peut facilement laisser de profondes entailles d'angoisse et le goût amer de la certitude d'être mal aimé.

Maman Bélier n'a jamais le temps et elle accuse sans cesse son petit garçon de sensiblerie, lui faisant bien entendre qu'elle attend autre chose d'un homme. Rester à quatre pattes à faire « areu areu », à d'autres, les activités extérieures sont toujours pour elle bien plus intéressantes. L'exaspération et l'irritation s'installent, grandissantes avec le temps. Fils Taureau devient maussade, triste, mélancolique, maman Bélier redouble les défis pour comprendre ce qui ne va pas entre eux et les malentendus deviennent douloureux pour tous. Finalement, comme elle l'agace et lui offre systématiquement des robots quand il veut de la terre glaise, lui achète des blousons de cuir alors qu'il veut un caban de laine, klaxonne très fort quand elle vient le chercher à l'école alors qu'il aime avant tout la discrétion, tant pis, il se réfugie dans le silence et s'en va voir son papa qui le comprend bien mieux et ne le fait pas tant douter de lui. Il se peut bien que sa première grosse colère soit dirigée contre elle, une bonne manière de réagir contre toutes les bousculades qu'il aura subies dans son enfance. Beaux dommages car ils ont tant de choses à s'apporter...

Le conseil

Fils Taureau vit pour séduire, aimer et être aimé. Que maman Bélier fasse l'effort de le comprendre et ne le désespère pas systématiquement dans ses attentes, ou alors elle lui prépare un avenir bien douloureux avec les femmes. Prendre toutes les initiatives et ruer dans les brancards, c'est l'empêcher d'exprimer sa grande sentimentalité et d'assouvir ses besoins charnels primaires. On ne peut faire plus de mal à un garçon Taureau.

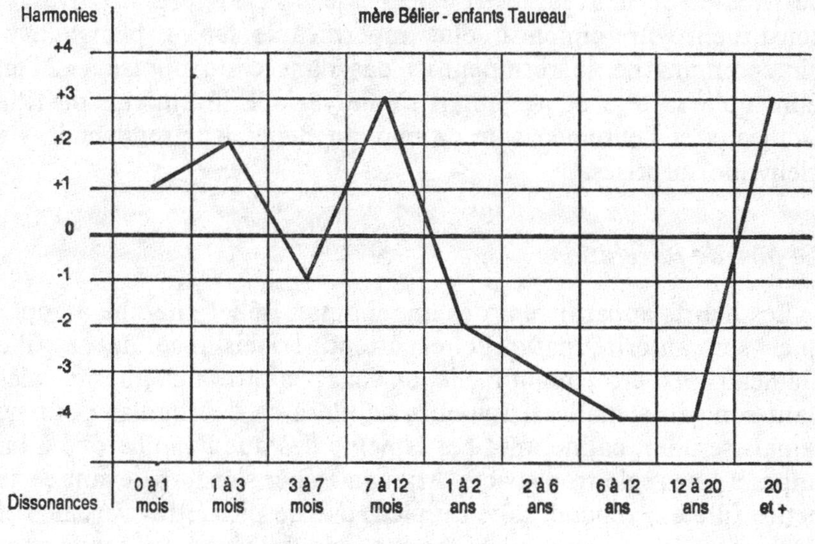

Maman Bélier-fille Gémeaux

Le meilleur de la relation

La relation qui existe entre vous est sans doute des plus amicales. Vous partagez au premier chef le goût des défis et même si celui-ci ne s'exerce pas dans les mêmes domaines, il constitue un moteur qui colore votre entente de dynamisme, d'audace, d'un optimisme et d'un humour de bon aloi puisque vous vivez toutes deux au même rythme primaire, impulsif. Maman Bélier est heureuse de trouver une fille qui ne réclame pas une présence continue et fait montre d'autant d'indépendance et d'initiative. Fille Gémeaux se réjouit des coups d'accélérateur que cette maman-là sait donner à la vie quotidienne, la colorant ainsi de l'originalité que sa tendance à la mythomanie requiert. Dès les premiers mois et jusqu'à l'adolescence, mais surtout dans leur relation d'adulte à adulte, maman Bélier et fille Gémeaux s'entendent comme larrons en foire, remplissant la maison de désordre mais aussi de copains, de rires et de nouveautés. La jeunesse, le parti pris de vivacité constituent votre ciment le plus imperméable car vos plans d'avenir communs ne se résument-ils pas dans cette phrase : « N'en faire qu'à sa tête et ne jamais s'ennuyer. » L'inventivité de fille Gémeaux et l'enthousiasme de maman Bélier leur rendent la vie pleine de surprises.

Le pire de la relation

Les heurts apparaissent dès que maman Bélier cherche à appliquer son autorité naturelle et attend l'obéissance de sa fille Gémeaux, experte, quant à elle, en échappatoires farfelues puisées dans son sac à malices, toujours habile à se débrouiller pour ne jamais se plier, câline, mutine, espiègle dès que l'on cherche à lui imposer une règle trop stricte. Maman Bélier s'énerve devant cette petite fille qui répond, tape du pied, use de pirouettes verbales et finalement lui échappe sans arrêt. L'adolescence est facilement remplie de frictions mémorables, le côté « pure et dure » de maman Bélier perdant pied face aux rires et jeux de l'effrontée qui est sa fille. Au fond vous ne vous pardonnez jamais vos défauts mutuels, même si cela ne vous empêche pas de dialoguer. La caractéristique de fille Gémeaux étant quand même son besoin de liberté, elle ne permet en outre jamais à sa maman Bélier de l'attaquer de front car elle manie l'art de l'esquive en experte. La seconde dissonance apparaît avec la tendance de fille Gémeaux à faire « n'importe quoi qu'importe comment pourvu que ça bouge », superficialité qui est dans son caractère mais qui choque le profond sens de l'efficacité et du juste sens des valeurs de maman Bélier, sans parler de la versatilité dont sa fille use et abuse et qui irrite au plus haut point sa droiture et son intégrité innées. Finalement maman Bélier se demande chaque jour sur quel pied elle doit danser pour s'adapter aux légèretés de sa fille et il n'est pour elle d'exercice plus périlleux. Quant à fille Gémeaux, elle se plaint sans cesse d'avoir une mère « barbante » qui ne comprend rien à la gratuité qui lui semble être la première panacée de la vie...

Le conseil

Ne pas se laisser déborder par les fluctuations de sa fille qui ne peuvent que malmener son sens de l'équité et de l'intégrité et lui donner de fameux maux de tête. Fille Gémeaux est ainsi, toute de jeux et de nuances qu'on ne peut résoudre par l'autorité ou l'appel au calme. Elle n'est pas pour autant mauvaise ou insincère, et il ne s'agit pas de rater l'amitié féminine qui vous liera sans doute lorsque vous ne serez plus fixées par des rapports d'éducation obligatoire. Décompressez!

Maman Bélier-fils Gémeaux

Le meilleur de la relation

C'est une relation très « primaire » où les rythmes cardiaques rejoignent les rythmes cérébraux pour le plaisir du jeu et le désir de prendre la vie sous son jour le plus immédiat sinon le plus superficiel. Maman Bélier ne se révèle jamais une maman pesante et cela sied bien au besoin de liberté de fils Gémeaux. Fils Gémeaux ne demande pas une prise en charge affective de tous les instants et trouve les incartades, les coups d'accélérateur et les excentricités de maman Bélier drôles et stimulants, ils se donnent mutuellement une foule d'excuses et se rejoignent pour amuser la galerie mais aussi pour tenir tête aux critiques à coup d'humour et de parti pris. Lorsque maman Bélier veut faire son autoritaire, fils Gémeaux ricane et finalement cela désamorce les irritations de cette maman qui aime tant parvenir à tout prendre à la légère, elle en est reconnaissante à son fils. Lorsque fils Gémeaux se perd dans mille impossibilités de choix et butine chaque nouveauté qui arrive sur son territoire sans jamais s'y attarder, maman Bélier tranche dans le vif et pointe de sa détermination l'ordre des étapes à poursuivre, fils Gémeaux trouve qu'elle lui simplifie la vie et la gratifie de son plus beau sourire espiègle. Tant qu'ils s'écartent de toute obéissance, de tout conventionnalisme et que maman Bélier, copiant de temps à autre les mamans qu'elle croise à la sortie des classes, ne se met pas en tête de devenir « sérieuse » en se forçant à rentrer dans la norme, tout va pour le mieux dans le meilleur des mondes, un peu enfantin mais tellement original, qu'ils construisent quotidiennement.

Le pire de la relation

Jusqu'à l'entrée à l'école, maman Bélier ne cherche en principe pas à appliquer des principes contraires à son caractère et aux besoins de son fils. Mais au-delà, elle pense souvent qu'elle doit se calmer et aider son fils à rentrer dans le rang. Les heurts commencent ainsi car fils Gémeaux n'attend surtout pas cela de sa mère Bélier et trouve tous les stratagèmes pour continuer à être le petit lutin rigolard qui « fait son intéressant » et phrase comme un grand. Autorité, remontrances, désir de domination, souhait d'obéissance, maman Bélier doit apprendre à éviter toutes ces manies si elle ne veut pas très vite se désespérer des insoumissions chroniques et caractéristiques de son fils Gémeaux, qui ne peut qu'augmenter et s'étendre à bien des domaines avec l'âge. Ensuite, si elle apprécie que la maison soit toujours pleine de petits copains et que l'on chante et rie dans tous les coins, elle se demande ce que son fils pense réellement derrière toutes ses mines réjouies. Fort reste à parier qu'elle ne le saura jamais, car lui-même change tout le temps d'avis et voilà bien ce qui désespère le besoin de certitude sentimentale et affective de cette maman que la versatilité de son fils rend, au détour et en particulier à l'adolescence pendant laquelle il joue volontairement de ses pirouettes, douloureuse, inquiète, irritée d'autant que dès qu'elle élève la voix, il se défile.

Le conseil

A trop traiter son fils comme un copain de jeux, maman Bélier finit par perdre les pédales de l'éducation qu'elle cherche pourtant, sa moralité le lui dicte, à donner. Il serait judicieux de poser les règles assez tôt (avant deux ans) et de s'y tenir (ce qui est encore le plus difficile pour maman Bélier) si elle ne veut pas voir son fils-dynamite lui échapper tout à fait, en lui faisant de coquins pieds de nez, même si elle ne peut vraiment s'empêcher d'en rire...

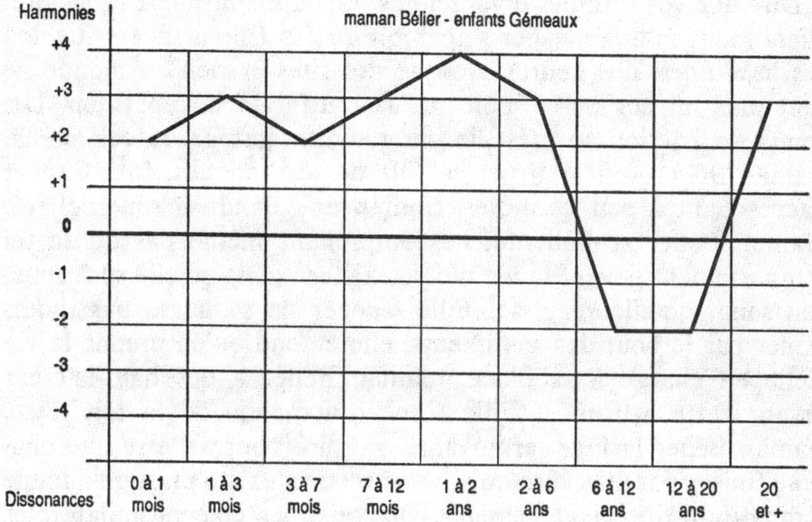

Maman Bélier-fille Cancer

Le meilleur de la relation

Il ne peut exister que dans la mesure où fille Cancer aime à se faire protéger, même durement et préfère obéir plutôt que d'avoir à sortir de ses rêveries. Puisque vous excellez dans le rôle de la protectrice de princesses au bois dormant que vous savez réveiller puis rassurer, aucun heurt n'existera entre vous. Ce n'est pas elle qui prendrait les armes pour combattre, alors devant tant de douceur et d'intériorité, même vous vous fondez... comme un morceau de sucre et fille Cancer adore le sucre... Vous la regardez, complètement médusée d'avoir mis au monde un être aussi totalement différent de vous... mais qui finalement vous fait un bien immense. Quant à elle, elle se demande encore si vous êtes vraiment sa maman ou son papa, qui de toute façon est bien plus câlin et doux que vous, mais cela lui permet de passer des nuits tranquilles; le foyer, la cellule familiale, ce qui constitue le plus important de son existence, sont entre de bonnes mains : vous pour la tôlerie extérieure et elle pour la décoration et la cuisine intérieure, que rêver de mieux?

Le pire de la relation

Dire que vos rythmes divergent est un euphémisme. Dès les premiers mois, maman Bélier s'aperçoit que sa fille Cancer vit selon des habitudes, des heures presque des rites et rien au monde ne peut plus lui hérisser le poil que la routine et la répétition. Les points de friction se présenteront toujours autour de cet axe-là, maman Bélier veut extirper sa fille de ses gangues, fille Cancer s'accrochant à son quotidien comme une moule à son rocher... Maman Bélier se lamente, ne comprenant même pas qu'un tel comportement devant la vie puisse exister : mais qu'elle se secoue, bon sang, qu'elle réagisse! Fille Cancer ne se laisse pas moins mener par le bout des sentiments, elle entend qu'on prenne la vie réelle en charge à sa place, maman Bélier a des haut-le-cœur devant cette attitude... Fille Cancer demande de la tendresse, maman Bélier la juge larmoyante. Le pire pourrait être que chacune finisse par être sûre qu'aucun amour n'existe puisque aucune compatibilité ne vient l'asseoir. Des cris, des colères unilatérales peuvent alors secouer maman Bélier (en vain) et ces débordements inspireront la terreur à sa fille Cancer qui s'enfermera dans le souvenir des jours passés où sa mère ne lui reprochait rien et la trouvait même attendrissante... Ce souvenir, si l'on n'y fait pas attention, s'appelle bientôt anorexie, névrose, carence affective, voire schizophrénie...

Le conseil

L'indulgence et la plus totale tolérance sont demandées ici à maman Bélier, car vraiment sa fille Cancer ne pourra pas conforter son narcissisme, si aucune ressemblance ne peut se faire. Et alors? La violence, l'attaque frontale la toucheront trop profondément et la laisseront blessée, boudeuse, rancunière, elle si susceptible et si impressionnable. Rien ne sert de la secouer, elle vit ailleurs, une fois pour toutes, maman Bélier doit comprendre que cette fille-là doit développer les capacités dont elle a besoin pour sa propre vie – et qu'elle le fera à son rythme, forcément lent...

Maman Bélier-fils Cancer

Le meilleur de la relation

Ce que cette maman et ce fils peuvent mutuellement s'apporter, une fois sortis de la petite enfance qui représente la période pendant laquelle fils Cancer est sans cesse en demande de la tendresse et de la douceur inaccessibles de sa maman Bélier, ressemble à un compromis quotidien basé sur un effort obligatoire : puisque tout les sépare naturellement, s'entendre oblige à s'appliquer à faire du bien à l'autre, par amour et respect de ses différences. Maman Bélier connaît les rêveries de son fils Cancer et reste prête à se servir du forceps pour l'attirer dans la réalité, à transformer ses aspirations en possibilités, à mettre l'idéal en œuvre et elle sait lui être sur ce plan non seulement utile mais vitale. Qu'elle porte la culotte et le secoue rassure finalement fils Cancer, du moment qu'elle ne le fait pas trop violemment et il sait pour sa part lui apporter l'évasion, la sollicitude, la douceur dont elle manque cruellement dans sa vie de Superwoman toujours battante. Finalement il l'attendrit, lui permet de souffler, la fait rire et lever les yeux vers les étoiles de temps à autre. Elle pose des cadres et des jalons tellement stricts qu'il a au moins la certitude de ne pas s'enliser dans les méandres de son riche subconscient, qui sans attaches concrètes devient facilement une prison étouffante car invivable dans la réalité. Au bout du compte, et même avec des rythmes antinomiques, ils découvrent, avec le temps, qu'ils ont besoin l'un de l'autre. Ouf, qui l'eût cru?

Le pire de la relation

Avant d'arriver à cette heureuse conclusion, et s'ils y parviennent jamais, maman Bélier et fils Cancer personnifient leurs contraires. Bébé, il semble totalement indifférent à tout stimuli extérieur, tout plongé qu'il est dans son rêve utérin et maman Bélier le tourne et le retourne de tous les côtés pour s'assurer qu'il est bien vivant... Cette caricature comportementale se reproduit sous plusieurs facettes au cours de l'enfance. Fils Cancer attend toujours que sa maman le prenne en charge le plus longtemps possible et fasse de lui le centre exclusif de son monde tout comme elle demeure, pour très longtemps, l'axe central du sien. Susceptible, possessif, gentil et prêt à tout pour recevoir ses regards, ses approbations et son admiration, il boude de longues heures si elle parle à quelqu'un d'autre (ne serait-ce qu'à son papa...) ou bien refuse tout net de s'alimenter ou de dormir. Autant d'expressions amoureuses qui désespèrent, exaspèrent, irritent au plus haut point cette maman qui n'attend qu'une chose : que son fils, un mâle tout de même!, devienne indépendant et débrouillard quitte à chercher à se débarrasser d'elle au plus vite. Les mésintelligences et les blessures foisonnent, fils Cancer est malheureux comme les pierres, maman Bélier culpabilise mais opte toujours pour l'absence. Comme il n'est pas du genre à formuler haut et clair ses reproches, il plonge dans l'apathie, la mélancolie ou, au mieux, trouve un substitut pour remplacer la manquante. C'est ainsi que maman Bélier risque fort de retrouver son fils Cancer sans cesse fourré dans les jupes de sa meilleure amie, quand il n'en reste qu'aux jupes... Le pire serait effectivement que, ne comprenant définitivement pas qu'elle doit changer de tactique, elle aille encore lui reprocher ses incestes, un comble!

Le conseil

Deux choses sont impératives à intégrer pour maman Bélier si elle ne veut pas faire de sa relation à son fils Cancer un drame insoluble : tout d'abord il a vitalement besoin de vivre retiré dans son univers intérieur dans lequel il puise son énergie et son goût pour la vie, le brusquer et le traiter de « planqué pantouflard » ne peut que sérieusement le perturber mais en aucun cas lui donner l'envie de sortir ainsi à découvert; ensuite, sa maturité future et le sens de l'indépendance qu'il acquerra dépendent des doses de protection qu'il aura reçues dans son enfance, ce n'est pas en voulant le faire grandir de force qu'elle le transformera en Rambo, au contraire, elle risque fort d'en faire ainsi un canard boiteux. Bref il lui faut admettre que la virilité peut avoir d'autres couleurs que celles qu'elle a rêvées pour lui...

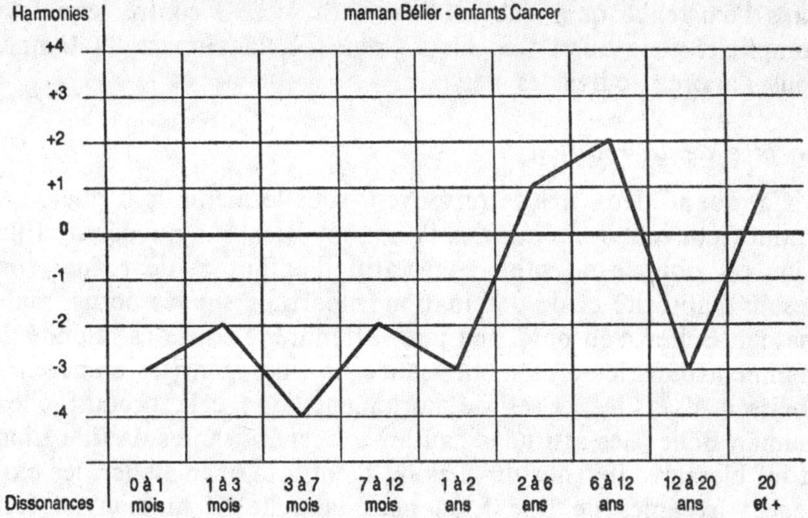

Maman Bélier-fille Lion

Le meilleur de la relation

S'il fallait refaire le monde, vos énergies conjuguées remplaceraient l'équipe Bouygues la plus compétente... Vous seriez évidemment toutes deux à la tête des travaux, supervisant et donnant les instructions, certainement pas les mains dans le ciment ou les yeux rivés sur les fils à plomb. On l'aura compris ici, votre vision du monde, et surtout la vision que vous avez de votre place dans le monde vous rapproche. Toutes deux femmes fortes, vous menez vos bateaux respectifs avec panache et maman Bélier se réjouit tous les jours de voir à quel point sa fille Lion n'est pas prête à se faire marcher sur le bout des pieds, même si pour cela elle doit écraser l'entourage jusqu'à la ceinture! Panache, brio, dynamisme, audace, autorité, libre entreprise, voilà les maîtres mots d'une entente qui n'a pas besoin de longues discussions pour s'asseoir, tout le monde voit bien que vous êtes de la même famille, non seulement de nom, mais d'esprit... Depuis le berceau jusqu'aux salles de fac en passant par la maternelle, le cours préparatoire mais aussi par les salles de sport où maman Bélier commence par emmener sa fille et finit avec le temps par la suivre, les rendez-vous entre copains et les magasins que vous dévastez en riant, bref toute une complicité de femmes décidées à ne pas se morfondre dans l'existence quel que soit l'avis du père... contre lequel la complicité joue aussi très bien... puisque, la plupart du temps, vous l'adorez toutes les deux...

Le pire de la relation

Ça, quand deux rois se retrouvent sous le même toit, quelques drames couvent forcément à l'horizon! Bien sûr au début, fille Lion est obligée de subir son statut d'enfant et de rogner son besoin d'autorité et de domination impartiale sur les bords, mais maman Bélier n'en perd rien pour attendre. Le pire est alors évidemment dans le refus d'obéissance de fille Lion (les empereurs obéissent-ils?), les crises de hurlements que cela produit chez maman Bélier, les attitudes hautaines et méprisantes de fille Lion et les blessures injustes qu'elles infligent à maman Bélier, les exigences aveugles de fille Lion pour laquelle sa maman ne fait « jamais assez » et les doutes mélancoliques qui déstabilisent le psychisme fragile de maman Bélier, tous ces rapports de force qui terrorisent maman Bélier quand ils ne la font pas réagir très violemment. Sortie de la petite enfance, et jusqu'à l'âge adulte qui permet à l'amitié de prendre le pas sur les dissonances, fille Lion trouve sa mère farfelue et la juge dénuée du potentiel à faire durer les choses pour en profiter au mieux; bientôt, elle la critique ouvertement quand elle ne s'imagine pas être obligée de la dorloter... Maman Bélier de son côté, se demande comment « sa » fille peut à ce point manquer de spontanéité et de naturel et ne rate pas une occasion de lui envoyer de désobligeantes remarques... Bref, les disputes s'entendent de loin mais on plaint surtout le papa, sans arrêt pris à partie pour départager les fauves avec lesquels il vit et, bien sûr, dès qu'il en choisit une, l'autre l'assassine...

Le conseil

Vivre le meilleur et laisser le pire de la passion! Facile à dire et évidemment souhaitable mais c'est presque comme de dire qu'une allumette et un baril de poudre devraient ne pas faire trop d'étincelles... Le conseil est pour maman Bélier de comprendre, une fois pour toutes, que sa fille n'existe que pour être celle qui domine... alors que son autorité s'exerce ailleurs. Enfin, la relation, explosive, est dynamique et constructive quand bien même il faut à fille Lion le triple du temps nécessaire à maman Bélier pour faire les mêmes choses. Patience, patience, être maman est la seule occasion pour une femme Bélier d'apprendre le sens de ce mot.

Maman Bélier-fils Lion

Le meilleur de la relation

Maman Bélier qui imagine son fils comme un être dynamique autant sur le plan physique que moral sera rassurée par son fils Lion. La même vision nette, franche, sans ambiguïté ni louvoiement guide leurs pas communs et tisse la toile d'une entente de longue durée. C'est sans aucun doute parce que sans besoin de mille explications ils savent mutuellement de quoi ils parlent, que ce couple mère-fils se révèle complice et solidaire. Bébé déjà, maman Bélier voit son fils Lion en grand homme et cela conforte l'orgueil chatouilleux de ce prince consort. Elle est parfaite durant l'enfance et même jusque tard dans l'adolescence dans le rôle de l'admiratrice, avec l'enthousiasme et le côté « sponsor » de la confiance de l'autre qui la caractérisent et ce n'est pas le moindre des atouts qui permettent à fils Lion d'asseoir son autorité légitime. De son côté, il est à l'égard de sa mère à la fois compréhensif et protecteur car il a l'art et la manière virile de canaliser les énergies débridées dont elle fait généreusement montre. Pour elle sa parole est loi, un comble lorsque l'on connaît son impétueuse désobéissance aux codes et aux normes, et à toutes les figures masculines qui les représentent. Mais son fils ne peut être un homme parmi d'autres, il est unique et on peut, en envisageant les débordements qui la menacent ici, parler de réelle passion entre cette maman et ce petit bout d'homme, idéal à ses yeux. Lui la reçoit avec une totale tranquillité, comment sa mère pourrait-elle n'être pas subjuguée par lui? Cela va de soi, jusqu'au point de créer de réelles tensions dès que maman Bélier est reléguée, à un degré divers, dans le rôle de la future belle-mère...

Le pire de la relation

Fils Lion rêve sans doute mère plus calme, plus douce, plus silencieuse et s'irrite facilement de la forte composante masculine de sa maman. Elle est énergique et a toujours l'envie de le secouer, l'obliger à faire du sport (horreur pour le petit Lion qui s'y met tout seul, beaucoup plus tard), l'habiller en jogging alors qu'il a un goût très prononcé pour les belles matières souples et classiques, l'entourer de garnements hurleurs alors qu'il a tant besoin que l'on respecte son calme et son espace, lui donner des ordres à tout bout de champ, pensant qu'un enfant doit lui obéir alors que dès le berceau, il se comporte comme la seule autorité en place, lui faire prendre des repas succincts et vite préparés alors que l'art de la table a pour lui un sens royal, dès son premier biberon. Bref, avec le temps, il la snobe de plus en plus, méprisant un peu ses emportements primaires, lui dont le rythme est beaucoup plus secondaire et réfléchi. Le respect qu'il impose ne déplaît pas à maman Bélier mais elle supporte moins bien d'en être la première victime. L'adolescence les voit vivre chacun dans leur coin, sans réelles oppositions mais avec un démarcage certain des territoires. Le pire serait qu'ils continuent à vouloir mutuellement s'imposer leurs rythmes et que maman Bélier ne comprenne pas que son fils Lion partage éventuellement sa place de héros avec un personnage, un seul : son père.

Le conseil

Affiner l'éclat des personnalités et ne pas chercher à usurper le territoire de l'autre, voilà la seule clef qui permet aux complémentarités de donner le meilleur d'elles-mêmes, maman Bélier devant bien entendre qu'elle est là pour épauler et asseoir la grandeur de son fils Lion.

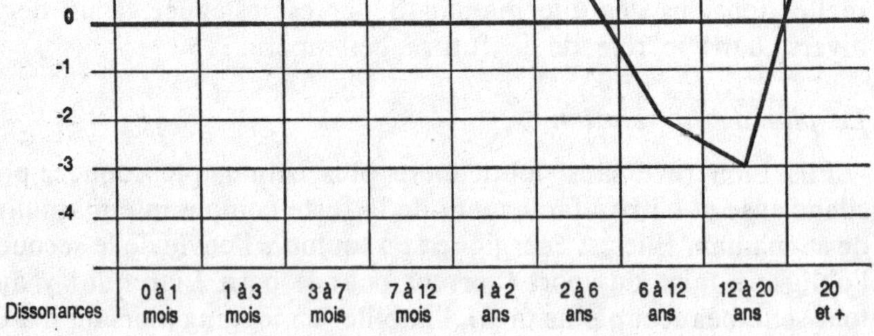

Maman Bélier-fille Vierge

Le meilleur de la relation

Fille Vierge possède la capacité de tempérer les excès de sa maman qui pour sa part lui apporte l'inattendu et le peps sans lequel elle pourrait si facilement broyer du noir, ou du trop raisonnable, le reste de sa vie durant. Ainsi, le meilleur s'étend sur la petite enfance, maman Bélier aime à la retrouver toujours aussi sage qu'elle l'a laissée et l'écouter lui raconter les trésors que son intelligence sélective a retenus pour lui plaire. Grande, elle s'occupe de tout, y compris de la bourse percée de sa mère. Le meilleur entre vous de toute façon est simple : vous n'avez que des différences à vous apporter et les forces, égales mais contraires, qui forment vos féminités respectives vous rendent finalement intouchables pour l'extérieur, car en vous y mettant ainsi à deux, vous cernez n'importe quel partenaire, lui appliquez le principe de la douche écossaise et finalement l'achevez en moins de temps qu'il ne vous en faut pour vous mettre d'accord. Les rires qui s'ensuivent constituent une grande part de l'amour, bizarre, que vous vous portez car en respectant vos antinomies, vous devenez fins stratèges.

Le pire de la relation

« Ce n'est pas possible d'être timorée à ce point! » Voilà ce que maman Bélier pense sans cesse depuis qu'elle a remarqué que son bébé fille Vierge avait peur d'attraper les objets, retardant ainsi tous progrès. « Ce n'est pas supportable d'être tout le temps sur le qui-vive! » se morfond fille Vierge en faisant la tête, critiquant de plus en plus, refusant de s'alimenter ou harcelant son entourage jusqu'à ce qu'on admette que c'est elle qui a raison. Avec le temps, l'adolescence puis l'âge adulte, les différences, ou plutôt les absolues contradictions, s'amplifient et maman Bélier finit par juger sa fille « d'un ennui mortel », fille Vierge estime sa maman « folle et infantile », sans même pouvoir en parler car au cynisme caustique de fille Vierge, les attaques violentes de maman Bélier sont autant de coups d'épée dans l'eau. Le gaspillage des énergies respectives, les remises en question acerbes, les animosités stériles, voilà le pire lot d'une relation où les malentendus donnent à maman Bélier comme à fille Vierge de redoutables aigreurs d'estomac ou des migraines à répétition.

Le conseil

Le concret et le sens de la sécurité, ça existe, quoi que maman Bélier ait envie d'en penser : la preuve en est que dès que sa fille Vierge peut l'appliquer, elle en fait gentiment profiter toute la maisonnée. Alors il faut la rassurer et l'aider dans son rôle de fourmi intelligente et sérieuse... car c'est une façade qui cache bien des surprises... Il faut que maman Bélier comprenne que même avec ses airs d'institutrice coincée, fille Vierge cache une âme de romantique échevelée quand bien même elle répugne à le démontrer!

Maman Bélier-fils Vierge

Le meilleur de la relation

Dès l'enfance maman Bélier remarque qu'elle a affaire à un être intelligent qui ne laisse passer aucune bavure sans la répertorier, aucune image sans la comparer à une autre, aucune phrase sans l'analyser, aucun acte sans le critiquer, bref, elle se rend vite compte à quel point le sens du détail de son fils va lui être utile tout au long de sa vie. Une bonne partie de l'entente se basera sans doute là-dessus, fils Vierge devenant le sérieux de maman Bélier, qui pour sa part apporte à son enfant le sens de la relativité, de l'effronterie, du renouvellement, en somme d'une certaine légèreté qui sans elle lui ferait bien défaut. On peut trouver que la relation est « bizarrement équilibrée », le rôle de l'adulte, tel que reconnu par le gros de la société, incombant ici au fils mais cela ne doit jamais être une entrave ou une source de heurts entre ces deux figures car c'est dans le bon dosage de ces complémentarités que la relation trouve son rythme de croisière le plus satisfaisant pour chacun d'eux. Maman Bélier doit encourager et déblayer le terrain, montrer toute action comme une étape possible et positive. Elle va représenter l'optimisme de son fils Vierge toute sa vie durant et il a bien besoin de ce moteur-là. Elle trouvera auprès de lui fidélité, raison, gestion et personne autant qu'elle ne saurait en mieux profiter.

Le pire de la relation

Le pire arrive plus facilement que le meilleur, les différences de rythmes, d'aspirations, d'idéaux ne mettent pas ce couple mamanfils à l'abri des incompatibilités et des mésintelligences mutuelles. Elle le désespère car il ne sait jamais bien sur quel pied danser avec cette extravagante-là qui ne prend rien au sérieux et oublie systématiquement l'aspect matériel des choses qui lui importe tant. Il l'agace à tout voir en petit et en lenteur alors qu'elle pense vraiment que la vie est trop courte pour se permettre d'être aussi raisonnable. Il réagit par des sarcasmes ou un humour caustique qui la prend toujours au dépourvu, elle s'emporte et il en a le cœur brisé, d'autant plus qu'il ne se sent pas du tout la force de lutter. En n'y prenant pas garde, ils peuvent passer à côté l'un de l'autre et de toutes les différences qu'ils ont à s'apporter. Les disputes et les chamailleries sont d'autant plus angoissantes qu'elles se révèlent stériles, le pari de l'immédiate compréhension ne pouvant pas être fait, même au nom des liens de cœur et de sang qui les unissent. On souhaite surtout que fils Vierge ne se renferme pas et ne trouve pas dans ces malentendus une raison supplémentaire de cautionner sa timidité et sa modestie.

Le conseil

Si elle cherche obstinément à comprendre, maman Bélier n'en aura que mal à la tête sans que cela apporte la solution à leurs hiatus relationnels. C'est en étant vraiment ce qu'elle est qu'elle peut stimuler son fils et le rassurer sur les divergences qui constituent sa personnalité. Admettre, accepter, aimer ce fils au comportement tellement étranger représente la meilleure preuve de ses intentions maternelles.

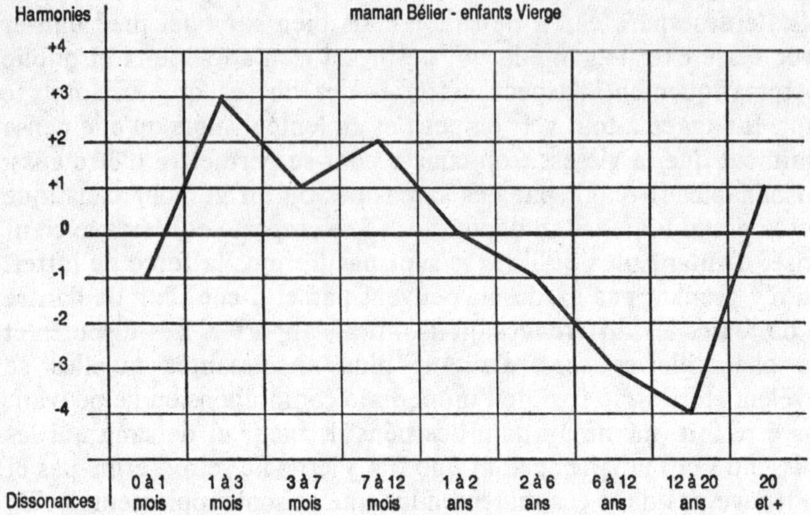

Maman Bélier-fille Balance

Le meilleur de la relation

Fille Balance et maman Bélier jouent sur des féminités tout à fait opposées, l'une symbole d'esthétique harmonieuse, l'autre de séduction active. La complémentarité constitue leur meilleur atout. Maman Bélier apporte à sa fille Balance toute sa lucidité et son don inné pour apprécier une situation en un temps record et prendre une décision rapide, sans regret, même si le choix fait figure de coup de tête et s'avère peu adapté. Fille Balance est pour sa part un éternel ravissement pour sa mère Bélier qui apprécie tant sa politesse, sa courtoisie, ses bonnes manières et son expression impeccable; elle est serviable, conciliante et désarmorce avec tant de subtilité les colères vite nées, vite passées, de sa maman. Fille Balance et maman Bélier s'épaulent très bien pour cacher leurs défauts respectifs comme si elles avaient la prescience de ce qu'elles pourraient être si elles n'étaient déjà elles-mêmes. Ainsi personne ne s'entend mieux pour faire la fête, recevoir les copains, courir les magasins, critiquer les bêcheuses puis renverser les rôles et ne jamais se prendre vraiment au sérieux. L'intelligence entre cette maman et cette fille-là est synonyme de gaieté et de secours mutuel.

Le pire de la relation

Quelle fille plus exaspérante que celle-ci une maman Bélier pouvait-elle avoir mise au monde? Une qui minaude, se trémousse, fait des révérences et des pirouettes devant la galerie, change mille fois de robe avant de décider de mettre son pantalon écossais, pleurniche dès qu'on lui demande de faire l'effort de s'occuper de ses frères ou sœurs, répond toujours par « peut-être » comme si elle était fille de Normande et non de maman Bélier puis vient se faire tout pardonner parce qu'elle sait que son charme et son tact agissent malgré les crises de nerfs que pique sa maman. Devant elle maman Bélier est en éternelle démangeaison, partagée entre l'envie de la secouer et l'envie de lui flanquer une claque (!), et elle ne sait jamais si sa fille Balance ne se paie pas sa tête. Du moins voit-on ce climat houleux s'installer avec l'approche de l'adolescence car tant qu'elles restent toutes deux face à face, ou presque, maman et fille se trouvent toutes les excuses. Fille Balance dans ces cas-là redouble d'égoïsme et d'obstination mais souffre beaucoup, au fond, de n'être pas reconnue par celle qu'il lui importe de séduire en premier. Incompréhension, tensions, inhibitions ou frictions copieuses, c'est le vent de la passion qui s'installe vite dans cette configuration astrale-ci, passion qui représente ce qui, pour sa vie tout entière, terrorise le plus évidemment fille Balance qui n'aime que les vents moyens pour se développer.

Le conseil

Vent moyen n'est pas forcément mer d'huile, maman Bélier doit commencer à saisir la profonde philosophie de ces paroles... C'est vrai que fille Balance a besoin de séduire tout ce qui bouge et que c'est là son moyen d'affirmer son existence, moyen aussi efficace que celui de maman Bélier, ne lui en déplaise...

Maman Bélier-fils Balance

Le meilleur de la relation

C'est une relation en miroir où ces deux signes masculins opposés-complémentaires voient en l'autre l'identité qu'ils ont en eux tout en en montrant le contraire. Le bébé tendre, aimable, tout sourire et tout charme qu'est le fils Balance est un ravissement quotidien pour sa maman Bélier qui à son contact trouve apaisement et sensualité. Il fait toujours les choses posément, parle tôt et bien, aime à se montrer serviable, galant, poli et en toutes choses cherche la juste mesure qui conciliera papa-maman, ses frères, ses sœurs, ses copains, sa nounou et lui-même... et maman Bélier, remarquant très vite ce trait de caractère apprécie fort d'avoir sous son toit un petit diplomate aussi efficace. Cette caractéristique n'étant évidemment pas le lot de sa seule enfance, leur relation sera en bonne partie construite sur l'arrondissement des angles auquel fils Balance consacre sa calme énergie. Maman Bélier pour sa part excelle dans l'art de lui apporter sa capacité à trancher, décider, distribuer rôles, fautes et bons points que l'indécision de son fils Balance ne sait intégrer. Elle lui simplifie souvent la tête et la vie, toujours là lorsque l'heure du choix, et donc de la progression, a sonné avec son son de cloche tellement angoissant pour fils Balance qui pense profondément que toute chose valant son envers, il est presque barbare de séparer l'une de l'autre. Il sait gré à sa maman Bélier d'avoir la manière de cette barbarie-là. La complémentarité qui se tisse ainsi année après année laisse la part belle aux joies culturelles, sociales et amicales que tous deux chérissent et qui sont essentielles à leurs équilibres respectifs et mutuels.

Le pire de la relation

Le bébé Balance admire déjà de son berceau l'énergique maman, pétulante et entreprenante qui s'affaire à l'entour. Mais cette admiration tacite n'est pas toujours dénuée d'une certaine terreur car il ne comprend jamais comment cette femme qu'il aime tant peut s'attaquer à lui, le houspiller, le bombarder de reproches injustes, l'obliger à montrer une agressivité qui l'écœure et avoir si peu d'égard pour ses œillades tendres. Lui qui a pour idéal d'être gentil avec tout le monde pour que tout le monde soit gentil avec lui, il voit ses aspirations quotidiennement mises à mal par sa maman Bélier sans cesse sur le pied de guerre, même avec ses plus proches. Maman Bélier, pour sa part, regarde son fils Balance avec un œil ahuri, se demandant comment il peut toujours tout se prendre dans la figure sans réagir, ce qui chez elle se transforme en désir d'en rajouter pour voir jusqu'où elle ira trop loin et parviendra à le faire sortir de ses gonds. La juste mesure de ces heurts n'est certes pas le lot de l'adolescence pendant laquelle fils

Balance est mis devant deux choix (le pauvre qui exècre déjà n'en faire qu'un seul!) : essayer de s'adapter à sa maman et renoncer à lui-même, ce qu'il n'est pas délibérément désireux de faire, ou bien tenter de trouver la tangente qui, selon son idéal, les mettra enfin sur la même longueur d'onde.

Bref, dans sa tête, les vents tourbillonnent et il peut tomber dans une de ses mélancolies, ses tristesses d'âme qui en feront un homme nonchalant.

Le conseil

La force brute (sinon brutale) est une notion inconnue dans l'univers intérieur de fils Balance. Vouloir la lui inculquer sous prétexte que c'est vitalement nécessaire dans le monde sauvage dans lequel nous vivons, c'est délibérément mépriser l'identité suave et humanitaire de ce petit homme. Que maman Bélier se rassure : à son contact et en le laissant évoluer à son rythme, elle prendra à son tour une leçon de stratégie : qui a dit que les aïkidokas étaient moins efficaces que les tireurs d'élite?

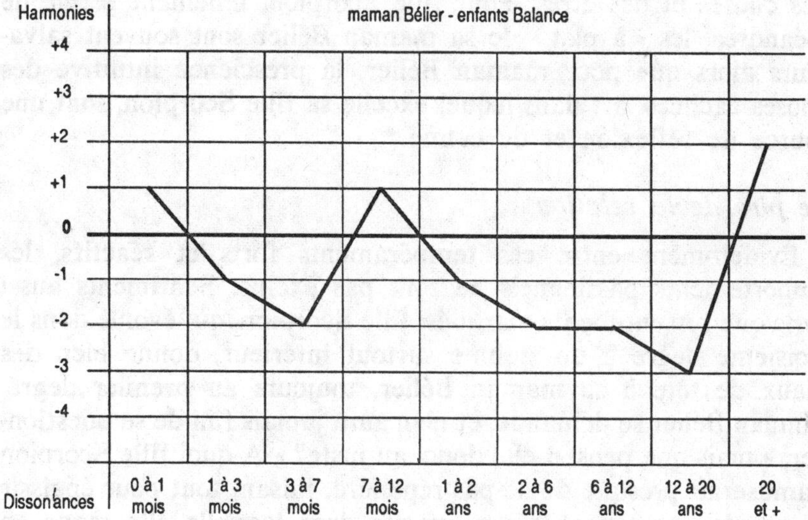

Maman Bélier-fille Scorpion

Le meilleur de la relation

Deux choses vous unissent d'emblée, la combativité et la désobéissance, même si elles ne se teintent pas exactement des mêmes couleurs pour l'une ou l'autre. Maman Bélier est assez ravie d'avoir affaire à un bébé aussi réactif qui marque son caractère dès ses premiers cris et ne semble pas vouloir lâcher prise sur ce qui lui semble vital. Fille Scorpion accueille bien l'exigence dynamique de sa maman Bélier car elle aime, inconsciemment puis de plus en plus sciemment relever tous les défis que lui lance cette femme hors-normes. L'entente complice, le regard peu conventionnel sur le dos d'autrui, voilà autant de ressources communes pour partager rires, sourires, sarcasmes et aller loin, particulièrement sur le plan de l'éducation scolaire sur laquelle maman Bélier insiste et fille Scorpion entend bien n'être pas à la traîne. Une lueur de victoire, et d'admiration, éveille les pupilles de maman Bélier devant les victoires de sa fille Scorpion dont elle est une redoutable supporter. Une moue enjouée gratifie maman Bélier dès qu'elle se montre une maman extraordinaire car sa fille Scorpion n'est pas une lâcheuse. Devenue femme, elle obtient le soutien de sa maman devant ses succès de séductrice innée autant qu'elle lui est reconnaissante de savoir simplifier les profondeurs qui l'assaillent et l'empêchent parfois de voir la face « normale » des choses et des êtres. Pour fille Scorpion, tellement pleine de méandres, les « à plat » de sa maman Bélier sont souvent salvateurs alors que pour maman Bélier, la prescience intuitive des choses cachées, art dans lequel excelle sa fille Scorpion, sont une source de réflexion et de calme.

Le pire de la relation

Évidemment entre ces tempéraments forts et réactifs, les emportements passionnels ne sont pas exclus. Sentiments aussi forts que ressentiments marqués, fille Scorpion, qui évolue dans le troisième degré à un rythme surtout intérieur, donne bien des maux de tête à sa maman Bélier, toujours au premier degré. Maman Bélier se demande, et n'en aura jamais fini de se questionner, « mais que pense-t-elle donc, au juste? » A quoi fille Scorpion s'amuserait presque de ne pas répondre, faisant tout pour épaissir le mystère en jouant d'une opacité dans laquelle elle règne en pythie. Pour se défendre, maman Bélier n'a que la futile arme de ses colères et de son autorité trop affirmée pour être vraiment efficace, et fille Scorpion, loin d'être incitée à obéir, attend que les houles soient passées pour sortir ses rancœurs une fois que maman Bélier les a oubliées. C'est une relation presque sado-masochiste, une domination de l'esprit que fille Scorpion sait peaufiner avec l'âge et devant laquelle maman Bélier ne peut que fuir, ou s'épuiser. L'adolescence est une véritable guerre froide, ponctuée par les insomnies de maman Bélier qui doit se demander ce qu'elle a bien pu faire pour mériter une telle « haine aphone mais tenace ». Haine, ce n'est pas simplement que fille Scorpion doit faire ses dards (comme d'autres leurs griffes), elle teste systématiquement son entourage et donc sa mère en premier lieu mais avec la sérénité de l'âge de raison, cette manie lui passera peut-être, ou du moins, elle ira s'exercer ailleurs...

Le conseil

Ne pas tomber dans les pièges de Méphisto, c'est se placer d'emblée sur des plates-bandes qui ne le concernent pas. Maman Bélier doit ici comprendre que dans l'art de l'épuisement psychique, elle n'aura jamais le dessus et faire tout pour simplifier, alléger, clarifier les situations entre sa fille et elle car au fond, celle-ci ne lui demande que cela. Patauger en bourbier profond, elle connaît, alors que maman Bélier ne rajoute pas ses complexes. Les relations passionnelles sont ainsi qu'il faut tout faire pour n'en récupérer que la crème supérieure. « Je t'aime lorsque tu es rieuse et gentille, tu es belle surtout comme cela! » voilà un discours qui peut, enfin, rassurer fille Scorpion, qui préfère inquiéter plutôt que de laisser indifférent, l'ambiguïté de sa féminité faisant de sa maman Bélier une proie bien facile pour elle.

Maman Bélier-fils Scorpion

Le meilleur de la relation

Dans cette rencontre astrologique, l'énergie ne manque pas. Si celle de maman Bélier reste essentiellement physique tandis que celle de son fils Scorpion se révèle plus psychique, leurs rapports n'en demeurent pas moins trépidants, faits de curiosités multiformes, d'appréhension dynamique et exclusive de l'existence. Puisque la conformité et l'obéissance vous sont aussi étrangères qu'un bikini pour un ours polaire, votre entente est beaucoup basée sur les défis que mutuellement vous vous lancez et que l'un comme l'autre vous relevez. Maman Scorpion voit bien que son fils Scorpion, dès son plus jeune âge, ne fait rien comme les autres mais elle le conforte et s'en glorifie, voyant là une preuve supplémentaire de son tempérament hors-normes. Tant qu'il ne s'attaque pas à elle, elle rit fort des batailles qui animent la vie de son fils et soutient toujours ses victoires. Pour lui, elle est incontestablement

« dopante », il se sent rassuré d'avoir affaire à une femme qui ne cherche pas à l'enfermer, autant parce qu'elle l'emmène partout et organise sa vie sportive comme un élément central de l'éducation qu'elle surveille de près, que parce qu'elle tolère une horde de copains à la maison ou les week-ends, ou les semaines, chez d'autres grandes personnes sans témoigner d'une encombrante jalousie. C'est important pour lui de savoir qu'il est respecté dans son besoin de liberté et il réagit d'ailleurs très bien à ce même besoin dont sa maman témoigne tout autant. Avec l'âge, ils s'entendent aussi très bien pour critiquer leurs victimes communes et on les prend, de l'extérieur, pour un couple « tornade » sur le chemin duquel il vaut mieux ne pas se trouver si l'on a la repartie difficile. Cette complicité représente le meilleur des ciments qui les soude, d'autant que fils Scorpion sent bien que sa maman Bélier le préfère à une fille, voire même à sa sœur et pour cette raison, il saura la protéger en devenant grand, rôle qu'elle ne concède à personne... mais lui sait tellement bien s'y prendre!

Le pire de la relation

Toutes ces caractéristiques qui constituent l'actif positif de la relation mère Bélier fils Scorpion deviennent problématiques dès que les énergies, si elles ne se trouvent pas pour se projeter à l'extérieur, deviennent comme autant d'armes dirigées les unes contre les autres. La surenchère qui s'ensuit est source de toutes les douleurs, personne n'est prêt à céder et un duel s'installe, violent, systématique, incestueux et fatal. Fils Scorpion plonge dans la destruction et l'auto-destruction qui le caractérisent, passe de l'anorexie aux crises d'asthme, de l'indigestion au gribouillage de murs aux feutres indélébiles, au cisaillage de moquette puis plus tard aux crises verbales puis aux dépressions d'autant plus redoutables qu'elles se masquent en révoltes. Maman Bélier se sent dans ces cas très coupable, mais force est de constater qu'elle ne comprend vraiment rien à cette relation, ni aux raisons profondes qui ont fait virer les rapports au rouge sang. Elle tente de cerner les choses logiquement, fait des bilans, et prend quotidiennement des décisions du genre « Maintenant ça suffit, ça ne se passera pas comme ça », ce qui est vraiment le pire car fils Scorpion n'en a que faire puisque ce n'est surtout pas ainsi qu'elle parviendra à déceler les mécanismes enfouis de son inconscient si tumultueux. Le pire pourrait être la rupture définitive, la haine ouverte et sans merci, issue des mutuelles pressions psychiques et des passions qui les agitent.

Le conseil

Accepter dès le début que les rythmes ne concordent pas et ranger à tout jamais l'autorité et la logique au placard, voilà qui est très difficile pour maman Bélier, mais vital si elle veut réellement apporter quelque chose à son enfant, ou alors qu'elle organise sa vie de manière à le voir uniquement pour le meilleur et cela dès que le petit diable marche... Ou enfin, qu'elle l'inscrive d'office à la boxe, au karaté, au judo et le couvre de tous les pistolets possibles et imaginables...

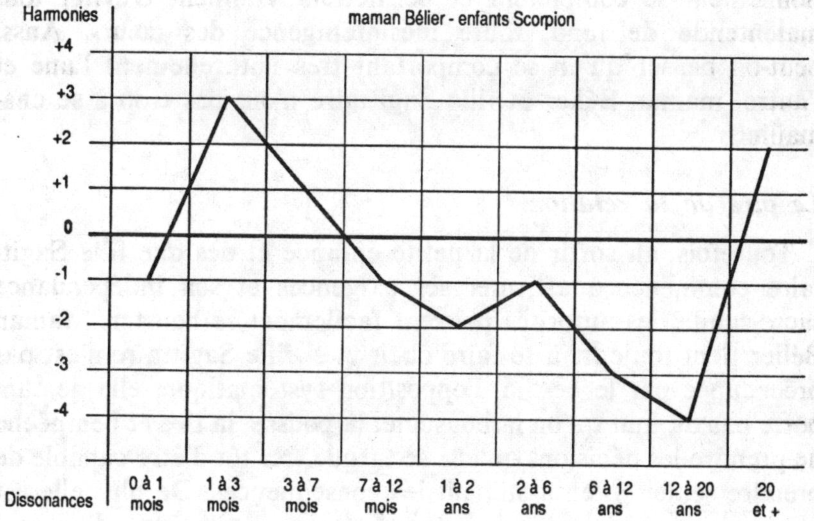

Maman Bélier-fille Sagittaire

Le meilleur de la relation

En attendant d'être amies pour la vie par l'adéquation bienheureuse des visions du monde et la complémentarité des moyens d'action, elles rient des mêmes choses dans l'enfance et se retrouvent souvent sur le plan du dynamisme sportif. Maman Bélier est ravie de ce poupon jovial toujours prêt à accueillir avec enthousiasme les nouveautés qu'elle sait si bien introduire dans le fade quotidien, fille Sagittaire se sent rassurée par le dynanisme entreprenant de cette maman avec laquelle rien ne traîne et qui a une manière de se poser dans l'existence qui ne laisse planer aucune ombre malsaine. C'est sur ce terrain-là que d'ailleurs se bâtira votre entente : vous avez toutes deux besoin de clarté, d'honnêteté, de relations fair-play authentiques et vivaces et vous triez sur le volet tous ceux qui pourraient vous décevoir sur ce point. Pour diriger la maisonnée à la baguette, faire reconnaître l'efficacité féminine et mener à bien les projets de l'une ou de l'autre, le tandem que vous formez sera reconnu comme imbattable, ce qui pourrait donner à l'entourage immédiat l'envie de venir sans cesse se rassurer dans vos jupes. C'est une rencontre astrale très bénéfique, très équilibrée car les rythmes de fonctionnement se complètent et permettent vraiment d'éviter tout malentendu de fond, toute mésintelligence des cœurs. Aussi peut-on penser qu'en se comportant très naturellement l'une et l'autre, maman Bélier et fille Sagittaire n'ont pas trop à se chamailler.

Le pire de la relation

Toutefois, au sortir de la petite enfance et dès que fille Sagittaire commence à affirmer ses exigences et son indépendance sacro-sainte, les autorités peuvent facilement se heurter. Maman Bélier tient toujours à se faire obéir et si fille Sagittaire n'est pas préoccupée par le besoin d'opposition systématique, elle ne supporte pas du tout qu'on la bouscule, la pousse, la tire et l'empêche de prendre les décisions qu'elle se targue très tôt d'être capable de prendre seule, en en assumant les conséquences. De plus elle est plus osée, moins emportée, plus diplomate et moins « d'un seul bloc » que sa maman, elle parle et phrase volontiers, ce qui exaspère facilement maman Bélier qui hait par-dessus tous les beaux parleurs et les enrobeurs, même si elle sait, pour le vivre quotidiennement, que c'est ainsi qu'elle se fait des ennemis. Si elle poursuit des objectifs tout à fait analogues, fille Sagittaire a beaucoup plus le sens des étapes et du travail bien tissé et elle s'énerve des emballements stériles de sa mère Bélier. Comme ces deux dames ne sont pas portées sur le dédain aphone mais plutôt sur l'explosion verbale tonitruante, cela remplit périodiquement la maison de crises. Bref tout va très bien mais le pire arrive dès que l'une cherche à faire reconnaître sa différence comme supérieure à celle de l'autre.

Le conseil

Beaucoup de liberté et cela très tôt! Si maman Bélier ne laisse pas sa fille Sagittaire pousser (presque) comme elle l'entend, elle va très vite s'exposer au côté rebelle de sa fille Sagittaire. Pour la toucher, il faut savoir lui faire reconnaître la loi et le bien-fondé des choses, c'est la condition sine qua non pour qu'elle accepte d'être guidée. Pour elle la seule raison valable d'obéir est de découvrir qu'elle peut trouver là un atout enrichissant pour son indépendance future.

Maman Bélier-fils Sagittaire

Le meilleur de la relation

De découvrir un petit clown joyeux, ouvert et naïf, aux sourires angéliques et à la tendresse expansive remplit maman Bélier de béate indulgence. Et même si elle voit plutôt les hommes, tous les hommes et jusqu'à son fils, en athlètes superformants, elle n'en fond pas moins devant la bonhomie gourmande de ce petit moulin à paroles qui très tôt lui parle du monde et pose mille questions auxquelles il trouve forcément réponse. Débrouillard et doté d'un imparable esprit de synthèse, il n'est point nécessaire de lui rabâcher les choses pour qu'il les enregistre et il déteste les détails et les lenteurs autant qu'elle-même. La voilà donc tranquillisée sur une entente de fond qui n'est pas près de s'arrêter à l'enfance et qui trouve même avec l'âge adulte un aboutissement très positif sur tous les plans concrets. Quant au petit Sagittaire qui hait par-dessus tout les situations traînantes, dramatiques, ambiguës ou emberlificotées, il trouve dans le tempérament « pur et dur » et l'esprit droit, juste et secourable de sa maman Bélier une confirmation des plus structurantes. Il sait pouvoir compter sur elle pour ne prendre aucun embage pour lui exprimer ses sentiments et il lui en sait gré. Son profond sens moral et sa vision délibérément optimiste de l'existence se réjouissent même de la vivacité des propos qu'elle tient car il sait y trouver la juste mesure. Puisqu'en grandissant, il devient plus posé, plus calme, plus réfléchi que sa maman, il peut même déceler le besoin de protection qui existe chez cette « forte femme », et ses idéaux chevaleresques s'en trouvent d'autant confortés.

Le pire de la relation

Bien sûr, fils Sagittaire, s'il passe rapidement sur les détails, n'en apprécie pas moins que les choses soient bien faites et il lui arrive de mal vivre le manque de ténacité de sa maman Bélier. Rapide pour lui ne signifie pas agité or elle remue souvent trop d'air pour peu de réalisations. Tant qu'il le subit, il s'en fatigue vite et préfère son papa; par la suite, il le lui fait posément remarquer et ignore tranquillement les justifications qu'elle lui donne. Rien de toute façon ne peut entraver son sens inné de la liberté, il trouve la sienne partout et en particulier au-delà de l'autorité naturelle de sa maman Bélier. Puisque leurs caractères concordent sur le fond, des heurts peuvent se manifester dans l'aspect quotidien des choses. Selon maman Bélier, fils Sagittaire traîne, selon lui elle s'essouffle. Selon elle, il est horripilant de paresse, selon lui, la vie vaut vraiment qu'on la vive sensuellement. Selon elle, c'est un goinfre fatigant à nourrir parce qu'en plus de manger beaucoup, il aime les repas variés aux menus empruntés aux mœurs alimentaires des quatre coins de la planète. Selon elle, il devrait se montrer plus franchement compétitif, selon lui, seul le cœur peut pousser à l'acharnement. Bref le pire serait qu'ils s'arrêtent à la forme des choses alors qu'ils sont si complémentaires lorsqu'il s'agit de passer pour de bon à l'action.

Le conseil

Maman Bélier et fils Sagittaire sont l'un comme l'autre convaincus de détenir une partie majeure de la Vérité. Très tôt leurs discussions et leurs hiatus se forgent autour de ce bastion qu'aucun ne veut lâcher. A moyen terme pourtant, l'un et l'autre se rendent compte qu'ils aboutissent au même résultat. Patience donc, toutes les voies sont permises...

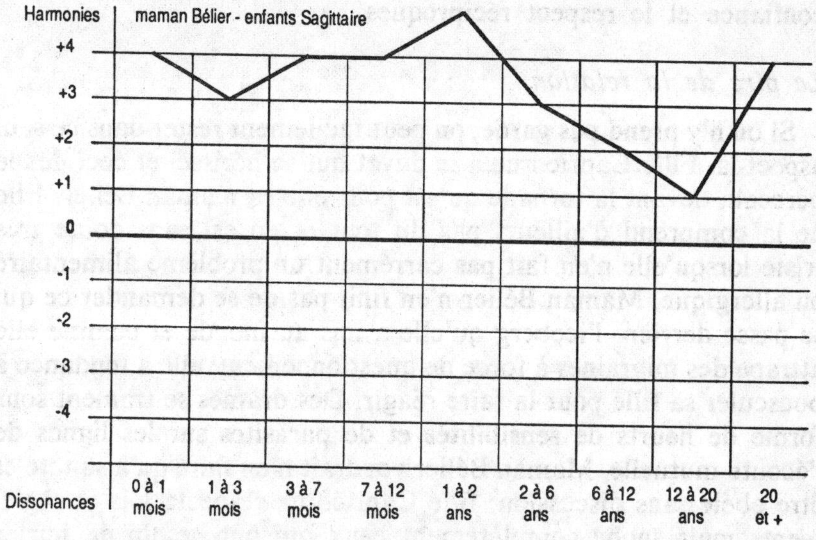

Maman Bélier-fille Capricorne

Le meilleur de la relation

Dans l'enfance vous aurez sans doute l'impression que tout va bien car cette fille-là n'est pas du genre à manifester trop vivement ce qu'elle pourrait mal vivre. Mais le meilleur de votre relation ne peut venir véritablement qu'après un réel effort de compréhension et de reconnaissance mutuelles qui vous permettront de ne pas systématiquement prendre vos antinomies pour des incompatibilités établies. Vous vous apporterez ce que vraiment vous n'avez pas respectivement, à savoir que maman Bélier peut stimuler, dynamiser, montrer toujours le côté optimiste et ouvert des situations, dédramatiser les atmosphères et rire franchement lorsque fille Capricorne annonce sa tendance à voir tout au taciturne et à se renfermer dans d'inébranlables tours d'ivoire. Fille Capricorne peut de son côté permettre à sa mère de découvrir ce qu'il y a de positif à être stable, réfléchie, patiente sinon lente lorsque celle-ci se révèle échevelée, explosive et se lamente parce que tout va trop lentement. Maman Bélier est dans l'initiative et aime à proposer sans cesse de nouvelles idées à sa fille Capricorne qui prend le temps de décortiquer et mène ainsi les propositions à leur terme. Finalement, elles s'épaulent et se confortent lorsqu'elles parviennent à accorder leurs rythmes et leurs philosophies. Cela fait une relation de l'âge mûr tout à fait enrichissante, basée sur la confiance et le respect réciproques.

Le pire de la relation

Si on n'y prend pas garde, on peut facilement rester dans ce seul aspect-là. Fille Capricorne a le duvet qui se hérisse, et ceci dès le berceau, devant la tornade qu'est pour elle sa maman Bélier. Elle ne la comprend d'ailleurs pas du tout et en est sans doute très triste lorsqu'elle n'en fait pas carrément un problème alimentaire ou allergique. Maman Bélier n'en finit pas de se demander ce qui se passe derrière l'iceberg qu'elle a mis au monde et comme elle attrape des migraines à force de questionnement, elle a tendance à bousculer sa fille pour la faire réagir. Des drames se trament sous forme de heurts de sensibilités et de parasites sur les lignes de l'écoute mutuelle. Maman Bélier voudrait n'en faire qu'à sa tête et être obéie sans discussion; fille Capricorne respecte lois et règlements mais snobe complètement ceux qui ont besoin de hurler pour se faire entendre, les coups d'éclat de maman Bélier s'épuisent sur la porte de plomb de la résistance hautaine de cette fille. Dans l'enfance, fille Capricorne emmagasine et se désole, avec l'adolescence et l'arrivée de l'âge adulte, la guerre froide, glaciale, devient impitoyable. Le cœur en lambeaux, maman Bélier et fille Capricorne risquent de ne jamais se trouver.

Le conseil

Même si elle ne le réclame pas et a tant de mal à exprimer ses désirs, à cause de cela sans doute, fille Capricorne a besoin d'énormément d'amour, de calme, de tendresse et surtout d'être toujours rassurée sur sa féminité et son bon droit à briller sur la face externe du monde. La précipitation et les méthodes à l'emporte-pièce ne font que l'inhiber encore plus. Lorsqu'on est maman, on a le devoir d'y réfléchir et de trouver la tempérance qui va permettre à ce bouton de rose un peu guindé de s'ouvrir à sa juste mesure.

Maman Bélier-fils Capricorne

Le meilleur de la relation

C'est dommage mais le meilleur de cette rencontre astrologique-ci, puisqu'il ne peut qu'être le résultat d'un parcours d'écoute mutuelle de plus ou moins longue haleine, ne semble pas immédiatement évident. Cependant, maman Bélier et fils Capricorne ont tant de divergences basiques à s'apporter qu'on leur souhaite de le comprendre au plus vite pour mieux en profiter. Maman Bélier sait entraîner le moteur à retardement qu'est son fils Capricorne, à réduire ses doutes et ses lourdeurs, à aérer ses questionnements valables certes, mais si peu optimistes, et donc à lui présenter la vie comme un champ beaucoup plus ouvert que sa vision d'emblée obtuse des choses le lui laisse apercevoir. Fils Bélier peut à son contact apprendre à mieux s'intégrer, à faire montre d'humour, à oser tout simplement envoyer le sérieux valser par-dessus les moulins. N'en perdant pas pour autant le savoir inné des secrets de l'humain et désireux de faire reconnaître sa fiabilité, il peut mettre, dans le panier de leur rencontre positive, toute sa stabilité, sa réflexion, sa patience, son amour de la persévérance et de la prévoyance, et faire découvrir à sa maman Bélier que les tortues arrivent effectivement au but avant les lièvres, malgré les sarcasmes qu'elle oppose à cette seule évocation. En fin de parcours, d'antinomies en incompatibilités, ils tissent une toile d'entraide et de réconfort mutuels des plus résistantes et leurs discussions à long terme ne sont jamais vaines.

Le pire de la relation

Devant un petit garçon aussi muet, aussi sérieux, aussi sage, maman Bélier perd tous ses moyens et se demande bien ce qu'elle va pouvoir faire pour trouver par quel bout le prendre. Or, malgré son attitude retenue, il faut bien moins que ses attaques maladroites pour le toucher, droit à sa grande sensibilité. Fils Capricorne encaisse ce qu'il vit comme des agressions, et marque les coups. Avec le temps, il se réfugie de plus en plus dans ses pensées taciturnes, fait de bizarres allergies ou snobe carrément son entourage jusqu'au jour où il lui prend l'envie de disparaître pour échapper à trop de désarroi. Sa résistance glaciale, têtue, ou bien ses reproches aussi calmes que cinglants plongent maman Bélier dans la douloureuse irritation que son besoin d'opposition franche ne sait pas encaisser. C'est la bataille du bouc et du lama : l'un renverse tout sur son passage, entièrement projeté dans l'avenir immédiat, l'autre crache et se cabre parce qu'il s'agit de ménager ses forces pour grimper haut sur la montagne. Les visions de la vie étant tellement incompatibles, fils Capricorne accusera sa maman Bélier d'être une « écervelée inutile », ne dit même plus bonsoir en rentrant puis s'en va sans laisser d'adresse. L'adolescence, dans cette relation, peut être particulièrement pénible pour l'un comme pour l'autre.

Le conseil

Pudique, timide, pas bavard ni expansif, fils Capricorne a cependant besoin d'amour, de sensualité et de tendresse comme les autres, sinon encore plus, ou du moins encore mieux. Maman Bélier a le devoir de veiller à la manière dont elle va montrer son amour à son fils, même si pour cela elle doit se remettre en question on consulter plus avisé qu'elle. Tout homme n'est pas forcément Rambo (et vice versa), les sages, même en herbe, ont aussi leur place à occuper dans ce monde.

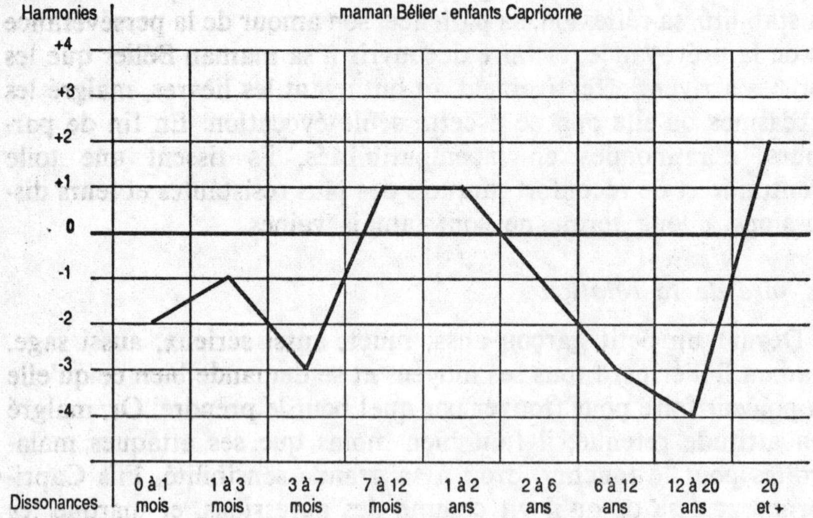

Maman Bélier-fille Verseau

Le meilleur de la relation

C'est une relation qui ne manque ni de vie ni de complémentarités. Lorsque fille Verseau est toute petite, maman Verseau est ébahie devant ces grands yeux étonnés et ce grand sourire d'ange éthéré. Fille Verseau se sent protégée car elle qui déteste sortir de son monde magique pour rejoindre les froids humains dans leur quotidien, elle trouve en sa maman Bélier un bouclier efficace qui joue à sa place le rôle d'avant-centre et d'arbitre. En toutes occasions maman Bélier est un stimulateur ludique et relationnel pour sa fille Verseau et elle sait bien aiguiser sa curiosité, des bancs de l'école aux différentes activités formatrices de l'adolescence. Femmes elles sont copines, se chamaillant mais se rejoignent facilement sur tout ce qui ressemble à un projet novateur que d'autres n'oseraient même pas envisager. Maman Bélier est contente de faire en sorte que sa fille Verseau ne soit pas enfermée dans tout ce qui ressemblerait à une relation installée et traditionnelle et la soutient dans ses libertés contre les critiques environnantes, ce qui constitue un baume très constructif pour fille Verseau, toujours prête de son côté à excuser les embardées de sa maman.

Le pire de la relation

Bien sûr, tant de libertés peut aussi déboucher sur une certaine surenchère de nervosisme et imposer un rythme quelque peu instable. Maman Bélier est ravie de voir que sa fille suit facilement son irrégularité qui correspond à la sienne, mais dans la petite enfance cela peut néanmoins être un peu trop déstabilisant pour elle. Finalement à n'être que du côté de l'originalité, les envies de marginalité et à l'inintégration de fille Verseau peuvent en être augmentées et poser quelques problèmes d'adaptabilité dans le monde social. Une telle maman peut faire d'une telle fille celle qui partout sera toujours « le loup blanc » et c'est une tendance qu'il faut apprendre à doser. D'autre part, avec l'âge, fille Verseau disant toujours oui pour continuer à n'en faire qu'à sa tête, finit par insécuriser maman Bélier qui voit son autorité s'effriter mais, et c'est un comble, sans violence ni opposition. Enfin, les libertés, notamment amoureuses et affectives de sa fille Verseau devenue grande, choquent malgré tout les idées de fidélité et d'intégrité de maman Bélier et même si elle les comprend, son insoupçonnable moralité finit par se traduire en reproches. Elles peuvent s'éloigner un temps, celui-ci nécessaire à un recadrage de leurs propres besoins mais cela se fera sans doute sans violence irréparable. Sa fille Verseau est toujours dans la Lune, maman Bélier ronge son frein et attend qu'elle veuille bien redescendre de ses galaxies...

Le conseil

Ne profiter que du meilleur de votre manière originale de prendre l'existence. Parvenir à calmer la rapidité des rythmes respectifs et surtout, arriver à comprendre avant l'adolescence de fille Verseau, que si l'on peut être profondément mus par la liberté, celle-ci ne se décline pas selon la même palette de couleurs pour tout le monde.

Maman Bélier-fils Verseau

Le meilleur de la relation

Bébé Verseau a un air fragile qui dans les premiers mois de sa vie remplit sa maman Bélier de calme à son égard, d'autant qu'il se laisse tranquillement faire, les yeux toujours levés au plafond ou au ciel. Très vite cependant, elle s'aperçoit que ses rapports à l'autorité sont très variables et qu'il n'obéit que lorsqu'il ne peut vraiment pas faire autrement. Sa dextérité à lui indiquer une route stable et structurée prend alors tout son sens car elle sait qu'avec lui la fermeté est obligatoire. Fils Verseau réagit bien, cela le rassure grandement et les heurts sont absents de leurs rapports, apparemment pour toute la vie. Peu préoccupé par les réalités matérielles, sans elle qui marche indubitablement sur terre, même en fonçant, il ne sortirait jamais de ses grimoires ou de derrière les écrans colorés de ses ordinateurs. Elle symbolise le concret et le solide et cela met bien du baume à la nervosité qui se cache mal derrière sa sérénité de surface, d'autant qu'elle ne met pas de bâtons dans les roues de son originalité et de son besoin vital de remise en question de tous les codes de fonctionnement usuels. Pour elle, il est un Petit Prince qui conforte ses besoins de prise en charge. Pour qu'elle ne se mette pas en colère et ne le bouscule pas trop, il est prêt à tous les compromis et elle aime être ainsi suivie. Même à l'adolescence, il échappe plus qu'il ne s'oppose et à l'âge adulte, leur relation est tissée des meilleurs liens de l'amitié, c'est-à-dire d'une compréhension mutuelle que soude le même goût pour l'expérience gratuite et le besoin de désobéissance. « Mon fils me ressemble », dit souvent maman Bélier, ce qui n'est pas forcément exact mais renseigne bien sur son indulgence pour son originalité. D'ailleurs, il est fort à parier qu'il cherchera toute sa vie une femme mûre qui sache le dynamiser, le motiver, le prendre en charge comme le fait si bien sa maman.

Le pire de la relation

Lorsque maman Bélier parvient à jouer son rôle dynamique sans en servir la face exagérément emportée, se montre stabilisante sans être excessivement nerveuse, les rapports se colorent des meilleurs augures. Si au contraire elle plonge dans ses propres extrêmes, l'instabilité, la surenchère d'originalité, l'irrégularité l'emportent et la relation devient totalement cahotique. A force de fournir à son fils Verseau toutes les cordes de la nouveauté qu'il ne se lasse jamais d'expérimenter dans ses moindres recoins, elle peut l'enfoncer dans son complexe d'inintégration, en faire définitivement un marginal distrait, amoral, asocial. Il serait dommage, et ce serait là le pire, qu'à la fureur de vivre qui habite mine de rien le cerveau de son fils Verseau, maman Bélier vienne ajouter la sienne. Marchant tous deux à côté de tous les sentiers battus, ils finiraient par se perdre l'un l'autre. Maman Bélier, mauvaise joueuse, ne manquerait d'ailleurs pas d'accuser son fils de ce qu'elle-même aurait provoqué et la muette abdication devant le monde concret de son fils Verseau pourrait alors devenir inquiétante.

Le conseil

Le rassurer, l'asseoir dans la réalité en lui faisant bien comprendre que celle-ci n'est pas que fade puisqu'elle peut être synonyme d'innovation, maman Bélier a tous les moyens pour apporter cela à son fils Verseau. Alors qu'elle s'y tienne...

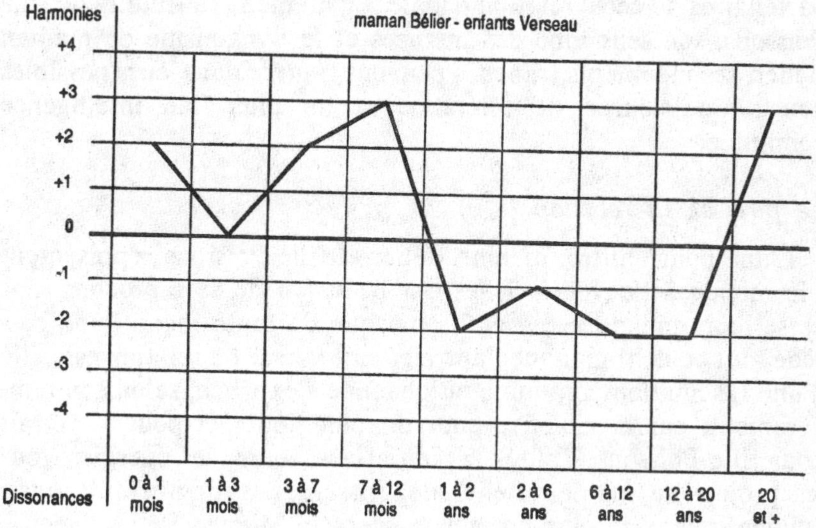

Maman Bélier-fille Poissons

Le meilleur de la relation

Fille Poissons semble soumise à tous les désirs de sa maman, ce qui est vrai pour la plupart des nourrissons mais celui-ci ne manifeste aucune envie, même dans les mois qui vont suivre la naissance et les années de l'enfance, de sortir du tout que représente l'amour maternel. A son contact donc, maman Bélier est investie d'un rôle très important puisqu'elle voit bien à quel point elle est essentielle pour le manque d'autonomie flagrante de sa petite, qui s'acharnera à rester une toute petite. La tendresse qui pointe, la fragilité dont elle témoigne, les câlins qu'elle réclame sans cesse, les heures entières qu'elle peut passer à suçoter son nounours ou à contempler de belles images colorées au son de suaves musiques, voilà un univers absolument inconnu de maman Bélier mais qui la remplit d'émotion et l'oblige à découvrir en elle des ressources insoupçonnées. A l'égard du travail scolaire, elle bouscule sa fille et lui ramène les pieds sur terre car sans cela fille Poissons passerait volontiers son temps à faire des bisous à ses copains de maternelle puis d'école sans trop se préoccuper des devoirs à rendre. Maman Bélier d'ailleurs en ferait bien d'avantage pour stimuler sa fille mais la résistance douce et passive qu'elle trouve la remet à sa juste place. La relation femme/femme peut être plus complémentaire; la fréquentation d'une femme différente, même liée par des liens de sang, apportant dépaysement et ouverture à chacune des partenaires de cette relation tribale. Finalement, la fluidité de fille Poissons, son sens inné des nuances et le dynamisme de maman Bélier, ses jugements tranchés peuvent trouver dans leurs possibles heurts une source de tolérance et de plus fine intelligence commune.

Le pire de la relation

L'une pour l'autre, maman Bélier et fille Poissons représentent « le monde à l'envers ». Elles ont beau jeu de se reprocher sans cesse leurs manques respectifs puisque de toute façon l'une possède tout ce dont manque l'autre et vice versa. La relation est celle d'une fascination commune où chacune s'exprime, selon son tempérament, par la violence pour maman Bélier et pour le retrait pour fille Poissons. Toutes les initiatives, toutes les énergies, tous les projets de maman Bélier dépérissent devant une fille aussi énigmatique et résolument peu concernée. Maman Bélier l'accuse de laxisme, de manque d'énergie, de combativité, de volonté, de clarté quand elle ne lui reproche pas carrément d'être mythomane, perverse, opportuniste. Fille Poissons en a le cœur touché au vif d'autant plus qu'elle ne parvient pas à l'exprimer. Maman Bélier culpabilise et ronge ses ongles et chacune demeure malheureuse dans son monde. Des nuits entières maman Bélier veille : « Mais qu'est-ce que j'ai dit, fait, pas dit, pas fait, et que pense-t-elle donc? » Des nuits entières, fille Poissons se persuade que sa maman ne l'aime pas et invoque le secours d'un vaillant Prince Charmant. Beaucoup d'eau dans le gaz et des tensions quotidiennes qui peuvent, si vraiment la détente ne se trouve pas, accentuer les difficultés d'intégration de fille Poissons ou ses cycles anorexies-boulimies néfastes.

Le conseil

Si fille Poissons laisse passer beaucoup de remarques vives et brutales, ce n'est pas qu'elle ne comprend pas, ressent rien mais bien qu'elle se sent pas capable de lutter sur ce terrain-là. Maman Bélier doit apprendre à déléguer, à laisser sa fille Poissons s'épanouir là où cela lui convient mieux, respecter ses silences et son univers fluctuant pour ne pas se retrouver vers l'adolescence avec une « fugueuse » chronique.

Maman Bélier-fils Poissons

Le meilleur de la relation

Mon Dieu quels trésors d'étonnements quotidiens que ce petit garçon-là, si éloigné des critères de sa maman Bélier que celle-ci n'en finit pas d'en être déconcertée! Elle le trouve conciliant chaque fois qu'elle pense qu'il va refuser une chose puis brusquement rebelle alors qu'elle est sûre qu'il ne peut qu'apprécier une autre chose. Totalement structurés sur ce dont l'autre manque, fils Poissons et maman Bélier ont donc à s'apporter toutes leurs cases « manquantes » et elles sont légion. Intuitif, sensible, « huître avare de ses perles », fils Poissons hallucine systématiquement la réalité car rien de limité ne peut vraiment l'intéresser. Mais c'est aussi cela qui l'angoisse et le rend si soumis devant sa maman Bélier. Plus que tous ses autres fils, celui-là a vitalement besoin de son énergie, de son côté carré et s'il rechigne régulièrement devant son autorité, c'est qu'il s'en sait tributaire pour la majeure partie de sa vie, d'enfant mais aussi d'adulte. Son papa est gentil mais pas très solide alors c'est maman qui fait la loi à la maison, fils Poissons en gardera toute sa vie un rapport d'attraction-répulsion pour les fortes femmes un peu dominatrices. La voyant évoluer de façon aussi déterminée, il sait pouvoir compter sur elle et lui fait confiance pour le guider solidement vers son avenir. Elle oriente ses études afin de rendre son imagination, sa subtilité, ses rares dons d'éloquence et sa compréhension très intérieure des choses non pas nébuleux mais inscrits dans la réalité. Maman Bélier se régale de la tendresse expansive de son petit garçon qui l'émeut à avoir tant besoin d'elle. Elle le sent fragile et l'encoconne, sait mieux que personne le défendre tandis que le sens des nuances, la fluidité et la nonchalance de son fils Poissons l'apaisent et lui font découvrir une relativité qu'elle pourrait si vite oublier. La stabilité de l'une, l'humour de l'autre, ce sont les ciments qui équilibrent leur relation d'adulte à adulte.

Le pire de la relation

Maman Bélier a beau jeu de reprocher à fils Poissons ses incertitudes, ses fluctuations, ses nuances mélancoliques et son manque d'agressivité, car elle doit savoir que leur relation ne peut exister, dès les premières années, que basée sur la complémentarité. Mais cela n'empêche qu'elle est tellement déroutée par le comportement de son fils qu'elle ne peut s'empêcher de redoubler d'énergie, d'initiatives, de projets dynamiques, qui agissent sur lui comme d'insupportables blessures devant lesquelles il réagit non par l'attaque mais par la fuite, la feinte indifférence ou, en grandissant, par le cynisme, les fugues et, de toutes façons, le refus d'entrer dans un jeu qu'il sait nocif à son bien-être. Lorsque les dialogues ne passent pas, fils Poissons ne cherche pas à démêler logiquement les écheveaux, il sombre dans ses mystères et n'en revient plus; or maman Bélier, plus que toutes autres, juge cette attitude pernicieuse et insultante. Jamais elle ne saura ce qui se passe dans la tête de cet enfant, puis de cet homme, et les quiproquos, les malentendus, les peines de cœur creusent entre eux d'infranchissables fossés. Longtemps elle cherche à le poursuivre pour tenter de recevoir une explication claire et nette, comme elle les aime, mais toutes ses attaques se terminent en... queue de poisson.

Le conseil

Tellement dépendant tant qu'il est petit et encore tard dans sa vie de jeune homme (25-30 ans...), sa maturité à lui passe par l'éloignement. Rien ne sert de vouloir le retenir, ce ne serait que la porte ouverte aux blessures inutiles. La tolérance mutuelle, relativement naturelle pour fils Poissons, reste la voie de la complicité de l'âge mûr.

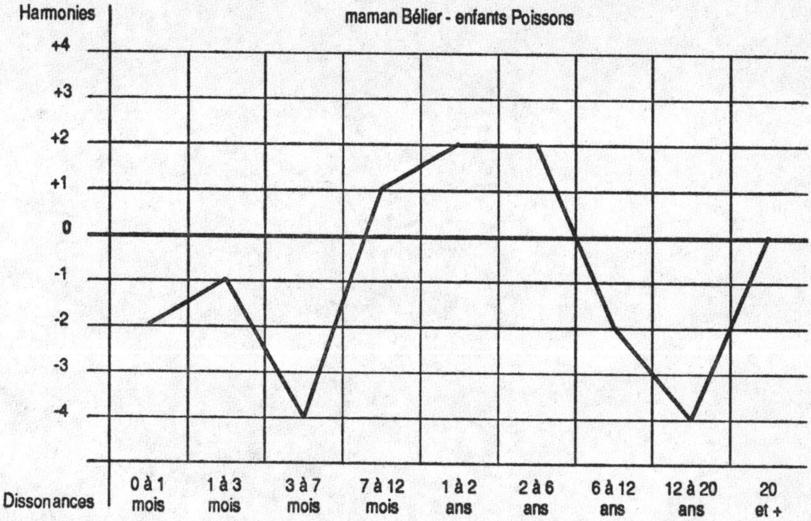
Harmonies
maman Bélier - enfants Poissons
+4
+3
+2
+1
0
-1
-2
-3
-4
Dissonances
0 à 1 mois
1 à 3 mois
3 à 7 mois
7 à 12 mois
1 à 2 ans
2 à 6 ans
6 à 12 ans
12 à 20 ans
20 et +

TAUREAU

Être mère selon la femme Taureau

Gouvernée par Vénus, votre planète maîtresse, mais aussi par la Lune en exaltation dans votre signe, vous êtes un prototype de maman.

Femme-femme, vous trouvez dans la maternité ce quelque chose en plus qui manquait à votre plénitude. D'amante sensuelle n'ayant pas hésité à épuiser tous les secrets de votre séduction innée, vous devenez femme-terre, terre-mère, déesse régnante au pays des mortels.

Enceinte vous avez pensé « Je n'appartiens plus au monde, le monde m'appartient » et vous savez que vous possédez désormais un pouvoir supplémentaire. Selon vous la vie n'aurait pas de sens sans enfants et la sérénité que vous acquérez là constitue un terreau fertile pour votre progéniture.

Tout cela fait de vous une maman un peu possessive et autoritaire, consciente de ses responsabilités. Les principes que vous appliquez sont ceux du bon sens, de ce que l'on appelle la valeur essentielle des choses. Mais cela ne vous empêche pas d'être à l'écoute de vos enfants, ce qui est le meilleur moyen d'éviter les aspects négatifs de votre personnalité entière et jalouse. Dans vos jupes, vos enfants trouvent protection, chaleur mais il n'est pas rare que vous les poussiez vous-même à en sortir si vous les sentez trop dépendants.

Vous n'êtes pas mère à vous laisser envahir et submerger. Votre vie de femme continue même si elle se modifie. Le changement essentiel est que vous cherchez indubitablement à construire un nid : un foyer, des horaires, une vie recentrée autour de l'axe vital que représente votre enfant. Quelles que soient vos activités extérieures, elles ne se feront pas au détriment de cet axe-là : vous demeurez avant tout rassurante et nourricière.

Votre credo s'exprime ainsi : « Je remplis mes enfants d'amour jusqu'à ce qu'ils en aient eux-mêmes assez. » Certes, mais si vous parvenez à accepter que vous n'êtes pas la seule à savoir aimer vos enfants, ils ne vous en sauront que plus gré. On souhaite que le père par son impact empêche votre amour si grand de devenir dominateur et vous serez alors une maman parfaite. Ceci s'entend en particulier dans vos relations à vos fils.

Ce que maman Taureau attend de sa fille

En mettant une petite fille au monde, vous vous dites « Tu seras une femme, ma fille, une vraie » et faites désormais tout pour lui transmettre le savoir que vous avez de ce qui constitue « l'éternel féminin », de ce qui fait tourner le monde et donc, par conséquent, les hommes. Affectueuse, tendre, elle a forcément envie de téter pour assouvir son envie de câlins et de protection qu'elle saura de fait divulguer au mieux par la suite. Belle, charmeuse, amoureuse des justes proportions et des justes formes des choses, elle aimera la Nature comme sa maison, très attentive à sa chambre puis à son intérieur, fin cordon bleu et grande gourmande devant l'Éternel, désireuse de longues siestes, de plénitude et de paresse, sachant jouer de son charme et de son œil de velours qui palpitera au moindre regard masculin à la ronde. Recevoir, parler et chanter, s'habiller de tissus soyeux qui ravissent son côté tactile, être exigeante sur le plan de l'esthétique, c'est-à-dire passer des heures dans la salle de bains, ne porter que les vêtements qu'elle veut, préférer les robes moulantes aux jeans et les talons aiguilles aux baskets. L'éduquer, pour vous, c'est lui permettre de ressortir le meilleur de sa séduction, développer ses sens artistiques et créatifs sans que jamais elle perde le concret de vue. Votre fille sera fine mouche, elle aura naturellement tous les hommes à ses pieds!

Ce que maman Taureau attend de son fils

Selon vous votre fille a plus de droits par rapport à votre fils, qui aurait surtout des devoirs, c'est ainsi! Il sera gentil et attentionné ce petit bonhomme qui confortera la féminité de sa maman gâteau, tellement prête à briller juste pour lui, qu'elle ne voit pas comment il pourrait mal s'en porter. Il sera élégant et sentira bon, appréciera de manger à heures régulières les plats que vous lui aurez spécialement destinés, respectera les traditions de sa famille, ne se laissera jamais marcher sur les pieds, ne sera jamais

« un bon à rien, hirsute et dilettante » et bien sûr, choisira une femme vous ressemblant pour l'épouser et vous donner les petits enfants que vous rêvez tant de garder. Votre fils construira autant son compte en banque que son assise sociale, il sera méticuleux et réconfortant et sera un amant voluptueux et langoureux! Ce qui vous fait sourire d'avance!

Maman Taureau-fille Bélier

Le meilleur de la relation

Sur fille Bélier, agitée et nerveuse dès le berceau, le calme olympien de maman Taureau se révèle du meilleur effet. Elle sait instinctivement entourer et rassurer cette petite fille qu'elle se réjouit de voir aussi vive tout en s'effrayant de la sentir si fragile, si soumise aux fluctuations environnantes. Fille Bélier apparaît à sa maman Taureau, comme un bouchon sur une vague déferlante et elle se met très vite à l'œuvre pour tenter de lui apporter pondération, mesure, recul sinon intériorisation nécessaires à l'autoprotection. Patiemment, elle lui fait répéter ses gestes, toucher les objets, découvrir son corps, observer son entourage, prendre possession de l'espace mais aussi du temps dans lequel elle vit. Elle est infaillible lorsqu'il s'agit d'autoriser sa fille à s'inscrire dans son milieu ambiant et à s'en montrer maîtresse alors que la tendance première de fille Bélier est de copier son attitude sur l'extérieur. Bref, elle repère vite l'enthousiasme qui est le meilleur moteur de sa fille Bélier mais aussi sa naïveté et sa crédulité qui l'exposent aux coups les plus bas et aux douleurs les plus vives. Elle rassure, et sert de tampon lucide, tenace, salvateur pour sa fille casse-cou physique et sentimental. Cette capacité d'être une « force tranquille », immuable dans l'ouragan représente l'impact le plus évident de maman Taureau dans la vie de sa fille Bélier. Elle est le havre où celle-ci ira se ressourcer toute sa vie. Tandis qu'elle lui apporte pour sa part dynamique, sens du risque, de l'initiative et de l'humour décapant, qualités de légèretés et d'enthousiasmes impétueux qui manquent à maman Taureau.

Celle-ci rit d'ailleurs beaucoup avec sa fille Bélier, dès le début et trouve à son contact la gratuité qui manquerait à sa fiabilité.

Le pire de la relation

Décidément leurs rythmes si divergents, lorsqu'ils ne se complètent pas, font facilement maman Taureau et fille Bélier se heurter. Maman Taureau cherche toujours à freiner sa fille Bélier, à la mettre en garde et à la diriger et celle-ci réagit avec violence, obstination et désinvolture sinon surenchère par simple goût de provoquer. Les deux caractères sont forts, entiers, endurants et fonctionnent très bien dans leurs propres registres : il est donc difficile d'imaginer que ces deux femmes, surtout à partir du moment où fille Bélier prend de l'autonomie en entrant à l'école et donc en ayant à sa portée d'autres modèles de comparaison, comprennent d'emblée tout ce qu'elles ont de si différent à s'apporter. Fille Bélier, de toutes les manières, a besoin de former sa personnalité dans l'opposition : il n'y a là rien à changer ou à regretter, c'est son moteur interne le plus évidemment naturel, sa façon d'appréhender l'existence. C'est une caractéristique non un défaut mais maman Taureau, forte tête elle aussi, ne l'entend pas de cette oreille. Les prises de bec, les emportements sont légion, l'atmosphère est à l'orage mais si maman Taureau en boude des journées durant, fille Bélier l'oublie dès qu'elle a fini de crier. Ces chocs un peu titanesques forment la toile de fond de l'adolescence jusqu'au moment où l'indépendance de fille Bélier lui permet de quitter les lieux, pour elle trop clos, de sa maman Taureau possessive et jalouse, et ne voir dès lors que le meilleur de cette mère, aimante s'il en est. Ceci dit, la séduction de l'une étant presque opposée au modèle de séduction de l'autre, il arrivera encore souvent que maman Taureau fasse ses commentaires sur les débridements amoureux de sa fille Bélier qui séduit comme on fait mouche alors que maman Taureau est toute de langueurs et d'atours, ce qui fait dire à sa fille Bélier qu'elle est « démodée ». Bref, le père devient rapidement une cible de choix, soumis qu'il est, le pauvre, aux assauts tellement antinomiques de ces deux femmes.

Le conseil

Si ces deux femmes parviennent à établir leur complicité pour en faire une stratégie, leur tandem devient imbattable et va loin. L'une suggère, l'autre achève, l'une court, l'autre chemine tranquillement, l'une calme l'autre secoue. Reste à respecter les différences et à saisir, pour maman Taureau, que sa fille Bélier est une rebelle qu'elle doit soutenir, mais jamais dénoncer. Elle sera en retour payée de fidélité et de sincérité.

Maman Taureau-fils Bélier

Le meilleur de la relation

En sa maman Taureau, ce petit bébé Tarzan cherche la Jane idéale qui l'aidera à devenir ce que dans sa tête il est naturellement : « le plus fort ». Le meilleur de la relation s'axe autour du fait qu'il est homme-homme et elle, femme-femme avec ce que cela implique dans une définition presque caricaturale de ces rôles. Il se réjouit de son calme qui coupe court à sa nervosité, de sa tempérance si précieuse pour son caractère emporté, de sa sensualité qui le réconcilie avec son corps, de son admiration tacite qui appuie son sens de la compétition et aussi de son sens de la construction pour lui qui a tendance à l'éparpillement, qui nourrit mille projets sans suite. Le rire désamorçant de maman Taureau calme ses passions puisqu'il croit toujours avoir perdu la guerre lorsqu'il lui arrive, même à lui, de perdre une bataille. Maman Taureau est ravie de voir que ce bébé sait ce qu'il veut et il veut que ça bouge! Elle excelle à canaliser son énergie. L'accueil qu'elle réserve à ses manifestations intempestives est serein parce qu'elle sait être la première de ses princesses. Elle ne s'en hisse pas pour autant sur un piédestal qui le désespérerait et sait le ramener sur la terre ferme avec le doigté nécessaire. A eux deux, ils forment un couple parfait avec des accords majeurs dans la petite enfance. L'entente est immédiate sur le fond des choses, les psychismes à l'unisson, leurs dialogues cohérents et constructifs. La complémentarité traverse les âges et s'exprime très bien dans le rapport homme/femme. Fils Bélier devenu grand est un soutien solide pour sa maman Taureau, un défenseur sans peur ni reproche prêt à tout pour elle. Elle continue à le protéger et de son regard tendre, à veiller sur les frasques qu'elle est sûre d'être la seule à connaître et à comprendre... et c'est souvent vrai!

Le pire de la relation

La première fois qu'il est devenu rouge de colère (et c'est arrivé dès le premier mois de sa vie...) Maman Taureau a senti les limites de son autorité naturelle. Non, il ne se pliera jamais facilement, non il n'est pas fait pour obéir, non, ce n'est pas la bagarre qui lui fait peur puisqu'elle le nourrit et qu'il part évidemment battant. Tout cela rassure maman Taureau sur la résistance de son petit garçon mais cela l'agace aussi prodigieusement. Comme elle n'est pas maman à se laisser marcher sur les pieds, les colères, les disputes, les cris se profilent vite à l'horizon, dès qu'il marche, dévaste tout et passe outre toute autorité tête baissée. Il ne reste à maman Taureau qu'à trouver le juste milieu entre la résignation qui ne lui convient pas et le clash si vite arrivé. Surtout qu'en grandissant, cette tendance va en s'accentuant, présageant quelques épisodes fameux au cours de l'adolescence.

D'autre part, très vite, fils Bélier fatigue sa maman Taureau car ils n'ont pas du tout le même rythme intérieur. Il est rapide, primaire, immédiat et ses actes suivent aussitôt ses pensées lorsqu'ils ne les précèdent pas. Maman Taureau en est toute bousculée et cela rajoute aux risques d'emportement et de heurts. Rapidement fils Bélier devient trop indépendant à son goût de maman protectrice et possessive. Petit elle veut l'accompagner à la porte de sa classe et il hurle de dépit. Plus tard elle veut tout savoir de ses relations et le voit s'enfermer dans sa chambre sans dire bonsoir. Les drames entre eux ne viennent pas d'une incompatibilité de fond, au contraire. Ils sont le lot de contingences qui pour être plus superficielles, n'en sont pas moins sclérosantes et durables.

Le conseil

Il est impératif pour maman Taureau de savoir établir une confiance mutuelle. En fils Bélier sommeille un rebelle qu'il faut très peu pousser pour qu'il devienne un marginal. Très vite il affirme n'avoir besoin de personne même s'il guette tous les signes d'approbation. Son adolescence est souvent perturbée, se vit sur un mode exagérément révolté ou exagérément mélancolique. C'est aussi que plus que d'autres encore, il voudrait garder sa maman pour lui tout seul. On souhaite très fortement un papa dont l'impact sera suffisamment solide pour que cette pause d'Œdipe ne soit pas trop passionnelle...

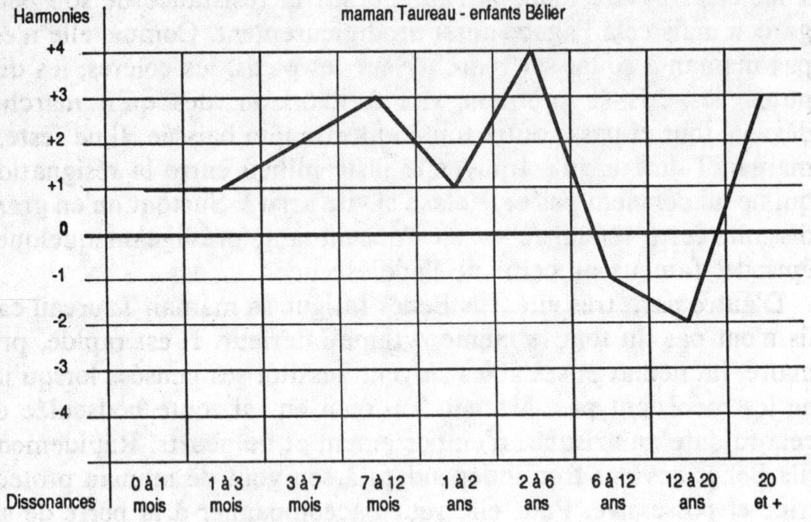

Maman Taureau-fille Taureau

Le meilleur de la relation

Le principal pour un enfant Taureau étant de se sentir entouré, aimé, nourri d'affection, de dévotion, d'écoute et de câlins aussi gros que ses gâteaux, on peut être sûr que fille Taureau passera son enfance dans un climat pour elle idéal auprès de maman Taureau qui sait instinctivement offrir ce qu'elle a elle-même tant quémandé dans son enfance. Le bien et le beau, l'efficace et le commode, tout ce qui conjugue l'utile à l'agréable, cela constitue les caractéristiques des rapports qu'entretiennent maman Taureau et sa fille du même signe solaire. Un échange d'esprit et de cœur se fait naturellement dès les premiers jours. Maman Taureau, en prototype de mère parfaite, disponible, consolante, protectrice même lorsque sa vie professionnelle se révèle chargée, créera une atmosphère calfeutrée dans laquelle sa fille Taureau pourra s'épanouir avec l'envergure et la confiance qui lui sont nécessaires. Entre elles pas de conflits d'autorité, tout se résoud dans une sorte de suavité qui caractérise le signe car chacune ayant souci de ne pas casser le cocon dans lequel elles évoluent elles mettent mutuellement leur talent de mesure, de pondération et leur sens pratique au service du bien-être, qui chez elles est immédiatement rattaché au mouvement naturel des êtres et des choses. Les plaisirs de la table, de la vénusté, de la décoration, de la Nature mais aussi de l'esthétique les unissent à vie. Elles déploient l'art d'être femme avec des consonantes majeures et fille Taureau, future courtisane a bien des leçons à prendre et à appliquer de sa maman Taureau. Elles se comprennent presque sans mots et, une fois fille Taureau devenue adulte, elle sait pouvoir encore compter sur sa maman, autant sur le plan ménager, financier qu'amoureux ou marital. Solidaires contre tous, elles sont deux « fortes femmes » que rien ne semble pouvoir ébranler.

Le pire de la relation

Le côté trop matériel, trop lent et un peu têtu du signe se trouve conjugué dans cette rencontre. Maman Taureau apporte tant et si bien à sa fille Taureau que celle-ci, nourrie, mais presque « gavée » d'affection, peut devenir boulimique, absolutiste tant elle pense que tout lui est dû, en même temps qu'elle est sûre d'avoir tout à apporter, notamment à ses futurs amoureux. Cela peut la rendre un peu encombrante, de toute façon peu portée vers les concessions et facilement capricieuse. Ces traits de caractère peuvent, si maman Taureau appuie trop le côté pragmatique de son éducation, se doubler d'un appétit de possession autant affectif que financier, d'un brin d'égoïsme irritant, ce qui constitue autant d'obstacles à la construction de sa personnalité d'adulte et de ses rapports avec son entourage. Cela est surtout le lot de l'adolescence et de la période d'apprentissage amoureux qui dure chez fille Taureau jusqu'au moment où, après avoir trié maints prétendants sur le volet de son exigence peu commune, elle cédera un peu de son autorité pour donner à son tour ce que maman Taureau a si bien su lui donner. Les filles Taureau changent souvent beaucoup avec la maternité et le passage de l'avidité à recevoir et à thésauriser au don gratuit et serein se fait souvent à cette occasion.

Le conseil

Maman Taureau sait bien, si elle veut bien se l'avouer qu'on lui a souvent reproché son côté étouffant et capricieux. Pour ne pas développer cette tendance chez sa fille Taureau au point d'handicaper celle-ci dans ses rapports avec autrui, elle doit lui apprendre à gérer son capital amour avec la souplesse, la générosité et le détachement qu'elle-même a mis tant de temps à acquérir. En fait, il en est de cette relation comme de toutes celles qui soudent trop étroitement deux êtres trop similaires portés à vivre longtemps dans une doucereuse dyade : les problèmes qui se posent ne se manifestent que rarement entre maman et fille Taureau mais trouvent leur illustration dans les heurts qu'une telle relation absolue pose avec l'extérieur. Fille Taureau ne trouvera jamais une relation aussi parfaite que celle qu'elle a longtemps vécue avec sa maman Taureau : il est impératif que cette dernière le lui fasse comprendre au plus vite...

Maman Taureau-fils Taureau

Le meilleur de la relation

Entre ces deux signes de terre, les plaisirs concrets sont légion. Maman Taureau sait très bien ce dont son petit bébé Taureau a besoin, elle l'enveloppe de la douceur sensuelle qu'il requiert, crée l'ambiance encoconnante dont il a besoin, lui chante les berceuses qui ravissent son oreille si sensible et lui mitonne avec amour les petits plats dont il aimet tant à se gaver. Elle est ravie parce que c'est un bébé calme, souriant, doux, gourmant et réceptif. Entre eux, c'est sûr, passe un courant car ils goûtent tous deux les joies de la langueur casanière qui chez eux est érigée au rang de rite. Les câlins, les bisous, les tendres fièvres voilà ce qui les lie depuis le premier jour et... pour toujours. Fils Taureau est tout obéissance pour une maman aussi habile à se faire obéir en douceur, maman Taureau admire beaucoup ce petit bout d'homme si fin, si posé, si tendre mais elle n'en oublie pas pour autant qu'il a un avenir à construire et que cet avenir doit être le mieux assis possible. Là aussi il obéit et leur vision respective de ce qu'est un « bel avenir » fait que leur entente n'est pas entachée par des oppositions nées de perspectives antinomiques. Ils se retrouvent sur les qualités de travail, de réflexion, de sérieux sans oublier leurs fortes affinités esthétiques et artistiques. Basée sur l'intelligence autant que sur l'intuition, leur relation est affectueusement complice, implicitement conservatrice, socialement posée et orientée vers la création autant que vers la tradition. Cela fait une relation calme, simple, sereine dans laquelle il est rare qu'un mot soit prononcé plus fort qu'un autre et où prédomine le raisonnable.

Le pire de la relation

Qui dit calme tacite, implicite, rigoureux et raisonnable dit danger d'enfermement. Ce danger est surtout couru par fils Taureau, tellement rempli par l'amour immense de sa maman Taureau qu'il est très vite lié à elle par des sentiments que l'on qualifierait de « douteux » en terme psychanalytiques... L'identité de sentiments, l'adhésion immédiate à un univers intime privilégié, la communauté de sens et d'objectifs font planer un danger sur l'avenir du fils Taureau qui ne saurait se sortir d'une sphère aussi parfaitement taillée à sa mesure, d'autant que maman Taureau, par trop naturellement peu encline à partager sa place et encore moins à l'abandonner, ne coupe pas volontiers le fil solide qu'elle a si bien tissé entre son fils et elle. Il est rare que celui-ci se rebiffe ouvertement il attrapera plus volontiers une « mélancolie » s'il ne se retire pas en lui-même avec cette tendance chez lui facile à ruminer de noires pensées auxquelles il ne trouve pas d'issue. Gavé de tendresse, il pourrait se sentir absorbé sans vraiment savoir comment s'extraire de cette prison dorée et la vie dans laquelle ils se couleraient, maman Taureau et lui, ressemblerait à un tableau proustien qui ferait de fils Taureau « un enfant adulte et un vieil enfant ». Les jalousies mutuelles et les sentiments de frustration de fils Taureau rendraient l'atmosphère pesante comme une belle étoffe naphtalinée.

Le conseil

S'ils restent ainsi soudés l'un à l'autre, unis par trop de penchants communs, fils Taureau et maman Taureau s'exposent à des évolutions extrémistes de leurs rapports homme/femme. Soit fils Taureau restera à jamais enfermé dans cette image de femme donnée par sa maman et tentera désespérément de la retrouver en chaque nouvelle rencontre mais il s'épuisera dans cette fidélité. Soit il sera obligé de rompre violemment et définitivement avec tout ce qui peut se rapprocher d'elle jusqu'à ce que la situation s'assainisse. C'est maman Taureau qui implicitement le pousse à ces extrêmes, elle ne lui laisse aucun choix intermédiaire... A bon entendeur...

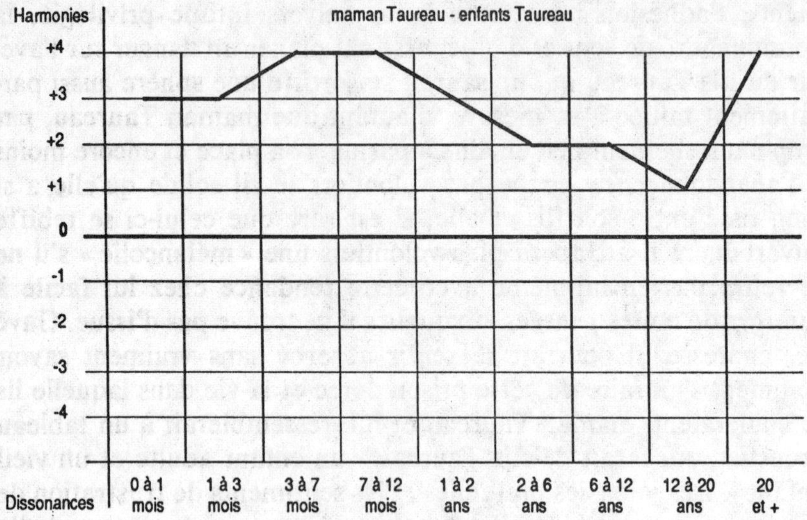

Maman Taureau-fille Gémeaux

Le meilleur de la relation

Cette petite fille gaie, dynamique et espiègle, charmeuse hors-pair dès son plus jeune âge a sur sa maman Taureau un effet tout à fait tonifiant. Elle est précoce, se met vite à quatre pattes et cherche à découvrir son environnement, révèle plus d'un tour dans son sac à malices et rit si facilement que maman Taureau prend un réel plaisir à leurs communs moments de franche gaieté, de jeux et, de discussions à bâtons rompus au cours desquels fille Gémeaux affirme caractère et indépendance. Elle la regarde comme une « petite graine sauvage », sans doute très éloignée de ce qu'elle est elle-même, mais qu'elle trouve irrésistible. Les audaces, les idées saugrenues de sa fille Gémeaux l'étonnent et la ravissent, elle est pour sa part experte à les canaliser et sait comme personne l'aider à les exploiter avant qu'elles ne se perdent dans la série des envies sans lendemain qui abondent dans la tête multiple de sa fille. Cette complémentarité constitue le ciment de leur relation : maman Taureau apporte la terre ferme aux instabilités de sa fille Gémeaux, elle sait la maintenir dans la réalité et la continuité et donner corps à sa versatilité si peu conforme aux exigences sociales. Elle est son garde-fou, sa soupape de sécurité, son ombre salvatrice. Elle la rattrape toujours à temps lorsque fille Gémeaux s'aventure trop loin dans ses audaces. Pour sa part, fille Gémeaux allège heureusement l'univers trop sérieux, trop concret, trop figé de sa maman Taureau, lui apporte le sens de la gratuité et passe ses humeurs ruminantes au tamis de son humour imparable. Souvent maman Taureau s'en irrite car fille Gémeaux semble toujours lui faire des pieds de nez lorsqu'elle se montre docte, mais avec le temps, l'équilibre se fait entre la primarité excessive de fille Gémeaux et la secondarité non moins excessive de maman Taureau. Celle-ci voit ses horizons s'ouvrir et se multiplier grâce à sa fille Gémeaux, qui quant à elle, viendra toute sa vie chercher les bons conseils de sa fiable maman Taureau.

Le pire de la relation

Elles ont bien du mal à se comprendre et peuvent en avoir autant à s'accepter, particulièrement pour maman Taureau qui passera de longues années à tenter de changer le comportement turbulent, étourdi, instable et irresponsable (tous ces mots qu'elle lui répète) de sa fille Gémeaux car elle pense, en toute bonne foi, qu'avec aussi peu de stabilité elle s'expose à de sérieux revers dans l'existence. Maman Taureau a très vite « peur pour sa fille Gémeaux » et veut absolument lui inculquer le sérieux avec lequel on doit, selon elle, mener sa barque. Autant de sévérité qui étouffe littéralement fille Gémeaux et peut développer chez elle des complexes de fuite en avant. Le problème est surtout dans la manière de faire : plus maman Taureau veut responsabiliser sa fille Gémeaux, lui faire admettre ses points de vue et plus elle lui donne, à son insu, l'horreur de la gestion et de la sécurité. Elle pense vite que sa maman est un pesant trouble-fête et se confirme d'autant dans ses besoins de légèreté. Le pire serait, fille Gémeaux n'ayant pas l'âme obéissante ni la langue dans sa poche, que les discussions tournent au vinaigre et se finissent en queue de poisson : maman Taureau en a le cœur renversé et rumine ses douleurs tandis que fille Gémeaux a déjà oublié. L'adolescence peut être riche en conflits et les rapports de femme à femme peuvent, si elles ne trouvent pas l'axe de leur complémentarité, les faire totalement passer l'une à côté de l'autre. Fille Gémeaux jugera sa mère « bobonne », maman Taureau se lamentera de la voir vivre dans le fouillis et les hamburgers à moitié avalés et aucune ne reconnaîtra sa féminité dans celle de l'autre.

Le conseil

L'une rit, l'autre grince des dents... si maman Taureau veut vraiment jouer efficacement son rôle de régulateur dans la vie de sa fille Gémeaux, elle doit faire l'effort d'admettre le besoin impa-rable de liberté de celle-ci. La protection qu'elle lui demande ne doit pas se teinter de possessivité étouffante car chercher à restreindre une fille Gémeaux c'est nier sa personnalité ou bien risquer de la voir disparaître... longtemps.

Maman Taureau-fils Gémeaux

Le meilleur de la relation

Cette rencontre astrologique n'est pas des plus immédiates car les valeurs profondes des signes solaires ne sont pas toujours en phase. Cependant, une grande tendresse s'établit très facilement, maman Taureau ne prenant pas la nervosité innée de son fils Gémeaux au tragique. Elle sait savoir le calmer et le fait avec un naturel et un doigté incomparables. Lui faire prendre conscience de son corps, l'amener à le respecter en le nourrissant bien, le soignant bien et en ne lui faisant pas subir des rythmes déstabilisants, voilà son rôle dans la vie de son fils Gémeaux qui a tendance à ignorer son enveloppe terrestre et à détester le quotidien concret pour ne privilégier que les joies de l'esprit. Certes elle le juge agile, drôle, résistant et audacieux et ces traits de caractère sont du meilleur effet sur son esprit bougon porté à la rumination. Il allège l'esprit de sa maman, la fait rire, dédramatise les atmosphères, joue avec les gens et les mots, charme tout ce qui bouge et sa maman n'est pas la dernière à ne pas résister à ses sourires enjôleurs. La séduction qu'elle-même exerce sur lui se révèle simplement plus concrète et dans la petite enfance, il trouve dans sa solidité de caractère un sol rassurant pour ses cabrioles physiques et ses jongleries spirituelles. Tant que leurs attirances peuvent agir, celle de fils Gémeaux impalpable et changeante, celle de maman Taureau faite de sensualité et de valeurs durables, la complémentarité peut exister entre eux et tisser les fils d'un rapport homme/femme tout à fait constructif. Il sera toujours le « fieffé comédien » un peu mythomane qui épate la galerie, elle rira beaucoup de son aisance verbale tout en faisant la part du possible et il a bien besoin de cela pour se rassurer.

Le pire de la relation

Bien sûr le petit bébé que maman Taureau entourera de ses meilleurs soins se sentira bien aise d'être choyé. Mais très vite il a besoin de bouger, d'aller vite, de brûler les étapes et peut alors se sentir freiné par la possessivité, le besoin de protection et l'autorité naturelle de maman Taureau. Primaire, il agit aussitôt qu'il pense et l'obéissance lui est aussi familière que la terre à une anguille. D'ailleurs lorsque maman Taureau veut lui imposer quelque chose ou qu'elle élève le ton, il acquiesce et se défile, dans un grand sourire câlin qui désarme. Maman Taureau en est tout irritée car elle ne sait jamais sur quel pied danser avec ce fils-là. Elle qui ne jure que par la continuité, la solidité, la droiture, elle trouve ses valeurs bien mises à mal par ce fils turbulent. Quant à lui, ne supportant pas de se sentir étouffé, dirigé et « empêché de légèreté », il n'a que l'idée de grandir au plus vite pour s'échapper pour de bon. En attendant, il bifurque, truque, camoufle et sa maman Taureau n'en finit pas de lui reprocher sa versatilité, ses mensonges, ses échappatoires, sa façon de « faire toujours son intéressant » enfin bref, toutes ces choses qui font qu'il lui glisse tout le temps entre les doigts. A l'adolescence et même avant, dès que fils Gémeaux va à l'école et agrandit son cercle de connaissances hors du foyer et jusqu'au moment où il est en mesure d'assumer ses besoins de liberté, de multiplicité et de légèreté, le dialogue entre eux ressemble fort à un dialogue de sourds-muets. Ils parlent par mimiques mais ne comprennent, et ne répondent jamais à celles de l'autre. Maman Taureau voudra s'imposer, clarifier la situation, discuter et cherchera à provoquer des clashs purificateurs. Mais là encore fils Gémeaux « désamorce » et s'enfuit.

Le conseil

Aussi difficile que cela puisse lui paraître, maman Taureau doit admettre qu'elle ne saura jamais vraiment ce que pense son fils Gémeaux car si la tendresse les unit, leurs esprits les séparent absolument. Pondération, philosophie et surtout tolérance sont au rendez-vous de cette rencontre astrologique.

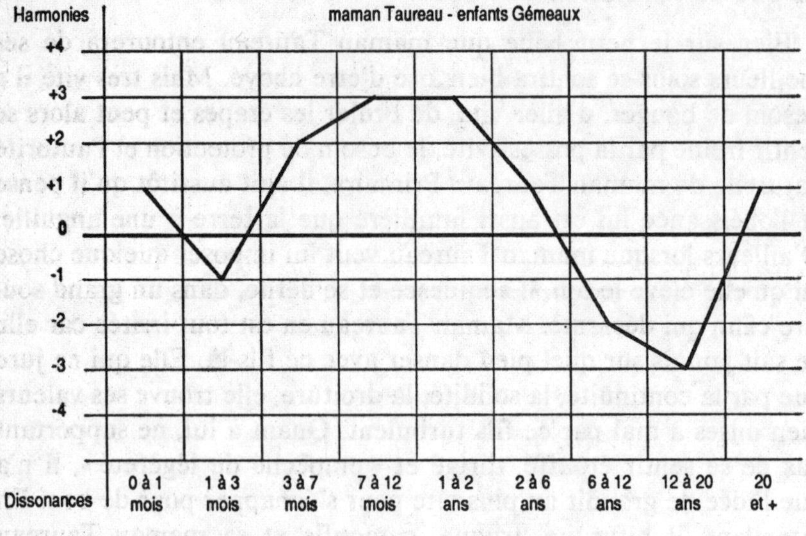

Maman Taureau-fille Cancer

Le meilleur de la relation

Intuitive, rêveuse, imaginative, fille Cancer ne se lasse pas des caresses, de la générosité, du réalisme de sa maman Taureau qui, mieux que d'autres, lui permet de vivre à l'abri dans le cocon qu'elle sait admirablement créer. Elle est ravie de pouvoir prolonger l'état fœtal que maman Taureau ne cherche d'ailleurs pas à rompre. Les rapports sont entendus dès les premières minutes de vie : maman Taureau doit tout à sa fille Cancer et elle prend donc tout en charge. Maman Taureau excelle à rassurer sa fille Cancer qui ne demande qu'à rester le plus longtemps possible dans l'atmosphère souple, harmonieuse, pleine de sensibilité, de compréhension et de joies du foyer. Le gros de la relation tourne effectivement autour des joies du logis : décorer, cuisiner, coudre, inventer; fille Cancer est l'inspiratrice; maman Taureau la réalisatrice, à elles deux elles sont imbattables pour faire exister la magie. Dans son besoin d'être longtemps une petite fille, fille Cancer sait que sa maman Taureau ne lui lâchera pas la main de sitôt. Elle l'écoute et la suit d'ailleurs sagement. Persuadée qu'elle possède en cette maman l'incarnation de l'éternel féminin, elle profite de l'ombre apaisante de sa sécurité et sait pour sa part l'émouvoir, la faire rire et rêver car elle a toujours mille histoires à raconter. Devenue femme à son tour, elle revient chercher auprès de sa maman à la fois écoute, conseils, complicité et tolérance.

Le pire de la relation

Pour maman Taureau qui veut remplir ses enfants d'amour, fille Cancer est un réceptacle de choix! Elle semble tout accaparer et trouver tout très réconfortant. En effet, elle est prête à tout admettre du moment qu'elle est protégée, et qu'on respecte son univers calfeutré. Mais si maman Taureau, émue par la fragilité de sa petite fille si douce, se laisse aller à ses tendances naturelles au maternage excessif, fille Cancer risque de se sentir vite manquer d'air. Gérer à sa place tous les aspects de la réalité, mais ne jamais laisser passer l'occasion de lui reprocher d'être incapable de se débrouiller seule, maman Taureau tient ce double langage qui risque fort de confiner fille Cancer dans une candeur excessive voir même du masochisme affectif. Bien sûr, pour maman Taureau, fille Cancer est une fée mais ce n'est pas parce qu'elle a une baguette magique au fond de ses grands yeux qu'elle ne doit rien faire de ses dix doigts. Le pire serait, puisqu'elle est incapable d'opposition violemment exprimée et préfère cultiver son Moi Intime à l'abri des mots et des actes, que fille Cancer « réagisse » en jouant de toutes les gammes étendues de la fuite et s'enferme dans sa coquille, quitte à y manquer d'oxygène. Elle vivrait alors hors de la réalité et maman Taureau, tout en continuant ses reproches, continuerait à la dorloter.

Le conseil

Rester toujours une enfant c'est très attendrissant, mais c'est aussi une maladie. En sachant qu'il y a toujours une composante Cancer dans les cas d'anorexie ou de schizophrénie, maman Taureau évitera de geler dans l'œuf l'affection de sa fille qui ne demande qu'à s'épanouir à l'extérieur. Que maman Taureau emploie donc toute sa douceur et toute sa fermeté pour arriver à mettre sa fille Cancer « à la porte » de chez elle. C'est le meilleur service à lui rendre...

Maman Taureau-fils Cancer

Le meilleur de la relation

Ils partagent instinctivement et instantanément le même goût pour les univers chauds et capitonnés, les plats suaves et doux : qui fondent sur le palais et font fondre de douceur. C'est dire que dans les premières années, et même loin dans la vie, un courant d'affinités communes pour les joies de la maison, la chaleur des relations humaines, les joliesses décoratives mais aussi la magie des contes de fée, les longues heures de peinture, de découpage et de déguisement les lient l'un à l'autre dans un climat serein. Fils Cancer fait plus qu'obéir : il est heureux de répondre aux demandes de sa maman Taureau qu'il met sur un piédestal et que pour rien au monde il ne voudrait contrarier. Il ne s'en sent d'ailleurs ni la force ni l'envie. Comment ferait-il si elle ne lui prodiguait plus tous ses soins et ne l'entourait plus de tout son amour? Rien que de l'envisager lui donne envie de vomir, aussi suit-il sa maman à la lettre. Voilà qui conforte et réconforte maman Taureau qui voit sa protection payée de retour. Entre eux, les heurts apparaissent rarement : maman Taureau a toujours le mot qu'il faut pour donner confiance et courage à ce petit garçon fragile, rêveur et dévoué. Elle le laisse flotter dans son univers magique, prend tout le concret en charge, est cette mère que tous les hommes espèrent dans leur inconscient et cherchent dans leur vie amoureuse et maritale. Ce petit garçon-là est son atout pour extérioriser impunément ses besoins d'affectivité. Pour la charmer et la séduire, il dessinera, chantera, inventera les plus merveilleuses histoires et il est vrai qu'elle se montre toujours émerveillée par les talents de conteur de son petit homme. Largesse, tendresse, gros bisous, gros câlins, grosses peluches, l'univers dans lequel ils vivent tous deux imbibés est rond comme une boule de coton.

Le pire de la relation

Le coton, c'est doux, apaisant et réchauffant mais si on en abuse, ça étouffe! Le danger plane très sérieusement sur cette relation mère-fils avec une maman Taureau naturellement portée à une prodigalité excessive basée sur son affectivité extrême et son goût pour les tendresses et les caresses. Avec fils Cancer, elle n'a aucune limite car ce n'est pas lui qui lui en imposerait. Il ne sait pas résister à ses envahissements, au contraire, il en redemande car dans sa vie, et pour longtemps, c'est « sa maman d'abord », son papa fait partie d'une planète étrangère... Il est avide de la surprotection de maman Taureau qui ne se rend pas compte qu'elle en fait trop avec lui. Puisqu'il trempe dans un univers intérieur en prise indirecte avec la réalité extérieure, il reçoit tous les dons de sa maman et les emmagasine. Il ne se dira jamais qu'il est envahi ou étouffé mais risque tout de même de le ressentir avec l'arrivée, ou plutôt vers la fin de l'adolescence. Il ne l'exprimera que difficilement, à coup de somatisations, d'allergies, d'indigestions ou d'une trop grande sensiblerie qui le rend fragile devant toute situation. Ou bien alors en s'échappant plus profond encore dans ses rêves ce qui pourrait avoir de tristes conséquences sur sa vie d'adulte. D'accord, maman Taureau sera toujours là mais c'est le pire : si elle ne lui apprend pas à marcher tout seul, elle finira par se plaindre elle-même de le trouver si longtemps dans ses jupes.

Le conseil

Ne pas se laisser aller à accentuer les tendances à la fusion totale de fils Cancer! C'est impératif pour son équilibre et sa réussite future. Maman Taureau, tellement émue par la tendresse de son petit Pierrot devrait faire l'effort de le pousser au plus vite dans le monde de son papa. Il y trouvera des héros extraordinaires qui valent le coup qu'on s'y intéresse de près.

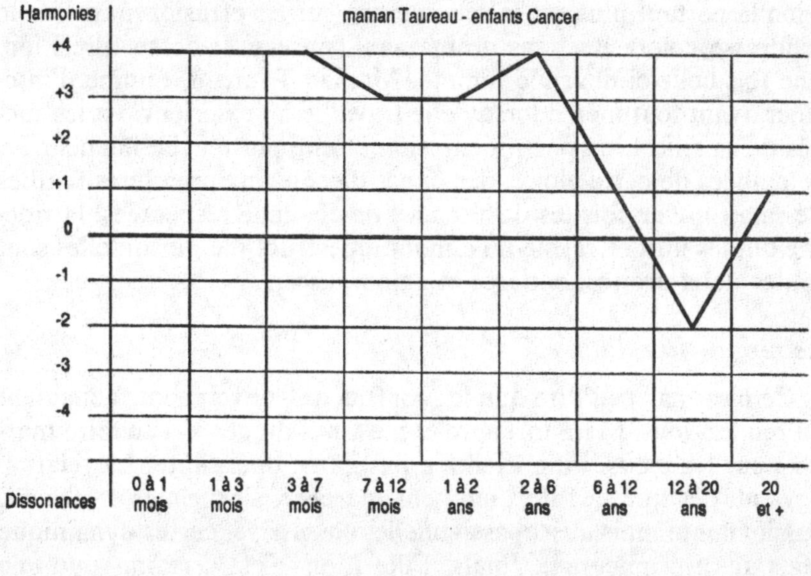

Maman Taureau-fille Lion

Le meilleur de la relation

Cette rencontre astrologique est celle de deux fortes personnalités et maman Taureau, qui est une des plus exigeantes mamans du zodiaque, remarque très tôt la détermination de sa petite fille Lion. Elle s'en targue et s'en réjouit car elle a tendance à penser que les filles se doivent d'être plus solides que les garçons. De son côté fille Lion sent bien le caractère de sa maman Taureau, la sait rassurante, « carrée », stable et trouve dans ce modèle une confirmation de son propre aplomb. Sûr qu'elles n'ont pas de problème à se faire respecter. L'admiration, la solidarité et les constructions communes d'envergure, voilà les clefs de l'entente entre ces deux féminités qui pour être très différentes n'en sont pas moins égales en manifestations. Maman Taureau gère le quotidien concret pour que sa fille Lion, tôt préoccupée par la représentativité extérieure, trouve une solide assise à ses succès. Elle sait la choyer, la rassurer, effacer ses craintes et augmenter sa confiance en elle, elle est réellement heureuse de la voir réussir ce qu'elle entreprend et la pousse avec la douceur ferme qui la caractérise, longtemps première au rang de ses supporters. Auprès d'une telle maman, fille Lion sait pouvoir trouver le havre nécessaire à son repos de guerrière et si la relation n'est pas très câline, la personnalité de fille Lion la portant plus sur la retenue que sur les effusions, une réelle tendresse colore les liens de maman Taureau et de sa fille Lion, une fois celle-ci devenue femme. Maman Taureau, femme d'intérieur avant tout même lorsqu'elle travaille à l'extérieur, vit les succès de sa fille Lion par procuration et elle porte avec honneur les retombées de cette gloire, des bancs d'école aux premières feuilles de salaire. Une fois les différences de chacune respectées, la fidélité qui les unit se révèle un ciment indestructible puisqu'elles sont toutes deux droites, entières et valeureuses.

Le pire de la relation

Ce n'est pas peu dire que les conflits de pouvoir sont facilement au rendez-vous. Maman Taureau n'est pas du genre à se faire marcher sur les pieds. Fille Lion n'a pas l'âme obéissante. La relation devient, dès que sa fille Lion peut marcher, s'exprimer et choisir, passionnante mais aussi passionnelle, possessive, certes dynamique mais aussi propice aux éclats. Fille Lion, c'est certain, voue une admiration à son papa qu'elle cherche inconsciemment à imiter. Sa maman ne lui sert pas de modèle d'identification et elle se montre d'autant ingouvernable. Pourtant, maman Taureau trouve, au moins jusqu'à l'adolescence, le moyen de la faire plier, ne serait-ce qu'en sous-main. Contrecarrée dans son besoin de domination, fille Lion vit la situation avec d'autant plus de violence qu'elle n'en prend conscience qu'après coup. Ses excès et ses fanfaronnades ne font aucun effet à sa maman Taureau et fille Lion s'en irrite. Elle juge la protection de sa maman dévorante et ne rate pas une occasion de la repousser, ce qui désespère les aspirations affectives de sa maman, persuadée d'être la seule à faire du bien à ses enfants... De plus, fille Lion trouve que sa maman est trop centrée sur elle-même et sur sa maison et cherche à la secouer car, pense-t-elle tout haut, si elle remuait plus, elle ruminerait moins ses jalousies inavouées à l'égard de sa fille Lion. A la longue, à partir de la fin de l'adolescence en tout cas, maman Taureau se lamente de se sentir « abandonnée » tandis que fille Lion crie à l'invasion.

Le conseil

La préoccupation de fille Lion est de ne surtout pas ressembler à sa maman Taureau. Le drame de maman Taureau est de ne pas se sentir admirée dans le regard de sa fille Lion. Il en va ainsi des personnalités contradictoires que l'on ne sait jamais comment se résoudront les aspirations communes à la domination. Que maman Taureau se le dise : la seule stratégie à laquelle elle puisse valablement réfléchir dans les nuits d'insomnie que provoquent ses rapports houleux avec sa fille Lion, c'est la stratégie du juste retrait.

Maman Taureau-fils Lion

Le meilleur de la relation

La féminité, la douceur, la sensualité de maman Taureau constituent un terreau d'élection pour l'épanouissement de fils Lion. Si auprès d'elle il semble le bébé le plus béat, c'est qu'elle sait l'entourer à la mesure qui lui convient. Dès lors son âme généreuse se réveille pour rendre au centuple le bien qu'elle lui fait. Dès ses premières années elle le prend au sérieux, écoute ses désirs, respecte ses goûts élitistes, s'amuse de ses exigences et calme ses exagérations. Le regard qu'elle pose sur lui la distingue immédiatement et pour toujours de l'ensemble des humains bref, elle possède l'art et les manières de justifier les superlatifs qui seuls conviennent à ce petit garçon. « Le plus, le mieux, le meilleur », elle le conforte dans ses rêves de lui-même mais le meilleur service qu'elle sait lui rendre c'est de n'être jamais dupe de ce parti pris. Sa tactique, et c'est ainsi qu'elle aide son fils à sortir le plus valable et à l'adapter au mieux, consiste à ignorer tout le superficiel, le facile, la poudre aux yeux dont son fils abuse dès son plus jeune âge, pour ne porter au pinacle que ce qu'elle estime issu d'efforts réels. Ainsi l'aide-t-elle à tracer la frontière entre le meilleur et le pire de l'exceptionnel auquel il aspire sur tous les plans. La profondeur qu'avec les années elle nourrit ne tient pas une maigre place dans les succès professionnels et sociaux de son fils Lion devenu grand. S'il accepte son impact c'est qu'elle ne sort jamais de sa féminité et pose ses armes, toujours différentes de celles que lui propose son papa. Il sera ainsi pour la vie le chevalier d'une maman aussi subtile.

Le pire de la relation

S'ils évitent les différences de rythmes intérieurs car ils sont tous deux secondaires et donc adeptes du « second degré » autant dans leurs jugements que dans leurs actes, maman Taureau et fils Lion n'en évitent pas toujours pour autant les conflits de valeurs. Elle s'attache au concret, au solide, au durable, au reconnu sinon à l'immuable et les vents de la nouveauté ne l'atteignent jamais du premier coup. A partir de l'âge scolaire qui lui permet de confronter les valeurs maternelles avec celles du monde extérieur, fils Lion tendra naturellement à la trouver trop peu audacieuse, restrictive sinon « bornée » et l'image idyllique que plus que d'autres petits garçons il a besoin d'avoir d'elle s'en trouvera ternie. Il deviendra de plus en plus exigeant, quant à elle, elle supportera mal de le sentir se détacher et glisser hors de son besoin d'autorité et de possession. Il était un petit garçon tellement dévoué qu'elle voudrait que cela ne change jamais, or lui s'affirme vite, avec ampleur et violence s'il le faut et finit au temps de l'adolescence par cloisonner la porte de sa vie personnelle, seul maître à bord, peu désireux de protection mais déterminé à faire reconnaître ses capacités au plus vite. Que maman Taureau admire les résultats oui, mais qu'elle en connaisse les détails, certes pas! Chacun son domaine et si elle se cantonne dans les joies familiales c'est très bien, pourvu qu'elle ne vienne jamais déteindre sur sa vie d'homme. Le conflit de ces deux fortes personnalités, dont aucune ne cède devant l'autre, risque de caractériser le difficile passage à l'âge adulte de fils Lion. Lorsqu'il aura assis son image sociale et trouvé celle qui le valorisera mieux que sa maman Taureau, il pourra reconnaître ses bienfaits sans que cela lui soit un boulet.

Le conseil

Puisqu'on parle de « boulet » reparlons-en; jamais fils Lion n'acceptera de le porter. Jamais maman Taureau, tout en disant le contraire, ne sera vraiment ravie de voir qu'il s'en débarrasse avec autant de fermeté. Entre six et dix ans, il claque la porte de l'impact maternel pour « passer du côté de son père » et l'on souhaite que celui-ci sache porter haut le flambeau. Maman Taureau ne doit pas le vivre comme un abandon.

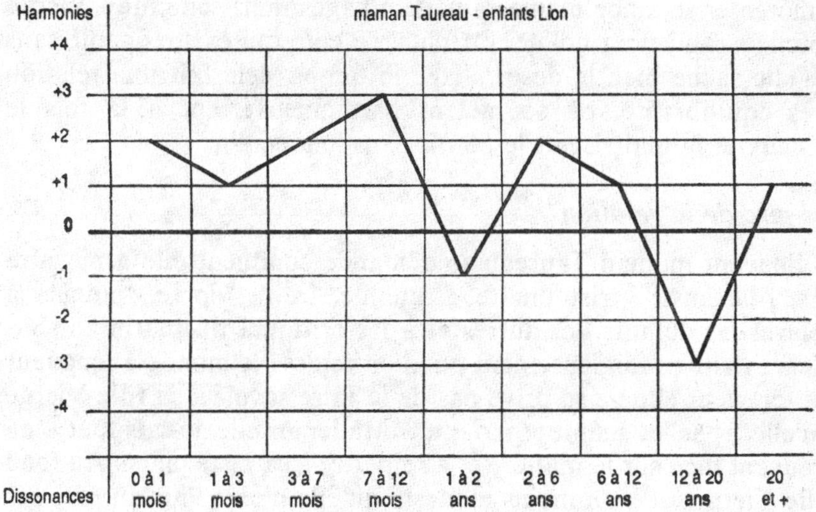

Maman Taureau-fille Vierge

Le meilleur de la relation

La sérénité, la pondération, la prudence colorent cette rencontre astrale et la confiance mutuelle forge des rapports sains entre maman Taureau et fille Vierge. Maman Taureau est tranquillisée par le sérieux évident dès le plus jeune âge de sa fille Vierge. Elle sait que ses conseils ne tombent pas dans l'oreille d'une sourde et n'est pas obligée de développer trop d'autorité. De plus elle sent bien que sa fille Vierge, même si elle ne réclame pas de gros câlins, en a néanmoins vitalement besoin et elle excelle à les lui procurer avec la tendresse qui la caractérise. Elle sait bien s'occuper de la santé fragile de sa fille Vierge, lui mitonner les plats qui ne bousculeront pas son estomac capricieux et prendre au sérieux ses mille petits bobos quotidiens. Elle est tout écoute, approbation, stimulation et rassure sa fille Vierge pour la mener plus loin que la modestie de cette dernière ne l'autoriserait naturellement à aller. Puisqu'elle la trouve un peu mélancolique et qu'elle-même a besoin de rires et de sensualité, elle fait tout, et ses trésors sur ce point sont immenses, pour lui faire découvrir et aimer son corps et l'ouvrir au plaisir. Ce qu'une maman Taureau a à apporter sur le plan sensuel est toujours coloré des touches les plus naturellement saines, chaudes, enveloppantes et cela déculpabilise fille Vierge si retenue sur les choses du corps. Avec sa maman Taureau, elle devient plus confiante, plus épanouie, moins timorée et se lance même sans dommages dans son côté « Vierge fofolle » espiègle, rigolote, farfelue, ce côté qui existe en elle sans qu'elle sache bien le doser. Avec le temps, cela fait une relation très équilibrante, où se mêlent harmonieusement à la fois le sérieux et la maîtrise et le plaisir sans lendemain.

Le pire de la relation

Souvent maman Taureau se demande comment elle a pu faire une fille aussi « tristounette », retenue, froide, docte, toujours à relever les défauts des autres et à les critiquer du matin au soir. Cela l'irrite prodigieusement que l'on refasse le monde à longueur de temps et elle ne se prive pas de le faire savoir à sa fille Vierge qu'elle appelle, même en riant, « Mademoiselle je-sais-tout » en trouvant bien sûr là matière à la remettre à sa juste place. Au fond fille Vierge est bien moins modeste qu'elle n'en a l'air au premier abord, ou du moins sa modestie est-elle mal placée. Maman Taureau, à qui on ne la fait pas, le lui rappelle et lui apprend l'humilité vraie en même temps que l'audace justifiée. Elle qui est le naturel incarné, l'Éros en chair et en esprit, elle soupire du manque de naturel de sa fille. De son côté fille Vierge juge sa maman Taureau excessive et elle ne peut s'empêcher de se défier d'elle. Elle cherche à la comprendre logiquement, or sa maman Taureau est avant tout une sensuelle. Les quiproquos, surtout au moment de la puberté qui incommode tant fille Vierge, coincée par sa féminité bourgeonnante, sont de taille. Le pire est là : maman Taureau voudrait que sa fille Vierge expose ouvertement sa féminité car pour elle rien n'est plus naturel. Fille Vierge en est tout à fait terrorisée. Maman Taureau, peu subtile insiste et montre la voie. Fille Vierge le vit comme un viol car, dès qu'elle compare l'évidente aisance sensuelle de sa maman Taureau avec la terreur que cela lui inspire, elle est à jamais convaincue de ne jamais faire le poids. Cette conclusion, loin de développer des envies de rivalité, peut nourrir ses complexes de frigidité. Maman Taureau lui reprochant son manque de gourmandise générale, elle en devient carrément austère. Le moins que l'on puisse dire c'est que la pause de son Œdipe s'en trouve gelée...

Le conseil

Entre ces deux femmes aux signes solaires de terre, les rapports « terre-à-terre » ne constituent pas l'essentiel, malgré les apparences. Les libidos respectives sont tellement antinomiques que maman Taureau, puisqu'elle a généralement le sens du bien, doit longuement réfléchir sur le modèle de féminité qu'elle offre à sa fille Vierge. A trop insister sur le plaisir, ou à trop l'afficher dans le quotidien, même si elle en est inconsciente, elle peut à jamais en dégoûter sa fille Vierge... et ne jamais devenir la grand-mère épanouie qu'elle rêve d'être. D'accord, une femme Taureau détient le monopole de la féminité : on souhaite à fille Vierge de ne pas le comprendre à la lettre...

Maman Taureau-fils Vierge

Le meilleur de la relation

Dans cette rencontre astrologique qui unit d'amour et de devoirs deux signes solaires de terre, le bonheur est dans le pré... du quotidien. Petits soins, douceurs, rigueur dans le domaine de l'alimentation comme dans celui de l'hygiène, calme dans la relation et respect de la secondarité de l'autre, dès l'apparition de fils Vierge, maman Taureau sent qu'elle a à jouer sur le registre du matériel palpable, de la mesure, de la pondération pour rassurer ce petit garçon naturellement inquiet qui semble manifester si vite ses humeurs sur le plan médical, avec forces somatisations-indigestions, allergies, constipations ou simplement crises de mutisme suivies de crises d'euphorie aussi brusques l'une que l'autre. Il est intelligent, sérieux, pragmatique et scrupuleux. Elle a à lui apporter toute sa sensualité, à le décomplexer et à lui faire goûter cette certitude qui gouverne sa vie à elle, que les sens valent autant que l'esprit sinon que le corps est esprit. L'équilibre qu'il peut trouver là lui sera d'un grand secours dans sa manière d'appréhender le monde et les relations humaines, notamment amoureuses et sexuelles. La nature qui émane de chaque pore de sa maman Taureau réconcilie fils Vierge avec son propre corps, le lui fait aimer et chérir, lui donne envie de l'entourer de soins non seulement fonctionnels et hygiéniques mais esthétiques et ornementaux. Maman Taureau joue donc un rôle essentiel dans la façon dont fils Vierge fera se développer sa philosophie de la vie car elle possède le sens des valeurs matérielles et financières mais ne s'en contente pas. Il n'y a pas chez elle de séparation entre raison et plaisir, il est même raisonnable de se faire plaisir. Elle rit dès qu'elle le sent coincé et aime sa peau pour que lui-même apprenne à la découvrir. Ajoutées aux valeurs de thésaurisation et de possession matérielles qu'ils partagent d'emblée, ces nourritures charnelles forment avantageusement le palais pointilleux de fils Vierge.

Le pire de la relation

Le pire réside, surtout ici, dans l'excès du meilleur. Fils Vierge porte sa pudeur et sa retenue comme un étendard, il s'y drape pour se protéger et si maman Taureau, dans sa légitime éducation sensuelle, ne sait pas trouver la juste mesure, la juste délicatesse pour le faire, elle risque d'agir à contre-courant, d'effrayer fils Vierge et de lui fermer à jamais les portes de la tolérance à l'égard de ses propres désirs. En effet, elle avance souvent en bloc, se pose et en impose, sa présence sensuelle est tellement envahissante que fils Vierge risque fort de s'en sentir gêné, encore plus « réduit » dans le peu d'espace qu'il accorde naturellement au charnel. Si maman Taureau arrive devant l'école maquillée, habillée, parfumée, toute séduction dehors comme cela lui est instinctif, fils Vierge ne se sent pas flatté, il a envie de disparaître, de n'être pas le fils de cette dame-là et en gardera un ressentiment fort bloquant pour l'épanouissement de sa vie adulte. De même si maman Taureau manque de pudeur dans ses propos ou ses manifestations affectives, si elle passe son temps à l'embrasser, le dorloter, le toucher en racontant des histoires tendancieuses, la pudibonderie de fils Vierge risque fort d'atteindre des sommets infranchissables. Il finirait par penser sérieusement à un destin de prêtre ou du moins, à en avoir le comportement au quotidien.

Le conseil

Calme, justesse, délicatesse sont les seules voies pour favoriser l'épanouissement serein de fils Vierge. Il ne demande qu'à s'ouvrir et à prendre sa juste ampleur. Mais c'est un secret entre lui et sa belle maman : la complicité, l'intimité, le respect de sa sagesse d'esprit sont donc de mise.

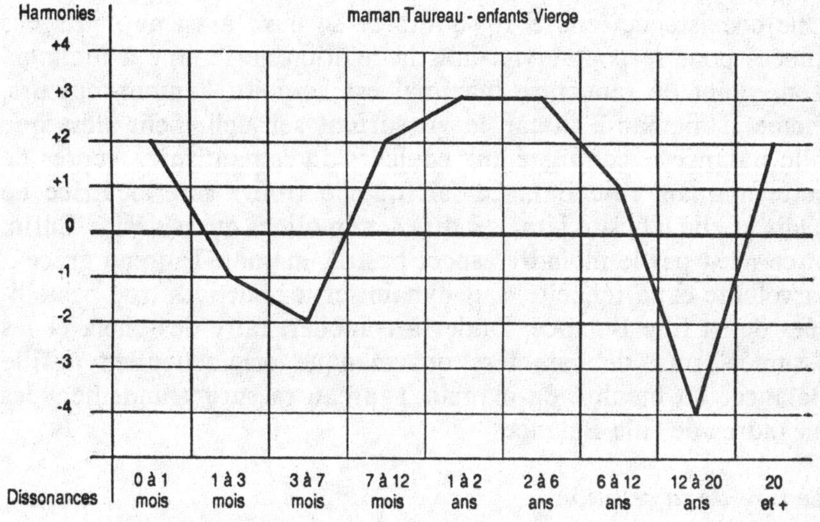

Maman Taureau-fille Balance

Le meilleur de la relation

Entre ces deux vénusiennes, pour lesquelles l'affectivité est la grande affaire, la relation est forcément saturée de mamours abondamment manifestés, dits, répétés, remanifestés, redits, etc. ce qui en irrite plus d'un au passage mais, puisque c'est ainsi qu'elles sont mutuellement rassurées, au diable les trouble-câlins! Le papa, quant à lui, sera au contraire ravi de trouver sous son toit deux parfaites femmes qui rivaliseront dans l'art de bien s'occuper de lui, ce qui leur procure une occasion supplémentaire de se dire combien elles s'aiment, s'adorent et se le prouvent pour la vie. Fille Balance est à la meilleure école pour apprendre l'art d'être une femme, une vraie et son charme s'épanouit dans la chaleur de sa maman Taureau avec les meilleurs augures. Elle apprend avec tranquillité l'harmonie, la tendresse, l'art de recevoir et de rendre heureux, l'art d'écouter mais aussi de s'occuper de soi-même, de s'aimer, corps et âme, pour accueillir autrui. Maman Taureau développe le meilleur d'elle-même car elle voit bien que ses conseils sont appliqués aussitôt, sinon au centuple. Elle rit de voir sa fille Balance si jolie, elle rit de se voir si belle dans ce miroir... Bien sûr elles s'entendent à merveille car elles ont le souci commun de trouver en toute situation la voie de la pacification. Une coexistence tendre et équilibrée se noue ainsi au cours des années pour se poursuivre dans la relation de femme à femme... Leur point de rencontre maximal est l'amour, l'amour-toujours, même si maman Taureau le vit surtout sensuellement alors que fille Balance le conjugue aux couleurs du romantisme. Auprès de cette maman, fille Balance sait qu'elle trouve interlocutrice de choix et elle n'hésite jamais à dire ses émotions et ses désirs. Enfin, et ce n'est pas le moindre aspect positif, maman Taureau grâce à sa volonté et sa ténacité, sait dynamiser les nuances trop pastellisées de sa fille Balance, l'aider à trancher, faire des choix et les assumer, trait de caractère qui manque originellement à fille Balance. La lucidité de maman Taureau rassure grandement les méandres de fille Balance.

Le pire de la relation

Le pire serait dans l'excès. L'excès de tendresse, de câlineries, de douceurs qui achèverait de maintenir fille Balance dans un univers d'indécision nonchalante. Le danger d'une concorde aussi marquée par l'affectivité et la compréhension immédiate est bien sûr la passivité. Avec une maman Taureau, fille Balance n'a presque à se battre pour rien. Elle est d'emblée accueillie, choyée, protégée et approuvée. Le monde peut dans ce climat lui paraître d'un pacifisme illusoire qui la laissera bien démunie lorsque la froide réalité y fera irruption, la trouvant sans armes ni bagages contre l'adversité. La tendance de fille Balance étant déjà de croire que « tout le monde il est beau, tout le monde il est gentil », elle pourrait trouver sa volonté d'action annihilée par une maman Taureau trop enveloppante. Cette dernière doit savoir se montrer ferme et ne pas trop prendre en charge les mélancolies de fille Balance, sous peine de la voir sombrer dans l'abstraction du romantisme trop édulcoré. Mais on peut penser que maman Taureau, loin de cautionner cet état de fait, pourrait à l'adolescence s'en irriter et aller jusqu'à bousculer sa fille Balance pour l'obliger à réagir. Cette « adversité » de forme peut mal se vivre sur le moment mais elle est à long terme tout à fait structurante pour fille Balance.

Le conseil

Tout n'est pas parfait dans le meilleur des mondes même si dans celui d'une maman Taureau, tout est généralement organisé pour le laisser penser. Il est impératif que maman Taureau fasse savoir à sa fille Balance, peu portée aux efforts et à l'acharnement, que le bien-être, l'équilibre et même la tendresse ne sont jamais dus et innés mais bel et bien acquis puis, surtout gérés. Cela désillusionne fille Balance mais pourquoi lui épargner la réalité? Va-t-elle toute sa vie attendre le prince charmant?

Maman Taureau-fils Balance

Le meilleur de la relation

Au pays de Vénus, la beauté – beauté des sentiments et beauté plastique – est reine. Fils Balance est un bébé affable, souriant, sensible à la musique, aux atmosphères feutrées et chatoyantes. Tout petit il déteste les bruits, les cris et toutes les accélérations. Il apprécie câlins, caresses, douces crèmes et longs bains et sourit dès que maman Taureau le couvre de bisous des pieds à la tête. C'est un sensitif qui toute sa vie recevra bien l'affectivité sensuelle de maman Taureau dont il aime la chaleur, les goûts et les manières. Il la trouve jolie – elle l'apprécie fort – il aime la coiffer, jouer avec ses bijoux et ses vêtements – elle le laisse faire en se vantant d'avoir un fils plein de charme et de goût. Cela lui fait beaucoup de bien d'avoir une maman qui conforte et développe son sens de l'élégance et des justes proportions, de l'art et de la plastique. Ensemble, ils iront très tôt dans les musées et aux concerts. Maman Taureau développe le savoir-vivre savoir-plaire de fils Balance. Par contre, puisqu'il a tant de mal à trancher, à décider et pense toujours se tromper lorsqu'il prend une décision qu'il n'estime jamais plus juste que la décision contraire, il apprécie beaucoup le caractère entier, sans embages et sans hésitation de sa maman Taureau qui sait affirmer sa volonté, se montrer opiniâtre sinon butée jusqu'à obtention de ses désirs. En sourdine il l'admire pour cela et la laisse tranquillement faire le tri dans sa vie, autant scolaire que sociale. Pour sa part, il lui apporte son sens des demi-mesures, des demi-teintes, des nuances et une véritable harmonie se fait ainsi jour dans leur relation. L'équilibre qu'ils y puisent tous deux se prolonge dans le rapport homme/femme.

Le pire de la relation

Les heurts ont bien peu de chances de s'exprimer et c'est bien là le pire! La séduction innée qui joue si fort entre une maman Taureau et un fils Balance fait que, dans les affinités vénusiennes que ces deux-là partagent, fils Balance peut être enfermé. Non seulement maman Taureau est belle, s'entoure de beauté et sait en nourrir ses proches, fils Balance en premier lieu, mais en plus elle lui en impose parce qu'elle a l'esprit clair, sait prendre ses responsabilités et mener ses décisions à bien. Pourtant, il a l'impression de se sentir « battu d'avance », confiné dans le charme en demi-teinte qui le caractérise mais ne l'auto-satisfait pas pour autant. Elle en fait trop, longtemps cela le rassure. Lorsqu'il commence, vers neuf-dix ans, à en sentir le poids, il préfère se retirer dans une mélancolie fluctuante, un côté « romantique tristounet » qui rend maman Taureau agressive, ce qui bien sûr le cantonne dans ses hésitations et son retrait. Le risque serait qu'il développe ainsi, à l'ombre d'une maman si forte, les complexes de fuite qui le feraient accuser de manquer de personnalité. Il prendrait ce modèle féminin pour Loi, aurait tôt fait de rechercher une épouse qui assume pour lui et développerait une philosophie presque défaitiste de l'existence, du moins de la masculinité qui, à côté de ce modèle de féminité triomphante, ne serait qu'un ornement. Un comble!

Le conseil

Un petit Balance n'est pas un petit Bélier : il ne s'impose pas dans la fermeté, l'agressivité, la rupture. Il tente, parfois désespérément, de trouver la possible conciliation aux conflits qu'il sent poindre. Il emprunte plus à la philosophie des aïkidokas qu'à celle des bulldozers. Maman Taureau pourrait en profiter pour en tirer elle aussi un enseignement : elle le juge peu actif? Qu'elle trouve le moyen de l'encourager, de le responsabiliser au lieu de toujours pointer ses manques.

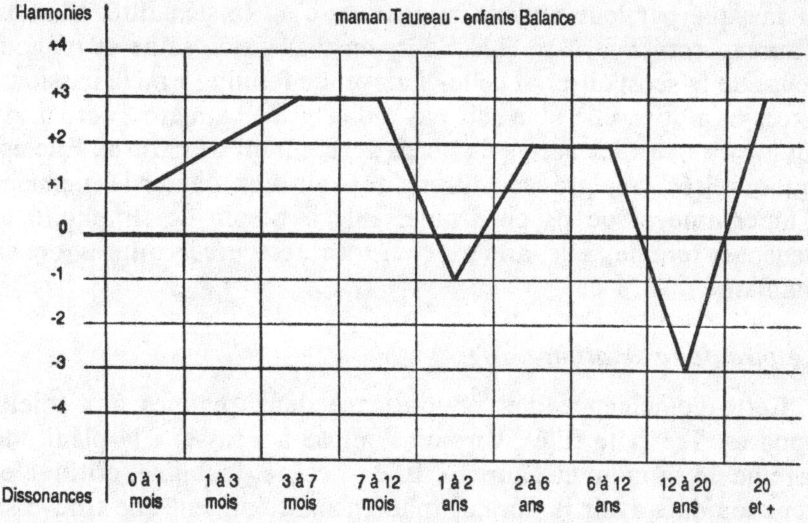

Maman Taureau-fille Scorpion

Le meilleur de la relation

Il se vit d'emblée avec le plus de facilité durant les années d'enfance car maman Taureau excelle à rassurer et éduquer sa fille Scorpion rebelle et n'obéissant que lorsque vraiment cela lui paraît impossible de faire autrement. Elle a le calme et le doigté pour ne pas céder devant ses frasques et la tendresse pour remplir ce cœur sauvage mais tendre, d'une douceur nécessaire. Une affection profonde les lie, un lien presque magique, mystérieux car même si elles semblent opposées sur bien des points, elles n'ont pas besoin de mots pour entrer dans les profondeurs de l'autre. Maman Taureau donne à sa fille Scorpion une vision doucereuse de l'existence, ses soins ressemblent à de grosses parts de gâteau qu'elle sert avec générosité. Ainsi l'aide-t-elle à se construire une vision plus optimiste de la vie, à sourire aux autres sans chercher à s'imposer dans l'opposition systématique. Ce côté sain et pur simplifie la vie intérieure de fille Scorpion, qui de son côté apporte à sa maman Taureau la sensibilité aiguisée des profondeurs qui taraude son imagination intuitive. Elle est toujours là pour rappeler à sa mère que les choses n'ont pas qu'un premier degré et cela rend maman Taureau moins têtue. Leurs intelligences ainsi se complètent et rendent leur collaboration possible pour l'avenir. Mais le point de rencontre principal, même s'il est tu et masqué par leur pudeur respective, c'est la sexualité. Maman Taureau transmet à sa fille Scorpion une vision saine et langoureuse de la sensualité. Si celle-ci, devenue femme, y mêle passions, excès et atours, elle n'en sait pas moins gré à sa mère Taureau de lui avoir ouvert les portes du corps avec autant de naturel. Elle est tranquillisée, malgré ses dires, de voir ces choses-là dénuées d'amertume et de psychodrame. Elle a besoin de simplicité et devenue femme, elle aimera venir se ressourcer auprès de sa maman.

Le pire de la relation

Cette coïncidence met en présence deux femmes aux soleils opposés. Très vite fille Scorpion s'amuse à « casser » la plénitude sereine de sa maman Taureau. Elle se cabre, rechigne, critique et veut toujours avoir le dernier mot. Inconsciemment elle trouve sa maman trop lente et pas assez violente et aime à exercer son agressivité en priorité contre elle. Très vite cette tendance naturelle devient consciente sinon systématique, avec une alternance de séances d'excuses-câlins suivies quelques jours plus tard de nouveaux accrocs. Maman Taureau n'étant pas mère à se laisser faire, elle réagit par la fermeté aux attaques de sa fille Scorpion. Les rapports deviennent passionnels et l'adolescence risque d'être particulièrement houleuse, source de drames sous-entendus, de crises de révolte pour fille Scorpion et de nuits de réflexion pour maman Taureau. Lorsque celle-ci ne s'offusquera plus des frasques de sa fille rebelle, les rapports adultes pourront devenir complémentaires.

Le conseil

Le drame sourd de fille Scorpion c'est de n'être pas un garçon. Son comportement vis-à-vis de sa maman Taureau, féminine entre toutes, est donc pour le moins ambigu. Ce que maman Taureau doit saisir c'est que dans ses assauts répétés, fille Scorpion cherche avant tout sa résistance. Elle sait la solidité, la fiabilité, le caractère entier de sa maman et il ne serait pas de pire drame pour elle que de la voir s'effondrer. Bien sûr, un tel rôle n'est pas de tout repos.

Maman Taureau-fils Scorpion

Le meilleur de la relation

Ces signes s'observent en miroir car chacun porte les valeurs contraires et complémentaires à celles de l'autre. C'est expliquer que la relation entre une maman Taureau et un fils Scorpion se place d'emblée sous le signe de la passion. L'excès constitue la note majeure de leur rapport et toute leur vie, entre eux tout va très bien ou très mal mais ce n'est pas l'ennui qui les guette.

« Très bien », c'est la sérénité et l'humour que maman Taureau brandit contre le constant besoin d'attaquer de fils Scorpion qui se révèle buté, tourmenté, nerveux et colérique dès ses premiers mois. En voilà un qui crie très fort car il sait ce qu'il veut et il ne se calme qu'après satisfaction de ses désirs. Maman Taureau aime les résistances puisque cela la rassure sur la capacité de son fils à se frayer le chemin, forcément original, auquel il prétend dans la vie. Il a une petite ride entre les sourcils qui témoigne de son obstination et personne comme maman Taureau, avec la force de sa douceur et de sa pondération, avec la quiétude que lui apporte sa profonde confiance en la vie, ne sait simplifier son univers intérieur et le maintenir dans la réalité. Les plaisirs sains, le respect de son corps et de sa santé autant morale que physique, demeurent essentiels pour lui qui baigne facilement dans les affres de l'autodestruction (et d'ailleurs il casse tout ce qu'il met des heures à construire, il n'y a que la pâte à modeler qui échappe à cette violence). Maman Taureau, tranquille et calme, lui impose une vision juste, possible, lente de la vie. Mais oui le quotidien a un sens, mais oui on peut en jouir en toute impunité, mais oui on peut réussir sans avoir à se « battre à mort », mais oui le sourire représente le meilleure clef auprès des autres et surtout auprès de soi-même. Puisqu'elle l'aime « bêtement » comme il est et que ses câlins sont une source d'apaisement, fils Scorpion, avec les années, se met à découvrir les plaisirs du possible et à avoir vitalement besoin de ce regard bienveillant, de cet éclairage constructif, posé sur le déroulement de son existence. Oh bien sûr il ne l'admettra jamais... mais même cela maman Taureau est capable de le porter sans faillir.

Le pire de la relation

Lorsque tout va « très mal » entre eux, cela se manifeste par des crises violentes. Maman « craque » devant les assauts de son petit

Scorpion, s'énerve et, comme elle porte dans son inconscient des tourments analogues à ceux qu'il exprime ouvertement, elle se réfugie plutôt dans l'autorité que dans la douce compréhension. Cela ne fait pas de mal à fils Scorpion, au contraire : il est rassuré par une maman qui ne se laisse pas faire et ne marche pas dans tous ses jeux. Le mur qui d'un coup s'érige devant lui l'oblige à plus de modération même s'il a horreur d'être obligé. Avec les années, les points de friction sont toujours d'ordre disciplinaire, dans ce que fils Scorpion veut faire, et qui ne ressemble jamais à ce que font habituellement les enfants car il a la liberté de ceux qui n'ont peur de rien et n'ont « rien à perdre », alors que maman Taureau s'inquiète et cherche à le ramener à plus de raison. Le nœud gordien de cette relation houleuse n'est autre que libidinal. Entre ces deux signes très profondément sexuels, tout se passe là, au cœur de cette attraction-répulsion qui tisse la toile de fond cachée de leur rapport. Toute sa vie, la sexualité de fils Scorpion lui posera des problèmes mais alors que pour maman Taureau elle est saine, normale et impunie, lui aura tendance à la vivre sur le mode de la complication et de la culpabilité, le tout teinté d'un halo un peu morbide. Le moment de la pause de l'Œdipe (entre 9 et 13 ans environ) s'annonce donc fort délicate.

Le conseil

Montrer le côté sain, paisible, optimiste de l'existence, porter l'affectivité comme un droit inné et la sexualité comme un plaisir impuni, ce sont les valeurs de maman Taureau, celles dont fils Scorpion manque absolument ou plutôt, qu'il passe son temps à critiquer et détruire de plus en plus volontairement avec l'âge. Il ne faudrait pas que maman Taureau se laisse influencer : il en va de la santé de son fils Scorpion, et de la sienne.

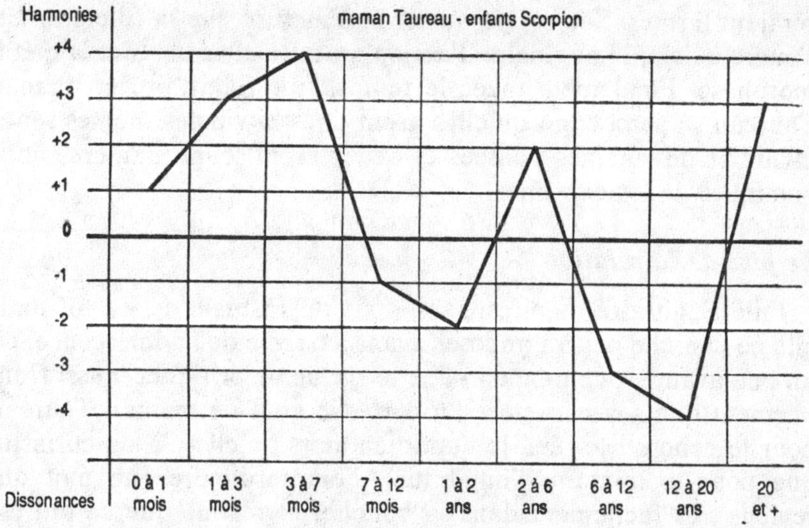

Maman Taureau-fille Sagittaire

Le meilleur de la relation

Les sensualités de fille Sagittaire et de mère Taureau, bien que différentes, assurent un climat d'entente serein, surtout dans l'enfance. Fille Sagittaire aime les ambiances chaudes, les bons plats, une certaine forme de paresse douce et maman Taureau sait très bien lui procurer tout cela. L'optimisme de vue, la générosité de sentiments, la force des caractères, tout cela forme une stabilité de fond qui marquera leurs rapports même une fois fille Sagittaire devenue grande. Fille Sagittaire « s'envole » facilement, voit tout en grand sinon en superficiel et déteste par-dessus tout devoir lever le pied de l'accélérateur. Son indépendance très tôt se manifeste ainsi que son goût pour les belles phrases, amples et bien tournées. Maman Taureau lui apporte alors tout son sens concret, son réalisme du quotidien et son amour du travail patiemment fini. Elle freine un peu sa fille Sagittaire, lui donnant ainsi une assise qui lui permet de mener ses vastes projets à bien. Fille Sagittaire sait que toute sa vie, elle pourra user de ce conseil stable, elle vit sa maman Taureau comme une référence de réalité, une prise de terre accueillante et rassurante. De son côté, maman Taureau est ravie de voir sa fille Sagittaire si dynamique, entreprendre, n'hésitant devant aucune envergure ni aucun défi. Elle vit grâce à elle bien des aspects de l'existence qui sans cela lui seraient fermés. Son esprit, au fur et à mesure que sa fille grandit, s'ouvre à l'art, l'imaginaire, l'action gratuite et ce contact la métamorphose. Finalement, avec le temps, fille Sagittaire et maman Taureau s'apercevront qu'elles usent dans la vie des mêmes sentiments et des mêmes pensées et accepteront leurs manières antinomiques de les exprimer.

Le pire de la relation

Fille Sagittaire manifeste son goût du fastueux assez tôt mais elle ne cherche pas à l'imposer avant l'arrivée de l'adolescence, ou un peu avant. A ce moment-là, elle risque de critiquer, aussi franchement que son caractère l'y porte, le goût de maman Taureau pour le concret, le réel, le quotidien alors qu'elle n'a de curiosité que pour le lointain, l'inhabituel, l'extraordinaire (un mot qui revient très facilement dans sa bouche) et n'aime que ce qui est vite fait, quitte à ce que cela soit imparfait. Son horreur des détails et de la gestion des choses l'oblige à s'opposer violemment au sens de la durée de maman Taureau qu'elle ne cesse de considérer comme un boulet dans l'élan imparable qui gouverne sa vie. Leurs buts vitaux ainsi que leurs rythmes vitaux les désunissent et avec le temps, fille Sagittaire cherche à introduire le spirituel dans le quotidien, alors que maman Taureau reste engoncée dans la matière. Elle ne manque d'ailleurs jamais de critiquer sa fille, lui reprochant sa superficialité et ses voltes-faces, son côté « courant d'air » et comme ni l'une ni l'autre ne sont femmes à se taire benoîtement, les éclats font partie du jeu. De toutes les manières fille Sagittaire n'en a que faire à partir de l'adolescence, son modèle avoué est son papa, elle s'évertue à lui prouver qu'elle peut soutenir la comparaison avec lui et maman Taureau reste à l'arrière-plan de sa féminité.

Le conseil

C'est l'occasion pour maman Taureau de méditer sur la valeur des choses uniquement terrestres que sa fille Sagittaire connaît bien mais ne vit qu'à un degré élevé. Elles peuvent tout à fait s'entendre à condition que maman Taureau comprenne que pour sa fille Sagittaire, au caractère fort et emphatique, les vérités palpables ne sont valables qu'une fois sublimées par l'art, l'imaginaire et l'action sans entrave. Le respect de la liberté sans concession de fille Sagittaire représente le point essentiel de l'entente possible.

S'y opposer c'est appeler toutes les foudres de cette Junon en herbe.

Maman Taureau-fils Sagittaire

Le meilleur de la relation

Petit Sagittaire est un bébé généralement calme, souriant et de bonne humeur. De le découvrir bon vivant avec l'âge rassure maman Taureau car cela lui prouve qu'elle peut exprimer son affectivité avec ampleur sans que cela fasse peur ou envahisse son fils Sagittaire fait pour vivre les choses et les gens à une vaste dimension. C'est dans cette vision partagée de l'ampleur des choses de la vie terrestre que le meilleur de leur rapport est rendu possible. Ils se rejoignent sur le confort de la maison, la beauté de l'environnement, le goût de la sensualité sereine. Très tôt, fils Sagittaire deviendra avec le temps un « homme de bien » Cela plaît à maman Taureau, cela conforte son appréhension optimiste, constructive, bienveillante de la vie. Ils parlent bien et posément, jouissent de la quiétude matérielle et financière et détestent tellement les hirsutes, les morbides, les besogneux que jamais ils ne se mettent en risque de leur ressembler. Alentour on dira que c'est une relation un peu « ronronnante » et positiviste dans laquelle maman Taureau et fils Sagittaire mêlent leurs tempéraments pour faire triompher les valeurs du bien-être, de la convivialité, de l'entraide et du respect mutuels, convaincus qu'ils sont de la « bonne nature de l'humain » et désireux de faire adopter cette conviction par tout l'entourage. C'est leur force, leur flamme intérieure et ils sont quelque peu missionnaires dans ce but. Dans le quotidien cela se manifeste dans l'alimentation et la bonhomie de leurs rapports. Maman Taureau nourrit bien et beaucoup, fils Sagittaire avale goulûment et avec plaisir. Il joue Zorro pour le grand attendrissement de maman Taureau et les rires les unissent dans la petite enfance mais aussi avec dans les rapports homme/femme. Pour lui les copains c'est essentiel, plus ils sont étranges et étrangers et mieux c'est, et maman Taureau sait bien les recevoir.

Le pire de la relation

Dans la petite enfance tout va très bien mais en grandissant fils Sagittaire affirme sa virilité et donc son attachement à l'univers de son papa et à sa philosophie première : « mes copains d'abord, on se tape dans le dos, on rigole et on joue les saint-bernard... ». Il a un tempérament protecteur, un côté « ramasseur d'oisillons égarés » et cela n'est pas pour déplaire à maman Taureau. Mais comment dans ces conditions peut-elle exprimer ses propres besoins de protection? Jusqu'au moment où elle aura intégré le fait que dorénavant, c'est-à-dire à partir de l'adolescence, celui qui protège l'autre c'est bien fils Sagittaire, les heurts risquent de se manifester dans leurs rapports.

D'autre part, il a besoin de bouger, de réagir, d'exprimer. Il est souvent au premier degré alors que maman Taureau a un rythme intérieur beaucoup plus lent, plus ruminant, plus réfléchi. Sa principale difficulté est souvent de ne pas parvenir à exprimer immédiatement ses sensations et ses pensées. Cela ne les empêche pas de s'aimer mais peut-être de se comprendre. Fils Sagittaire la juge à la traîne et le lui dit. Un aventurier sommeille en lui, qui ne demande qu'à exploser pour se lancer à l'assaut du vaste monde et le quotidien restreint de maman Taureau l'étouffe de plus en plus. Au bout du compte, il la trouve encombrante et comme rien ne peut délimiter son besoin de liberté, il s'échappe.

Le conseil

Profiter du bonheur simple du quotidien suffit à bébé Sagittaire mais certainement pas à l'homme qu'il devient. Son envergure à lui passe par la prise d'espace autant que de fonction et la spiritualité ne peut pour lui qu'être également préoccupante au matérialisme. Maman Taureau se révélera-t-elle suffisamment « femme de tête » pour le comprendre; ou l'admettre...

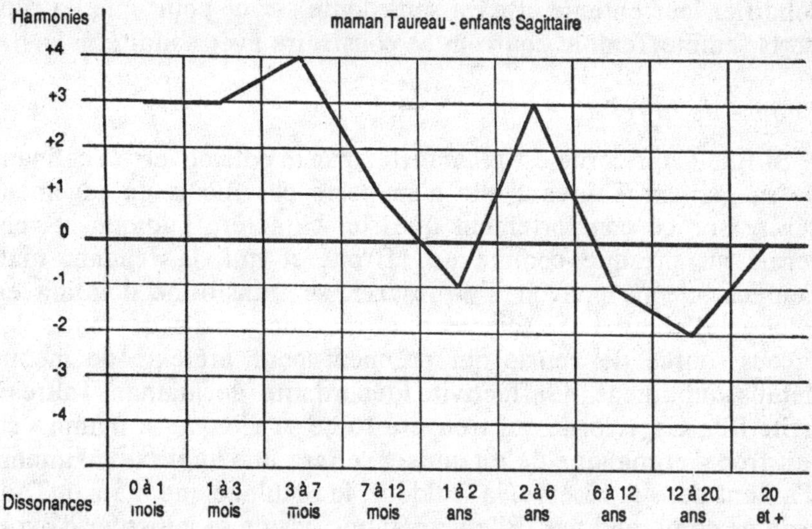

Maman Taureau-fille Capricorne

Le meilleur de la relation

Cette petite fille qui a tant besoin d'amour sans oser le demander se trouvera bien aise que sa maman Taureau distille le plus naturellement du monde tendresse, petits soins, gros câlins et attentions de toutes sortes qui la réconfortent et lui donnent la chaleur nécessaire pour oser s'ouvrir et exprimer son affectivité. Ce baume constitue sans doute le meilleur lien entre ces deux femmes d'emblée tellement opposées dans leurs sens respectifs de la sensualité. Au côté taciturne, renfermé, de sa fille Capricorne, maman Taureau réagit par des tonnes de sourires et de compréhension. Elle seule sait lui alléger le cœur et la sortir de l'obligation de devoir dans laquelle elle pourrait passer sa vie. D'autre part leurs intelligences se complètent, basées sur le courage, l'application studieuse et la volonté que leur sens terrien des êtres et des choses leur permet de conjuguer à l'unisson. Elles ont le même sens de la qualité de la vie et maman Taureau excelle à montrer très tôt à sa fille Capricorne la voie du confort, de l'accueil, de la dévotion mais aussi de l'ambition et de la calme gestion de l'existence, ce que fille Capricorne accepte d'autant plus facilement que ces valeurs lui paraissent d'emblée justes. Le côté pur et dur, entier et sans embages, sans entourloupe ni immoralité, le respect de la parole engagée, toutes ces valeurs viennent solidifier leur entente et c'est sans doute sur ce point que les rapports femme/femme pourront se construire avec solidité.

Le pire de la relation

Si fille Capricorne est réconfortée par le côté ouvert et câlinant de sa maman Taureau, elle n'en porte pas moins un jugement sévère sur ce comportement que son caractère pudique et renfermé vit presque comme un affront et qui, la rendant malheureuse de ne pouvoir s'y mesurer, se transforme d'autant en jalousie d'abord inconsciente puis inavouée, mais de toutes les façons source de heurts qui prennent pour prétexte de menus détails quotidiens. L'affectivité débordante de maman Taureau irrite fille Capricorne qui trouvera toute sa vie que sa mamn « en fait trop » et manque de retenue et se fera une loi de se maintenir d'autant dans la réserve, la froideur, le recul, ce que maman Taureau ne comprend pas. Elle ne manque pas de se lamenter d'avoir une fille « peu féminine », peu gourmande et dédaigneuse, qu'elle appelle, avec le but avoué de la faire descendre du piédestal sur lequel fille Capricorne s'est hissée d'emblée, « Mademoiselle Juge Monde », qualificatifs qui achèvent de geler mademoiselle Capricorne. Elle peut se mettre à refuser progressivement les nourritures abondantes de sa maman Taureau, prendre un malin plaisir à exiger des vêtements austères pour contrecarrer le goût de la couleur et des matières riches de sa mère et s'enfermer systématiquement dans sa chambre dès qu'il s'agirait de sortir ou de recevoir des amis à dîner. Cette guerre froide est très usante pour l'affectivité de mère Taureau qui tente le dialogue et ne trouve que calme hautain. Leurs manières d'être et d'agir sont donc trop différentes, leurs féminités trop antinomiques (entre la sensualité affichée de maman Taureau et la passion inviolable de fille Capricorne), pour qu'une réelle entente subsiste véritablement à long terme. Les révoltes sont d'autant plus profondes qu'elles ne sont pas ouvertement déclarées.

Le conseil

Il ne suffit pas de vouloir pour pouvoir. Maman Taurean doit le comprendre de sa fille Capricorne qui cache surtout de la maladresse et de la douleur derrière ses paravents de froide critique. Il est difficile que l'entente soit réelle et coule d'emblée. Mais maman Taureau, avec sa patience et son doigté légendaires, pourrait établir un équilibre qui éviterait une rupture totale des relations. Le temps, beaucoup de temps, leur permettra de se comprendre et de s'admettre et donc, de se retrouver, en principe sur l'aspect concret des choses. En attendant, maman Taureau doit comprendre que sa fille n'est pas triste « rien que pour l'embêter », cela peut l'aider à la dégeler.

Maman Taureau-fils Capricorne

Le meilleur de la relation

Bébé austère qui toute sa vie tendra à la pudeur et à la retenue, fils Capricorne a grand besoin de la chaleur affective et de la tendresse suave de sa maman Taureau. Avec elle il découvre très tôt que l'on peut aimer son corps et en avoir de la joie. Il découvre ainsi une sérénité étrangère à son for intérieur, à travers le plaisir de bien manger, le plaisir de faire les choses par amour et non par devoir, plaisir des saveurs et des odeurs et non du strict ascétisme; plaisir de prendre du temps, non pas en attendant de grandir vite et vieux (car il a horreur d'être un enfant), mais en profitant de chaque jour avec quiétude. Auprès de maman Taureau bien des choses lui sont permises; cela équilibre la balance entre le sérieux et l'excessif, entre le guindé et l'exagéré. Enfant sage avec le temps il se révèle « un sage » qui parle bien, agit bien, pense bien et se contrôle bien. Maman Taureau le prend au sérieux et l'écoute et se réjouit de ne pas le sentir risquer de s'abandonner à des emportements qui pourraient être néfastes à son futur. Mais elle sait aussi détendre l'atmosphère, mettre un peu plus de légèreté là où il pourrait facilement s'embourber dans les eaux de ses doutes intérieurs. Pour la gestion du concret, ils se comprennent très bien et le quotidien au foyer dans lequel ils habitent est vraiment en béton armé. Et d'ailleurs, heureusement que maman Taureau est là pour arrondir les angles car la pudeur de son papa n'est pas pour lui faire changer d'avis sur le fait que, décidément, la masculinité semble infiniment plus lourde et triste à porter que la féminité. Et lui n'en finira jamais de ne pas oser montrer la sienne. Mais là aussi maman Taureau, en dédramatisant les situations, lui est d'un secours essentiel qui le lie à elle pour la vie : elle le déculpabilise.

Le pire de la relation

Mais qu'elle cesse donc de l'envahir, le bousculer, l'obliger à fréquenter le devant de la scène! Surtout qu'en plus, il sent bien qu'elle le fait pour elle-même, par fierté maternelle ou par besoin de prouver que son « fils à elle » a bien de qui tenir... Fils Capricorne a un besoin vital de sa carapace de pudeur, de lenteur, de retrait. Il ne faut pas l'en priver à mauvais escient. Or maman Taureau, à plusieurs reprises dans sa vie, s'érige le droit de ne faire que ce qui l'arrange. Fils Capricorne, petit chef lui-même, subit le pouvoir de maman Taureau en pestant intérieurement contre sa condition d'enfant qui l'y oblige. L'adolescence, et jusque-là les différentes manifestations de son opposition au comportement de sa maman (bobos de la peau, indigestions, insomnies, pipis tardifs...), lui donneront l'occasion de se venger de tout ce qu'il a subi sans jamais l'oublier. La patience et la persévérance sont ses meilleurs atouts, ils sont aussi ses pires défauts. Comme l'on pourrait dire la même chose de maman Taureau, les heurts entre eux, s'ils ne sont jamais de fond, trouvent dans la forme matière à une guérilla quotidienne. Il faut souvent attendre très longtemps, que fils Capricorne soit bien installé dans sa vie adulte (et il met longtemps à le faire) pour qu'il accepte de se pencher sur le cas de sa maman et de la comprendre.

Le conseil

A vouloir « faire sortir sa gaieté », à vouloir lui imposer à tout prix son naturel et sa liberté sensuelle, maman Taureau risque de choquer le fond puriste de son fils Capricorne et donc d'atteindre des buts opposés à ceux poursuivis. Complicité, tranquillité, pudeur sont conseillées. Point trop n'en faut manifester à son égard car il lui en faut peu pour devenir misogyne.

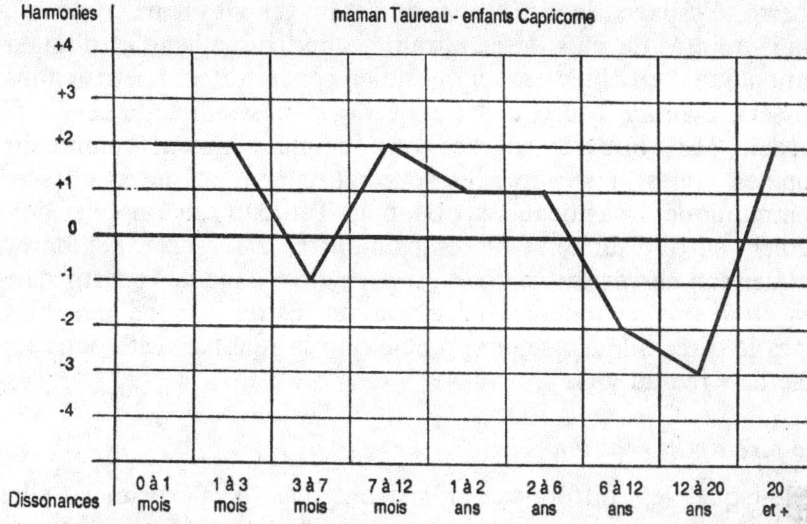

Maman Taureau-fille Verseau

Le meilleur de la relation

Entre ces deux femmes qui sont l'une pour l'autre de parfaites étrangères, la relation n'est pas simple mais elle est, pour cela, source de beaucoup d'apports; fille Verseau est un bébé calme qui ne semble pas trop demander des soins de sa maman Taureau. Celle-ci n'en a pas fini de s'étonner devant elle. De son côté, fille Verseau sera de plus en plus consciemment étonnée de l'attachement de sa maman aux choses concrètes et à l'aspect matériel de la vie au-dessus duquel elle passe volontiers. C'est dans cette étonnement mutuel que réside, s'il est bien compris, l'essentiel de leurs complémentarités. Fille Verseau excelle à trouver les angles de vue qui permettent de faire triompher l'optimisme là où maman Taureau a tendance a toujours tout croire joué d'avance, sinon perdu d'avance et sans retour. Elle apporte toujours de nouveaux aspects aux problèmes posés et mène ainsi ses projets à bien alors que maman Taureau, prônant patience, sérieux et entêtement se demande encore comment sa fille s'est sortie de ce qu'elle appellent « des ornières ». Jamais on ne pourra dire, à quelque âge que cela soit, que le meilleur de leurs rapports réside dans une quelconque similitude. La tolérance, le respect de la totale différence, l'émerveillement restent les liens qui les soudent dans leurs rapports familiaux. La féminité de fille Verseau, faite de liberté, d'espace, de multitude, de copinages vite noués, vite évanouis, teintés de plus de cérébralité, d'individualisme et d'imagination que d'attachement au quotidien concret et aux petits câlins, laissera maman Taureau démunie de la possibilité de servir de modèle. Mais bizarrement, ces deux femmes s'aiment, comme des copines vraies et sincères, et se comprennent même si elles ne communiquent pas beaucoup. Maman Taureau sait ramener doucement sa fille sur terre de temps à autre, la rassurer, l'entourer, calmer son nervosisme inné et lui permettre donc de repartir dans ses étoiles avec quelques provisions terrestres non négligeables. Sans le dire, fille Verseau apprécie que sa maman reste dans son rôle de « fée du logis ».

Le pire de la relation

Lorsque les différences n'arrivent pas à s'exprimer, elles deviennent de sérieux facteurs de perturbation. Maman Taureau vit mal le rythme de sa fille Verseau, plus rapide et beaucoup plus irrégulier que le sien propre qui lui-même pèse à sa fille Verseau qui se sent « enfermée » dans les lenteurs et les ruminations même non exprimées de sa maman Taureau. Dès l'âge scolaire maman Taureau est ébahie devant l'agitation décousue de sa petite fille, son incapacité à poursuivre des efforts constructifs, à s'en tenir à une décision ou un objectif. Elle a peur pour elle car sa naïveté lui paraît dangereuse et elle ne comprend pas bien que sa fille distribue vêtements et jouets personnels pour faire plaisir à ses copains de classe alors qu'elle-même est tellement attachée à la possession des choses. Sans relâche, maman Taureau tente de faire entrer sa fille dans un cadre plus raisonnable or celle-ci a toutes les résistances, d'autant plus efficaces qu'elle ne s'oppose jamais violemment mais s'esquive derrière un silence pour continuer à n'en faire qu'à sa tête. Même l'autorité de maman Taureau est ainsi contrecarrée, les bras lui tombent devant le sourire angélique de sa fille Verseau qui pour sa part regrette que sa maman ne soit pas suffisamment dynamique. Elles atteindront leur point de mésintelligence maximale à l'adolescence mais les rapports de femme à femme ont toutes les chances de se moduler et de devenir complices et constructifs.

Le conseil

Maman Taureau doit comprendre que la façon de fille Verseau de profiter de la vie, c'est d'appliquer au jour le jour sa fureur de vivre vite. A défaut de vraiment comprendre cette vision de la vie, elle peut tenir le rôle de garde-fou dont sa fille a besoin.

Maman Taureau-fils Verseau

Le meilleur de la relation

En voilà une jolie relation fort étonnante! Fils Verseau est un Petit Prince perdu sur la planète Terre, territoire sur lequel règne sa maman Taureau. On dirait qu'il s'est pris les pieds dans la queue d'une étoile filante et que sa chute l'a fait échouer là, au milieu de la réalité quotidienne qui toute sa vie ne provoquera chez lui qu'ennui, stupéfaction et distraction. Il semble toujours content et sourit abondamment, son humeur apparaît égale et il répond docilement aux demandes de sa maman. C'est qu'en fait il souhaite qu'on ne le sorte jamais de son monde et préfère donc se mêler aussi peu que possible de participer aux contingences extérieures. Ces caractéristiques, très vite repérables, sensibilisent grandement maman Taureau au sort de ce petit désemparé. Tous ses trésors de protection et de secours maternel se réveillent, elle fond littéralement de le sentir à ce point dépendant de la solidité de ses atouts terriens. S'il est « à côté de ses pompes », nulle comme elle ne saura lui procurer la « prise de terre » dont il a besoin. A la voir évoluer dans un univers de sensualité concrète, à la sentir s'occuper de lui avec tant de dévouement, il est fort à parier qu'il gardera dans sa vie d'homme un goût pour les femmes fortes inaccessibles qui à ses yeux seront toujours des déesses magnifiques. Quant à maman Taureau, elle trouvera toujours auprès de son fils Verseau matière à rire et à rêver et surtout, matière à rester optimiste là où elle a naturellement tendance à tout penser couru d'avance et immuable depuis la nuit des temps. Il est l'innovation et l'audace, elle est la fiabilité et la sensualité, leurs mondes ne trouveront jamais aucune similitude mais ils se respectent, s'étonnent et finalement se font évoluer mutuellement. Toute leur vie, fils Verseau et maman Taureau seront les meilleurs amis du monde. Que tout leur entourage se le dise...

Le pire de la relation

Évidemment là où il n'y a aucune similitude, il y a dissonances et facteurs de conflit. Le rythme de fils Verseau se révèle nettement plus rapide et surtout irrégulier que celui, lent et progressif, de maman Taureau. Dès qu'il marche, il dévaste tout et trouve toujours à se faire pardonner parce qu'il a vraiment le sourire d'un enfant prodige. Il époustoufle sa maman Taureau, la laisse souvent sans voix (un comble pour elle qui joue principalement de ses mélopées). Et puis, elle a beau comprendre qu'il est « dans les nuages », qu'il est fragile, elle n'en pique pas moins des crises devant son laxisme, son laisser-aller, ses constants oublis et sa nonchalance inné, bref, tout ce qu'elle juge être du « je m'en foutisme » et qu'elle ne peut accepter. Lui se sent étouffé sinon dévoré car maman Taureau restreint, ou du moins balise sérieusement son champ de liberté. Or un Verseau à l'horizon bouché est un Verseau dénaturé... Il se peut, comme ce n'est pas lui qui s'opposera violemment, qu'il la fuie assidûment à partir de l'adolescence. De toutes les façons sa vie à lui ce sont ses ami(e)s. Si maman Taureau joue l'autorité, c'en sera fini de leur entente.

Le conseil

Trouver le dialogue et accepter que seules les différences les rapprochent, comprendre qu'elle a, elle aussi, tout à apprendre de ce fils auquel elle a tout a enseigné, lorsque maman Taureau aura renoncé à une once (au moins) de ces certitudes immuables, elle entrera de plain-pied dans l'univers de son fils Verseau et pourra, au lieu de commander, partager. Toute une autre philosophie de la vie en somme!

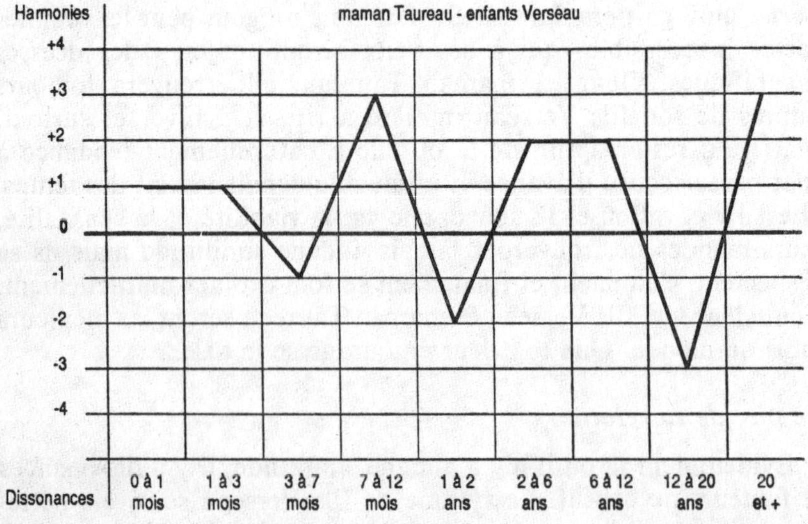

Maman Taureau-fille Poissons

Le meilleur de la relation

Dès la naissance de fille Poissons, le courant passe entre maman Taureau et elle. Leur sensibilité et leur affectivité, passant par les mêmes fréquences d'ondes, les unissent dans un climat aphone qui jouit de la perméabilité qu'elles ont chacune pour l'univers de l'autre. Fille Poissons est tellement fragile, tellement passive, si peu désireuse d'autonomie mais tant en attente de protection et de gros câlins, que sa maman Taureau est ravie d'avoir là l'occasion de donner le meilleur de son tempérament enveloppant, caressant, réconfortant et solide. Du premier jour jusque tard dans l'existence, elle sera le roc vaillant dans les houles qui agitent l'univers intérieur de sa fille Poissons, celle qui connait les ondes qui le porte car elle s'y sait sensible même si elle ne s'y laisse pas flotter. Fille Poissons est tranquillisée, sécurisée car elle peut compter sur sa maman sans embages. Elle trouve en sa maman à la fois la stabilité et la tolérance qui lui donnent envie de s'ouvrir à elle. Elle obéit naturellement et aucun problème d'autorité ne se pose donc entre elles. En contrepartie elle possède, enfouies dans les tréfonds de son psychisme des richesses de connaissances multiples, des réserves de trouvailles ingénieuses, d'ouvertures à l'immatériel délicat, et se fait une joie de les faire découvrir à sa maman Taureau, artiste elle-même et apte à les goûter avec délices. Leur complicité est ainsi aussi sensuelle et intuitive qu'artistique et des accords majeurs, faits de délicatesse et de minauderie communes, se poursuivront même dans les relations femme/femme. Rare est cette entente entre le palpable et l'impalpable, l'onirique et le rationnel, l'intemporel et le sens du quotidien. Maman Taureau est devant sa fille Poissons comme touchée par la grâce et celle-ci s'en trouve bien aise.

Le pire de la relation

Heureusement pour elle, fille Poissons reçoit de sa maman Taureau une éducation de la morale et de la volonté qui lui sont d'un grand secours. Mais cela ne suffit jamais aux yeux de sa maman qui se lamente de sa fluidité, de ses impossibilités, de ses promesses non tenues, de ses lenteurs et de ses sensibleries qui lui mouillent trop vite la pupille. Elle cherche à la consolider, à lui inculquer quelque peu le sens de la réalité, à en faire un modèle parfait tel qu'elle imagine que sa fille doit l'être et devant tant d'ambitions, fille Poissons, naturellement malléable et tellement désireuse de faire plaisir à sa maman, ne peut cependant s'empêcher de se sentir étouffée. Elle n'a pas un tempérament à s'opposer violemment, elle peut avec le temps de l'adolescence, après avoir subi les harcèlements et la possessivité de sa maman pendant sa petite enfance, chercher tous les moyens de fuir. Le pire serait qu'elle cède à une tendance très caractéristique du Poissons à se « diluer », dans des relations, des boissons, des fumeries, des mélancolies, des illusions et d'impossibles amours qui la laissent le cœur meurtri. Ce serait très dommage de la voir tomber dans ces excès dans le seul but d'échapper à la mainmise de sa maman Taureau.

Le conseil

Tant qu'elles vivent leurs féminités complémentaires dans le vase clos du doux foyer de maman Taureau, tout va bien entre fille Poissons et elle. Mais leurs rapports respectifs au monde extérieur sont tellement antinomiques que les heurts deviennent inévitables avec l'âge. Ce qui irrite finalement le plus maman Taureau, c'est de sentir que sa fille Poissons lui échappera toujours, quoi qu'il arrive. Elle ne peut qu'attendre son retour au foyer...

Maman Taureau-fils Poissons

Le meilleur de la relation

C'est une relation où l'on n'a pas envie de parler, où tout passe miraculeusement par les sens, les gestes, les corps puis plus tard, par les regards et les goûts communs pour l'art, l'amour du beau, de la tranquillité, de l'essentiel et des enfants. Bébé Poissons est tout enrobé dans l'univers enveloppant s'il en est de sa maman Taureau, il y patauge avec délices et quiétude, certain d'y être protégé autant qu'il en a besoin mais aussi autant que son papa, fluctuant et de tempérament artiste, ne semble pas de force à le faire. Pour la vie, fils Poissons gardera le goût des femmes-femmes sûres, responsables, sensuelles et en tout cas plus décidées, plus pragmatiques, plus autonomes que les messieurs. Avec maman Taureau il est à bonne école pour cela, elle est incontestablement une magnifique figure de féminité absolue, un solide ancrage dans la réalité et dans l'avenir. Auprès d'elle il n'a plus peur, elle sait le maintenir hors du flou qui le menace en toute chose, le rassurer et lui tenir la main. En même temps et même si elle ne semble pas céder devant ses exagérations, il sait qu'intuitivement elle sent les fluides qui l'habitent. La compréhension entre un fils Poissons et une maman Taureau a quelque chose d'originel, quelque chose qui a pris essence avec la création du monde. Le lien qui les lie est souvent mystérieux mais rend leurs accords tacites d'autant plus sûrs qu'ils sont aphones. Elle lui donne chair, il admire beaucoup la sienne et lui donne en échange quelques onces de poussière d'étoiles.

Le pire de la relation

Si leur entente est muette, leurs mésententes sont hurlantes. Enfin, c'est surtout le cas pour maman Taureau qui, lorsqu'elle en a fini d'être attendrie par les langueurs de son fils Poissons a aussi à lui reprocher d'être incertain, fluctuant, lent (encore plus lent qu'elle qui met du temps à prendre une décision mais qui fonce une fois son choix fait...). Si elle sait à quel point il a besoin de s'accrocher à elle, et si cela n'est pas loin de la flatter, elle n'en profite pas moins pour lui rappeler la chaîne que cela représente entre eux. Elle a tellement tout fait pour le materner, l'entourer, le décharger de tout effort qu'elle a vraiment beau jeu de venir le lui jeter en pleine figure. Fils Poissons ne se défend pas. Il demeure persuadé d'être effectivement un « incapable, parasite et peu fiable ». Le danger est que sa vie durant il ne reste dans cette idée de lui-même et s'en trouve enchaîné dans la dépendance de femmes dominatrices calquées sur le modèle maternel. Malheureux lorsqu'elle le gronde, aux anges lorsqu'elle le dorlote, il fluctue au gré de ses humeurs, avec cette capacité innée, qui peut devenir un défaut encombrant, de se couler dans les bains des humeurs d'autrui. A long terme ce lien très profond peut facilement devenir « malsain » selon la psychanalyse... Avec les années, il va la trouver envahissante et le pire serait, puisqu'il ne sait s'échapper en rompant violemment, qu'il emprunte d'autres formes de fuite. Maman Taureau doit savoir que l'alcoolisme et les narcotiques fascinent toujours les Poissons comme les lapins sont fascinés par les boas qui vont les avaler...

Le conseil

L'indépendance n'est pas le fort de fils Poissons, au contraire, elle est plutôt le point le plus faible de sa structure. Il se sent toujours incapable de s'intégrer à la vie réelle et matérielle et compte beaucoup sur maman Taureau pour lui éviter cet effort. Il est impératif qu'elle n'y prenne pas goût. L'auto-satisfaction qu'elle peut en tirer serait des plus néfastes pour son fils Poissons...

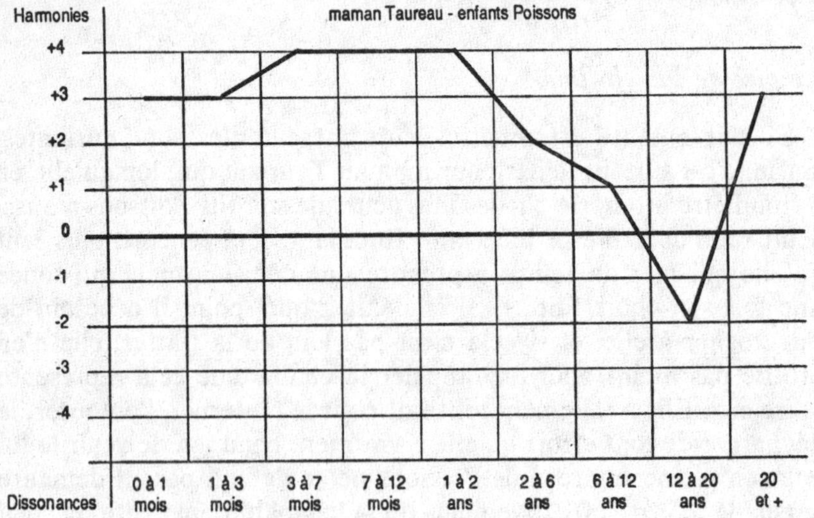

GÉMEAUX

Être mère selon la femme Gémeaux

Régie par Mercure, planète du passage de l'unique au multiple et de la diffusion de toutes choses, dame Gémeaux est une maman à multiples surprises. Devenir « la terre d'un enfant », pour vous qui vous avez des semelles de vent, voilà bien le premier des paradoxes, mais non le dernier. Avez-vous mûrement réfléchi avant de sauter ce pas, avez-vous construit un foyer dans cet objectif précis, vous êtes-vous projetée dans les responsabilités à très long terme que cette venue au monde d'un être quémandeur de toute votre fiabilité allait amener dans votre existence jusque-là légère, sinon un peu inconséquente? Oh certes pas, car sinon vous ne l'auriez pas fait! S'il fallait être une maman identique à ce que la bonne logique morale entend par là, vous auriez été plus attentive à la régularité de votre cycle ovulatoire! Bah maintenant que vous en êtes là, vous saurez bien être la grande sœur de cet enfant et ce n'est pas parce que vous jouez à être maman que vous ne prenez pas le jeu au sérieux. Au contraire, et même si ce sérieux se termine finalement en joyeuseté, vous devenez « l'autre vous-même » aimante, attentionnée, complice des rires et des jeux de la petite enfance, moment pendant lequel vous pouvez être souplement vigilante, pas excessive, pas autoritaire, pas trop angoissée par ces responsabilités qui peuvent trop facilement vous rendre incohérente, nerveuse et insécurisante par la suite. Notamment à l'adolescence puisque le propre des Gémeaux réside dans une fixation à ce stade-là. Faire obéir, tout comme obéir, ce n'est pas votre fort. « Et alors? » répondez-vous du tac au tac. Alors tant mieux, car c'est ainsi que vous évitez les heurts qui vous terrorisent, plus soucieuse de transmettre fantaisie, gaieté, décontraction, humour, second degré et curiosité d'esprit que morale, rigueur, discipline et conventions sociales. Alors tant pis si vous en payez le prix par le doute et l'introspection, la tension permanente, les sautes d'humeur, la difficulté d'équilibre paisible, les accès de sévérité suivis d'accès de laxisme autant que les demandes de prise en charge, la vôtre autant que celle de votre enfant, par une épaule mâle, paternelle, compétente. Cette fébrilité, amusante et ludique, n'est de toute quiétude pour personne et surtout pas pour votre enfant. A cause de tout cela et plus que d'autres mères, vous faites tout ce que vous pouvez, attendant impatiemment que les rôles changent, que l'enfant grandisse, devienne indépendant et trouve enfin en vous l'amie sincère que vous avez toujours été.

Ce que maman Gémeaux attend de sa fille

Dans la symbolique, le Gémeaux perd son double à la naissance et n'en finit pas de le chercher. Mais ce double n'est pas un, il est plusieurs tout comme lui-même n'est pas un mais multiple. La conséquence, double, c'est qu'elle n'attend pas une image unique de ses enfants, ni, dans le cas de sa fille, que celle-ci la « prolonge », prolonge une féminité. Elle chercherait presque un complément et c'est là que se jouent toutes les ambiguïtés. Habitée par son propre envers, elle peut même redouter que sa fille lui ressemble trop car « la case manquante » qu'elle passe sa vie à vouloir remplir resterait vide. Ainsi, si vous êtes une maman Gémeaux et que vous êtes une femme établie, vous reconnaîtrez votre fille bohème; si vous êtes intellectuelle, vous la souhaitez sensuelle; si vous vous vivez délurée vous serez envieuse de son sens de la construction, si vous vous jugez dérisoire, vous développerez sa profondeur, si vous passez votre vie en pantalon, vous remplirez ses armoires de robes chic. Mais bon sang qu'elle ne vienne pas vous demander de lui transmettre l'art d'être femme car comment lui répondre? Avec vous elle a l'entière liberté de se trouver toute seule, comme une grande qu'elle devient du coup, ou bien d'aller voir son père ou, idéalement, votre propre mère qui, selon vous, a bien des secrets à lui transmettre puisque vous n'en avez pas voulu... Vous lui demandez en somme de ne pas vous faire abandonner votre statut de femme-enfant. Réponse multiforme qui dénote vos aspirations à la complicité et à la tolérance mutuelles. Vous êtes toute attention à ses différences pourvu que cela permette les vôtres, et sur ce point vous pourriez devenir une grande sœur sévère.

Ce que maman Gémeaux attend de son fils

L'angoisse de démultiplication qui se joue avec une fille n'intervient pas ici. Votre fils d'emblée vous complète. Il est cette « moitié d'orange » que vous cherchiez peut-être chez le père de ce fils. Vous lui faites confiance pour vous conforter dans vos jeux d'esprit et de charme et pour ne pas vous obliger à la retenue. Vous attendez qu'il fasse rebondir votre vivacité, votre astuce et vos disponibilités et ne vous croyez pas contrainte d'acquérir du poids, de la constance et de l'implication. C'est un garçon, il saura donc vous comprendre, vous amuser, fonctionner au quart de tour de vos démarrages humoristiques, accepter vos besoins d'indépendance sans quémander sans cesse les attaches affectives et encoconnantes que vous trouvez si lourdes à porter. En contrepartie vous le laissez libre de faire ce que lui considère comme bon pour lui, sans possessivité excessive. Il gigote beaucoup, explore tous les recoins de la maison, joue des heures à cache-cache avec vous, fait son « intéressant » et vous renvoie ainsi la balle. Il « pige » vite, sait se sortir des imbroglios dans lesquels il se met, vous admirez son agilité d'esprit et son adaptabilité, votre complicité doit couler de source. Plus tard, il vous tiendra au courant des nouveautés et vous resterez grâce à lui cette jeune femme éternelle que vous vous sentez être puisque vous attendez qu'il ne vous fasse jamais décrocher du monde des jeunes dont il détient les clefs. Jusqu'au jour où il voudra, lui aussi, grandir... A trop se ressembler, on s'entend comme larrons en foire jusqu'au moment où apparaît un troisième larron (larronne). Qu'importe, vous voudriez illico devenir la copine de sa copine, mais est-ce compatible?

Maman Gémeaux-fille Bélier

Le meilleur de la relation

Voilà bien une relation où l'on ne s'ennuie pas! Les petits Bélier, garçon comme fille, aiment jouer et manifester sentiments et humeurs, ce qui fait beaucoup rire maman Gémeaux et lui donne envie d'accompagner au mieux son enfant Bélier dans sa découverte précoce du monde. La relation est dynamique, tonifiante et on dira rapidement que cette petite fille semble très éveillée, elle l'est grâce à tous les stimulis, physiques puis psychiques, que sa maman Gémeaux aura à son égard. La petite enfance est un moment privilégié pour leurs rires, leurs complicités, leur goût commun des frasques et des pitreries. C'est dans cette période que maman Gémeaux se révèle la plus enveloppante, la plus à l'écoute et la plus calme car elle réagit très positivement au besoin de protection qui émane si fort de cette petite fille Bélier, si fragile malgré ses airs de sauvageonne. On peut parler véritablement d'années de grâce qui se déroulent tranquillement entre la naissance et les premières années de l'enfant. Cette compréhension au quart de tour se retrouvera dans l'âge adulte où les féminités se complètent toujours dans le mouvement, la curiosité, l'audace d'esprit. La complicité qui existe est placée sous le signe du « duel », sans que cela soit une mise à mort mais bien une surenchère, un défi qui constituent le meilleur des moteurs pour faire de la relation une relation vivante, efficace, constructive. Il y a bataille entre ces deux signes pareillement armés même s'ils ne jouissent pas des mêmes armes. Celles de fille Bélier sont physiques, immédiates, démonstratives, elle agit avant de penser et prouve sa force sur le terrain concret. Elle possède de la repartie certes mais jamais sans suite corporelle. Les armes de maman Gémeaux sont cérébrales et intellectuelles, elle excelle dans les bagarres des mots mais pense et dit sans toujours agir pour autant. C'est entre elles un jeu tacite que de voir qui aura le dessus sur l'autre, elles se requinquent dans ce qui apparaît comme une chamaillerie mais n'est qu'une subtile partie de ping-pong dont elles sont seules à maîtriser les règles. Alentour évidemment, elles en fatiguent plus d'un, si elles n'exaspèrent pas...

Le pire de la relation

Deux dangers planent : le premier est l'hypernervosisme de la relation; le second est que leur jeu de duel, s'il devient trop systématique, tourne en rond et s'épuise de lui-même. Il y a comme une futilité dans tout cela car maman Gémeaux n'est pas vraiment celle qui a le plus de patience et de dons innés pour stabiliser un enfant or, c'est surtout de calme, de pondération, de ralentissement et de recherche de profondeur qu'a besoin fille Bélier. Maman Gémeaux est vite agacée par le dynamisme et les déclarations sans embages et sans atermoiements de fille Bélier qui de son côté ne ménage certes pas la susceptibilité naturelle de sa maman. Des violences apparaissent, verbales pour maman Gémeaux, physiques pour fille Bélier. Le rythme est tendu, brusqué, toujours soumis à une charge nerveuse des plus oppressantes qui a des effets négatifs sur les zones fragiles de l'une et de l'autre : fille Bélier a mal à la tête, devient de plus en plus butée et excessive, son moral en prend un coup car elle a l'esprit trop entier et finalement trop romanesque pour résister aux assauts de sa maman Gémeaux, qui sait toujours user des mots qu'il faut aux fins nécessaires mais n'en plonge pas moins dans des abîmes de doute et de dépressions de son énergie physique parce que l'agressivité franche et déclarée de sa fille Bélier ne lui épargne rien. Il faut s'éloigner d'elles deux dans ces cas-là.

Le conseil

Faites pour jouer ensemble, soit quand fille Bélier est toute petite soit quand elle est vraiment grande et indépendante, il serait bon que maman Gémeaux ait quelque chose de plus complémentaire, de plus vital à apporter à sa fille Bélier. La surenchère c'est bien mais enfin la protection, l'accalmie, même forcées, c'est un devoir de maman...

Maman Gémeaux-fils Bélier

Le meilleur de la relation

Le dynamisme, le sens de la repartie, la réelle complicité de cœur et d'esprit sont les meilleurs atouts de cette rencontre astrologique. Entre fils Bélier et maman Gémeaux, on peut être sûr d'une chose essentielle qui assure la solidité de leur lien pour toute la vie, c'est la certitude d'avoir un retour à tout ce qui est envoyé, quel que soit l'envoyeur. Cela ressemble à une partie de tennis bien réglée où chacun joue avec dextérité et aisance naturelles, ou bien à un duel à la fois physique et intellectuel mais le contact immédiat et les rythmes intérieurs identiques garantissent la qualité et la pérennité du partage. Fils Bélier se révèle éveillé, entreprenant et même son indiscipline plaît à maman Gémeaux. Il est loyal et joyeux et elle sait qu'avec lui elle peut tranquillement être ce qu'elle est, indépendante, sociale, tournée vers l'extérieur et les contacts humains, son fils la conforte dans son identité. Chez lui elle stimule audace et sens de la compétition, devient son meilleur supporter et son meilleur partenaire et leurs frasques, pitreries et jeux communs en fatiguent plus d'un alentour mais les rendent si heureux, surtout dans la période privilégiée qui va de la naissance aux premières années de la vie de fils Bélier. Mouvement et surenchère, voilà leurs moteurs. Avec les années, la virilité de fils Bélier apparaît, il devient protecteur et entreprenant, et maman Gémeaux, fragile malgré ce qu'elle en dit, est bien aise de sentir qu'elle aura sur qui s'appuyer en vieillissant. Elle admire et respecte beaucoup le caractère affirmé de son fils, s'en vante partout et joue un rôle important dans l'orgueil qu'il impose à tous. Entre ce Bayard sans peur ni reproche et cette éternelle femme-enfant, le courant passe bien et passe longtemps.

Le pire de la relation

Le dynamisme et la surenchère de la relation courent un grave danger d'excès. Le dynamisme tourne à l'hypernervosité, la surenchère devient un duel orageux qui vire vite à la bataille. Jouer, rire, innover, inventer voilà qui est bien mais entre maman Gémeaux et fils Bélier cela peut être un peu maniaque, tourner en rond et s'épuiser par abus. Fils Bélier a besoin qu'on le calme, qu'on fasse à son encontre montre de patience et de stabilité, or maman Gémeaux n'est certes pas indiquée pour tenir ce rôle. Elle pousse même au maximum les tendances à la dispersion, à l'agitation vaine, aux déclarations et aux actes intempestifs de fils Bélier. Pondération, recherche de profondeur, ralentissement, tout cela est vital pour l'équilibre de fils Bélier trop attaché à la face exposée des situations et il devra se tourner vers un autre membre de la famille pour trouver ces nourritures nécessaires. De plus, il dit tout haut et tout sec ce qu'il pense et maman Gémeaux, si elle le comprend déteste s'entendre ainsi critiquée, elle qui a la susceptibilité irritable. A maintes occasions et en particulier au cours de l'adolescence qui peut être un moment spécialement houleux, fils Bélier et maman Gémeaux agissent l'un sur l'autre comme deux silex qui se frottent et produisent de brusques étincelles : ils s'irritent et les tensions montant, les cris et les drames sont vite arrivés. Chacun se cabre et reste sur ses positions et ses gardes, le rythme est tendu et saccadé, le moral en prend un coup et si maman Gémeaux passe quelques nuits blanches à se poser des questions, fils Bélier a quant à lui mal à la tête et au cœur. Finalement l'énergie qui signe la relation, lorsqu'elle est ainsi mal canalisése produit un effet inévitable : ils sont l'un par l'autre épuisés.

Le conseil

Dans l'inconscient de fils Bélier, c'est lui l'homme, le Tarzan et c'est lui qui protège mais aussi, impose son rythme et ses exigences. Il n'obéit que lorsqu'il ne peut faire autrement ou bien lorsque cela lui est calmement expliqué (et maman Gémeaux sait mal le faire). Si elle n'y prend garde, maman Gémeaux risque d'être rejetée et de voir son fils lui échapper pour ne s'intéresser qu'au monde des hommes, de son père. Mais une maman Gémeaux peut-elle suivre un rythme au lieu d'imposer le sien? Oui, si elle en saisit l'importance...

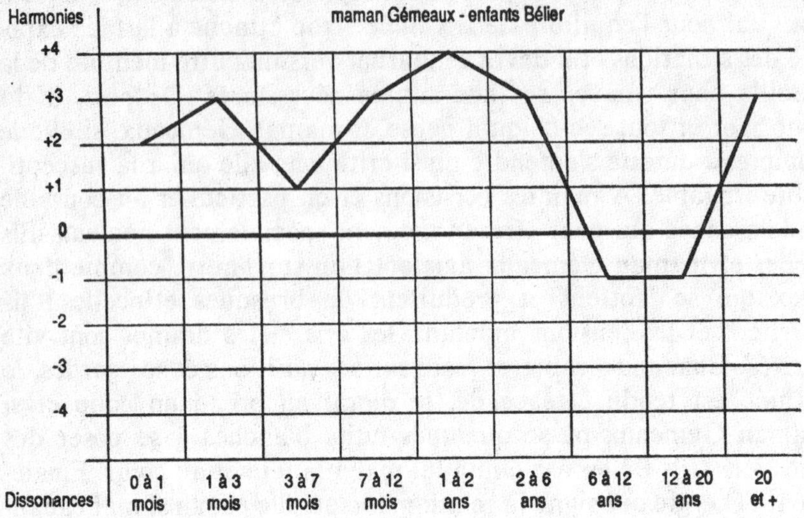

Maman Gémeaux-fille Taureau

Le meilleur de la relation

Le meilleur s'installe parce qu'entre maman Gémeaux et fille Taureau il n'y a que des différences et donc, a priori, aucun rapprochement. Mais justement, c'est là qu'est la clé de leur lien : mutuellement elles n'ont à apporter que des divergences et la curiosité joue en premier lieu dans leur relation. Si on ne peut parler de « complémentarité » car leurs disparités ne « s'emboîtent » pas comme deux pièces de puzzle, on parlera de contrastes, de nourritures étrangères mais vitales à l'une comme à l'autre.

Maman Gémeaux apporte à sa fille amusement, légèreté, audace, spontanéité et vibration cérébrale. Le rythme vif qu'elle impose n'est pas naturellement celui de fille Taureau mais il permet à celle-ci de mieux se préparer aux imprévus sociaux et à la réalité extérieure qui ainsi ne la surprendra plus avec les années. Le foyer de maman Gémeaux est une bonne école du monde social, avec ses aléas et ses incertitudes et il est bon pour fille Taureau, lente et à tendance ronronnante, de savoir s'y adapter au plus vite. Ainsi son désarroi et son sentiment d'insécurité, s'il est réel dans sa petite enfance, deviendra-t-il avec les années une arme pour mieux s'adapter à sa future vie d'adulte. De son côté, elle n'est pas pesante pour sa mère Gémeaux qui déteste par-dessus tout qu'on l'enferme dans un rôle et des obligations, car elle obéit tacitement et sait prendre en charge le matériel, le quotidien, les tâches concrètes avec naturel, compétence et plaisir. Avec les années, elle devient celle qui s'occupe du cocon familial, celle qui arrondit les angles, celles qui « manage » les réalités quotidiennes tandis que maman Gémeaux apporte plutôt le souffle du jeu, du divertissement, de l'intellectualisme et de l'audace. C'est une relation de camaraderie qui fonctionne à merveille à partir de l'adolescence et trouve des accords majeurs dans la relation femme/femme. L'art, l'esthétique, le beau, les gestes et les mouvements du corps, voilà l'univers qui les rapproche et qui permet à leurs conversations d'être riches et enrichissantes avec le temps.

Le pire de la relation

Maman Gémeaux est déstabilisante, irritante et frustrante pour les besoins d'affectivité suave et protectrice de sa fille Taureau, en particulier dans les toutes premières années, et a fortiori les premiers mois, de sa vie. Les fortes demandes affectives de fille Taureau, qui se nourrit de câlins encore plus que d'aliments (ou du moins qui conçoit la sensualité autant physique que nutritive) sont rien moins qu'un boulet pour maman Gémeaux qui est très tôt agacée par les débordements de sa fille Taureau et ne fait pas facilement montre de tolérance et de patience pour jouer les mères réellement attentives et pleines d'une sollicitude de toutes les secondes qui conviendrait à fille Taureau. Dans ce contexte, il « manquera » toujours quelque chose à fille Taureau qui toute sa vie se trouvera prise dans le double désir d'accepter de renoncer à ses besoins car elle est prête à tout plutôt que risquer de la perdre – et – nourrir en elle-même une sombre rancune que les années durcissent d'autant qu'elle prend sa maman Gémeaux pour un être peu fiable. Mille fantômes encombrent ainsi l'inconscient de la relation d'autant que la féminité chaude et languide de fille Taureau, grandissant et se modelant avec les années, devient vite insupportable à maman Gémeaux qui trouve ainsi nié son modèle de séduction, fait d'originalité, de drôlerie, de « démangeaisons » mais certainement pas de la chaude tendresse de sa fille Taureau. La concurrence arrive très vite, maman Gémeaux avec les années devient de plus en plus adolescente tandis que sa fille Taureau devient de plus en plus femme-femme. Au bout de l'adolescence elles ont facilement toutes les raisons de ne plus pouvoir se supporter, même pas en peinture...

Le conseil

Les antinomies sont telles qu'il faut toute l'indulgence et la patience pour en tirer la substantifique complémentarité. C'est à maman Gémeaux de faire l'effort mais voilà qui n'est pas son fort... Heureusement elle n'est pas uniquement centrée sur sa maternité, bien d'autres éléments lui permettent d'exister. Mais fille Taureau n'en est que plus malheureuse...

Maman Gémeaux-fils Taureau

Le meilleur de la relation

Bébé, fils Taureau est calme, dort et mange beaucoup et maman Gémeaux se rejouit de n'avoir pas à se mouler dans des obligations qui pèseraient trop lourd si elle devait les subir. L'obéissance dont il fait montre dure avec les années et maman Gémeaux peut ainsi croire sa tâche facile. De temps à autre, elle le trouve un peu amorphe et se fait donc un devoir, un plaisir, de lui apporter fantaisie, jeux, légèreté, d'essayer de l'ouvrir aux contacts et aux vibrations de l'extérieur et attend de sentir un répondant dans le comportement de fils Taureau. Celui-ci n'est pas un bébé démonstratif mais l'impact que cette maman dynamique et audacieuse produit sur son développement futur reste néanmoins déterminant : avec elle, il est à bonne école du monde social, avec ses aléas, ces incertitudes et l'obligation qu'il y a de savoir naviguer pour s'y adapter. Cela manque totalement à fils Taureau dont les forces sont plutôt celles de la stabilité, de la pérennité, sinon de la répétition du quotidien et du sûr. Il est chaleureux et sensuel, il capte les ondes mais ne sait pas bien les transmettre et regarde sa jolie maman virevolter autour de lui comme un papillon qu'il admire mais dont il ne saisit pas du tout le vol. Tant pis puisque cela lui ouvre plus grandes les portes de la connaissance du monde et des humains. Sans elle, il pourrait nourrir l'illusion que rien ne change, ni ne bouge, ni ne se détruit et ce serait fort négatif pour son adaptabilité future. Maman Gémeaux excelle à l'initier aux changements, aux rêves, à la gratuité des actes. Avec les années, il s'avoue qu'elle lui est bien utile, même s'il ne lui dit rien. En échange, il lui apporte toute la force de sa raison, de sa patience, de son savoir des responsabilités et de la gestion matérielle du monde. Le goût du beau, de l'esthétique, en particulier l'amour du théâtre, de la musique et de la danse les rapprochent. Riches ensemble ils deviennent : elle de multiples trésors ludiques, lui de belles nourritures terrestres.

Le pire de la relation

L'affectivité est la grande affaire du Taureau et ce petit garçon-là, avec ses grands yeux tendres et son fameux appétit de tendresses grosses comme des tranches de gâteau ne trouve certainement pas son compte auprès d'une maman Gémeaux, plutôt tournée vers l'indépendance de gestes et d'esprit mais surtout de cœur. Non pas qu'elle ne s'intéresse pas à son univers mais bien que les différences de caractère sont telles que maman Gémeaux ne peut saisir en profondeur les besoins affectifs de son petit garçon. Dès qu'il cherche à s'approcher et à se blottir dans ses bras, elle lui répète, trop sèchement pour la susceptibilité du petit Taureau, qu'il s'agit dans la vie de vivre l'instant présent et non de se frotter aux jupes de sa maman, discours totalement inaudible pour le cœur de fils Taureau. Le bien-être affectif, sensuel et émotionnel de cet être d'abord fait pour la douceur et les câlins paraît donc sérieusement en danger. Mais, soucieux de ne pas montrer sa peine, il jouera la comédie de celui qui est satisfait car il préfère encore obéir que de risquer de perdre sa maman Gémeaux totalement. La frustration qui s'établit là peut déstabiliser ses futures relations avec les femmes. L'angoisse d'abandon, manifestée par une boulimie ou des crises de mélancolie aiguë, notamment à l'adolescence, ne lui sera peut-être pas épargnée, dans ces conditions. Enfin, livré à lui-même car maman Gémeaux n'a pas de programme éducatif établi et rigide, il risque de développer la paresse et l'instabilité qui lui sont naturelles. Les relations homme/femme peuvent cependant se stabiliser s'ils acquièrent une réelle indépendance l'un vis-à-vis de l'autre et vivent donc des vies affectives enfin séparées.

Le conseil

La frustration qui semble facilement apparaître dans cette relation est fort douloureuse pour fils Taureau qui ne peut vivre de manques car il fonctionne sur un moteur essentiel : l'affectivité. Si maman Gémeaux ne fait aucun effort, elle le verra devenir triste et critique ou bien lui reprocher son attitude par un abandon définitif. Il lui faut apprendre à devenir une maman adorable autant qu'elle est une femme séduisante...

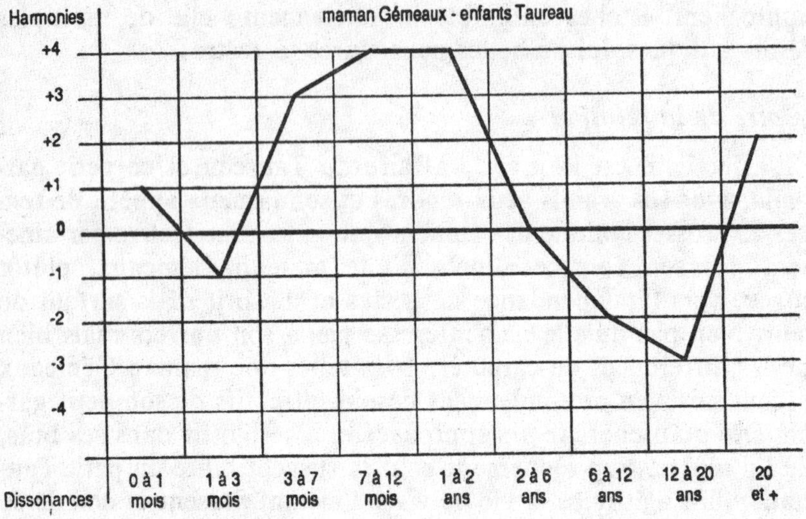

Maman Gémeaux-fille Gémeaux

Le meilleur de la relation

Lorsque deux copines se rencontrent, qu'est-ce qu'elles se racontent? Des histoires sororales. Maman Gémeaux et sa fille Gémeaux vivent en grande intelligence de tendresse de cœur et de gaieté d'esprit. Si maman Gémeaux n'est pas un prototype de sérénité, elle est néanmoins stimulante, ludique, dédramatisante et aussi peu préoccupée par l'obéissance de sa fille qu'elle l'est de la sienne propre. La petite enfance de fille Gémeaux est ainsi un large espace de jeux où priment tendresse, rires, bouffonneries, complicités dans lesquelles maman Gémeaux est ravie de pouvoir se laisser aller à sa nature enfantine. La jeunesse est la grande affaire du Gémeaux, tout tourne et se fixe sur cette idée-là. Maman Gémeaux « vieillit mal » dans la mesure où avec l'âge tout le charme qu'elle tire de son éternelle jeunesse se met à tourner un peu en rond si elle n'accepte pas à un moment donné de passer le cap de la vie adulte et de devenir femme en renonçant à la pétulance un peu trop acide de l'adolescence. Fille Gémeaux capte ce message cinq sur cinq et profite pleinement de la liberté, de l'ouverture d'esprit, du perpétuel mouvement et des tac-au-tac cérébraux auxquels maman Gémeaux et elles savent jouer mieux que personne. Ainsi l'éducation de fille Gémeaux se fait-elle en douceur et sans rigueurs excessives, loin des normes sociales ou des conventions morales, et se développe en elle le goût de l'art, du beau, du communicatif, choses qui lui servent plus tard pour mieux asseoir sa vie adulte. Partageant pour toujours la même vision du monde, maman Gémeaux et elles s'entendront bien dans leur relation femme/femme, sœurs complices éternelles qui partagent la même féminité juvénile, se laissent mutuellement libres sans ingérences dans les vies privées respectives et s'appellent pour papoter des heures de mille petits riens qui les font rire aux éclats.

Le pire de la relation

Le nœud de la relation maman-fille Gémeaux, c'est l'image respective du père. Celui-ci est forcément jeune, « cool » et libre. Il doit entrer lui aussi dans le moule de l'éternel adolescent car c'est ainsi qu'est garantie la ludicité et la complicité de ces rapports à trois... larrons en foire. Ceci dit, dans ces jeux, fille Gémeaux, qui plus que d'autres a besoin d'un sol ferme sous ses pieds et sous sa morale, ne trouve peut-être que terrain vague sinon sables mouvants. Maman Gémeaux est tout sauf rassurante, elle déteste pardessus tout s'encombrer d'obligations et de responsabilités et éduquer sa fille lui est parfois une tâche trop lourde à porter pour qu'elle la supporte. Elle aime déléguer, sinon reléguer et garde comme son fief le côté ludique, l'éducation intellectuelle et artistique de sa fille plutôt que ce qui touche au quotidien concret. Cela aurait tendance à accroître la nervosité chronique de fille Gémeaux et à nourrir chez elle le complexe d'instabilité et de versatilité qui la guette. Elle ne sait jamais sur quel pied danser (et pourtant les Gémeaux dansent bien) et la cacophonie de sa maman Gémeaux ne l'aide pas à trouver son rythme. Dans les ambiguïtés du signe, elle ne sait pas bien non plus qui est qui et peut se trouver, dans cette période fragile de la pose d'Œdipe (9-12 ans), obligée d'être la mère de sa propre mère, qu'elle juge infantile sans savoir le formuler. Les heurts, les doutes, les angoisses, tout ce qui constitue l'envers de l'apparence gaie et insouciante de la femme Gémeaux, se réveille alors.

Le conseil

« On a tous à devenir grands »... Tout le monde le sait mais le tempérament du Gémeaux le porte à s'en jouer. Si maman

Gémeaux n'entend pas le message elle risque de bloquer la maturation de sa fille et de pousser la personnalité de celle-ci dans ses extrémités négatives. Penser que « l'herbe est toujours plus verte de l'autre côté de la barrière » est le moteur du Gémeaux mais c'est aussi sa névrose. Il en faut peu pour pousser fille Gémeaux dans cette fuite en avant-là, on souhaite que maman Gémeaux le comprenne et que le papa fasse valoir la solidité de sa carrure...

Maman Gémeaux-fils Gémeaux

Le meilleur de la relation

Ravie, maman Gémeaux ne peut l'être plus qu'en la présence de son fils du même signe. En effet, pour elle qui attend son double masculin quel plus beau cadeau la vie peut-elle lui faire que celui-là. Dès les premiers mois, les sourires, les détentes, les balades et la passion des contacts se partagent, maman Gémeaux impose son rythme tumultueux et fils Gémeaux renchérit en doublant la mise. Elle ne cherchera jamais à le faire obéir et ne se préoccupe pas de vérifier s'il entre dans les moules socialement convenus. Elle construit autour de lui un vaste espace de jeux qui lui permet de partager les joies de la tendresse gaie et dynamique tout en jouant aussi son rôle de maman. La complicité est de mise, fils Gémeaux et maman Gémeaux partagent en bonne intelligence d'esprit et de sentiments. Ils « girouettent », changent d'avis comme de chemise, parlent des heures puis ne disent plus un mot, invitent des dizaines de copains même si l'espace manque et nourrissent une passion pour le téléphone puis, avec les années, se découvrent le même amour des mêmes artistes, des mêmes lieux branchés, d'une même vision du monde. Autour d'eux on se lamente devant leur manque de fiabilité et les tourbillons qu'ils créent et qui en fatiguent plus d'un(c), mais que leur importe. Ils sont d'éternels enfants impunis et comptent bien ne jamais faillir dans leur juvénilité partagée. Toute sa vie, fils Gémeaux considérera sa mère comme sa meilleure copine, d'autant qu'elle n'est pas encombrante ni jalouse et devient aussi copine de toutes ses copines. Quant à elle, elle le soutient quoi qu'il arrive et veut demeurer la seule à avoir le droit de le critiquer. Sa façon d'être protectrice est celle-là et ils ont donc toutes les raisons de traverser l'existence, en dansant sur un fil de funambule, mais bras dessus bras dessous.

Le pire de la relation

Bien sûr la relation n'est pas de tout repos mais ce n'est de toute façon pas le but que ces deux-là poursuivent. Maman Gémeaux a du mal à parfaire son éducation sur le plan de la morale, du concret et de la discipline. Si elle sait très bien stimuler son esprit, elle n'en est pas moins insécurisante pour lui qui a besoin qu'on le prenne en charge et qu'on lui maintienne les pieds dans la réalité. Les obligations, ce n'est bien sûr pas drôle, mais c'est obligatoire, surtout qu'on a le tempérament à rester jeune toute sa vie. A force, il va chercher la protection ailleurs et aimera des femmes plus mûres, plus aptes à le guider fermement dans l'existence. S'il considère sa maman comme sa sœur, qui va jouer le rôle de la maman, la vraie? Question à laquelle fils Gémeaux sait répondre intellectuellement mais qui au quotidien ne finit pas de l'encombrer. On regrette qu'il y ait dans cette rencontre quelque chose de superficiel et on souhaite que les grands-parents ne soient pas trop loin car le papa ne semble pas plus stable que la maman. Le doute, l'angoisse, le désir de fuite en avant peuvent alors se développer chez fils Gémeaux et l'adolescence peut le voir devenir un « petit dévergondé » que les maîtresses jugent très éveillé mais trop instable et qui ne peut véritablement faire « sa crise » car il n'a pas à qui s'opposer. Le risque est bien sûr de voir sa personnalité se colorer de mollesse et non de lucidité face à des objectifs précis.

Le conseil

Le pire défaut du Gémeaux est de ne pas réaliser ses idées pour la simple raison qu'il en change constamment. Dans cette rencontre entre maman Gémeaux et fils Gémeaux ce défaut risque d'être décuplé. Il faut que maman Gémeaux comprenne que les enfants, en plus de s'amuser et de prendre la vie comme elle vient au jour le jour, ont besoin de se construire dans la fiabilité et le sérieux à long terme.

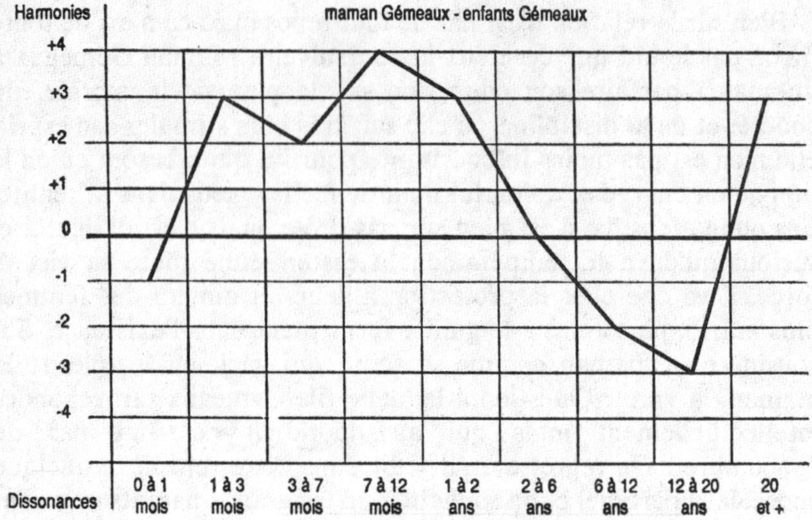

Maman Gémeaux-fille Cancer

Le meilleur de la relation

Dans cette rencontre astrologique, la part du rêve et l'espace du jeu sont intacts. La projection hors du quotidien banal constitue le meilleur de la relation, ce qui d'emblée rapproche les mondes pourtant très différents de maman Gémeaux et de fille Cancer. Ensemble, elles joueront et le contact qu'elles auront dans l'enfance de fille Cancer sera sur ce plan tout à fait privilégié. Avec les années, maman Gémeaux apportera à sa fille une indépendance d'esprit, une liberté d'expression et une audace d'action qui l'ouvriront au monde plus qu'elle n'y a naturellement tendance et cela est très bénéfique pour l'intégration future de fille Cancer dans le monde social. Cet « extérieur » si étranger à l'univers ouaté désiré par fille Cancer sera fait de propositions, de rencontres, d'échanges, de stimulations et d'émulations mais on souhaite que maman Gémeaux, pour que le positif porte, sache formuler cette ouverture avec l'affectivité et la délicatesse de cœur qui permettront à fille Cancer de ne pas se sentir abandonnée et ne lui donneront pas envie de se refermer comme une huître sur ses trésors de communication cachés. De son côté, fille Cancer concédera à sa maman Gémeaux une part de son univers onirique et saura la faire rêvasser. C'est donc une relation de plaisirs doux, d'échanges de ludicités, un partage de leurs sensibilités créatrices et de cet attachement au monde des jeunes qui, s'il n'est pas le même, ne s'en rejoint pas moins.

Le pire de la relation

Fille Cancer a besoin d'être protégée mais c'est beaucoup en demander à maman Gémeaux. En effet, fille Cancer voudrait être entourée, dorlotée, presque emmaillotée dans des paquets de tendresse en sucre candi et en barbe à papa, elle voudrait conserver le plus tard possible l'impression de n'être jamais vraiment séparée de sa maman. Or maman Gémeaux se sent vite étouffée par une demande de cette sorte. Elle s'occupe de sa fille avec douceur et intelligence mais aussi avec indépendance et mouvement. Les rythmes intérieurs posent ici problème : celui de maman Gémeaux est rapide et exposé, tourné vers l'extérieur tandis que celui de fille Cancer est secondaire (au moins) et axé sur l'intériorité. Le risque est que fille Cancer se sente vite en carence de maman et se referme dans ses tours d'ivoire dans lesquelles elle vit comme une princesse inaccessible au monde réel, avec lequel elle a tous les problèmes à communiquer. Elle pourrait se blottir dans le silence, le retrait, la bouderie douloureuse; un comble pour maman Gémeaux qui n'a vraiment pas la tête à comprendre ce genre de réaction et qui peut de son côté vouloir « réveiller » sa fille, la secouer, la tonifier, user de provocation sinon de sarcasmes, autant de maladresses qui blessent très profondément fille Cancer et la coupent de la réalité.

L'adolescence, avec les complexes qu'elle appelle, peut ainsi être très difficile à vivre pour l'une comme pour l'autre si elle ne les sépare pas complètement. C'est qu'un Cancer porte avant tout la mémoire et se réfugie facilement dans la rancune.

Le conseil

Les sensibilités et les affectivités sont radicalement différentes, on l'aura compris. Maman Gémeaux raille systématiquement les sensibleries mielleuses de sa fille Cancer et celle-ci ne s'en remettra que difficilement. Alors de grâce mamans Gémeaux, si vous ne comprenez pas l'univers cotonneux des Cancer, n'allez pas pour autant le bombarder au napalm d'une trop grande brusquerie, même si celle-ci est en fait destinée à aider fille Cancer à mieux s'intégrer dans les réalités quotidiennes. C'est vous qui avez raison mais elle n'entend que celle du cœur...

Maman Gémeaux-fils Cancer

Le meilleur de la relation

On ne sort pas du monde de l'enfance. Les signes du Gémeaux et du Cancer étant ceux qui sont le plus marqués par les caractéristiques de la jeunesse, par son insouciance, son onirisme et sa perception assez floue du monde des adultes, on peut être sûrs que maman Gémeaux et fils Cancer partageront des plaisirs qui les isolent de la réalité rigide mais les soudent dans leurs rires, leurs jeux, leurs indépendances d'esprit et de sentiments. A eux deux, ils feront la plus belle collection de peluches qui soit, construiront une chambre extraordinaire pour que fils Cancer y rêvasse en paix, partageront l'univers des Pierrots, des Peter Pan, du Magicien d'Oz et du cirque et s'aimeront ainsi tendrement tant que personne ne vient les embêter avec de froids raisonnements ou avec des exigences d'obéissance, d'horaires fixes ou autres contraintes. Cependant, s'ils partagent l'amour de l'enfance, celle-ci n'est pas colorée des mêmes nuances. Celles de fils Cancer empruntent plutôt aux pastels de couleurs froides tandis que maman Gémeaux se reconnaît plutôt dans un camaïeu de couleurs vives et toniques. Dans le concret cela signifie que fils Cancer reste volontiers dans l'idée, le rêve des choses tandis que maman Gémeaux s'affirme dans le mouvement, les contacts et les échanges verbaux. Elle ouvre donc positivement son petit garçon à la communication et le stimule dans sa découverte des contacts sociaux. Grâce à elle, il va apprendre à s'intégrer dans un monde qui se dit, se parle, existe au lieu d'être uniquement imaginé et idéalisé. Grâce à lui, maman Gémeaux est obligée de se freiner et de ne pas se perdre dans des relations trop multiples et trop superficielles car fils Cancer ne supporte pas le non authentique, le précipité, le destructuré. Ils ont donc bien des choses à s'apporter et peuvent être ensemble de grands enfants tout à fait épanouis à la fois en prise sur le rêve et sur son expression extérieure et sociale.

Le pire de la relation

Être unis dans le monde de l'enfance apporte bien des joies mais provoque des problèmes. Le premier d'entre eux est de déterminer qui va pouvoir protéger l'autre. Fils Cancer, dont l'univers tourne entièrement autour de sa maman, et cela pour longtemps, a besoin d'être entouré, réchauffé, couvé car il refuse longtemps, et tout à fait inconsciemment, de se mêler de la réalité. Sa maman lui suffit pour assurer le lien avec l'extérieur, il reste caché, bien au chaud derrière ce qu'elle lui apporte. Elle est toute sa nourriture terrestre et sociale et on peut penser que ce rôle n'est pas de toute légèreté pour une maman. Mais maman Gémeaux justement déteste l'ampleur inévitable de cette demande. Elle se sent dévorée, encombrée par ce petit garçon tendre et rêveur qui se blottit dans ses jambes et refuse de la lâcher. Elle peut facilement faire l'erreur de vouloir le bousculer, de chercher à le décoller d'elle car elle a besoin de liberté de mouvement comme de l'air qu'elle respire. L'antinomie est profonde, fils Cancer se réfugie dans son monde et dans ses bouderies, manifeste ses manques par des problèmes alimentaires et se met à haïr la réalité. Maman Gémeaux veut le voir grandir vite et cette obsession bloque la maturation de son fils qui n'accepterait son indépendance que si elle lui était présentée gentiment, avec patience, douceur et tendresse. Les rythmes s'opposent violemment et ces grands enfants finissent avec les années par vivre côte à côte mais très étrangers dans leurs structures profondes et surtout, dans leurs exigences affectives.

Le conseil

Être dorloté et choyé, le plus longtemps possible, voilà l'idéal de fils Cancer et voilà l'angoisse de maman Gémeaux. Il faut qu'elle comprenne que ce n'est pas de ses mots dont il a besoin. Il ne les entend qu'avec son cœur, or maman Gémeaux piétine sa sensibilité sans même s'en rendre compte. On souhaite donc à maman Gémeaux de trouver un autre langage, qui parle au cœur de fils Cancer et ne rende pas sa tête malade...

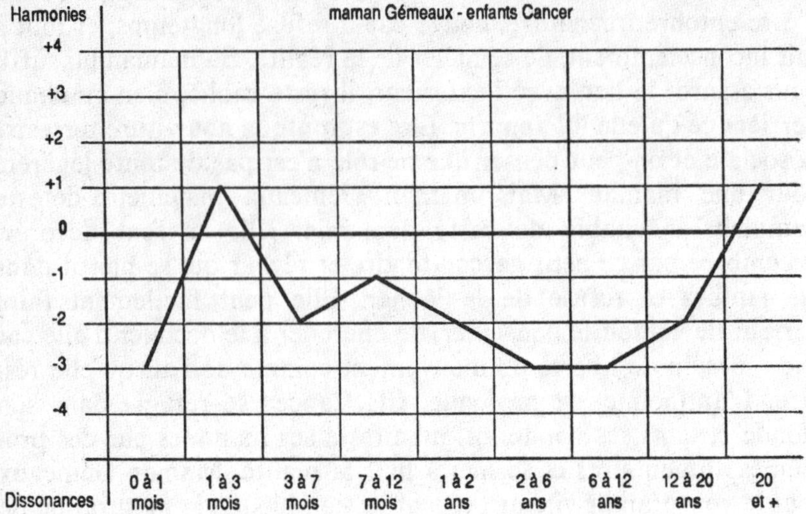

Maman Gémeaux-fille Lion

Le meilleur de la relation

Les structures affectives et cérébrales de maman Gémeaux et de fille Lion leur permettent de bien se comprendre et ce, depuis le début et pour la plus grande partie de la vie. Elles sont toutes deux projetées vers l'extérieur par et pour lequel elles vivent et la curiosité que fille Lion témoigne très vite à l'égard de tout et tous ce (ceux) qui bouge(nt) ravit maman Gémeaux car cela la rassure tout de suite sur ce qu'elle a à donner à sa fille. Dès qu'elle a noté cet intérêt, elle excelle à l'affiner, l'orienter, fait beaucoup pour développer les goûts artistiques, esthétiques et relationnels de sa fille Lion qui apprend bien les leçons, progresse avec intérêt et bat rapidement maman Gémeaux sur son propre terrain. Elles partagent les plaisirs des mots mais aussi de la bonne compagnie, aiment sortir, acheter, s'amuser ensemble et aussi, en passant, critiquer l'entourage par jeu plus que par méchanceté. Elles font, avec les années, une paire d'amies qui ne passe pas inaperçue car elles ont toutes deux le peps et le maintien et sur ce plan, maman Gémeaux est un excellent modèle pour sa fille Lion. Elle sait très bien la mettre en valeur et la pousser sur le devant de la scène où elle cherche à aller. Leurs goûts sont élitistes même s'ils ne s'expriment pas sur le même terrain. Baignée dans une ambiance aussi stimulante, fille Lion se développe au mieux et trouve dans sa relation à sa maman Gémeaux un tremplin des plus porteurs.

Le pire de la relation

Cette relation « roule » bien mais elle est un peu superficielle. Le goût de maman Gémeaux pour la face exposée des êtres et des choses trouve écho chez fille Lion et il serait regrettable qu'elles en restent au côté effleuré de leurs rapports avec les gens. Maman Gémeaux a trop tendance à penser que sa fille est forte et ne ratera jamais aucune marche. C'est à moitié vrai mais surtout, cela ne permet pas à fille Lion de réfléchir plus avant sur elle-même et donc risque de la faire tomber dans des pièges relationnels plus tard. Dans l'éducation qu'elle reçoit ainsi de maman Gémeaux, elle pourrait penser que le monde est une « vaste mascarade » dans laquelle il lui suffit d'apparaître pour avoir la meilleure position. Et avec les années, le tempérament et la personnalité de fille Lion se développant, celle-ci peut en imposer à sa maman Gémeaux qui se sentira vite atteinte d'un complexe d'infériorité des plus désagréables pour sa susceptibilité et son propre besoin de briller. Les relations femme/femme peuvent pour cette raison se teinter d'une sourde jalousie d'autant plus facile si elles n'ont pas réussi dans l'enfance à créer des liens réellement affectifs et profonds. Fille Lion, de toutes les façons admirative de son papa, peut facilement regarder sa maman Gémeaux de haut et celle-ci, se sentant petite, ne se gênera pas pour l'exprimer amèrement même si elle en souffre en sourdine.

Le conseil

C'est une relation qu'il faut approfondir, travailler de l'intérieur sans la laisser être uniquement sociale, rapide, ludique et somme toute superficielle. C'est maman Gémeaux qui détient l'allumette qui mettra le feu aux poudres : si elle ne veut pas que ses rapports avec sa fille Lion flambent d'un coup et brillent aussi violemment que sommairement, elle doit apprendre à mieux se servir de ses propres lueurs intérieures.

Maman Gémeaux-fils Lion

Le meilleur de la relation

La similitude des structures cérébrales représente un gage de bonne entente entre maman Gémeaux et fils Lion. Avec cette maman, fils Lion se trouve d'emblée immergé dans ce qui le préoccupera tout le long de sa vie : l'expression sociale et la multiplicité des contacts et des rencontres. Bébé, il recherche surtout calme, pondération et solitude mais maman Gémeaux n'est cependant pas sans remarquer son intérêt pour les belles formes, les belles dames, les ambiances de fête fastueuses et brillantes et elle s'amuse beaucoup à le conforter dans ses goûts. Elle sait développer, orienter, affiner ses goûts et l'entourer de la bonne compagnie qui lui sied. Cela devient de plus en plus vrai avec les années puisque fils Lion se met à participer et ravit même la vedette à maman Gémeaux sur le terrain qui est naturellement le sien. Ils partagent le goût du beau, des arts et des raffinements esthétiques mais savent aussi goûter au plaisir des mots bien prononcés dont ils savent jouer, parfois à l'excès, car leurs exigences de qualité communes les portent facilement à la critique acerbe. Ces penchants élitistes font que maman Gémeaux joue auprès de fils Lion un rôle à la fois de détonateur et de tremplin, elle fait confiance à son intelligence et l'aide à la concrétiser. Elle devient un supporter efficace qui avec les années sait le mettre en valeur et l'obliger à faire des efforts qui portent. Il découvre qu'il a besoin d'elle pour se hisser sur les hauteurs sociales qu'il convoite et le fait avec harmonie. En contrepartie elle peut compter sur lui pour la protéger en même temps que l'emmener dans les soirées qu'elle aime tant fréquenter et ils sont ainsi l'un pour l'autre, et pour toujours, d'un précieux secours.

Le pire de la relation

Trop d'attachement à la face exposée des êtres et des choses fait de cette rencontre astrologique une liaison un peu superficielle. Maman Gémeaux est trop tournée vers ce qui est dit, fils Lion a tendance à ne s'intéresser qu'à ce qui est montré et visuellement valorisant et à eux deux, ils pourraient par trop ignorer l'aspect profond des êtres et des choses de la vie. Maman Gémeaux n'aide pas beaucoup son fils Lion à réfléchir sur le bien-fondé de ses actes et de ses ambitions, elle préfère accentuer ses appétits et décupler ses forces car cela ne lui demande que des efforts naturels et ne l'enferme pas dans des obligations trop pesantes. Mais ce manque de réflexion risque d'agir négativement sur le développement social de fils Lion qui pourrait ainsi croire qu'il suffit de participer à la foire humaine qu'est la société et d'en recueillir immédiatement des fruits. Son ego ne pourrait alors développer que ses aspects les plus mineurs. La réussite sociale d'un Lion est toujours à surveiller pour qu'elle ne devienne pas une caricature de facilité. Avec les années, fils Lion et maman Gémeaux peuvent, pour ces raisons et s'ils n'ont pas établi des liens affectifs solides dans l'enfance se côtoyer dans l'éclat mais demeurer des étrangers de cœur.

Le conseil

Intérieur et intériorisation sont les maîtres mots de cette relation dans laquelle on conseille à maman Gémeaux de maintenir l'ego de son fils Lion à sa juste mesure, c'est-à-dire de lui montrer ses imperfection sans pour autant l'en accuser (car il se fermerait totalement) et l'aider à travailler le meilleur de lui-même. Des moyens, il n'en manque pas. Que maman Gémeaux prenne le temps d'y consacrer un peu du sien.

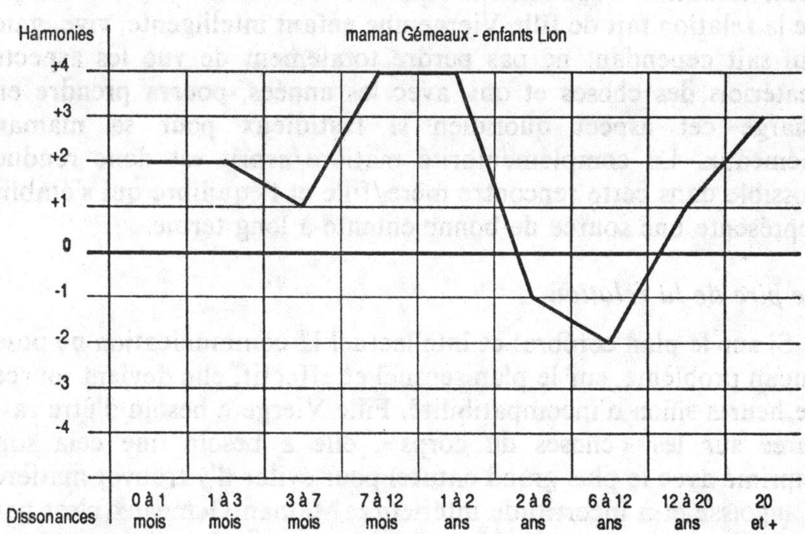

Maman Gémeaux-fille Vierge

Le meilleur de la relation

Les affinités mercuriennes priment dans cette rencontre astrologique. Maman Gémeaux et fille Vierge ont l'esprit structuré de la même façon : mobilité, curiosité, art de la communication, de la critique et de la repartie, la rapidité semble la première caractéristique de ce lien mère/fille et elle s'illustre dès les premiers mois de fille Vierge. Maman Gémeaux excelle à développer la vision juste, sans complaisance et sans ambiguïtés qui signe les caractéristiques de l'esprit mercurien. Elles s'entendent parfaitement pour découvrir les objets, les gens, le monde extérieur et prennent beaucoup de plaisir à communiquer dans les phases privilégiées de 1-4 mois puis dès que fille Vierge entre à l'école et se trouve donc en situation de confronter son esprit dynamique à celui de ses petits camarades. Maman Gémeaux joue sur l'aspect « fou-fou » de sa fille qui peut aussi bien avec les années se révéler tour à tour très sage et très raisonnable et délurée, pipelette et indisciplinée. On ne peut pas dire que maman Gémeaux favorise le calme mais cela ne dérange personne. Toute leur vie, elles se comprendront au quart de tour et formeront un rempart aussi immédiat qu'efficace contre toute tentative d'apaisement venant de l'extérieur. La cérébralité de la relation fait de fille Vierge une enfant intelligente, vive, gaie qui sait cependant ne pas perdre totalement de vue les aspects matériels des choses et qui, avec les années, pourra prendre en charge cet aspect quotidien si fastidieux pour sa maman Gémeaux. La complémentarité matière/esprit est donc rendue possible dans cette rencontre mère/fille et l'équilibre qui s'établit représente une source de bonne entente à long terme.

Le pire de la relation

Si sur le plan cérébral et intellectuel la communication ne pose aucun problème, sur le plan sensuel et affectif, elle devient source de heurts sinon d'incompatibilité. Fille Vierge a besoin d'être rassurée sur les « choses du corps », elle a besoin que cela soit exprimé avec le plus grand naturel pour éviter d'y trouver matière à angoisse et à incertitude intérieure. Maman Gémeaux n'est pas véritablement celle qui dédramatise le corps et le présente le plus sainement du monde car elle passe souvent outre, n'y pense pas et n'en parle pas. Sans qu'elles se le disent, mais tout cela s'imprime dans l'inconscient, maman Gémeaux et fille Vierge « tournent » autour de ce lieu, l'évitent et fille Vierge ne cesse de s'en sentir gênée. Les conséquences sur le développement de sa féminité peuvent être plus ou moins importantes, aller du simple retrait pudique au blocage basé sur un malaise aphone mais très prégnant. Fille Vierge, à l'adolescence et dans son contact avec les hommes, se sent seule, seule pour se poser des questions, mal vivre son corps et pour ne pas trouver de réponse rassurante. La nervosité, l'angoisse chronique qui constituent un aspect courant de la personnalité Vierge trouvent là matière à se développer. Si les choses de l'esprit sont androgynes et passent donc bien entre maman Gémeaux et fille Vierge, celles du corps appellent à la féminité et plongent fille Vierge dans un désarroi qui peut facilement nuire à l'épanouissement de son identité de femme, et surtout de mère.

Le conseil

Derrière l'aspect un peu fanfaron que peut donner fille Vierge stimulée dans ce sens par sa maman Gémeaux, il y a une sourde angoisse qui se réveille à l'adolescence mais prend sa source dans la période de découverte de son propre corps. Pour qu'elle ne pense pas toute sa vie que tout ce qui touche au désir est « sale », il faut à maman Gémeaux du tact, de la compréhension, de la tolérance et surtout un effort sur elle-même pour réfléchir à ces choses qui semblent « ne pas la concerner » mais qui, concernent fortement fille Vierge.

Maman Gémeaux-fils Vierge

Le meilleur de la relation

Une profonde complicité d'esprit signe cette rencontre astrologique où dominent les caractéristiques mercuriennes. Les maîtres mots sont mobilité d'esprit, art de la transmission, esprit de synthèse et sens de la critique (parfois exagérée), rapidité dans la réflexion et dans sa mise à exécution. La communication semble donc ne pas faire défaut entre fils Vierge et maman Gémeaux. Rien n'échappe à la vigilance d'un esprit aussi « bien fait » que celui qu'ils ont tous deux en commun. Ils remarquent tout, emmagasinent puis analysent avec des conclusions très peu complaisantes. Cela signifie que dès les premiers mois de sa vie fils Vierge est à l'école de l'intelligence et c'est une école qui lui sied bien. Sa curiosité se développe et il devient un bébé sérieux, posé, sage qui aime à ce qu'on lui explique les choses pour y obéir et qui n'encombre pas trop sa maman, la laissant vivre sa vie extérieure en toute sérénité. Il fait l'émerveillement des nombreux amis qui peuplent la vie de sa jeune maman Gémeaux si entourée et choyée car il a le tact et le mot justes. Ceci dit, son rôle dynamisant une fois accompli, maman Gémeaux ne s'occupe pas tellement des besoins strictement quotidiens de son fils, tant au niveau alimentaire que de la régularité des horaires. Avec les années, et puisque cet aspect lui est primordial, c'est lui qui prendra en charge la gestion du foyer, s'entendant sur ce point avec son père plus qu'avec sa mère. Il sait rationaliser et stabiliser les dépenses et les emportements de sa maman Gémeaux et celle-ci est ravie de trouver sur qui se reposer en toute confiance. La relation homme-femme favorise la complicité d'esprit et la compréhension tacite d'autant que la cérébralité de maman Gémeaux rassure les pudeurs de fils Vierge.

Le pire de la relation

Dans une relation aussi « facile » sur le plan de la communication d'esprit, la relation sensuelle pose problème. Les besoins affectifs et émotifs de fils Vierge ne trouvent pas d'écho auprès de maman Gémeaux ou trop peu. Maman Gémeaux est une femme séduisante par la fraîcheur acidulée de son maintien et la pétulance de son esprit vif et gai. Ceci dit, elle n'est pas à proprement parler une grande initiatrice des choses du corps et fils Vierge, tellement mal à l'aise dans ces questions, tellement « interpellé » par ces mystères qui n'en finissent pas de l'étonner et de le culpabiliser peut se poser beaucoup de questions sans jamais trouver de réponse adéquate auprès de maman Gémeaux qui rechigne à prendre le temps de lui clarifier et de lui simplifier le corps. Non pas qu'elle soit elle aussi « encombrée » de questions, mais qu'elle trouve pesant d'avoir à s'expliquer sur la question. Aux âges auxquels ces questions se posent, fils Vierge peut se sentir démuni et donc soumis à un surplus d'imagination angoissante, si maman Gémeaux ne parvient pas à trouver les mots pour dédramatiser le corps et lui exposer sainement la vérité. Sa future relation avec les femmes risque d'être coincée. Sa maman Gémeaux semble tellement à l'aise qu'il en forge un complexe d'infériorité qu'il attribue globalement à la condition masculine. Dans sa tête les femmes ont le beau rôle et demeurent libres, et cela n'en finit pas de l'attrister.

Le conseil

Fils Vierge aime la légèreté que propage maman Gémeaux dans l'ambiance qu'elle crée. Mais il s'en sent vite écarté car ses besoins de stabilité matérielle autant que ses désirs sensuels sont un peu mis à l'ombre. Il serait important que maman Gémeaux s'intéresse de près à l'affectivité de ce petit pudique qui n'exprime pas ses besoins, ce qui n'empêche pas ceux-ci d'exister et de peser leur poids dans la relation.

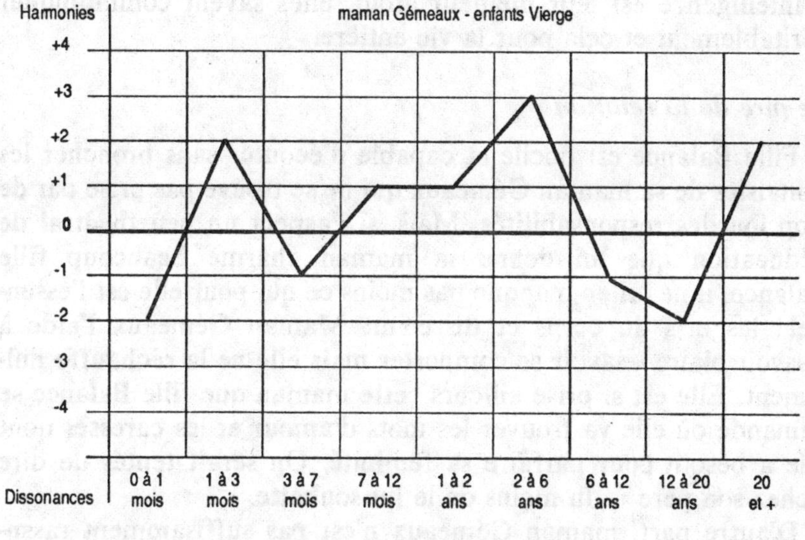

Maman Gémeaux-fille Balance

Le meilleur de la relation

C'est une relation que l'on peut qualifier de souple, c'est-à-dire que dès le départ s'installe un climat de connivence affective et intellectuelle qui n'est pas coloré par les touches de la passion mais au contraire par celles de la compréhension tacite, du désir mutuel d'harmonie, de beauté et de tranquillité. Maman Gémeaux aime la légèreté et la douceur, fille Balance déteste naturellement tout ce qui peut se rapprocher des excès, des violences verbales ou comportementales et donc, les liens qui s'installent dès les premiers mois du bébé fille Balance sont faits de « courtoisie » dans le sens où maman Gémeaux ne sera jamais une maman omnipotente et possessive comme fille Balance ne saurait le supporter. Maman Gémeaux développe les goûts artistiques de sa fille Balance, cultive sa vénusté car elle trouve incontestablement que cette petite fille qui parle bien, est aimable, raisonnée et serviable est vraiment facile à vivre et ne lui demande donc pas des efforts surnaturels de présence et de sacrifice de sa liberté puisque elle-même est libre, indépendante et habile très tôt à montrer ses désirs et ses besoins. On imagine que sur ce mode tranquille, la vie entre maman Gémeaux et fille Balance n'est pas soumise à des risques d'agressivité et de brusquerie. L'essentiel est que, quoi qu'il advienne, elles puissent discuter et ne le fassent jamais pour rien. L'intelligence est leur meilleur atout, elles savent communiquer véritablement et cela pour la vie entière.

Le pire de la relation

Fille Balance est docile et capable d'écouter sans broncher les fantaisies de sa maman Gémeaux qui ne se trouve pas prise par de trop lourdes responsabilités. Mais, si l'aspect un peu théâtral de l'éducation que lui donne sa maman charme beaucoup fille Balance, il ne lui en manque pas moins ce qui pour elle est l'essentiel : les cris du corps et du cœur. Maman Gémeaux l'aide à « savoir plaire » savoir se comporter mais elle ne la réchauffe nullement. Elle est si prise ailleurs cette maman que fille Balance se demande où elle va trouver les mots d'amour et les caresses dont elle a besoin pour parfaire sa féminité. On serait tentés de dire « chez son père », du moins on le lui souhaite.

D'autre part, maman Gémeaux n'est pas suffisamment rassurante pour fille Balance déjà encombrée dans ses hésitations et ses difficultés de choix, or maman Gémeaux souffre des mêmes symptômes et ne peut aider sa fille à trancher. Le développement de la morale, de l'ordre et de la fermeté, ce n'est pas auprès de cette maman qu'elle le trouvera. A la longue, fille Balance se sent déséquilibrée, notamment à partir de l'adolescence au cours de laquelle elle aura plutôt besoin d'une main ferme et d'un esprit cartésien pour tracer à sa place une ligne droite. Elle risque de rester ainsi dans des eaux troubles néfastes pour son équilibre psychique et peut souffrir de ce mal caractéristique de la Balance : la mélancolie en demi-teinte, la tristesse vague mais constante. Avec les années, les relations femme/femme peuvent alors devenir de plus en plus neutres.

Le conseil

Si tout va apparemment si bien entre maman Gémeaux et fille Balance, c'est finalement que fille Balance prend beaucoup sur elle, incapable qu'elle se sent d'exprimer carrément ce qui la chiffonne, mais le sait-elle véritablement? Il serait nécessaire que maman Gémeaux en tienne compte, ralentisse un peu son rythme intérieur et extérieur et se mette à l'écoute des imperceptibles fluctuations nuancées qui composent le pastel de l'affectivité de sa fille. D'accord c'est une obligation un peu lourde à porter mais qui pourrait le faire à sa place...

Maman Gémeaux-fils Balance

Le meilleur de la relation

Beaucoup de souplesse et de tranquillité dans cette relation. Maman Gémeaux et son fils Balance ont la même envie de dédramatiser et de vivre dans la liberté. Les affres de la passion leur sont pareillement insupportables et ils tenteront de vivre leur relation autant que leur rapport aux autres avec délicatesse et en évitant implications et engagements. Maman Gémeaux s'occupe de son bébé avec gentillesses, gaieté et amusement. Ils peuvent passer des heures à rire et à cultiver leurs goûts communs pour le beau, l'élégant, le bien dit et le bien montré. Bien-être et bien-penser prend pour eux la même signification et ils forment avec les années un tandem très harmonieux, agréable à fréquenter et à recevoir. Fils Balance est plein de charme et d'attentions pour sa maman, il aime l'écouter et déguste avec délices son humour frais, ses audaces et les relations bien placées qu'elle lui fait fréquenter dès son plus jeune âge. Ainsi s'affine son goût pour la bonne société et pour une certaine façon de vivre tranquille, facile, une ambiance à la Scott Fitzgerald qui parle du meilleur des charmes « bourgeois ». Indépendance d'esprit et respect des différences des autres, absence de jalousies et de sévérité, tout cela est présent dans ce tableau peint à l'aquarelle. L'intelligence commune, le raffinement et l'éphémère les rapprochent et fils Balance passe auprès de sa maman des années tout à fait satisfaisantes que prolonge une relation homme/femme pareillement colorée de demi-teintes qui cherchent à éviter les heurts.

Le pire de la relation

Fils Balance se laisse beaucoup faire et maman Gémeaux ne trouve donc pas que son éducation soit difficile à mener. Il est un acteur consentant du rythme un peu théâtral qu'elle impose et il gardera toute sa vie cette capacité à se couler sans broncher dans les bains que lui feront prendre les femmes, sans jamais vraiment s'y engager. Ce manque d'engagement est ici porté à l'excès car maman Gémeaux si elle l'aide très bien à étonner et plaire en société, si elle développe son charme et son intelligence, ne sait cependant pas bien le câliner, le réconforter dans son corps. Or fils Balance est un vénusien, la sensualité pour lui n'est pas un vain mot. Il souffre sans vraiment savoir pourquoi, de la distance et de la superficialité de leur contact. Il souhaiterait sans doute une maman plus proche, plus chaude, plus caressante, plus prête à des attouchements et à des plaisirs des sens. Entre eux, c'est lui qui imprime le plus de « féminité » autant dans son attitude plus effacée que celle de maman Gémeaux que dans ses besoins plus romantiques que ne l'entend sa maman Gémeaux. Mais comme il n'est pas signe à clamer haut et fort ses insatisfactions, il développera plutôt une tendance passéiste et une incapacité légendaire à trancher et à s'imposer. Maman Gémeaux ne sait pas non plus l'aider à prendre des décisions car elle évite de se mêler de tout ce qui pourrait elle-même l'enfermer et l'engager. Elle critiquera son fils dans ses hésitations mais qu'en sortira-t-il? Avec les années, toutes ces caractéristiques antagonistes produisent une neutralisation des rapports.

Le conseil

Les connivences d'esprit ne font pas tout. Fils Balance a besoin qu'une femme le pousse, le tire, en tous les cas le dynamise. Maman Gémeaux lui propose d'aller voir dehors, dans les contacts sociaux, s'il peut trouver cela. L'élégance des sentiments ne fait pas tout et fils Balance et maman Gémeaux s'apercevront, s'ils n'y prennent garde, qu'ils n'ont finalement que peu d'intimité...

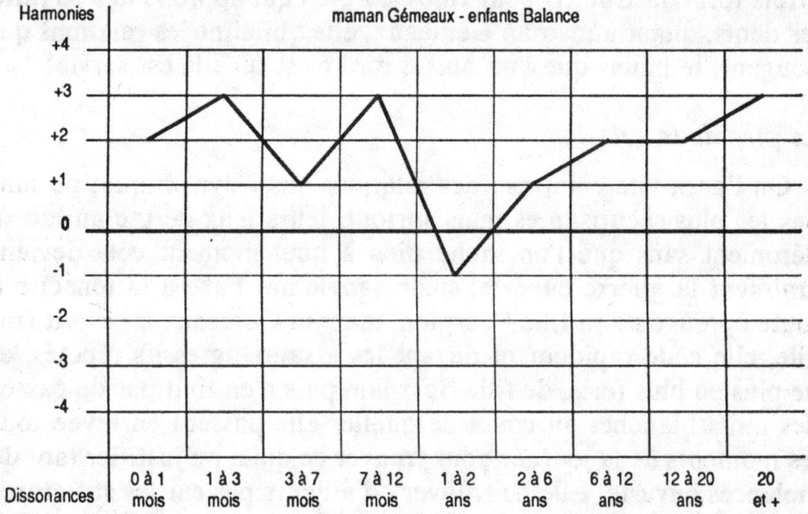

Maman Gémeaux-fille Scorpion

Le meilleur de la relation

C'est une relation pour le moins dynamique. Dès les premiers mois, fille Scorpion se révèle avoir du caractère et vouloir le faire respecter. Elle ne se laisse pas marcher sur les pieds, le manifeste et maman Gémeaux se trouve dans l'obligation d'en tenir compte. Mais ce n'est pas fait pour lui déplaire, elle qui a horreur des demi-mesures des autres, elle aime savoir à qui elle a affaire et avec fille Scorpion l'illusion en la matière n'est pas de mise. Toute la relation se déroule un peu sur le rythme d'un match de boxe où chacune use de ses armes, l'une verbales l'autre instinctives mais dans le meilleur, cela fait un grand bouillonnement d'intelligence, des stimulations cérébrales. Maman Gémeaux essaie de tempérer en rationalisant l'univers intérieur toujours très compliqué de fille Scorpion et, même si elle ne le lui dira jamais, fille Scorpion a bien besoin de cela. De son côté, elle donnera beaucoup en profondeur à la légèreté de sa maman et l'empêchera d'être aussi papillonnante, aussi versatile sinon superficielle car elle trouve toujours le juste mot, la juste critique pour faire redescendre sa maman sur terre. Finalement, elles parviennent à équilibrer les excès de leurs tempéraments même si pour cela elles emploient de « drôles » de moyens, extrêmes eux aussi. De ne rien laisser passer, de ne rien se pardonner et d'être toujours sur le qui-vive produit finalement des effets fort constructifs pour fille Scorpion qui apprend là à se faire les dents, quant à maman Gémeaux, elle qui aime les relations qui bougent, le moins que l'on puisse dire c'est qu'elle est servie!

Le pire de la relation

On l'aura vite compris : des relations aussi dynamiques ne sont pas les plus sécurisantes mais surtout, leurs jeux de tac au tac se déroulent sans que l'on sache bien à quel moment cela devient vraiment la guerre ouverte, sinon sanglante. Face à la ténacité à toute épreuve de sa fille Scorpion, maman Gémeaux a l'esprit fragile, elle cède rapidement devant les assauts agressifs répétés, et de plus en plus forts, de fille Scorpion puis n'en finit pas de passer des nuits blanches au cours desquelles elle passera en revue tous les moments de la journée pour trouver ce qui a pu justifier tant de violences ouverte. Elle ne trouvera d'ailleurs pas car les structures cérébrales, les rythmes intérieurs et les forces sont tellement différents qu'il est impossible d'en trouver les justes milieux. On peut dire que fille Scorpion sait d'instinct où « taper » pour fragiliser maman Gémeaux et comme c'est son jeu favori de s'exercer à le faire, elle le pratique avec dextérité. A terme, cela peut virer à la guerre d'usure morale dans laquelle maman Gémeaux fait montre de moins de résistance que sa fille Scorpion. La méfiance réciproque n'arrange pas les rapports et la relation fait mal, à l'une comme à l'autre. Pourtant ce n'est pas l'intelligence qui manque ni la capacité à analyser les situations conflictuelles. On peut même dire que rien de fondamentalement grave n'existe vraiment et pour ne pas souffrir outre mesure, maman Gémeaux et fille Scorpion doivent s'avouer une chose : fille Scorpion a besoin de la violence pour avancer, c'est son moteur, quant à maman Gémeaux elle a besoin d'utiliser son humour acerbe, cela lui est vital. Les heurts sont juste question de contingence.

Le conseil

C'est un conseil court mais efficace : la guerre n'aura pas lieu si maman Gémeaux et fille Scorpion trouvent un troisième « partenaire » sur lequel tout reporter (!), ou par lequel faire transiter leurs humeurs avant qu'elles ne fassent boule de neige.

Maman Gémeaux-fils Scorpion

Le meilleur de la relation

Voilà un petit garçon qui, tout bébé, affirme haut et fort sa personnalité et renseigne son entourage immédiat sur sa détermination à n'en faire qu'à sa tête. Maman Gémeaux est la première avertie et cela la remplit d'aise. Elle qui redoute surtout de s'ennuyer, elle est ainsi certaine que l'action sera au rendez-vous de cette rencontre. Il est curieux, vif, espiègle, inventif et malin. Elle excelle à développer ses qualités naturelles et à les orienter afin qu'il en fasse le meilleur usage. Elle lui laisse pleine liberté de manœuvre et d'audace du moment qu'il ne vient pas empiéter sur ses plates-bandes. Toute leur vie la connivence sur le droit de chacun à appliquer sa liberté et à en faire l'usage qui lui convient est un gage de bonne intelligence entre eux, une certitude d'un lien privilégié et durable. Ils ne sont pas des « suiveurs », ils aiment l'originalité et sont exigeants : cette recherche mutuelle, s'ils emploient des moyens très différents pour la mener, représente encore un accord supplémentaire. Ceci dit, le meilleur ne vient pas que de ces immédiates similitudes. Certaines de leurs différences tissent des liens complémentaires des plus constructifs. Maman Gémeaux rationalise, dédramatise et allège très efficacement l'univers libidinal plein de mystères et d'instincts incontrôlés de son fils Scorpion. Elle apporte tout l'impact de son humour et toute la fraîcheur de son rire à chaque fois que fils Scorpion pique une crise de rage ou se croit mal compris ou se sent attaqué. Il se sent d'ailleurs toujours « attaqué » et riposte au centuple de ce qu'il croit qu'on lui a fait. Maman Gémeaux pondère, rassure, ne marche en tout cas pas dans ces pièges-là. Et son fils Scorpion, sans jamais le lui avouer, oh que non!, lui en est finalement reconnaissant; cela l'apaise de ne pas trouver de répondant à ses élucubrations intérieures. De son côté, il oblige maman Gémeaux à se poser les questions qu'elle évite de se poser, la force à réfléchir sur elle-même et sur le sens caché de ses paroles et actes. Même si elle n'aime pas cela, la profondeur qu'elle y acquiert en fait une personne plus fiable et plus mature. Leur lien est donc très dynamique et se joue ainsi, comme une partie de tennis, toute la vie.

Le pire de la relation

Lorsqu'ils ne parviennent pas à accorder leurs différences pour en faire des moteurs constructifs de leur relation, celles-ci jouent violemment à leur démérite. La force de maman Gémeaux est toute cérébrale, faite de mots et de mobilité multiforme, celle de fils Scorpion est toute profondeur, instincts souterrains et pièges psychiques, tout cela basé sur une énergie sexuelle qui agit dès les premiers mois de l'enfant. Entre eux ce peut donc facilement être la guerre ouverte, l'irritation mutuelle, la violence aveugle dans laquelle se mêlent mots et trépignements. Fils Scorpion de toutes les façons a besoin de se faire les crocs et sa maman Gémeaux est pour lui une proie bien facile : elle échappe parce qu'elle est mobile mais elle est loin d'avoir la résistance psychique et le sens de la guerre d'usure qui constituent ses atouts. Ne sachant plus par quel bout le prendre tant il refuse la moindre de ses interventions en période de crise entre eux, elle plonge dans le doute et les nuits blanches d'interrogations inquiètes tandis que lui savoure sa victoire et joue des cordes de son agressivité, content d'en voir autant d'effets. L'incompatibilité des structures mentales et les différences de rythme intérieur sont telles qu'il n'est pas possible de trouver le juste milieu, ni le juste dialogue tel qu'elle l'espère. Maman Gémeaux devient fragile et vit l'angoisse de se sentir inefficace dans son rôle de mère. Quant à fils Scorpion, il est heureux de voir qu'il compte à ses yeux puisqu'il lui pose tant de problèmes. Il veut prouver qu'il n'a pas à obéir et qu'il faut toujours compter avec lui en toute circonstance : à chaque fois que maman Gémeaux fait mine de se détacher, il la rappelle à l'ordre et le plus violemment est le mieux.

Le conseil

Que maman Gémeaux ne se laisse pas épuiser par les trop-pleins d'énergie cérébrale et physique de son fils Scorpion car, en fin de compte, cela ne lui plairait pas de se savoir vainqueur. Il teste sa résistance car il en a besoin pour avancer. Allons, même si c'est violent ce n'est pas grave. L'agressivité est la manière de fils Scorpion de s'attacher aux gens qu'il aime et maman Gémeaux a plus d'un tour dans son sac pour ne pas marcher là-dedans...

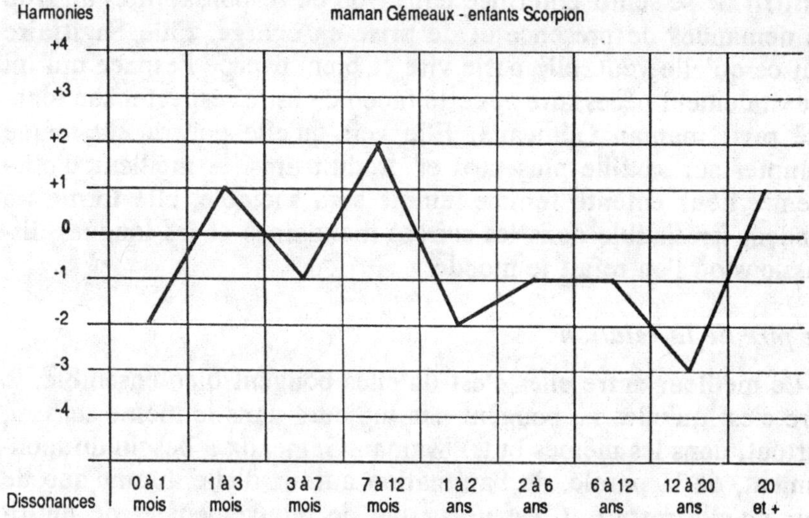

Maman Gémeaux-fille Sagittaire

Le meilleur de la relation

La relation est fort gaie. Maman Gémeaux et fille Sagittaire partagent le même goût pour l'optimisme, l'enthousiasme, les contacts et les déplacements. Le tempérament calme de fille Sagittaire rassure maman Gémeaux et lui permet de développer tranquillement son éducation sociale, d'aiguiser chez son enfant le goût des nouveautés, de l'amitié multiple et multiraciale, de l'éveiller à mille curiosités que l'esprit cosmopolite de large envergure de fille Sagittaire est à même de bien accepter et de bien développer. Ce qui forme le meilleur c'est certainement cette ouverture vers l'extérieur. Jamais elles ne seront renfermées sur leur petit quotidien et la gestion purement matérialiste des choses leur passe incontestablement au-dessus de la tête qu'elles ont plutôt tournée vers les hautes sphères de l'intelligence. Les mots, leur usage, leur poids et leur bigarrure, cela préoccupe beaucoup fille Sagittaire et maman Gémeaux : dans cette relation, cette dernière est une allumette qui permet au feu profond de fille Sagittaire de trouver son meilleur éclat. Très tôt, cette maman qui bouge, parle et s'instruit à toutes les sources emmène sa fille partout et lui procure cette brèche sur le vaste monde qui constituera l'essentiel de l'ambition future de fille Sagittaire. De plus, l'indépendance vite manifestée de sa fille rassure maman Gémeaux qui ne pourrait souffrir de se sentir enfermée dans trop de responsabilités ou trop de demandes de présence et de prise en charge. Fille Sagittaire sait ce qu'elle veut, elle parle vite et bien, usurpe l'espace qui lui est vitalement nécessaire et cette façon de faire respecter son identité ravit maman Gémeaux. Elle voit qu'elle pourra elle-même compter sur sa fille plus tard et produit ainsi le meilleur d'elle-même. Leur entente femme-femme sera sociable, elle forme un tandem irrésistible dans les soirées mondaines et les longues discussions où l'on refait le monde.

Le pire de la relation

Le meilleur entre elles c'est qu'elles bougent bien ensemble, le pire c'est qu'elles ne bougent pas toujours dans le même sens ni, surtout, dans les mêmes buts. Maman Gémeaux a besoin du mouvement, de la parole, de l'animation autour d'elle autant que de l'air qu'elle respire. C'est un besoin de mouvement et de multiplicité presque gratuit, une façon aussi d'échapper à ces souterraines angoisses qui jailliraient de trop d'immobilisme. Fille Sagittaire a, elle, l'ambition du mouvement efficace, orienté, construit et balisé. Elle veut asseoir son existence, lui donner un sens et au mieux celui de la meilleure adéquation entre son corps et son esprit, de la reconnaissance de sa personnalité à travers son efficacité dans le groupe social, l'élite sociale, qu'elle brigue. Elle peut donc très vite s'énerver des « infantilismes » de maman Gémeaux, de son agitation stérile, de la nervosité qui plane dans l'air. Elle est bien plus calme, plus profonde, plus forte émotivement et cérébralement. Elle devient avec les années la « maman » du tandem, celle qui mène le jeu et auprès de qui maman Gémeaux ira chercher conseil, appui, lucidité et protection. La protection constitue le nœud gordien de la relation. L'équilibre se trouve dans la petite enfance mais se rompt vite dès que fille Sagittaire, partant pour l'école, en revient pour ne plus dialoguer qu'avec son père... d'égale à égal...

Le conseil

Ces deux signes mutables sont immédiatement complémentaires parce qu'opposés. Pour maman Gémeaux la tâche n'est pas si ardue : elle a « juste » à accepter que sa fille Sagittaire lui dise vite qu'elle n'a besoin de personne et surtout pas d'elle qui est « bien moins forte que papa ». Avec les années elle développe une féminité sensuelle et constructive qui remplit maman Gémeaux d'admiration mais remet sa féminité en question. L'indépendance mutuelle règne.

Maman Gémeaux-fils Sagittaire

Le meilleur de la relation

Ils sont fondamentalement identiques dans leurs oppositions. A l'agitation de maman Gémeaux répond le calme pondéré de fils Sagittaire, à son humour et ses volte-face répondent ses bienveillances de cœur et sa profonde intégrité, à ses envies de bougeotte s'articulent ses besoins de voyage qu'il mène toute sa vie comme des aventures spirituelles ou des quêtes profondes, à ses curiosités correspondent ses aspirations à la connaissance (et à la reconnaissance de ses connaissances!) bref, ils sont complémentaires et ce que l'on a dit de l'un se révèle suivant le moment valable pour l'autre. C'est dans ce climat de complémentarités possibles et impossibles qu'advient le meilleur sous forme d'éveil, de stimulations mutuelles, d'ouverture maximale vers l'extérieur, ce qui constitue sans doute la caractéristique première de cette rencontre astrologique. Jamais on ne pourra les soupçonner de se refermer sur un mesquin quotidien répétitif et avare en relations humaines. Au contraire, ils s'entendent à merveille pour élargir leur champ de fréquentations aux sphères internationales (c'est le lot de fils Sagittaire) et aux milieux les plus divers, notamment artistiques (c'est l'apport de maman Gémeaux). L'intelligence de cœur et d'esprit est leur carte majeure et les relations sociales leur terrain d'application le plus sûr; maman Gémeaux entraîne d'ailleurs son fils dès son plus jeune âge et lui fait fréquenter du « beau monde » qui lui sera bientôt un univers quotidien et permettra son assise professionnelle future. La relation est donc enrichissante, divertissante, instructive et surtout faite d'indépendance et de respect de la liberté de penser et d'être de l'autre. En voilà deux qui ne souffrent pas l'enfermement et la compréhension qu'ils ont de la chose est un gage supplémentaire de leur grande complicité et de l'amitié qui les lie dans la vie, au-delà même de leurs liens de sang.

Le pire de la relation

L'aspect extérieur des choses donne l'impression qu'ils poursuivent exactement les mêmes buts mais le fond de leurs personnalités est bien divergent. Fils Sagittaire, par son signe mais aussi de par son sexe, est avant tout un être physique, dans la mesure où ce qu'il pense n'a de valeur que parce qu'il est traduit en action, et en réussite (c'est encore mieux!). Maman Gémeaux est surtout un être intellectuel qui se suffit souvent de l'idée des choses, ne serait-ce que parce qu'elle change d'idée et d'avis au gré des jours. Très vite fils Sagittaire verbalise : il juge sa maman trop « girouette » cela l'instabilise et choque son profond besoin d'intégrité et de continuité, sa raison et son endurance. Il n'est pas du genre à avaler et exprime donc ouvertement ses désaccords. Savoir comment maman Gémeaux le vit est une tout autre affaire : elle en rit ou se vexe et se vexe même si elle en rit. Elle se sent remise en question dans ce qui est son besoin vital : la mobilité qui lui permet de ne pas plonger dans des terreurs d'immobilisme. Fils Sagittaire ne supporte pas du tout que l'on puisse s'agiter, faire du vent, pour rien, il a horreur de la gratuité du mouvement. Ce sont là les rythmes intérieurs qui s'opposent, primaire pour maman Gémeaux, secondaire pour fils Sagittaire. L'irritation, la critique, les heurts verbaux puis les éloignements physiques sont de mise. De toute façon, fils Sagittaire a besoin de légiférer et respecte profondément la Loi du père qu'il représente dès qu'il commence à la comprendre avec l'entrée à l'école. A partir de ce moment-là, il n'en finit pas de considérer sa maman Gémeaux comme une charmante et séduisante « décoration », certes intelligente et distrayante, mais à ne pas prendre au sérieux. Son indulgence protectrice et, il faut le dire, un peu hautaine, n'en finit pas d'énerver maman Gémeaux mais elle n'a pas les armes pour lutter.

Le conseil

Maman Gémeaux « n'a pas la force » de surpasser celle de son fils Sagittaire, autant sur le plan moral, cérébral que physique, fils Sagittaire en est convaincu. Non pas qu'il soit misogyne mais se considère comme un protecteur. Sa sensualité à lui est profondément masculine mais enveloppante et maman Gémeaux n'a qu'une issue possible : jouer l'indépendance mutuelle pour n'être pas remise en question.

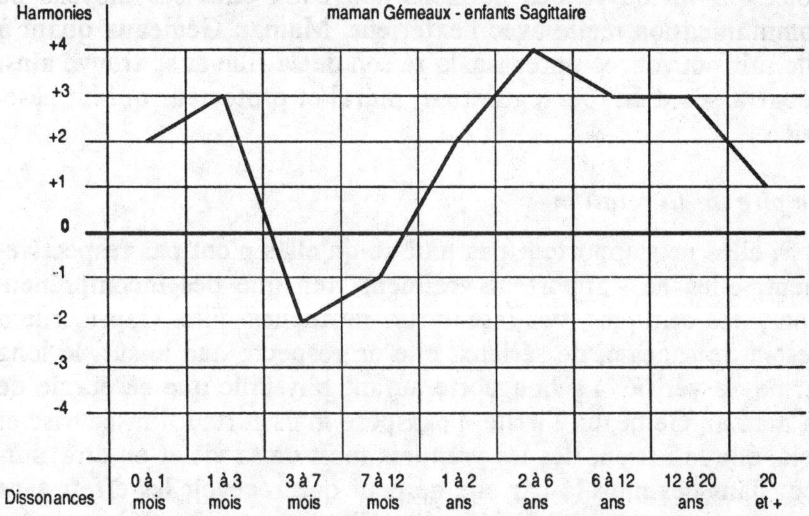

Maman Gémeaux-fille Capricorne

Le meilleur de la relation

Cette rencontre astrologique met en présence deux personnalités aux caractéristiques absolument divergentes. Elles ont respectivement tout ce que n'a pas l'autre et ont donc tout à s'apporter. Devant le bébé peu démonstratif qu'elle découvre, maman Gémeaux sent bien qu'elle est en territoire étranger. Elle redouble de légèreté, de gaieté, d'entrain, trouve mille facéties et mille jeux pour faire rire son bébé, l'ouvrir à l'extérieur, le rendre curieux de son entourage. Elle est un facteur d'éveil primordial, une caution incontestable pour que fille Capricorne prenne sa vie future avec plus de sérénité, d'optimisme et d'humour que son tempérament naturellement taciturne ne l'y porterait. Auprès d'une maman aussi jeune, dynamique et toujours entourée d'amis rieurs, fille Capricorne trouve la vie bien agréable et prend confiance pour s'ouvrir et oser exprimer ses sentiments. La notion de gratuité, de confiance lui devient accessible et même vitale avec le temps. En grandissant, elle portera le flambeau du sérieux, de la rigueur sinon de ce que l'on nomme « une bonne éducation ». Paradoxe mais pas le seul! Elle cherche chez son père la stabilité et s'en fait le garant à l'intérieur du foyer, puis dans sa vie de femme future. Mais l'élan que lui inculque sa maman Gémeaux, les joies juvéniles qu'à son contact elle goûte lui mettent sur le cœur un baume doux qui lui ouvre des horizons nouveaux dans ses moyens de communication réelle avec l'extérieur. Maman Gémeaux quant à elle sait pouvoir compter sur la raison de sa fille et se trouve ainsi débarrassée d'un rôle législateur, moral et protecteur qui lui pèserait.

Le pire de la relation

Si elles ne s'apportent pas tout ce qu'elles n'ont pas respectivement, elles ne s'apportent vraiment rien que des incompréhensions, des critiques, des insécurités mutuelles. Fille Capricorne a besoin de sagesse, de sérieux, elle ne respecte que le sûr, le long terme, le vérifié. La bougeotte autant physique que cérébrale de sa maman Gémeaux l'irrite, l'exaspère mais surtout l'insécurise et cela, elle le ressent dès les premiers mois de sa vie et on dira, surtout dans ces mois-là car elle ne peut que recevoir les effets sans encore trop pouvoir s'en défendre. Elle aura tendance à regarder sa maman Gémeaux comme une curiosité qui évolue dans un monde d'elle absolument inconnu, elle ressent l'angoisse d'assister à un spectacle qui ne l'inclut pas ni ne la concerne. Même si ce spectacle la fascine, elle sent bien qu'elle n'y sera jamais actrice. Au mieux elle profite du mouvement, au pire elle le subit et se désespère d'être à ce point bousculée, ce qui développe chez elle le besoin de renfermement, de détachement, de renonciation au monde social et extérieur. Le pire serait donc qu'effectivement, devant une maman Gémeaux aussi pétillante et si facilement entourée, toujours « reine de la fête », fille Capricorne nourrisse un complexe dont l'épanouissement de sa féminité, déjà marquée par la pudeur et la retenue, pourrait gravement pâtir. D'autant que maman Gémeaux, trop cérébrale et trop femme-enfant ne peut lui servir de modèle de sensualité. Maman Gémeaux, la voyant si détachée, si elle ne fait aucun effort de réflexion pour comprendre les sources de ce maintien guindé, pourrait faire l'erreur de la railler, de chercher à la faire sortir de sa coquille à coups de titillements, d'humour grinçant, de critiques aigres-douces qui loin de stimuler fille Capricorne agresseront sa susceptibilité. Elle en gardera alors rancune et ne manquera pas l'occasion de le reprocher à maman Gémeaux, soit en dépiautant systématiquement son mode de vie, soit en s'éloignant totalement d'elle avec les années.

Le conseil

Les différences ça se construit. Maman Gémeaux et fille Capricorne ont la chance d'avoir tout à s'apporter. Maman Gémeaux se l'avoue sans doute moins parce qu'elle est dans la position de la maman, fille Capricorne ne l'accepte pas parce qu'elle n'a pas le caractère à le faire. L'adolescence peut être très difficile. Le respect mutuel est ici obligatoire.

Maman Gémeaux-fils Capricorne

Le meilleur de la relation

Ce hasard astrologique fait bien les choses puisque maman Gémeaux et fils Capricorne possèdent chacun exactement ce que l'autre ne possède pas : sagesse, retrait, persévérance et profondeurs pour fille Capricorne, jeunesse, humour, légèreté et mobilité pour maman Gémeaux. Celle-ci voit bien qu'elle a affaire à un petit garçon timide et pudique qui se cache derrière l'obéissance et la discipline. Elle a immédiatement envie de lui apporter tous les trésors de son entrain, de sa gaieté, de sa gratuité et de ses dons innés pour passer d'une chose à l'autre sans jamais s'embourber dans les lourdeurs du quotidien. Elle devient un garant essentiel pour sa confiance en l'extérieur et permet donc l'accès à des sphères, des domaines et des milieux qui sans elle lui resteraient étrangers. Auprès d'elle, fils Capricorne apprend à ne pas avoir peur de rire, de faire le fou sans conséquences ni lendemains, à se sentir serein et optimiste et surtout, cela est très important, à exprimer librement ses sentiments qui dès lors ne lui restent pas en travers du cœur. Il admire beaucoup sa maman de savoir lui apporter ses touches aussi dynamiques de la vie, cette vision aussi agréable et aussi réconfortante, il est heureux de ce baume passé sur sa sévérité naturelle de « jeune adulte » (puis de vieil enfant car avec les années, Capricorne rajeunit...). Quant à maman Gémeaux elle est tranquille : son fils est raisonnable, il connaît naturellement la valeur des choses et ne semble pas porté aux excès difficiles à pondérer. C'est un gage de la « facilité » avec laquelle elle saura l'élever puisqu'elle n'a pas à insister sur la notion de devoir et l'importance du respect que l'on doit à ses parents : sur ce plan, c'est elle qui a des leçons à prendre de lui.

Le pire de la relation

Ils ont beau avoir tout à s'apporter, cela ne se fait pas toujours facilement. C'est toujours ainsi lorsqu'on a surtout des divergences à partager. La légèreté, ce gage de renouvellement, de jeunesse, de gaieté qui est la meilleure carte de maman Gémeaux, fils Capricorne l'envie parfois mais s'en offusque aussi souvent. Qu'elle est donc énervante avec son agitation et ses bavardages! Comment fait-elle pour ne pas comprendre que la vie est autrement grave et qu'on ne peut la vivre qu'avec un minimum de profondeur et de gestion à long terme! Fils Capricorne se renferme, se protège dès qu'il le peut en mettant de la distance entre sa maman et lui. C'est qu'il a vitalement besoin de calme, de vigilance, de sagesse et de réalisme. Il voit bien qu'il devra toute sa vie ne compter que sur lui-même pour tout ce qui concerne son devenir à long terme, et de ne pas trouver en maman Gémeaux un guide fiable le désespère. En particulier dans les premiers mois, les premières années de sa vie. Il regarde sa maman aller et venir et se sent décidément seul au monde. De son côté, maman Gémeaux se lamente de ce petit garçon trop sévère et trop sérieux dans le regard duquel elle lit forcément le blâme aphone et sent une chaîne à sa cheville, chose qu'elle ne peut supporter même par amour maternel. Il attend chaleur et réconfort et elle ne lui offre qu'amusements, alors, en attendant de grandir suffisamment pour apprécier cette femme-enfant, il la boude, lui envoie de froides critiques lucides et hausse les épaules avec philosophie à chaque fois qu'elle tente de justifier son attitude ou de l'entraîner dans ses jeux. Il se tourne vers son père solide et tranquille, même s'il est un peu triste et attend que passent les années.

Le conseil

Pour que ne se creuse pas l'écart entre eux, fils Capricorne ayant besoin qu'on le rassure sur sa séduction, sa sensualité et sa gentillesse, et pour éviter la possibilité d'une adolescence difficile, on recommande à maman Gémeaux de modérer la légèreté que ce fils-là prendrait pour de l'indifférence.

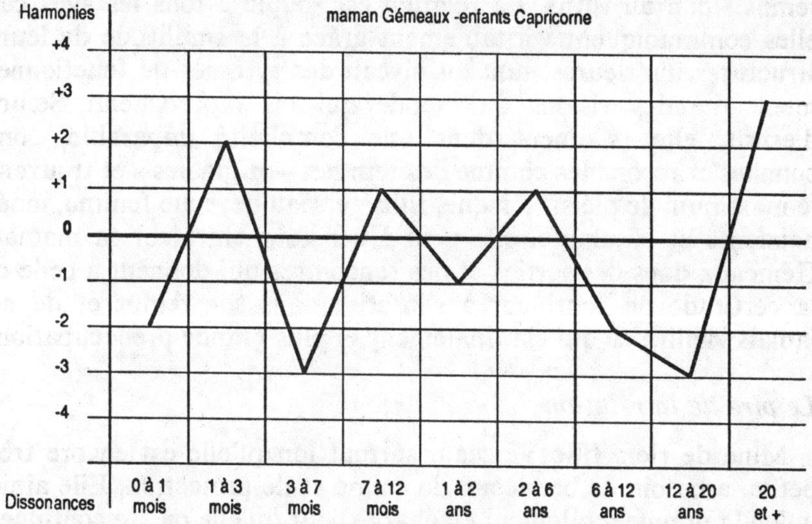

Maman Gémeaux-fille Verseau

Le meilleur de la relation

Entre ces signes d'air, les affinités cérébrales et émotionnelles sont évidentes. La gaieté, l'enthousiasme, la curiosité pour le nouveau, les étrangers et les étrangetés constituent un terrain favorable pour une entente de fond qui s'installe dès les premiers mois. Entre maman Gémeaux et fille Verseau, c'est la liberté d'être, de se comporter et de penser qui demeure le noyau d'échanges et de stimulations mutuelles. Très naturellement maman Gémeaux développe chez sa fille Verseau le sens de l'activité novatrice et de l'échange avec l'extérieur. Le fait qu'elle ne soit pas une maman « cordon-bleu » toujours experte à s'occuper de sa maison et du quotidien le plus répétitif est aux yeux de fille Verseau une garantie de bonne compréhension. Elle n'est pas elle-même préoccupée par les aspects « traditionnellement féminins » et préfère nettement trouver chez sa mère une copine de jeux physiques et intellectuels qui lui montre la vie comme une grande partie de fête foraine, plutôt qu'une maman moraliste réduite dans des obligations et des adéquations à un aspect trop conventionnel de la maternité. Les liens se tissent au jour le jour, se colorent suivant les tendances quotidiennes, sont changeants, mouvants et dynamiques, ce qui permet à fille Verseau de ressortir le meilleur d'elle-même, son imagination, son audace, son sens inné de l'air du temps sinon du futur. La relation est souple à tous les âges car elles communiquent véritablement grâce à la similitude de leurs structures intérieures, tant au niveau des rythmes de fonctionnement que des visions du monde qui les rapprochent. Sœurs d'esprit, elles s'aiment dans une complicité imparable, sont connues et reconnues comme des femmes « originales » et trouvent le maximum de plaisir lorsque, fille Verseau devenue femme, indépendante et pétulante, elle peut à son tour entraîner sa maman Gémeaux dans des sorties et des rencontres qui donnent à celle-ci la certitude de continuer à s'inscrire dans son temps et de ne jamais vieillir, ce qui est finalement sa plus grande préoccupation.

Le pire de la relation

Mine de rien, fille Verseau, surtout lorsqu'elle est encore très petite, a besoin de beaucoup de calme et de protection. Elle aime qu'on la prenne totalement en charge pour qu'elle puisse continuer à rêvasser dans son univers magique dans lequel les fées côtoient les petits princes mais ne se mêlent surtout pas des élucubrations terrestres. Maman Gémeaux n'est pas véritablement experte en protection et elle expose sa fille Verseau à l'extérieur plus qu'elle ne l'en ménage. Le risque entre elles réside dans la nervosité qui constitue une de leurs caractéristiques respectives et qui entre elles prend comme une mayonnaise. L'ambiance est vite électrique, elles fonctionnent comme des piles branchées sur du courant et les tensions qui naissent ne sont favorables ni à l'une ni à l'autre mais surtout pas à fille Verseau qui reçoit les mots vite partis de maman Gémeaux sans savoir s'en défendre et se retire dans son monde intérieur pour y échapper. Cela dans la petite enfance car dès qu'elle a l'âge de réagir, vers l'adolescence, elle le fait et c'est une véritable partie de ping-pong qui s'engage alors. Finalement, lorsque maman Gémeaux a quelque chose à reprocher à sa fille, cela ressemble fort à ce dont sa fille se plaint elle-même et les ressemblances ici provoquent des frictions. Fille Verseau se sent désarmée devant le quotidien et elle se dit que ce n'est pas auprès de sa maman Gémeaux qu'elle va trouver le calme. Avec les années, jusqu'à ce que fille Verseau trouve sa stabilité, elles peuvent avoir un rapport un peu superficiel.

Le conseil

Ne pas bousculer et ne pas diriger ne signifie pas être laxiste et maman Gémeaux ne fait pas toujours la différence, ce qui insécurise fille Verseau. L'ambiance est certainement amusante et stimulante mais risque aussi d'être un peu « bordélique ». Ordre, calme, tranquillité, stabilité, qui va apporter tout cela à fille Verseau?

Maman Gémeaux-fils Verseau

Le meilleur de la relation

Cette rencontre entre deux signes d'air assure une bonne compréhension mutuelle tant au niveau affectif que cérébral. Tournés vers l'extérieur et la nouveauté, fils Verseau et maman Gémeaux partagent le même enthousiasme pour l'extraordinaire, le non quotidien, l'optimisme. La relation s'avère gaie et dynamique et semble pouvoir s'appuyer sur cette communion d'esprit pour établir un climat favorable à long terme. Ils détestent tout ce qui est trop pesant, trop sérieux, trop engageant et le noyau d'affinités entre eux reste incontestablement la liberté, liberté d'être, de penser, de se comporter et de devenir. Maman Gémeaux développe le sens des contacts humains chez son fils Verseau qui sera toute sa vie résolument tourné vers ce que l'humain a de meilleur et s'attachera à toujours voir et prouver la bonne nature humaine. Fils Verseau garde donc à l'égard de toutes les situations un optimisme salvateur qui lui permet de redémarrer sans jamais s'avouer vaincu ni croire qu'une situation est sans issue. Il apportera beaucoup de son positivisme à maman Gémeaux toujours critique et prête à « démolir » chaque chose en la passant au crible de son humour grinçant. Les rapports sont constructifs en même temps qu'ils sont incontestablement peu répétitifs. Les liens se tissent au jour le jour, se colorent suivant les nuances particulières de chaque journée, restent toujours mouvants et imaginatifs. Fils Verseau est un visionnaire, maman Gémeaux une audacieuse, ils innovent donc au même rythme.

Le pire de la relation

Le problème qui se pose très vite est de savoir qui va initier fils Verseau à la réalité, l'en protéger puis l'aider à s'y intégrer puisqu'on ne peut pas dire que maman Gémeaux soit experte en la matière. Il se suffit à lui-même pour le dynamisme et l'optimisme constructeurs et le tempérament de maman Gémeaux rajoute trop d'instabilité à son univers; elle risque en effet d'exagérer ses tendances à la distraction, au jeu gratuit sans concrétisation, et ne parvient pas à le stimuler parce qu'elle commence par critiquer chaque chose au lieu d'en voir les circonstances positives. L'ambiance pour lui est aussi sécurisante qu'une voltige sans filet et ses tendances à la timidité sinon à un abord timoré des choses de la réalité s'en trouvent accentuées, lorsqu'il ne choisit pas carrément de s'enfuir dans son monde intérieur dans lequel il chevauche suivant les jours une étoile filante ou un super-robot transformateur. Le pire serait que maman Gémeaux, remarquant cette tendance, s'exaspère d'y reconnaître la sienne. Si elle se lance dans des reproches, l'adolescence de fils Verseau peut être fort perturbée. Puisqu'ils ne parviennent pas à se sécuriser mutuellement, les frictions couvent puis éclatent.

Le conseil

Fils Verseau a décidément trop tendance à « décoller » de la réalité et a pour cette raison besoin qu'on dirige fermement son pas. Maman Gémeaux doit le comprendre et s'y employer si elle ne veut souffrir l'échec que serait un fils plein de qualités et d'originalités mais aussi asocial, immature, capricieux et finalement peu préoccupé par sa maman.

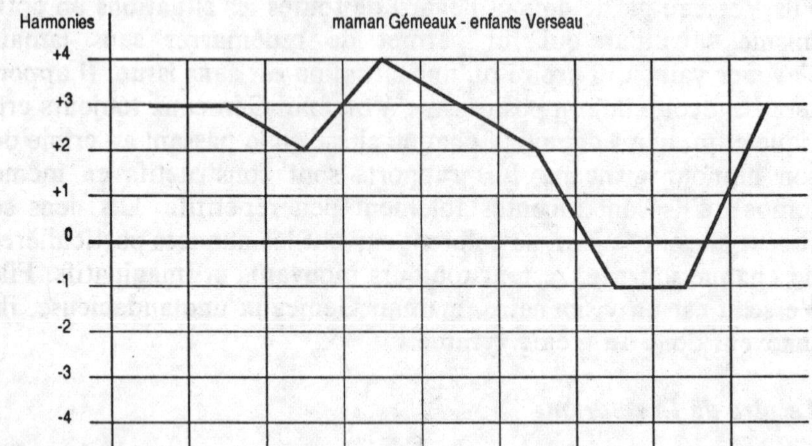

Maman Gémeaux-fille Poissons

Le meilleur de la relation

Ici se rencontrent l'intuitivité qui caractérise fille Poissons et la cérébralité qui marque la personnalité de maman Gémeaux. Le dialogue est traditionnellement considéré comme impossible car les canaux de transmission, les codes comportementaux et surtout les rythmes intérieurs sont tellement différents qu'il est vraiment difficile d'imaginer comment une véritable communication peut s'établir. Le meilleur dans cette situation ne peut donc jaillir que d'un total respect pour l'univers de l'autre. Maman Gémeaux regarde sa fille Poissons comme une curiosité absolue, une étrangère dans laquelle elle cherche désespérément des traces de sa propre féminité sans jamais les trouver. Le mieux est donc de lui apporter raison, clarté, immédiateté, capacité à réagir devant les gens et les situations et surtout envie de bouger, de s'intégrer à la vie concrète et sociale. L'intégration est le plus gros problème du Poissons et fille Poissons a particulièrement tendance à la passivité et à l'obéissance. Elle suivra sa maman Gémeaux dans tous ses détours, atours, méandres sans se demander si cela lui convient car elle a de toutes les manières besoin d'elle, d'une part, et elle suit volontiers (et facilement) les courants des autres, d'autre part. Il n'y aura donc jamais de heurts véritables, maman Gémeaux ne se sentira jamais remise en question et la relation peut ainsi « couler » de longues années durant. Fille Poissons fait rêver sa maman, l'attendrit et la calme. Maman Gémeaux réfléchit, donne des avis (même si elle en change constamment) et met un frein salvateur aux méandres émotionnels de fille Poissons, méandres d'autant plus pesants qu'ils restent chez fille Poissons aphones. La parole est véritablement ce qui sépare tout à fait leurs univers. Maman Gémeaux parle pour sa fille Poissons, on dira même qu'elle « la » parle. Munie d'un tel porte-voix, fille Poissons se sent tranquille : elle participe au monde sans jamais sortir de son aquarium.

Le pire de la relation

Si maman Gémeaux parle pour dire sa fille Poissons, que dit-elle? Il est fort à parier qu'elle n'exprime certainement pas les besoins véritables de sa fille Poissons pour la bonne raison qu'elle ne peut les comprendre. Avec les années, à force de perplexité devant un monde aussi éloigné du sien, maman Gémeaux s'interroge, creuse dans les doutes qui naturellement l'habitent mais ne trouve jamais la bonne réponse. Elle en vient facilement à s'irriter, en vain car fille Poissons réagit très peu aux critiques et finit par déconcerter son entourage. A quoi bon l'attaquer si cela ne trouve aucun écho? L'effilochement lent mais sûr, les observations qui rendent mal à l'aise, la cohabitation en « chiens de faïence », l'absence totale de complicité entre deux féminités incompatibles, un rapport finalement neutre, tels sont les fossés qui peuvent les séparer à vie.

Le conseil

A chaque fois qu'elles tentent de se parler, elles ne se disent rien. La petite enfance peut se combler de jeux, de rires et de câlins mais à partir de l'âge de 5-6 ans, les incompatibilités ne peuvent plus s'ignorer. Il est primordial que maman Gémeaux respecte cet univers qu'elle ne saisira jamais et aide sa fille à accéder à cette intégration sociale qui lui est naturelle. L'amour de l'humour, des arts et de l'enfance, c'est surtout pour cela que fille Poissons compte sur elle sinon avec elle.

Maman Gémeaux-fils Poissons

Le meilleur de la relation

Dans ce dialogue intellect-intuition, le premier sentiment qui prime est bien l'étonnement mutuel. Les univers sont tellement divergents, les rythmes intérieurs tellement antinomiques, les aspirations et les visions du monde absolument opposées et l'on se demande vraiment comment maman Gémeaux et son fils Poissons vont bien pouvoir arriver à se « toucher », à communiquer véritablement et durablement. Par respect réciproque : ils ont tellement de différences que l'on est au moins certain qu'ils en ont autant à s'apporter. Maman Gémeaux joue un rôle décisif dans l'intégration future de son petit garçon dans le monde réel. Elle possède l'usage, l'empire, des mots, c'est elle qui exprime son fils Poissons et sans elle, il pourrait facilement rester muet, ou incompris, toute sa vie. Elle est le décodeur qui rend intelligible ses ondes, bien sûr une fois qu'elle les a elle-même interprétées. Elle joue ce rôle à merveille, d'abord à l'intérieur du foyer puis auprès de la maîtresse sinon dans sa vie adulte mais en premier lieu, elle l'aide à clarifier, rationaliser, faire exister la foule de sentiments fluctuants qui l'assaillent et dans lesquels il trempe sans chercher ni à les ordonner, ni à les expulser. Il faut savoir qu'un Poissons vit dans l'inconscient, on dira même qu'il « est son inconscient », bouée qui flotte dans ces courants qu'il ne nomme pas mais suit fidèlement. Rien de cela ne concerne maman Gémeaux, elle y met le holà et secoue la passivité, voire le masochisme, de son fils Poissons. A coups de rires, d'éclats sinon d'impatiences, elle l'oblige à agir. Par contre elle apprécie beaucoup qu'il soit si adaptable et la suive dans ses méandres cérébraux sans mal s'en porter ni jamais manifester trop de désobéissance qui l'obligerait à être sévère et dirigiste au-delà de ses aspirations. Maman Gémeaux et fils Poissons sont l'un pour l'autre une courroie de transmission : si maman Gémeaux véhicule la réalité intelligible, son fils Poissons lui permet pour sa part d'accéder à des mondes qu'elle ignorerait totalement, celui du rêve, du désir interdit, du détachement terrestre.

Le pire de la relation

De toutes les façons, la conclusion entre eux est toujours, à long, moyen ou très court terme, l'incompatibilité. Si les fêtes de l'esprit leur sont possibles, les drames du cœur viennent les accompagner, quand ce n'est pas le contraire, ou les deux. Il n'est d'émotivités plus dissemblables que leurs émotivités respectives. Fils Poissons, justement parce qu'il n'entend pas les mots, n'est sensible qu'aux autres langages et là, il est roi dans son domaine. Il communique avec les yeux, les cils, les mimiques, l'attitude, les sens olfactifs et charnels. Il voudrait rester collé à sa maman des journées durant à humer, tripoter, suçoter et la condition de nouveau-né lui convient pour cela tout à fait. Le problème survient parce qu'il aimerait prolonger au maximum cet état, ce qui est parfaitement inadmissible pour maman Gémeaux qui a besoin de sa liberté d'aller et venir, de dire et contredire, en tout cas de vivre sans entraves. Elle l'arrache à son état néo-fœtal avec des discours pour lui inaudibles : « Tu es grand, il faut vivre au jour le jour, bouger, rencontrer des gens, vivre sa vie, être indépendant. » Fils Poissons n'en finit pas d'être abandonné, de chercher à se raccrocher, de redoubler d'obéissance et de tendresse pour avoir le droit d'être pris en charge, bref, de refuser avec ses moyens personnels de couper ce lien. Sa sensibilité exacerbée est vite meurtrie et on peut imaginer l'avenir de ses relations amoureuses qui seront une suite de demandes de prises en charge par des femmes mûres, sûres, protectrices et apaisantes. Maman Gémeaux le considère de plus en plus comme un étranger dans son univers et perd elle-même ses moyens. Puisque ce qu'elle lui dit reste sans effet tant pis, qu'il aille s'accrocher ailleurs. Le dialogue, qui entre eux n'existait déjà pas, se rompt tout à fait, chacun reste dans son monde et fils Poissons prend toutes les portes de la fuite... parfois les plus dangereuses tant pour sa santé que pour son équilibre moral et psychique...

Le conseil

On ne peut reprocher à maman Gémeaux de ne pas vouloir céder aux besoins intimes de son fils. Au moins on dira qu'elle ne laisse pas planer le doute de l'inceste sur son inconscient. Mais un peu plus de douceur, d'attention et d'écoute profonde pourrait aider fils Poissons à trouver sa liberté, et donc permettre la sienne.

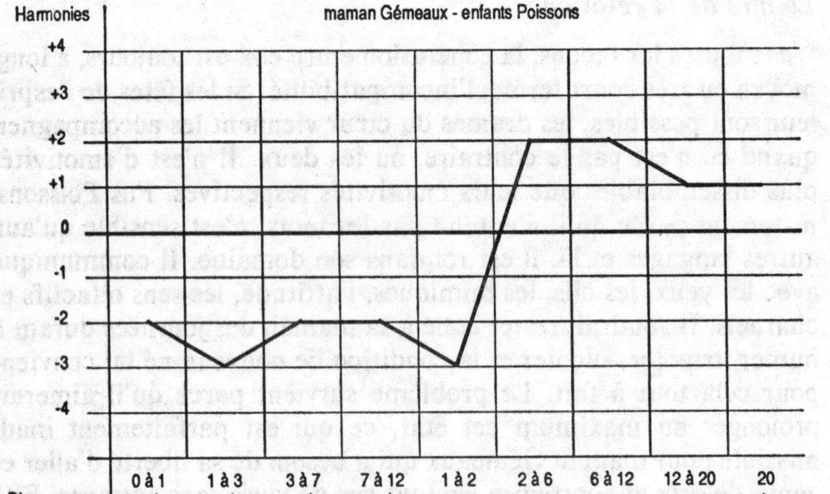

CANCER

Être mère selon la femme Cancer

Régi par la Lune, planète de la fécondité, de l'imagination, de la mémoire, de la délimitation entre l'intime et l'étranger et donc symboliquement rattachée à toute la vie intra-utérine, le Cancer est par excellence concerné par la maternité. Pour les femmes Cancer cela se vit généralement dans le « tout ou rien » et le passage de l'état de jeune fille à celui de mère représente en tout cas un total renversement des données.

Il y a beaucoup de chances pour que vous ayez été cette petite fille fourrée dans les jupes de sa maman, par adhésion ou opposition, puis que l'adolescence vous ait transformée en fine liane évanescente, rêveuse, boudeuse, princesse au petit pois fascinée et terrorisée par la planète des garçons, ou alors en petite boulotte sympa, gaie, espiègle et créative, dévoreuse de romans et de livres ésotériques. Les problèmes nutritifs sont toujours présents par des aller-retour entre l'anorexie et la boulimie, le zen et les choux fourrés tant là aussi, tout ce qui touche au « ventre » vous a marquée. Vous auriez pu être décidée à ne jamais devenir maman pour ne jamais perdre la vôtre, rester à elle plutôt que lui ravir sa place, préoccupée par l'attente du Prince Charmant et les collections de nounours, de coquillages ou d'ustensiles pour la maison. Mais si vous êtes à présent maman, vous l'êtes dans toute la magnificence du terme. Enveloppante, attentive, experte en longs câlins devant la télévision. Présente au pied du lit le soir, pour donner le sein, tamiser la lampe, border en souriant, toujours prête à raconter les fabuleux contes de fées ou de sorcières que votre imagination inépuisable sait créer mieux que tous les livres du monde. Vous ferez tout pour laisser à votre enfant la mémoire d'une enfance magique et sécurisante à vie, pas pressée de le propulser dans le monde des adultes et d'abandonner votre place auprès de lui. Fée du logis vous l'êtes vraiment, sachant parfaitement où vous voulez en venir et vous êtes tellement heureuse que l'on ait enfin pensé au revenu maternel car vous ne voyez pas comment le travail le plus passionnant du monde pourrait remplacer les joies de mener vos enfants sur le droit chemin, en douceur et avec le doigté qui vous caractérise. Le père de vos enfants? Bien sûr il est primordial puisqu'il vous apporte, à tous, l'extérieur sinon les nouvelles du vaste monde. Mais se peut-il qu'il se plaigne d'avoir perdu une amante en trouvant une mère, sinon une belle-mère toujours dans les parages?...

Ce que maman Cancer attend de sa fille

Ce sont généralement des lignées matriarcales. Vous la porterez longtemps dans votre sein pour qu'elle devienne résistante, sûre d'elle, repue dans tous les sens du terme, prévenant ses goûts et ses demandes, veillant à ce que rien ne vienne la heurter trop violemment. Quitte à ce qu'elle devienne un peu égoïste ou même paresseuse, vous attendez de votre fille qu'elle sache se protéger plus tard contre les agressions du monde et en cela vous lui montrez le chemin. Se protéger c'est d'abord bien délimiter le territoire : trier les intrus, placer la barre suffisamment haut, savoir se ménager le maximum de douceur et d'attentions pour soi-même et pour ceux que l'on aime. Décorer la maison, respecter son sommeil et ses envies alimentaires, se confectionner les habits que l'on veut, connaître la mode et ses modes d'emploi, la musique, la photo, les arts plastiques, les longues journées de plage avec les copains, les dimanches à la campagne avec mamie et papy, recevoir ses amis autour de mets suaves et exotiques, voilà tout ce que vous attendez que votre fille perpétue. Si elle devient une tornade, passe ses nuits à moto avec des voyous, trouve son papa pantouflard vous qui l'aviez choisi rassurant, si elle choisit de s'inscrire au karaté au lieu d'être subtile et studieuse, vous tenterez jusqu'au bout de lui présenter Pierre, Paul ou Roland en priant pour qu'il sache la ramener « à la raison ». Il vaut mieux pour tout le monde que vous compreniez qu'elle grandira, trop vite pour vous.

Ce que maman Cancer attend de son fils

Vous imaginez qu'il sera un parfait soutien de famille, c'est-à-dire qu'il fera tout ce qu'un homme digne de ce rang doit faire pour une femme, future maman de surcroît : être présent, chaleureux, cultivé, inventif, dynamique et entreprenant, bon gestionnaire et audacieux businessman, fière figure de l'extérieur social venant trouver à la maison le repos du battant. Vous pensez que plus vous le réconforterez et plus vous le rassurerez tant qu'il est tout petit et mieux il saura prendre son élan à l'âge adulte. Vous l'entourez de tous vos soins jusqu'à ce qu'il entre à l'école, ensuite vous veillez à toujours lui confier la responsabilité de sa sœur et à ne surtout pas développer son côté pleurnichard. Pour vous, il est grand, fort, magnifique, tout à fait digne de son papa auquel vous le confierez de plus en plus souvent avec l'adolescence. Vous avez votre fille, lui son fils, vous entendez que les rôles soient ainsi répartis même si vous savez qu'un homme peut être tout douceur et intuition.

Maman Cancer-fille Bélier

Le meilleur de la relation

De prime abord, on ne voit pas bien comment deux univers aussi différents peuvent trouver des terrains d'entente et pourtant, dans leurs dissemblances, les complémentarités se manifestent grandement entre maman Cancer et fille Bélier. Devant cette petite fille si vive maman Cancer est prise de panique : elle la juge trop agitée, trop nerveuse et estime aussitôt que cela est néfaste pour son équilibre psychique. Elle s'emploie donc avec toute la douceur et la quiétude qui la caractérisent à arrondir son caractère tranchant, à calmer ses excès, à ralentir son rythme précipité et veille avec persévérance sur son alimentation autant qu'elle tente de protéger son sommeil. Auprès de sa maman Cancer, fille Bélier trouve donc le calme et la sérénité qui manquent complètement à son univers. Mesure, tendresse, sens du temps qu'il faut aux choses pour mûrir et éclore, vertus de l'intériorité, de l'imaginaire et du ludique opposées à celles de l'action dynamique, immédiate et irréfléchie, elle découvre tout cela avec ébahissement et en profite même s'il lui arrive souvent de rechigner, de trouver maman Cancer molle et paresseuse et de le lui dire au fil des années. De son côté, par sa présence d'esprit et son intransigeance, elle oblige maman Cancer à plus de vigilance et d'activisme qu'il ne lui est naturel car elle fait appel chez elle à sa volonté d'être une maman dévouée et réellement utile au plein épanouissement de ses enfants, corde sensible au nom de laquelle maman Cancer est capable de bien des prouesses, et même celle de se lever tôt, de s'intéresser au sport, d'alléger ses repas et de vivre à un rythme nettement plus rapide que son rythme intérieur. Fille Bélier pousse, maman Cancer retient, à elles deux elles parviennent à équilibrer leurs tempos et en tirent réciproquement bénéfice.

Le pire de la relation

Le pire est justement lorsque cet équilibre ne se fait pas. Tout bébé, les précipitations de fille Bélier amusent maman Cancer qui s'évertue à la calmer tout en trouvant la situation drôle. Mais dès que fille Bélier marche, se met à tout dévaster et pire, lorsqu'en grandissant elle se détourne de l'univers calfeutré de sa maman pour aller voir dehors ce qui s'y passe, maman Cancer devient de plus en plus fatiguée, lasse de tenter de suivre le rythme et lasse de se poser des questions sur la meilleure façon de protéger une fille casse-cou décidée à n'en faire qu'à son bon vouloir. Elle essaie de l'intéresser à des jeux de chambre et voit sa fille se morfondre, lui raconte des histoires tendres qui la font bâiller, veut la faire dessiner alors que fille Bélier demande des voitures, des vélos et des ciseaux, lui achète de jolies robes à volants que fille Bélier refuse catégoriquement de porter en exigeant qu'on lui achète un jean et un jogging « sous peine de sortir toute nue » bref, maman Cancer est complètement perdue, démunie de références devant les profondes incompatibilités qui séparent si nettement leurs féminités. Tout juste si elle ne se demande pas comment elle a pu faire « un garçon manqué ». Mais le temps qu'elle trouve la réponse, fille Bélier aura déjà déserté la maison, suivant les traces de son père, non sans avoir violemment reproché à maman Cancer sa paresse, sa nonchalance, sa mièvrerie, son côté « bobonne » et autres gentillesses du même acabit. Les rapports femme/femme ne risquent pas d'améliorer la situation, au contraire : jamais fille Bélier ne sera une parfaite fée du logis, mère accomplie et experte ès décoration intérieure mais elle peut par contre devenir une femme d'affaires conquérante et effrontée. Elle appréciera de venir de temps à autre passer un après-midi de baisse d'énergie auprès des quiétudes de maman Cancer, manger un gâteau du bout des lèvres, discuter avec son père et repartir aussi vite, libérée.

Le conseil

Il y a forcément des liens à trouver pour que la relation joue un rôle nourricier. Mine de rien fille Bélier a de la chance de pouvoir passer une enfance tranquille auprès de maman Cancer car c'est là que ses forces se développent. Il faut que maman Cancer s'en persuade : elle représente « le repos de sa guerrière de fille » mais celle-ci ne le lui concédera certainement pas...

Maman Cancer-fils Bélier

Le meilleur de la relation

Sans vraiment se l'avouer, maman Cancer a dans la tête un code établi des comportements typiques masculins et féminins et si l'attitude de sa fille Bélier la déconcerte parce qu'elle n'y retrouve pas du tout sa féminité, le caractère affirmé de son fils Bélier a décidément tout pour la séduire. En voilà un qui est dynamique, volontaire, entreprenant, énergique, protecteur bref, elle ne tarit pas d'éloges sur lui car elle imagine qu'il sera un parfait mari pour une femme aussi douce qu'elle et s'en réjouit à l'avance. Dès ses premières années, elle remarque à la fois son cœur d'artichaut sensible et sait parfaitement le consoler et le protéger, et son tempérament de héros brave et protecteur qui la rassure sur son propre avenir puisqu'elle sait qu'avec lui elle sera toujours défendue et honorée. Malgré la sauvagerie et l'exagération de son attitude, sa maman n'est pas une vaine figure dans la vie affective de fils Bélier; elle est princesse à conquérir, déesse à honorer, femme à entretenir. Il forge auprès de maman Cancer ses forces de mâle parfait, lucide, énergique, bagarreur, prêt à tout pour servir le monde, mères et enfants d'abord! Toujours douce, apaisante, accueillante, toujours à son écoute et toute admiration devant lui, maman Cancer développe au maximum ces traits typiques de son caractère. Il a par ailleurs un excellent exemple en la personne de son père qu'il imite dans son rôle de roue motrice du foyer, de Tarzan qui affronte le vaste monde pour nourrir et protéger sa maisonnée. L'œil que maman Cancer porte sur lui décuple ses forces, confirme ses bravoures mais elle reste aussi rassurante, protectrice et apaisante à chaque fois qu'il rencontre un problème sur son champ de bataille et toute sa vie, même marié et époux responsable, il viendra prendre le temps d'être le héros sans failles de sa fragile mais tendre maman.

Le pire de la relation

Il ne faut pas trop le pousser pour qu'il épuise, physiquement et psychiquement sa maman Cancer. Elle voudrait tant rester dans son monde onirique or il ne l'entend pas de cette oreille. Lui n'a pas envie de dormir, pas envie de rester calmement à la maison, pas envie de jouer gentiment avec ses cousins mais sortirait plus volontiers pour se bagarrer avec ses copains dans le bac à sable. Il ne supporte pas d'être guindé dans de chaudes étoffes, il préfère les habits sportifs qu'il peut déchirer à sa guise sans faire trop attention. Il déteste les histoires de princes charmants, il s'intéresse plus volontiers à Rambo où aux autres héros télévisés et ne manifeste décidément aucune envie d'obéissance et de calme même lorsqu'il est fatigué et d'ailleurs, il n'est jamais fatigué, n'a jamais envie de rester à table et hurle dès qu'arrive l'heure du bain qui lui prend autant de son temps de jeu. Les univers s'affrontent, les rythmes se heurtent, fils Bélier ne ménage certes pas les besoins affectifs de maman Cancer et peut à l'adolescence la trouver « popote », collante, moraliste et vieux jeu, ce qui est une manière de résoudre son Œdipe mais qui en dit long sur les arythmies fondamentales qui existent entre eux. Elle ne fait pas bien attention à la réalité autour d'elle et au bout d'un moment, il en a assez de devoir être vigilant à sa place. Elle n'est décidément pas douée pour l'action et il se lamente vite de devoir porter ses langueurs comme des boulets. Elle lui reproche sa sécheresse, sa dureté de ton, son manque d'attentions (qu'elle reproche pareillement à son père) et il est facilement irrité par tant d'infantilisme. Ayant quitté la maison, il appréciera qu'elle continue à s'occuper de son linge sale mais soupirera souvent de l'entendre se plaindre constamment de mille bobos qui la tracassent.

Le conseil

Chaleur et calme font un bien fou à fils Bélier, maman Cancer s'en aperçoit chaque jour. Il aime qu'elle reste bien dans son univers maternel et féminin car cela lui permet de jouer son rôle d'homme au mieux. Sauf lorsqu'elle exagère dans le rôle et devient un peu « gnangnan » : du maintien que diable, il a horreur de tout ce qui ressemble à la paresse.

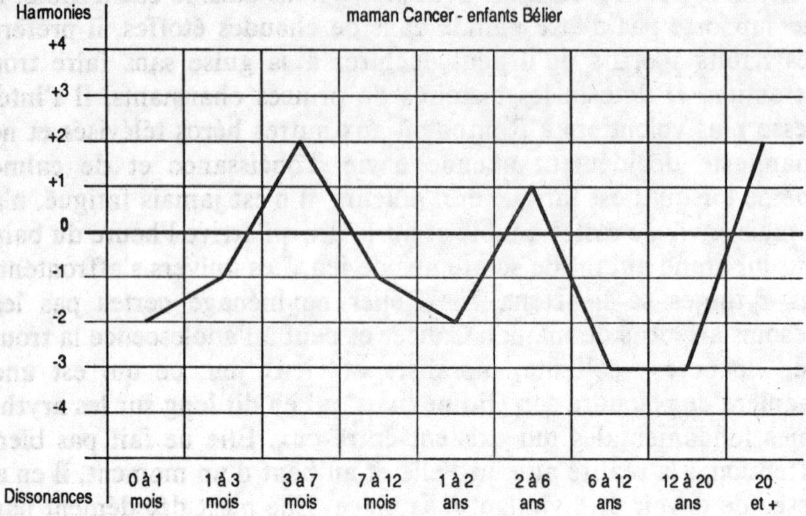

Maman Cancer-fille Taureau

Le meilleur de la relation

Tendresse et affectivité sont au rendez-vous de cette rencontre entre une fille gentille, obéissante et douce et une maman exemplaire, attentive, intuitive et caressante. Dans cette ambiance enveloppante, fille Taureau pourra développer dans de bonnes conditions sa force et sa sagesse. Elle déteste les frasques et les précipitations et sa maman Cancer excelle à la guider avec un sourire protecteur plutôt qu'à coups de violentes exigences. Les premières années de cette enfant se passent donc dans un climat serein de compréhension et d'amour, elle est sûre de trouver un cocon apaisant et de ne pas manquer de nourritures affectives qui sont pour elle capitales. Cette douceur est rendue possible par l'attachement mutuel de maman Cancer et de fille Taureau aux joies de la maison, à la décoration intérieure, aux petits plats qui réjouissent le palais, aux soins du corps et de cette féminité qui leur est commune, faite de chaleurs et de réceptivité, d'attente et d'intuition plutôt que de forces offensives et viriles. Elles sont fées du logis. L'art, la musique, la mode, et tout ce qui touche à la maternité représente pour elles le meilleur des points d'ancrage. Avec les années, fille Taureau sentant sa forte sensualité se développer, elle trouvera auprès de maman Cancer des réponses adéquates basées sur le romantisme, l'amour vrai et les beaux sentiments, image que fille Taureau entend bien car elle y aspire en profondeur. Maman Cancer sur tous les plans confirme la vision du monde qu'elle cherche à atteindre et la relation est très heureusement équilibrante. Sur le plan professionnel, cela se manifeste par une curiosité renseignée et patiente de la part de maman Cancer qui écoute les aspirations de sa fille Taureau et l'aide à choisir sa voie future avec confiance.

Le pire de la relation

Il y a surtout du meilleur dans cette relation mais les heurts ne sont pas totalement évitables. Le problème majeur réside dans une tendance mutuelle à l'endormissement. Maman Cancer couve, protège et risque finalement de ramollir complètement l'univers de sa fille Taureau, déjà elle-même portée sur la langueur et le manque de combativité sociale. Il est pour elle négatif d'être à ce point dorlotée par maman Cancer qui, sous prétexte d'affectivité, la maintient dans un état d'immaturité et d'irréalité. Trop de « trop bonnes intentions » agissent sur l'épanouissement de fille Taureau comme des barricades qui ralentissent sa libre et normale évasion vers le monde extérieur. Maman Cancer considère toujours la nouveauté comme un danger a priori et fille Taureau, trop heureuse de la suivre, peut rester trop longtemps dans un état néofœtal sclérosant. Cela se retrouve sur le plan de la pause d'Œdipe, moment auquel fille Taureau est secouée par mille transports des sens que maman Cancer comprend mais dont elle veut ignorer l'ampleur passionnelle. La passion sexuelle, voilà bien le feu qui taraude fille Taureau, or maman Cancer, avec son romantisme pastel et sa pudeur, en a peur et cherche à réduire ces emportements qui pourraient remettre en cause l'ordre établi du quotidien. Sur ce plan, elles seront opposées toute leur vie, maman Cancer jugeant d'un œil très moraliste les frasques sensuelles à répétition de sa fille. Deux schémas apparaissent possibles : soit fille Taureau cherche à obéir à sa maman et elle s'automutilera forcément dans ses besoins sexuels, soit elle explose et rompt et se fait forcément du mal affectivement car elle ne peut supporter de n'être « plus aimée » par sa mère. L'adolescence, colorée de ces caractéristiques, pèsera donc de tout son poids dans les rapports femme-femme.

Le conseil

Le dicton dit « Méfiez-vous de l'eau qui dort ». Dans la maison de maman Cancer et fille Taureau les apparences sont véritablement trompeuses : si maman Cancer dort vraiment dans la douceur de son monde intérieur, fille Taureau, malgré les composantes raisonnables et pratiques de son signe solaire, est un volcan où bouillonnent de gigantesques besoins sensuels et sexuels. La caractéristique de maman Cancer est de fermer les yeux sur ce qui lui fait peur mais ce n'est pas ainsi qu'elle conservera sa fille Taureau...

Maman Cancer-fils Taureau

Le meilleur de la relation

C'est une sphère idéale, un « œuf » aux contours parfaits qui est suggéré dans cette rencontre astrologique. L'œuf est le mot-symbole du monde du Cancer et le fils Taureau y est particulièrement réceptif, heureux d'y tremper et désireux, dans son for inconscient, de n'en jamais sortir. Aux yeux de maman Cancer, rien n'est jamais trop beau, trop bon, trop tendre pour que le confort quotidien et le bien-être autant physique qu'affectif de son fils soit assuré. Il est véritablement l'enfant-roi et elle sait très bien bâtir autour de lui l'ambiance de vie qui rend l'harmonie possible, même si elle est quelque peu béatifiante. Pour lui, elle est une fée nimbée de charme, muse dans un corps délicat qu'elle couvre de tissus doux et de parfums indélébiles dont son inconscient portera très très longtemps l'impact. Elle est La Mère, La Femme, L'Épouse. Par quelque aspect qu'il la regarde, la sente, la touche, elle n'est que rondeurs, miels et onctuosités. La poésie, la musique, le monde merveilleux des contes de fées, tout cela pour un fils Taureau est la réalité quotidienne dans la cellule de sa maman Cancer. Les ondes qu'ils émettent les entourent d'un halo dans lequel les autres, le monde extérieur ou tout simplement paternel, n'ont pas vraiment accès. L'esthétique entre eux est si forte que les goûts pour le réel et l'irréel se développent conjointement. Au total cela fait une relation troublante, suave, doucereuse au possible dans laquelle les besoins émotionnels et affectifs du garçon Taureau sont plus que respectés et où l'amour réciproque pour les joies de l'intérieur et de l'intériorité est porté au pinacle.

Le pire de la relation

On comprendra facilement qu'ici le pire est dans l'excès du meilleur. Maman Cancer à force de couver fils Taureau, qui ne demande pas mieux que d'être couvé, dans son ambiance troublante, l'enchaîne à elle et aux instincts exclusifs qu'ils développent au-delà du « raisonnable » ou en tout cas, au-delà de ce qu'ils doivent normalement être entre une maman et son fils. La sensualité tactile et l'émotivité dilatée de fils Taureau trouvent à s'ancrer dans la sensibilité et la tendresse de maman Cancer comme des doigts dans la glaise. Au fil des années, il peut y être englué, tout entier enrobé dans un univers aux relents pour le moins proustiens. Ils vibrent à l'unisson c'est l'évidence pour tous ceux qui, ne pouvant entrer dans leur bulle parfaite, s'irritent d'être constamment hors-jeu et hors-clan. Le pire est donc effectivement que cet état de protection absolue que maman Cancer propose à son fils Taureau dure bien au-delà des neuf mois de la grossesse, or tout se passe comme si elle refusait de le voir grandir et qu'il adhère à cet interdit. Il l'idolâtre, elle le dorlote mais au moment où il doit devenir un homme et s'intéresser non seulement à d'autres jeux mais à la construction de sa future vie professionnelle, les pièges de l'amour de maman Cancer, les pinces d'amour qu'elle maintient autour de lui, ne s'ouvrent pas. Inhibitions, retards, immaturité font partie alors de ce voyage et il se peut que secrètement, et surtout sans oser penser du mal de sa maman (comment en « vouloir » à une maman gentille?), il sente avec l'arrivée de l'adolescence que cet amour est trop pesant. Bien sûr le tableau est ici excessif mais la tonalité générale de la relation risque fort d'y ressembler ou du moins, elle pourrait être telle si chacun se laisse aller à sa nature profonde sans y mettre le moindre frein.

Le conseil

Si maman Cancer accepte de les entendre, elle percevra les critiques de son entourage très tôt : son mari, ses autres enfants, son père, ses amies, tout le monde s'inquiète du lien sournois qui la lie à son fils Taureau qui dans l'univers de sa maman se sentirait comme un papillon pris dans une toile d'araignée. Au fond, elle sait qu'elle doit lâcher prise... le plus vite sera donc le mieux!

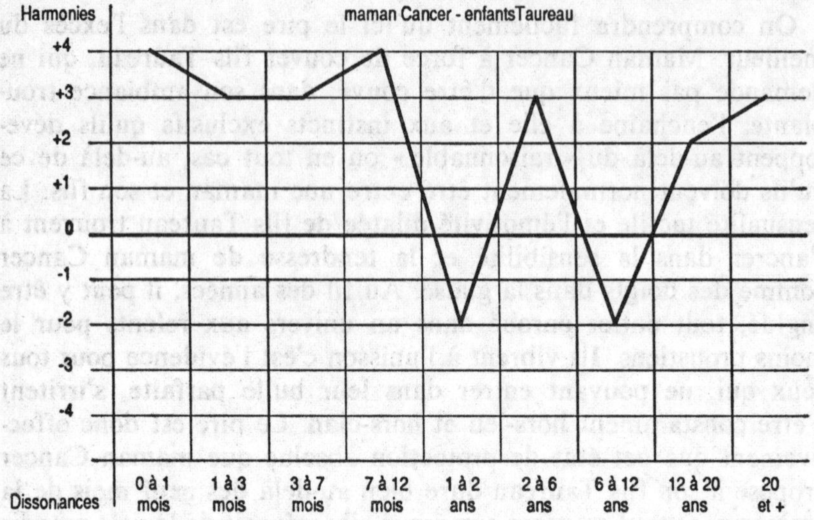

Maman Cancer-fille Gémeaux

Le meilleur de la relation

Les rapports sont surtout duels dans une rencontre astrologique Cancer-Gémeaux car les goûts, les aspirations et les rythmes intérieurs (et extérieurs a fortiori) sont tellement différents que l'on voit mal comment peuvent naître des points de rencontre. Cependant, puisque la relation est obligatoire et donc forcément non hasardeuse, l'entente naît entre maman Cancer et fille Gémeaux d'une bonne compréhension des différences respectives et d'une recherche de compromis entre les manques qui les habitent. A cette enfant qui est d'emblée et dès ses tout premiers mois tournée vers l'extérieur, qui a besoin d'air et de contacts divers plus que des gros gâteaux que lui confectionne sa maman-douceurs, maman Cancer peut apporter l'apaisement, le savoir-gérer le long terme, l'attention aux mille petits riens qui façonnent les joies de la maison, la tendresse, le calme et la chaleur lorsqu'elle rentre le soir, comblée de rires et de discussions mais aussi bourrée de nervosité, le fait de faire attention à son corps, sa peau, son alimentation et son sommeil, choses auxquelles elle veille sereinement au grand dam de sa fille Gémeaux mais qui lui sont indispensables comme à tout être humain. Les bienfaits de la vie régulière, tranquille, ordonnée et un peu « merveilleuse », c'est-à-dire marquée par le halo du magique, se feront sentir dans la vie adulte de fille Gémeaux qui y puisera, sans même s'en rendre compte, un savoir de quiétude et de recueillement qui sinon manqueraient totalement à son signe. La petite enfance leur convient bien car elles peuvent partager leurs univers ludiques, leurs passions communes mais différentes de l'enfance, en toute quiétude. Fille Gémeaux, tant qu'elle ne commence pas à sentir l'appel du large, se contente bien des joies « en chambre » dans lesquelles excelle maman Cancer. Ainsi l'espace qui va jusqu'à l'entrée de fille Gémeaux à la maternelle est-il dynamique, gai et nourricier, c'est déjà une bonne base pour leurs relations futures.

Le pire de la relation

Bien sûr, leurs différences de fond les opposent très vite et très violemment, même si la violence paraît étrangère à l'univers de maman Cancer. Si elle fait tout pour comprendre, dorloter et apaiser son entourage, si elle est si sensible à ne blesser ni frustrer personne, elle en devient pesante car on ne peut rien lui reprocher. Elle porte sa maternité avec une véritable idée de sacrifice, or fille Gémeaux n'a vraiment pas la tête à marcher dans de tels pièges ni à supporter de telles chaînes. Son besoin inné de liberté, son affectivité changeante, superficielle, faite de mots qui ne s'engagent pas dans des actes, ses aspirations au mouvement, aux rencontres et aux changements et surtout sa façon carrée et sans appel d'exprimer tout cela est vécu par maman Cancer comme autant de coups de fouet qui cisaillent son cœur tendre et réceptif. Elle se sacrifie mais avec fille Gémeaux elle n'aura jamais aucune récompense, aucune contrepartie car celle-ci ne mange pas de ce chantage affectif-là. Le dialogue se rompt très vite et le regard mouillé de maman Cancer confirme définitivement fille Gémeaux dans ses désirs de fuite. Au mieux elle est habile à cacher, dissimuler et travestir ses véritables désirs et activités extérieures pour pouvoir vivre ses besoins en paix et ne pas trop blesser maman Cancer. Mais il ne faut jamais lui demander de renoncer à faire ce qu'il lui plaît, avec l'adolescence, elle développe sa séduction acidulée et ses charmes fantasques et s'embarque définitivement pour des horizons totalement antinomiques à ceux de sa maman Cancer. De temps en temps, si elle reçoit des amis à dîner et qu'il lui manque une recette culinaire, elle téléphonera à maman, certaine de la trouver toujours au rendez-vous du quotidien.

Le conseil

Avec fille Gémeaux maman Cancer apprend une vérité fondamentale que l'on comprend toujours mieux lorsqu'on la lit dans un ouvrage : on fait des enfants pour eux-mêmes et on doit les aimer tels qu'ils sont, quand bien même cela doit être une négation de soi-même...

Maman Cancer-fils Gémeaux

Le meilleur de la relation

Comme tous les bébés, fils Gémeaux appréciera d'être choyé, dorloté, emmailloté dans l'univers affectif de sa maman Cancer car il a besoin de repos pour calmer son tempérament actif et sa nervosité fondamentale. Au fond, il déteste tellement le quotidien, le stable, le répétitif, la sagesse et n'aspire qu'à l'action et au jeu qu'il est bien aise de voir que sa maman Cancer prend tout cela en charge avec une habileté et un savoir-faire souverain. Toute son enfance sera tranquille sur ce point : elle excelle dans l'intérieur, s'occupe de tout et ne lui demande même pas de cirer ses chaussures. Il peut donc tranquillement s'occuper de ses copains, de ses cassettes, des complicités intellectuelles qui le rapprochent de son papa et de ses copains de crèche (encore faut-il que maman Cancer ait compris qu'il aime les contacts et ait accepté de l'inscrire à la crèche plutôt que de renoncer à travailler pour le garder à la maison). Il méprise le matériel et peut le faire sans risques grâce à la vigilance de maman Cancer, fée du foyer modèle. En plus elle ne rechigne pas à se mettre à quatre pattes pour jouer au petit train avec lui et il lui en sait gré. La complicité qui entre eux est possible est celle de deux enfants qui malgré leurs tempéraments structurés différemment, partagent la même indifférence pour la froide réalité et les rigidités du monde adulte. La petite enfance de fils Gémeaux est donc placée sous de bons augures d'amusement et de tendresse que maman Cancer est heureuse en même temps que compétente à lui faire vivre.

Le pire de la relation

Les dissonances se font sentir à partir du moment où fils Gémeaux, grandissant tranquillement dans le giron protecteur de sa maman Cancer, commence à découvrir le monde extérieur et qu'il fait obligatoirement le choix de celui-ci face à l'univers pour lui trop fermé de maman Cancer. Les antinomies jouent sur trois plans :

– sur le plan affectif, maman Cancer si tendre, si sensible, si intérieure et romantique est profondément blessée par les volte-face, les versatilités, la superficialité des manifestations affectives de son fils Gémeaux plus prompt à critiquer et railler, par jeu plus que par méchanceté, qu'à conforter ou se complaire dans des attouchements tendres. Trop enveloppante, sa maman Cancer l'angoisse et si elle n'y prend garde, ses bisoutages, sa tactilité, ses longues séances de câlins seront vécues par fils Gémeaux comme une agression, un envahissement de sa vie intérieure qui lui est insupportable car il se sent étouffé, ce qui est véritablement le comble du pire pour ce claustrophobe autant dans l'espace que dans les sentiments. Pour se sentir aussi libre qu'il en a besoin, il pourrait devenir fuyant ou filou, c'est-à-dire expert en dissimulations à l'abri desquelles il pourra vivre comme bon lui semble. Cette attitude, incompréhensible pour le cœur ouvert de maman Cancer, est pour elle frustrante et colore leurs rapports d'une méfiance mutuelle des plus pesantes.

– sur le plan des rythmes de vie, fils Gémeaux vit à mille à l'heure et agit parfois dès qu'il a réfléchi (ou sans réfléchir) car pour lui rien n'est grave puisque tout change au jour le jour et doit se vivre comme tel. Maman Cancer qui pèse et soupèse, qui se détache aussi douloureusement et lentement qu'elle s'attache est effrayée par ce rythme qui la bouscule, la fatigue et la désempare. Fils Gémeaux a déjà fait cent fois le tour de la piste quand elle-même n'a pas encore pris la décision de courir et quand elle la prend enfin, il est déjà passé à autre chose. Au bout d'un moment elle renonce à le suivre, la mort dans l'âme mais ce n'est pas lui que cela gêne le plus...

– sur le plan de la vision du monde enfin, il n'est attaché qu'à la nouveauté et au mouvement et elle ne comprendra peut-être jamais ses choix professionnels même si elle fait tout pour l'aider et le conforter et si elle a réussi à le sensibiliser à l'art et à l'esthétique qui tous deux les rapprochent. En fin de compte, elle se sent niée dans la féminité qu'elle représente alors que lui est bien content d'avoir un lieu tranquille où revenir souffler de temps en temps, mais ce n'est jamais assez souvent au goût de maman Cancer.

Le conseil

Elle voudrait que toute son attitude soit un grand « merci » aux sacrifices qu'elle ne cesse de faire pour lui. Il ne supporte pas cette chaîne-là, ni d'autres d'ailleurs. Si elle y renonce, ils peuvent continuer à rire ensemble.

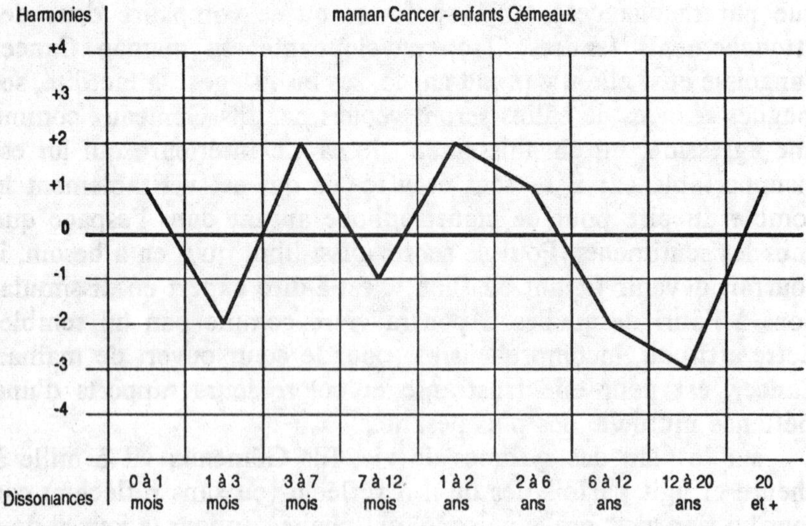

Maman Cancer-fille Cancer

Le meilleur de la relation

Ces deux femmes si identiques communient dans un monde qui les rapproche tant sur le plan affectif, intime que cérébral. L'osmose qui entre elles existe représente un lien absolument rare et indestructible qui permet à leurs jeux de se développer, à leur tendresse de se lier pour devenir un gros noyau de protection doucereuse, à leurs féminités de se réfléchir pour trouver confirmations et confortations. Elles n'ont même pas besoin de parler pour s'entendre et c'est heureux car souvent les Cancer ne disent pas long par les mots mais plutôt par le langage du cœur et de l'âme. Leur univers et leur état est celui de l'interdépendance fœtale dont elles ne sortent jamais tout à fait, pour leur plus grand plaisir et au grand dam de l'entourage. Calme et efficacité, tendresses et constance, tolérance et complaisance, imagination et paresse, tous les jours c'est Noël dans leur maison et les cadeaux de compréhension, de complicités pour tout ce qui touche à l'intime ne sont pas négligeables. Maman Cancer comprend tout, pardonne, accepte tout. Fille Cancer gratifie, obéit, renchérit, calme. La suavité et la mollesse de leurs contacts aide fille Cancer à grandir tranquillement et jamais elle n'est paniquée par son avenir, chose qui pourtant pourrait la faire trembler tant elle a besoin d'être sécurisée, guidée et confortée. Elle sait que sa maman Cancer est là pour toujours, elle lui confie tout, lui explique tout et attend que les réponses arrivent empaquetées d'égards. Et les paquets arrivent, toujours porteurs d'apaisement et fille Cancer n'a même plus besoin d'aller chercher le prince charmant à l'extérieur : avec sa maman (le papa tournant en orbite autour de cette sphère parfaite), elle est la princesse au petit pois le mieux comblée du système solaire.

Le pire de la relation

Cette chaude et sécurisante ambiance dans laquelle fille Cancer barbote comme dans un perpétuel liquide amniotique chauffé au bain-marie des attentions maternelles, peut facilement virer au bain de boue en maintenant fille Cancer dans l'illusion d'une éternelle fusion à sa mère. C'est le rêve qu'elle fait tout éveillée et dans lequel maman Cancer joue celui de la fée qui détient effectivement la baguette magique. Mille fois elle vérifie l'efficacité de son pouvoir et mille fois le miracle se reproduit. Sa vision de la réalité et sa capacité à s'y intégrer peuvent sérieusement en être biaisées, sinon rendues impossibles. Elle peut développer un refus de se sortir la tête de cet univers trop parfait d'autant que maman Cancer nourrit ce refus en refusant elle-même de lâcher prise. Puisqu'il est impératif de se montrer directif avec un Cancer et que maman Cancer se refuse à le faire autant qu'elle enlève cette possibilité au papa, on craint fortement pour l'indépendance et la maturité de fille Cancer. Avec trop d'exagérations dans ce sens, elle peut développer dans ces extrémités négatives son côté nonchalent, paresseux, boudeur et susceptible. Maman Cancer pense vraiment que sa fille est une princesse qui a droit à tout et l'enfance de fille Cancer sera certainement merveilleuse. De là à en faire une « éternelle enfant gâtée » et lui fermer les portes des contacts extérieurs, il n'y a qu'un pas que maman Cancer devrait faire attention à ne pas franchir.

Le conseil

A la ligne précédente on peut rajouter le fait que fille Cancer doit savoir que personne sur terre ne sera obligé de suivre et d'accepter ses humeurs comme maman Cancer a tendance à le lui faire croire. Personne n'est là pour se sacrifier pour elle et la froide réalité se chargera vite de le lui faire découvrir. Maman Cancer n'est pas maman à rendre ses enfants malheureux, or donc, elle doit tenir compte de la réalité avant que celle-ci ne vienne agresser sa fille et détruire son œuvre.

Maman Cancer-fils Cancer

Le meilleur de la relation

Sous le signe du Cancer, on trouve dans cette rencontre ce qui caractérise le signe et qui est ici décuplé par l'identité de cœur et d'esprit de maman Cancer et de son fils du même signe solaire. Amour du connu, du familier, des bonheurs simples au quotidien pluriel, de la tranquillité en toute chose et du souci de protection autant que d'auto-protection. Maman Cancer marque son territoire et l'isole ensuite du monde extérieur pour le consolider et lui faire courir le moins de risques d'éclatement possible. Fils Cancer reçoit le message cinq sur cinq sans jamais avoir besoin de mots pour l'entendre, il adore être ainsi encoconné et suit fidèlement sa maman dans tout ce qu'elle juge bon de lui faire faire ou corollairement, de ne pas le laisser faire. Pudique, calme, modeste, il développe dans cet antre chaud le meilleur de lui-même : son imagination, sa capacité d'étonnement, sa tendresse, son intuition et ce qui toute sa vie le caractérisera : sa profonde adéquation au monde féminin. Le monde des héros bagarreurs, offensifs sans peur et sans reproche le terrorise, il se sait totalement incapable de se lancer dans ce tourbillon. Près de sa maman, il est en harmonie avec le plus profond de son identité, se sait compris et aimé et cela pour longtemps, pour toujours. Ils créent un monde à deux que remplissent leurs regards, leurs rêves, leurs attouchements, les jeux qu'ils inventent, les histoires qui peuplent leurs nuits, la passion de la décoration, du beau, de l'étrange sinon de l'ésotérique, ils croient à un tas de choses auxquelles la raison et la rationalité empêcheraient de croire et parlent par ondes au lieu de ne se comprendre que partiellement avec des mots. Ce qui est sûr c'est que la mémoire de cette enfance colorera toute la vie de fils Cancer.

Le pire de la relation

L'œuf aux contours parfaits dans lequel fils Cancer prend des forces tout au long de son enfance calme auprès de maman Cancer ne doit pas devenir un boulet, or le risque existe incontestablement. Il pourrait refuser d'en sortir car rien à l'extérieur ne lui paraîtra jamais susceptible de le remplacer. Son caractère ne le poussant pas du tout à s'intéresser à un univers nouveau et différent de celui de son enfance mais au contraire à tenter par tous les moyens de le conserver, et sa maman Cancer accentuant ces caractéristiques qui sont les siennes, la dépendance, l'autoprotectionnisme, la timidité sinon le côté peureux et renfermé, risquent de se développer jusqu'à des proportions néfastes pour son identité d'homme, d'amant, de père. Gavé, rempli de cette enfance idéale dans laquelle il voudra rester emmailloté, il pourrait en être intoxiqué sans même s'en rendre compte. Tout ce qui touche au ventre, à l'allaitement, au cordon ombilical formant la symbolique du signe du Cancer, le mot d'intoxication trouve toute sa signification. Elle est autant physique que psychique et le refus de maman Cancer de lâcher prise le sclérose d'autant. Le discours aphone qui risque de se tenir est celui-ci : « Je suis une maman parfaite, je me sacrifice beaucoup pour toi, tu ne peux pas m'abandonner. » Obéissant, tendre et doux, fils Cancer déteste par-dessus tout faire mal et qu'on lui fasse mal, au nom de cela il peut renoncer à vivre sa vie. Cela est le pire du pire mais dans tous les cas, la négligence de maman Cancer à l'égard de la discipline, de la réalité sociale, de la fermeté et de tous efforts quels qu'ils soient l'empêche de devenir mature et de trouver son identité d'adulte. Il cherchera une « remplaçante » et fera tout pour qu'elle s'entende bien avec sa maman, comme cela il sera tranquille, à vie.

Le conseil

Au risque de lui faire prendre des risques et d'en prendre elle-même, maman Cancer se doit, par amour pour son fils Cancer, non pas de le conserver à vie mais le mettre à la porte en douceur. Drame, pense-t-elle. Drame certes, mais vital!

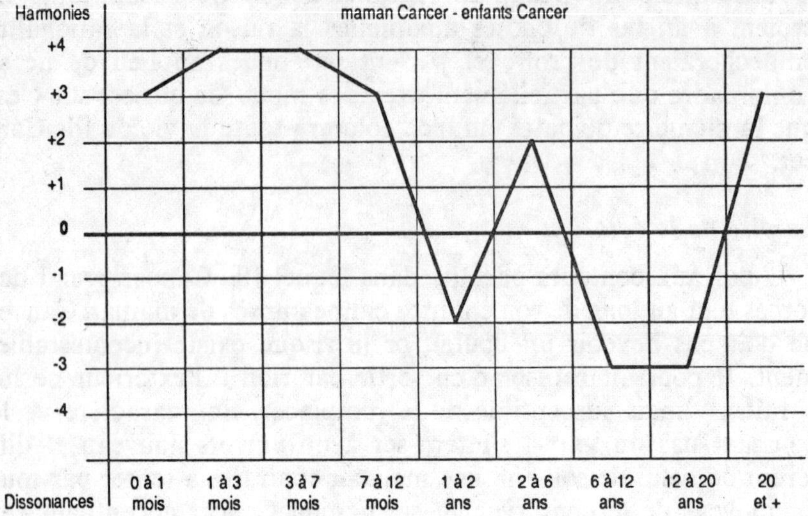

Maman Cancer-fille Lion

Le meilleur de la relation

Fille Lion a besoin que l'on s'occupe d'elle et rien que d'elle. Auprès de maman Cancer elle est parfaitement rassurée sur sa position de centre du monde : de bébé-reine elle grandira en fille souveraine avec une maman tout à ses petits soins, attentive à ses besoins physiques, physiologiques et affectifs. Certes, elle saura l'entourer et être fière d'avoir su « bâtir » cette fille-là. Elle l'admire incontestablement, la couvre de douceurs et de cadeaux, veille sur la tranquillité de sa chambre et de son univers en général, se révèle la dévotion même, bref, elle est la mère parfaite pour une fille qui pense que tout lui est dû et qui sait en profiter à son meilleur avantage. Même si l'univers de sa fille lui devient vite étranger, maman Cancer tente toujours non pas de la suivre mais de la comprendre, de la protéger, de lui donner le plus d'assurance possible dans son pas royal. Sur cette terre-mère chaleureuse et tendre, fille Lion trouve la légitimité et la pérennité de son port altier. Elle ne partagera jamais le goût de sa mère pour les soins ménagers quotidiens mais c'est pour cette raison qu'elle est ravie de savoir que maman Cancer remplira son rôle à la perfection toute sa vie durant. Après l'avoir aidée à être la meilleure de la classe, elle se vantera de la voir conquérir les places du premier plan sur le plan professionnel et social mais le rôle qui lui conviendra le mieux, et auquel elle aspire en silence et avec patience, c'est celui de grand-mère. Fille Lion sait qu'elle peut lui faire confiance en lui abandonnant son foyer et ses enfants. Elle qui déteste avoir à s'en occuper a en elle la certitude d'une parfaite intendante-nourrice-cuisinière-baby-sitter qui serait bien capable d'abandonner son mari pour venir être une parfaite femme au foyer, celle dont sa super-woman de fille a besoin pour construire sa vie en toute tranquillité.

Le pire de la relation

Leurs rapports sont faits de tendresse et d'entraide mutuelle mais fondamentalement, leurs univers intérieurs, leurs besoins affectifs et leur vision respective du monde sont beaucoup trop éloignés pour qu'elles puissent véritablement se comprendre et communiquer. Fille Lion a l'esprit et le cœur clairs, vifs, nets et sans hésitations et autres pastels affectifs qui assombrissent et diluent la vision de maman Cancer. Cette dernière rêve toujours un peu debout et fille Lion la regarde et l'écoute avec beaucoup de tendresse mais autant d'effarement. Fille Lion parle haut et fort, produit de savants discours sans retour et maman Cancer l'admire, s'amuse mais ne suit pas vraiment. Toute leur vie elles seront l'une pour l'autre un mystère et les possibilités d'agacement, venant surtout de fille Lion ne sont pas exclues. Fille lion déteste sa mollesse, sa nonchalance, sa pudeur, son côté timoré mais aussi hypocondriaque et culpabilisateur. Elle fait tellement d'efforts pour qu'on lui reconnaisse des qualités de mère parfaite que fille Lion en arrive à lui rejeter le paquet en pleine figure, sans ménagement ni ambages. Elle ne respecte que la force, et la faiblesse de caractère de sa maman pèse lourd sur ses besoins de prise d'envergure. Il ne lui reste qu'à se tourner vers son père qu'elle admire et concurrence et, à la rigueur, à s'occuper de sa maman. Elle le fait d'ailleurs avec magnanimité jusqu'au jour où même cela la bloque dans son expansion. Que sa maman aille se faire plaindre et dorloter ailleurs, fille Lion a autre chose à faire dans la vie : réussir la sienne par exemple...

Le conseil

Les féminités sont tellement différentes et les valeurs tellement opposées qu'il ne reste à maman Cancer qu'une seule solution : se mettre au service de fille Lion mais sans en attendre une reconnaissance éternelle et partout déclarée. Fille Lion ne supporte aucune entrave à son besoin d'expansion sociale et n'hésitera pas à reléguer sa maman Cancer dans les « bobonnes » auxquelles elle ne peut en aucun cas ressembler. Humour et second degré sont obligatoires.

Maman Cancer-fils Lion

Le meilleur de la relation

Pour fils Lion qui a besoin qu'on le voie dès le début comme « le plus » (le plus beau, le plus intelligent, le plus doué, le plus fort, le plus...), être exposé par les « hasards » des rencontres astrologiques au regard de maman Cancer est ce qui pouvait lui arriver de mieux : il est incontestablement le fils-roi et n'est pas près de tomber d'un tel piédestal au pied duquel maman Cancer met tout son dévouement, sa compétence, sa compréhension et sa constance à le maintenir. Il n'en doute pas mais même s'il devait le faire, maman Cancer finirait par le persuader de son unicité irremplaçable sur cette terre. Elle se consacre totalement à lui et l'opinion de fils Lion quant à son rôle, mais surtout celui des autres à son égard, est faite pour la vie. De plus la répartition qu'il fait des sexes et des domaines qui leur reviennent « naturellement » est pour lui claire et définitive : les femmes à la maison où elles excellent, les hommes à l'extérieur auquel ils ont à se mesurer pour apporter protection, pitance et souffle de nouveauté à leur foyer. La rencontre maman Cancer-fils Lion confine de toutes les manières forcément à cette vision du monde puisqu'elle est « caricaturalement » femme et mère et qu'il est « caricaturalement » homme et héros. En cela il prend exemple sur son père qui sans doute joue ce rôle à la perfection et fils Lion, tout en aspirant uniquement à devenir enfin assez grand pour le suivre dans l'existence (et il le fait dès qu'il peut marcher et comprendre mieux ce qui se passe autour de lui c'est-à-dire dès son entrée à l'école) profite bien des attentions de sa maman. En contrepartie, il lui fait de beaux dessins, lui offre de jolis bouquets (dont l'importance ravit toujours le fleuriste!), lui raconte de beaux contes très réels qui étonnent toujours maman Cancer qui reste bien la seule à croire aux fées et au Père Noël et lui assure pour la vie sa protection magnanime, son respect convenu, sa générosité flagrante pourvu que jamais, jamais elle n'aille en regarder un autre avec ses yeux si tendrement voilés de fragilité. Personne, pas même son frère!

Le pire de la relation

Le pire serait peut-être que les choses se passent vraiment ainsi. Fils Lion peut auprès d'une maman aussi « dédiée » à lui surévaluer ses forces et gonfler son orgueil au-delà de ce qui est souhaitable pour sa bonne intégration sociale future. Si avec elle tout lui est dû, s'il n'a aucun effort à faire pour prouver qu'il est le meilleur, il pourrait développer le pire de sa personnalité sous forme de prétention, de domination gratuite, d'égocentrisme et d'égoïsme, du goût de la brillance peu fondée et ce serait sans doute très dommage car ce serait là un gâchis de ses qualités réelles que maman Cancer ne sait pas bien mettre en concurrence ni motiver pour en tirer le meilleur. Avec les années il pourrait même, car elle offre une image très passive de la féminité, développer une misogynie mal venue qui ne lui faciliterait pas sa vie d'homme et d'amant. Maman Cancer le flatte trop facilement pour qu'il imagine qu'une femme un jour pourra ne pas en faire de même. Le schéma est alors double : soit il va chercher à retrouver la même sécurité affective, soit au contraire, il ira de déception en déception s'il cherche une femme inaccessible qui le prendra au piège du mépris et de l'exigence dont il n'a pas développé l'habitude. De toute façon, les illusions qu'il développe auprès de maman Cancer risquent de l'entraîner dans un cercle de difficultés dès que la réalité, qu'il a tous les moyens d'affronter et de tourner à son avantage, se fera jour dans sa vie. Heureusement, il lui reste son père qui, sans doute et on le souhaite, saura orienter valablement son pas.

Le conseil

Maman Cancer sait sans doute très bien aimer, dorloter, apaiser mais éduquer n'est pas tout à fait de son ressort. Or rien n'est plus dommage qu'un fils Lion qui marche clopin-clopant parce que le sol sous ses pas n'est pas assez ferme. La conclusion n'est pas loin : moins d'admiration inconditionnelle et plus de fermeté sont de mise; maman Cancer ne doit pas frustrer son fils Lion d'un de ses moteurs essentiels : le besoin de conquête.

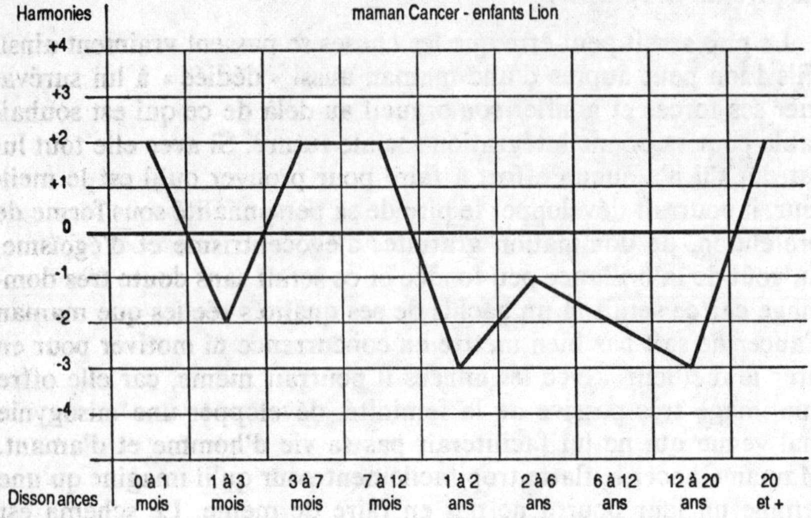

Maman Cancer-fille Vierge

Le meilleur de la relation

Il ne peut exister de relation plus protégée que celle-ci, à part celle qui lie une maman Vierge à une fille Cancer. Les fonctions respectives du Cancer et de la Vierge étant l'auto-protection, on peut parier pour une grande chaleur, une tendresse, une complicité, un amour des joies du foyer, du connu, du familier et conséquemment, une peur devant toute nouveauté vécue comme une invasion, une réticence devant toute forme d'aventure et un a priori négatif devant les étrangers. Cela ne paraît pas déterminer des traits positifs mais il ne s'agit aucunement de jugements moraux. Maman Cancer et fille Vierge pour vivre heureuses auront besoin de mettre leurs sensibilités respectives et leur timidité farouche à l'abri. Dans ce sens on peut être sûr que maman Cancer jouera parfaitement le rôle que fille Vierge attend d'elle, celui du rempart par-delà lequel ne passeront aucune houle ni aucun vent dévastateurs. Dès que l'improvisé et/ou l'irraisonnable semblent poindre à l'horizon, fille Vierge sait qu'elle peut se raccrocher aux branches épaisses et touffues de sa maman Cancer.

D'autre part elles s'entendent bien sur une certaine féminité timide, réservée, mesurée et romantique qui leur fait croire et attendre le prince charmant comme dans les contes. Maman Cancer saura calmer et rassurer les aphones angoisses de sa fille « coupeuse de cheveux en quatre », la baignera dans un univers apaisant qui lui permet de mieux vivre l'extérieur sans attraper tous les bobos somatiques qui d'habitude l'assaillent. De son côté, avec les années, fille Vierge saura diriger sa maman Cancer vers le réalisme qui lui fait souvent défaut, elle gérera, comptera, thésaurisera, gardera toujours les pieds sur terre lorsque sa maman se sera, comme à l'ordinaire, envolée vers ses songes. La relation est de toutes les façons complémentaire et un papa qui vit entre elles deux est sans doute un homme comblé.

Le pire de la relation

Le pire de la relation est qu'elle pourrait sentir le renfermé, l'asphyxie, le refus sinon l'incapacité à être libre. Cela valant autant pour maman Cancer que pour sa fille Vierge. Si elle sait bien lui transmettre son amour du quotidien et construire autour d'elle un univers de sécurité, maman Cancer ne sera pas celle qui ouvrira sa fille Vierge aux audaces de la vie professionnelle ou sociale. Non pas qu'elle ne veille pas sur son intelligence et sur l'irréprochable scolarité de sa fille mais elle est trop attachée au strict respect de l'ordre et de la discipline scolaire pour oser pousser sa fille à aller au-delà de ce qui lui est demandé et cela est vrai sur le plan professionnel et social. Apeurée et modeste elle-même elle ne peut pas trop aider sa fille à sortir des carcans du juste milieu dans lesquels sa personnalité Vierge l'enferme d'emblée. L'auto-protection ici confine au manque d'envergure, maman Cancer rassure et dorlote mais ne stimule pas. Voir la vie par le petit bout de la lorgnette et critiquer tout ce (et ceux) qui osent et dérangent, cela fait des femmes bien raisonnables mais cette rencontre astrologique, poussant ces caractéristiques au maximum, en fait le pire.

Le conseil

Et si elles se débridaient? Comme le mot est assurément trop fort conseillons simplement un peu de « laisser-aller ». A force de cantonner sa fille dans le raisonnable maman Cancer risque de développer chez elle le syndrome inverse et d'en faire une « vierge folle », instable, dévergondée, désobéissante, critique sinon sarcastique et en tous les cas, infernale...

Maman Cancer–fils Vierge

Le meilleur de la relation

La relation doublant les caractéristiques des deux signes solaires en présence, met en avant l'effacement, la discrétion, la pudeur, la délicatesse, le pacifisme et le self-contrôle. Gentils, maman Cancer et fils Vierge partagent les joies simples et tranquilles du quotidien et si la répétition les guette un peu, ils n'en développent pas moins une certaine ambiance doucereuse, protégée, ouverte au bon et au bien. Bien manger, bien laver, se défendre des agressions extérieures qu'elles soient microbes ou ennemis de la tranquillité, maman Cancer construit une bulle parfaite autour de son fils Vierge qui trouve là terrain à développer ses qualités de mesure, de raison, de perfectionnisme, de minutie, d'ordre, de prudence et de prévoyance. Elle a juste la nuance qu'il lui faut de romantisme, d'évanescence, de croyances magiques et d'attachement à l'irrationnel, elle lui parle longuement des autres mondes qui composent l'univers terrestre même s'ils sont invisibles et apporte ainsi à son fils trop matérialiste la part du rêve, de l'inutile, de l'ornement ludique qui allège son monde intérieur fait surtout d'obéissance et de responsabilités. Il se prépare à être un homme bien et de biens, maman Cancer avec ses touches bleutées et ouatées met du baume à son cœur, le décrispe et lui donne confiance en lui-même. Toute son enfance, il la tient fermement par la main et maman Cancer en est tout attendrie. Elle l'entoure de ses doux bras salvateurs et l'écoute lui expliquer doctement ses plans d'avenir à très long terme. Comme il y a de fortes chances pour que, tel l'arpenteur, il suive fidèlement son chemin borne par borne, il sera celui qui saura prendre en charge la vie matérielle de sa maman Cancer et leur rapport homme/femme en sera équilibré.

Le pire de la relation

Ce petit garçon est bien timide et aurait une fâcheuse tendance à l'excès d'effacement. Auprès de sa maman Cancer, qui a noté ses traits de caractère, il risque de n'être pas beaucoup motivé pour sortir de sa coquille. Le discours qui a cours entre eux pourrait être celui-là « je te comprends mon petit, tu es fragile et effrayé mais je suis là pour te protéger ». Paroles fort positives si le corollaire n'en était pas « reste auprès de moi toute ta vie ». Fils

Vierge est bien content d'y trouver une raison de ne pas « sortir de lui-même » et le pire de sa personnalité risque ainsi de se développer sous forme de rigidité, d'étroitesse, de maniaquerie, de criticisme tatillon, d'alarmisme, d'indécision sinon de défaitisme. A quoi bon en effet, puisque l'univers de maman Cancer est si parfaitement doux, vouloir en sortir. Le hasard et l'imprévu qui le terrorisent peuvent alors jouer leurs rôles de freins souverains. Ce serait dommage car fils Vierge a bien des qualités à faire valoir et surtout, puisque cela est ce qu'il sait le mieux faire, être utile à d'autres que sa maman. A la société par exemple.

Le conseil

Maman Cancer n'est pas de celles qui poussent à « aller y toucher » car elle développe autour de ses enfants une ambiance d'apeurement comme si on ne pouvait que se brûler en osant. Le problème, on l'aura compris, est que fils Vierge accepte naturellement ces restrictions. Pour que la sphère ne se referme pas totalement, on lance un appel au père.

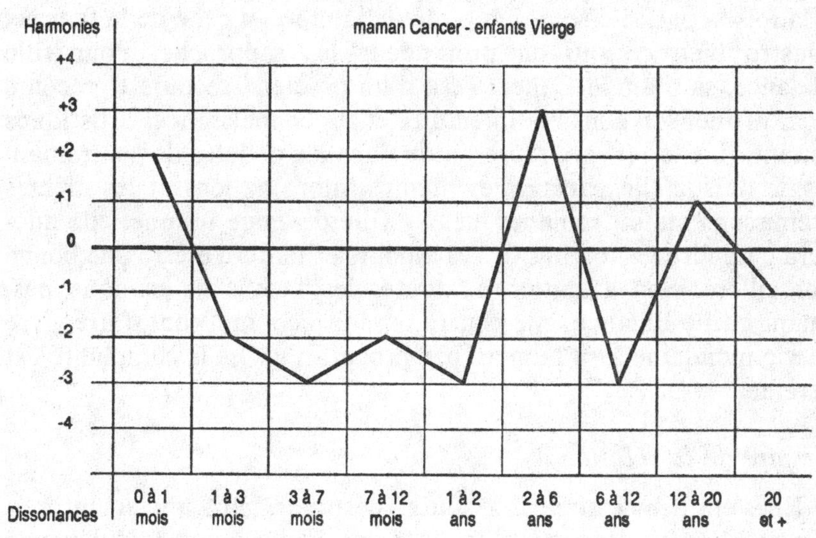

Maman Cancer-fille Balance

Le meilleur de la relation

Femmes très différentes, maman Cancer et fille Balance profitent quand même d'une quiétude et d'une douceur de rapports dans les premières années de la vie de fille Balance. Cet accord est basé sur la tendresse et la sensualité mutuelles, les longues heures délicieuses qu'elles savent partager dans la quiétude et ces ambiances protectrices et enveloppantes tout à fait propres à maman Cancer. Le meilleur du Cancer et le meilleur de la Balance lorsqu'ils parviennent à se rejoindre donnent calme, luxe et esthétique et c'est incontestablement ce qu'elles savent s'apporter dans les années privilégiées qui vont jusqu'au moment où fille Balance a besoin de séduire hors la coquille de sa maman et de se plonger dans la vie sociale qu'elle ne peut trouver dans son ambiance trop renfermée. C'est-à-dire jusqu'à l'entrée à l'école et surtout à partir de l'adolescence. Jusque-là elles se compléteront dans les joies de la maison, maman Cancer à la cuisine et dans la chambre à coucher, fille Balance dans le salon et les raffinements du bien - recevoir - bien décorer et à la salle de bains dans les raffinements olfactifs, les crèmes et les reflets de miroir. Bien sûr, elles peuvent échanger leurs lieux de prédilection et s'y révéler tout aussi expertes même si leurs goûts sont différents. L'heureux père qui baignera entre elles dans le meilleur de la féminité, ayant à la fois la parfaite représentation de la mère et celle de la femme, illustre bien ce qui en profondeur les rapproche. Pour fille Balance, sa maman Cancer sera d'un précieux secours et recours pour affiner son goût vestimentaire et ses connaissances artistiques autant qu'elle lui servira de guide dans les dédales de son romantisme puisqu'elle partage les mêmes interrogations et les mêmes frémissements du romanesque. Sa fille devenue femme, elle adorera entendre les romans de ses amours et tentera d'être une bonne conseillère. Son attention de toutes les façons ne manque pas, quant à fille Balance, elle pourra, en lui racontant tout, faire vivre sa vie mondaine à sa maman par procuration. Leur complicité est sereine.

Le pire de la relation

Elles ont beau s'aimer, s'écouter, s'estimer, leurs univers intimes seront à jamais incompatibles. Maman Cancer une fois devenue mère, trempe dans l'univers de la maternité et va jusqu'à se désintéresser à la fois de l'extérieur et de l'homme. En aucun cas elle ne peut être un modèle pour la féminité de sa fille Balance qui vit pour séduire, être femme et amante, courtisane et maîtresse bien avant d'être maman. Elle développera une élégance, un raffinement, une exigence sensuelle et sociale totalement étrangères à sa maman Cancer. De plus, fille Balance est indépendante, libre d'esprit, cultivée et ne manque jamais de repartie et d'audace dans sa vie. Adolescente, elle passe plus de temps à minauder avec son papa, à exercer ses charmes et son éloquence parfaite auprès de lui et de ce qu'il représente qu'à s'occuper des recettes culinaires et des rêveries impossibles de sa maman Cancer. Elle la juge vite lourde, pesante, parasite et ne se prive pas de lui dire. Ce n'est pas dans son regard qu'elle va épanouir le meilleur d'elle-même, que maman Cancer se le dise et se contente de l'admirer. Fille Balance a pour but d'être parfaite et reconnue comme telle par l'extérieur, elle veut un métier et un compagnon représentatif et sa maman Cancer l'agace à être aussi parfaitement maternelle.

Le conseil

Fille Balance a une confiance totale en sa mère Cancer pour ce qui concerne la maison, les subtilités sentimentales et les rêves éveillés mais elle sait également que ce n'est pas sur elle qu'elle doit compter pour asseoir un devenir d'amante et de femme d'aujourd'hui, libre et entreprenante. Elle lui confiera donc ses enfants qui l'empêchent toujours un peu de vivre sa vie de femme et puis voilà...

Maman Cancer–fils Balance

Le meilleur de la relation

Fils Balance a tout des qualités du poupon aimable, charmant, charmeur et conciliant et maman Cancer est ravie de le sentir réceptif à ses attentions. Il aime le calme et la tiédeur des ambiances feutrées, hait par-dessus tout brusqueries et sautes d'humeur et l'on peut dire que véritablement il est bien tombé sur une maman Cancer. Pacifiques et ludiques, ils s'entoureront mutuellement de soins toute leur vie et cette amabilité réciproque commence dès les premiers mois de fils Balance. Câlins, tendresses, longues pauses tactiles et doux sourires, les premières années sont une fête des sens pour tous les deux. Il est sensuel, elle est romantique mais leurs mondes intérieurs, tant que la parole et l'attrait social ne jouent pas se rejoignent très bien. Elle l'initie aux joies de l'intérieur, réveille chez lui les tendances au bien manger, bien vivre, bien recevoir et surtout, l'initie à l'art et à l'esthétique qui forment un des points essentiels des intérêts de fils Balance. Avec elle il apprendra tout des peintres, des comédiens, de la musique et en particulier du raffinement vestimentaire. Si maman

Cancer s'intéresse aux habits pour l'aspect costumier, la connotation de déguisement, fils Balance n'y rate quand même pas l'occasion de développer son goût légendaire pour l'élégance raffinée, la notion de la juste mesure et de la belle matière, de ce qui sied selon la circonstance et l'entourage. C'est donc une relation calme, avenante, prévenante où chacun respecte et comprend l'autre, la courtoisie est de mise, bien loin en tout cas de toute houle passionnelle déstabilisante ou excessive.

Le pire de la relation

Décidément, ils n'ont pas le cœur fait de la même façon. Dans les premières années de la vie cela ne se « sent » pas et fils Balance encore bébé est plutôt bien content d'avoir une maman aux petits soins, pleine de chaleur, de présence protectrice et de continuels attouchements sensoriels. Il est cependant à craindre qu'avec les années il ne s'en lasse et juge même sa présence trop pesante, trop « enfermante » pour lui qui, en bon signe d'air, a besoin d'espace, de dégagement, de liberté de mouvement autant que de sentiments. Maman Cancer est toujours dans son dos, à s'apeurer à tout propos, à le convaincre qu'il n'est pas capable de faire les choses seul, à vouloir connaître ses amis et à discuter son emploi du temps. Comme il n'est pas du genre mal élevé, c'est-à-dire que par-dessus tout il déteste faire de la peine et prendre des positions tranchées, il se laisse gentiment envahir jusqu'au moment où avec l'adolescence, il tombe brusquement dans l'opposition, la critique et le détachement. S'il ne le manifeste pas par des actes violents, il n'en pense pas moins, hausse assidûment les épaules, dit oui pour faire non, s'enferme dans sa chambre et finit par ne plus discuter avec sa maman Cancer désespérée, redoublant d'égards et recevant de plus en plus de froideur. Le dialogue est rompu car de plus, son idée de la féminité est faite de raffinement, d'évanescence, de maintien sinon de recul or maman Cancer est à ses yeux trop « popote », petite fille fragile, lui qui n'admire que les femmes fortes. Le peu de goût pour la vie mondaine et sociale de maman Cancer n'améliore pas les choses car lui vit en grande partie par et pour elle. Avec les années, il sera content de trouver son couvert en rentrant mais prendra de plus en plus la maison, le cocon, pour un hôtel ou plutôt, pour un pressing salon d'essayage dans lequel il vient se changer et se recoiffer avant de courir là où la vie a lieu.

Le conseil

Dès que le fils Balance rejoint la réalité, maman Cancer doit avoir la compréhension nécessaire de l'accepter. Cela vaut mieux pour son fils Balance et pour elle car même si leurs sensibilités et leurs visions respectives du monde sont antinomiques, ils n'en ont pas moins une tendresse débordante l'un pour l'autre.

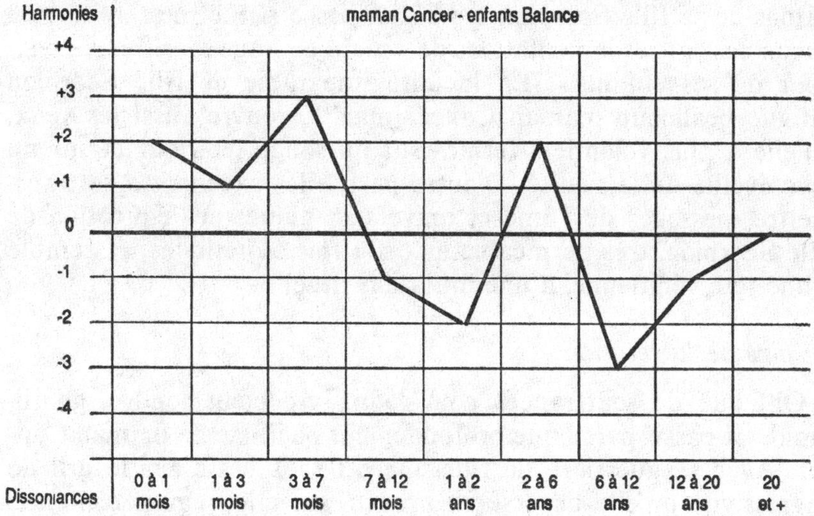

Maman Cancer-fille Scorpion

Le meilleur de la relation

C'est une bonne rencontre astrologique dans laquelle sont possibles à la fois le partage des univers psychiques pareillement faits de profondeurs subtiles et perméables à tout ce qui ne constitue pas la rationalité la plus quotidienne, et la possibilité d'éviter les excès auxquels sont portés les deux signes. Excès d'agressivité et d'intransigeance pour fille Scorpion et excès de complaisance et de passivité de maman Cancer. C'est comme si l'une « tapait » toujours sur l'autre, fille Scorpion en l'occurrence qui dès le premier mois révèle son tempérament impulsif, exigeant et exclusif, et que cette dernière à force de ne pas répondre à ses attaques finisse par l'en calmer et lui fasse découvrir des joies différentes de celles de la mise à mort. Douceur, calme, petits soins et sourires répétés tout au long d'une enfance hyper-protégée et magique comme le rêve que fille Scorpion n'ose pas faire de la vie, donnent à fille Scorpion une vision moins dévorante, moins douloureuse et destructrice. Son impact sur maman Cancer est aussi bénéfique puisque celle-ci, devant le total manque de complaisance et de demi-mesure de sa fille, est obligée de sortir de ses affabilités, de son laxisme, de son laisser-aller laisser-vivre un peu complaisant et soporifique. Elle devient plus vigilante, plus curieuse, plus exigeante elle-même, ne serait-ce que pour éviter les retours de bâtons de sa fille Scorpion qui ne lui passe rien et ne s'apitoie en aucun cas sur ses lamentations de « mère-courage sacrifiée au bonheur de ses enfants ». La lucidité imparable de fille Scorpion fatigue beaucoup maman Cancer mais lui ouvre aussi les yeux, qu'elle a plus volontiers fermés sur un songe intérieur et sur un rêve éveillé de la réalité. D'autre part, elles excellent à se transmettre messages de l'âme et univers magiques et l'éducation de fille Scorpion, très perméable aux souffles ésotériques, ressemble à une fête vénitienne, à une initiation rituelle.

Le pire de la relation

Oh! que de souffrances pour le pauvre cœur tendre, gentil, timide et passif parce que profondément pacifiste de maman Cancer. Avec sa guerrière de fille elle est sans cesse sur le gril de l'agressivité qu'elle déverse en priorité sur elle, jamais contente, jamais tranquille, jamais en paix avec elle-même et encore moins avec son entourage. Elle dicte ses volontés, elle les hurle sera-t-il meilleur de dire et maman Cancer est tout ouïe. C'est là le drame car elle ne sait pas faire la part entre le chantage dans lequel elle ne devrait en aucun cas marcher et la réelle sentimentalité de sa fille. Le pire serait que fille Scorpion, qui a besoin de coriacité en face, ne trouve systématiquement que purée de pois où s'enfoncer et perdre même le moteur qu'est pour elle son attitude en toutes choses offensive. Si on ne lui résiste pas fille Scorpion n'a plus de raison d'être, elle se perd dans le dédale de ses angoisses intérieures sans que personne vienne y mettre le sol ferme de l'interdit. Auprès de maman Cancer elle développe une idée de la féminité victime et passéiste qui ne peut la satisfaire et qui fait grandir en elle le désir de chercher son identité auprès de son père. Déjà dans son for intérieur elle ne sait jamais bien pourquoi elle est différente des petits garçons, l'attitude « maman-poule, gentille, souriante et évanescente » de maman Cancer achève de l'interroger. La pose d'Œdipe est difficile, l'adolescence peut être une série d'attaques-réconciliations des plus perturbantes pour maman Cancer.

Le conseil

Les rapports Scorpion-Cancer ressemblent toujours à un autel sacrificiel sur lequel le Cancer laisse une bonne partie de sa tranquillité. Fille Scorpion n'aura jamais ici l'image féminine qu'elle convoite pour elle-même. « Au-delà de cette limite, ton cinéma n'est plus valable », voilà le seul discours à tenir par maman Cancer... mais en est-elle véritablement capable?

Maman Cancer-fils Scorpion

Le meilleur de la relation

Leurs esprits et leurs sensibilités sont véritablement au même diapason. Maman Cancer sait rassurer, baliser, calmer mais aussi élargir l'univers intérieur de son fils Scorpion car elle partage avec lui le même amour du mystère, du jeu, du travestissement et d'une certaine féminité douce, perméable, réceptive sinon passive. Fils Scorpion, mine de rien et depuis la toute petite enfance tient à sa virilité et à son expression à la fois excessive et ambiguë. Lui-homme qui reçoit de sa maman Cancer égards, protection, nourriture, câlins, soins et écoute. Elle-femme parfaite qui est forcément là pour rendre la vie agréable et doucereuse, ce qu'elle sait faire à merveille et qui le conforte dans ses besoins d'être rassuré et tranquillisé. A ses attaques, elle répond par un sourire angélique (sinon évangélique!), elle égaie et simplifie sa vie intérieure en même temps qu'elle rend la vie extérieure ludique, raffinée, magique, sirupeuse à souhait. Sans elle il pourrait rester enfermé dans un cercle « je te pince, tu me tues » duquel la pondération et la mesure de sa maman Cancer l'aide à sortir. Il s'initie et goûte des joies simples du quotidien, des mets simples, des évidences de cœur et d'esprit, des joies de la tactilité et des gros bisous mielleux qu'il repousse tout en les appelant. Maman Cancer ne se formalise pas de le voir si résistant à sa tendresse, cela l'amuse et lui donne plutôt envie de redoubler dans ses élans. Il est à elle très attaché et elle restera dans sa vie d'homme un modèle, un port, une figure de paix à laquelle il retournera avec nostalgie, sérénité sinon avidité.

Le pire de la relation

C'est qu'il est de toutes les façons un mage de l'idéal douloureux et que maman Cancer lui donne toutes les couleurs et toutes les caractéristiques de la femme sacrifiée, Iphigénie qui marche dans tous ses chantages sans rechigner. Ils mènent leur relation avec une fascination tout à fait évidente. Totalement immergés dans le même vase clos de sentiments diffus et nommés par les psychanalystes : « dangereux », ils n'aiment que ce qui est invisible aux autres, impossible au quotidien et surnaturel à la plupart des communs des mortels. Au bout de quelques années, ils ont un langage des yeux, des sens et de l'inconscient qui n'est connu que d'eux-mêmes et leur complicité est réelle. Mais au moment de la pose d'Œdipe et de l'adolescence, fils Scorpion risque d'être un peu empêtré dans ses rapports peu clairs avec sa trop bonne, trop douce, trop permissive maman Cancer. Il serait bon que l'air arrive un peu dans cette relation qui sans cela pourrait bloquer fils Scorpion dans son développement d'homme et de future figure sociale. En effet, sa maman Cancer lui pardonne tout, mais cela sera loin d'être le cas une fois la porte de son cocon franchie.

Le conseil

Exigence et lucidité sont vraiment de mise. Vital est pour fils Scorpion l'air vivifiant de l'extérieur qui lui permettra d'arrêter de prendre les femmes pour des victimes, impunément comme auprès de maman Cancer. Ne pas se laisser faire et ne pas admirer son fils sans appel tels seront les conseils mais le caractère de maman Cancer sera-t-il à même de le suivre?

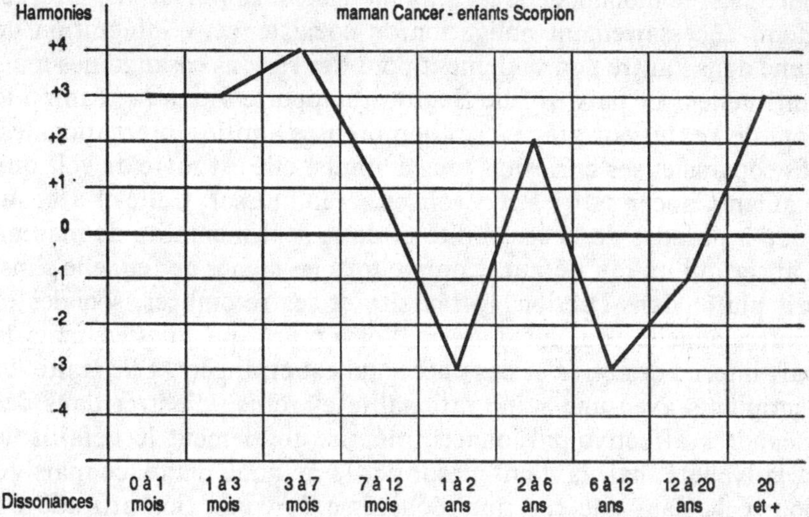

Maman Cancer-fille Sagittaire

Le meilleur de la relation

Elles sont exactement contraires l'une à l'autre et fonctionnent sur des rythmes de vie et des visions du monde parfaitement antinomiques. Fille Sagittaire voit loin, large, vite et possède la force intérieure de cette vision. Maman Cancer reste dans la protection, le quotidien tranquille et accueillant et s'attache plus à maintenir qu'à faire évoluer. Elles ont donc à s'apporter des compromis et le meilleur de leurs rapports est lorsqu'elles savent y puiser des forces communes et non pas en faire des raisons de rupture. Dans les premières années de sa vie, l'influence de maman Cancer est bonne pour fille Sagittaire car cette graine de tornade a besoin de calme, de stabilité et de petits soins quotidiens pour développer son pas de géante et prendre conscience que la vie est aussi faite de réalité quotidienne « banale et répétitive », elle qui ne voit que les actes, les gens, les situations et les entreprises d'exception, hors du commun, hors du convenu et surtout hors du « petit », dimension qui ne peut en aucun cas convenir à sa condition d'albatros posé sur la terre ferme. Cependant cela lui est nécessaire et maman Cancer, si elle est liquide plutôt que solide, si elle apporte plutôt le rêve et les sentiments, lui donne quand même l'amour des joies simples, humaines, familiales. La dimension de fille Sagittaire c'est le monde, celle de maman Cancer son foyer, il y a forcément, nécessairement obligation de coexistence, d'intégration de l'une dans l'autre non seulement pour des raisons cosanguines mais spirituelles. Et puis, si fille Sagittaire apporte vite à sa maman le vent de l'extérieur grâce à ses nombreuses amitiés internationales, ses copains et ses curiosités tous azimuts, elle est ravie de voir que maman Cancer sait les recevoir et s'y intéresser. Celle-ci a beaucoup à prendre de la sensibilité et de la sentimentalité de maman Cancer qui lui fait défaut. Comme tous les signes de feu, elle s'inscrit plutôt dans l'action, la réussite et ses retombées, sociales et professionnelles qui lui donnent l'envergure qui lui sied mais la part interne des êtres et des choses lui est étrangère. Elle traite les sentiments avec une saine rationalité et refuse d'entrer dans des méandres affectivo-pulsionnels, méprise totalement le défaitisme et la lâcheté, hait la demi-mesure et le manque d'audace mais vit pour cela dans une certaine sécheresse de cœur. Son attitude est tellement saine qu'elle en est aseptisée et sur ce point précis maman Cancer a à lui transmettre toute sa profondeur d'âme et tout son romantisme.

Le pire de la relation

Avec des personnalités aussi divergentes, le pire est qu'elles ne parviennent pas à communiquer et se heurtent dès que fille Sagittaire est partie pour l'école, y découvre des attraits bien plus adaptés à son identité et à ses aspirations que celles données par maman Cancer. Elle se tourne très tôt vers son père, le respecte et l'admire beaucoup, cherche incontestablement à lui ressembler sinon à le concurrencer et s'éloigne totalement du modèle féminin proposé par maman Cancer. Le monde la happe et elle l'accueille à bras ouverts tandis que maman Cancer aurait plutôt tendance à fermer les siens pour s'en protéger. Elles risquent donc de n'avoir rien à se dire et surtout rien à faire ensemble. A la traîne, maman Cancer le sera incontestablement et sa susceptibilité souffrira sans doute des constantes critiques de fille Sagittaire qui voudrait la voir sortir de sa coquille voire même l'y obliger. Peine perdue, leurs féminités sont trop opposées, fille Sagittaire développe une sensualité d'amazone qui prend l'initiative et mène la relation tandis que maman Cancer lui fournit un modèle de femme romanesque, réceptive, passive, en attente de protection. Finalement avec les années fille Sagittaire est obligée de s'occuper de sa mère et cela lui pèse puis elle décide de partir au bout du monde sans crier gare et ne donne plus signe de vie ce qui achève de désespérer maman Cancer. Cette dernière juge sa fille superficielle, sa fille la tient pour un « rond de cuir » et les compromis possibles tombent à l'eau.

Le conseil

Chacune son monde, ses forces, ses aspirations. Maman Cancer aime bien que sa fille la réveille mais ce sont des douches froides qu'elle reçoit; fille Sagittaire aime bien qu'on la dorlote mais de très loin en très loin. Ce n'est pas la peine de dire à maman Cancer de lâcher prise : elle y est obligée.

Maman Cancer-fils Sagittaire

Le meilleur de la relation

Ce gros poupon gai et aimable, souriant, câlineur et inventif fait le ravissement de maman Cancer qui est fière d'avoir un fils aussi dynamique, à la parole tardive mais bien faite, aux gestes amples et généreux, à l'esprit ouvert qui vite recueille une foule de copains pour d'interminables goûters que maman Cancer adore préparer, qui protège tout son entourage et trouve tous les éclopés de la terre à ramener à la maison pour les guérir et qui défend les injustement malheureux en récoltant quelques gnons mais sans jamais faillir à son rôle de d'Artagnan en herbe. Il la fait beaucoup rire car il a les yeux tournés vers l'extérieur et rapporte de ses chasses lointaines de quoi faire vivre et fantasmer toute la maisonnée. Elle sera sa plus fidèle admiratrice, le confortant dans ses actions, le soutenant dans ses initiatives, lui assurant accueil et bienveillance et chaleur familiale au retour, que ce soit de l'école, de son club de judo, de ses camps de vacances puis avec les années, de ses week-ends à la mer, seul ou avec de jeunes protégées. Elle le sait irrésistible, un peu mondain et instable dans ses relations mais il n'empêche que pour elle, il est le prototype du « mâle ». Il est d'ailleurs à l'image de son père qu'il admire et imite et nul doute que dans sa tête à lui, les rôles féminins et masculins soient définitivement répartis. Maman à la maison, papa à l'extérieur bravant le vaste monde, entre une maman Cancer et un fils Sagittaire, l'ambiguïté sur ce point n'existe pas. Toute sa vie il la considérera comme une princesse à protéger et s'empressera de le reproduire dans sa vie privée.

Le pire de la relation

Deux schémas sont possibles pour asseoir la mésentente. D'abord que fils Sagittaire avec les années se révèle bien plus pantouflard et conventionnel qu'aventurier magnifique, ce qui décevra maman Cancer qui a tant besoin qu'on la sorte de son quotidien dans lequel elle se languit, et que maman Cancer finalement se révèle bien moins fragile, dépendante et immature que l'on l'aurait pu le penser, ce qui enlève finalement à fils Sagittaire son rôle de Bayard protecteur et audacieux. La répartition des rôles qui fonctionnait selon des schémas archi-connus semble plus floue car maman Cancer possède, à défaut de liberté dans l'espace, un besoin de connaissances amples notamment sur le plan artistique et relationnel qui fait d'elle une Colombine originale et créative, peut-être plus que ne le sont les valeurs hyper-masculines de la création et de l'originalité que son fils Sagittaire porte en étendard. Certes elle aime bien la maison mais sa tête voyage, autant vers l'intérieur que vers des dimensions cosmiques ou ésotériques. Fils Sagittaire, carré et intelligent, n'en est pas moins déconcerté par cette femme « habitée » de mille songes qu'il ne palpera jamais et quand il ne palpe pas... pour lui cela n'existe pas. Au bout de quelques années, et notamment à l'adolescence pendant laquelle il aimerait pouvoir asseoir fermement son rôle de mâle utile et conquérant, il peut se sentir désarçonné, étonné, étourdi par la légèreté intérieure de maman Cancer. Quant à elle, elle peut lui reprocher de « remuer du vent » pour peu d'effets concrets, de se gonfler comme une baudruche sans obtenir de réels résultats, de se gargariser de mots alors qu'elle est entièrement à l'écoute du silence intérieur. Les mésententes et les mésintelligences risquent de pousser fils Sagittaire dans son syndrome de marginalité.

Le conseil

Prendre garde à l'apparence trop simpliste des choses, voilà le pire défaut de fils Sagittaire qui, signe de feu, voit surtout la face surexposée des choses. Maman Cancer, grande prêtresse des profondeurs, a bien des choses à lui apporter en la matière. Qu'ils trouvent une juste mesure, c'est-à-dire que maman Cancer offre sa douceur pour initier quelque peu son « rustre » de fils Sagittaire.

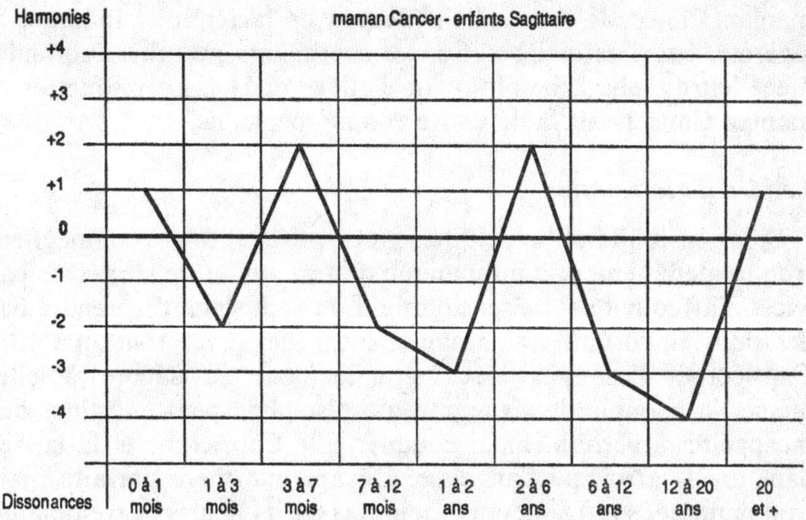

Maman Cancer-fille Capricorne

Le meilleur de la relation

Fille Capricorne a besoin d'être sans cesse rassurée car bébé elle est déjà triste et désenchantée et requiert mille attentions. Maman Cancer est véritablement celle qui sait le mieux jouer ce rôle de baume. Romantique, affectueuse, elle apporte les attentions et les preuves d'amour dont sa fille a besoin tout au long de son enfance. Elle la réchauffe et la soulage, ouvre et colmate son cœur fragile. L'atmosphère de vie entre elles est merveilleuse de compréhension, de tendresse, de joies simples du quotidien, de gentillesse et d'attentions. Cette rencontre astrologique est assurément miraculeuse car elle respecte à la fois la pudeur de fille Capricorne, la sentimentalité de maman Cancer et leurs rythmes intérieurs pareillement lents, patients, durables et fiables. Ce ne sont pas des écervelées, elles pèsent, soupèsent et avancent en maîtrisant les événements autour d'elles. Le temps et la stabilité sont deux facteurs très importants de leur relation. De plus maman Cancer méprisant un peu les contingences matérielles et les nécessités de la réalité, elle est bien aise de pouvoir s'appuyer sur la rigueur d'esprit et de gestion de sa fille Capricorne, raisonnable, mesurée, pondérée. Pourtant fille Capricorne est un volcan sous une couche de glace, elle a un cœur timide mais romanesque bien que son aspect sévère ne le laisse pas soupçonner. L'évanescence et la fluidité de sa maman Cancer la réconcilient donc avec la féminité ludique, la légèreté, les rires et les actes, les sentiments gratuits. Profondément lourde, elle a besoin qu'on l'allège et la fasse pirouetter et maman Cancer sait la détendre comme personne.

Le pire de la relation

Si la sensibilité et la lucidité sont de mise, elles s'accompagnent trop immédiatement d'un manque de fermeté et de caractère par excès d'affectivité et de sensiblerie. Lorsqu'il s'agit de prendre des décisions importantes, maman Cancer hésite et tant que fille Capricorne n'est pas assez grande pour se suffire à elle-même, le manque de rigueur et de discipline peut entraîner des incapacités à véritablement éduquer fille Capricorne et la laisser dans un désarroi qui l'angoisse. Devant une mère parfaite mais trop inquiète, souffrante aux moindres petits heurts et tremblante a priori aux moindres idées de séparation ou de rupture, fille Capricorne se sent trop encoconnée, trop préservée. Or elle nourrit de très fortes ambitions et couve de forts enthousiasmes qui sont d'autant plus insoupçonnables qu'ils sont invisibles et peu démontrés. Elle préfère agir dans l'ombre, lentement mais sûrement au lieu d'en parler alentour. Mais pour asseoir ces ambitions, les doutes et les lenteurs liées à sa personnalité représentent un frein. Auprès d'une maman Cancer protectrice mais soporifique car timorée et casanière, elle manque sérieusement de stimulis, d'encouragements, de liberté, de possibilité d'évolution. Fille Capricorne, profondément obéissante et respectueuse de l'ordre parental et maternel, n'ose s'affirmer dans la rupture et s'enferme dans des silences, des doutes, des frustrations, ce qui bloque totalement son accès à l'extérieur et provoque refus, désespoirs, démissions dramatiques pour le plein épanouissement de son identité et de sa féminité.

Le conseil

Il faudrait que maman Cancer ne se contente pas d'avoir une fille aussi sage, solide et raisonnable et qu'elle ne se contente pas non plus de la rassurer sans véritablement écouter ses besoins profonds. Et que fait le père là-dedans? Il serait bon qu'il tienne le rôle de stimulateur et aide sa fille à épanouir une féminité active, confiante, à la mesure de ses ambitions et de ses possibilités.

Maman Cancer-fils Capricorne

Le meilleur de la relation

Il est sage avant l'heure et avec lui, dès qu'il commence à parler doctement et à agir posément et avec assurance, maman Cancer se sent l'enfant de la dyade. Cette impression grandira avec les années et la maturation de fils Capricorne jusqu'à faire des rapports homme/femme à la fois teintés d'ambiguïtés et d'un drôle de renversement des impacts. Maman Cancer sait le rassurer, le faire rire, le réchauffer, elle lui apporte tendresses, attentions, preuves d'amour chaleureuses et fidèles tout au long de son enfance et de son adolescence mais elle en reçoit autant de ce fils décidément respectueux, protecteur et obéissant. La carapace qu'il expose est tranquillité, patience, raison, intelligence. Derrière mijotent l'envie de jouer, de faire le fou, de démontrer ses élans, de « faire des bêtises » et maman Cancer sait très bien le stimuler à oser être ce qu'il a besoin d'être. L'atmosphère de vie est donc une merveille de compréhension, de tendresse, d'assurance, de complicités ludiques en même temps qu'elle respecte leurs réelles pudeurs respectives et la lenteur de leurs rythmes intérieurs. C'est une relation qui se joue sur un air de violoncelle, ample, profonde, fiable, durable. Le foyer, les simples bonheurs du quotidien, la recherche d'une réelle simplicité de propos et de mouvement, tout cela tisse une toile solide qui en fait deux êtres profondément semblables, complémentaires et respectueux l'un de l'autre.

Le pire de la relation

Devant sa maman Cancer qui ne sait jamais prendre de décision et repousse toujours le moment d'agir dans la réalité, fils Capricorne peut développer un syndrome de passivité car ne pas trouver de sol ferme pour asseoir ses ambitions professionnelles et sociales, et avant elles scolaires. Avec maman Cancer, tout est toujours parfait, quoi qu'il fasse elle applaudit, comprend, réconforte. Ce manque de fermeté par excès d'indulgence affective et de sensiblerie, par manque profond de volonté d'engagement surtout, l'irrite dans un second temps c'est-à-dire quand il a suffisamment grandi pour prendre les situations en main mais le désespère tant qu'il est petit et démuni de moyens de réaction. Il trempe dans l'emmaillotage excessif de maman Cancer sans que cela véritablement lui convienne. Il n'aime pas avoir de tels fils à la patte qui l'empêchent de développer indépendance, force de caractère et construction de son identité. Maman Cancer rassure mais ne stimule pas, ne donne pas envie de se surpasser et de prouver son caractère. Ne voulant pas lui faire de mal, ne voulant pas la heurter dans la sensibilité qu'il sait très profonde et qu'elle se complaît à exposer à tous, il préférera se retirer dans ses silences, ses doutes, ses frustrations si vite arrivées et risque d'être effarouché par la vie extérieure ou de mettre effectivement longtemps à trouver sa propre liberté. Refus, oppositions, démissions, désir de détachement de tout ce qui est représentatif ou brillant, perte de son énergie créatrice, voilà le pire de ce que maman Cancer peut produire sur ce fils Capricorne déjà si peu bien avec lui-même et qu'elle ne sait véritablement aider à se développer.

Le conseil

Maman Cancer traite toujours ses enfants d'emblée comme s'ils étaient des petits, qui doivent rester petits. Or avec fils Capricorne, grand avant l'âge, cette attitude est des plus sclérosantes. Elle peut risquer de le vider de ses énergies et cela arrive vite car il est facilement découragé n'étant pas suffisamment sûr de lui pour braver les pièges affectifs de sa maman. Le traiter en grand et lui demander de le prouver, voilà comment maman Cancer peut réellement respecter la personnalité de son fils Capricorne. Peut-être que finalement, il doit surtout se reporter sur son père...

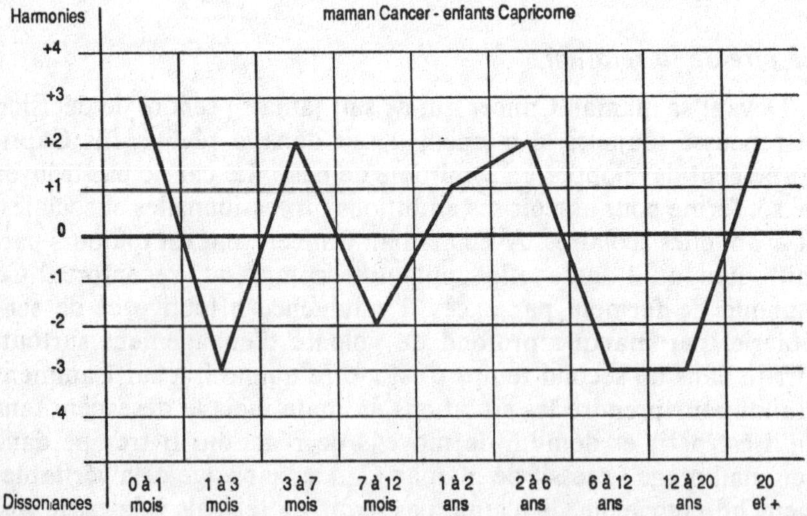

Maman Cancer-fille Verseau

Le meilleur de la relation

Fille Verseau aborde le monde avec un maximum d'intérêt mais aussi avec pas mal d'ébahissement. Tout bébé, elle va passer de longs moments à observer son environnement en souriant sans forcément chercher à s'y inscrire ou participer comme le ferait une sœur Gémeaux, par exemple... Maman Cancer elle, passera dès le début beaucoup de moments à l'aider à cet éveil, la protégera, dorlotera, rassurera en même temps qu'elle saura nourrir son intérieur riche et traversé de mille fantaisies. Pour se raconter des histoires, inventer des personnages et des activités hors du commun, elles se complètent et sauront ainsi créer entre elles un lien solide toute leur vie. Pour assurer le quotidien, le concret, être là et épargner à fille Verseau toutes complications et tracas qui ne correspondent pas à sa personnalité originale bref, pour être une parfaite mère nourricière qui fait très attention au confort et à la quiétude journalière de sa fille, on peut faire confiance à maman Cancer. Elle verra grandir sa fille Verseau comme une pousse un peu sauvage, bourrée d'idées peu banales et de relations de plus en plus diverses, elle l'en admirera et vivra l'originalité et le mouvement de la vie de celle-ci par procuration, ce qui mettra un peu de vent et d'imprévu dans sa vie trop calme, trop intérieure, trop préservée. Elles ont la féminité bien différente mais complémentaire. Maman Cancer romantique, maternelle, obéissante, fidèle et réceptive; fille Verseau dynamique, libertaire, tonique et tonifiante, amatrice d'expériences et de rencontres multiples et anticonformistes, éternelle mutante aux audaces mémorables. A elles deux, elles parviennent à établir un équilibre en mettant dans le pot commun du respect mutuel la féminité traditionnelle de maman Cancer et l'androgynie affirmée de fille Verseau. Elles rendent possible, pour elles-mêmes comme pour leur entourage, la rencontre constructive d'hier et de demain.

Le pire de la relation

Les compromis entre des personnalités aussi différentes aux visions du monde aussi divergentes deviennent peu évidentes avec l'âge. Dès que fille Verseau peut vivre le rythme rapide qui lui convient, elle fatigue sa maman Cancer mais surtout, lui donne de plus en plus l'impression d'être abandonnée, délaissée, remise en question, ce qui heurte profondément sa vocation maternelle au nom de laquelle elle s'est beaucoup sacrifiée. Elle reçoit donc l'attitude tout à fait naturelle de sa fille Verseau comme une offense volontaire, un acte de guerre, une ingratitude blessante alors que fille Verseau ne réfléchit même pas à ce que cela pourrait signifier. Il lui est impossible d'être obéissante et respectueuse des traditions que sa maman Cancer suit et met en avant, elle préfère l'extérieur et les relations plus imprévisibles, elle vit de liberté comme de l'air qu'elle respire et finit par en avoir assez des sous-entendus culpabilisants de maman Cancer. De plus, ce dont elle a le plus besoin étant la discipline, l'endurance, les balises de la réalité pour ne pas tomber trop loin dans les excès de sa distraction et de sa tendance à l'inadaptation et à la marginalité, elle ne trouve pas cela auprès d'une maman Cancer permissive jusqu'à en être laxiste (sous prétexte de ne pas heurter son enfant car elle courrait là un danger de dispute), et on peut penser que cela ne l'aide pas à se structurer autant émotivement que socialement. Des mésintelligences apparaissent donc sur des points essentiels dès l'adolescence et si maman Cancer n'y prend garde, elles peuvent mener à une distanciation douloureuse avec les années.

Le conseil

Respecter l'insatiable besoin de liberté de sa fille Verseau tout en sachant baliser sa vie de repères inébranlables, voilà l'équilibre qui est à trouver par maman Cancer. Mais cela ressemble à une définition à l'envers des caractéristiques de son éducation. Une fois que la petite enfance est passée et qu'elles ne jouent plus à la princesse ensemble, que restera-t-il donc de leur merveilleuse complicité? Une voie lactée ou une traînée d'incompréhension mais tellement de tendresse.

Maman Cancer-fils Verseau

Le meilleur de la relation

Fils Verseau a l'air d'un petit garçon toujours étonné, en éveil, en découvertes qui toujours regarde le monde alentour avec ses grands yeux ébaubis dans lesquels se reflètent des dessins d'étoiles, puis de mondes fantastiques mais de toutes les façons en dehors du morne et répétitif quotidien. L'impact de maman Cancer est donc sur lui des plus interplanétaires, elle sait ménager et stimuler ses rêves et les élargit aux merveilles terrestres, aux contes des villes et aux personnages aussi magiques mais plus humains que des robots galactiques. Tout cela avec la tranquillité et la tendresse qui lui sont impératives, lui qui possède tellement peu d'armes offensives pour évoluer en pleine liberté dans le monde des méchants terriens. L'univers de ce « petit prince » échoué sur notre planète ne court pas de danger d'éclatement car maman Cancer sait bien préserver la bulle. Il se sent protégé, compris, entouré, conseillé en plus d'être totalement pris en charge sur le plan matériel, nutritif, émotif mais aussi scolaire, amical, familial. En mère parfaite et attentionnée, en irréprochable femme au foyer, maman Cancer prolonge l'état de gestation pour que son fils puisse tranquillement évoluer dans ses voyages internes. Mais aussi pour qu'il ne se détache pas d'elle. Comme il a horreur de faire mal et de risquer une discorde, même minime, avec sa maman si gentille, fils Verseau accepte ce cocon apparemment sans rechigner ni se rebiffer. Le cocon que maman Cancer sait créer et entretenir avec patience et omniprésence autour de lui, lui apparaît comme un plasma nourricier dont il saura goûter les délices jusqu'à assez avant dans sa vie d'homme. Quant à maman Cancer, elle est tellement éblouie par l'intelligence et l'originalité de son fils Verseau qu'elle reste longtemps attachée au désir de le conserver, le chouchouter et partager ses mondes immatériels, du moins dans l'esprit.

Le pire de la relation

Il est vrai qu'ils partagent la même capacité à « décoller du quotidien » mais la manière dont ils le font les oppose. Maman Cancer est exclusivement tournée vers ses images intérieures et les rêves magiques qu'elle fait n'interfèrent jamais dans l'organisation rationnelle de son quotidien. Fils Verseau, au contraire, est en écoute non pas de voix intérieures mais bien de la façon dont il voit et vit la réalité quotidienne. Il n'est possible pour lui de vivre que dans l'originalité, l'avant-gardisme, l'initiative optimiste et la profonde confiance dans le genre humain, à la fois par altruisme et par une certaine dose de naïveté. Il a donc impérativement besoin de liberté, de tolérance, d'une ouverture maximale du champ de ses actions quotidiennes car il ne poursuit que des horizons hors-cadre et des évasions hors-normes. Avec son profond conservatisme et son besoin de codes connus et balisés, maman Cancer ne peut le suivre longtemps. D'émerveillée elle devient déconcertée, décalée, arythmique. Elle vit son indépendance de cœur et d'esprit comme un crime de lèse-maman, comme un abandon, comme une méchanceté qu'elle va passer des nuits et des jours à décortiquer en se demandant où elle a bien pu « fauter » pour mériter pareille punition. Puisqu'elle se sacrifie sciemment et quotidiennement, le comportement de son fils Verseau lui est offensant, égoïste, irrévérencieux. Lui ne supporte pas du tout la lourdeur de son attitude de « martyre opprimée » et refuse de porter la culpabilité qu'elle insuffle sans mot dire. L'adolescence est pour cela soit violente et pousse fils Verseau dans ses retranchements marginaux, soit aphone mais dense et voit fils Verseau se morfondre dans une obéissance qui n'est qu'une attente de la majorité qui lui permettra de prendre le large, sans retour.

Le conseil

De toute façon, il faut que maman Cancer l'admette : son fils Verseau ne peut faire autrement que de prendre le large. Si elle veut être efficace pour lui, elle doit parfaire sa rigueur éducative pour l'aider à cadrer ses désirs en introduisant dans son monde logique, persévérance et discipline. Si elle ne joue que sur les fibres affectives de sa vocation maternelle, les liens entre eux seront attendrissants... mais éphémères.

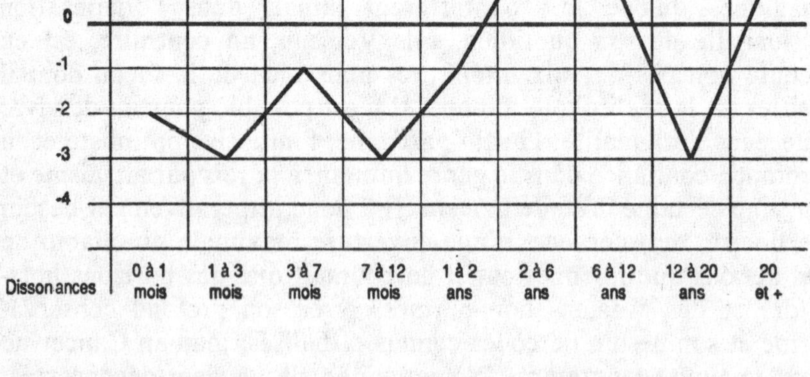

Maman Cancer-fille Poissons

Le meilleur de la relation

Ah quel œuf magique à l'intérieur duquel maman Cancer et fille Poissons, vibrant aux mêmes frémissements d'âme et de cœur, plus que de raison et d'action, sauront communier, s'aimer et s'entourer des meilleures douceurs toute leur vie durant. C'est un état gestatif prolongé, une paix journalière dans laquelle vivent en priorité l'art, la musique, la peinture et de toutes les façons l'esthétique, l'humour et la courtoisie autant que la sensualité. Maman Cancer prend bien en charge le quotidien et veille sur le confort de sa fragile fille, petite sirène démunie au cœur énorme, réceptif mais aussi pour cela exposé à mille attaques de la réalité. Elle ne veut en aucun cas lui faire vivre de désillusions et l'entoure de toutes les barrières qui peuvent prolonger l'ambiance protégée d'une enfance merveilleuse. Fille Poissons se souviendra sans doute longtemps de cette enfance-cage dorée et cocon intact. Toute son attitude en sera imprégnée, sans qu'elle puisse d'ailleurs bien l'analyser car l'analyse rationnelle n'est pas du tout adaptée à sa structure d'esprit et de cœur. Maman Cancer développe une idée de la féminité tendre, passive, réceptive, intérieure et fille Poissons se dit que les hommes ont décidément pour fonction de faire exister les femmes, de se bagarrer pour mériter leur joliesse et leurs rêveries mais qu'ils ont en contrepartie droit à des égards, des obéissances, des admirations qu'elle saura de toutes les façons donner mieux et plus que d'autres femmes. Sens du foyer, du clan, de l'intimité, de la complicité tacite, fille Poissons attend tout de l'extérieur que représente maman Cancer. Les jours coulent, doucereux, suaves, irisés de mille couleurs magiques.

Le pire de la relation

Après les cours de piano, de danse et de dessin, l'initiation à une féminité qui pourrait s'apparenter à celle des geishas un peu inaccessibles, que donne maman Cancer à sa fille Poissons prête à la suivre dans tous ses méandres émotionnels et sensuels? Peut-être finalement l'idée qu'on lui doit tout ou qu'elle n'est capable de rien. Trop ambiguë, complaisante, préservée risque d'être cette rencontre entre deux femmes d'eau qui confondent intérieur et extérieur, réalité et désirs, jeux et enjeux. Fille Poissons, sans balises, sans exigences, sans discipline ni objectifs concrets à atteindre devient charmante, charmeuse, fluide et sensible à l'extrême, sans doute aussi cultivée et fort agréable de compagnie, mais aussi incapable de s'intégrer dans un cadre, fût-il relationnel, social, professionnel après avoir été scolaire et familial. Car si entre elles deux existe une immédiateté de connivences qui les unit dans un halo capitonné, il n'en demeure pas moins que la relation avec qui que ce soit d'extérieur, fût-ce le père ou les autres membres de la famille ou du cercle familial, semble impossible. La dyade parfaite mère/enfant que l'on voit se développer dans cette rencontre de manière excessive, est bloquante pour la maturation et la prise d'indépendance de fille Poissons, déjà portée sur la marginalité et la dépendance. Maman Cancer connaîtra avec elle toutes les joies du « rendu pour donné » mais rien de tel pour noyer fille Poissons dans d'insondables nœuds qu'elle ne saura pas bien couper car elle ne peut supporter l'idée de faire mal et choisit naturellement de se faire mal plutôt que de provoquer des ruptures.

Le conseil

Comment quitter la perfection, telle est la question? « Maman quitte-moi » semble penser fille Poissons car elle pense ne pas pouvoir le faire, autant qu'elle est sûre de savoir s'adapter car c'est une des clefs de son caractère. L'aider à « s'ancrer » ailleurs, autant dans un cadre social qu'affectif, voilà la responsabilité de maman Cancer. Comment abandonner la communion parfaite, toute la question reste ouverte pour maman Cancer... Fille Poissons a des ressources cachées sera-t-on tenté de lui expliquer.

Maman Cancer-fils Poissons

Le meilleur de la relation

Vivant dans le même univers intérieur, sensible, fluctuant, profond et lent, maman Cancer et fils Poissons se comprennent instantanément, plus avec le cœur et le toucher, les sens olfactifs et les regards que par les mots, l'esprit, l'action. Ils communiquent par les ondes qu'ils s'envoient mutuellement tissant autour d'eux un halo exceptionnellement cohérent mais relativement hermétique d'accès pour les autres. Auprès de son fils Poissons tellement réceptif et passif, maman Cancer revit à chaque instant la magie d'une nouvelle gestation. L'osmose affective est certaine, la tendresse assurée, le futur amour pour les méandres de l'humain et les jeux du corps certain. Une sensualité latente, fluide, teintée de profonds secrets de l'âme les rapproche aussi. Leurs inconscients sont en effet agités mais mêlés et similaires. Ils n'ont donc jamais besoin de beaucoup s'expliquer, ils savent comment agir et réagir l'un vis-à-vis de l'autre. Ils partagent aussi le goût des intimités familiales, le sens du foyer, du clan parent/enfant et en particulier mère/enfant. La vibration est celle d'un long opéra des sens et des relations femme/homme deviennent par là un peu ambiguës. Main dans la main, fils Poissons et mère Cancer tanguent au-delà du terrestre et des foules besogneuses. L'art, les travestissements du corps et de l'esprit, les subtilités de langage et de relations, les langueurs et la haine des rigidités du monde adulte, tout cela fait le privilège de leur dialogue des profondeurs invisibles et fondamentales de la condition humaine et extra-humaine. Mystiques, ils croient et prêchent ensemble et si on les écoute, tout dans la vie est mystère, ésotérisme ou déisme, culture et déguisement, spiritualité et idéalité, ambiguïté et enfance. Dire qu'ils s'aiment et communient est peu, il faut entre maman Cancer et fils Poissons parler d'état de grâce.

Le pire de la relation

Ce que l'on a décrit au-dessus apparaît vite comme un idéal de perfection qui risque de souder maman Cancer et fils Poissons l'un à l'autre avec les exagérations de la fusion totale et indestructible. Maman Cancer en jouit sans vouloir se poser trop de questions car elle trouve là le summum de retour à ses dons maternels, à ses sacrifices d'âme, de temps, d'identité, elle est confortée dans son rôle protecteur et ses fantasmes d'intégration éternelle à son enfant. L'univers qui se développe est particulièrement incestueux, on l'aura compris. Maman Cancer devient le modèle absolu dont fils Poissons, déjà porté à la soumission et à la fusion, risque fort de ne jamais se sortir ou de se sortir par obligation, par rupture car il a inconsciemment mais inévitablement besoin de liberté de manœuvre et de multiplicité de ports d'attache, et la culpabilité qu'il en traînera (la culpabilité étant encore une de ses spécialités) pourrait le larguer dans les abysses d'une totale marginalité, inintégrée, asociale, amorale et parasitaire. Lui qui a déjà tant de mal à agir seul, à prendre des décisions et des lignes de conduite, si maman Cancer s'évertue à faire pour lui « tout tout tout et encore plus », elle le condamne à une définitive dépendance autant affective que professionnelle et financière vis-à-vis des futures figures féminines de sa vie d'homme. Si elle est tolérante à l'extrême jusqu'à être faible, tendre jusqu'à devenir complaisante, le manque de limites de fils Poissons peut devenir absolu, autant que les filets qu'elle aura gentiment tissés autour de son autonomie. S'il ne peut pas non plus « s'appuyer » sur son papa, fils Poissons peut développer un « complexe d'inutilité » avec des dangers de fuites dans des paradis artificiels... dès l'adolescence.

Le conseil

Si elle comprend parfaitement les rêveries, les nostalgies et les vibrations invisibles de son fils Poissons, maman Cancer ne doit pas le noyer dans un total manque de balises, aucune exigence et aucun interdit. Elle l'aurait là enfermé dans son filet de maman-amante mais à qui cela profiterait-il de le voir devenir un bouchon flottant sur des eaux, certes profondes, mais troubles?

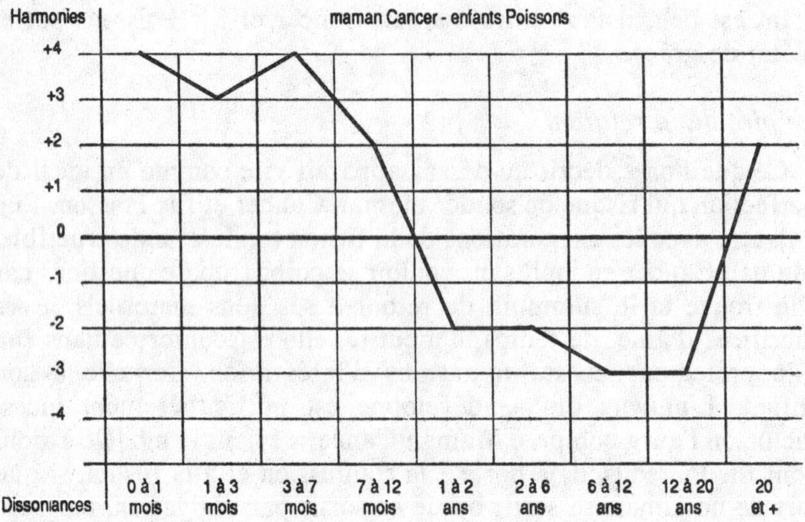

LION

Être mère selon la femme Lion

Pour vous qui de votre père avez gardé une image idéale, il est bien inconcevable d'être une simple maman. Mais vous ne pouvez pas tout à fait être père à la place du père car vous ne pouvez assurer votre descendance complètement seule, ne serait-ce que parce que votre éthique sociale vous l'interdit. L'homme auquel vous concédez le droit de vous faire un enfant, vous en êtes soit éperdument amoureuse (et votre insoupçonnable côté « fleur bleue » vous expose à de bien dévastatrices passions), soit convaincue qu'il l'est lui-même suffisamment pour ne mettre aucun bâton dans l'idée que vous vous faites de votre maternité. Dans le premier cas vous faites tout pour que vos enfants partagent l'admiration que vous portez à leur père, dans le second vous lui ravissez sans peine sa place sur le piédestal, tenant la dragée haute à toute la maisonnée. Dans tous les cas vous l'avez épousé car votre droiture et votre très sincère souci d'honnêteté ne vous laisseront pas mettre votre enfant à l'ombre de la normalité. Vous voulez lui apporter le maximum d'assises tangibles et reconnues du plus grand nombre car vous savez qu'il vaut mieux être marginal par choix personnel que par obligation parentale. Vos enfants ne vous reprocheront pas d'avoir lésiné sur les moyens pour leur donner une éducation, en reine du logis vous organisez tout pour qu'ils se sentent vôtres.

La grossesse n'est pas la période qui vous épanouit le plus, vous attendez avec plus ou moins de patience qu'elle se déroule au mieux, faisant bien comprendre à votre entourage tous les petits soins dont vous voulez être entourée. Ensuite vous devenez la plus belle et la plus dévouée des mamans, impeccable, soucieuse de tous les détails, n'hésitant pas à vous fournir chez Baby Dior même si cela est une folie. Vos enfants ne sont pas n'importe qui, le regard que vous leur portez les magnifie chaque jour un peu plus, et bien sûr, vous attendez qu'ils vous le renvoient. Vous menez votre foyer comme un chef d'entreprise, attribuant à chacun la place qu'il doit tenir au mieux : votre nurse anglaise est bardée de diplômes, votre femme de ménage efficace et vertueuse, votre mère en adoration devant ses petits-enfants, votre père fier de vous, votre mari tranquille et responsable, vous devez en rentrant le soir trouver vos enfants lavés et nourris pour leur montrer les cadeaux que vous leur achetez sans cesse, avant de leur lire une histoire et les réconforter dans vos bras si doux et si odorants. La toute petite enfance, à cause des implications trop quotidiennes qu'elle requiert vous attendrit mais vous pèse un peu, vous jouez votre rôle d'amplification, d'embellissement, de défi lorsque vos enfants atteignent l'âge de relever vos ambitions. Certains vous diront que vous avez manqué de finesse et de tendresse, ne les écoutez pas : ce ne sont que des jaloux.

Ce que maman Lion attend de sa fille

Votre fille, vous lui faites confiance pour qu'elle ne se laisse pas piétiner. Elle doit être bien consciente d'occuper une place centrale dans la vie de son entourage, autant familial que celui qu'elle choisira plus tard, et si elle en abuse, vous la soutenez tacitement, du moment qu'elle reste généreuse, humaine et mène sa vie dans la clarté des chemins reconnus. Toute petite déjà, vous veillez à ce qu'elle ait de l'allure, du maintien et sache reconnaître le prix des choses. Vous l'aidez à placer la barre à la hauteur qui selon vous lui convient et surveillez, avec une autorité admirative, qu'elle franchit bien les étapes qui lui feront atteindre son but, sa place de premier plan, quel que soit le domaine choisi. Pour les effusions, qu'elle aille voir son père, votre rôle dans sa vie est celui du modèle parfait et de la confirmation de la féminité que vous représentez. Son métier sera son patrimoine et elle saura trier sur le volet les jeunes gens suivant le « plus » qu'ils auront à lui apporter, de la dévotion ou un titre (les deux c'est mieux!). Avec elle vous êtes exigeante, elle vous trouve peut-être distante mais enfin, elle est forte, elle n'aura pas longtemps besoin de vous...

Ce que maman Lion attend de son fils

Si le fait que votre fils devienne un personnage important ne fait pas l'ombre d'un doute, le fait qu'il soit un inconditionnel de sa mère semble plus évident encore. Si vous désirez votre fille à votre image, vous désirez votre fils à celle de votre père et ce n'est pas peu signifier! C'est un enfant-roi, bien sûr le plus beau de la terre, tonique, sûr de lui, entreprenant et réussissant tout ce qu'il fait, vous admirez ses premiers sourires, son premier dessin, son rôle de chef de bande puis du holding international qu'il dirigera tout en étant le chef de famille le plus responsable qui soit, et tout cela avec un naturel et un tact désarmants. C'est vous et personne d'autre qui le mènerez sur les hauteurs, même en paraissant physiquement absente, vous gardez le contrôle des moindres détails de sa vie. Si la gestion quotidienne vous hérisse un peu, vous voulez être celle qui lui procure ses plus grandes joies, vous l'emmenez fièrement partout, l'entourez de femmes qui vous ressemblent pour qu'il garde le goût de ces valeurs-là, et n'aille pas épouser quelqu'une sans avoir eu votre appréciation. Si votre fille a une barre sociale à franchir, pour votre fils, la barre c'est vous et si, à cause de cela, il préfère rester dans l'ourlet de votre tailleur griffé, vous l'en blâmerez mais ne le lâcherez pas : finalement, il est fragile mais reste le seul homme auquel vous ne résistiez pas, car il a tant besoin de vous.

Maman Lion-fille Bélier

Le meilleur de la relation

Des affinités « flamboyantes » existent assurément entre une maman Lion et une fille Bélier qui partagent naturellement la même vision du monde, les mêmes réactions devant la vie, les mêmes caractéristiques dans l'action et dans la réflexion. Une maman Lion sait s'occuper de son enfant comme s'il était unique, or c'est exactement de cela qu'une fille Bélier a besoin. Pour elle, sa maman doit, pour la conforter dans son dynamisme et son regard sur la réalité, n'être pas moins que « la plus » sur tous les plans, aspect dans lequel maman Lion excelle de par sa nature profonde. Elle saura d'abord organiser une parfaite vie matérielle dans le quotidien de sa fille, cerner et consolider tous les détails et donner dans les premières années de sa fille une stabilité, une parfaite sécurité, un bon fonctionnement de ce qui est nécessaire à la vie d'un tout petit en même temps qu'elle saura l'entourer d'un amour paisible et structurant. Une attitude qui avec les années s'affirme et assure une base solide à sa fille Bélier. Elle sait à la fois lui procurer une image rayonnante d'elle-même qu'elle conforte, son type d'intelligence active, intuitive, instinctive, imaginative, créative, irrationnelle. Maman Lion déteste tout ce qui ne se voit pas et ne porte pas de fruits concrets, tangibles et si possibles grandioses. Or fille Bélier, justement, s'inscrit dans les actes et non dans les seuls mots, elle agit en même temps qu'elle comprend et son intuition guide son flair et consolide ses démarches. A l'école elle doit être la plus forte, sans vraiment déterminer le domaine. Maman Lion l'y aide par son attitude. Le regard qu'elle lui porte semble lui murmurer « fais ce que tu veux mais fais-le bien » et ce discours donne des ailes à sa fille. Elle sait apporter raison, mesure, morale au côté un peu débridé de sa fille, et ce n'est pas pour lui nuire. La secondarité de maman Lion, mêlée à la pugnacité de fille Bélier font des miracles. De quoi arriver mutuellement, au zénith.

Le pire de la relation

Une petite fille Bélier donne tout son cœur or maman Lion pourrait malheureusement la mettre à rude épreuve. Trop lui en demander trop vite pourrait devenir un frein pour fille Bélier. De l'exigence la stimule, trop d'exigence la bloque dans son action. Avec les années, fille Bélier, éminemment sociale, aimera les sorties, les amis, les relations de maman Lion qui lui donnent une vision positive de la vie. L'autre problème réside dans leurs rythmes qui, en se conjuguant avec trop d'éclat, peuvent augmenter la nervosité et l'incapacité de fille Bélier à se détendre. S'allonger dans le calme et raconter tranquillement une histoire n'est pas ce que maman Lion sait faire le mieux. Elle préfère bouger et briller et si fille Bélier sait bien la suivre, cela épuise aussi ses forces psychiques. Enfin, leurs féminités, complémentaires, sont vite en concurrence. La séduction est leur fort mais ce n'est pas du tout le même. Maman Lion brille, impose, s'impose, fascine et ravit toute la place. Fille Bélier dans cette image, ne sait pas bien trouver sa place. Elle se réfugie vite fait dans une sorte de côté « garçon manqué », qu'elle augmente à l'excès. Fille Bélier est dans une démonstration affective offensive, dans l'initiative et le suivi de ses relations amoureuses. Maman Lion, en lui faisant de l'ombre, pourrait ne pas faciliter ses rapports déjà tumultueux avec les hommes.

Le conseil

L'intériorité, le calme, la pondération sont les aspects qui manquent à cette relation. Maman Lion doit savoir faire preuve de tempérance pour ne pas faire de sa fille Bélier, à son insu, une révoltée.

Maman Lion-fils Bélier

Le meilleur de la relation

Une très bonne entente de fond règne assurément entre maman Lion et son fils Bélier. Ils ont la même vision positive du monde, la même volonté d'entreprise et de dynamisme, le désir d'être des battants, forts, grands, qui imposent leur action et divulguent leur générosité alentour. Mutuellement, ils se regardent comme « les plus », « la meilleure des mères pour le meilleur des fils ». Le cap de la toute petite enfance se passera sans problème car elle sait bien le commander, avec fermeté et flatterie en même temps, et il sera heureux de se sentir responsabilisé par l'obéissance qu'elle lui demande. Une croissance harmonieuse lui est donc assurée pour sa virilité et sa vision du monde, car fils Bélier se rend bien compte qu'il y a fort à faire pour n'être pas une chiffe molle devant une maman Lion et même si bien sûr il se cabre, cela fait partie de son tempérament, il n'en est pas moins en plein accord avec lui-même. Maman Lion est le chef de la famille, le petit Bélier est fier d'elle et c'est là qu'il va trouver ses modèles. Avec le courage, la bravoure, la rigidité mais aussi la tendresse entière et secourable de fils Bélier, leur relation est bâtie sur une admiration réciproque qui s'installe. Maman Lion regarde croître son petit soldat de fils avec un sourire très attendri car elle sait bien le guider, l'orienter, le mettre sur un piédestal : il devient son héros, elle est sa reine et la soudure des rapports qui les rattache prend la couleur de la disponibilité de la passion, de l'intransigeance.

Le pire de la relation

« Point trop n'en faut », dira-t-on ici. C'est vrai que les affinités sont telles que fils Bélier est totalement bien tombé pour vivre parfaitement heureux, acquérir toutes les armes et savoir les utiliser avec ampleur. Mais maman Lion et lui vivent dans un univers de force, de représentativité, de valeurs viriles hyperérigées qui leur font facilement perdre le sens de la réalité. Trop beaux, magnifiques, battants et imbattables, ils fonctionnent dans une surenchère d'éclat, de grandeur, d'invincibilité qui ne permettent certainement pas de cerner les valeurs intérieures et essentielles des choses. Cela fait une relation un peu superficielle qui n'apporte pas à fils Bélier les valeurs de l'intériorité, de la patience qui lui font déjà cruellement défaut. Maman Lion agit sur sa personnalité comme un détonateur et un stimulant, mais ne l'aide pas à trouver le calme en lui-même. Sa nervosité risque de se développer et il deviendra certes un petit battant protecteur et actif, mais un peu « speed ».

Le conseil

Maman Lion a à apporter à son fils Bélier une image très idyllique de lui-même et il lui en saura gré sur le plan de son narcissisme futur. Mais si elle donne en plus les trésors de sa secondarité pour pallier les emportements de son fils si primaire, si dans les cinq premières années de sa vie elle sait l'obliger à regarder les gens, les choses, les objets, la nourriture et son propre corps avec plus de quiétude, elle l'aidera à mieux s'intégrer plus tard.

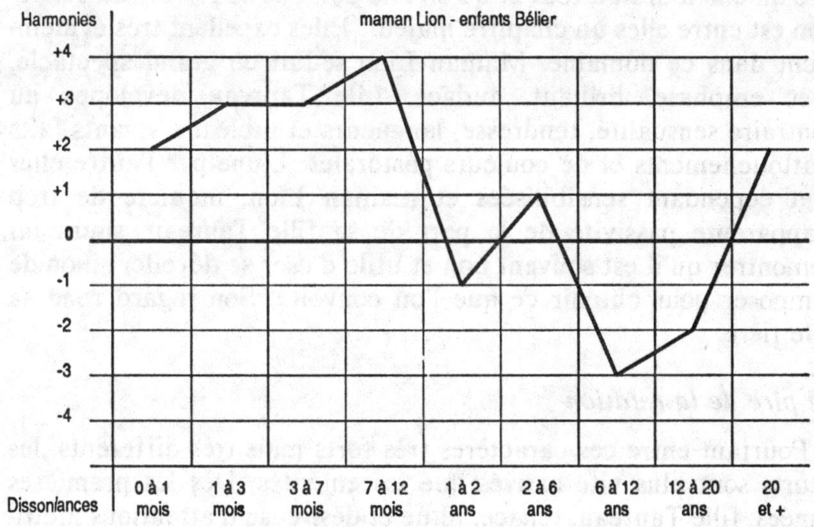

Maman Lion-fille Taureau

Le meilleur de la relation

Maman Lion demeure une magnifique mère, même lorsqu'elle l'est avec outrance et ses qualités dans cette rencontre astrologique ne manqueront pas d'être exprimées. Consciente du chemin que sa fille doit suivre à très long terme, elle prend les choses en main avec dextérité, confiance et dynamisme dès les premiers jours de sa fille Taureau, si elle n'a pas déjà établi un programme éducatif avant même la naissance de celle-ci. Leur relation est quelque chose de l'ordre d'une communication d'une Reine à sa Déesse de fille, un lien profond entre deux personnalités très affirmées bien que très différentes. Les femmes du Lion et du Taureau étant réputées pour être les plus « fortes » du zodiaque, celles dont les personnalités sont les plus chargées d'impact, elles ne pourront faire autrement que de mettre côte à côte leurs magnificences. Maman Lion dirige sa fille pour qu'elle sache développer le meilleur d'elle-même et s'inscrive ainsi dans la vie sociale avec les honneurs qui lui reviennent. En aucun cas elle ne supporterait d'avoir une fille victime qui nierait sa propre vision du rôle de la femme sur terre et elle s'attachera à faire en sorte que sa fille soit aussi une « régnante » même si elle voit d'emblée que son sceptre n'est pas le sien. Elle lui transmet donc assurance, maîtrise, loyauté et sécurité sur tous les plans. Auprès d'elle, fille Taureau découvre vite qu'elle a droit à tout et qu'elle ne doit pas se priver. La séduction est entre elles un chapitre majeur. Elles excellent très évidemment dans ce domaine. Maman Lion séduit en grand spectacle, avec emphase, brillant, audace, fille Taureau développe au contraire sensualité, tendresse, langueurs et tableaux vivants faits d'attouchements et de couleurs pastorales. L'une par l'autre elles sont cependant sensibilisées et maman Lion, inquiète de trop d'apparente passivité de la part de sa fille Taureau, saura lui démontrer qu'il est souvent bon et utile d'oser se dévoiler sinon de s'imposer pour obtenir ce que l'on convoite. Son regard rend sa fille fière.

Le pire de la relation

Pourtant entre ces caractères très forts mais très différents, les heurts sont plus vite arrivés que les ententes. Dès les premières années, fille Taureau, tenace, têtue et désireuse d'attentions multiples, rechigne tout à fait à obéir à maman Lion qui ne supporte pas pour sa part d'être contredite et mal suivie. Elle risque de redoubler d'exigences et fille Taureau, qui ne fonctionne qu'à l'affectivité et à la tendresse, qui a besoin de doses d'amour plus que de doses de sévérité, peut s'en sentir frustrée, délaissée, mal comprise et mal aimée. Rien de pire pour une fille Taureau que ces sentiments-là qui bloquent son épanouissement et la poussent à se fermer plutôt qu'à s'épanouir comme une fleur suave ou comme un beau fruit juteux. Maman Lion, si elle exagère ses démonstrations d'assurance féminine peut faire une ombre réfrigérante sur sa fille Taureau car elle doit admettre que leurs sensualités sont tout à fait opposées et ne peuvent en aucun cas se réfléchir. Ne trouvant pas de confirmation d'elle-même dans la féminité de sa fille, maman Lion n'a pas pour autant à mettre des bâtons dans la roue de son naturel développement et doit fournir à sa fille la dose d'affection et d'attentions quotidiennes que celle-ci réclame. Le second point de friction réside incontestablement dans leurs différences de rythmes. Maman Lion se demande comment sa fille Taureau peut prendre tant de temps pour passer de l'idée à l'action alors que celle-ci s'offusque de voir sa maman Lion agir avec emphase mais sans véritable pérennité. Il n'est pas bon de brusquer sa fille Taureau car on peut lui faire une confiance totale quant à sa capacité à mener les choses à leur terme, avec fiabilité, solidité, sérieux et réalisme. Sa tête est bien faite et ce n'est pas parce qu'elle ne le clame pas sur tous les toits qu'elle ne fait rien. Libre à maman Lion d'en douter mais non pas d'user de réprimandes. Avec les années, elle vérifiera que sa fille va loin et bien, peut-être sur certains points mieux qu'elle et alors apparaît une troisième antinomie : la jalousie, qui caractérise les deux signes et se développe instantanément dès l'adolescence.

Le conseil

Il n'est pas simple pour maman Lion de se voir remise en question sous son propre toit et par une fille qui est si différente qu'on ne peut pas du tout parler de concurrence. Cela lui sert néanmoins à découvrir que la féminité peut se conjuguer à d'autres temps, se tremper d'autres couleurs et d'autres formes. Pourquoi serait-ce un drame si elle devait en prendre des leçons?

Maman Lion-fils Taureau

Le meilleur de la relation

Maman Lion possède un charisme fort lumineux qu'elle puise droit dans sa planète Soleil; elle rayonne avec tous les éléments qu'elle possède pour le meilleur et le pire mais le fait de toutes les façons de manière incontournable. Elle devient donc naturellement pour son fils Taureau une mère-chef qui ordonne et à qui l'on obéit, ce que fils Taureau sait bien faire puisqu'il est convaincu que les ordres, l'organisation et les convictions de sa maman lui sont donnés pour son bien-être et qu'ils faciliteront effectivement le développement de ses ambitions et de son intégration socioprofessionnelle. Fils Taureau est en effet beaucoup plus obéissant que fille Taureau car les caractéristiques du signe jouent en force dans la féminité mais avec une certaine tendance masochiste dans la masculinité. Sans que cela soit poussé trop loin car les tendances terriennes du Taureau lui rendent toujours le cœur et l'esprit sains, la tête sur les épaules et les pieds dans sa propre raison. Aussi fils Taureau regardera-t-il cette femme magnifique déployer toutes ses forces, ses atours et sa mise en scène en l'admirant, certes, et en se sentant d'autant plus fier qu'elle soit sa maman, mais il sera toujours plus touché dans son cœur qu'il ne le démontrera à l'extérieur. En lui elle développe ténacité, autorité, désir de réussir pour l'épater et il pourra lui en savoir gré dans sa future vie d'homme et d'être social. Si la distance risque de régner durant la majeure partie de l'enfance, les rapports homme/femme peuvent être des meilleurs. La luminescence de maman Lion se sera affinée, elle deviendra plus empreinte de chaleur humaine et d'extraversions épanouies et non de « m'as-tu-vue-tisme » tapageur. Cela séduira d'autant fils Taureau qui pourra alors développer sa grande affectivité, sa sensualité, sa tendre virilité protectrice, la palper des yeux et être conforté dans ses besoins de possession. Quant à lui, prouvant avec les années ses qualités de travail, de réflexion et de volonté, il en imposera à sa maman et forcera son admiration. Maman Lion dira alors partout « qu'il réussit parce qu'il lui ressemble » et tout ira bien entre eux.

Le pire de la relation

Le problème majeur est l'autorité inconditionnelle dont fait montre maman Lion et que son fils, puisqu'on lui souhaite de ne pas verser dans ses doutes et de devenir trop soumis (il se soumet uniquement lorsqu'il pense que c'est là le seul moyen de recevoir de cette affection qui lui sert de moteur fondamental mais cette quête pourrait avec maman Lion devenir insatiable), ne veuille pas véritablement s'y plier, et même trouver des tas de stratagèmes pour la dévier. Il aime, dès qu'il le peut, discuter à bon escient et on imagine donc que ses deux premières années lui seront un peu difficiles puisqu'il subira sans vraiment pouvoir réagir. Le manque d'expression de ses sentiments est d'ailleurs un problème important dans cette relation car maman Lion s'imagine vite que si on ne lui reproche rien avec fracas, c'est que tout va bien. Il n'en est certes pas ainsi avec fils Taureau qui en pense beaucoup et ne le dit pas, surtout s'il a noté que maman Lion ne l'entend pas. Il peut alors multiplier ses complexes et se retirer plutôt que de développer sa virilité sensuelle et protectrice. Que maman Lion se garde d'encourager les tendances défaitistes de son fils Taureau qui a déjà une malheureuse tendance à se croire facilement battu d'avance. Il lui manque toujours le zeste de tendresse, de tactilité, de présence chaleureuse qui produisent sur lui les meilleurs effets. Les grands sentiments débordants de maman Lion lui paraissent toujours un peu secs. Jusqu'à ce qu'il découvre qu'elle est véritablement sincère, il ne cessera de douter d'elle et donc de lui, croyant dans son inconscient qu'il « ne mérite pas » l'amour de sa maman. Tête dure et cœur trop tendre, ce mélange caractéristique du Taureau, rencontrant les sommets surexposés de maman Lion provoquent trop facilement un dialogue rompu, des oppositions violentes, des bouderies douloureuses sinon un éloignement au moment de l'adolescence.

Le conseil

Il est simple dans ce cas : un peu plus de disponibilité physique et émotive permettront à maman Lion d'être pour son fils Taureau, qui a impérativement besoin de proximité, autre chose qu'une image magnifique... et désespérante d'inaccessibilité.

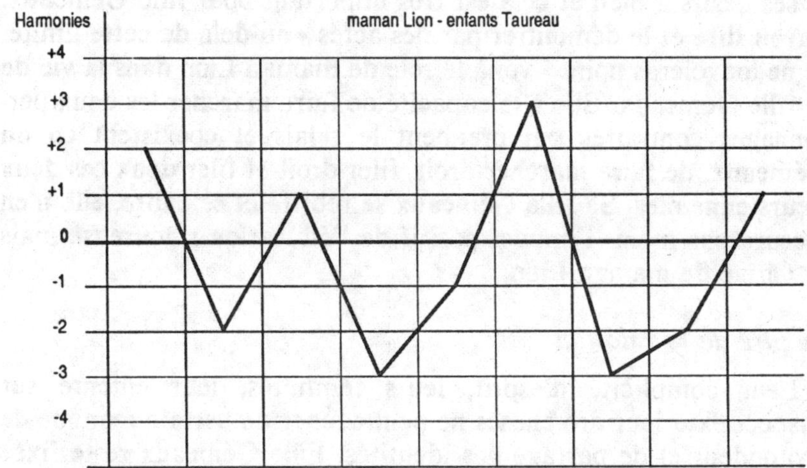

Maman Lion-fille Gémeaux

Le meilleur de la relation

Fille Gémeaux est un bébé plaisant qui semble conciliant sur tout et maman Lion est ravie de la voir si gaie, s'amuse de ses grimaces, de ses jeux, de tout ce qu'elle fait avec son corps, mimiques, sourires, câlins et malices diverses. Elle est vite debout, parle et répond judicieusement du tac au tac et participe à sa vie. Sa tendresse et sa vivacité plaisent bien à maman Lion qui sait l'aider à bien développer sa liberté. Fille Gémeaux séduit à l'entour et flatte l'orgueil de sa maman. La complicité semble être leur meilleure arme. Elles aiment toutes deux les groupes, les sorties, ce qui bouge, brille, force l'admiration, le respect et donne à la vie une aura pétillante mais la fonction de cet éclat n'est pas perçue de la même façon par elles deux : pour maman Lion, il s'agit d'un besoin essentiel qui lui permet de donner la pleine mesure de sa personnalité, pour fille Gémeaux c'est le besoin de vivre la vie au jour le jour dans l'insouciance de trop grandes responsabilités. L'intelligence fine, la curiosité et la spontanéité, la sociabilité, le sens de la repartie, le tempérament joyeux et indépendant de sa fille Gémeaux renforcent la volonté de maman Lion d'en faire quelque chose de solide, de lui donner assise morale, sens du respect de soi, volonté de bien s'épanouir, de ne pas fuir sans cesse dans des jeux qui l'empêchent de mener ses entreprises et ses désirs à bien et cela est très important pour fille Gémeaux. Savoir dire et le démontrer par des actes « au-delà de cette limite, tu ne louvoieras point » voilà le rôle de maman Lion dans la vie de sa fille Gémeaux. Elle a la capacité de faire marcher les deux personnages contraires qui prennent le relais et coexistent en un Gémeaux, de faire marcher droit, filer droit et filer doux ces deux sœurs ennemies. Sa fille Gémeaux se rebiffe et se cabre, elle n'en mesure pas moins l'impact positif de l'éducation rigoureuse mais attentive de maman Lion.

Le pire de la relation

Leur complicité d'esprit, leurs féminités, leur entente sur l'aspect extérieur des choses ne peut cacher un certain manque de profondeur et de partage des identités. Fille Gémeaux reste fixée sur l'univers du jeu, des jeux, des atours et détours, du travestissement et en général de tout ce qui fait les joies de l'intellect. C'est son moteur, son humour et ses rires sont une garantie pour mener sa vie comme elle l'entend, c'est-à-dire dans la liberté, l'initiative, l'audace. Finalement, elle parvient, à forces de galipettes de l'esprit, à prendre même maman Lion à son piège car maman Lion ne peut tout simplement pas imaginer pareil fonctionnement mental et à chaque fois, elle constate la versatilité de sa fille Gémeaux avec dépit mais sans vraiment savoir y pallier. Les oppositions apparaissent sur ce plan et avec les années, approchant de l'adolescence, les oppositions peuvent devenir riches en altercations intempestives. Ce ne sont pas des femmes de silence et de profondeurs, il est fort à parier qu'on entend haut et clair leurs disputes. Le comble, le pire du pire, serait qu'effectivement elles en restent à cette superficialité, à ces effets et ne trouvent pas les passages pour accéder aux vérités qui leur permettraient de mettre mutuellement leurs valeurs en relief.

Le conseil

L'attitude de maman Lion est ce qu'elle doit être dans le respect de sa personnalité : elle est limpide, offensive et honorable. Ce qui fait qu'elle se prend aux pièges de sa propre clarté et ne cesse de se poser des questions sur le développement de sa fille Gémeaux. Finalement la seule attitude est peut-être de rester un roc dans les allées et venues fort drôles de sa fille. Cette dernière, femme-enfant, a besoin d'une image rassurante de mère et c'est l'essentiel de l'apport de maman Lion.

Maman Lion-fils Gémeaux

Le meilleur de la relation

Gai et tendre ce bébé, maman Lion en est tout ébaubie! Tous les trésors de comportement de son fils la remplissent d'orgueil. Non seulement il la fait rire dès ses premiers mois avec ses grimaces et sa sensibilité à la musique, aux couleurs, aux ambiances, aux jeux mais en plus, avec les années, ce petit moulin à paroles qui n'en lâche que d'intelligentes, humoristiques, bien renvoyées, l'ouvre décidément à des subtilités intellectuelles qui n'auraient pas sans cela été les siennes et qu'elle reçoit avec étonnement, parfois avec réserve mais qui finalement lui permettent d'élargir ses champs. De son côté, elle est cette femme magnifique qui décidément en impose beaucoup à fils Gémeaux qui préfère au fond de lui rester dans la protection des femmes plutôt que d'avoir à s'engager véritablement dans les responsabilités et la prise en charge de son existence. C'est sur ce point que maman Lion a à intervenir. Parce qu'elle exige de lui des résultats, des actes à la place des paroles, des preuves tangibles et palpables, des réussites plutôt que des effets bien phrasés, elle ne lui laisse pas de place, avec cette éducation de la rigueur morale et du respect de sa propre force, elle parvient, puisqu'elle ne cède pas, à le faire marcher droit, lui qui voudrait pouvoir balancer d'une jambe sur l'autre, et d'un côté de sa personnalité sur l'autre. Cela a l'avantage de rendre les idées claires à ce fils si habile à bifurquer et à employer mille versatilités pour rester dans son jeu. S'il ne veut appliquer ces codes certes trop rigides dans lesquels il ne voudra pas entrer sans rechigner, il ne sera tout de même pas sans les connaître. Dans les toutes premières années de sa vie, et en particulier entre 1 et 6 ans, il trouvera auprès de maman Lion une série de balises incontournables qui assureront la fiabilité de son pas par la suite. Il continuera pour sa part à mettre de l'agrément dans la vie au carré de sa maman et leur relation homme/femme trouvera des échos forts, complémentaires, faits d'estime et de secours mutuels.

Le pire de la relation

Maman Lion est une maman comme elle est une femme. Grande, forte, imposante, brillante. Fils Gémeaux l'admire, l'adule et la craint un peu. Sur lui elle porte trop un œil de juge et peut le scléroser dans une attitude d'enfant éternel. Il est vrai que maman Lion n'est pas facile à impressionner mais si elle force trop la dose de rigueur qu'elle insuffle à son fils Gémeaux, celui-ci, qui n'a pas le caractère à pouvoir vivre dans la soumission et qui n'a pas dans la vie les mêmes armes que sa maman, préférera fuir dans une marginalité, une indiscipline chronique, une immoralité et finalement une instabilité qui sera d'autant insupportable et incompréhensible à maman Lion. Le danger d'opposition réside donc dans les excès d'autorité que maman Lion pourrait vouloir imposer, dans les excès de fuite que fils Gémeaux pourrait développer et d'un dialogue rompu qui les éloignerait au lieu d'être celui d'une complicité qui a toutes les possibilités d'exister. La virilité de fils Gémeaux, toujours un peu ambigu, est ici sur le gril. Incapable de vraiment impressionner sa maman Lion, il préférera abdiquer, aura toute sa vie « peur des femmes », ou bien les respectera à outrance. Il veut une sœur d'âme et d'esprit, s'il ne trouve que maman fouettarde, ses besoins affectifs s'en ressentiront. Il serait grave qu'il construise, sous trop d'intransigeance, une image amoindrie de lui-même.

Le conseil

De la souplesse! De l'écoute et du réconfort plutôt que de l'autorité à outrance, une indulgence aussi pour la lucidité espiègle, bouffonne, verbale, gaie de fils Gémeaux, c'est cela que l'on attend de maman Lion qui ne doit pas, à vouloir faire marcher son fils droit, l'obliger au pas militaire. Le côté « spartiate pur et dur » n'est pas ce qui le caractérise, et personne, pas même maman Lion, ne peut le faire renoncer à ses dualités.

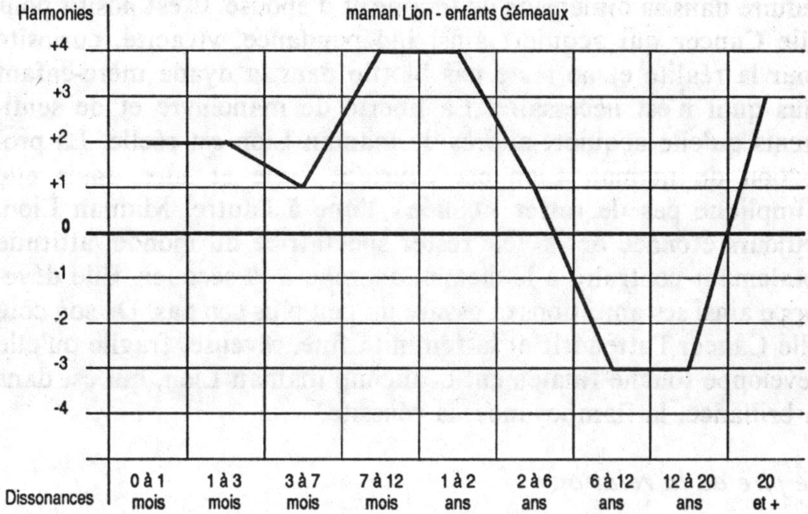

Maman Lion-fille Cancer

Le meilleur de la relation

Dans les premiers mois de la vie de sa fille Cancer, maman Lion est attendrie devant cette petite fille perméable, obéissante, passive qui regarde le monde avec de grands yeux étonnés et qui rit dès qu'on met de la musique, qu'on lui montre de beaux dessins et qu'on lui donne de douces caresses. Elle se laisse aller à la tendresse qui l'envahit dans ces moments-là et il faut assurément que fille Cancer profite bien de ces années privilégiées. Leurs mondes intérieurs et extérieurs sont tellement différents que les divergences ne tarderont pas à se faire sentir. Ces divergences cependant n'apportent pas que des ruptures, au contraire. Le meilleur est sans doute que maman Lion, dès qu'elle voit sa fille prête à découvrir le monde, cherche à la faire évoluer plus vite que les lenteurs de fille Cancer ne l'y porteraient, qu'elle l'éveille, la fasse sortir de ses rêves même si elle le fait un peu brutalement. Fille

Cancer voudrait rester confinée dans son cocon familial et s'accroche à maman Lion dès que celle-ci, appelée par l'extérieur, veut sortir. Mais maman Lion ne cède pas devant ces « chantages » affectifs-là. Elle saura parfaitement déléguer, trouvera nurses, baby-sitter, nounous ou crèches adéquates mais ne se laissera pas réduire dans sa dimension de femme et d'épouse. C'est positif pour fille Cancer qui acquiert ainsi indépendance, vivacité, curiosité pour la réalité et ne reste pas blottie dans la dyade mère-enfant plus qu'il n'est nécessaire. La liberté de manœuvre et de sentiments qu'elle acquiert auprès de maman Lion est réelle. La protection de maman Lion est pourtant vraie et sûre, mais elle n'implique pas de rester « collée » l'une à l'autre. Maman Lion, toujours étonnée de la voir rester spectatrice du monde, attitude totalement contraire à la sienne, cherche à la secouer. Elle développe ainsi ses ambitions et assure un peu plus son pas. De son côté fille Cancer l'attendrit et la féminité fine, rêveuse, fragile qu'elle développe touche finalement beaucoup maman Lion, qui est dans la brillance, la flamboyance, la réussite.

Le pire de la relation

Altière, orgueilleuse, imposante et intimidante, telle est maman Lion. Fille Cancer est au contraire timide, discrète, silencieuse, sentimentale comme une nymphe sortie de la mythologie. Maman Lion ne croit qu'à la force de caractère et à la réussite sociale, fille Cancer croit à des tas de contes puis des mystères invisibles et ésotériques qui l'aident à mieux accepter la réalité. Elle pourrait à cause de ces trop grandes différences être carrément effrayée par maman Lion, déconcertée, asséchée, meurtrie dans son intimité car l'idée qu'elle se fait de la féminité et de la maternité est très loin de celle que lui impose sa maman. Puisqu'elle n'est pas celle qui s'opposera violemment et remettra l'équilibre en question, elle reste plutôt dans une passivité et une désespérance de ne jamais parvenir à être « à la juste hauteur ». Elle perd ainsi, au lieu d'en gagner, toute sa confiance en elle. Maman Lion, qui veut la voir se développer suivant son modèle, s'impatiente, fustige, critique et méprise au passage les réels besoins de sa fille. Elle pense la protéger mais en fait la déstabilise. Elle lui adresse des remarques qui sont vraies dans l'absolu et au regard de son monde à elle mais qui sont fausses et injustes au vu de l'univers de fille Cancer. Sans compter que finalement le succès de sa fille dès l'adolescence (et avant auprès de son papa avec lequel elle a une simple complicité de cœur) auprès des hommes qui aiment sa fragilité, ses rêveries, sa sensibilité, sa délicatesse et sa culture fine, produit une sorte de jalousie de la part de maman Lion qui fonctionne sur un modèle féminin très différent. Avec les années, si fille Cancer trouve ailleurs une reconnaissance plus juste de son identité, ces deux femmes trop différentes finiront par se détacher car leurs besoins profonds rendent le dialogue improbable.

Le conseil

Laisser sa fille dans ses rêveries, telle devrait être la tolérance de maman Lion. Elle trouvera bien le temps et le moyen de forger son assise concrète sans y être poussée par sa maman. La représentativité de maman Lion se trouve ailleurs que dans la maternité, qu'elle s'occupe donc tranquillement de sa vie et se contente de diriger d'une main de velours celle de sa fille Cancer.

Maman Lion-fils Cancer

Le meilleur de la relation

Fils Cancer est un petit garçon sensible qui vogue au gré des mille perméabilités qui constituent son monde intérieur et se reflètent à l'extérieur par une attitude quelque peu passéiste ou du moins réceptive plutôt que curieuse et offensive. Dans les premières années de sa vie, maman Lion est attendrie par sa délicatesse, sa finesse et sa tendresse très abondamment témoignée à son égard. Lui est ravi d'avoir une maman aussi jolie, fraîche et pimpante et aime beaucoup les milliers de cadeaux dont elle le couvre abondamment. Mais rapidement maman Lion estime qu'il devrait être plus entreprenant, s'intéresser à ses copains et à la vie réelle plutôt que de demeurer confiné dans sa chambre et passer des heures collé dans les jupes de sa baby-sitter. Lorsqu'elle l'emmène au square, elle remarque qu'il préfère rester à ses côtés plutôt que de jouer avec les autres enfants et que de plus, il préfère faire des pâtés tout seul plutôt que de partager ses jouets avec les autres. Elle cherche donc à développer son sens relationnel, à l'éveiller et à le stimuler et avec les années, elle parviendra sans doute à en faire un être plus ouvert, plus indépendant, plus virulent que son naturel ne l'y porterait. Auprès d'elle il découvre des aspects du monde qui sont synonymes de dynamisme, d'envergure, d'audace et il se forge une liberté de manœuvre et de sentiments qui l'aidera avec le temps à mieux tenir son rôle social, à être mieux intégré dans la vie active et sentimentale. Pour sa part, il ouvre maman Lion à ses univers intimes, lui révèle que la vie n'est pas que ce qu'elle en voit et croit et la sensibilise à l'art, la création, le jeu plus qu'elle ne le ferait seule. Si elle lui donne ainsi de l'ambition et qu'il lui donne plus de profondeur d'âme, leur complémentarité peut être constructive et durable, en particulier dans la relation femme/homme.

Le pire de la relation

Trop portée sur l'aspect visible, réussi, pugnace des êtres et des choses, maman Lion, car elle hisse la barre de ses exigences trop haut, risque fort de désespérer le cœur très sensible de fils Cancer. Il voudrait prolonger l'état de complicité gestative entre eux et il en a besoin pour acquérir l'aisance qui en fera un être libre, dynamique et social. Maman Lion ne le comprend pas, le trouve trop lent, trop accroché, elle est impatiente de le voir enfin évoluer. Devant son intransigeance et ses constantes fustigations, il reste démuni, triste, désolé et son caractère déjà passif, et un rien masochiste risque fort d'être ainsi poussé dans ses extrémités. Si elle stimule son esprit, elle expose trop vite son affectivité à des risques de violences car il ne se sent jamais suffisamment protégé par une maman Lion qui ne respecte que force et réussite. Il pourrait donc s'attacher toute sa vie à des femmes magnifiques qui le porteront sous leur aile mais ne l'aideront jamais à développer le meilleur de lui-même. Fait pour être un amant-pierrot gentil, tendre et caressant, il pourrait avoir le cœur meurtri ou alors, au mieux, chercherait un modèle auprès de son papa qui lui aussi vit sans doute « à l'ombre » de maman Lion. Éternel enfant il resterait au lieu de profiter de l'envergure que maman Lion est en mesure de lui donner. Car elle l'effraie plus qu'elle ne lui donne envie de s'ouvrir.

Le conseil

La période solaire (7 mois à 1 an) puis martienne (1 à 2 ans) sont capitales : il ne faut pas que maman Lion cherche à brûler les étapes car elle bloquerait le développement de fils Cancer qui a un rythme nettement plus lent et plus profond que le sien. S'il reste lontemps attaché à elle c'est qu'il emmagasine des forces et ne manquera pas d'étonner maman Lion en les mettant à exécution. Beaucoup plus tard... Le lui rappeler sans cesse le terrorise.

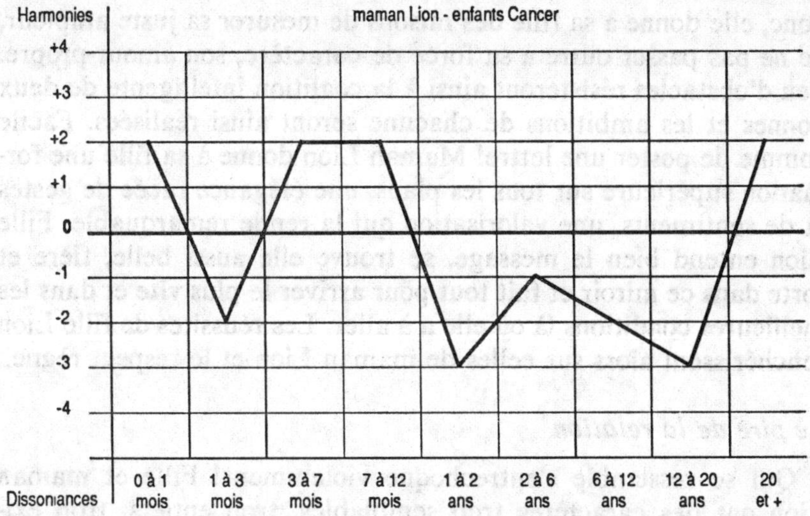

Maman Lion-fille Lion

Le meilleur de la relation

Qui se ressemble s'assemble! La rencontre d'une maman Lion et d'une fille Lion s'envole immédiatement vers des sommets c'est-à-dire que dès que maman Lion est enceinte, elle projette ses ambitions féminines, sociales, narcissiques sur ce que sera son enfant et que voir arriver une petite fille qui correspond trait pour trait à son portrait-robot, même au-delà de ses espérances, oblige à se sentir confortée dans ses attentes. Ce n'est pas ici n'importe quelle mère pour n'importe quelle fille et maman Lion fait tout très bien pour recevoir une image très rayonnante d'elle-même dans le miroir parfait et d'autant plus polissable à souhait qu'elle a affaire à un bébé. Le mimétisme semble un point très essentiel. Orgueil, ambition, savoir-vivre, éducation parfaite, morale, relationnelle, artistique qui donne à fille Lion l'assurance de ne pas se regarder par le petit bout de la lorgnette, autant de vertus de cette rencontre. Bizarrement, maman Lion si sévère et si intransigeante est très conciliante, tolérante, compréhensive avec sa fille Lion car elle se dit que ce qu'elle se doit à elle-même, elle le doit à sa fille. Si elle a droit à tous les honneurs, il faut bien qu'elle commence à y prendre goût dès l'enfance. Maman Lion ne perd pas cette vérité de vue. Que sa fille soit subalterne, consentante, victime ne peut en aucun cas entrer dans les perspectives de maman Lion. Or donc, elle donne à sa fille des raisons de mesurer sa juste ampleur, de ne pas passer outre à sa force de caractère, son amour-propre. Peu d'obstacles résisteront ainsi à la coalition intelligente de deux lionnes et les ambitions de chacune seront ainsi réalisées. Facile comme de poster une lettre! Maman Lion donne à sa fille une formation supérieure sur tous les plans, une élégance racée de gestes et de sentiments, une valorisation qui la rende remarquable. Fille Lion entend bien le message, se trouve elle aussi belle, fière et forte dans ce miroir et fait tout pour arriver le plus vite et dans les meilleures conditions là où elle a à aller. Les réussites de fille Lion renchérissent alors sur celles de maman Lion et le respect règne.

Le pire de la relation

Qui se ressemble s'entrechoque violemment! Fille et maman Lion ont des caractères trop semblables, trop entiers, trop exigeants, trop intransigeants pour qu'on imagine une quelconque harmonisation ou un quelconque « juste milieu ». Si elles n'accordent pas leurs orchestrations majestueuses, la cacophonie est certaine. Mésintelligences, intolérances, choc des orgueils et des ambitions deviennent loi quotidienne. Maman Lion, dans les premières années de sa fille est très organisée et sait parfaitement déléguer son rôle car elle ne veut en aucun cas renoncer à une seule once de sa vie de femme. Elle supporte aussi mal que sa fille ravisse, avec les années, le centre de la scène familiale et une réelle concurrence s'exerce auprès du père, héros infaillible pour sa fille, mari rompu dans son rôle de parfait compagnon pour maman. Le regard dans lequel elles se font donc facilement la guerre reste sans conteste celui-là. Maman Lion, dès que fille Lion prend de l'indépendance de gestes, d'actes, de paroles, c'est-à-dire dès sa première année, fait appel à l'obéissance qu'elle lui doit en vertu de sa place de mère, intouchable et inaltérable. Mais ce n'est pas fille Lion qui acceptera d'être commandée ainsi bien longtemps. La bataille est grande pour savoir qui ravit la place à qui et les enjeux deviennent de plus en plus flagrants avec la maturation de fille Lion. Il ne faudrait pas que maman Lion tombe dans l'excès de se sentir niée et nie donc l'impact de sa fille. Bien sûr, ce n'est pas facile d'être mise en « échec » sous son propre toit avec des moyens identiques et donc incontournables. La froideur, l'éloignement, la superficialité, la méfiance risquent alors de s'installer. La féminité de fille Lion en prend un coup et les rapports femme/femme, jusqu'au moment où maman Lion comprend qu'il n'existe aucun « danger » pour elle et qu'elle l'a accepté, peuvent être très tendus.

Le conseil

Une suggestion toute simple : que maman Lion se persuade bien que tous les succès, toutes les initiatives réussies de sa fille sont non seulement son lot mais la confirmation d'elle-même. Alors restera sa générosité et se développera sa confiance. Le rapprochement entre elles, le dialogue sont un impératif.

Maman Lion-fils Lion

Le meilleur de la relation

Maman Lion qui a nourri beaucoup d'espoirs pendant sa grossesse est ravie, fière et rassurée, de voir un petit Lion qui lui ressemble tant (plus que sa fille d'après son for intérieur) débarquer ainsi dans sa vie et lui jeter un regard aussi réparateur (s'il le fallait) ou du moins valorisant et dynamisant. Elle se créera une opinion magnifique de cet être magnifique. Elle le couve, le protège, l'entoure, lui donne tous les droits et tous les accords, il est roi et il n'est pas question qu'il rate une seule marche de son piédestal! La complicité, l'admiration réciproque, le goût du luxe et du faste, les relations sociales, les sorties plutôt que les joies de l'intérieur, ils ont tout cela en commun et maman Lion excelle à inculquer à son fils Lion la certitude qu'il n'a pas à vivre en dessous de sa taille. C'est une condition sine qua non, un élément incontournable du respect qu'elle lui portera. Il le sait, réagit en conséquence, se sent investi d'une mission gigantesque, auréolé d'un rôle de chevalier héroïque et devient impérieux, audacieux, généreux, amoureux des défis et surtout, des victoires. Sa personnalité de « jeune fauve parfait sous tous rapports » trouve là terrain d'appui et de construction. Il lui donne la main, adore apparaître à ses côtés, s'enthousiasme et ne se sent jamais aussi riche que lorsque sa maman vient le chercher à la sortie de l'école et que ses copains l'envient. Cette idée de la femme magnifique pour laquelle il doit tout faire n'est pas près de le quitter, il développe cet aspect de sa personnalité et le porte au pinacle. Toutes les dispositions à l'affirmation de soi, de sa virilité, de sa sensualité, de son intelligence, de sa valeur en un mot sont donc exploitées au mieux et ses réussites futures, quoi qu'on en pense, seront bien dues à l'impact de sa maman.

Le pire de la relation

Gare au vernis qui comme une couche magique pourrait s'effriter et ne montrer qu'un aspect superficiel de la vie. A ne croire que ce qu'elle voit, à ne voir que ce qui est représentatif et sans ombre, à ne respecter que ce qui ne vogue que dans les sommets, maman Lion développe chez son fils Lion une certaine aptitude à être trop orgueilleux, trop intransigeant, trop certain de ses forces. Il pourrait d'une part négliger de se poser quelques questions essentielles sur lui-même et surtout ne pas bien saisir le sens de l'effort qui conduit à être le premier à travers une affirmation de ses réelles qualités. Tout est dû à son fils selon maman Lion, c'est un fait mais comment l'a-t-il mérité? Il a besoin d'être concurrencé, sollicité, d'avoir à démontrer et prouver. Si maman Lion reste un peu sur le doute, cela l'y aidera d'autant, surtout à partir de l'âge de 6 ans et au moment de la pause d'Œdipe, entre 9 et 13 ans. Petit mâle parfait il n'en deviendra que mieux! Les heurts peuvent intervenir aussi si maman Lion refuse de donner la place qui revient à papa, car fils Lion a une idée très précise de la répartition des rôles. Un rien misogyne, il ne peut supporter que la maman, fût-elle Lion, fasse de l'ombre à son père, ce héros. Gare aussi aux transferts et aux fixations qui font toujours choisir à maman Lion le mieux du mieux mais en oubliant de préserver la place de la simplicité, de l'utile, de l'efficace, du quotidien. Fils Lion pourrait en « décoller » de la réalité, voler toujours dans des hauteurs qui lui donneraient une idée fausse de la vie et bloqueraient d'autant ses assises futures.

Le conseil

Les forces aussi éclatantes, aussi irradiantes peuvent facilement s'annihiler d'elles-mêmes. Le risque est bien de ne jamais voir que la face immédiate et exposée de l'univers. Dans un monde mythologiquement parfait, où la perfection n'est que l'idée qu'on s'en fait dans le regard de l'autre, fils Lion admirerait sa maman Lion et ne comprendrait jamais pourquoi une seule autre femme peut ne pas tomber béate devant lui.

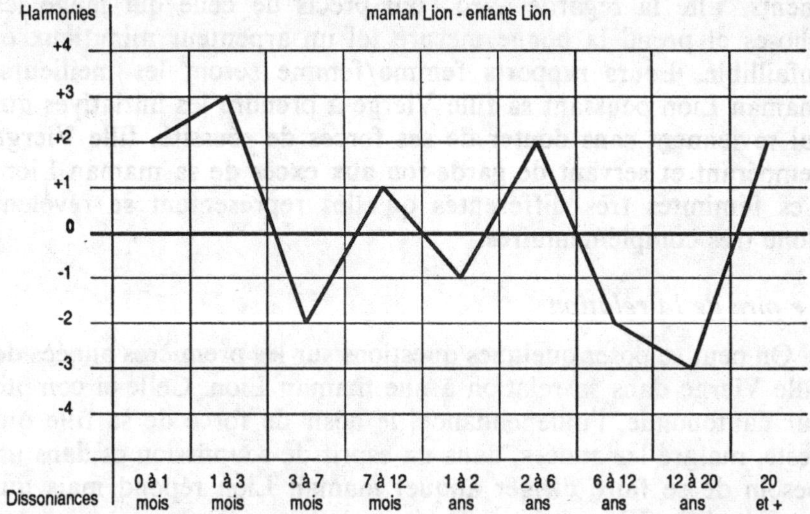

Maman Lion-fille Vierge

Le meilleur de la relation

Maman Lion est une femme altière qui sait très bien organiser la vie quotidienne de sa petite fille Vierge qui a besoin que l'on s'occupe d'elle avec efficacité, tendresse, rigueur. A partir du moment où fille Vierge sait marcher et prend le chemin de l'école, maman Lion s'arrange pour lui donner l'assurance de son pas, lui procurer sécurité, fierté, confiance en elle. Elle la stimule dans les relations qu'elle peut entretenir avec les gens et tout son entourage en général, elle lui permet surtout d'oser, de développer une vision d'elle-même qui soit moins subalterne, timide, modeste. Maman Lion montre des couleurs de la vie qui sont empreintes du respect de soi et elle ne se laisse pas impressionner par le côté effacé de sa fille. Elle ne peut simplement pas l'accepter et veut absolument donner une dimension beaucoup plus audacieuse et affirmée à la personnalité de sa fille. A la fois pour le bien-être de celle-ci et pour son narcissisme personnel. Maman Lion ne peut imaginer que sa fille ne lui renvoie pas une image confortante de sa propre personnalité et les efforts qu'elle fait pour fortifier le caractère de sa fille sont tout à fait positifs pour cette dernière. Elle apporte de son côté les trésors de sa sagesse, de sa stabilité, de sa raison, de la juste mesure des choses. Elle admire beaucoup sa maman Lion mais ne marche pas du tout dans ses emphases et ses emportements. Elle la regarde avec l'œil précis de celle qui jauge les choses et prend la bonne mesure tel un arpenteur minutieux et infaillible. Leurs rapports femme/femme seront les meilleurs, maman Lion poussant sa fille Vierge à prendre les initiatives qui lui reviennent sans douter de ses forces de réussite, fille Vierge tempérant et servant de garde-fou aux excès de sa maman Lion. Les féminités très différentes qu'elles représentent se révèlent donc très complémentaires.

Le pire de la relation

On peut se poser quelques questions sur les premières années de fille Vierge dans sa relation à une maman Lion. Celle-ci compte sur l'autonomie, l'indépendance, le désir de force de sa fille qui reste, malgré les années, dans un esprit de soumission et dans un besoin de se faire diriger auquel maman Lion répond mais qui confine fille Vierge dans un éternel « second plan ». Avec les années, maman Lion risque de le lui reprocher. Elle n'est pas aussi protectrice et valorisante que fille Vierge en aurait besoin car elle s'isole dans des hauteurs de force et de domination en tenant le discours suivant : « Je suis magnifique, ressemble-moi! » qui terrorise fille Vierge et lui donne plutôt envie de se recroqueviller. Déjà timide, apeurée par son propre corps et sa propre féminité, elle est simplement effrayée par les magnificences de sa maman qui lui semble impossible à concurrencer. Cela l'amène à appréhender son corps et les choses du « ça » qui s'y rattache. Elle y voit des monstres glauques mais maman Lion, qui a tendance à répondre à ses faiblesses en disant « Ne t'en occupe pas, tu n'as qu'à être forte! » comme si c'était naturel pour les autres comme pour elle-même, ne lui laisse tout simplement pas la place ni le temps de montrer ses valeurs. Fille Vierge peut avec le temps devenir une parfaite « servante » de sa maman magnifique, l'honorant et la secondant mais préférant garder sa réserve. Elle deviendrait rébarbative aux éclats un peu superficiels de sa maman, estimant qu'elle ne peut s'y nourrir tandis que maman Lion n'aimerait pas se sentir, dans ce regard « coupeur de cheveux en quatre », remise en question.

Le conseil

L'une, maman Lion, regarde forcément la vie par le côté le plus ample, l'autre, fille Vierge, ne la voit obstinément que par le tout petit bout de la lorgnette. Mais cela lui permet de voir loin, peut-être plus loin que les ombres projetées par son propre éclat. Le seul conseil est de parvenir à en tenir compte et à ne pas projeter ces ombres sur la personnalité de sa fille.

Maman Lion-fils Vierge

Le meilleur de la relation

Pour son petit garçon complètement ébaubi par une maman aussi pétulante et sublime, maman Lion se montrera généreuse de ses ambitions. Elle ne se contentera pas d'être une mère supérieure pour se faire plaisir à elle-même à l'occasion de satisfactions égoïstes mais elle s'efforcera d'apporter des richesses de culture, des raffinements et des luxes en tout genre, considérant à juste titre qu'elle aura droit à des retombées tout à fait confortantes pour elle. L'intelligence, la sagesse, le sérieux et la régularité de son fils Vierge, mis en valeur par tout son entourage seront donc pour elle source de valorisation, d'orgueil. Comme il est sage, attentionné, très obéissant et logique, elle aimera qu'on lui dise qu'elle est chanceuse d'avoir un fils aussi bien élevé et aussi distingué. Elle surveillera de près l'évolution de son garçon, et il se sentira conforté, aimé, admiré dans un regard aussi magnifiant. Elle a choisi d'être mère mais pas n'importe laquelle. Elle le regarde pour qu'il devienne grand, et fils Vierge, qui aurait une certaine tendance à l'effacement, au second plan, à la discrétion, se sent dans ce regard-là pousser des ailes. Elle est un révélateur, un décodeur, elle l'oblige à donner le meilleur de lui-même. Digne, ambitieux, stable, admirable, fils Vierge suit bien les sentiers tracés par sa maman Lion et prend avec les années une ampleur, une confiance, une détermination qu'il n'aurait pas sinon. En grandissant, ayant accumulé des trésors d'intelligence comme une encyclopédie hyper-sophistiquée, il deviendra le garde-fou idéal de sa maman exubérante et forte. Leur rapport homme/femme sera des plus sains et des plus complémentaires.

Le pire de la relation

Il ne faudrait pas que maman Lion soit tellement exigeante, qu'au lieu de conforter et valoriser son fils Vierge, lui donner envie de suivre et de se développer, elle l'écrase ou du moins le fasse douter de ses possibilités à bien faire reconnaître ses forces. Il a déjà tendance à être admiratif devant elle, et elle à rester sur son piédestal. De là à ce que maman Lion lui projette une ombre car elle prend tout en charge et démontre avec fracas qu'elle est celle qui va mener la maisonnée, il n'y a qu'un pas. Dans les toutes premières années, elle doit se montrer beaucoup plus conciliante, efficace, rassurante, enveloppante qu'elle n'en a véritablement l'habitude dans d'autres domaines de sa vie. Mais celui-là est exceptionnel et comme fils Vierge n'est pas celui qui va violemment la remettre à sa place, il ne s'agirait pas de trop profiter de sa gentillesse foncière. Il développera un mutisme, une obstination, un goût de l'effacement et du secret qui ne lui sont pas positifs. Car il a des forces et des caractéristiques qui ne sont pas celles de maman Lion mais qui existent. Tout est là : fier de sa maman qui vient le chercher à l'école avec brillant, ce qui lui donne une idée très réconfortante de lui-même, il finirait par regretter qu'elle ne reste pas à la maison, simplement pour lui permettre de démontrer ses forces tout seul. Il peut lui en vouloir sans le dire mais en le démontrant, c'est-à-dire en s'éloignant et en érigeant des valeurs contraires à celles reçues trop brutalement : le retrait, le silence, le recueillement et la mise au service d'autrui. Pour maman Lion, c'est « un comble! ».

Le conseil

Il est plus « féminin » qu'elle qui est tellement plus « virile » que lui! La clef est là. Elle le voudrait héros, il se présente un peu « moine ». Le conseil est « bête comme chou » ou comme « amour ». Quand les antinomies sont aussi importantes, seul le respect est valable... et constructif.

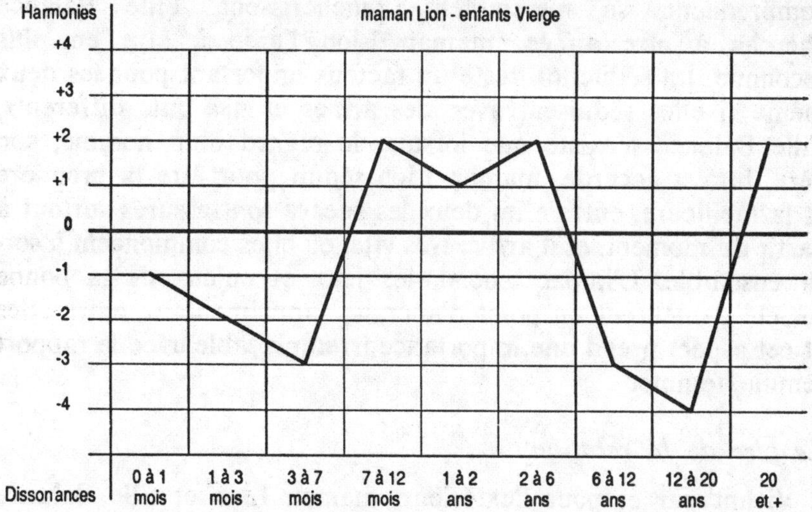

Maman Lion-fille Balance

Le meilleur de la relation

Entre une maman Lion et une fille Balance règne une harmonie certaine car dès les premières années de l'enfant, maman Lion remarque sa tranquillité, sa gentillesse, sa joliesse et son respect facile et attentif des situations. Enfant docile s'il en est, fille Balance s'intéresse toujours plus aux images, aux couleurs, aux formes et aux ambiances chaleureuses qu'à tout ce qui serait rigidité, sévérité, principes et maman Lion, attendrie par son feeling sociable, poétique, tendre, n'est pas sans chercher à appliquer sa loi dans ce qui sans elle serait trop fluide, trop perméable et sans réelle concrétisation. Elle solidifie, assoit, oblige, pousse sa fille Balance à savoir prendre des initiatives, les mener jusqu'au bout et n'en mener qu'une à la fois. Sa fille Balance discute bien et si maman Lion admire beaucoup son beau langage et ses très belles manières, elle n'en a pas moins tendance naturelle à en rester là car les actes engagent; or fille Balance a avant toute chose peur de s'engager, de dominer, de se faire dominer, bref d'inscrire dans sa vie des cadres dont elle pourrait craindre les limites pour sa liberté. Maman Lion est celle qui impose la clarté, les choix et si fille Balance ne les fait pas, c'est sa maman Lion qui les fera à sa place. Au fond, cela arrange leurs personnalités profondes.

Le tandem est donc actif et positif d'autant que les esprits se comprennent, se ressemblent, renchérissent. Fille Balance cherche à être aimée, maman Lion l'aide à être en plus reconnue. La séduction reste un facteur important pour les deux même si elles séduisent avec des armes et des buts différents. Fille Balance n'existe que lorsque le regard d'un homme, son père, lui est accordé, maman Lion séduit pour être la première et la meilleure, entre elles deux les succès sont assurés surtout à partir du moment, et il arrive très vite, où elles commencent à sortir ensemble. L'impact social, les jeux et enjeux de la bonne société demeurent un point d'ancrage supplémentaire entre elles et cet aspect prend une importance irremplaçable avec le rapport femme/femme.

Le pire de la relation

Vivant par et pour l'extérieur, maman Lion et fille Balance peuvent développer une relation qui serait trop superficielle. Fille Balance apprend si bien à sa fille Balance comment arriver sur le plan social et en recueillir les meilleurs fruits, comment s'approprier un homme et assurer ainsi sa meilleure liberté personnelle, et fille Balance comprend si vite et applique si bien, que tous leurs échanges pourraient se limiter à cela. On peut craindre que maman Lion n'ait pas vraiment la tête à écouter les questions romantiques et les peines de cœur un peu languides, fluctuantes, insolubles de sa fille Balance et qu'elle ne s'intéresse que très en surface à ses interrogations de fond. A la limite fille Balance n'est pas très préoccupée de ce « manque » maternel car ce qui la fait grandir, comme tous les enfants mais elle en particulier, c'est surtout le regard et l'oreille de son papa. Elle regarde sa maman avec beaucoup de respect et copie admirablement ses atours séducteurs en y ajoutant son zeste de simplicité, de maintien, de retrait, de finesse et une once de mélancolie qui lui donnent un air fragile et attire d'autant les faveurs masculines. Elle n'est même pas jalouse de la féminité triomphante qui est là déployée devant elle; elle n'en est pas non plus amoindrie car de toute façon, ce n'est pas sur la féminité que portent leurs désaccords. Seulement fille Balance pourrait, avec maman Lion, développer une certaine tendance à se laisser guider, laisser choisir pour elle, sentir le vent mais ne pas forcément le suivre seule et pourrait devenir un « parfait objet cultivé, poli, délicat et infiniment charmant » mais aussi un peu inutile. Ce que maman Lion n'irait jamais sans lui faire remarquer, risquant de la peiner.

Le conseil

Pour qu'un éloignement et une certaine froideur ne s'installent pas trop, on peut juste conseiller à maman Lion une présence et une écoute attentive qui ne largue pas sa fille Balance dans la demi-teinte et les doutes. Ce n'en est pas une que l'on mène à la baguette, même ses obéissances sont des libertés de penser. Que maman Lion y pense...

Maman Lion-fils Balance

Le meilleur de la relation

Maman Lion aime sa tranquillité, ses sourires, sa tendresse car dès la naissance, c'est un bébé fort charmant, conciliant et très attaché à sa belle et brillante maman Lion. Il est accommodant, elle lui en sait gré car cela la conforte dans son autorité. Dans le regard de son fils Balance, maman Lion se voit parfaite et elle lui est reconnaissante de cela, en retour elle lui donne protection, direction, conseils, le pousse, le tire, le conduit, fait à sa place les choix difficiles et oriente finalement sa vie vers des sentiers qui sans doute lui conviennent même s'il ne s'en rend pas tout de suite compte. Naturellement, la préoccupation de fils Balance, qui parle bien, est intelligent, fin, aime culture, élégance, bien-vivre et bien-recevoir et adore les amis de sa maman qui viennent à la maison et parlent du vaste monde qui le fait rêver, la préoccupation de ce fils est de parvenir à trouver les justes milieux aux choses et aux êtres, les points d'accord et les terrains de rencontre entre les extrêmes et les apparemment antinomiques. Cette tournure d'esprit qui le caractérise tempère avantageusement les excès et les intransigeances de maman Lion et leur entente n'en est que plus harmonieuse et complémentaire, non seulement dans les succès scolaires et amicaux de fils Balance mais dans leur rapport futur homme/femme. Ils forment très vite un couple beau, sobre, gai, cultivé, un tandem qui s'entend merveilleusement et dégage une aura très magnétique, même sur le papa et les éventuels autres membres de la famille. Auprès de maman Lion le caractère de fils Balance se consolide, auprès de lui, le sien devient plus souple et plus ouvert.

Le pire de la relation

Bien sûr, ils brillent facilement et aiment à parler longuement ensemble, tranquillement assis dans un confortable salon. Fils Balance pourtant a besoin de beaucoup plus de proximité, de chaleur et d'écoute que ne lui en porte maman Lion d'emblée. A être aussi lointaine, hiératique, retenue et porter un regard aussi exigeant sur la virilité active, efficace, offensive qu'elle voudrait trouver chez son fils Balance, elle peut incontestablement lui faire des peines de cœur, le genre de peine de cœur qu'un Balance connaît, un peu mélancolique, pas vraiment déterminée, pas vraiment violente ni orageuse mais certainement laminante pour sa personnalité à long terme. Il se confinera dans un second plan, un rôle de charmant prince dévoué, attentif, gentil et secourable, qui fait tout ce qu'exige maman Lion pour qu'elle continue à l'abreuver de son regard altier et de sa grandeur magnanime. Mais aussi de le confiner dans son ombre qu'elle veut protectrice et qui l'est mais n'en demeure pas moins un peu castratrice avec les années. Une chose est certaine au vu de la personnalité de fils Balance, c'est qu'il n'ira jamais se rebeller devant maman Lion. Il préférera s'effacer plutôt que d'oser douter de sa maman. Sa passivité naturelle, sa nonchalance et sa finesse, qualités en demi-teintes totalement étrangères à l'univers carré qui est celui des héros sans faille de maman Lion, sont des chances qui l'inscriront certainement dans la vie sociale mais risquent de ne pas trouver d'égards auprès de maman Lion. A les lui reprocher comme des défauts elle peut le bloquer et lui donner une image de la féminité tellement inaccessible que toute sa vie d'homme et d'amant en sera marquée. Au fer rouge. Elle le trouve mièvre, lui accepte beaucoup pour paraître gentil et faire plaisir à cette femme-juge et avec les années, les seules armes qu'il trouvera pourraient malheureusement être celles de la fuite et du renoncement à lui-même. Là ce serait effectivement le pire du pire de leur rapport.

Le conseil

Indulgence, indulgence, indulgence et encore tempérance et acceptation de valeurs très différentes des siennes, voilà la seule voie de secours de maman Lion si elle veut établir un contact réel avec son fils Balance si tendre et si soumis. Savoir d'ailleurs que sa soumission est apparente car il garde une lucidité intérieure réelle, l'aidera à mieux asseoir ses actes. Et ses paroles. Ce n'est pas parce qu'il n'abuse pas d'apparats virils qu'il manque de personnalité.

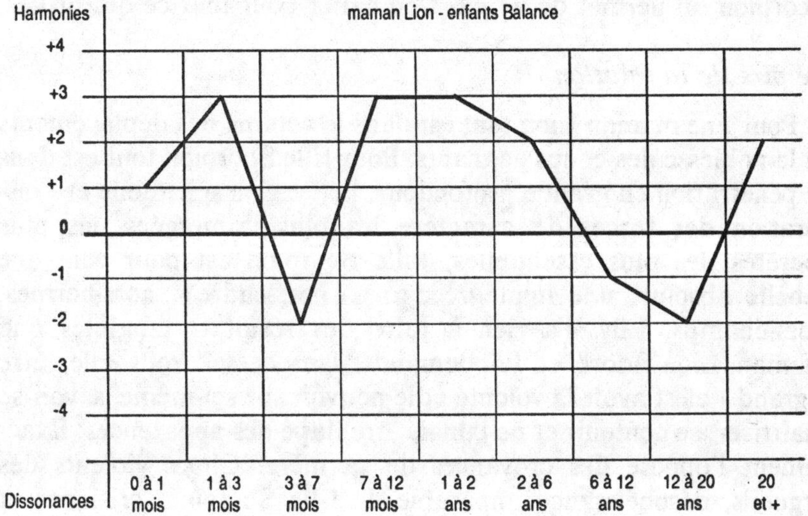

Maman Lion-fille Scorpion

Le meilleur de la relation

Une maman Lion est « grande ». Elle le veut et quand elle n'est pas telle en profondeur, elle sait comment le faire croire. Qu'il s'agisse de grandes idées ou de grandes intentions suivies d'exemplaires réalisations, elle occupe la scène familiale devant une fille Scorpion fascinée par des valeurs aussi flamboyantes, égales en intensité aux siennes mais totalement opposées. Lion et Scorpion se partagent les extrêmes du monde et partant, de l'humain. Maman Lion effectivement ne s'intéresse qu'à la représentativité et fonctionne par rapport au groupe, fille Scorpion connaît les tréfonds et les secrets et règne sans partage sur l'intuition. Elles se complètent car elles savent dès le début qu'aucune n'aura jamais le pouvoir sur l'autre. Bébé, fille Scorpion fait déjà entendre ses désaccords. Dès qu'elle acquiert en plus liberté de parler et de marcher, son intransigeance ne fait aucun doute pour maman Lion qui s'enorgueillit d'avoir une fille de caractère même si elle trouve cela insupportable. Fille Scorpion, pour sa part, admire aussi sa maman. Il faut saisir que les oppositions, et il y en a beaucoup entre elles, constituent un réel moteur car toutes deux fonctionnent dans la confrontation. A échanger ainsi leurs conceptions du monde, maman Lion aide sa fille à concrétiser dans le visible et à ne pas mépriser les reconnaissances sociales tandis que fille Scorpion lui permet de ne pas s'emballer pour tout ce qui brille.

Le pire de la relation

Pour une maman Lion tout est dans le volume des déplacements et la noblesse des coups gagnants. Pour fille Scorpion tout est dans la pénétration en grande profondeur, l'élévation spirituelle et l'inspiration des forces de caractère les plus immergées, les plus secrètes, les plus essentielles. Fille Scorpion est pour cela une rebelle absolue, une inintégrée, une « hors-cadre », hors-normes, hors-champs. Elle n'a rien à faire des résultats tangibles que maman Lion adore et lui demande sans cesse. Pour elle, être « grand » c'est avoir la volonté et le pouvoir sur soi-même, savoir se maîtriser, se contenir et ne jamais être dupe des apparences. Exactement l'opposé des croyances de sa mère. Chocs violents des orgueils, désobéissance imparable de fille Scorpion, critiques et crises de destruction de tout ce que sa maman lui offre et veut la voir aimer et accepter, voilà autant de souffrances pour chacune d'elles, de rébellion et de solitudes respectives. Trop exigeantes, elles sont souvent isolées, sans peurs mais aussi sans aucun compromis. Dès que maman Lion voudra faire comprendre à sa fille Scorpion qu'elle a le droit d'être brillante, celle-ci détruira ses paroles par des actes : retrait, amoindrissement de sa féminité, culte de la sauvagerie et de la renonciation sociale, autant d'armes de fille Scorpion qui se retournent en définitive contre elles deux et l'amour qu'elles se portent... en silence.

Le conseil

Seules elles sont grandes, ensemble elles deviennent « immenses ». Mais à s'aimer aussi immensément, elles peuvent le faire mal, se faire mal, se lancer des défis au lieu de s'épauler. Les féminités se choquent, fille Scorpion réagit en fonction d'une intense sexualité et maman Lion la vit, sans questions. Bref que des différences. Faut-il en rester là? Une chose, unique, est à savoir pour maman Lion : elle n'aura jamais le pouvoir, dût sa fille s'en auto-détruire. Est-ce à lui souhaiter, ou pire, à provoquer?

Maman Lion-fils Scorpion

Le meilleur de la relation

Dans la vie de maman Lion, un fils Scorpion arrive comme un absolu mystère. Il est calme mais son regard, dès ses premiers jours, semble « habité », envahi par une vie intérieure qui ne cesse d'interroger maman Lion et qui reste la base de la personnalité de son fils. Elle sera vite sous le charme de son magnétisme, de son intelligence, de sa profondeur de vue et de ses qualités de courage, d'habileté, de volontarisme et elle a bien raison de se poser tant de questions. Elles ont lieu d'être. Pour lui, si « pur et dur », elle voudra être une mère parfaite et en fera d'autant plus qu'il ne se laisse pas impressionner. Elle dispose de générosités de cœur dont il serait dommage qu'il ne profite pas pleinement car elle excelle à l'entourer de sécurité matérielle, et à vouloir qu'il développe le meilleur de lui-même plutôt que de mettre toujours en avant « le pire » par défi, par envie de se démarquer, par besoin d'exister comme un rebelle. Elle favorisera ses qualités de construction en bousculant son retrait et ses pudeurs et lui prouvera avec les années qu'il a le droit d'exister tranquillement. Bref elle simplifie son monde intérieur et joue un rôle énorme dans sa future dynamique sociale et amoureuse, car elle lui dit « bats-toi d'accord, mais avec les armes du positivisme ».

Le pire de la relation

Elle le juge intéressant et impressionnant et cela dès les premières années, certes, mais voit aussi à quel point il est réservé, vulnérable, agressif dès qu'on cherche à pénétrer son univers intérieur. Or maman Lion ne supporte tout simplement pas qu'il lui échappe (en le manifestant de surcroît et en faisant de son recul une philosophie qui se développe avec les années) car les secrets, à la fois compliqués et impénétrables de fils Scorpion, sont une mise en échec totale de son autorité et de ses ambitions de mère. Avec lui elle a du fil à retordre. Elle veut qu'il sorte de sa coquille et rien que pour l'embêter il y reste! Il est tellement empreint de mille fluctuations libidinales qui sont des volcans torrides, tellement insécurisé par les peurs qui hantent sa sensualité et son identité d'homme qu'il préfère fermer les portes à double tour et surtout ne pas y laisser entrer sa maman Lion. Elle veut qu'il devienne un personnage représentatif car elle a besoin qu'il conforte ses enthousiasmes créatifs et son orgueil de mère, or il nourrit une marginalité de penser et de faire qui se manifeste dès qu'il commence à aller à la maternelle, découvre les relations de groupe et s'en démarque de toutes les façons. Toute son attitude est un « pied de nez », il devient remarquable certes, mais selon des critères qui irritent maman Lion et la font se montrer encore plus exigeante. Cercle vicieux où s'entrechoquent pouvoirs et personnalités très fortes, fils Scorpion nourrissant une certaine misogynie de fond que sa maman Lion ne fait qu'augmenter. Avec l'adolescence, ils risquent de s'éloigner et le quotidien peut devenir douloureux.

Le conseil

Oh! beaux dommages pour ces signes forts qui ne veulent pas accepter la vision du monde donnée par l'autre! Toute la clef des rapports est dans la capacité de maman Lion à comprendre, analyser, sentir, interpréter les conflits intérieurs de fils Scorpion. On peut donner pour conseil de se faire aider car les codes sont tellement opposés, la Loi ne signifie tellement « rien » pour fils Scorpion, qu'elle risque de beaucoup s'énerver, sans résultat. Peut-être que le papa montrera plus de subtilité...

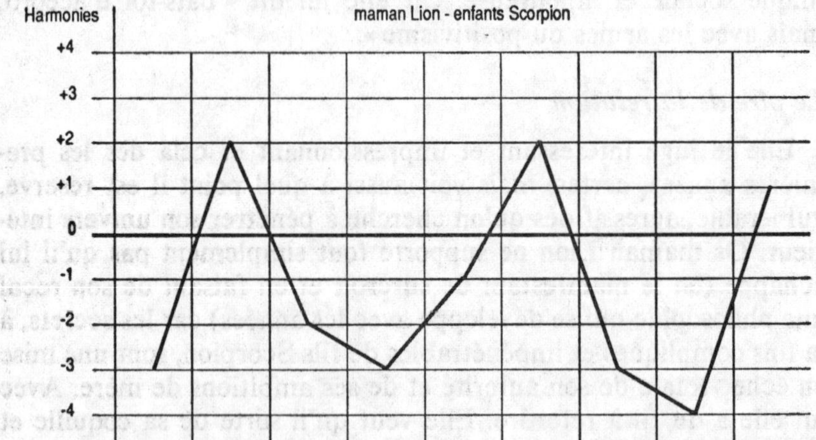

Maman Lion-fille Sagittaire

Le meilleur de la relation

Les affinités entre ces signes de feu qui voient la vie en grand, en beau, en fort et surtout en réussi sont évidentes. Dans la première année de la vie de fille Sagittaire maman Lion sait bien mener les choses, assurer un quotidien impeccable et tout à fait protecteur et cet ordre, cette stabilité, ce respect des normes et des lois sont tout à fait conformes à la personnalité de fille Sagittaire qui les reçoit avec quiétude alors qu'elle aurait été déstabilisée par une maman trop laxiste, farfelue, trop peu exigeante. Ensuite dès qu'elle parle (souvent avec retard mais beaucoup et bien) et qu'elle acquiert une maîtrise de son espace, elle impose ses libertés de vue, ses élans, son optimisme et sa soif d'échanges et de multiplicités dans les contacts et les origines de ceux-ci. Maman Lion, à la voir ainsi évoluer avec les années est tout à fait rassurée à la fois sur ses perspectives d'avenir que sur le plan de son orgueil de mère et de femme. En voilà une qui n'a pas froid aux yeux, qui « lui ressemble » et dont les succès futurs lui seront dus. Maman Lion n'en doute pas et le regard, sain et encourageant qu'elle pose sur sa fille conforte celle-ci dans son dynamisme. Grandes et fortes toutes deux, elles deviennent l'une avec l'autre des très grandes, quitte à faire peur au passage. Fille Sagittaire s'ouvre au monde en même temps qu'elle est respectueuse des traditions familiales et des codes moraux. Ce n'est pas une marginale mais elle a l'esprit ouvert, les élans spirituels et les questions fondamentales. Maman Lion le voit et y répond bien. Auprès de sa fille tellement intelligente elle s'ouvre à son tour à des horizons qui seraient sinon fermés ou un peu restreints. Pour sa part, elle n'a pas son pareil au sein de la famille pour ouvrir les perspectives de sa fille et l'épauler comme le meilleur de ses supporters pour la vie. Leur solidarité commune est imparable.

Le pire de la relation

Trop de grandeur, trop de clarté, trop peu d'intériorité et de subtilité de fond. Bien sûr elles sont des femmes magnifiques mais dans quel registre sinon celui de l'énormité de tels rapports s'inscrivent-ils? Maman Lion cadre bien sa fille dans les rapports sociaux mais lui procure-t-elle la tendresse réelle dont cette fille sensuelle a besoin? Celle-ci a trop tendance à s'intéresser à la globalité des choses et à passer outre à tous les détails, maman Lion ne doit pas accentuer ce travers. Grandeurs et réussites ne font pas une vie. Ni celle de maman Lion, ni celle de fille Sagittaire. Cette dernière pourrait tellement jouir de ses bons droits et de son implacable féminité, qu'elle resterait isolée dans sa future vie de femme. Elle n'obéit à personne et sa maman s'en offusque. Leurs grandeurs se choquent mais finalement, avec les années, elles n'y trouvent que sources d'irritation.

Le conseil

Il serait bon que le papa ait la place d'interférer. C'est même essentiel dans la relation entre une maman Lion et sa fille Sagittaire, qui sans cela pourraient fonctionner dans une idée de couple, de tandem magnifique qui n'a besoin de personne. Ce serait d'autant plus dangereux pour l'avenir de fille Sagittaire, trop exposée au « syndrome de super-woman »...

Maman Lion-fils Sagittaire

Le meilleur de la relation

Après avoir eu un bébé joufflu, jovial et calme, maman Lion avec les années, s'enorgueillit progressivement de trouver son fils Sagittaire fort, dynamique, entreprenant et éminemment sociable. Il est curieux et son esprit est ouvert, il dialogue et participe à l'organisation de sa vie sans jamais se laisser faire et tous ces aspects sont autant de choses qui rapprochent maman Lion de la psychologie de son fils. Ils s'entendront bien toute leur vie et cette entente commence dans les rires, les complicités et une certaine envie de conjuguer leurs talents créatifs et créateurs. Maman Lion s'occupe de donner une éducation parfaite à son fils Sagittaire qui obéit toujours à la condition expresse que l'on lui explique pourquoi il a à obéir. Il ramène dès qu'il le peut tous ses copains à la maison et maman Lion se targue ainsi d'avoir un fils qui « est comme elle » généreux, ouvert, magnanime, protecteur et tourné vers l'extérieur. Comme il démontre avec le temps un esprit sain et un corps sain, qu'il fait preuve de tempérance, d'indulgence et montre des qualités de rigueur toujours conformes aux lois sociales et aux codes moraux, maman Lion est fière de le voir si profondément sage. Elle sait qu'avec les années, il deviendra un « homme de bien(s) » et qu'elle aimera le présenter comme un homme sublime confortant et réconfortant. Entre magnificences, on se comprend, les leurs prennent simultanément le relais pour les mener loin sur la route des battants sans peur et sans failles.

Le pire de la relation

On imagine cependant facilement que ce petit garçon ne veuille pas obéir, d'abord parce qu'il n'en a pas le caractère mais surtout parce que maman Lion cherche à le faire plier à ses envies. Des chocs de caractères se produisent donc facilement, les heurts et les éclats de voix sont vite arrivés car ils parlent tous deux beaucoup et sans embages. Au moins cela a-t-il le mérite de ne jamais rester caché car lorsqu'ils ne sont pas d'accord, cela se sait à plusieurs kilomètres à la ronde. La surenchère de grandiloquences, de démonstrations, de gestes qui remuent beaucoup de vent mais ne passent pas toujours à la concrétisation (ce qui est une tendance de fils Sagittaire lorsqu'il se révèle instable), un trop grand ancrage à la face surexposée des choses et finalement une certaine superficialité de rapports, voilà ce qui fait le problème entre fils Sagittaire et maman Lion. A être trop grands, ils peuvent ne pas voir l'essentiel et la base des êtres et des choses et maman Lion, en voulant tant que son fils devienne une figure magnifique, peut tout simplement le pousser à l'excès.

Le conseil

Être à l'écoute de ses besoins profonds, donner à son fils tempérance et logique pour qu'il ne devienne pas trop fanfaron, voilà le conseil qui est adressé à maman Lion. Qu'il brille oui, qu'il tape dans le dos de ses copains et de tout le monde, et cela avec un humour et une cordialité certaine dès les premières années, c'est bien mais fils Sagittaire a besoin de valeurs moins périssables pour développer ses aspirations spirituelles.

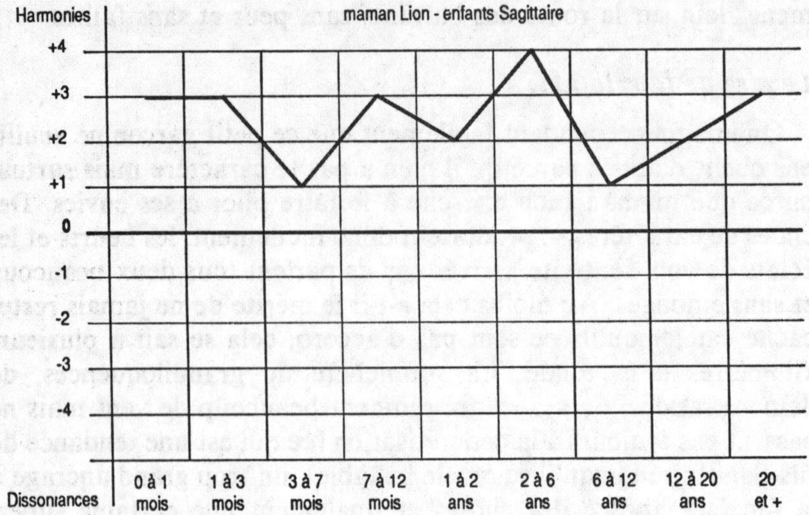

Maman Lion-fille Capricorne

Le meilleur de la relation

Entre maman Lion et fille Capricorne, c'est l'entente placide entre la détermination de la première et les concrétisations visibles de la seconde. Celle du feu jaillissant et de la terre longuement retournée. Maman Lion est très impressionnée par le calme et la rigueur qui se manifestent chez sa fille dès les premières années. C'est une chose qui lui manque car elle ne vit que dans l'éclat et la brillance. En toutes choses sa fille Capricorne soupèse, pèse, réfléchit, retarde, se laisse le temps car elle pense vraiment qu'elle a tout le temps pour elle. Maman Lion en reste ébaubie. Elle voit bien que sa fille, sans vraiment tenir de son modèle, réussit dans le sien avec autant de succès, sans s'énerver, sans crier, sans se départir jamais de son intériorité. Cela ne l'empêche pas de lui donner des armes complémentaires, celles de l'exigence affirmée, de la clarté, de l'imposition de son orgueil et de son ego et fille Capricorne y recueille affirmation, audace, expression de son naturel, de sa spontanéité et de ses sentiments en général. L'éducation exemplaire qu'elle reçoit de sa maman lui convient bien car elle vient de plus asseoir ses ambitions futures. Elle est bonne élève, appliquée, intelligente, travailleuse mais aussi apte à bien cerner les problèmes par la base et à les résoudre de même. Elle est fine et cultivée, ouverte à beaucoup d'univers multiples et différents et elle cumule ainsi, pendant toute son enfance des armes qu'elle saura faire fructifier plus tard, en sachant aussi utiliser le potentiel de dynamisme et de stimulation donné par maman Lion. Dans la raison et les perspectives d'ampleur, maman Lion et fille Capricorne se construisent un avenir de femme/femme empreint de beaucoup de respect, de complémentarités et de réussite.

Le pire de la relation

Les dissonances entre les signes sont incontestablement d'ordre affectif et sensuel. Maman Lion croit toujours qu'il suffit de sourire et de stimuler son enfant pour que celui-ci se sente plein d'amour et avance sans faire de faux pas. Erreur essentielle avec fille Capricorne qui est désespérée par les froideurs et les retenues de maman Lion, par ses effets sans tendresse ni chaleur profondes et sa façon un peu trop altière de la regarder car elle souffre de manque de sécurité affective et de spontanéité. Elle a vitalement besoin de gentillesse, de douceur, de communication réelle, qu'on la regarde et qu'on la rassure et non qu'on lui donne des ordres et qu'on lui tienne les dragées de l'amour trop hautes car elle n'a ni le courage ni l'aisance d'y accéder comme ça, d'un seul coup. Maman Lion ne veut pas tellement prendre en charge les énormes demandes affectives de sa fille Capricorne; elles l'encombrent et ralentiraient forcément sa liberté d'action. La frustration de fille Capricorne, ses doutes sur sa féminité, sa séduction sont déstabilisées devant la magnificence de maman Lion qui sait s'imposer avec une facilité déconcertante. Cette dernière n'épargne rien et ne laisse aucune chance. Fille Capricorne la regarde mi-terrorisée mi-envieuse et développe une douloureuse jalousie. Avec les années, le signe du Capricorne étant au fond toujours très rancunier ou du moins marqué par la mémoire, elle peut développer un ressentiment grandissant, des critiques acerbes, des haines sourdes et des jugements lucides. La froideur peut effectivement s'installer entre elles qui se côtoient avec respect mais méfiance.

Le conseil

Il est clair lorsqu'on a lu ce qui précède. Si maman Lion ne se rapproche pas très tôt, c'est-à-dire dès les tout premiers mois, du corps, de la chair et du cœur de sa fille plutôt que de toucher uniquement son intelligence et ses perspectives ambitieuses, elle se demandera toute sa vie pourquoi sa fille la juge tant et se montre la seule totalement rébarbative à son impact royal.

Maman Lion-fils Capricorne

Le meilleur de la relation

Ce bébé-là respire l'équilibre, le calme, le sérieux et dès ses premiers mois il semble suivre tout ce que maman Lion lui fait faire sans broncher et en sachant s'adapter, en apparence, à tout. Cependant, dès qu'il peut marcher ou même avant, dès qu'il commence à pouvoir exprimer ses sentiments, il s'impose et se montre résolu à ne pas perdre son identité. Maman Lion en sera fort admirative car elle respecte la force de caractère, la conviction profonde et l'ambition, d'autant qu'elle voit que son fils Capricorne affiche des visions du monde proches des siennes mais la remet en question dans sa façon de les concrétiser. Elle s'applique donc à lui permettre d'atteindre ses buts en ayant le maximum de bagages, lui donne une éducation et des bases fort solides et fort multiples pour qu'il puisse puiser plus tard dans cet éventail et en tirer le profit qu'il veut. Ils se comprennent donc bien sur ce plan de la construction de l'identité et de l'assise sociale, aiment plaire, briller, jouir d'une bonne société et maman Lion est très fière de montrer son fils comme un être lucide, fiable, secourable et de parole. Elle qui a horreur des inachevés, des fantasques, des changeants, des immatures, le moins que l'on puisse dire est qu'elle est bien tombée avec ce fils Capricorne et ne court aucun risque d'être déçue. Quant à lui qui aime posséder il est content d'avoir dès l'enfance la certitude que cette femme si brillante et si imposante est « à lui » et qu'il va falloir tout faire pour se faire reconnaître par elle. Cela décuple ses forces et consolide son caractère, il aura ainsi pour toujours cette force tranquille qui le conduit à savoir tout faire pour séduire les femmes, et les « meilleures ».

Le pire de la relation

Si maman Lion est une incontestable « carotte » pour le fort caractère de son fils Capricorne, elle n'en est pas moins irritante à cause de l'emphase et des excès qu'elle étale et que fils Capricorne regarde avec une méfiance et une dérision grandissantes. Il n'aime profondément que la simplicité, la sobriété, la retenue, et les effets imposants de maman Lion ne peuvent que le rendre méfiant à très court terme. Il sera celui qui avec les années risque de critiquer cyniquement sa maman Lion, car il n'est pas dupe surtout lorsqu'elle emploie la violence pour le sortir de sa pudeur. Le problème de fond reste celui de l'affectivité et de sa réelle circulation entre eux. Maman Lion pense que la parfaite organisation et le quotidien qu'elle assure à son fils doivent le convaincre de son amour mais lui, demandeur d'amour spontané et de câlins gratuits, se sent toujours sur sa faim. Aux démonstrations affectives, il préférera toujours la retenue sinon le silence total. Son caractère pudique et sobre (avec le signe du Poissons, le Capricorne détient la couronne du non-dit et de son émotion immobilisante) le poussera au pire, à développer une sorte de mélancolie chronique, de le larguer très loin de sa maman avec les souffrances qui en découlent pour tous deux.

Le conseil

Voilà les deux signes les plus solitaires : maman Lion isolée dans sa grandeur et son incapacité à se mêler simplement à la tendresse; fils Capricorne isolé dans sa pudeur, son ambition et sa raison. Le risque est que les rapprochements entre ces tours d'ivoire ne soient que superficiels, sociaux et professionnels mais le cœur n'y trouve jamais son compte. Le conseil est encore une incitation à plus d'attentions de la part de maman Lion.

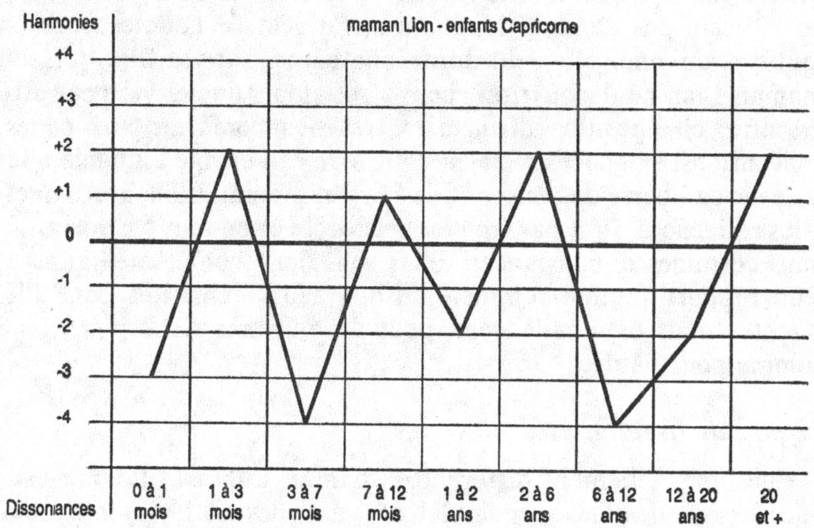

Maman Lion-fille Verseau

Le meilleur de la relation

Fille Verseau a besoin de l'ordre, de la rigueur, de l'ambition, des idéaux grandioses de maman Lion car elle-même en manquerait dans sa structure profonde et elle trouve dès ses premières années l'éducation parfaite, orchestrée et balisée qui lui permettra de grandir en toute quiétude, elle qui n'a de rien autant besoin que l'on s'occupe d'elle et qu'on la représente à l'extérieur pour qu'elle puisse rester tranquillement à l'abri à construire ses rêves, imaginer ses mondes magiques et prendre tranquillement le temps de mûrir. En cela elle a l'exemple parfait de sa maman Lion, brillante, réussie, altière et réalisant ses projets après les avoir échafaudés. Elle la respecte et l'aime beaucoup car elle sait être protégée contre tout ce qui lui fait peur. Maman Lion se révèle effectivement très efficace pour être le meilleur supporter de sa fille fantasque, intelligente, originale, ludique et longtemps plus préoccupée par le devenir de l'humanité dans son ensemble et par les peines de cœur de ses amis que par la construction de sa carrière personnelle ou même de son ego. Sans maman Lion, elle ne verrait pas pourquoi il faut s'affirmer dans la vie ou du moins, elle ne le verra pas pendant longtemps. Au-delà de l'adolescence en tout cas, qui chez elle peut durer longtemps. Sans sa fille Verseau maman Lion ne découvrirait peut-être jamais que la vie peut être gratuite, changeante, altruiste et très peu conforme aux codes, conventions, exigences sociales. Fille Verseau envoie tout cela bouler avec sa liberté de penser et de faire et maman Lion, après quelques réticences, finit par trouver cela drôle et en tout cas fort utile dans certaines circonstances. Elles sont donc complémentaires et leur rapport femme/femme, puisque leurs féminités sont différentes mais bien cadencées, peut devenir très riche pour l'une comme pour l'autre.

Le pire de la relation

Elles sont tellement différentes, maman Lion et fille Verseau, que lorsqu'elles ne se complètent pas elles s'affrontent. Leur mésentente ne prend pas les formes colériques qui correspondent au tempérament de maman Lion car fille Verseau, qui impose son caractère libertaire avec l'adolescence, reste jusqu'à cet âge plutôt retirée dans une attitude protectrice. C'est surtout maman Lion qui impose aux comportements anti-conformistes de sa fille Verseau des restrictions, car elle veut faire entrer celle-ci dans des normes, estimant que pour asseoir sa réussite, elle doit faire un peu plus de concessions à la réalité. L'intégration future de sa fille préoccupe maman Lion car elle voit bien à quel point elle pourrait être toute sa vie rebelle, ce qui serait un vivant affront pour le caractère de maman Lion. Fille Verseau devant ses critiques commence par faire la sourde puis finit par soupirer et prendre du large. Le regard de son papa, les jeux avec ses amis et les nouvelles du monde en devenir, tout cela l'intéresse plus que le quotidien que prône maman Lion. Elles ne s'entendent donc pas du tout sur l'essentiel des choses, leurs discussions peuvent ressembler à une suite de malentendus. Avec les années intervient un éloignement jusqu'au moment où fille Verseau et maman Lion trouvent le terrain pour asseoir leur complémentarité.

Le conseil

Loi contre Liberté voilà le duel, l'enjeu ici pointé du doigt. Maman Lion doit savoir que sa fille Verseau, même en paraissant très obéissante, ne se laissera jamais piéger dans aucune contrainte. Qu'elle n'insiste pas pour trop l'enfermer et la responsabiliser dans l'obligation car elle la contraindrait à la fuite.

Maman Lion-fils Verseau

Le meilleur de la relation

Il ne demande qu'à être pris en charge, qu'on le comprenne, parle à sa place, pour qu'il puisse rester dans la chaleur des mille distractions qui forment son esprit, maman Lion le remarque très tôt! Elle lui apporte rigidité et limites alors que de limites il n'envisage jamais aucune. Sa passion va au devenir de l'humain, de la science et de l'intelligence et il manifeste le goût de la cérébralité plutôt que celui des emportements fulgurants. Devant sa maman, il est conciliant, accepte tout et se trouve content d'être bousculé, car sans elle il n'évoluerait jamais en « véritable adulte ». On peut penser qu'il s'attachera toute sa vie à des modèles de femme dominatrice (qu'il ne vivra jamais comme telles) qui lui procureront la stabilité de leur raison tandis qu'il sera homme-enfant, les yeux dans les grimoires et les pieds à quinze mètres du sol, même lorsqu'il se targue d'être télématicien. Il est très bon public des frasques de sa maman Lion, il applaudit à tout rompre car pour lui, la vie fabuleuse qu'elle lui fait vivre au quotidien équivaut à Disneyland. Elle s'occupe admirablement de sa vie, lui épargne tout effort et comme en plus il la trouve « unique et admirable », le bonheur pour lui est sous son toit.

Le pire de la relation

Il la suit au pied de la lettre, il préfère toujours dire oui à tout plutôt que d'avoir à expliquer pourquoi il dirait non et subir ainsi les foudres de maman Lion. Mais celle-ci se rend bien compte que de toute façon, il n'en fait qu'à sa tête, et trouve toujours le moyen de louvoyer et de retomber dans ses idées. Il fait la sourde oreille dès qu'elle se lance dans une habituelle et répétitive série de reproches car elle ne trouve finalement que peu d'échos dans les profondeurs de sa vision du monde et dans les perspectives d'avenir telles que lui se les imagine. Il pense vraiment qu'il vivra d'amitié, de tranquillité, de compréhension totale entre tous les êtres, que tout le monde sera beau et gentil et qu'il ne devra jamais se battre pour parvenir à concrétiser ses vues. Évidemment sa passivité, si elle conforte maman Lion dans les égards qui lui sont dus en tant que maman (et que Lion!), ne manque pas de désespérer les projets d'avenir qu'elle imagine pour son fils. Elle le veut représentatif et implacable, elle le trouve mou, rêveur, distrait et dangereusement gentil, et se met à avoir très peur pour lui.

Le conseil

Maman Lion se lamente d'avoir sans cesse à le porter à bout de bras et se voit le faire toute sa vie. Mais si elle veut bien se l'avouer, peut-être n'est-elle pas étrangère à cette « malédiction »...

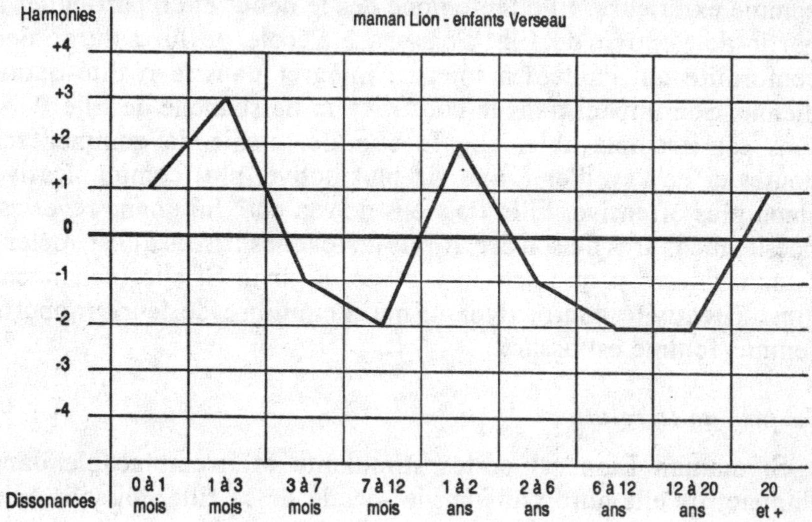

Maman Lion-fille Poissons

Le meilleur de la relation

Maman Lion a une féminité éblouissante faite de présence magnétique, d'orgueil et d'exigence et elle fait partager à tout son entourage sa vision éclatante de la vie, quitte pour cela à le bousculer quelque peu. Fille Poissons développe quant à elle une féminité plutôt douce, retirée, fluide, perméable et infiniment marquée par les fluctuations de son inconscient. Dans les premiers mois de sa vie, fille Poissons est donc tranquillement protégée dans l'univers sain, clair, balisé de maman Lion qui organise sa vie quotidienne et l'organisera d'ailleurs pour de longues années. Fille Poissons regarde cette belle dame, sa magnifique maman, et se sent sans doute fière d'être à ses côtés. Sous son aile elle se sait protégée, à l'abri de houles et de tracas, d'imprévus qui remettraient en cause son équilibre quotidien. Maman Lion a une idée très sûre de l'éducation qu'elle doit donner à son enfant, de ce qui est la loi et la réussite sociale; elle voit bien que sa fille Poissons ne correspond pas aux codes rigides qu'elle-même applique à sa vie intérieure comme extérieure. Elle tente donc dès le début et en particulier à partir de l'entrée de fille Poissons à l'école de lui assurer une conformité qui l'aidera à mieux s'intégrer dans la réalité quotidienne. Son impact dans la construction personnelle de fille Poissons est irremplaçable, elle la stimule, essaie de gommer ses doutes et de l'éveiller à une vie plus active, plus communicative sinon plus offensive. Fille Poissons de son côté lui donne rêveries, poésie, méandres de son esprit fait de touches irisées qui se mêlent l'une à l'autre pour faire un tableau original. Si elles échangent ainsi affectivité contre dynamisme, l'équilibre de leurs rapports femme/femme est assuré.

Le pire de la relation

Si maman Lion est certes stimulante et irremplaçable dans l'impact qu'elle aura dans la vie sociale de sa fille Poissons, elle peut aussi, parce qu'elle est trop brillante gêner le plein épanouissement de la féminité de celle-ci, qui développera des complexes et se sentira incapable de se mesurer à l'image idéale qu'elle a de sa maman Lion. Cherchant à la stimuler et à faire ressortir ses qualités, maman Lion ne comprend pas très bien que sa fille ne puisse prendre exemple sur elle car son identité est exactement aux antipodes de la sienne. Elle lui impose des barres impossibles à franchir, des exigences impossibles à satisfaire, des lois insupportables à respecter. Fille Poissons est démunie de réponse, elle ne peut que fuir ou se conformer, mais se conformer, pour elle c'est disparaître totalement. Elle ne fonctionne qu'à la tendresse, la complicité, la sensualité fluide qui est chez elle un vecteur infaillible de l'âme, elle préfère les regards, les odeurs, les matières aux mots et aux actes, elle est artiste, sensible, profondément indulgente et toujours quelque peu victime car elle se laisse indéfiniment faire. Dans l'ombre protectrice de maman Lion elle développe d'ailleurs les aspects les plus négatifs de sa personnalité, la passivité, la marginalité, l'amoralité, l'impossibilité d'intégration dans le quotidien pour la raison toute simple qu'elle a trop pris l'habitude de faire ce qu'on lui dit, de fonctionner dans une valse récompense-punition et donc de ne pas réagir ou pas beaucoup devant les exigences de l'extérieur. Maman Lion, à trop vouloir la stimuler l'effraiera totalement et lui donnera le goût d'être une jolie poupée cultivée, fine mais futile qui, pour ne pas marcher sur les plates-bandes de maman Lion, préférera se retirer dans l'ombre d'un mari.

Le conseil

Pour connaître et respecter fille Poissons, maman Lion doit essayer de comprendre les fluctuations de sa sensibilité inquiète, changeante, perméable au monde et à ses mouvances. Mais est-ce vraiment dans ses préoccupations? A défaut de réelle communication que l'on envisage comme impossible, elle peut simplement admettre qu'elles sont très étrangères et ne jamais hésiter à lui dire et redire combien elle l'aime, même si différente d'elle.

Maman Lion-fils Poissons

Le meilleur de la relation

Le rayonnement personnel de maman Lion, fait d'autorité naturelle, orgueilleuse et exigeante autant pour elle-même que pour son entourage, son aptitude à commander dans l'élégance et à capter les attentions de tous, forme autour de fils Poissons, qui a plutôt la force des grands intuitifs qui connaissent les méandres de l'humain comme une évidence et vibrent de mille intuitions irrationnelles mais très sûres, un sol pour le moins ferme. Sans elle, il pourrait n'aimer que le flou, l'indéterminé, l'éternellement inachevé et serait une grande éponge de sensibilités riches et infinies mais peu intégrables à la réalité quotidienne, rationnelle, bêtement terrestre. Dès sa naissance, elle compartimente sa vie de codes, d'horaires, de devoirs et d'obéissances car elle a une idée très stricte de ce qu'est l'éducation, de ce qui est la loi, de ce qui fait la réussite et assure les statuts sociaux. Ce domaine est le sien, elle règne sur la représentativité comme lui sur l'inconscient et si elle l'écoute, elle pourrait à son tour découvrir que la vie n'est pas ce qu'on en voit et s'ouvrir à une affectivité sensuelle, fluctuante, faite d'attouchements et de regards qui lui manquent absolument. Exigeante, ancrée dans l'image intérieure d'un père-mâle éblouissant qu'elle passe sa vie à concurrencer, elle voudrait que son fils Poissons montre les dents et devienne l'homme magnifique qui prendrait non pas la relève de son père, mais la sienne. Maman Lion s'impose et impose, joue de grandiloquence s'il le faut et donne énormément, bien que jamais gratuitement. Son fils lui doit tout et sa réussite socio-professionnelle en particulier. Pour elle, tout va lorsque cet aspect-là de la vie est réglé. Elle le pousse, le stimule, le hisse là où elle pense qu'il doit aller. Son impact est certes irremplaçable, peu d'autres mamans astrologiques ont cette capacité d'éveil. L'énergie qu'elle développe est un moteur communicatif et fils Poissons, naturellement très peu porté sur l'attaque offensive, trouve dans cette rencontre une possibilité d'intégration et une image de lui-même qu'il ne saurait développer seul.

Le pire de la relation

La fascination joue un rôle essentiel dans cette rencontre. Maman Lion est par excellence une mère sublime, en aucun cas une mère moyenne, elle est attachée à son cercle familial pour en être la reine. Elle affirme ce dont elle est sûre pour la formation de son enfant. Fils Poissons est par excellence celui qui va l'admirer sans retour car il est immédiatement ébloui par tant de clarté, de peps, d'audace qui manque totalement aux tréfonds de sa personnalité sensible, fluide, affective, ludique et ambiguë. La débauche de grand, de beau, de vertueux le laisse pantois, avec son amoralité, sa vision irisée du monde un peu futile. Complètement dominé par cette femme qui de plus est sa maman, lui qui se sent tellement démuni devant les méchancetés des adultes, il regardera sa maman bouche bée, non pas comme le ver de terre regarde l'étoile mais comme un orque échoué sur une plage écrasée de soleil. Il a beau se dire qu'il a une chance incroyable et rechercher l'ombre pourvu qu'elle soit protectrice, il en a le cœur désespéré, desséché, meurtri. Il ne fonctionne qu'à la tendresse, au dialogue complice, aux chaleurs gratuites et aux plaisirs mutins et câlins. Il n'avance socialement (avec des ressources immenses et insoupçonnées) que s'il repose sur un terrain d'affectivité nourrie et maman Lion, aux antipodes de ses préoccupations, ne cesse de vouloir qu'il soit « fort et grand », le pousse et l'encourage sans se demander, en toute sincérité, si elle comprend le sens des aspirations de son fils. Dans ce climat trop torride pour ses tempérances intérieures, il risque de renoncer à lui-même car ce n'est pas lui qui irait remettre en question sa brillante maman, ou bien simplement de chercher toutes les sorties de secours dans différentes fuites de la réalité, qui irritent encore plus mère Lion. L'incompréhension éclate dans les rapports homme/femme où la passivité, la marginalité, l'inquiétude et l'immoralité de fils Poissons sont autant de rejets des normes de sa maman Lion.

Le conseil

Heureusement pour lui, son Soleil en Poissons laisse penser qu'il trouvera en son papa un être au tempérament d'artiste avec lequel il pourra partager ses profondeurs sensibles. Mais cela ne changera en rien son désarroi, sinon ses peurs, devant le regard des femmes. Il est impératif que maman Lion descende enfin de son piédestal pour être simplement et sobrement avec son petit garçon.

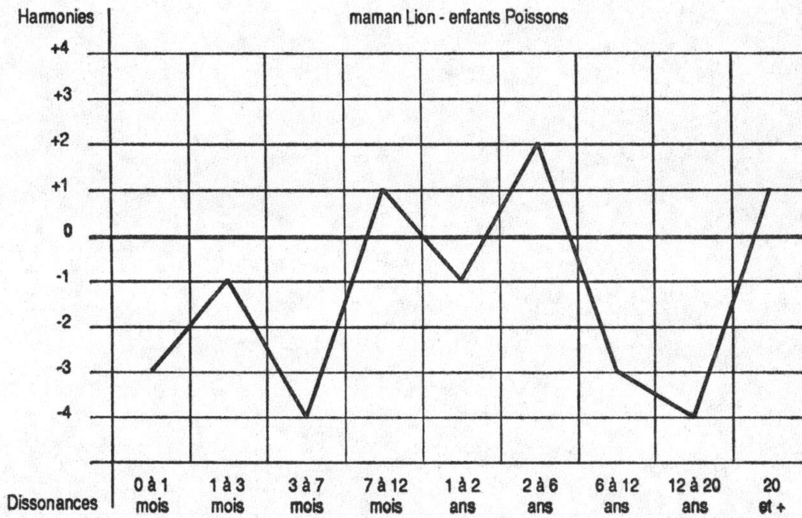

VIERGE

Être mère selon la femme Vierge

Statistiquement, la maman Vierge est une espèce rare car c'est sans doute l'une de celles qui hésitent le plus avant de se laisser aller à ce nouvel état. La haute conscience que le signe porte du statut de mère se conjugue à l'angoisse libidinale que représente la maternité pour expliquer ce fait. Tout ce qui passe par le corps n'y passe pas pour autant naturellement. Il ne s'agit pas d'en perdre la tête. C'est dire qu'il n'y a pas de Vierge maman par « hasard », ni par « accident », mais plutôt par conclusion mûrement soupesée. Une fois fait le grand saut, la maman Vierge que vous êtes cherche à limiter au maximum l'inconnu que représente toujours la venue d'un enfant. Il n'y a pas de maman plus prudente, plus dévouée, plus active et plus compétente que vous. A l'excès, vous avez fait un régime approprié avant la conception, avez vu ou revu un psychologue, avez potassé maints ouvrages, fait vos comptes et tenté d'organiser jour par jour le déroulement quotidien des deux premières années de cet enfant, si vous n'avez pas déjà projeté la fonction sociale qu'il devrait remplir une fois devenu adulte, car vous ne perdrez jamais de vue cette étape finale.

Mère modèle et inimitable, vous êtes « dédiée » à l'avenir de vos enfants et mettez à leur service vos aptitudes les meilleures : celle d'une maîtresse d'école (maternelle, primaire, secondaire puis professeur d'université) qui respecte avant tout l'intellect et fera tout pour que l'entourage reconnaisse son enfant sur ce plan. Après avoir analysé les possibilités de ce tout-petit, vous adaptez votre éducation pour les développer au maximum et en faire une personnalité complète sur le plan culturel, moral, humain sinon religieux. Votre fierté de toutes les façons consiste à faire de votre enfant un être utile à la collectivité et pourquoi pas, une lanterne pour la conscience humaine. Il n'est pas rare que vous ayez choisi le père en fonction de cette même exigence : celle d'une infirmière-diététicienne top niveau, à l'écoute des petits et des grands maux, très pointilleuse sur l'hygiène, impatiente de propreté, vous à qui toutes ces « saletés » du premier âge répugnent, inculquant ordre et rangement avec sévérité et veillant farouchement sur l'équilibre alimentaire depuis le tout premier biberon; l'exigence de votre esprit critique et pragmatique, apte à trouver et dénouer le nœud des choses avec ce souci que vous manifestez de rendre la vie de vos proches la plus clarifiée possible. Vous savez vous « tenir », sinon vous retenir de trop manifester vos élans de tendresse et d'affectivité et préférez appliquer discipline, principes et régularité en tout, sans doute parce qu'au fond vous vous savez si fragile. En somme, vous vous acharnez à être parfaite, mère-courage rongée par l'auto-critique au moindre souffle de désordre, moraliste pour tenter de le masquer, prête à vous sacrifier pour être utile. C'est dommage car vos enfants, à la longue, pourraient se sentir culpabilisés de n'être pas aussi parfaits que vous l'exigez, ou bien ressentir comme un lancinant manque de chaleur bête et gratuite.

Ce que maman Vierge attend de sa fille

Voilà une petite fille qui a bien des devoirs à faire! Ceux de l'école bien sûr, mais aussi ceux envers sa famille, son milieu, ses engagements et plus tard son foyer. Vous la voulez sage, pondérée, ordonnée, modeste, régulière mais aussi intelligente, pragmatique, pudique et sobre mais encore sensible aux autres, économe, discrète, serviable et imprégnée d'un savoir-vivre inné. Bref elle sera une petite fille modèle, plus à l'écoute des autres que préoccupée par le besoin de s'afficher au premier plan, puis une jeune fille sage et sans problèmes, réussissant ses études et accumulant diplômes et relations utiles pour devenir, au mieux, une mère protégée par un époux digne de confiance et d'admiration pour lequel elle saura organiser un foyer tranquille, net, simple et bien géré. Enfin, votre fille est une « tête », chercheuse et sérieuse mais certainement pas une délurée, fantasque, inconséquente et excessive et si, pour toutes ces raisons elle le devenait, prenant le contre-pied de l'éducation que vous lui avez donnée « rien que pour vous embêter », vous en seriez outrée et en feriez une indigestion mais, au fond, cela vous étonnerait-il tant? En étant sincère avec vous-même, vous savez bien qu'il vous serait facile de « tomber de l'autre côté », si vous vous laissiez aller...

Ce que maman Vierge attend de son fils

Vous voulez avant tout qu'il soit « quelqu'un de bien », remplissant ses devoirs avec autant de conscience que votre fille. Il n'est pas plus autorisé à tout casser sur son passage sous prétexte qu'il découvre le monde et sait marcher qu'à être nul en maths sous prétexte qu'il préfère le latin. Vous l'inscrivez à tous les cours qu'il faut pour qu'il apprenne à occuper sa juste place dans la société : cours de musique, d'informatique, de bricolage, de secourisme, d'anglais, de comptabilité, etc. Si vous n'optez pas d'emblée pour un pensionnat de jésuites où tout cela lui sera soigneusement inculqué en plus d'une conscience religieuse du monde, ce qui sera déjà un bon pas vers la chaire qu'il ne manquera pas d'occuper plus tard. Pour vous, il sera un homme de bien(s), attentif à son foyer qu'il saura protéger sans autorité excessive mais en imposant sa pondération et sa logique imparable des choses. Et puis vous serez toujours là pour le conseiller, cela vous rassure sur sa bonne conduite, présage de pas mal d'obéissance... sinon de quelques clashs.

Maman Vierge-fille Bélier

Le meilleur de la relation

La rencontre est pour le moins intéressante car les caractéristiques des signes sont tellement différentes que maman Vierge et fille Bélier ne peuvent, pour bien s'entendre, que jouer sur leurs antinomies, c'est-à-dire respecter leurs rythmes et leurs visions du monde, leurs valeurs essentielles respectives. Maman Vierge pense qu'essentiellement il faut apporter à un enfant une stabilité en assurant le quotidien au plus près, lui donner des principes, des horaires, une protection matérielle et morale pour en faire un être clair, rationnel, cultivé et dont l'intelligence fine lui permette de s'inscrire dans la société comme un être fiable, raisonnable, régulier. Avec fille Bélier, elle se trouve face à une série de colles. Fille Bélier est la désobéissance même, l'esprit fait acte, la rébellion, l'audace mais surtout pas la régularité, la demi-mesure, la préservation, la peur du danger. Les rythmes se choquent dès la petite enfance, fille Bélier est toujours prête à prendre tous les risques, elle est casse-cou et entreprenante, parle vite, marche vite et affirme qu'on ne l'embête pas comme ça. Maman Vierge apporte à ce tempérament pétaradant une tempérance et une logique qui font du bien à fille Bélier, elle s'occupe du quotidien et des détails qu'elle ne voit généralement pas et surtout, elle lui apporte la mesure du temps, sa force d'arpenteur qui connaît les étapes qui conduisent à la réalisation finale alors que fille Bélier voudrait brûler les étapes et vit ainsi d'éternels recommencements qui portent très peu leurs fruits concrets ou du moins, mettent du temps à le faire. L'enthousiasme, la fraîcheur, la naïveté pétulante de fille Bélier font du bien à maman Vierge qui y trouve envie de se remuer plus qu'elle ne le ferait sinon. Elle se plaint toujours du tourbillon qu'elle a à la maison mais cela lui apporte justement ce qu'elle n'a pas.

Le pire de la relation

Elles peuvent vraisemblablement se disputer et s'affronter dès les premières années. Les rythmes sont trop différents pour qu'ils ne risquent pas d'être cahotiques. Maman Vierge se désespère de l'attitude de fille Bélier qui casse systématiquement toutes les régularités que sa maman tente de mettre en place. Fille Bélier reproche à sa maman Vierge de lui faire mener une vie « ennuyeuse », fermée, centrée sur les études et la maison, les livres et la sobriété alors qu'elle a besoin d'espace, de beaucoup de mouvement, de sons, d'amis, de turbulences qui loin de la fatiguer décuplent d'autant ses forces. C'est une philosophie de la vie qui les sépare totalement : maman Vierge pense que seule la santé et la régularité peuvent faire du bien dans une vie, fille Bélier pense exactement le contraire, que seuls l'action, les paris, les bagarres à découvert peuvent faire avancer dans la vie. Fondamentalement, c'est cela qui les sépare et elles le savent bien sans obligatoirement se le dire. Quand elles se disent des choses, c'est pour se disputer et comme elles sont toutes les deux très nerveuses, la tension monte facilement et elles atteignent avec l'adolescence aux scènes très pénibles pour tout le monde.

Les houles familiales qui sont ainsi produites les laissent toutes deux un peu pantoises mais elles ne savent comment les éviter. Bornées dans leurs besoins très différents, elles ne se renvoient pas du tout la même image de féminité et maman Vierge ne comprend toujours pas comment elle a pu faire une fille « garçon manqué » alors qu'elle est retirée, douce, plutôt cérébrale que physique. Plus elle devient femme plus fille Bélier s'affiche, prend l'initiative et séduit à tout rompre et maman Vierge en est encore tout étonnée, même si elle se trouve, en profondeur, un peu choquée dans sa morale de la multitude d'admirateurs.

Le conseil

De l'humour, de la tolérance et de la patience pour maman Vierge, c'est le minimum qu'il faut pour que règne l'entente ou du moins le début : la philosophie.

Maman Vierge-fils Bélier

Le meilleur de la relation

Antinomique rencontre qui n'en est pas moins une bonne porte ouverte sur du respect personnel des différences de l'autre, différences qui apparaissent avec les années et que maman Vierge est à même de mesurer en premier de par son rôle. Elle voit ainsi grandir un fils turbulent, désobéissant qui devient rouge de colère pour faire comprendre ce qu'il veut, marche vite et dévaste tout sur son passage, fait beaucoup de bruit et prend la maison pour un territoire conquis sur lequel il exerce son esprit d'initiative. Maman Vierge regarde cet ouragan et rit en douce de voir son fils si indépendant : on peut même penser qu'elle l'admire facilement. Finalement, avec les années, ces contradictions servent à maman Vierge de levain pour mieux guider son fils Bélier. Elle redouble d'attentions, le surveille, est une maman « securit » sur tous les plans car elle veut le faire marcher droit et il prend le tempo régulier et sécurisant qu'elle lui offre. Elle lui apporte une logique imparable et une capacité à s'intéresser aux problèmes par leur côté concret et non par leur aspect superficiel, extérieur, passager. Elle donne ainsi à fils Bélier une idée de la continuité et de ce qu'il a à construire véritablement dans la vie, étape par étape, avec lenteur mais aussi avec précision. Lui qui voudrait que tout aille vite (mais aussi parfois mal) en est ébahi mais trouve dans l'éducation rigoureuse et morale de sa maman Vierge des balises qu'il saura avec les années intégrer et utiliser.

Le pire de la relation

Les rythmes s'opposent, les visions du monde se choquent, les forces sont tellement opposées mais il règne une tension dans toute leur relation et il est certain que fils Bélier et maman Vierge, qui s'observent avec méfiance et étonnement, ne peuvent que s'opposer d'abord dans les actes et ensuite dans les mots et actes. Il n'en fait qu'à sa tête et ne s'intéresse qu'à l'univers de son papa, voilà les axes de sa vie. Il trouve que maman Vierge est trop complaisante, passive, joue les victimes et se plaint à longueur de journée. Après que cette attitude lui ait donné envie de la secourir car un esprit de Bayard règne sur son cœur, il n'en est pas moins irrité. Le comportement de maman Vierge est pour lui un boulet qui freine sa liberté et cela ne sera jamais supportable pour un fils Bélier.

Maman Vierge se demande comment il va faire pour réussir dans un monde qu'elle voit stable et que fils Bélier ne fait que prendre à bras-le-corps car il a besoin de relever les défis. Elle développe toute sa protection et toute sa féminité secourable et passera une bonne part de sa vie à avoir « peur pour lui ». Ils peuvent, au pire se regarder en chiens de faïence et se critiquer mutuellement, maman Vierge disant à son fils « qu'il n'arrivera jamais à rien comme ça » et lui lui rétorquant qu'elle est « ennuyeuse ». D'un côté la préservation, de l'autre l'esprit d'initiative; auprès de sa maman Vierge, fils Bélier développe sûrement son côté viril et protecteur mais maman Vierge ne lui donne pas les armes qu'il souhaite pour avoir à se battre.

Le conseil

L'une est profondément pacifiste, l'autre profondément « oppositionniste ». Que maman le comprenne et qu'elle assure le quotidien pendant que son fils Bélier s'occupe de l'extérieur et des mille façons de le conquérir. Il n'y a pas d'autre issue et avec les années, maman Vierge s'en rendra compte.

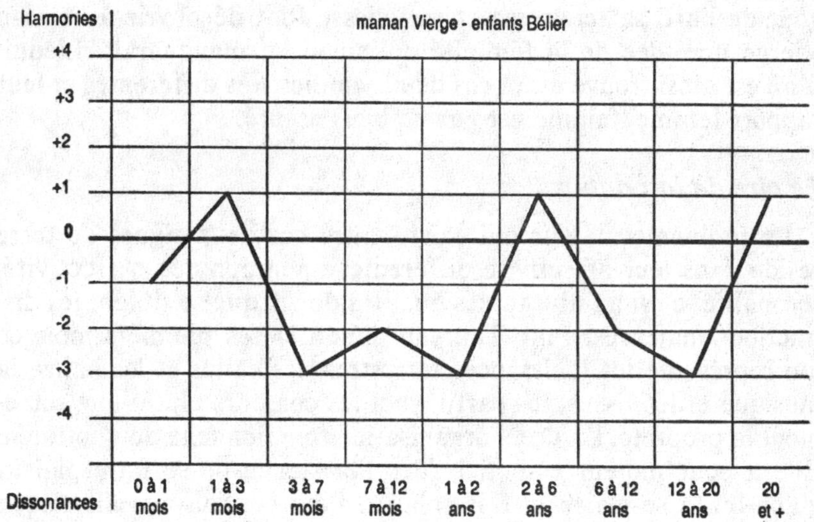

Maman Vierge-fille Taureau

Le meilleur de la relation

La rencontre de ces deux signes de terre se fait sans heurt sur l'aspect concret et visible des choses. Leur goût commun pour tout ce qui est pratique, utile, producteur fait que fille Taureau appréciera les principes moraux, intellectuels que maman Vierge lui impose puisqu'elle se les impose à elle-même. Maman Vierge organise et fait profiter fille Taureau des joies de l'intérieur stable, propre, structuré et lui donne ainsi les bases pour devenir la maîtresse de maison que fille Taureau aimera être plus tard. Bons principes, rigueur de l'éducation, équilibre et fiabilité, les bases de l'univers qu'offre maman Vierge sont celles-là et fille Taureau qui obéit facilement pour qu'on l'aime et qui veut réussir à se construire solidement sur des bases sérieuses, trouve toutes les motivations auprès de l'exigence, de la vigilance sinon de la sévérité de maman Vierge. Celle-ci manque cependant de simplicité, de calme, et ne s'autorise que trop partiellement la sensualité que fille Taureau a pour sa part naturelle, évidente. Sa présence, son goût de l'art, sa tendresse et sa joliesse font découvrir à maman Vierge une idée de la féminité qui sinon lui manquerait. L'équilibre est ainsi trouvé entre ces deux femmes très différentes et leur rapport femme/femme est par ce biais assuré.

Le pire de la relation

Le problème majeur qui existe entre ces deux signes de terre réside dans leur affectivité différente, sinon opposée. Affectivité, sensualité, c'est au niveau des qualités de vie que se situent les distinctions majeures. Fille Taureau aime dès ses premiers mois ce qui représente les jouissances terrestres, les câlins et les bains, la musique et les tissus, les parfums et les couleurs plutôt que seulement la propreté, l'ordre, l'organisation fonctionnelle du quotidien. Elle a pour moteur essentiel dans l'existence de se faire plaisir, qu'on lui fasse plaisir et faire plaisir. Pour ces raisons, elle risque d'être très frustrée par les froideurs involontaires de maman Vierge qui a le tempérament plus imprégné de purisme et de perfectionnisme que de liberté à se laisser aller à la volupté, la passion et la pulsion. Les structures fondamentales de l'identité et donc surtout de la féminité sont ainsi opposées. Le profit de la commodité matérielle, si elles savent toutes deux l'organiser, n'en prend pas moins pour chacune d'elles des intonations différentes. Fille Taureau veut du bien-être et ne se pose pas mille questions sur le sujet. Maman Vierge a des tendances culpabilisantes aux origines libidinales mal définies et elle impose les restrictions à sa fille par timidité personnelle et par revendication de pudeur, deux éléments que fille Taureau n'entend même pas car ils sont totalement absents de sa structure basique. Devant les principes vertueux, de décence et de retenue morale de sa maman, fille Taureau étale effrontément ses désirs et ses clins d'yeux irrésistibles et les oppositions, plus ou moins violentes, verbales et comportementales peuvent être légion surtout à partir de l'adolescence où tout cela s'exprime mais qui auront été posées dès les premiers mois.

Le conseil

Dans cette rencontre, l'équilibre à trouver est celui de la raison et du corps. De l'esprit autonome et du corps pensant. Fille Taureau exprime forcément ce qu'elle pense dans son corps. Maman Vierge s'exprime pour ne pas toucher au corps. Dans ces contradictions de base, il faut trouver la personne qui donnera à fille Taureau l'affectivité chaleureuse et sensuelle qui seule peut la construire : papa, grand-papa, en tout cas un regard de désir.

Maman Vierge-fils Taureau

Le meilleur de la relation

Maman Vierge observe son petit garçon avec une attention soutenue et essaie de trouver en lui un élément très intéressant de décortication cérébrale et d'aptitudes analytiques. Elle veille et surveille, pense à tout et organise jusqu'aux moindres détails la vie quotidienne de toute la maisonnée et de fils Taureau au passage. Lui sera très content d'avoir ainsi un terrain sain, méthodique et méticuleusement organisé dans lequel il est bien éduqué, bien formé et pris en main efficacement. Il passe donc une enfance tranquille, sobre, équilibrée, dans de bons et solides principes éducatifs, ce qu'il apprécie pour la construction de sa future vie sociale. Le sens du devoir, ils le partagent tous deux d'autant qu'ils sont unis par un désir de paix, de sérénité et une complicité intellectuelle qui augure de longues discussions, des compréhensions tacites, des lectures enrichissantes. A eux deux on est sûr qu'ils ne perdront pas la tête, car la logique est chez eux ainsi que le sens de la valeur efficace et essentielle des choses. Ils s'entendront et se répondront à l'unisson toute leur vie, d'autant que maman Vierge, attirée par son fils Taureau qui étale son romantisme, son côté aimable, séduisant, intérieur et sensuel, le regarde évoluer avec un œil tout à fait bienveillant et désirant, sans doute structurant pour la personnalité de fils Taureau qui fonctionne effectivement dans le désir et ses codes.

Le pire de la relation

Ce qui manque le plus à fils Taureau ce sont de réelles manifestations affectives de la part de maman Vierge d'un naturel retenu, porté sur le maintien, la décence dans une phrase type de la femme Vierge « Tiens-toi! ». Même si tous deux aiment les choses calmes ils ne donnent pas les mêmes intensités au calme. Maman Vierge doit savoir qu'il est totalement contradictoire à la personnalité d'un enfant Taureau, et en particulier d'un garçon avec sa maman, de lui imposer des restrictions affectives, des délimitations et des découpages qui l'empêchent de se nourrir d'affection par grosses tranches épaisses comme il en a besoin. Il verra trop facilement en sa maman « celle qui commande et à qui il faut obéir », alors qu'il n'est qu'un moyen de faire obéir fils Taureau dans la conformité de son caractère, c'est d'avoir une maman aimante, qui fait des câlins et se montre tendre. Maman Vierge ne doit donc pas être une éducatrice trop intériorisée, non pas qu'elle ait tort de vouloir des principes et des bases, mais elle doit apprendre à les formuler autrement car fils Taureau prend tout pour du dirigisme; comme il est de plus d'un tempérament un peu rancunier, un peu « mule du pape », les rapports homme/femme s'en trouveront envenimés, à commencer par de lourds silences à l'adolescence.

Le conseil

Maman Vierge doit apprendre à supprimer ses censures lorsqu'il s'agit d'aimer fils Taureau qui peut en tirer, en plus de bonnes balises pour son avenir professionnel, moral et social, des angoisses affectives et des frustrations néfastes.

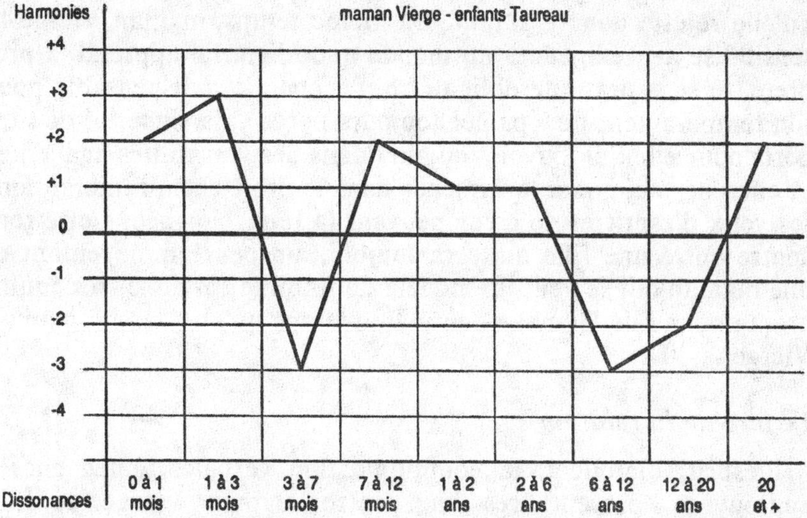

Maman Vierge-fille Gémeaux

Le meilleur de la relation

Les affinités mercuriennes priment dans cette rencontre astrologique. Maman Vierge et fille Gémeaux sont toutes deux des femmes à l'esprit structuré selon les mêmes caractéristiques : mobilité, curiosités, art de la communication, de la critique, lucidité multidimensionnelle et sens imparable de la repartie. La rapidité qui signe leur relation est d'autant plus importante dans la relation qu'elle est doublement assurée par leur complicité, et leurs dialogues ressembleront, à partir du moment où fille Gémeaux pourra en être, à de véritables parties de ping-pong parfaitement rythmées. D'ici là, dans les premières années, elles seront néanmoins dans une rapidité de mouvements, un passage très rapide du besoin de fille Gémeaux à la réponse de maman Vierge, en tout cas pour ce qui concerne les aspects quotidiens, matériels et concrets de la vie. En effet l'attachement au concret les sépare mais il peut aussi jouer puisque c'est à la maman que revient toujours le rôle et qu'ici elle est Vierge, comme un grand facteur de complémentarité. En effet puisqu'elles peuvent parler, c'est déjà un avantage énorme. Au-delà, maman Vierge assure le quotidien, assume parfaitement son rôle de mère responsable d'un foyer et de la conduite réaliste des choses et débarrasse fille

Gémeaux de ses préoccupations qui dès le début lui pèsent et qu'elle rejette donc d'autant. En même temps, maman Vierge la sensibilise aux exigences du monde quotidien, lui apprend la propreté, le sens pratique obligatoire, l'économie indispensable pour son tempérament de « panier toujours percé », la sincérité de rapports pour elle qui louvoie toujours dans des versatilités agaçantes et cherche toujours à la ramener dans le droit chemin moral dont ses yeux d'esprit et de cœur peuvent la tenir éloignée. Cette rencontre entre une fille qui sera toujours un peu femme/enfant et une maman qui se veut un modèle de fiabilité est donc très équilibrante pour fille Gémeaux en même temps qu'elle détend maman Vierge.

Le pire de la relation

L'esprit, l'intellect, la communication verbale, toutes choses androgynes, passent très bien entre maman Vierge et fille Gémeaux. Mais dès que l'on aborde les domaines affectifs et sensuels, le dialogue est rompu. Les heurts sont grands entre une fille Gémeaux qui aime, joue et se sert d'une gestuelle sensuelle pour communiquer et une maman Vierge si incertaine de son corps et si prompte à l'incertitude intérieure sur tout ce qui touche à « ça ». Elle ne peut transmettre à sa fille confiance et aisance et l'aider à tranquillement jouer avec son corps. Elle impose même des restrictions, donne un aspect quelque peu aseptisé, fonctionnel mais certainement pas joyeux et ludique, à toutes ces choses de la tendresse. C'est peut-être par là que pour elle passe l'âme tandis que fille Gémeaux ne se pose même pas la question et ignore tout à fait cette dimension du problème. Avec les années, fille Gémeaux qui a besoin de liberté sentimentale mais aime aussi qu'on l'aime et lui montre qu'elle séduit, finira par diminuer ses libertés et ses aspirations. Elles peuvent donc effectivement parler et se comprendre mais le pire serait qu'elles ne parlent pas de la même chose et ne se comprennent pas sur l'essentiel.

Le conseil

Fille Gémeaux entraîne sa maman Vierge dans l'aspect « foufou » de sa personnalité double. Ensemble elles ont un quotidien nourri et bien ficelé entre le savoir-faire de maman Vierge et les fous rires que provoque fille Gémeaux. Mais dès que maman Vierge cherche à imprimer du sérieux et du suivi dans leurs rapports, elle se heurte à une totale résistance de sa fille et risque avec les années de recueillir critiques, éloignement, ruptures car fille Gémeaux n'a pas l'âme obéissante ni spécialement portée sur la restriction. On ne peut que conseiller tolérance et légèreté d'esprit pour ne pas dramatiser les incompréhensions.

Maman Vierge-fils Gémeaux

Le meilleur de la relation

Les affinités mercuriennes donnent à cette rencontre astrologique des possibilités de communication, d'entente et d'écoute tout à fait positives. Le dialogue, même lorsque fils Gémeaux ne parle pas encore (ce qu'il ne manquera pas de rattraper) existe certainement entre eux car il repose sur une mobilité d'esprit qui se dénote dans les gestes du quotidien et cela, un bébé le sent. Mobilité, rapidité, complicité voilà les mots clefs d'un dialogue de fond dans lequel maman Vierge et fils Gémeaux trouvent les meilleures assises de leurs rapports futurs. Entre cérébraux, on se comprend et on s'épaule, c'est sur ce rythme qu'ils seront unis. Ils s'épauleront donc pour aimer les mêmes livres, les mêmes films, certaines relations de la famille, chercher toujours à s'attacher plus à l'aspect tangible et rationnel des êtres et des choses plutôt qu'à leurs connotations émotives et ambiguës. Leur dynamique de repartie, de vivacité de parole et d'action est irremplaçable, cela fait une complicité d'ambiance qui les détend tous deux et les emmène loin parfois, de la compréhension de l'entourage, mais qu'importe. De plus, fils Gémeaux ne faisant naturellement pas beaucoup attention à l'aspect répétitif et fastidieux du quotidien, trouve en sa maman Vierge une experte en la matière qui prend bien en main et en charge cette dimension de la vie. Il en gagne en solidité et en conscience car sans elle, il n'aimerait que voguer au-delà de toutes préoccupations trop pesantes et ne s'occuper qu'à l'aspect relationnel, rapide, changeant, vivace et un peu superficiel de la vie. Avec le sol ferme que maman Vierge sait mettre sous ses pieds, il évolue en toute tranquillité, en toute assurance et saura gré à maman Vierge de lui donner cette liberté supplémentaire, pour lui qui a vitalement besoin d'air sinon de courants d'air.

Le pire de la relation

Parfois, en passant et dès qu'il pourra mieux mesurer l'étendue qui sépare le rythme trop quotidien de maman Vierge de celui, nettement plus vivant et coloré de l'extérieur, fils Gémeaux risque de lui reprocher son attachement au sérieux, au stable, au mesuré et somme toute à ce qu'il appelle « le réduit ». Lui voit la vie comme une suite d' « au jour le jour » et aime cette dynamique des choses. Maman Vierge elle, a un discours qui lui dit constamment « fais attention », « mesures-tu les risques » « tu n'es pas assez sérieux », « tu prends tout à la légère » et véritablement, il la trouve « gonflante », lourde de tant d'amour, d'attentions, de préventions, et finalement de sacrifices. Car en fin de compte, son attitude est pour lui un fil à la patte et c'est bien la chose la plus invivable qui soit pour un inconscient Gémeaux. Pour y échapper il est prêt à tout et le pire serait qu'il développe une série de fuites en avant auxquelles il a déjà tendance et qu'il devienne pour le coup, du moins à l'adolescence, un marginal, un révolté qui ne manifeste pas tant ses crises dans les heurts verbaux (là c'est surtout maman Vierge qui récrimine) que dans une attitude désinvolte, détachée, fantasque que maman Vierge a vite fait de qualifier d'égoïsme négligent. Il ne s'occupe de rien à la maison, vit dans un fouillis à la limite du malpropre et va jusqu'à fermer la porte de sa chambre à clef pour que maman Vierge ne puisse aller astiquer, ranger, désinfecter comme elle le voudrait. Il porte des habits colorés, à la pointe de l'avant-garde et maman Vierge se pose des questions sur ses goûts sinon sur cet aspect androgyne affiché. Bref, il affiche une série d'oppositions excessives qui au-delà de l'adolescence n'auront plus lieu mais qui disent bien à quel point il s'oppose à sa maman. Qu'elle reste dans son quotidien, il a quant à lui toute la vie devant lui.

Le conseil

Maman Vierge pourrait profiter des libertés et des curiosités de son fils Gémeaux pour quitter un peu sa routine quotidienne. Au lieu de cela elle préfère assurer le quotidien. Très bien car c'est nécessaire mais si les fossés se creusent, c'est maman Vierge qui en attrapera des indigestions. Il faut qu'elle trouve, dès que son fils va à l'école, un club de yoga où s'inscrire...

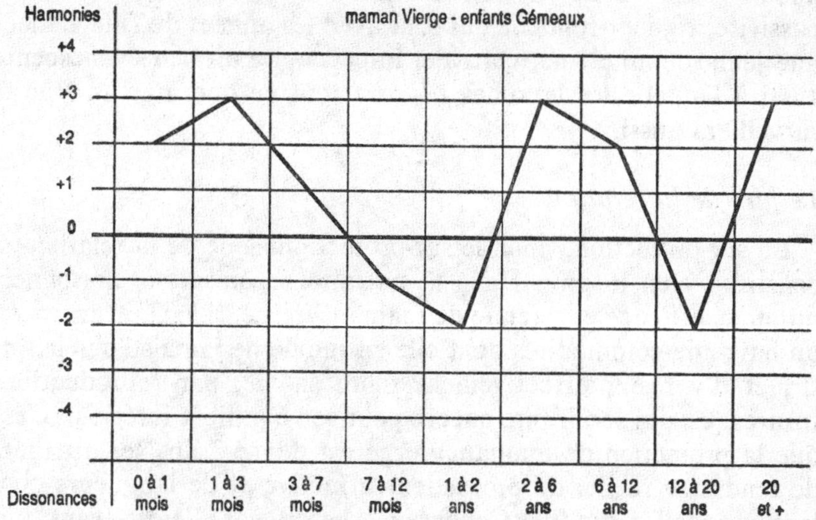

Maman Vierge-fille Cancer

Le meilleur de la relation

Que de douceurs, de préservations, de protection, de chaleurs dans cette rencontre maman Vierge-fille Cancer. Toutes deux fonctionnent effectivement « en vase clos », celui de la maison, celui de la famille, celui aussi des principes de maman Vierge et des désirs de protection de fille Cancer. Dès les premiers mois, la relation basée sur le strict respect d'horaires, d'alimentation, de contacts précis et le maintien d'un cocon nourricier et tranquille, donne les couleurs de ce qu'elle sera avec le temps. Maman Vierge se révèle exigeante, pointilleuse, efficace, prend tout en charge avec une compétence presque maniaque et fille Cancer, de tempérament passif et lent, se laisse faire pour éviter ainsi la réalité qui l'ennuie. Elle vit dans un monde merveilleux que personne ne saura lui procurer comme maman Vierge et elle ne l'en aime que plus. Maman Vierge est ravie car elle voit que ses efforts ne servent pas à rien et comme l'inutilité demeure l'angoisse la plus profonde de la Vierge, elle est heureuse que les choses se passent ainsi. Fille Cancer se consacre à ses fantaisies cérébrales, et développe ses dispositions pour l'art, la décoration, la littérature, pour tout ce qui fait une vie simple et tranquille, décorative, ludique, délibérément ancrée dans l'enfance. Ce qu'elles partagent donc au mieux c'est cette complémentarité utile-inutile, efficacité-passivité, rigueur-rondeur qui font avec les années de fille Cancer une jeune femme fine, cultivée, impeccable, un peu évanescente aussi à laquelle les hommes devront tout ce que maman Vierge surveillera aussi.

Le pire de la relation

La sur-protection, sinon le sur-protectionnisme de la relation en constitue bien le pire. Dans la parfaite organisation cloisonnée, minutée, efficace et retenue de maman Vierge, fille Cancer trouve un havre de commodités dont elle risque de ne jamais vouloir sortir, et d'y rester effectivement toute sa vie, par reproductions futures. Ce qui serait pire encore pour son équilibre intérieur, c'est que la protection de maman Vierge est donnée sans ses attributs de tendresse réelle, de profondeur affective et de langueurs chaleureuses telles que fille Cancer en a besoin car elle est avant tout affective et se nourrit plus de sentiments que de rigueur et de ponctualité. Bien sûr cet aspect la structure mais le double discours de maman Vierge la déstabilise : d'un côté elle la fustige pour qu'elle s'adapte, de l'autre elle lui reproche de ne pas savoir le faire et prend donc, avant même que fille Cancer ne réagisse, toutes les responsabilités en main. Elle peut donc devenir immature, renfermée autant que frustrée affectivement. La combinaison est véritablement « le pire » mais les caractéristiques des signes poussent vers cette conclusion. Maman Vierge, femme solide et décente ne peut lui donner le modèle de féminité ouverte, accueillante, sensuelle et romantique qui conviendrait à son bon développement et fille Cancer peut en être désorientée. Puisqu'elle n'est pas celle qui va s'opposer violemment, elle devient avec l'approche de l'adolescence une jeune fille retirée, aphone, barricadée dans ses donjons intérieurs, ce qui constitue là encore le pire du pire de ses tendances schizophrènes.

Le conseil

Que maman Vierge laisse « l'espace » à sa fille Cancer, le temps de se développer, la possibilité de faire les choses par elle-même dans le sens qu'elle pense lui convenir. Elle doit pour cela se dire que sa fille est capable et ne pas exagérer la complaisance sous prétexte de responsabilité.

Maman Vierge-fils Cancer

Le meilleur de la relation

Fils Cancer ne demande qu'une chose depuis le début et pour longtemps dans sa vie, c'est être protégé, entouré, pris en charge dans les moindres détails du quotidien mais aussi dans ses demandes affectives. Avec maman Vierge il l'obtient au centuple depuis le début et sans doute pour très longtemps. Elle « assure » maman Vierge, c'est le moins qu'on puisse dire, elle organise et cloisonne, son fils Cancer est ravi de trouver tout ce dont il a besoin avant même qu'il en ait formulé le désir. Il est normal que cela se passe ainsi dans la première année de sa vie mais auprès de maman Vierge, il trouve cette protection longtemps encore, ce qui lui laisse le recul nécessaire pour grandir et oser dire qu'il ne veut plus de la sur-protection de sa maman. En attendant, entre eux tout va pour le mieux : elle organise le quotidien, le prend en charge et fils Cancer comprend à ses côtés qu'il faut dans la vie être organisé, minuté, efficace, sérieux d'une part, et de l'autre que l'on peut tranquillement rêver, s'intéresser à l'art, aux jeux, à la littérature et autres aspects bien plus intéressants de la vie que la stricte logique existentielle. Son modèle est aussi profitable pour maman Vierge qui sans lui en oublierait que la vie n'est effectivement pas que cela. Il devient un homme calme, intelligent, fin, cultivé qui repose bien sur le sol de maman Vierge, discute avec son papa, collectionne sans doute des objets de transfert et travaille bien. La relation entre eux est tranquille et le restera facilement la majeure partie de la vie.

Le pire de la relation

Protection, calme mais pas de voluptés voilà ce que l'on peut dire du pire de la relation. Dans le « strict, pur, décent, moral » de sa maman Vierge, fils Cancer est avant tout dépossédé de ses besoins affectifs, charnels, tendres, de proximité et de langueurs et ne reçoit qu'une sécurité concrète, quotidienne, efficace qui lui permet de vivre à l'ombre de la réalité mais ne le nourrit pas pour autant sur le plan affectif, sensuel et dirons-nous viril. Au contraire. Ses demandes restent d'autant vacantes sur ce plan-là que maman Vierge a des timidités et des angoisses libidinales aux origines complexes qui l'empêchent de bien répondre aux besoins profonds de son fils, sans qu'elle cherche évidemment à le faire exprès. Simplement l'incompréhension fondamentale règne. Le pire serait que fils Cancer, espérant recevoir la tendresse dont il a besoin s'il fait tout ce que demande et impose maman Vierge, finisse par devenir totalement dépendant et obéissant, ce qu'il est déjà naturellement. Il se retirerait dans des mondes imaginaires ou dans une sorte de boulimie affective très flagrante (sauf pour maman Vierge) à l'adolescence.

Le conseil

Comprendre la structure profonde de son fils et essayer dès les premières années de lui donner l'assurance nécessaire, non seulement sur le plan du matériel et du cérébral, pour qu'il sache que l'on doit tous grandir; si maman Vierge, très sincèrement désireuse d'être utile veut l'être vraiment, c'est dans cette voie qu'elle doit chercher.

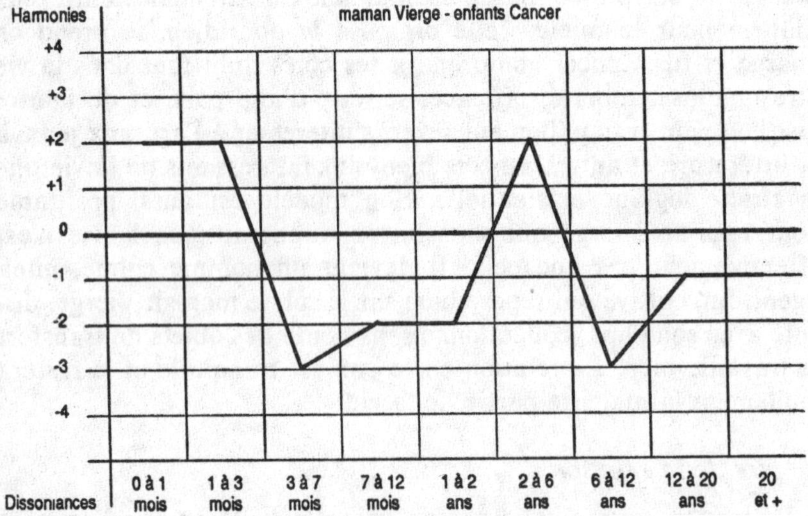

Maman Vierge-fille Lion

Le meilleur de la relation

Maman Vierge, dévouée, sage, stable, rassurante sur le côté concret, quotidien, matériel des choses s'occupe avec compétence, attentions, tendresses de sa fille Lion dont elle est très vite fière de remarquer les dispositions à briller, s'imposer ou du moins, à ne jamais passer inaperçue. Maman Vierge qui cultive l'effacement comme une seconde nature, sinon comme une dominante de sa personnalité, aime finalement trouver chez sa fille des différences qui lui donnent la certitude que celle-ci ne se laissera pas marcher sur les pieds et imposera par ce fait les bienfaits de sa maman. Dès lors elle devient le supporter sans ambages et sans failles de sa fille, organise son planning quotidien, fait méticuleusement attention à sa beauté, sa plastique, son hygiène, son alimentation mais aussi à sa culture et ses relations d'abord scolaires puis sociales en général. Sélective, elle est convaincue de savoir infailliblement ce qui convient le mieux à cette princesse et d'être aussi la seule à savoir la jucher sur les hauteurs où elle doit inévitablement aller. Elle devient véritablement une maman-manager et joue ce rôle avec une délicatesse et une compétence hors pair. Son impact sur la vie de fille Lion est certainement celui de la raison, de la mesure, de la recherche de vérité en toute chose. Elle est admirative de sa fille mais pas du tout dupe de ses ampleurs car elle est avant tout attachée à l'essentiel de la vie et a la tête aussi bien faite qu'une calculatrice ou qu'une encyclopédie. Elle montre donc par tout son comportement qu'il ne s'agit pas dans la vie de perdre le sens du petit, du raisonnable, du méticuleux, et de cette vision « par le petit bout de la lorgnette » dont fille Lion a besoin car elle ne l'a pas du tout. Elle tire sa maman Vierge vers les grandeurs, sa maman la redescend sur le sol ferme et leur complémentarité sur ces points est fort constructive, y compris dans leurs rapports femme/femme après l'avoir été dans le scolaire et le familial.

Le pire de la relation

Dans l'enfance, du moins jusqu'au moment où fille Lion entre à l'école elles s'entendent bien. Maman Vierge est extrêmement compétente, vigilante, aux petits soins pour sa fille Lion qui se développe en toute quiétude dans le bon droit de ce qui lui est dû et qu'elle reçoit de la part de maman Vierge. Mais leurs visions du monde et des êtres est tellement opposée, leurs aspirations et leurs armes tellement antinomiques que les heurts se font forcément jour très rapidement. Fille Lion méprise les préoccupations de sa maman Vierge et s'ennuie vite à ses côtés. Maman Vierge ne le comprend pas forcément et continue d'organiser méticuleusement les horaires, les soins, les jeux quotidiens. Cette atmosphère au formol pèse sur le dynamisme de fille Lion qui lorgne vers l'extérieur, prend des risques qui effraient maman Vierge et s'énerve dès qu'elle le peut parce que sa maman est toujours derrière son dos à observer ce qu'elle fait, donner des conseils, amoindrir au maximum les risques de heurts et de coups. Or des coups fille Lion n'a pas peur d'en prendre, d'abord parce qu'elle sait pouvoir y répondre et même s'y mesurer et qu'elle a fondamentalement besoin de se mesurer au monde extérieur. Maman Vierge agit comme si elle voulait la préserver, lui épargner les risques, la confiner dans de la sécurité. Or il n'y a pas plus incompatible au monde de fille Lion que la préservation, la sécurité, l'atermoiement. Elle veut dès l'adolescence se débarraser ni plus ni moins de ce piège endormant de maman Vierge et en prend les moyens, sans doute les plus violents. Il est vrai que pour construire la féminité flamboyante et impérieuse qui est la sienne, elle ne peut en aucun cas se référer au modèle de maman Vierge et n'a pratiquement pas le choix pour parvenir à ses fins.

Le conseil

Que maman Vierge reste tranquillement dans son rôle et dans ses possibilités. Elle a pour elle le concret, le quotidien, le réel et fille Lion, qui en manque, trouvera toujours merveilleux de pouvoir s'y référer. La Vierge est toujours au service du Lion, les signes se suivent symboliquement pour cela. Chacune a sa vision du monde, cela n'est pas toujours gratifiant mais la reconnaissance de fille Lion s'inscrit dans le besoin qu'elle manifestera toute sa vie de la logique de sa maman.

Maman Vierge-fils Lion

Le meilleur de la relation

Attentive, tendre, compétente et stabilisante sur l'aspect concret, matériel et quotidien des choses et des êtres, maman Vierge excelle à bien s'occuper de son fils Lion qui réclame, même tout petit, toute son attention. Le courant entre eux passe impeccablement lorsqu'il s'agit pour chacun de tenir le rôle qui lui incombe. Maman Vierge dans celui de la maman dévouée, effacée et solide, fils Lion dans celui du fils à qui l'on donne tout pour qu'il réussisse et construise sa vie à la mesure qui lui revient de droit. Admirative devant les certitudes de son fils qui dès qu'il peut parler, s'affirmer, choisir, s'empare toujours de l'aspect le plus brillant des choses, des jouets les plus gros et les plus colorés, des musiques les plus vives, des habits les plus amples et les plus beaux, bref qui est toujours dans « le plus » alors que maman

Vierge cherche avant la justesse de la demi-mesure, cette maman saura à la fois développer cette confiance en soi qu'il semble naturellement porter et la modérer, la baliser dans des limites au-delà desquelles elle deviendrait excessive, houleuse, mal venue selon ces visions de la vie. Elle lui fait prendre la dimension réelle des choses, l'empêche de se perdre dans trop d'emphase, de théâtralisme et aussi d'égoïsme et d'égocentrisme car elle est toujours très soucieuse du service qu'elle rend aux êtres et croit essentiellement à l'entraide, au secours mutuel, à l'altruisme. Finalement tous deux sont pleins de « beaux sentiments » même s'ils n'y attachent pas la même définition, ils peuvent très bien les mettre en commun toute leur vie. Dans les rapports homme/femme, la place de chacun est d'autant mieux respectée que fils Lion a une certaine idée « naturelle » de la femme, au service et à l'écoute de l'homme, idée que maman Vierge illustre à merveille. En contrepartie, il protège et cela n'est pas pour déplaire à maman Vierge.

Le pire de la relation

Tant qu'il est dorloté dans une relation toute destinée à son « plus grand bien » sur tous les plans, fils Lion n'a rien à reprocher à maman Vierge. Mais les heurts ne manquent pas d'arriver dès qu'elle veut lui donner des restrictions de toute sorte, des explications pointilleuses et logiques sur tous les aspects vitaux, une vision du monde trop « coupeuse de cheveux en quatre » et trop limitée qui ne peut pas lui permettre de se déployer à sa juste mesure. Il se cabre, désobéit, impose sa vision personnelle et finit, dès qu'il en acquiert l'assurance, par faire remarquer à sa maman que les mamans de ses copains ne sont pas pareilles et que « heureusement qu'il y a papa! ». Bref il la trouve toujours dans ses pattes, elle veut tout connaître, tout dépiauter, tout surveiller, habitée par une inquiétude permanente et un désarroi devant les revendications énormes de son fils Lion. Pour voler à sa dimension, lui qui n'aime pas les jupes de sa maman qui lui obstruent le monde grand, fort, dynamique auquel il a hâte de se mesurer, il n'a pas tellement le choix de faire autrement. Sa virilité, sa brillance, son courage ne peuvent prendre les voies du rapetissement désiré par maman Vierge évidemment « pour son bien ». Ils s'éloignent donc de plus en plus, maman Vierge devient nerveuse, possessive, tourmentée car au fond d'elle culpabilisée en croyant qu'elle est responsable de l'attitude de son fils à son encontre mais lui n'en a que faire. L'adolescence est difficile et les laisse tous deux le cœur un peu échaudé.

Le conseil

Pour maman Vierge le rôle est simple et il est entièrement porté sur la bonne gestion du quotidien. La dimension à laquelle aspire son fils doit obligatoirement se passer de ses limitations de champ et de vitesse. A chacun ses armes, ce qui n'empêche pas l'amour et le besoin mutuel.

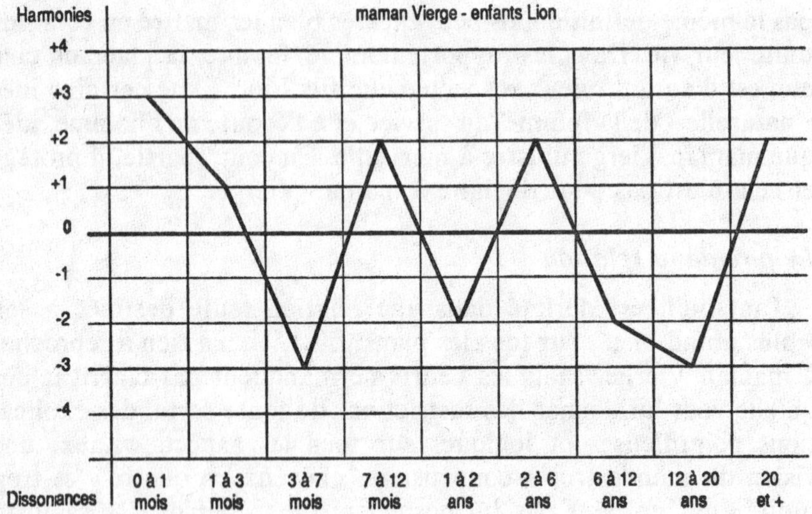

Maman Vierge-fille Vierge

Le meilleur de la relation

Cette rencontre se place sous les auspices de la raison, de la compétence, de la rationalité et fille Vierge est contente de trouver auprès de maman Vierge la régularité, les horaires, l'équilibre alimentaire et les règles de santé qui la sécurisent dès ses premiers mois et pour le reste de sa vie. Elles savent se parler et s'entendre car leurs intelligences sont identiques, pareillement teintées de rigueur, de sens critique et de savoir profond du mécanisme des êtres et des choses. On peut être certain que leur intérieur sera bien tenu et bien organisé, leur table et leur tenue parfaites, les fréquentations de la maison bien placées et bien pensantes et que le calme, la stabilité, la compétence régneront sur la relation. Stabilité, sécurité, sens de la mesure et du service rendu aux autres, toutes ces bases sont ici multipliées par deux et fille Vierge auprès de sa maman Vierge devient quelqu'un d'intelligent, quelqu'un de bien, quelqu'un de respectable et assoit sa vie sur des principes qui lui permettront d'aller loin dans ses relations aux autres, dans ses réussites scolaires puis sociales et professionnelles. La machine de la compétence est bien huilée auprès d'une maman Vierge qui veut faire de sa fille une personne « grande, simple et attentive » et les féminités se renvoient effectivement car elles sont pareillement faites de finesse, de tendresse, de maintien et de souplesse.

Le pire de la relation

La relation est soumise à un excès de sérieux et un peu engoncée dans un quotidien régulier et intelligent mais trop répétitif, fermé sur lui-même. Ces deux femmes donnent à l'existence des couleurs saines, mais sont identiquement nerveuses, exigeantes et se renvoient, au pire, leurs timidités et leurs angoisses profondes, qui trouvent sources dans leurs interrogations libidinales. Il est à craindre que le vase clos dans lequel elles vivent sur-protégées ne pousse les limites de leur auto-protection jusqu'à un point de non-retour qui serait la méfiance à l'égard de tout et tous, la critique permanente, le dépiautage, l'intellectualisation, la fermeture et le refus de contacts charnels. Maman Vierge sait effectivement très bien s'occuper de l'aspect éducatif, scolaire, moral et matériel de la vie qu'elle organise pour sa fille Vierge mais elle passe sous silence et met à l'ombre tout l'aspect sensuel, charnel, amoureux qui pourrait se développer mais qu'elle a peur de mettre en place. Se laisser aller est l'angoisse impossible de maman Vierge, perdre lui donne de l'urticaire et elle reporte tous ces impossibles sur l'inconscient trop parallèlement structuré de sa fille Vierge. Le pire serait qu'elle en fasse quelqu'un de coincé ou qu'au contraire, devant les excès de sa maman Vierge, fille Vierge ne développe que son côté « vierge folle » et plonge dans une exagération contraire, en jeune fille qui avec l'adolescence deviendrait délurée, insécurisante, désobéissante, se chamaillant sans cesse avec sa maman qu'elle trouve décidément trop sage et dont l'exemple ne lui plaît pas, du moins momentanément...

Le conseil

Le conseil est forcément l'ouverture sur l'extérieur que maman Vierge doit tenter de pratiquer au plus tôt si elle ne veut pas voir sa fille lui échapper ou au contraire, nourrir les mêmes angoisses qui tapissent ses timidités et sa nervosité.

Maman Vierge-fils Vierge

Le meilleur de la relation

C'est la rencontre de la raison au carré même si bien sûr cela n'est pas visible dès les premiers mois de la vie de fils Vierge. Au début maman Vierge fait tout pour bien organiser la vie quotidienne et elle excelle assurément dans cet aspect des choses. Elle veille sur la propreté, la régularité, l'alimentation de fils Vierge qui s'en porte fort bien car il a besoin que l'on s'occupe de lui avec attentions et qu'on l'entoure de toute la tranquillité nécessaire à son équilibre psychique et physique. Le meilleur de la relation apparaît donc bien là, dans une communication parfaite sur les aspects visibles et matériels des êtres et des choses car ils jettent tous deux le même regard « carré » sur la vie et regroupent toutes les capacités de sérieux qui permettent de mener leurs idées et projets à bien. Auprès d'une maman Vierge aussi intelligente, fils Vierge devient quelqu'un d'intelligent, de stable qui sait entretenir des relations saines et tranquilles, qui sait trouver son intérêt dans les choses et flairer le bon sens du vent, qui apprend à lire et à écrire rapidement et construit sa culture et son intériorité avec la patience et la minutie studieuse que lui transmet sa maman Vierge. Elle veut qu'il soit un être bien, fiable, obéissant, lucide et réaliste et parvient à le modeler facilement à cette image puisqu'elle correspond fondamentalement à sa structure profonde. Sans être dirigiste, elle est sévère et fils Vierge va donc auprès d'elle dans le « bon sens ». Effectivement elle pourra être fière de lui comme d'une tâche bien accomplie et en recueillir l'approbation qu'elle recherche dans son entourage. Toute leur vie ils savent qu'ils se compléteront pour être de bon conseil l'un pour l'autre et pour servir de bornes à leur évolution respective.

Le pire de la relation

Tout est bien pensé, bien organisé, bien balisé et bien prévu dans cette relation. Maman Vierge ne s'est pas engagée dans cette maternité en « perdant tête » et n'y évolue pas « à perdre haleine ». Elle fait très attention aux différentes phases qui construisent sa relation à son enfant car elle est extrêmement soucieuse de bien réussir ce rôle-là. Mais il se peut qu'à force d'attentions et d'exigences, maman Vierge ne se rende pas bien compte qu'elle tisse, autour de son fils Vierge, un univers clos sûr et sécurisant mais aussi restreint, réduit, trop balisé et trop fermé qui fonctionne sur des critères qui ne sont pas suffisamment larges pour permettre à fils Vierge qui fonctionne déjà dans des auto-protections personnelles, de s'ouvrir et d'élargir le champ de sa curiosité, de ses connaissances, de ses intérêts et finalement de ses audaces et de sa liberté générale. La relation peut donc se révéler étouffante, bloquante, astreignante et fonctionner dans le devoir et les récompenses qui en découlent plutôt que simplement dans l'affection, la tendresse, la simplicité des rapports et des dons mutuels. Fils Vierge manque de sécurité affective et possède certainement des interrogations profondes aux origines multiples qui n'assoient pas et ne facilitent pas l'assise de sa personnalité d'homme, d'amant et de père futur. Maman Vierge, très apte à en faire un bon élève et un bon élément social, secourable et intelligent autant que cultivé, l'insécurise sur le plan sensible et sensuel. Le pire serait que la relation soit froide, la froideur et la timidité étant le pire de la personnalité Vierge que maman Vierge puisse transmettre à son fils du même signe solaire.

Le conseil

Ne pas croire que le rôle de maman conduit obligatoirement et uniquement à être compétente, organisée, structurée et soucieuse du développement scolaire et social de son enfant, voilà ce que maman Vierge doit méditer. Fils Vierge malgré, et à cause, des retenues propres au signe, a besoin qu'on lui fasse découvrir les chaleurs et les tendresses du corps.

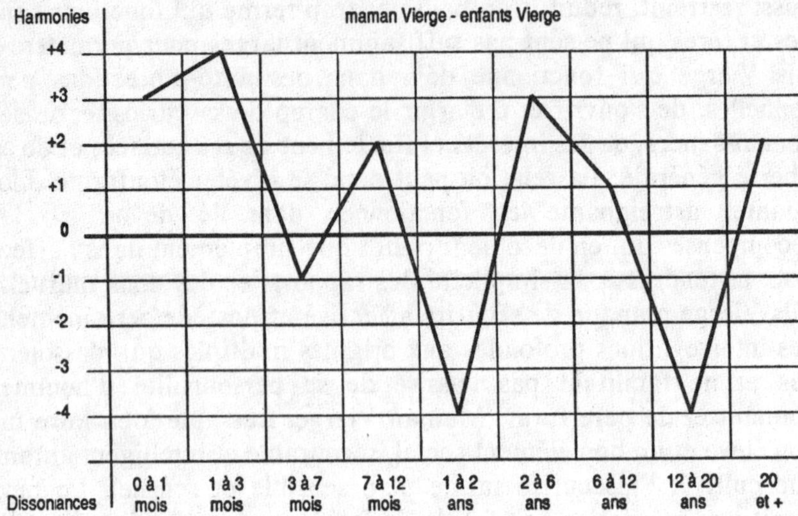

Maman Vierge-fille Balance

Le meilleur de la relation

Devant la finesse et la gentillesse de sa fille Balance, maman Vierge est touchée, elle mesure tout ce qu'elle a à lui apporter en stabilité, en sens concret des choses, en qualités de rigueur, de tranquillité, d'apaisement car elle remarque très vite que sa fille suit tous les courants, sourit volontiers au premier venu et parle bien et fort car elle aime à être cajolée et entourée comme une princesse jolie et tendre, mais qu'elle manque de volonté, d'audace et de déterminisme. Elle ne sait jamais vraiment ce qu'elle veut et c'est sur ce point que maman Vierge commence son éducation rationnelle. Elle a à apporter à sa fille Balance des qualités de raison, elle sait développer son intelligence fine et sensible car elle prend tout en charge et fait en sorte que fille Balance se sente sécurisée et puisse développer ses aspirations à l'équilibre entre les humains d'une manière attentive et efficace. Toute leur vie la relation fonctionnera ainsi, entre fille Balance qui est dans la séduction et le raffinement et maman Vierge qui est dans la gestion du quotidien et l'équilibre entre l'intellect et l'affectif. Fille Balance penchant plutôt pour le second aspect, elle apportera à sa maman Vierge le sens du gratuit, de l'harmonieux, du sensuel car elle s'autorise bien des tendresses et des câlins que maman Vierge ne s'autorise pas. Cette rencontre est donc celle entre la raison et le cœur, maman Vierge ayant beaucoup de qualités de cœur mais n'osant les montrer de peur de paraître fragilisée et moins efficace, et fille Balance possédant une raison incontestable qu'elle ne veut pas exagérer pour ne pas avoir à porter des jugements définitifs et péremptoires. L'une à côté de l'autre, elles peuvent s'apporter des équilibres qui les ouvrent à un aspect d'elles-mêmes qui sans cela manquerait.

Le pire de la relation

Il y a un aspect fondamentalement antinomique dans une relation entre une maman Vierge et une fille Balance et c'est l'aspect sensuel. Fille Balance, née sous le signe de Vénus, a profondément besoin que l'on aiguise ses ouvertures à la tendresse et que l'on développe ses sens. Elle est une petite fille fort sensible à son environnement, à la douceur, aux couleurs, à l'ambiance de celui-ci, or maman Vierge s'occupe de faire un intérieur propre mais ne pense pas du tout à l'atmosphère de sensualité générale qui doit envelopper sa fille et toute sa famille. Trop de sécheresse, de sévérité, de retenue n'aident pas l'éveil de ce qui devrait être sa personnalité de fille Balance qui a un profil plus sentimental qu'intellectuel. Pour elle, tout ce qui touche aux sentiments et à la tendresse est essentiel et aucune logique ne peut le remplacer. Ce n'est pas uniquement à force de mots et de principes que l'on est heureuse, cela elle en est certaine, or maman Vierge, sans le vouloir, ne sait pas aborder ces domaines sans complexes car cela la renvoie immédiatement aux siens. Les hiatus sont donc d'importance et bloquent la relation. Silences, retraits, tension sans vraiment que l'on sache ce qui ne va pas dans le fondamental des choses, peuvent alors apparaître avec les années.

Le conseil

Maman Vierge fait tellement tout ce qu'elle peut pour que sa fille ne manque de rien et cherche inconsciemment à en être remerciée et réconfortée qu'elle ne veut pas saisir que ce qui manque à sa fille Balance, c'est un peu moins de rigueur et un peu plus de féminité ainsi que l'autorisation toute simple d'être belle et agréable au lieu d'ordonnée.

Maman Vierge-fils Balance

Le meilleur de la relation

Le moins qu'on puisse dire d'une maman Vierge est qu'elle ne peut pas être une « mauvaise mère », cela elle ne peut se le permettre! Elle organise donc tout et se montre efficace et présente sur tous les aspects du quotidien, avec scrupules, précautions, jusqu'au bout de ses inquiétudes. Prudente elle fait attention à ce que tout dans le cadre de son fils Balance soit bien organisé et bien respecté et il est heureux d'être ainsi pris en charge. Elle développe son intelligence et sa culture et trie sur le volet les relations en « utiles » et « inutiles », critère selon lequel elle va déterminer si fils Balance est bien ou mal éduqué. Auprès d'elle il apprend logique, raison, obligation de choisir et de tenir les engagements de ses choix, ce qui est une victoire certaine de maman Vierge sur les incertitudes et hésitations de son fils. De son côté, il lui lègue un peu, au cours des années, une capacité à se laisser vivre, laisser faire, laisser aimer tout simplement sans être sans cesse dans le devoir et la réflexion, ainsi qu'un goût certain pour un savoir-vivre et savoir-plaire harmonieux et sensuel. Ils se complètent donc et la rencontre est pour cela constructive et complémentaire. Sur le plan de l'éducation, l'instruction et la culture, fils Balance est tombé sur une mère bien adaptée car elle saura le former et l'aider à réussir ses études, en se spécialisant dans un domaine précis.

Le pire de la relation

Maman Vierge est tellement occupée à être parfaite qu'elle en oublie d'être simple et de privilégier l'essentiel. Elle est décidément portée sur l'utilitaire, et évite l'accessoire. Or cet « accessoire » est bien l'essentiel de fils Balance. Attentions visibles, tendres, palpables, enveloppe de chaleur affective et gangue de câlins et de mamours, voilà ce que veut fils Balance qui porte les sentiments et les sens bien avant la raison et l'efficacité. Or maman Vierge, toute à ses comportements silencieux et minutieux, ne voit tout simplement pas qu'il en a le cœur vidé. Mal entouré, il se sent mal aimé et maman Vierge, restrictive et précautionneuse sur tout donne avec parcimonie et auto-restriction gestes, paroles, attitudes sensibles et sensuelles. Il a beau reconnaître le bien-fondé du comportement de sa maman, il n'en est pas moins sur sa faim et risque avec l'adolescence non pas de s'opposer mais bien de s'éloigner.

Le conseil

On l'aura vite compris d'après ce qui précède, fils Balance veut surtout qu'on l'aime et qu'on l'entoure et maman Vierge doit y penser à maintes reprises dans son éducation. Y penser et appliquer, ce qui reste encore une autre dimension...

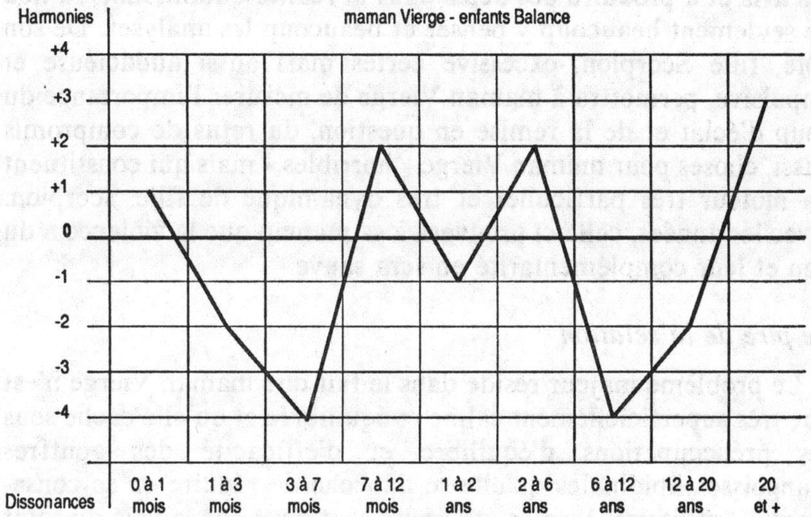

Maman Vierge-fille Scorpion

Le meilleur de la relation

Le meilleur dans une rencontre entre la demi-mesure et la passion ne se passe que lorsque les excès de l'une et de l'autre trouvent à se calmer avantageusement dans une compréhension complémentaire et efficace. Maman Vierge n'est ainsi pas sans remarquer les emportements intérieurs de sa fille Scorpion qui est un peu agitée et manifeste tout avec violence dès ses premiers mois. Comme maman Vierge s'inquiète facilement, elle se demande très vite comment elle va pouvoir calmer tout cet univers et avec les années elle parvient à « épurer », à simplifier et à stabiliser les excès de sa fille Scorpion en appliquant la méthode efficace de la raison, de la protection, de l'explication rationnelle des choses. Dès que sa fille plonge dans une manifestation exacerbée de ses violences, maman Vierge arrive à la rescousse et tente de lui faire analyser tranquillement la situation jusqu'à ce que fille Scorpion retrouve le sens logique des choses et parvienne à transformer ses obstinations en humour et en ouverture. Avec les années, cette éducation se révèle positive, maman Vierge étant d'ailleurs tellement préoccupée de positivisme qu'elle est par excellence celle qui calme les profondeurs agitées de sa fille. Elle cherchera toute sa vie à lui montrer l'aspect « éclairé » et logique de l'existence et aidera ainsi efficacement sa fille Scorpion à affirmer clairement ses avis et à produire des actes dans la réalité quotidienne au lieu de seulement beaucoup y penser et beaucoup les analyser. De son côté, fille Scorpion, excessive certes mais aussi audacieuse et impulsive, permettra à maman Vierge de mesurer l'importance du coup d'éclat et de la remise en question, du refus de compromis aussi, choses pour maman Vierge « horribles » mais qui constituent un moteur très particulier et très dynamique de fille Scorpion. Avec les années, celle-ci prouvera à sa maman que la violence a du bon et leur complémentarité en sera sauve.

Le pire de la relation

Le problème majeur réside dans le fait que maman Vierge n'est que très superficiellement calme et équilibrée et qu'elle cache sous ses préoccupations d'équilibre et d'efficacité des gouffres d'angoisses libidinales qu'elle se dépêche de réduire en se consacrant à l'utilitaire. Le sain et l'épuré sont pour elle la voie du salut comme si ne pas penser à « ces choses » et ne pas en parler devaient les éliminer. Or fille Scorpion est par excellence celle qui vit dans une connaissance infuse de l'inconscient et de ses manifestations pulsionnelles et passionnelles, et les équilibres de maman Vierge ne font sur elle aucune illusion. Elle sent bien les angoisses de sa maman et « s'amuse » même, avec un goût prononcé pour la provocation et la dérision, à en rajouter pour faire peur à maman Vierge puisque, contrairement à sa maman, elle évolue très bien dans ces jeux-là. C'est au niveau donc des transmissions d'inconscient, chargé des deux côtés, que se trame le pire de leur rapport. Fille Scorpion avec les années s'ennuie profondément auprès de maman Vierge car elle a simplement horreur de toute forme de préservation qui la pousse à manifester ses refus et à remettre complètement en question l'éducation organisée et protégée de maman Vierge. Elle lui reproche de ne pas saisir l'essentiel des relations et d'ignorer les fondements de l'humain. A force de lui dire « ne prends pas tout au négatif », maman Vierge finit par lui donner le goût de l'excès qu'elle avait voulu lui enlever. Elle sent se réveiller ses angoisses et regarde sa fille Scorpion avec terreur car elle voit bien que devant elle, aucun espace ne peut rester intact et que sa fille dépiaute, analyse autant qu'elle mais en en tirant des conclusions et un comportement absolument contraires. Les féminités qui se manifestent sont donc totalement antinomiques et leurs relations sont sérieusement compromises au moment de l'adolescence.

Le conseil

Maman Vierge doit simplement s'avouer une chose qui l'aidera à mieux orienter son éducation. La rigueur qu'elle met à éviter toute allusion au « négatif » pousse fille Scorpion à jouer de ses propres capacités d'analyse mais dans le sens contraire : elle décortique tout et juge sa maman alors que pour l'aider, il faut au contraire être très à l'écoute de ses fluctuations intérieures même si, et justement parce qu'elles sont sinueuses et ambiguës.

Maman Vierge-fils Scorpion

Le meilleur de la relation

Fils Scorpion manifeste son fort caractère très tôt dans la vie et fait montre de ses refus avec une violence que maman Vierge n'est pas sans remarquer et qu'elle cherche à rendre moins aiguë. Elle est celle qui, parce qu'elle veut sincèrement montrer le côté sain, propre, calme et régulier des choses de la vie, saura avoir un effet tout à fait équilibrant sur son fils Scorpion. Elle prend en charge tous les aspects du quotidien et pose les jalons d'une vie régulière. Elle évolue avec intelligence et maîtrise, et fils Scorpion en prend de la graine pour ne pas se laisser entraîner dans ses extrêmes. Pondération, juste mesure, calme et sérénité, maman Vierge apporte cet éclairage sain et tranquille dans la vie de fils Scorpion qui aime à ce que la vie lui soit simplifiée. De son côté, puisqu'il est curieux, intransigeant, impulsif et audacieux et que maman Vierge ne manque pas de noter son courage et sa détermination, elle l'en admire et se montre fière de le voir évoluer avec autant de pétulance car elle estime toujours que les hommes doivent être plus exemplaires que les femmes, en tout cas pour ce qui concerne l'action. Avec les années, elle lui montre toujours le sens de la logique et des choses « intelligemment » faites, des relations stables et des fréquentations constructives tandis qu'il développe un fort sentiment de protection à son encontre, la sachant fragile et apeurée. Sa grande âme et sa juste valeur des fondements de l'humain ne manqueront jamais d'étonner maman Vierge tandis qu'il appréciera sa sécurité et son égalité d'humeur.

Le pire de la relation

Ce serait qu'ils ne parviennent justement pas à respecter leurs différences et qu'ils en viennent à s'opposer sur ce que signifie la violence et le rôle qu'elle tient réellement dans l'existence. Maman Vierge veut tout maîtriser, comprendre, réduire, minimiser. Fils Scorpion ne supporte pas l'idée de préservation et trouve toujours le moyen de détruire ce qui lui semble imparfait. Sa maman, elle, estime qu'il faut améliorer l'imparfait mais surtout ne pas le casser, et protège toujours tout. Entre eux les rythmes sont très différents et les discussions difficiles car ils sont autant nerveux l'un que l'autre malgré ce que maman Vierge cherche à cacher et parce que leurs esprits sont très différemment faits. Les valeurs on l'aura compris ne sont du tout compatibles et les non-dits par contre sont légion, surtout centrés autour des « choses du corps » dont fils Scorpion est profondément habité et que maman Vierge cherche à éviter comme la peste par souci, dit-elle, de limpidité alors que c'est simplement une peur et une impossibilité à être très naturelle à l'égard des mystères de la libido puisqu'elle ne l'est déjà pas pour elle-même. Il s'ensuit des silences chargés, des violences retenues, sourdes mais présentes qui rendent la relation houleuse à l'adolescence et risquent de les éloigner, du moins pour un temps car les rapports homme/femme peuvent très bien entre eux être sains et équilibrés.

Le conseil

Arriver à suivre les méandres intérieurs qui insécurisent fils Scorpion, du moins à s'y intéresser, voilà le conseil adressé à maman Vierge si elle veut réellement l'apaiser et le stabiliser.

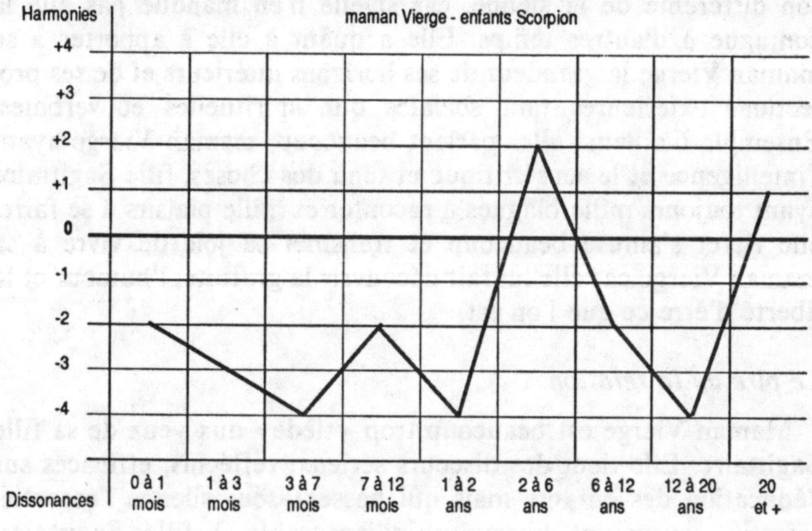

Maman Vierge-fille Sagittaire

Le meilleur de la relation

Maman Vierge est ravie de se dévouer pour ce poupon joufflu qui est sa fille et qu'elle regarde avec envie et admiration, car elle aime beaucoup son côté détendu, « relax », communicatif et curieux qui transparaît très rapidement dès les toutes premières années, les tout premiers mois de fille Sagittaire. Elle a des idées très précises et très pointues sur ce que fille Sagittaire doit devenir autant sur le plan humain que scolaire puis social et s'acharne donc à lui donner une éducation parfaite bien dirigée, bien canalisée, bien surveillée et basée sur des codes de morale, de respect des normes et des obligations sans pour autant être dénués de sensibilité et de douceurs. Elle apporte à sa fille Sagittaire extravertie et remuante un cadre pour ses ambitions et ses découvertes tous azimuts, l'aide à mieux mettre des balises et des bornes qui stimulent mais orientent aussi ses progressions. L'aide qu'elle lui apporte est celle de la protection, de l'intelligence, du sens pratique et de l'effort à long terme. Fille Sagittaire y acquiert une raison différente de la sienne, car si elle n'en manque pas elle la conjugue à d'autres temps. Elle a quant à elle à apporter à sa maman Vierge la grandeur de ses horizons intérieurs et de ses projections extérieures tant sociales que spirituelles et verbales. Ensemble d'ailleurs elles parlent beaucoup, maman Vierge ayant l'intelligence et le sens critique et ténu des choses, fille Sagittaire ayant toujours mille blagues à raconter et mille plaisirs à se faire, elle rit et s'amuse beaucoup et transmet sa joie de vivre à sa maman Vierge car elle lui fait découvrir la gratuité, l'humour et la liberté d'être ce que l'on est.

Le pire de la relation

Maman Vierge est beaucoup trop « tiède » aux yeux de sa fille Sagittaire. Elle tient des discours sérieux, réfléchis, efficaces sur l'éducation des enfants mais qui passent sous silence l'essentiel affectif, sensuel et libertaire indispensable à fille Sagittaire. Maman Vierge en effet se compromet peu en montrant son amour et encore moins en le disant, or fille Sagittaire a besoin de gros câlins, d'attouchements et de sensualité autour d'elle car elle a le goût du faste et en particulier dans le domaine affectif. Les mésententes et les mésintelligences se portent donc surtout sur ce plan-là mais relèvent d'une profonde antinomie sur le plan des visions du monde respectives. Maman Vierge nourrit le culte des horizons restreints, connus, quotidiens et bien organisés tandis que fille Sagittaire poursuit toute sa vie des horizons nouveaux, lointains, des relations et des cultures internationales et se lance dans des aventures vastes et audacieuses. Du moins la rencontre agit-elle dans ce sens entre maman Vierge et fille Sagittaire car elles pourraient, si elles s'avouaient leurs intériorités, se découvrir des points communs et des échanges possibles.

Le conseil

Il est recommandé à maman Vierge de sortir de ses prudences qui la conduisent jusqu'au mutisme de l'affectif et de tout ce qui bouge hors de son cadre réservé. Notamment dans la petite enfance, fille Sagittaire est avide d'affection et maman Vierge doit dans cette période faire des efforts d'ouverture et de transmission.

Maman Vierge-fils Sagittaire

Le meilleur de la relation

Maman Vierge a toute la rigueur et la compétence qui caractérisent son signe à apporter à son fils Sagittaire plutôt tourné vers l'espace et l'aventure, autant physiques que spirituels. Cette rencontre est celle de la prudence et de l'audace, du désir de préservation et du besoin d'ouverture. Fils Sagittaire et Maman Vierge ont tout l'espace de leurs dissemblances pour se compléter. Ce qu'ils ont à partager est aussi incompatible que ce qui manque cruellement à leurs univers respectifs et c'est sur une base de respect et d'acceptation que se fonde leur possible rencontre. Maman Vierge a une idée très déterminée de l'éducation rigoureuse, spécialisée, régulière et impeccable autant sur le plan relationnel que moral, qu'elle va s'acharner à donner à son fils avec toute la dévotion, la sagesse, l'idée presque sacrificielle qu'elle a de son rôle de mère. Fils Sagittaire, prompt à se passer de tous les détails et de toutes les façons à n'accepter aucune discipline, y gagne en lucidité, en attention, en apaisement et parvient ainsi, sous l'égide organisée de maman Vierge, à mener ses projets à bien, étape par étape et il pourra lui savoir gré d'avoir su asseoir ses ambitions avec clarté et dextérité. Le rôle éducatif de maman Vierge est incontestable et fils Sagittaire sera celui qui, connaissant la fragilité et les doutes de sa maman, lui rendra protection, ouverture d'esprit, ambiances gaies et ouvertes sur le vaste monde à travers les nombreuses relations qu'il introduit dans la maison et l'enthousiasme qui pallie les craintes constantes de sa maman.

Le pire de la relation

Le pire serait qu'ils ne parviennent pas à faire de leurs antinomies des possibilités de complémentarité. Si maman Vierge cherche uniquement à discipliner les enthousiasmes et les ouvertures de son fils Sagittaire, elle va le trouver fort rébarbatif à ses injonctions et plonger encore plus dans les doutes qu'elle ne manque déjà pas de nourrir quant à l'efficacité de son rôle. Pour sa part fils Sagittaire ne supportera pas les restrictions et les injonctions car il ne fonctionne que sur la complicité et l'interactivité, et n'obéit que si on lui explique pourquoi il a à le faire d'une part, et s'il se sent pour cela entouré et aimé, d'autre part. L'affectivité importante de fils Sagittaire risque de peu se contenter des timidités à la fois affectives et sensuelles de maman Vierge. Elle bloquera son fils dans son expression d'amour, or cela est antinomique à sa personnalité extravertie, expansive, tactile. Un froid pourrait alors régner entre eux dont ils souffriraient tous deux. Fils Sagittaire ne manquera pas de reprocher à sa maman Vierge son rythme et son style de vie, chose qui l'insécurisera d'autant et l'entraînera à lui faire d'acerbes critiques car elle sait bien analyser les défauts et trouver les mots pour les dire. Ils s'opposeront certainement sur tous ces points avec l'adolescence, et même dans leur rapport femme/homme, jusqu'à ce que les défauts de l'un et de l'autre ne les « concernent » plus et qu'ils se découvrent complémentaires en plus d'être différents.

Le conseil

Il faudrait que maman Vierge cesse de s'inquiéter et de chercher tous les moyens d'avoir l'air d'une maman impeccable pour se rassurer elle-même. Avec fils Sagittaire, elle a affaire à une personnalité forte et autonome qui déteste les détails mais possède l'envergure de faire et d'assumer ses choix vitaux. Elle a donc l'occasion rêvée d'être tranquille, qu'elle en profite...

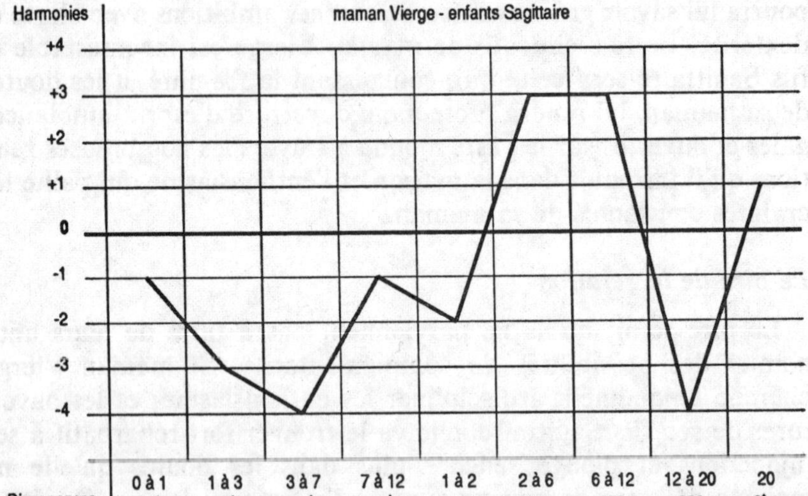

Maman Vierge-fille Capricorne

Le meilleur de la relation

Entre elles règne la raison. Maman Vierge note la sagesse et la tranquillité de sa fille Capricorne dès les premiers mois et oriente son éducation en fonction de cette ambiance feutrée et tacite en appliquant ses propres orientations de sérieux, de rigueur, de lenteur, de régularité. Elle organise tous les aspects du quotidien de sa fille et celle-ci suit très bien les orientations données par maman Vierge car elle y retrouve des principes qui confortent les siens. Dès le début de leur relation, elle sent que maman Vierge l'aidera à asseoir ses fortes ambitions car elle lui donne l'éducation qu'il faut pour cela. La confiance est entre elles réelle, elles partagent la même vision du monde, le même sens moral, la même façon de se poser dans l'existence, avec recul et maintien, en observatrices. La lucidité, la tempérance les caractérisent, elles en sont maîtresses et savent parfaitement organiser le quotidien en fonction de cela. Travail, logique, sérénité, l'enfance de fille Capricorne se colorera de ces caractéristiques auprès d'une maman Vierge. Elles s'entendent et se comprennnent bien car leurs esprits sont partiellement structurés et comme toutes deux prônent l'intelligence, on peut penser qu'elles bâtissent leur rapport femme/femme avec compétence car elles savent que toute leur vie elles pourront compter l'une sur l'autre, plus que sur quiconque.

Le pire de la relation

Les apparences sont suaves et le réel repose là-dessus mais maman Vierge et fille Capricorne ont des aspirations sensuelles et sensibles tellement différentes que le fond de la relation risque de reposer sur un malentendu. Maman Vierge a tellement peur de ses désirs et nourrit tant d'angoisses à l'égard de ses méandres libidinaux aux origines complexes qu'elle préfère éviter le sujet pour se réfugier dans l'utilitaire. Fille Capricorne possède au contraire une sensualité forte, langoureuse, charnelle d'autant plus importante qu'elle la cache derrière la pudeur, le doute, la retenue sinon une certaine sévérité de ton et de propos. Mais cette « négation » de cette partie essentielle d'elle-même ne lui fait pas de bien, elle est au contraire une grande peine à porter. Auprès de maman Vierge qui lui renvoie une image de femme austère, elle ne peut trouver la chaleur, l'encouragement, l'autorisation à vivre pleinement sa féminité. Il s'agit bien d'autorisation car maman Vierge fonctionne dans ce code de morale aiguë qui fait que l'on autorise ou on punit. A vouloir être elle-même une femme impeccable elle risque tout simplement de priver sa fille Capricorne de l'essentiel. Si avec les années elles s'accrochent pour un rien, maman Vierge devra s'interroger sur la profondeur de leurs malentendus.

Le conseil

Laisser vivre sa fille Capricorne sans trop lui imposer de codes moraux serait souhaitable pour maman Vierge car elle peut avoir toute confiance en sa fille. Celle-ci prendra conseil auprès de maman Vierge pour mener sa vie avec les couleurs qu'elle souhaite lui donner, à condition qu'on respecte sa sensualité.

Maman Vierge-fils Capricorne

Le meilleur de la relation

Ces deux signes remportant la palme de la raison, c'est un euphémisme de dire que la rencontre est marquée par la sagesse, la tranquillité, et la retenue qui conviennent autant à maman Vierge qu'à son fils Capricorne. La réalité concrète, les principes les plus rigoureux mais aussi la lenteur, sont au rendez-vous de leur quotidien commun. Maman Vierge, éducatrice avisée et lucide, donne des orientations à très long terme, ce qui convient bien à fils Capricorne, qui se sent grand avant l'âge et tient à être respecté comme tel. Elle établira un programme alimentaire, comptabilisera les heures de sortie, de jeux, de sommeil et respectera ce minutage aussi longtemps que possible, c'est-à-dire jusqu'à ce que son fils se suffise à lui-même pour le suivre. L'important pour elle est qu'il devienne intelligent, cultivé, respectueux des normes qui lui permettront de bien s'intégrer en tant qu'homme, qu'être social et professionnel. On peut lui faire confiance pour qu'à ses côtés, il renforce la stabilité de son caractère et ne fasse aucune concession à la futilité puisque celle-ci est absente de l'éducation qu'elle donne. Une très grande confiance mutuelle les soude tout au long de la vie car ils partagent le même sens moral, ont la même façon de se poser dans l'existence et s'entendent immédiatement sur les valeurs fondamentales. La précipitation, l'extravagance, l'outrance les ennuient et ils préféreront aborder l'extérieur avec du recul, en observateurs lucides et tempérants.

Travail, logique, sérénité intérieure, grâce à la dévotion totale de maman Vierge, l'enfance de fils Capricorne est ainsi définie. Tout petit, elle le prépare à être « un grand homme », lui forge un caractère studieux (sans avoir à beaucoup le pousser) car il va sans dire qu'elle souhaite le voir entreprendre de longues études que son esprit encyclopédique, rationnel et patient l'aidera à réussir. La profondeur de leurs discussions et leur complicité immédiate solidifiera d'autant le rapport homme/femme. L'ambiance est un peu « froide » mais le respect est leur meilleur atout. Bref, dans cette relation, les principes de sagesse de maman Vierge trouveront une expression exemplaire.

Le pire de la relation

« Et la tendresse bordel! » Il s'agit de se poser la question sans éviter les réponses. Maman Vierge, par peur de ses propres fluctuations libidinales (c'est celles-ci qui font du signe un des plus angoissés du zodiaque), fait tout pour remplacer la tendresse gratuite, tactile, sensuelle par du dévouement à haute dose, de la compréhension que son esprit subtil permet, une gestion impeccable des aspects du quotidien, une volonté d'être « stricte et pure » en faisant une foule d'efforts pour ne laisser poindre aucune faille comportementale. A se demander ce qui apparaîtrait si ce « colmatage » n'était aussi parfait? Fils Capricorne ne ratera pas cette transmission de l'inconscient, tue dans les mots mais exprimée par la fébrilité de sa maman. Il est toujours quelque chose de sacrificiel dans l'attitude d'une maman Vierge qui ne peut simplement pas se permettre d'échouer dans son rôle mais qui « charge » son enfant du poids de sa propre intransigeance. Leur entente, toute intelligente et rationnelle soit-elle, pourrait n'être que superficielle car elle passe sous silence l'incompatibilité de leurs aspirations affectives et sensuelles. Fils Capricorne est un « sensuel rentré » qui, malgré les apparences, conduira sa vie entière sous l'impulsion de son instinct, d'autant plus fort qu'il semble secondaire. Saturne le taciturne, qui veille sur sa raison, ne l'en départit heureusement pas de ses caractéristiques terriennes, épicuriennes sinon païennes. On voit trop souvent des Capricorne, après de longues années de respect moral, devenir outrageusement débridés, pour négliger cette réalité. Il a besoin qu'on allège son univers, qu'on lui fasse mener une vie d'enfant qui le départisse de son côté « vieillard avant l'heure » et qu'on le laisse désirer sans entraves. Pour la restriction, il se suffit à lui-même et, s'il admire sa maman très « comme il faut », il pourrait s'en sentir un peu frustré. Il bâtirait une vision trop manichéenne des femmes, les « touchables » et les « intouchables » si on ne l'aide à sortir de ses excessives pudeurs. A l'adolescence, le lourd silence qui risque de les isoler, chacun dans leur coin, pourrait bien parler de leur difficulté à partager l'essentiel.

Le conseil

Futilité et déraison sont absentes du vocabulaire de maman Vierge mais il est des plaisirs qui, pour fils Capricorne, ne passent pas par là. A côté de l'intelligence et de la culture, on espère un père plus physique, plus spontané sinon plus « jouisseur »...

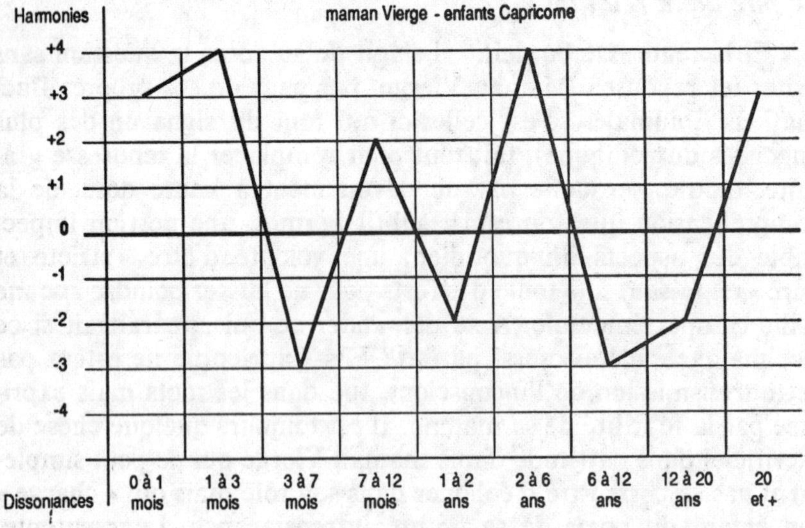

Maman Vierge-fille Verseau

Le meilleur de la relation

Fille Verseau est caractérisée par la liberté, celle de ses visions du monde et celle de son comportement quotidien. Petite, elle est surtout retirée, lunatique, intéressée uniquement par ce qui lui passe par la tête et dans la boîte à magies qu'est pour elle la télévision ainsi que tous les jeux électroniques qu'elle affectionne bien plus que tout autre aspect de la réalité quotidienne. Elle a une tendance fort irritante pour maman Vierge, de dire oui à tout pour mieux n'en faire qu'à sa tête sous couvert de superficielle obéissance. Maman Vierge n'est pas sans noter ses dispositions à l'irrespect des normes et des devoirs et elle s'attache dès le début à lui donner des balises concrètes en dehors desquelles fille Verseau n'aille pas trop vagabonder, physiquement ou psychiquement. Elle lui apporte ainsi sécurité et régularité et parvient à lui donner des principes qui aideront beaucoup fille Verseau à s'intégrer dans le réel, plus qu'elle ne le ferait seule. Elle s'occupe si bien de la maison, des études, des horaires et des conventions que fille Verseau en est incontestablement rassurée car elle sait qu'elle peut toute sa vie s'appuyer sur la stabilité d'une telle maman. Elle ne cherchera certainement pas à appliquer ce modèle féminin par trop éloigné de ce qu'elle est en profondeur mais elle respecte sa maman Vierge car celle-ci la rassure et la tranquillise. De son côté, maman Vierge, avec les années, découvrira que la liberté, l'audace et les nombreuses relations amicales de sa fille Verseau sont autant de plaisirs qu'il ne s'agit pas de refuser car ils rendent la vie bien agréable. Leur rencontre est donc fort complémentaire d'autant que fille Verseau, apparemment si frivole, est celle des deux qui a l'esprit le plus rationnel et ne nourrit pas mille questions angoissantes. Elle ne marche jamais dans les jérémiades et les culpabilisations de sa maman Vierge et ce n'est pas le moindre bien!

Le pire de la relation

Le pire viendrait si maman Vierge devait vouloir imposer de manière trop abrupte le sens de la réalité quotidienne à une fille Verseau décidément peu penchée vers la sévérité, l'obéissance, la gestion de la régularité. Elle trouverait alors des résistances sous forme de retrait et de refus et plus tard sous forme de fuites ou même de cris car fille Verseau ne peut faire autrement que vivre vite, dans l'audace et voudra protéger son territoire, vaste et multiple, que maman Vierge cherche à envahir et à pulvériser, peut-être pour mieux assurer le sien propre et ne pas remettre en question ses propres visions du monde. Deux mondes cohabitent ainsi dont le pire serait qu'ils ne trouvent jamais de navette spatiale pour communiquer réellement. Fille Verseau attendra donc dans ce foyer impeccable d'y grandir pour partir tandis que maman Vierge, notant les froideurs entre elles, s'en désespérera. Le problème fondamental est d'ordre sensible et sensuel. Fille Verseau, même si elle semble plus préoccupée de technique, de robotique et de découvertes humanitaires, n'en est pas moins une fille sensible qui a besoin de développer son affectivité, de l'exprimer et d'en recevoir en retour. Maman Vierge, si elle reste trop sur ses gardes en disciplinant à l'extrême les revendications de sa fille Verseau, ne trouvera à long terme qu'une sorte d'éloignement qui sera douloureux pour elles deux.

Le conseil

Savoir ouvrir son cœur et dire ses sentiments autant qu'organiser le quotidien et gérer tous les aspects du foyer, tel est ici le conseil car fille Verseau vit dans l'avenir et les dimensions extra-humaines et s'ennuiera dans les restrictions de maman Vierge.

Maman Vierge-fils Verseau

Le meilleur de la relation

Fils Verseau est un petit garçon sage qui regarde le monde avec ses grands yeux étonnés et maman Vierge n'est pas sans le noter. Elle en est attendrie et se dit que ce fils-là a besoin d'elle pour asseoir son quotidien et s'inscrire dans la réalité, celle qu'elle-même maîtrise si bien et qu'elle se charge de mettre en place avec le maximum d'efficacité pour son fils Verseau. Celui-ci peut être tranquille à vie, il peut évoluer tant qu'il le veut dans ses mondes intérieurs, sa maman Vierge sera toujours là pour lui tenir la main lorsqu'il redescendra sur terre. Elle s'occupe de lui donner une éducation parfaite et de lui proposer un maximum de voies spécialisées pour qu'il s'intègre en tant qu'homme et qu'être social. Elle représente pour lui l'immuable, le centre vital, la stabilité tandis qu'il lui concède une part de ses rêves, de ses originalités et de ses extravagances. Il est celui qui ouvrira l'esprit de sa maman Vierge à tous les aspects qui forment aussi la vie mais qu'elle ignorerait sans lui. Avec les années, elle s'apercevra notamment qu'il ne marche dans aucune des culpabilités et obligations qu'elle voudrait le voir adopter et qu'il la laisse seule à les entretenir car des deux, bien qu'elle s'occupe du concret, c'est lui qui possède l'esprit le plus rationnel. La complémentarité est donc efficiente sur bien des aspects, ils se respecteront et s'épauleront toute la vie, s'ils parviennent à tirer de leurs dissemblances les possibilités de rapprochement que l'on a notées ici.

Le pire de la relation

Si la complémentarité ne joue pas, ce sera obligatoirement l'opposition entre eux. Maman Vierge cherche à imposer des codes et des limites à toutes les initiatives de fils Verseau qui ne s'intéresse qu'à l'aspect ludique, irrégulier, extravagant et extra-quotidien des êtres et des choses. Si elle cherche à ne montrer à son fils que ce qu'il est bon de faire au nom de la discipline commune, elle le verra disparaître dans ses grimoires et préférer systématiquement la télévision, les jeux, les copains et son papa à ce qu'elle propose comme étant juste et bon pour lui. Il a avant tout besoin de développer son affectivité, de l'exprimer et d'en recevoir en retour. Si maman Vierge se méfie et refuse de laisser paraître son intériorité, elle pourrait le frustrer et le rendre à son tour méfiant de son entourage. Comme il n'est pas du genre à se disputer, à s'opposer violemment et à revendiquer, il s'éloignera doucement dans son monde, ce que maman Vierge ne manquera pas de vivre douloureusement car cela augmentera d'autant ses doutes intérieurs.

Le conseil

Exprimer ses sentiments et ne pas fuir dans une parfaite organisation pointilleuse du quotidien, tel est le conseil donné ici à maman Vierge dans l'éducation de son fils Verseau. Il est généreux et tendre et attend beaucoup de la compréhension complice de sa maman Vierge. Qu'elle ose...

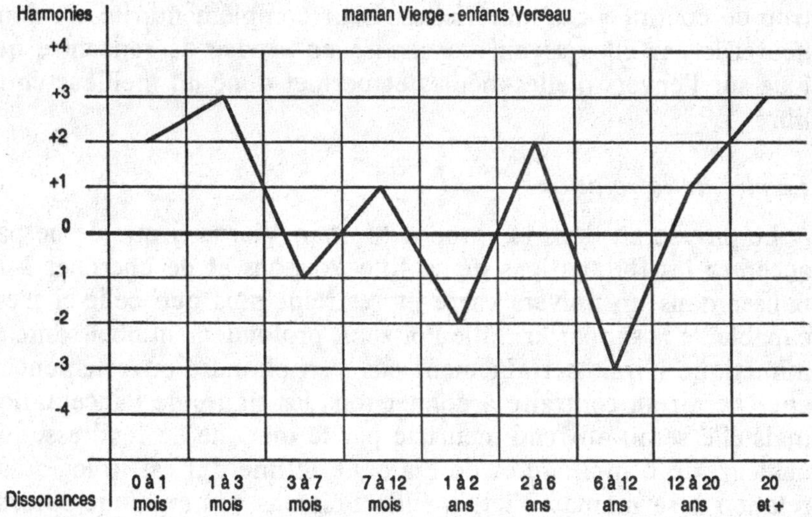

Maman Vierge-fille Poissons

Le meilleur de la relation

A fille Poissons si tendre et si réceptive, à l'univers intérieur fluctuant et tapissé de mille touches chatoyantes et irisées, qui vit au gré de ses humeurs et des changements d'ambiance qui s'inscrivent en elle très profondément, maman Vierge apportera stabilité, raison, rationalité et l'empêchera ainsi de se noyer dans trop de réflexions intérieures qui sans elle pourraient ne jamais se traduire en actes efficaces et concrets. Elle aide sa fille à mieux cerner et accepter le quotidien et tente de le lui montrer sous un jour qui ne soit pas trop rébarbatif, pour que celle-ci sache s'en servir et uitiliser cette palette de possibilités palpables en plus de celle qu'elle connaît déjà et qui est faite d'intuition, de méandres intérieurs et d'une lecture très particulière de la vie, construite de désirs profonds mais parfois impossibles. Sans les règles et les balises de maman Vierge, fille Poissons pourrait trop se contenter d'ébauches et d'esquisses sans les inscrire vraiment et elle se désespérerait à long terme de ne pas véritablement exister au quotidien. Elle apporte pour sa part à maman Vierge son goût de l'art, de la gratuité et de la délicatesse et empêche celle-ci de s'enfoncer dans trop de contingences matérielles. Leur complémentarité est donc heureuse car elles savent construire un espace de rencontre qui joue sur l'envers d'elles-mêmes et permet donc un meilleur équilibre.

Le pire de la relation

Le pire serait dans le « trop ». Maman Vierge risque de ne pas accepter les fluctuations de sa fille Poissons et de chercher à la baliser dans un univers carré et restreint plus que celle-ci n'est capable de le supporter. Fille Poissons, profondément obéissante et mimétique n'irait certainement pas s'en plaindre ouvertement et chercherait au contraire à donner tous les signes de l'acceptation mais elle serait au fond meurtrie par le manque de tendresse, de chaleur, de complicité et de dialogue intime qui est le lot de sa relation à sa maman Vierge. Fille Poissons communique surtout sans les mots mais avec la voix, les yeux, les pores et a vitalement besoin de sensualité pour vivre. Maman Vierge au contraire, ne se sert que des mots et de son intelligence et cette ambiance se révèle beaucoup trop sèche, trop compartimentée, trop exacte et précise (sinon précieuse) pour sa fille Poissons. Les malentendus sont importants entre elles, les mésententes et les mésintelligences profondes et elles risquent de s'irriter sans jamais parvenir à se toucher vraiment dans leur intériorité. Fille Poissons au lieu de se sentir mieux intégrée, se sentira forcément plus « larguée » encore dans un monde que sa maman n'habite pas et qui lui donne l'impression d'être incomprise et abandonnée. Cela est le pire des complexes du Poissons, au nom de quoi fille Poissons risque de vouloir fuir dans d'inaccessibles paradis ou dans des relations sado-masochistes sans issue qui étonneraient d'autant maman Vierge et l'amènerait à culpabiliser encore plus.

Le conseil

Savoir simplement, et y réfléchir longuement, que fille Poissons ne se contente jamais de mots mais que la seule communication possible est pour elle celle du cœur et de l'intimité, aidera peut-être maman Vierge à construire une relation plus exacte et moins bardée de principes avec sa fille Poissons.

Maman Vierge-fils Poissons

Le meilleur de la relation

L'univers de fils Poissons est fluctuant. Il évolue au gré de ses humeurs changeantes et ne capte pas la logique des principes moraux. Il ne vibre qu'à la sensualité et pourrait préférer s'inscrire dans un monde irrationnel et ne pas vouloir s'intégrer dans la réalité. Maman Vierge est par excellence celle qui saura avec ses qualités d'intelligence, de raison, de ponctualité bref, toute sa discipline pointilleuse du quotidien et son savoir-faire à l'égard de la réalité, baliser ses balades intérieures et lui donner une accroche dans le concret, ce qui permettra heureusement à fils Poissons de mieux s'intégrer dans le monde. Sans elle, il pourrait vivre au gré de son intuition et de sa sensibilité mais se contenterait d'ébauches et d'esquisses et ne traduirait jamais ses désirs en actes. Elle est donc d'un précieux secours pour sa future construction d'identité d'homme, d'être social, d'amant et de père et leur complémentarité, même houleuse et difficile, se maintiendra toute leur vie. Pour sa part, fils Poissons apporte à sa maman trop limitée dans ses obligations et ses culpabilités diverses, le goût de l'art, du gratuit, de l'envers des êtres et des choses qu'elle considère toujours un peu comme inutile et rejette d'autant. A deux, ils construisent un espace de rencontre très équilibré qui les stabilise à long terme.

Le pire de la relation

Les excès se manifestent très rapidement dans le comportement de maman Vierge qui pourrait se montrer trop acharnée à ancrer son fils Poissons dans la stricte réalité. Si elle ne fait aucune concession aux besoins essentiels de son fils qui ne peut tout simplement pas respirer dans trop de rectitudes et de règles qui l'étouffent, elle risque de lui meurtrir le cœur, fragile et tendre chez fils Poissons. Profondément obéissant et mimétique, fils Poissons la suivrait dans ses exigences et le pire serait bien là. Il donnerait tous les signes de l'acceptation par amour pour sa maman Vierge car fils Poissons ne peut se permettre de « faire du mal aux autres ». Plutôt que d'être grondé il préférera fuir dans son monde intérieur. Le pire serait qu'il s'y enfuie pour toujours par manque de complicité, de tendresse, de dialogue intime que les mots et les lois utilitaires de maman Vierge ne peuvent certainement pas pallier. Le pire du pire serait que maman Vierge cherche de plus à le culpabiliser d'être ainsi sans « colonne vertébrale » et revendique toutes les deux minutes « tous les sacrifices qu'elle fait pour lui et qu'il ne mérite pas ». Bref, elle lui reproche d'être méchant et fils Poissons, pour ne plus entendre ces accusations, finit par se plier au point d'y perdre son identité. Largué dans un monde trop sec qui lui fait mal au cœur, il trouvera toutes les issues irréelles, perverses, tortueuses et autodestructrices pour s'en sortir. Ces fuites ne manqueront pas d'irriter maman Vierge ou du moins de la culpabiliser. L'atmosphère à long terme pourrait devenir malsaine.

Le conseil

La communication pour maman Vierge est forcément celle de l'intellect et passe par les mots. A se demander ce qu'elle cherche à taire? La communication pour fils Poissons passe par les odeurs et le toucher, à se demander ce qu'il ne parvient pas à dire? Bref il serait bon que maman Vierge comprenne que son devoir, son « sacrifice », n'est pas seulement de baliser la vie quotidienne, mais de penser plus avant aux maux qui en découlent...

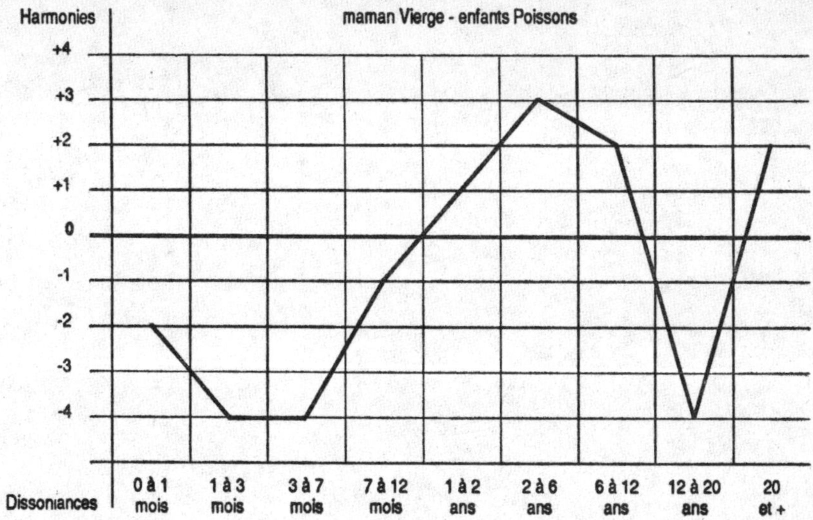
Harmonies
maman Vierge - enfants Poissons
+4
+3
+2
+1
0
-1
-2
-3
-4
Dissonances
0 à 1 mois
1 à 3 mois
3 à 7 mois
7 à 12 mois
1 à 2 ans
2 à 6 ans
6 à 12 ans
12 à 20 ans
20 et +

BALANCE

Être mère selon la femme Balance

Si vous êtes née sous le signe de Vénus comme la femme Taureau, votre vénusté à vous ne porte pas forcément de fruits charnels ou du moins, pas avec la même évidence naturelle. Vous êtes avant tout sophistiquée et cérébrale et votre identité de femme ne se réalise surtout pas avec le fait d'être mère mais, presque au contraire, dans celui de rester la maîtresse d'un homme. Sur ce plan, la maternité vous ferait quasiment peur sans parler de la grossesse que vous vivez comme un outrage à la primauté que vous accordez à votre esthétique corporelle. Et puis, malgré la perfection légendaire de vos courbes, malgré votre coquetterie et votre élégance innée, malgré vos dons naturels pour le savoir-vivre et le savoir-aimer, on s'y méprendrait devant le parfait tableau de courtisane langoureuse que vous offrez d'emblée, vous vivez votre vie et rivalisez avec un tact imparable avec les businessmen les plus combatifs. C'est dire que, plus que pour d'autres femmes, votre vie professionnelle, et surtout sociale, passe avant votre fécondité. Enfin, pour marquer le climat « encombré » de votre maternité, vous êtes finalement moraliste et soucieuse de conformité, en tout cas sur un chapitre aussi primordial que celui-là, et n'élèverez jamais « un bâtard anonyme » donc, de toutes les façons, pas d'enfant sans mariage, pas de mariage sans certitude, pas de certitude car vous êtes sans cesse en train de tout repeser. Vous qui vivez si mal les séparations qui n'en finissent pas de vous poser des questions, vous pensez très sincèrement que le divorce est un trauma insurmontable pour un enfant. Alors voilà, c'est ainsi : on ne peut pas dire que la maternité vous épanouisse franchement puisqu'elle est atteinte à votre féminité, atteinte à votre liberté, atteinte à votre ambition, atteinte à votre couple, atteinte à votre équilibre quotidien, ce qu'elle est un peu pour tout le monde mais vous n'avez aucun sens du sacrifice, ne serait-ce que passager. Conclusion? C'est pour toutes ces raisons que vous devenez une bonne mère. Vous planifiez tout pour que personne ne déborde sur le territoire de l'autre car c'est une condition *sine qua non* pour que vous aimiez bien vos enfants. Tout est possible à condition de bien équilibrer les besoins de chacun, votre rôle est celui de l'accompagnatrice d'un destin que vous ne mêlez jamais au vôtre mais que vous savez guider et développer avec le doigté et le respect mutuel indispensables. Il faut que votre vie de femme non seulement continue, mais prédomine car tout enfermement dans le rôle bêtifiant de la maman-nounou vous rendrait neurasthénique. Très tôt, dès les premiers mois, vos enfants le savent et le vivent bien ainsi. Pour que rien n'entache la relation qui vous lie à l'amant qu'est d'abord pour vous le père de vos enfants, vous dénichez la meilleure des nourrices, quels que soient le prix et les sacrifices professionnels à y mettre, vous réservant d'apporter à vos enfants toute votre culture et tout votre charme.

Ce que maman Balance attend de sa fille

« Au royaume des hommes, les muses sont reines », vous le pensez intimement et avez même bâti votre vie là-dessus. Vous attendez de votre fille à la fois qu'elle ait tous les atouts en main pour ne rien attendre des hommes et qu'elle cumule tous les attraits qui les rendront désireux de lier leur vie à la sienne. Forte, elle doit toujours savoir ce qu'elle veut et ce qu'elle veut ne va jamais dans un sens contraire à son intérêt à la fois social et intellectuel. Mais cela ne la prive pas de délicatesse, de raffinement, d'amabilité et d'une pondération fort soucieuse d'amitié franche et de justice impartiale. Elle sera soigneuse, cultivée, bourrée de charme distillé à coup de sourires éclatants. Elle aimera la simplicité griffée, les valeurs sûres, les beaux sentiments, les dîners-séduction, mais aussi les cours d'histoire de l'art, les séances chez l'esthéticienne, les relations bien placées autant que la compétence de son agent de change. C'est une courtisane certes, mais son cerveau est loin d'avoir la taille d'un petit pois. Votre fille est une Mme Récamier, précieuse mais si logique, une parfaite mutante de cette fin de siècle, une fière descendante de sa mère, mais jamais une rivale!

Ce que maman Balance attend de son fils

Vous qui faites passer la relation homme/femme avant tout, vous attendez vraiment de votre fils respect et admiration, mais à distance. « Je suis ta mère », voilà des mots qui vous viendraient facilement à la bouche avec ce qu'ils impliquent de démarcage de territoire et de sévérité sous-jacente. Sévère vous le devenez bizarrement bien plus facilement qu'avec votre fille car tous les Œdipe qui traînent vous préoccupent longtemps à l'avance, peut-être parce qu'ils vous fascinent plus que d'autres femmes.... Vous voulez qu'il vous reconnaisse comme une figure de la parfaite féminité, veillez beaucoup à être toujours impeccable avec lui et avec ses amis et vous faites une joie de toutes les suaves conversations que vos intelligences respectives sauront nourrir, mais pour cela il faut qu'il soit grand et c'est vrai que vous attendez ce moment avec impatience. Vous n'aurez à son égard plus rien de « nourricier » et l'homme qu'il devient ne vous en intéressera que davantage. Il peut vous trouver sentencieuse et hautaine, vous regarder comme une reine de beauté, s'endormir avec votre mouchoir parfumé mais tant qu'il est petit garçon, vous vous intéressez surtout à son confort et à son carnet scolaire. Plus tard, vous vous détendez et la complicité peut devenir merveilleuse : il pourra enfin vous conseiller lors d'une vente aux enchères ou d'un shopping.

Maman Balance-fille Bélier

Le meilleur de la relation

Beaucoup pourront penser que votre vénusté et votre nonchalance apparentes ne vous prédisposent pas à devenir une maman rigoureuse qui s'occupe impeccablement de ses enfants. Or, en voyant arriver cette petite fille si dynamique et si déterminée, c'est votre aspect lucide, raisonnable et régulier, profondément demandeur d'équilibre, qui arrive au galop. A fille Bélier, maman Balance apportera toute sa vie calme, pondération, souci de juste mesure et logique imparable pour comprendre et expliquer les choses. Elle note que sa fille fonce systématiquement dans le tas sans se préoccuper des conséquences et s'inquiète pour sa bonne intégration future. Or donc, elle essaie de tempérer et de lui donner une éducation qui l'ouvre à de meilleures dispositions sociales et la sorte de son égoïsme qui lui fait passer ses envies avant celles des autres et imposer son rythme. Maman Balance ne supporte pas d'être bousculée, obligée et l'accepte d'autant moins qu'elle ne considère pas que son rôle de mère doit la contraindre à tout accepter, au contraire. Elle ne fait pas de sacrifices, elle n'en fait pas peser le poids sur le dos de ses enfants et n'admet donc pas que fille Bélier cherche à lui dicter un rythme de vie nouveau qui ne lui conviendrait pas. C'est dans ce désir d'être fidèle à elle-même qu'elle devient structurante pour fille Bélier qui perçoit dans son attitude les limites à ne pas dépasser. Puisqu'elle a profondément besoin d'être balisée et de mesurer sa force à celle de sa maman, car fille Bélier fonctionne et évolue dans l'opposition et fait en sorte d'exister en s'opposant à quelqu'un, elle sera finalement rassurée de voir que maman Balance lui résiste et de plus, selon des critères très différents des siens. Son côté combatif et décidé fait parallèlement du bien à maman Balance qui est obligée de tenir ses engagements devant l'exigence de sa fille Bélier. La relation n'est pas complice mais complémentaire et elles trouveront toujours l'une chez l'autre la dynamique pour se comprendre et s'épauler.

Le pire de la relation

Les tempéraments sont tellement différents qu'à l'excès ils s'opposent. Le besoin d'opposition de fille Bélier est vital, c'est son moteur. Dans la période martienne qui est par excellence celle de sa planète, c'est-à-dire de 1 à 2 ans, lorsqu'elle se lance à la découverte du vaste monde et touche à tout, les oppositions peuvent être nombreuses car maman Balance délimite et marque son territoire, avec sourire et calme mais néanmoins avec rigueur car elle n'est pas du genre, malgré ses apparences vénusiennes, à se laisser déborder. Fille Bélier est toujours obligée de se positionner par rapport à cela et la tension est forcément de la partie, à cet âge-là mais aussi à l'adolescence et ce jusqu'au jour où elle comprend que sa maman la veut complice et solidaire et non pas adversaire. C'est néanmoins difficile car fille Bélier se sent toujours désorientée et mal aimée devant le net refus de maman Balance à se battre. Elle en perd son latin et peut plonger dans des dépressions que maman Balance ne comprendrait d'ailleurs pas car elle a l'habitude d'être toujours vaguement « tristounette ». Elles finissent par partager la mélancolie et c'est bien le pire qui puisse les rattacher.

Le conseil

Fille Bélier a besoin de pousser maman Balance dans ses derniers retranchements, maman Balance s'éloigne et les passerelles de communication peuvent ainsi être tranchées. Sur le fond, il n'y a pas grand-chose à faire car même en s'irritant elles se complètent néanmoins savamment. Maman Balance possédera la diplomatie pour bien orienter l'agressivité constructive de sa fille Bélier. Du moins on l'espère...

Maman Balance-fils Bélier

Le meilleur de la relation

Fils Bélier paraît tout de suite un peu fatigant à maman Balance car il est vif, agité et actif, revendique et montre bien sa détermination à ne pas se laisser marcher sur les pieds. Elle le rassure en tenant compte de son tempérament et l'oblige à être plus sage et plus pondéré qu'il ne le serait sans cela. Ce n'est pas un moindre bien pour les fulgurances de fils Bélier qui comprend aussi avec sa maman Balance qu'elle a beau être féminine et langoureuse, elle n'en est pas moins butée sur ces principes. Elle ne veut en aucun cas se départir de sa liberté et de sa position de femme. Elle n'est heureusement pas une « femme sacrifice » et même sans s'énerver, elle ne cède pas un pouce de son terrain. Fils Bélier a beau tourner autour, il est dans l'obligation de se calmer et de chercher une autre approche. Celle par exemple de la parole, de la simplicité, de la courtoisie, de la tranquillité, toutes découvertes de lui-même que maman Balance favorise, en plus de l'art, du raffinement, du temps nécessaire aux choses. Elle l'équilibre et l'entraîne vers des réalisations plus fines et plus indulgentes, et toute leur vie, ils sauront ainsi se compléter car même si elle s'en irrite tant qu'elle est tournée « contre » elle, maman Balance respecte la détermination, le sens de la bagarre et l'affirmation audacieuse de son fils Bélier car elle aime les hommes virils et pouffe devant les manifestations intempestives de son fils « brise-fer ». Mais elle le fait en douce...

Le pire de la relation

Ce serait que leurs trop grandes différences de rythmes et de structure psychique les conduisent à ne pas se compléter mais à se heurter violemment dès la première année, durant laquelle fils Bélier marche, cherche à s'affirmer et veut en premier lieu s'opposer à sa maman Balance. Il trouve alors une résistance qui ne correspond pas à ses besoins, à savoir une sorte de fuite diplomatique et tacite qui le laisse démuni. Il a besoin du moteur de l'émotion et de la confrontation pour construire, or maman Balance s'y refuse et finit, si elle n'y prend garde, par affaiblir ses audaces et le rendre tout à fait défaitiste. Là serait bien le pire du pire car de plus, fils Bélier n'ira pas sans reprocher à maman Balance les atermoiements et les demi-mesures pour lui invivables et dont elle a tapissé sa vie entière. Ils se heurtent donc plus ou moins violemment et l'adolescence, avec la pose d'Œdipe toujours tumultueuse chez un fils Bélier, pourrait n'être pas banale.

Le conseil

Pour fils Bélier, maman Balance manque de « consistance » ou du moins c'est ainsi qu'il la voit au pire. Au mieux, elle est cette muse parfaite pour laquelle le Bayard qu'il est ne va pas manquer de faire mille prouesses et découvrir mille bravoures, ce qui conforte beaucoup sa virilité et sa détermination. Entre les deux il est conseillé à maman Balance de savoir trouver le juste équilibre, un comble pour elle qui a la passion de la conciliation, mais elle saura bien la trouver dans une situation aussi primordiale...

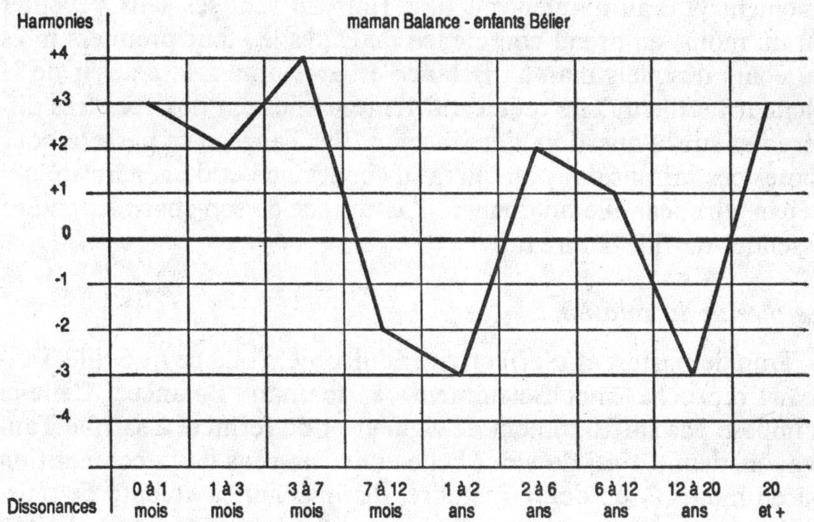

Maman Balance-fille Taureau

Le meilleur de la relation

Puisqu'elles sont toutes deux affectueuses et même plus, qu'elles s'aiment beaucoup et se le répètent abondamment, maman Balance et fille Taureau construisent à deux un nid de douceur et de tendresse qu'elles ont le privilège de savoir bien partager car elles sont seules à en connaître les codes de fonctionnement et les règles d'usage. Avec leur sens de la famille, elles rendent l'atmosphère du foyer accueillante, chaleureuse, douceureuse, profondément imbibée d'art et de voluptés diverses. Le papa pourra certainement jouir d'une réception exceptionnelle et se sentira pris en charge comme rarement homme l'est, de par les qualités à la fois sensuelles et maternantes de ces deux femmes. Auprès de sa maman Balance, fille Taureau apprendra donc très jeune l'art d'être une femme complète, c'est-à-dire capable à la fois d'harmonie, de tendresse et experte en l'art de goûter à la joie de vivre, du savoir-plaire, savoir-séduire, savoir-vivre autant qu'en celui d'en profiter elle-même. L'ambiance de la relation est vénusienne, donc portée sur la recherche de conciliation et l'amour de la pacification. Romantisme de maman Balance ajouté à sensualité de fille Taureau feront qu'elles parleront d'amour et de câlins comme peu d'autres, se comprenant implicitement et dialoguant sans ambages de leurs sentiments respectifs. Cela n'est pas uniquement vrai au moment où fille Taureau sent ses sens s'éveiller ou du moins en prend conscience mais dès les tout premiers mois au cours desquels maman Balance est très apte à la couvrir de la chaleur tactile qu'elle requiert. Même si elles ont des vues très différentes sur la question, l'enfance de fille Taureau se passera pour toutes ces raisons dans un climat de confiance et de générosité qui l'épanouira, car elle lui donnera l'assurance de son charme, moteur essentiel de fille Taureau.

Le pire de la relation

Trop de pastels et d'affectivité édulcorée, voilà ce que fille Taureau reproche inconsciemment à maman Balance. Celle-ci n'impose pas suffisamment de rigueur et de fermeté à sa fille Taureau et risque ainsi de vider celle-ci de son sens de la compétition ou du moins, à un degré moindre, d'empêcher sa volonté de puissance de s'exercer. Maman Balance tient un discours implicite : « Fais ce que tu veux ma fille », ce qui est une manière de respecter son identité mais aussi de préserver sa propre individualité. Elle ne veut pas s'engager dans des obligations éducatives qui la contraindraient trop et la liberté qu'elle laisse à fille Taureau est surtout une façon de jouir de la sienne propre. Or cela bloque tout simplement les qualités de courage, d'énergie, de détermination de sa fille, autant que ses profonds besoins de passion. La passion est bien ce qui sépare tout à fait les univers de fille Taureau et de maman Balance. Fille Taureau s'y réfère comme à un moteur essentiel qui lui permet de fournir des efforts et de se surpasser elle-même, de sortir de sa lenteur et de sa paresse, tandis que maman Balance en a tout simplement horreur car elle vit la passion comme un facteur uniquement déstabilisateur, et il l'est au regard de sa structure profonde. Fille Taureau peut avec les années ne pas trouver à quoi « s'accrocher », se heurter, se mesurer et perdre un peu de goût à vivre. C'est au moment de l'adolescence que les différences se font le plus sentir car c'est à ce moment que fille Taureau affirme sa féminité charnelle et active, constructive et obstinée totalement opposée à celle de maman Balance.

Le conseil

Les rencontres astrologiques comme celle-ci, trop marquée d'affectivité et de concorde implicite, sont douces sinon mielleuses mais fille Taureau sentira toujours lui manquer le quelque chose en plus, charnel et sexuel, qui marque sa différence profonde avec maman Balance, bien moins incarnée qu'elle. Elles risquent simplement de bien s'aimer mais de glisser l'une sur l'autre et il serait bon que maman Balance enlève un peu de l'eau de rose dont elle inonde les vins enivrants de sa fille Taureau.

Maman Balance-fils Taureau

Le meilleur de la relation

La tendresse, la volupté, la complicité tacite et sensuelle, voilà les maîtres mots qui correspondent aux univers respectifs de maman Balance et de fils Taureau, et colorent donc obligatoirement la rencontre. Sensibles aux moindres discours affectifs et aimant s'entourer d'une chaude protection sentimentale, recherchant en toutes circonstances quiétude, conciliation et pacification, fils Taureau et maman Balance vivent dans une entente de cœur réconfortante et chaleureuse pour eux deux. A l'abri des heurts et des « méchancetés » du monde extérieur, ils s'aiment comme dans les romans à l'eau de rose, atmosphère mielleuse qui est donnée par maman Balance dans les premières années de la vie de fils Taureau, ce qui correspond à la fois à ses besoins à elle et à ce qui lui permet à lui de construire sa forte affectivité en toute indulgence et en tout repos. Les sensibilités sont à l'unisson car maman Balance, en grande romantique, est heureuse de pouvoir construire son propre roman familial dans lequel fils Taureau tient le rôle central, et il le tient très bien. A ses yeux de petit garçon désirant, elle est la plus parfaite des jolies mamans qui lui permet de projeter avec assurance ses aspirations à être un parfait prince charmant serviable, charmeur, protecteur, à la mise et à l'éducation parfaitement chevaleresque. Avec ces beaux et grands sentiments, cajoleries, goûts stimulés pour l'art, l'esthétique, la noblesse de formes et d'usages, et par la complicité doucereuse qui les lie, ils pourraient bien finir par irriter les autres membres de la famille, qui se sentent à l'écart des privilèges qu'ils partagent avec tant de souplesse. L'enfance de fils Taureau est donc ici très réconfortante et structurante, du moins pour l'essentiel de lui-même : le cœur et les sens.

Le pire de la relation

Ils adorent ou haïssent les mêmes choses et leur entente sur le plan des goûts se révèle implacable. Mais maman Balance n'est exigeante, sévère et contraignante sur rien et fils Taureau pourrait en profiter pour perdre ses qualités de courage, d'audace, de combativité et d'énergie et voir ainsi son profond besoin de construction active, compétitive et tenace s'effriter dans les trop grandes indulgences et les compréhensions infinies de sa maman Balance. L'acceptation tacite de maman Balance de tous les faits et gestes de son enfant repose à la fois sur une réelle confiance dans la raison de celui-ci et sur un attachement sincère au besoin de liberté de chacun, autant que sur un refus d'engagement réel qui limiterait sa liberté propre. Il y a quelque chose de l'ordre de la demi-mesure et de la recherche de compromis qui ne correspond pas du tout au tempérament de fils Taureau, qui partage les mêmes goûts pour les tendresses du cœur mais, à la sentimentalité désincarnée de maman Balance correspond chez lui la pulsion charnelle, et cette différence fondamentale risque de les séparer car fils Taureau a vitalement besoin de la passion comme facteur de construction tandis que maman Balance la redoute en tant qu'élément déstabilisateur. Sans but précis, sans un minimum d'ordre (et d'ordres), de « carottes » et de possibilités d'opposition, fils Taureau tombe à pieds joints dans une sorte de « confiture » déstructurante qui annihilerait la solidité pourtant à toute épreuve de son caractère et amoindrirait sa virilité. Un drame au regard de l'importance que cela a dans la vie d'un Taureau.

Le conseil

Si maman Balance vide son fils de son énergie charnelle et de ses initiatives créatrices, même l'ambiance tendre et chaleureuse lui paraîtra bientôt empoisonnée. Il serait bon qu'elle évite de l'engourdir car il a déjà des difficultés à couper le cordon ombilical familial. Justesse des mots et rigidité de comportement sont donc de mise...

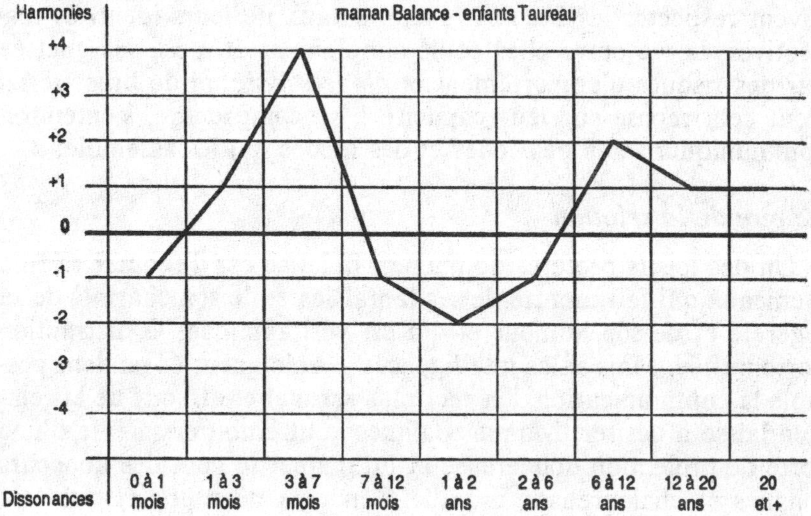

Maman Balance-fille Gémeaux

Le meilleur de la relation

La rencontre est caractérisée par la souplesse car dès le départ s'installe un climat de connivence affective et intellectuelle très éloigné de la passion mais empreint de compréhension tacite, de désir mutuel d'harmonie, de beauté et de tranquillité. Maman Balance aime l'esprit agile de sa fille Gémeaux ainsi que son dynamisme physique, choses auxquelles elle ajoute douceur, pondération et lucidité. Les excès, les emportements, les violences verbales et comportementales restent très étrangers à leur univers et les liens qui s'installent dès les premiers mois sont faits de courtoisie dans le sens où la liberté mutuelle sera toujours respectée, maman Balance n'étant pas omnipotente et omniprésente, ce qui conforte les besoins de distance et d'agilité de fille Gémeaux. Maman Balance développe les goûts artistiques de sa fille Gémeaux et elles s'entendront toute leur vie sur la notion de devenir culturel et intellectuel de l'humanité. Elles sont tournées vers l'extérieur, c'est là qu'elles vont chercher leur nourriture principale et maman Balance sera heureuse de voir que sa fille Gémeaux la suit dans ses sorties, ses rencontres, ses amitiés. La drôlerie, l'enthousiasme et la curiosité de fille Gémeaux ravissent maman Balance qui, à son contact, perd un peu de sa mélancolie légendaire et accepte de s'ouvrir plus sereinement aux contacts extérieurs. Puisqu'elles savent respecter les besoins fondamentaux de leurs identités respectives, la vie entre elles coule simplement et n'est pas guettée par des risques d'emportement et d'agressivité, ni de brusquerie. Tout cela repose sur leur capacité à se comprendre, s'entendre, communiquer selon des codes et des modes qui les assemblent.

Le pire de la relation

Un des loisirs préférés de maman Balance est d'écouter sa fille Gémeaux qui fait montre de ses fantaisies et de son charme, de sa légèreté et de son humour et qui est véritablement la distraction personnifiée. Mais si les intelligences se rejoignent et rendent possible la communication, l'aspect plus sensuel et affectif de la relation laisse à désirer. Maman Balance veut entourer sa fille d'une sorte de protection doucereuse et lui donner le goût des douceurs longues et chaleureuses, or, fille Gémeaux ne supporte que très modérément les enveloppements et préfère un rythme de vie plus rapide, plus immédiat, plus relationnel, elle vit les tendresses de sa maman Balance presque comme un boulet. Maman Balance est toute triste et se demande pourquoi sa fille cherche à lui échapper car elle met beaucoup de légèreté dans ses enveloppements et estime sincèrement que les enfants ont besoin d'être entourés pour bien s'épanouir. Fille Gémeaux accueille tout cela sans complaisance excessive, d'autant qu'elle préférerait que sa maman soit plus stricte et l'aide à y voir plus clair dans ses hésitations et ses instabilités. Or maman Balance, préoccupée de sa propre liberté et elle-même en proie à mille doutes, procure une attention un peu superficielle à sa fille Gémeaux. Sa protection est espacée et se traduit surtout en mots mais ne permet pas à sa fille de trouver les balises et la structure qui la rassureraient véritablement. La demi-teinte s'installe entre elles qui ne vont jamais au bout de leurs sentiments et de leurs désirs de rapprochement. Avec les années, on craint que la neutralité ne remplace finalement la liberté et qu'elles vivent l'une à côté de l'autre, mais en parfaite étrangeté.

Le conseil

A trop de libertés mutuelles correspond ici un excès de détachement. Ne voulant pas interférer dans leurs mondes respectifs, fille Gémeaux et maman Balance s'effleurent mais ne s'engagent pas. La pastellisation des rapports pourrait nuire à la future intégration amoureuse et sociale de fille Gémeaux. Que maman Balance tente de mettre quelques obligations strictes dans son éducation.

Maman Balance-fils Gémeaux

Le meilleur de la relation

Maman Balance et son fils Gémeaux s'entendent bien dès le départ car ils partagent une même structure d'esprit et une intelligence pareillement tournée vers le côté extérieur, mais aussi esthétique, artistique et distrayant des êtres et des choses. La communication s'établit facilement dès les premiers mois de la vie de fils Gémeaux et dans leur foyer règnent l'harmonie, le respect des libertés de chacun et on peut donc qualifier la rencontre de courtoise. Maman Balance organise la vie quotidienne de fils Gémeaux de manière qu'il ne manque de rien mais aussi qu'il ne soit pas constamment en demande à son égard car elle a autant souci de garder son indépendance qu'elle a celui de respecter la sienne. La drôlerie, la curiosité et l'enthousiasme autant cérébral que physique de fils Gémeaux la ravissent et le regarder s'amuser et évoluer dans le quotidien avec autant d'originalité constitue un de ses loisirs préférés. Par son dynamisme fils Gémeaux pallie sa mélancolie et la pousse alors qu'elle pourrait rester dans des états de demi-teinte qui correspondent peu aux besoins d'action de celui-ci. Ils se respectent et se comprennent et ne se marchent jamais sur les pieds, l'agressivité et la brusquerie sont absentes de leur panorama familial et ils savent s'entourer des relations nécessaires à leurs besoins culturels respectifs. Maman Balance, soucieuse des lois et du bon comportement moral, apportera à son fils Gémeaux le sens du respect des normes sociales et elle pallie ainsi l'immoralité et à la désobéissance excessives de celui-ci. Ils sont donc complices et le restent toute leur vie.

Le pire de la relation

Si les intelligences se rejoignent, si les caractères se complètent et permettent une bonne entente tournée vers l'extérieur, l'intériorité et en particulier leurs notions respectives de sensualité et d'affectivité les séparent. Vénusienne, maman Balance essaie d'entourer son fils Gémeaux de tendresse et de chaleur sensuelle pour lui permettre de construire son affectivité. Elle pense sincèrement que les enfants ont d'abord besoin d'amour et d'enrobage sensitif pour se construire mais elle est toute déroutée de constater à quel point fils Gémeaux refuse de recevoir ses « mamours » qui lui pèsent et l'empêchent de prendre la liberté d'agir qui pour lui demeure primordiale. Ses besoins de distance, d'agilité et de détachement sont bien plus importants que ses besoins de présence et de contacts charnels; à ne pas le comprendre maman Balance irrite son fils autant qu'elle est désemparée. La communication des cœurs laisse à désirer, maman Balance nourrit une vision romantique et chevaleresque de l'amour or son fils Gémeaux, plein d'humour mais aussi d'esprit critique sinon cynique, la déstabilise et lui enlève toutes possibilités de projection romanesque. Elle a avec lui l'impression de prêcher dans le désert, car il rit systématiquement de tous ses discours de conciliation et d'entraide. D'autre part, maman Balance est fort peu préoccupée de gestion du quotidien et méprise un peu l'aspect pratique de l'existence. Cette caractéristique se retrouve chez fils Gémeaux mais cela ne peut que l'instabiliser davantage car il aurait besoin d'une maman qui balise, prenne en charge et organise le matériel, faute de quoi il se sent insécurisé, d'autant que lui-même ne saurait le faire seul. Avec trop de détachement, la liberté qu'ils nourrissent devient de la neutralité et les rapports, pastel et superficiels, les laissent sur leurs faims essentielles.

Le conseil

Il serait bon que maman Balance tente de mettre un peu plus de codes et de balises concrètes dans son éducation, en plus de la compréhension tacite et de l'éveil artistique. Son fils Gémeaux a besoin d'un sol ferme pour ses agitations multiformes, d'un discours égal pour l'obliger à prendre ses responsabilités.

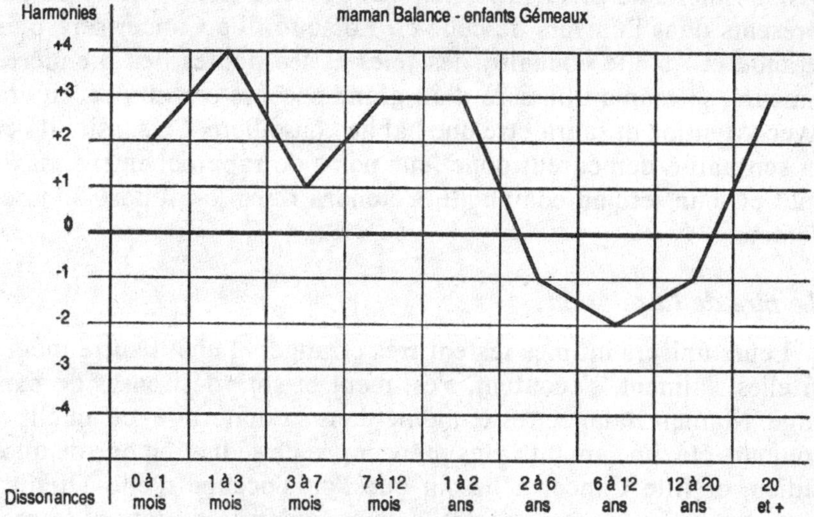

Maman Balance-fille Cancer

Le meilleur de la relation

Ce sont deux femmes très différentes ce qui n'empêche pas que leurs rapports soient empreints de douceur et de tendresse car elles sont toutes deux caressantes, enveloppantes et délicieuses. Maman Balance organise pour sa fille Cancer un cocon accueillant rempli des meilleurs aspects de la sensualité, elle éduque son goût de l'art, de l'esthétique et de la quiétude et ainsi savent-elles luxueusement partager le privilège d'être des femmes élégantes, à la fois de corps et de cœur. Dans l'enfance maman Balance et fille Cancer se complètent donc dans les joies de la maison, fille Cancer à la cuisine, maman Balance au salon. Cette dernière développe le savoir-vivre, le savoir-recevoir de sa fille Cancer et en lui présentant ses amis, elle encourage son goût pour les relations sociales que fille Cancer pourrait mépriser en ne s'intéressant qu'à ses rêveries intérieures et ses mondes ludiques. L'heureux papa qui régnera entre elles sera certainement comblé car elles sont aux petits soins pour lui et pour le confort général de la maisonnée. Le romantisme des féminités est un point de rencontre supplémentaire puisqu'elles partagent les mêmes frémissements et les mêmes délices affectifs. Avec les années, fille Cancer sensibilise sa maman Balance aux mystères de l'intériorité et lui fait découvrir l'ésotérisme et l'irrationnel, qui ne sont pas immédiatement présents dans l'univers de celle-ci. Lorsque fille Cancer sera plus grande et qu'elle connaîtra les joies et les doutes des premières amours, sa maman lui sera d'un grand secours car elle l'écoutera avec attention et saura être une habile conseillère. La sensibilité et la sensualité demeurent donc leur point de rapprochement maximal et leur sereine complicité s'étendra dans le rapport femme-femme.

Le pire de la relation

Leurs univers intimes restent très étrangers l'un à l'autre même si elles s'aiment, s'écoutent, s'estiment et sont désireuses de partage. Maman Balance reste, même dans sa maternité, ce qu'elle a toujours été, une amante plus préoccupée de séduction que de quotidien, or fille Cancer a besoin que l'on s'occupe d'elle à temps complet, qu'on reste à ses petits soins, qu'on la dorlote et la rassure, ce que maman Balance fait très partiellement. Le désir de celle-ci de préserver sa liberté et sa vie de femme domine dans ses rapports à ses enfants et fille Cancer pourrait quelque peu en souffrir. Le cocon protecteur et chaleureux dont elle rêve n'est pas ce que maman Balance sait le mieux lui procurer car elle préfère l'initier aux rapports sociaux et l'entraîner dans des visites de musées plutôt que de passer de longs après-midi à inventer des contes de fées. Il se peut qu'elle juge sa fille Cancer lourde et parasite et s'impatiente de la voir devenir grande. Mais à la brusquer elle risque de provoquer chez celle-ci des résistances et des retards de maturation, bref, le contraire de ce qu'elle avait voulu produire. Fille Cancer vit les remontrances de sa maman Balance comme une preuve de désamour, une volonté de se débarrasser d'elle, ce qui ne fait que de la pousser dans ses derniers retranchements de méfiance et d'auto-protection. C'est donc un véritable dialogue de sourds affectif qui s'installe, surtout aux abords de l'adolescence et l'on souhaite à fille Cancer de trouver ailleurs l'ancrage sensitif qui est essentiel à son équilibre.

Le conseil

L'indépendance de fille Cancer n'est pas pour demain, maman Balance s'en désespère car cela réduit d'autant la sienne. Elle doit savoir que le seul moyen efficace d'aider sa fille à grandir est de l'entourer d'amour et de protection jusqu'au moment, certes tardif, où celle-ci s'éloignera d'elle-même de sa maman...

Maman Balance-fils Cancer

Le meilleur de la relation

Maman Balance sait entourer son petit Cancer de la douceur et des attentions chatoyantes dont celui-ci a besoin pour développer sa personnalité. Il requiert tendresse et quiétude et nourrit au fond de lui-même le souhait de rester très longtemps « collé » contre sa maman pour qu'elle le protège et lui permette d'évoluer tranquillement dans les délicatesses de son esprit. Maman Balance remarque sa douceur et tous ces mondes féeriques qui transparaissent dans ses grands yeux émerveillés et elle se dit qu'elle est à même de répondre aux besoins sensitifs de son bébé. Elle crée une chaleur esthétique et nuancée avec l'art qu'elle possède de jouer sur les couleurs, les textures, les parfums et toutes subtilités qui en font une maîtresse de savoir-vivre, savoir-recevoir, savoir-plaire. Fils Cancer est ravi de tremper dans une atmosphère si douce et il est de plus heureux que tant de personnages à la fois élégants et intelligents fréquentent son cadre familial. Ces « mondanités » dans lesquelles maman Balance excelle, lui permettent de sortir de son cocon auto-protecteur et de mieux s'intégrer à la réalité sociale. Il devient auprès de maman Balance un être moins sauvage et moins égoïste qu'il n'aurait naturellement tendance à l'être, et il pourra lui en savoir gré quand, plus grand, il aura acquis l'aisance et la manière de bien s'exprimer, et de bien « fréquenter ». Il donne pour sa part toute sa tendresse et toute son admiration à sa maman si fine, si élégante en laquelle il voit une reine de beauté, ce qui le conforte dans ses rêveries. La petite enfance est donc tout imprégnée de sereine douceur et ils vivent en parfaite harmonie dans cette ambiance feutrée.

Le pire de la relation

Maman Balance entoure son fils Cancer de mille soins mais ceux-ci sont plus d'ordre extérieur que sensuel. Elle reste distante, peu à l'écoute des besoins affectifs de son fils qui a d'abord besoin de proximité et de chaleur alors que maman Balance ne lui offre qu'intelligence et subtilités artistiques; elle est en effet plus préoccupée de sa propre vie qu'elle imagine forcément libre et indépendante que de longues discussions, son petit garçon juché sur ses genoux. Lui préférerait qu'elle lui parle moins mais le câline plus et plus souvent et vit, au cours des années, le goût de sa maman pour l'extérieur, les relations sociales et la culture, comme un abandon, une preuve de désamour qui le démunit de son moteur vital essentiel. Il s'ensuit des frustrations affectives néfastes pour son indépendance car, puisqu'il reste toujours en demande d'attention, il retarde le moment où il deviendra vraiment mature, obligé de se détacher de sa maman. Celle-ci s'en impatiente d'autant et il règne entre eux, surtout aux abords de l'adolescence, une atmopshère tendue, une certaine froideur que même leurs intelligences ne parviennent pas à combler.

Le conseil

Parler à un fils Cancer et l'éduquer, c'est d'abord, pour lui qui veut sa maman pour la vie, s'adresser à son cœur, l'entourer de chaleur et de tendresse. Maman Balance se trompe souvent de langage et on peut uniquement lui conseiller de laisser à son fils le temps qui lui est nécessaire pour décider lui-même de son indépendance.

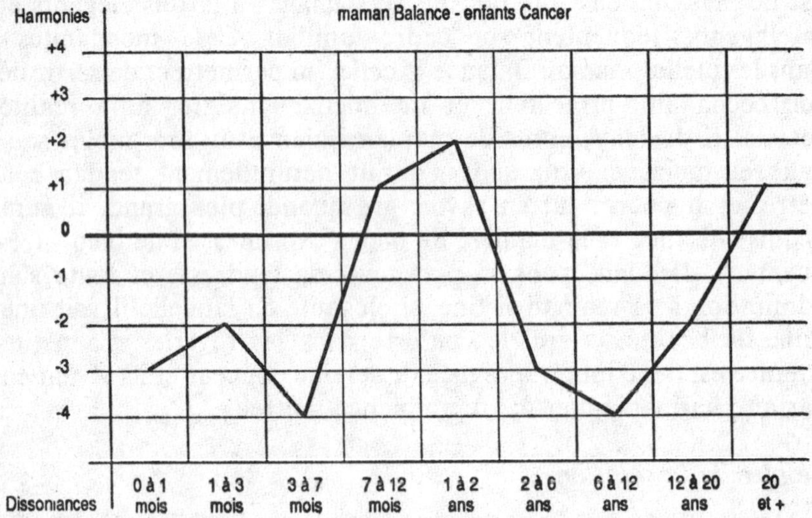

Maman Balance-fille Lion

Le meilleur de la relation

Entre elles règne une harmonie certaine car maman Balance fait tout pour satisfaire et dynamiser sa fille Lion chez laquelle elle remarque le caractère tumultueux et emporté. Elle pondère les humeurs de sa fille par la légèreté et la tendresse qui caractérisent son signe et ainsi l'ambiance familiale devient-elle plus harmonieuse, plus sentimentale et sensitive. Elle sera toute la vie celle qui arrondira les angles des humeurs trop carrées de sa fille Lion, mettra de l'humour dans son orgueil et saura développer la féminité de sa fille, qui sans cela pourrait se comporter comme « le chef de famille », en particulier, car maman Balance est toute féminité et retrait et ne donne pas une image très indépendante de son rôle de femme et de mère. Avec de belles phrases telles qu'elle sait les faire, maman Balance prouve à son enfant qu'il est bon d'être courtisane sans renoncer à son intelligence et à ses ambitions créatrices. L'ambiance feutrée et silencieuse dans laquelle maman Balance fait grandir sa fille Lion développe les goûts artistiques, esthétiques et culturels de celle-ci. Plus tard, lorsque ensemble elles fréquenteront amis et relations importantes, maman Balance pourra être sûre d'avoir été celle qui a contribué au raffinement de sa fille. Le tandem mère-fille est donc très positif, complémentaire. Fille Lion est celle qui impose la clarté et par ses exigences, oblige maman Balance à agir et à faire des choix définitifs. Outre la séduction qui constitue entre elles un point de rapprochement important, elles ont à s'apporter tout un savoir-faire, savoir-vivre. Leur rapport femme/femme sera pour cela dynamique et équilibré.

Le pire de la relation

Les antinomies entre elles apparaissent sur deux plans. D'un part fille Lion souhaiterait avoir une maman plus ferme, qui puisse répondre à son autorité naturelle et lui donner le goût de se battre. Elle n'aime pas l'atmosphère relâchée et permissive qui signe l'éducation donnée par maman Balance qui, pour garder sa propre liberté sans entraves, laisse sa fille, ses enfants en général, faire ce qu'ils veulent. Fille Lion pourrait développer un « syndrome » maternel à l'envers c'est-à-dire devenir celle qui éduque et houspille sa maman Balance pour tenter de créer une dynamique. Fille Lion a en effet besoin de concurrence pour développer son tempérament exigeant et flamboyant. Si maman Balance ne met devant elle aucune barre haut placée pour lui donner envie de la franchir, elle trouvera elle-même la manière de placer ses jalons et de remporter des challenges, et cela dès l'école. Peut-être même, si maman Balance semble si peu intéressée par le devenir de sa fille, celle-ci pensera-t-elle que sa maman ne l'aime pas car pour fille Lion, qui aime est obligatoirement exigeant.

Le second point difficile est qu'à force de n'être intéressée que par l'extérieur, elles peuvent avoir un rapport tout à fait superficiel, s'effleurer mais sans jamais comprendre leurs besoins et leurs identités profondes. Fille Lion prend sa maman pour un « parfait objet cultivé, agréable, courtois » mais inutile, ce qui peinerait beaucoup celle-ci mais ne rassurerait pas plus fille Lion.

Leurs personnalités sont très différentes et elles n'ont pas à faire la même chose dans la vie. Avec l'adolescence puis dans le rapport femme/femme, cela deviendra une évidence.

Le conseil

Une certaine froideur, un éloignement sont possibles dans cette rencontre. Il faut que maman Balance sorte de ses demi-teintes et de ses doutes pour apporter à fille Lion la proximité, la chaleur, les encouragements qui lui conviennent.

Maman Balance-fils Lion

Le meilleur de la relation

Pour fils Lion, maman Balance est fort enveloppante, elle lui apporte quiétude et confort, sait créer une ambiance feutrée qui respecte les meilleures règles du savoir-vivre, de l'esthétique et de la sobriété et cela n'est pas pour nuire au tempérament calme mais néanmoins exigeant de fils Lion. Même bébé, elle lui parle doucement, aime à passer des heures à l'entourer de sa délicate sensualité et lui murmurer des mots magiques qui décrivent l'avenir extraordinaire qu'elle prépare pour lui. Il ne comprend peut-être pas les mots mais saisit bien l'ambiance et grandit ainsi en toute confiance et en toute tranquillité. Dans la parfaite organisation du quotidien et dans l'art de rendre celui-ci savoureux qui caractérise maman Balance, fils Lion accumule des forces pour quand il sera « un grand » et goûte à la tiédeur de vivre comme un « coq en pâte » qui deviendra « coq de basse-cour », chef de famille et businessman compétent, sûr, lucide et forcément battant. Maman Balance excelle en effet à développer la virilité chatouilleuse de son fils Lion car elle est parfaitement femme et vit sa féminité avec amour et dévotion. Jamais il ne doutera auprès d'elle de la répartition des sexes puisqu'il voit bien que maman Balance, même active et indépendante, reste une « courtisane », une femme dont les hommes doivent s'occuper, et il a hâte de pouvoir être de ceux-là. L'éducation « bourgeoise », pleine de principes, de normes et de maintien que lui donne maman Balance convient bien à son tempérament car il est autant qu'elle préoccupé par la conformité sociale. Il appréciera qu'elle développe son goût artistique, sa sensibilité esthétique et son sens du travail bien fait car c'est là l'assurance d'une bonne intégration future. Sur sa maman il aura pour sa part un effet dynamisant et saura la faire sortir de ses demi-mesures et de ses hésitations. Leur complémentarité se manifestera en particulier lorsqu'ils commenceront, très vite, à sortir ensemble et démontrer à quel point ils sont des personnages du « beau monde ».

Le pire de la relation

Maman Balance entoure son fils de toute son attention mais elle ne s'occupe finalement que d'elle-même. Elle ne le fait pas avec désinvolture et en méprisant son environnement familial, au contraire, elle organise tout pour avoir la liberté de se consacrer du temps. Fils Lion, dès qu'il sera en âge de le remarquer, s'en sentira chiffonné sans pouvoir vraiment l'exprimer. Il aimerait que sa maman fût plus inconditionnelle de sa séduction et de sa virilité en herbe or maman Balance ne marche pas vraiment dans ce jeu car elle est fine mouche et sait placer quelques critiques entendues. Fils Lion se sent remis en question, seul, incompris et souffre dans son narcissisme si fragile. En définitive, malgré les suaves apparences, maman Balance est une femme de tête et la protection qu'elle offre à sa famille est un peu superficielle. Dès qu'il entre à l'école, fils Lion note l'éloignement qui se creuse entre sa maman et lui et il va jusqu'à accentuer cet état de fait pour se donner au moins l'impression qu'il en est lui-même responsable. Son orgueil est mis à mal par la tranquille indépendance de maman Balance et fils Lion pourrait même être irrité de voir que son papa ne réagit pas. Il finit par juger que sa maman est un parfait objet décoratif mais il comprend qu'il doit aller chercher ailleurs l'œil qui appuiera sa volonté de construction personnelle. Avec les années, ils ont un rapport courtois, sobre, nuancé, intelligent mais teinté de froideur car au fond, tout les sépare.

Le conseil

Soutenir son fils Lion d'un regard intéressé, chaleureux, inconditionnel, tel est le conseil donné à maman Balance. Bien sûr, pour elle c'est une « corvée » que de sans cesse exprimer l'admiration qu'elle doit obligatoirement porter à son fils, mais c'est de cela que celui-ci a besoin pour asseoir valablement son identité.

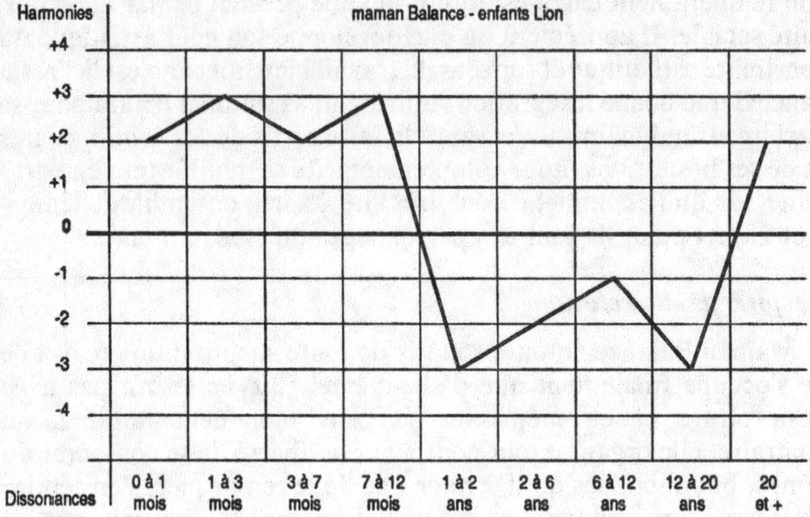

Maman Balance-fille Vierge

Le meilleur de la relation

Cette rencontre met en présence deux féminités très différentes. Entre la vénusté de maman Balance et la retenue de fille Vierge intervient toute la différence des visions du monde respectives, maman Balance s'attachant à l'aspect relationnel tandis que sa fille Vierge a tendance à juger la qualité des rapports à travers les faits concrets qui en témoignent. Cela ne les empêche pas de communiquer car elles sont toutes cérébrales et savent témoigner de leur amour mutuel par les mots autant que par les mille riens quotidiens. Maman Balance saura très bien entourer sa fille de la sensualité et de la douceur qui la caractérisent et qui ont sur la timidité de cette dernière un effet tout à fait réconfortant. Les premières années de fille Vierge se dérouleront ainsi dans la quiétude d'une ambiance feutrée, confortable et respectueuse des meilleurs aspects de l'esthétique et des règles du savoir-vivre. Dans le foyer d'une maman Balance règne toujours l'harmonie entre les formes et les couleurs mais aussi entre les membres de la famille. On peut lui faire confiance pour que soient évités les heurts et les accrochages ce qui rassure fille Vierge, dont la nervosité et l'aspiration à l'entente auraient été désorientées par une atmosphère tendue ou pire, passionnelle. La passion inquiète maman Balance et elle fait donc tout pour l'éviter, pensant vraiment qu'elle n'est créatrice que de drames. Elle cherche toujours à discuter et trouve les compromis qui respectent les identités de chacun. Fille Vierge, à travers son éducation, devient donc plus conciliante, plus confiante et ose montrer son humour autant que sa sensualité. La féminité qu'elle développe ainsi au fil des années lui permettra d'aborder sa future vie de femme, d'être social et de mère avec plus de tranquille sérénité. Auprès de maman Balance le plaisir, sous toutes ses formes, est permis et c'est sans doute le meilleur des messages qu'elle puisse transmettre à fille Vierge pour l'inciter à plus d'ouverture et d'audace.

Le pire de la relation

Maman Balance est un modèle de tranquillité pour qui veut bien la comprendre ou la copier. Elle se contente de « vivre sa vie » en toute quiétude, la suive qui l'aime... Elle est donc celle qui propose et demande implicitement à ses enfants de disposer des potentiels qu'elle représente. Mais le besoin de liberté personnelle, autant que son désir de respecter le libre arbitre d'autrui, font qu'elle peut sembler indifférente au devenir de son enfant car elle ne fait montre d'aucun dirigisme dans son éducation. A d'autres enfants ces caractéristiques conviendraient parfaitement mais elles insécurisent fille Vierge qui nourrit pour sa part une idée stricte du devoir et du respect que l'on doit à ses parents. Elle aurait presque préféré des ordres qui auraient conforté son désir d'obéissance et auraient balisé son quotidien de bornes repérables. Avec les années elle risque de préférer sa maîtresse d'école, plus sévère et selon elle, plus faible, à la tendre nonchalance de sa maman Balance. Elle juge celle-ci laxiste et peu « consistante », et comme celle-ci se révèle de plus peu intéressée par l'organisation du quotidien et les exigences pratiques, elle risque avec les années de lui reprocher ce qu'elle appelle sa « fantaisie ». Elle aura tôt fait de se raccrocher à l'utilitaire et de prendre en charge toutes les lacunes de sa maman. A l'adolescence on pourra se demander qui est la mère car fille Vierge se montrera beaucoup plus sérieuse, pragmatique, experte en gestion et en organisation ménagère, autant de choses qui ennuient profondément maman Balance alors qu'elles ont une importance quasiment obsessionnelle dans la tête de sa fille. Leurs visions du monde trop opposées rendent leur communication impossible, ou en tout cas superficielle, et elles peuvent toutes deux souffrir de l'éloignement qui s'installe.

Le conseil

Maman Balance affiche des préoccupations sentimentales et artistiques et méprise la bonne marche du quotidien, sinon de son compte en banque. Ces aspects pourtant seront essentiels pour fille Vierge et on recommande à maman Balance plus de vigilance et d'implication dans la réalité quotidienne si elle ne veut pas augmenter le sentiment général d'insécurité de sa raisonnable fille.

Maman Balance-fils Vierge

Le meilleur de la relation

Maman Balance sait très bien entourer son enfant de tendresse, de sensualité et de chaleur, ce qui produit sur fils Vierge le meilleur des effets. Sans elle, il pourrait se sentir peu apte à témoigner de ses besoins d'affection et resterait isolé, timide sinon un peu frustré. L'éducation sensible et sentimentale de maman Balance est donc primordiale pour la future vie d'homme de son fils Vierge car elle est pleine d'autorisations à l'ouverture et à la séduction, dont il se tient naturellement à l'abri. La féminité suave de sa maman le réconcilie avec son propre corps autant que l'éducation subtile, raffinée, respectueuse des meilleurs aspects de l'esthétique, du savoir-vivre, savoir-plaire, savoir-recevoir, l'ouvre à l'art et aux rapports sociaux. La maison de maman Balance est toujours pleine d'amis et de relations importantes et cela développe la sociabilité de fils Vierge et fait qu'il sera moins « ours » qu'il n'aurait tendance à l'être. Il s'ouvre à une certaine gratuité, une nonchalance et une quiétude tout à fait stabilisante car maman Balance l'aide à être plus confiant et moins fixé sur l'aspect matériel des choses. Comme ils sont de plus cérébraux tous deux, leur communication est facile et leur rapport homme/femme se vit en bonne intelligence.

Le pire de la relation

Fils Vierge exprime peu ses besoins affectifs mais ceux-ci existent pourtant à forte dose. Maman Balance le sait mais peut-être cherche-t-elle à éviter l'engagement que la prise en charge des besoins profonds de son fils impliquerait. Soucieuse de préserver son espace de liberté personnel autant que de laisser le plus total libre arbitre à son entourage, même le plus proche, maman Balance peut paraître laxiste.

Fils Vierge attend tellement d'elle qu'il pourrait la croire indifférente à son bonheur, ce qui susciterait ses peurs intérieures et augmenterait ses préoccupations utilitaires par besoin de se raccrocher à quelque chose de tangible. Les mésententes peuvent naître de leurs visions très différentes du monde, maman Balance privilégiant l'aspect sentimental et relationnel, fils Vierge se reportant plutôt sur l'aspect matérialiste. Avec les années, il pourrait juger sa maman agréable mais futile et s'en sentir d'autant insécurisé. Maman Balance voudrait qu'il s'occupe de lui-même, lui aimerait qu'elle soit plus présente et à défaut, il fera tout pour pallier ses manques par la lucidité et la gestion raisonnable de son quotidien. De là à ce que sa maman le trouve « ennuyeux » et que, à cause de cela, ils s'éloignent, il n'y a qu'un pas.

Le conseil

Maman Balance juge les gens sur ce qu'ils sont, ou non, pleins de charme et elle est un peu déconcertée par le petit garçon sérieux, sévère, et sentencieux qu'est son fils Vierge. Cependant, si elle l'entoure de douceur et de sourires, elle découvrira que ce n'est là qu'apparence protectrice et ils pourront mieux communiquer.

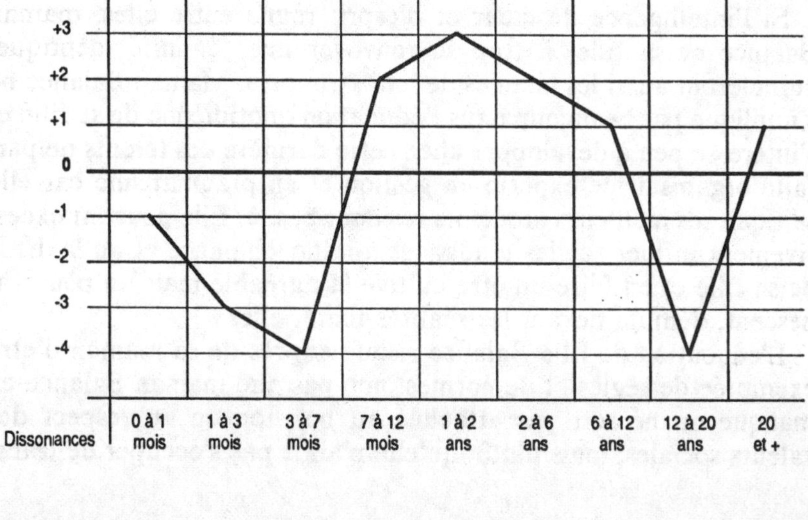

Maman Balance-fille Balance

Le meilleur de la relation

La Balance étant le signe de l'harmonie, le moins que l'on puisse dire d'une rencontre entre une mère et une fille Balance est qu'elle respecte les meilleures exigences de l'équilibre autant sentimental que sensitif. Maman Balance se rend compte des dispositions sensuelles et affectives de sa fille du même signe et développe chez celle-ci le goût du beau, l'amour de soi et les intérêts artistiques autant que relationnels. Une femme Balance vit par et pour le regard environnant et sa vie n'a de sens que dans le miroir désirant offert par l'autre, l'homme. Chez sa fille Balance, elle accentuera le respect du narcissisme car elle considère qu'il est facteur de construction et non pas d'égoïsme. Savoir s'occuper de son corps, de son éducation artistique, savoir plaire, accueillir et se rendre indispensable, tout cela fait partie de la transmission de maman Balance, transmission qui trouve en sa fille un réceptacle de choix. Leurs intelligences, leurs visions du monde et leurs sensibilités respectives se superposent et la communication s'établit facilement dès les tout premiers mois de la vie de fille Balance. Celle-ci, avec la bénédiction que sa maman lui donne à travers son éducation, deviendra une femme cultivée et raffinée convoitée par la gent masculine pour sa vénusté et pour la perfection de ses manières, tout comme l'est sa maman.

Le pire de la relation

Si l'intelligence de cœur et d'esprit règne entre elles, maman Balance et sa fille, à trop se renvoyer une féminité identique, cumuleront aussi les lacunes de leur structure. Maman Balance ne s'implique pas beaucoup dans l'éducation quotidienne de sa fille et s'intéresse peu à développer chez cette dernière des talents de parfaite organisatrice experte en gestion et en pragmatisme car elle sait que ses meilleurs atouts ne résident pas là. Elle pourrait excessivement influer sur les tendances à la nonchalance et au laxisme de sa fille et en faire un être cultivé et agréable mais un peu évanescent, démuni devant les réalités matérielles.

L'éducation de fille Balance risque auprès de sa maman d'être exemptée de règles et de normes, non pas que maman Balance en manque ou ne soit pas attachée au bon ton ou au respect des valeurs sociales, mais plutôt qu'elle n'aime pas s'occuper de transmettre cet aspect de l'existence. Quant à aider sa fille à avoir l'esprit clair et à savoir trancher dans le vif d'une situation, n'en parlons pas! Elle est elle-même trop en proie à une foule d'hésitations produites par un constant désir de concilier les contraires pour parvenir à structurer l'esprit de son enfant. Maman Balance voudrait échapper à trop de contraintes, or l'éducation d'un enfant les implique forcément. Pour ces raisons, elles peuvent avec les années vivre en parfaite harmonie mais aussi dans une certaine neutralité qui accentuerait les mélancolies chroniques de fille Balance.

Le conseil

Maman Balance doit essayer de ne pas échapper aux obligations qu'implique la maternité sous prétexte de « vivre sa vie » car fille Balance aurait tôt fait de lui renvoyer l'image de ses propres manques. Puisqu'elle connaît bien ceux-ci, maman Balance saura doser les effets équilibrants de son éducation : règles quotidiennes et objectifs à long terme en font partie.

Maman Balance-fils Balance

Le meilleur de la relation

Fils Balance sera bien « le fils de sa mère », ce qui paraît une vérité de La Palice mais n'en recouvre pas moins les similitudes de caractère et la superposition des intelligences, des sensualités et des visions du monde qui caractérisent cette rencontre astrologique. Fils Balance est suave, charmant, charmeur et de très agréable compagnie, ce que maman Balance ne manquera pas de noter dès les tout premiers mois. Elle l'entoure de la délicate attention qu'elle est experte à donner, crée autour de lui les ambiances artistiques, harmonieuses et sensuelles qu'elle sait lui convenir et, avec les années, adorera l'entraîner à sa suite dans les musées, les concerts et les magasins d'antiquités autant que dans les soirées où ils constituent une paire de choix. Fils Balance est séduit par cette femme parfaite, belle mais retenue, sensible et affable qui ne fait jamais aucune faute de goût, parle admirablement et distille son charme avec bienveillance. La séduction qui signe leur signe solaire jouera à l'évidence entre eux. Pleins de charmes, ils forment le plus beau couple de la terre et fils Balance restera toute sa vie le chevalier servant, parfaitement courtois et galant, que sa maman aura su faire de lui.

Le pire de la relation

La relation se révèle très vénusienne mais à cause de cela elle passe outre aux aspects éducatifs traditionnels que l'on aimerait trouver dans les bagages de fils Balance. Maman Balance souhaite le voir devenir un homme remarquable, sinon un amant comme on n'en fait plus, mais elle risque de trop privilégier cet aspect-là au détriment des exigences concrètes, pratiques et matérielles qui sont toujours pour elle ennuyeuses. Elle laisse généralement ses enfants se développer selon leur bonne volonté et respecte leur liberté dans l'espoir d'être payée de retour.

Mais fils Balance pourrait en profiter pour développer l'aspect nonchalant, chroniquement hésitant et conciliant qui constitue son pire défaut et empêche à terme son efficace intégration sociale autant que professionnelle. Il serait dommage qu'il devienne passif, narcissique sinon un peu égoïste mais ce pourrait être une application directe de l'éducation laxiste donnée par sa maman. Cette dernière ne manquerait d'ailleurs pas de le lui reprocher mais le pire serait que, dans l'atmosphère calfeutrée dans laquelle ils vivent, même les reproches perdent leur impact constructif. Avec les années, maman Balance et son fils du même signe pourraient ainsi remplacer leurs affinités par de la neutralité.

Le conseil

« Fais ce que tu veux et laisse-moi en paix. » L'éducation de maman Balance peut à l'excès ressembler à ce discours. Fils Balance a besoin de codes, de normes, de règles et de « carottes » justement parce qu'il considère toujours que l'effort a quelque chose de vulgaire. Il serait préférable que maman Balance parvienne à structurer son quotidien.

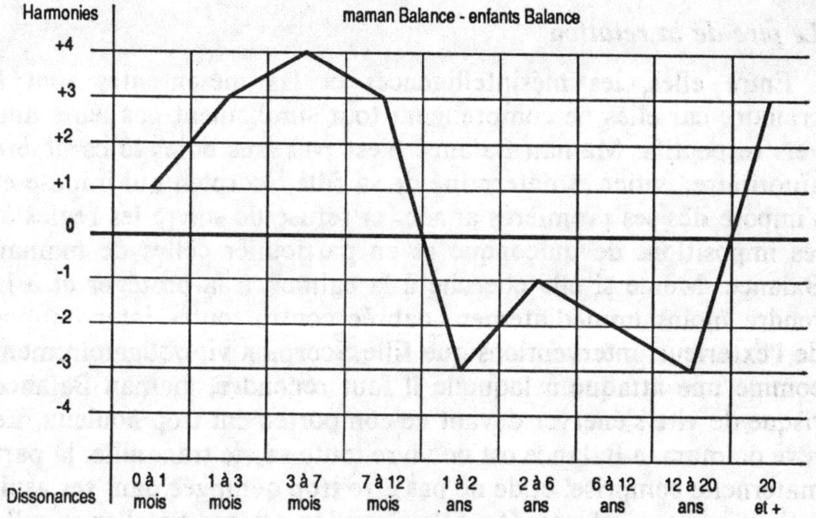

Maman Balance-fille Scorpion

Le meilleur de la relation

Maman Balance est parfaite pour corriger les tendances excessives et extrémistes de sa fille Scorpion, pour arrondir les angles de ses humeurs en dents de scie et pour offrir à l'agressivité de sa fille sa nonchalance et son profond désir de conciliation qui finissent par équilibrer les houles de celle-ci. Cette dernière avec les années a au contraire sur sa maman Balance un impact tout à fait dynamisant et constructif car elle agit sur elle comme un détonateur même si elle le fait avec excès en la poussant dans ses derniers retranchements. L'intégration de fille Scorpion dans sa future vie de femme et d'être social est donc largement encouragée par maman Balance car elle lui permet d'être plus agréable en société, de savoir sourire et ne pas utiliser sa séduction innée comme une arme mais simplement comme un charme stabilisateur. Fille Scorpion s'énerve souvent des réticences, des hésitations et des fuites de sa maman Balance et à force de lui faire des critiques, elle parvient à produire chez elle quelques réactions saines et positives. Elles ont donc l'une sur l'autre un effet tout à fait complémentaire que l'on pourrait qualifier de recherche de juste milieu entre ces extrêmes.

Le pire de la relation

Entre elles, les mésintelligences et les mésententes sont à craindre car elles ne comprennent tout simplement pas leurs univers respectifs. Maman Balance n'est pas sans noter le caractère autoritaire, entier et déterminé de sa fille Scorpion qui impose et s'impose dès ses premières années et refuse de suivre les règles et les impositions de quiconque et en particulier celles de maman Balance. Même si elle cherche à la calmer, à la protéger et à la rendre moins immédiatement cabrée contre toutes interventions de l'extérieur, interventions que fille Scorpion vit obligatoirement comme une attaque à laquelle il faut répondre, maman Balance risque de vite s'énerver devant ce comportement trop houleux. Le rêve de maman Balance est de vivre toute sa vie tranquille, la part maternelle comprise, et de ne pas être trop dérangée dans ses aspirations par ses enfants. Or, fille Scorpion est par excellence celle qui la heurtera et l'obligera à sortir de ses retranchements car elle est sans cesse en revendication devant sa maman Balance, lui pose mille questions, la harcèle et ne manque pas de la critiquer dès qu'elle n'obtient pas entière satisfaction. Tout cet univers passionnel pèse à maman Balance lorsqu'il ne l'effraie pas. Secrète, intense, impulsive, profondément magnétique, fille Scorpion séduit d'une manière très différente de celle de sa maman Balance qui est plutôt tout charme, toute harmonie et tout sourire flatteur. Les féminités s'opposent radicalement. Fille Scorpion voudrait mener le jeu, tandis que maman Balance est experte à faire venir à elle la gent masculine. Maman Balance désespère de voir son modèle ainsi contredit, sinon annihilé, car cela frustre son narcissisme tandis que fille Scorpion, puisqu'elle ne se sent pas à la hauteur du charme de sa maman Balance, préfère plonger dans des travers tout à fait opposés qui lui permettent au moins de marquer sa différence.

Le conseil

Fille Scorpion, si elle ne parvient pas à séduire sa maman Balance autrement, fera tout pour l'effrayer, pour l'obliger à sortir de ses demi-mesures. Maman Balance doit savoir qu'elle est cependant extrêmement sensible, généreuse, entière et fidèle, que pour la calmer, un seul recours existe, celui de parler ouvertement, sans ambages et sans trahisons, à son cœur et à ses sentiments en général.

Maman Balance-fils Scorpion

Le meilleur de la relation

Avec les années, maman Balance sera ravie d'avoir pour fils un être aussi fascinant, aussi énergique et aussi indépendant. Il correspond parfaitement à l'idée de l'homme à la fois charmeur, séducteur, intelligent et audacieux qu'elle se fait dans ses rêves secrets, et la séduction jouera entre eux avec une dose de sensualité magnétique très forte. Elle écoute ses chagrins et l'aide à trouver le juste milieu, la conciliation et le réconfort qui lui manquent, lui qui se croit sans cesse attaqué de toute part et par là même obligé de répondre au centuple. Avec sa vénusté et son charme, ses sourires et sa parfaite esthétique, maman Balance représente une image de femme idéale aux yeux de son fils Scorpion qui finit par n'avoir qu'une envie, c'est de l'écouter et de lui faire plaisir puisque le mot d'obéissance est de toute façon étranger à son vocabulaire. Faire plaisir à maman Balance, voilà qui décuplera son énergie, fera de lui un bon élève, soucieux de se démarquer de la masse pour mériter son regard désirant. Une grande complicité est donc possible entre eux, qui s'installera d'autant dans le rapport homme/femme.

Le pire de la relation

Bien sûr en grandissant fils Scorpion développera une idée de l'homme protecteur et au service de la femme, surtout de femme parfaitement femme telle que l'est sa maman Balance. Cependant, petit garçon, il sera peut-être dérouté par la liberté de celle-ci, qui préfère ne pas trop s'engager dans son éducation pour ne pas avoir à subir de contraintes et de restrictions dans son emploi du temps personnel. Fils Scorpion est énormément jaloux, possessif, entier et ne se contentera jamais que sa maman Balance s'intéresse à quiconque en dehors de lui.

C'est un poids que maman Balance ressent, qu'elle refuse de porter et qui, par conséquent, crée entre eux des mésententes du cœur et de l'esprit qui n'en finiront pas de les attrister. En particulier, au moment de l'adolescence, durant laquelle ils se heurteront sans vraiment cerner les véritables raisons de leur quiproquo. Même si dans leurs heurts se tisse un discours amoureux, fils Scorpion ne peut faire autrement que de « piquer » sa maman Balance, trop facile à asticoter. Il est quant à lui déterminé et carré jusque dans ses emportements et il ne comprend pas l'attitude trop réservée et trop conciliante qu'elle affiche. Peut-être tout simplement ne se sent-il pas suffisamment protégé car il préfère toujours l'attaque au dialogue, si doux et si gentil soit-il. Finalement, à force de s'opposer, ils peuvent se fatiguer mutuellement et déploreront avec les années d'avoir une relation aussi passionnelle qui somme toute convient bien à fils Scorpion mais terrorise maman Balance.

Le conseil

Il faudrait que maman Balance parvienne à établir un climat de complicité avec son fils Scorpion dès les toutes premières années. En effet, celui-ci ne répond à aucun code d'obéissance et il ne faut pas le traiter en petit garçon, ce qui lui fait voir tout en noir et devenir tout rouge.

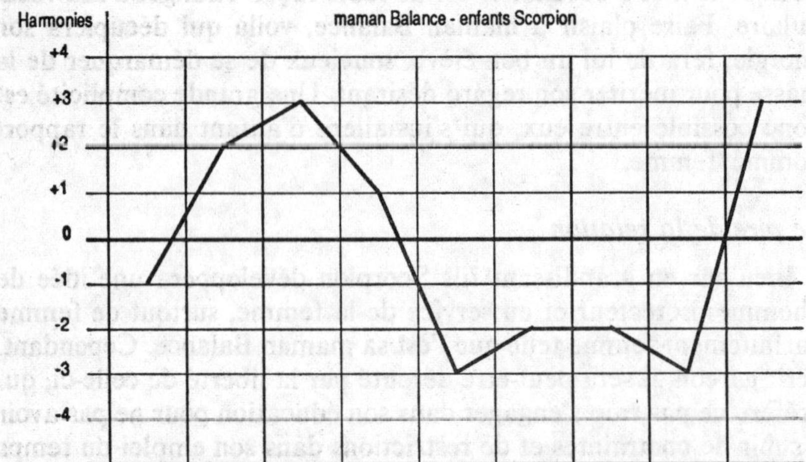

Maman Balance-fille Sagittaire

Le meilleur de la relation

C'est une rencontre astrologique « facile » car les intelligences de maman Balance et de fille Sagittaire se reconnaissent et se rejoignent et qu'elles partagent des goûts artistiques, esthétiques et des aspirations sociales similaires, autant que leurs fortes sensualités trouvent matière à se projeter l'une dans l'autre. C'est aussi une rencontre complémentaire car à la tranquillité un peu permissive de maman Balance correspond le besoin de structure, le respect naturel des normes éducatives et le penchant sous les règles du « qu'en-dira-t-on » de fille Sagittaire. Celle-ci n'est pas une dévergondée, une « sans toit ni foi » et maman Balance n'a donc pas à faire montre d'une rigueur qui conviendrait peu à son caractère. En effet fille Sagittaire n'obéit pas pour obéir ou parce qu'elle est convaincue qu'il faille le faire. Elle obéit parce que cela la conforte dans sa vision de la répartition des rôles parents-enfants qu'elle-même appliquera dans sa future vie de femme et de mère. En définitive, le respect des lois est plus la préoccupation de fille Sagittaire qu'elle n'est celle de sa maman et elle « s'éduquera seule », ce qui correspond bien au désir de liberté (et donc au refus d'engagement) de maman Balance. Le meilleur entre elles réside donc dans le respect qu'elles ont de leurs mondes respectifs, ce qui leur permet de vivre, toute leur vie, côte à côte et solidaires, en bonne intelligence mais aussi sans interférences excessives qui ne correspondraient pas à leurs tempéraments.

Le pire de la relation

A l'excès, cette situation produirait un renversement des rôles, d'autant que fille Sagittaire affiche un caractère déterminé, indépendant et quelque peu dominateur et que maman Balance a tôt fait de voir à quel point cela lui convient.

Certes, elle admire et respecte sa fille et sera toujours ravie de fréquenter avec elle les lieux culturels et représentatifs, mais n'en profite-t-elle pas pour se décharger de ses obligations, puisque sa fille affirme n'avoir besoin de personne pour affirmer son pas? Ce serait néfaste pour cette dernière dans la mesure où elle perdrait la notion de l'enfance et bâtirait une vision trop gigantesque d'elle-même, ce qui correspond au pire du Sagittaire. Il est toujours difficile pour elle de trouver des brides à ses élans pour qu'elle ne perde pas pied avec les exigences de la réalité. Auprès de maman Balance, elle qui est portée sur la pléthore, pourrait devenir non pas asociale mais « incasable » et se croire véritablement tout permis. Ses déceptions futures n'en seraient qu'augmentées.

Le conseil

Ce n'est pas parce qu'elle est indépendante et originale que fille Sagittaire n'a pas besoin d'être protégée. Maman Balance aurait tort de se satisfaire d'avoir une fille « forte » car les besoins de prise en charge affective de celle-ci sont aussi grands que ses aspirations à l'envergure et ses facilités de commandement.

Maman Balance-fils Sagittaire

Le meilleur de la relation

La relation a toutes les chances de se dérouler harmonieusement entre une maman Balance et un fils Sagittaire car leurs intelligences se rejoignent autant que leurs sensualités et que la séduction joue incontestablement un rôle essentiel dans leurs rapports. Maman Balance est ravie d'avoir un enfant aussi gai, précoce et manifestement indépendant. Elle excelle à développer ses goûts culturels et artistiques et aimera avec les années à l'entraîner dans ses découvertes et en particulier à jouir avec lui de la compagnie de gens intéressants et bien placés. Ils sont aimables, bienveillants et aussi éloignés que possible de toute vulgarité. La vision du monde qu'ils partagent est faite de raffinement, d'audace, de courtoisie. Maman Balance sera d'ailleurs ravie de sentir l'esprit chevaleresque de son fils Sagittaire qui se révèle très vite un parfait chevalier servant de sa féminité délicate et raffinée. Il règne entre eux un certain esprit « bourgeois », dans le meilleur de ce que ce mot recouvre. Bonnes manières, bonnes intentions, bien vivre, bien recevoir et bien paraître, l'atmosphère qui les unit se définirait ainsi. Avec les années, fils Sagittaire affirme sa carrure virile et prend rapidement sa maman sous son aile protectrice. Il découvre ainsi son futur rôle d'homme et d'amant et maman Balance sait sans doute très bien lui fournir matière à cet exercice. Elle estime toujours que les hommes doivent s'occuper des femmes et ce n'est pas fils Sagittaire qui irait la contredire dans ses convictions.

Le pire de la relation

Entre eux tout est douceur, luxe et raffinement mais risque aussi pour cela d'être un peu superficiel. En effet, l'intérêt pour l'extérieur de maman Balance rejoint celui de son fils Sagittaire et s'ils sont très bien dans les rapports humains, ils n'en sont pas plus intimes.

L'affectivité de fils Sagittaire ne se satisfait pas des effleurements de maman Balance qui n'engagent pas ses sentiments ou du moins, qui ne les manifeste jamais ouvertement, par simple désir de n'être pas « encombrante ». Mais à force de maintien et de subtilité, elle peut apparaître négligente, sinon indifférente, au cœur de son fils Sagittaire qui a besoin d'implication, de rapports tactiles, de langueurs sensuelles et se désespère de trop de délicatesse de la part de sa maman, notamment lorsque, entrant à l'école, il aimerait qu'elle soit plus présente, plus encourageante sinon plus admirative devant ses efforts. L'admiration et l'exigence affirmées sont pour lui des moteurs que l'affabilité de maman Balance n'est pas en mesure de lui procurer. Manquant de répondant devant une maman qui « accepte tout » (et il a tôt fait de penser qu'elle accepte n'importe quoi), même son audace et son sens de la compétition s'en trouveraient affaiblis.

Il plongerait dans des doutes et des mélancolies d'autant plus néfastes qu'il n'a pas la structure intérieure à en faire une force. Il est fait pour les affirmations claires, nettes et sans ambages et les demi-mesures comportementales de maman Balance agissent comme un seau d'eau sur un feu de cheminée...

Le conseil

Maman Balance pense toujours que la revendication et l'exigence ressemblent à une déclaration de guerre or rien n'est plus étranger à son univers. Elle a pour seule passion la conciliation et la recherche de compromis et fils Sagittaire qui, en signe de feu, a besoin d'opposition, même aimable, pour avancer, risque d'y perdre tous ses moteurs. Et si maman Balance jouait le jeu, ne serait-ce que parce que c'est son devoir de mère?

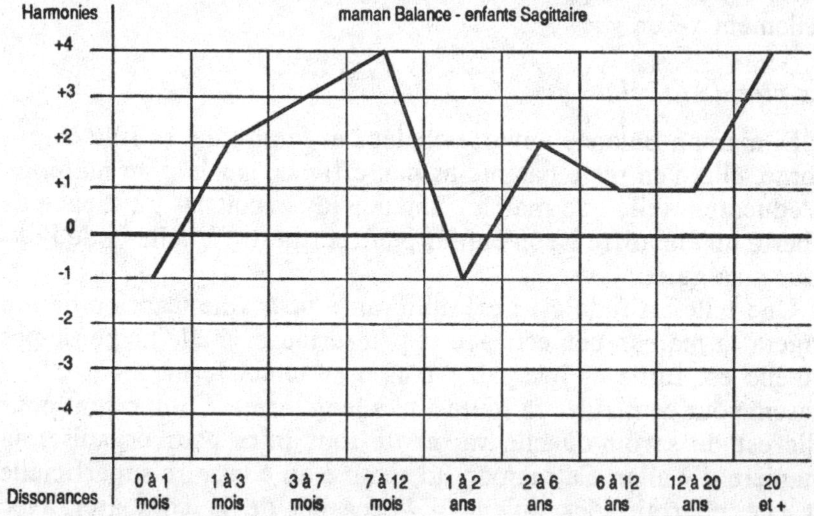

Maman Balance-fille Capricorne

Le meilleur de la relation

Maman Balance et fille Capricorne, très différentes l'une de l'autre, peuvent équilibrer leurs points forts et leurs points faibles respectifs. Maman Balance entoure sa fille de douceur et de tendresses qui laisseront dans le cœur de fille Capricorne le souvenir d'une enfance apaisante, gage de confiance pour ses relations futures. Auprès d'une maman aussi souple, souriante et sensuelle, elle développe en toute quiétude l'aspect chaleureux de sa personnalité, devient plus aimable que taciturne, plus câline que renfermée, s'autorise des douceurs et des futilités au lieu de n'être que sérieuse, travailleuse, raisonnable. La féminité qu'elle construit ainsi lui ouvre des horizons nouveaux et sa future intégration en tant que femme, amante et mère sera placée sous de bons augures. Maman Balance simplifie son univers intérieur et lui fait apprécier les joies de bonnes relations sociales et amicales qui viennent peupler son foyer. Fille Capricorne y perd au passage un peu de sa pudeur et de sa timidité mais devient plus sociable et plus sereine. Sa petite enfance se passe donc au mieux auprès d'une maman qui développe en elle les goûts artistiques et le respect de son corps et de ses propres besoins sensitifs. Grâce à sa lucidité et à sa juste vision des êtres et des choses, elle conseillera sa maman Balance puisqu'elle n'aura manqué de remarquer que cette dernière se désintéresse des exigences pratiques que fille Capricorne sait naturellement gérer.

Le pire de la relation

Si maman Balance apporte chaleur et féminité à sa fille Capricorne, elle n'en reste pas moins peu efficace sur le plan matériel. L'éducation telle que maman Balance la conçoit est un espace de liberté qu'elle offre à son enfant pour permettre à celle-ci de l'utiliser à sa guise.

Une telle attitude est déséquilibrante pour fille Capricorne qui jugera sa maman peu efficace et peu sérieuse, si elle ne pense pas qu'elle est futile et incapable d'assurer le sol ferme dont elle a besoin pour construire sa route à très long terme. L'important pour elle est de savoir où elle va, et de tout faire pour organiser la manière d'y aller. Sa maman lui semble au contraire superficielle et elle pourrait, dès qu'elle a l'occasion de la comparer avec d'autres personnes de son environnement, en particulier scolaire, juger très sévèrement sa maman, la trouver infantile et se sentir obligée de tout assumer à sa place. Elle en a d'ailleurs la carrure mais cela ne la conforterait que plus dans son côté « adulte avant l'heure », dans ses renfermements, ses sobriétés, sa sévérité dont elle fait montre vis-à-vis d'elle-même et de son entourage. Ce serait alors une totale rupture de contact entre elle et sa maman et, à voir avec quel sérieux elle prend en charge le foyer, on pourra se demander laquelle des deux est la mère. Si fille Capricorne n'en paraît que plus triste, il ne faudrait pas que maman Balance s'en étonne.

Le conseil

Maman Balance aspire à la légèreté tandis que fille Capricorne revendique le sérieux à très long terme. Si maman Balance fait l'effort de ne pas trouver l'univers de sa fille trop guindé, cela lui évitera de l'en accuser et de la renvoyer ainsi à sa solitude. Elle doit pour cela être convaincue que fille Capricorne ne demande pas mieux que de s'alléger. A bon entendeur...

Maman Balance-fils Capricorne

Le meilleur de la relation

Fils Capricorne est un petit garçon sérieux pour lequel maman Balance, avec la vénusté et l'élégance qui la caractérisent, apparaît comme une muse. Elle saura d'ailleurs enchanter sa petite enfance, avec les tendresses dont elle entoure son petit corps et la délicatesse avec laquelle elle s'occupe de leur univers quotidien. La maison de maman Balance est confortable et respecte les meilleures règles du goût, l'harmonie des couleurs et des étoffes mais aussi celles des caractères de chacun des membres du foyer. Elle veille à ce que soient respectées les identités et les aspirations et trouve toujours, grâce à sa diplomatie, le moyen de concilier les dissemblances. Cela met du baume au cœur de fils Capricorne qui apprécie la diplomatie et ne déteste rien tant que les heurts passionnels. La tranquillité dont il a besoin pour nourrir son caractère sage et profond semble donc parfaitement respectée dans cette rencontre. De plus, et c'est un aspect très important, maman Balance sait rassurer son fils sur sa séduction car elle l'autorise naturellement à montrer sa sensualité et ses désirs. Il devient donc plus ouvert, plus sociable, plus confiant et s'intégrera d'autant mieux dans sa future vie d'homme, d'être social et de père. Il respecte beaucoup cette femme élégante et retenue et fait tout pour lui faire plaisir, y compris de bien s'occuper du quotidien et d'être très obéissant. L'harmonie sera le garant de leurs bons rapports homme/femme.

Le pire de la relation

Tout se passe merveilleusement bien entre eux durant les premières années de la vie de fils Capricorne mais dès que celui-ci entre à l'école et requiert plus de stabilité et de prise en charge des aspects pratiques du quotidien, il risque d'être déçu par la nonchalance de sa maman.

Cette dernière n'aime pas beaucoup s'occuper des devoirs, des règles, des obligations éducatives et scolaires car elle estime que chacun a « à faire ce qui lui plaît ». Or fils Capricorne est profondément respectueux de la Loi et n'aime pas que sa maman passe outre. Il peut la juger futile et enfantine et développer à l'excès son côté taciturne, raisonnable et sérieux, pour pallier les manques de sa maman Balance. Adulte avant l'âge, il se repliera sur lui-même pour trouver la sécurité mais s'éloignera d'autant de sa mère. Bien sûr il comprend qu'elle a besoin de protection et lui offre la fiabilité de sa carrure masculine (il estime d'ailleurs que c'est là le rôle naturel de l'homme) mais enfin, si elle l'aidait un peu à être « un grand », sa tâche serait plus facile. Subtil et harmonieux dans l'enfance, l'univers de maman Balance pourra avec les années lui apparaître comme superficiel et il le lui reprochera, par de lourds silences.

Le conseil

Plus il grandit et moins fils Capricorne comprend sa maman Balance. Leurs structures de caractère sont effectivement très différentes et si maman Balance veut qu'elles jouent en complémentarité, elle doit continuer de prendre en charge les fortes demandes affectives de fils Capricorne, même s'il paraît autonome et ne formule pas son désarroi.

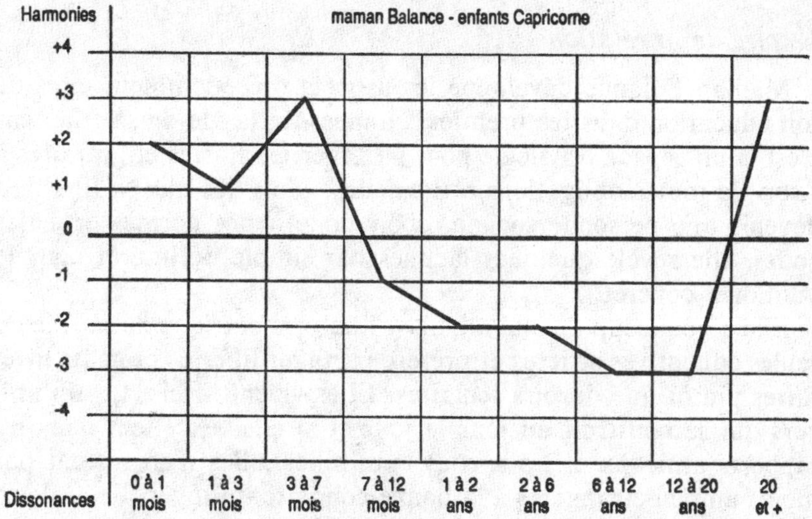

Maman Balance-fille Verseau

Le meilleur de la relation

Ces deux signes cérébraux partagent la même intelligence à la fois rationnelle et intuitive et l'on peut dire que maman Balance et fille Verseau communiqueront facilement toute leur vie. La cérébralité de maman Balance se révèle plus sensuelle et elle apporte des trésors de tendresse, de câlins, de langueurs à l'univers un peu froid de fille Verseau qui est une enfant sensible et éveillée mais retirée en elle-même et qui a toutes les peines du monde à exprimer ses sentiments et ses fluctuations intérieures. Elle reste dans son monde fait d'images, d'aspirations originales et de héros extragalactiques et semble marcher à côté de ses chaussures car elle ne porte effectivement pas son attention sur l'aspect pratique et réel de la vie. Par son éducation mais aussi par le modèle féminin, sensuel et sentimental, qu'elle offre, maman Balance parvient à l'intéresser aux formes, aux matières et aux plaisirs tactiles, olfactifs, visuels, lui donner goût pour son environnement immédiat et l'empêcher d'être décalée, étrangère à son quotidien et uniquement sensible aux sons et aux images artificielles ainsi que fille Verseau y aurait naturellement tendance. Grâce à sa maman, la féminité de fille Verseau devient plus terrestre et c'est un gage de meilleure intégration sensible et amoureuse future.

Le pire de la relation

Maman Balance développe les aspects précédemment cités de son éducation dans les premières années de la vie de sa fille, car c'est là un espace privilégié pour partager jeux, rires et gratuités à l'abri de toutes obligations rationnelles. Mais dès que sa fille doit devenir une personne sociale, obéir donc à des normes et à des codes, elle révèle quelques lacunes par simple désintérêt pour le quotidien concret.

Elle a beaucoup de mal à baliser l'univers onirique de sa fille de règles éducatives strictes et préfère partager libertés et goûts littéraires plutôt que devoirs scolaires. Elles vivent ainsi dans un univers qui se construit au jour le jour et si elles excellent dans les rapports amicaux et les sorties culturelles, elles n'en restent pas moins un peu étrangères à la bonne conduite du foyer. Faire de sa fille une parfaite ménagère n'effleure même pas l'esprit de maman Balance, qui en fera plutôt une femme cultivée et d'agréable compagnie. Mais dans cet univers trop destructuré, fille Verseau pourrait excessivement développer son côté asocial, sauvage ainsi que sa distraction. La compréhension entre elles est parfaite mais elle peut devenir synonyme de laxisme. Fille Verseau, puisque sa maman Balance n'en fait pas montre, pourrait simplement oublier d'être exigeante sur son devenir.

Le conseil

Tous les enfants ont besoin qu'on leur donne des objectifs concrets et qu'on les aide à les atteindre, même s'ils décident de s'y opposer. Fille Verseau en particulier car elle est naturellement peu sensible à l'intégration sociale. Plus de fermeté et surtout plus d'exigence sont donc recommandées à maman Balance, en particulier dans la période jupitérienne de 2 à 6 ans.

Maman Balance-fils Verseau

Le meilleur de la relation

Leurs intelligences similaires et leurs égales aspirations à la liberté leur permettent de bien communiquer et de le faire à long terme. Maman Balance aime la tendresse de son fils Verseau qui vit à ses côtés comme un petit prince tombé du ciel et qui manifeste une totale indifférence vis-à-vis des exigences du quotidien. Il est obéissant sans doute parce qu'il a compris qu'il faut dire « oui » à tout pour pouvoir rester tranquillement dans son univers intérieur. Il suit donc sa maman Balance dans toutes les propositions de vie qu'elle lui fait, la trouve belle et gentille et fera toute sa vie en sorte de lui faire plaisir, d'être par elle accepté et protégé. Fils Verseau a besoin de protection sans laquelle il ne saura que faire de ses libertés. Maman Balance lui apporte l'intérêt pour les plaisirs sensuels, lui fait découvrir que le palpable peut aussi être intéressant et distrayant, lui fait rencontrer des personnages hors du commun (mais bien placés) et l'initie au goût et à l'art. Lui qui aurait tendance à ne pas voir son environnement immédiat devient plus terrestre et comprend que les héros intergalactiques ne sont pas les seuls à être beaux et dignes d'égards. Sa future intégration sociale et amoureuse n'en sera que plus facile.

Le pire de la relation

Maman Balance s'occupe de l'intégration sensuelle et relationnelle de son fils Verseau mais passe outre aux exigences scolaires et matérielles qui sont cependant indispensables à la future vie professionnelle de celui-ci. Ce n'est pas chez elle de la négligence mais plutôt une volonté de respecter les besoins de liberté et de libre arbitre de chacun. Elle laisse se développer la personnalité de son enfant sans imposer d'entraves et lui fait confiance pour qu'il trouve son chemin.

Son impact est affectif mais peut-être ne se rend-elle pas compte qu'un enfant requiert des balises pour structurer son quotidien, des normes et des règles pour lui donner des objectifs à long terme et l'aider à se construire. La question qui se pose finalement dans cette rencontre est « mais qu'est-ce que fils Verseau va faire de sa vie? » puisque maman Balance ne lui fait pas suffisamment de propositions et que lui-même préférerait vivre en marge...

Le conseil

Ils se comprennent bien et s'aiment tranquillement sans houles et sans drames. On finirait par souhaiter dans cet univers feutré, neutre et aplani, qu'adviennent quelques difficultés sans lesquelles fils Verseau, lui-même pacifique, perdrait jusqu'à l'idée de bataille puisqu'il n'a jamais eu l'occasion de développer son agressivité auprès de maman Balance. A ce fils-là, cette dernière ne doit en aucun cas dire que « tout le monde il est beau, tout le monde il est gentil »...

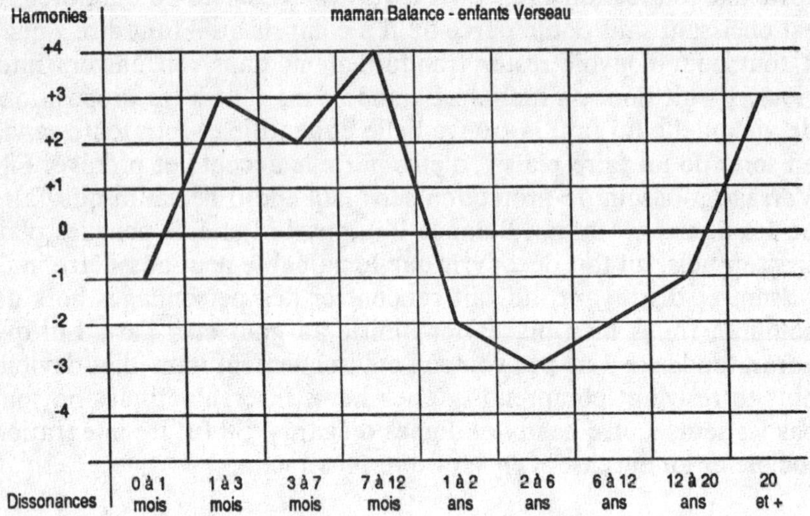

Maman Balance-fille Poissons

Le meilleur de la relation

Le moins qu'on puisse dire, c'est que les rapports entre ces deux féminités sensuelles et calmes seront tendres, harmonieux autant que respectueux des identités respectives. Maman Balance laisse sa fille Poissons dans son univers intérieur fluctuant et languide, elle la regarde un peu fascinée par la douceur qu'elle distille dans ses regards et ses gestes et aime beaucoup l'entourer de soins sensuels car fille Poissons les accueille avec gratitude. L'enfance de fille Poissons sera donc imprégnée du calme dont elle a besoin, d'autant que son sens du goût et de la juste proportion des formes et des couleurs est parfaitement respecté par l'âme artiste de sa maman Balance. L'éducation que cette dernière lui donnera sera de toute façon tournée vers l'art, l'esthétique et la culture, c'est là le meilleur aspect de leur rencontre. De plus, maman Balance ayant une idée très juste de ce que les hommes doivent apporter aux femmes appuiera chez sa fille Poissons l'idée qu'elle a à être prise en charge et donner en retour délicatesse, sensualité, compréhension. Maman Balance fait ainsi de sa fille Poissons une femme « très femme », douce et retirée, cultivée et enveloppante, ce qui correspond bien à la personnalité de celle-ci et séduira incontestablement plus d'un homme sur son passage, et le papa en premier lieu. Celui-ci, entre elles, sera d'ailleurs comme « un coq en pâte » auquel on ne demande « que » d'assumer entièrement le quotidien.

Le pire de la relation

Elles vivent en parfaite harmonie dans un univers doux et harmonieux mais se comprennent-elles véritablement? On peut fortement en douter car maman Balance, bien qu'elle soit sentimentale, reste une femme cérébrale, une Vénus de l'esprit, tandis que fille Poissons vit plutôt de vibrations sensitives, de sensualités variées et langoureuses très peu perceptibles par l'intelligence.

Les besoins d'affection de fille Poissons risquent donc de rester frustrés par maman Balance qui l'entoure de compréhension tacite mais ne lui donne peut-être pas la dose de tactilité et de proximité qu'elle requiert. L'inconscient du Poissons le fait toujours aspirer à la fusion avec l'objet aimé, or rien ne terrorise plus maman Balance que l'énormité de cette demande-là. Elle a besoin pour sa part de garder toute sa liberté de manœuvre et de sentiments et fille Poissons pourrait tout simplement le vivre comme un abandon, un refus, un désamour et ne jamais parvenir à s'en consoler. Au-delà des apparences sensuelles, il existe donc un quiproquo absolu entre leurs affectivités respectives. Auprès de maman Balance, qui vit sa vie librement, fille Poissons risque d'êre toujours en manque et de transformer son besoin de nourriture affective en boulimie d'autant que les mots que lui offre sa maman Balance pour expliquer ses comportements ne l'atteignent que très partiellement.

Le conseil

Maman Balance doit savoir que la narcomanie est une des caractéristiques du Poissons tant ce signe est concerné par la carence affective. Cela l'aidera à être plus proche du cœur de sa fille sans faire uniquement appel à son intelligence et à sa raison. C'est une condition pour que celle-ci devienne plus indépendante avec l'âge et, donc, moins « lourde » à porter au quotidien...

Maman Balance-fils Poissons

Le meilleur de la relation

Maman Balance et fils Poissons vivent dans une ambiance calfeutrée, faite d'harmonie artistique et de respect des libertés mutuelles, qui convient bien au tempérament calme et passif de fils Poissons. Il trouve sa maman belle et élégante et cela le rassure dans son besoin de beauté. Sur ce plan, il sera toujours comblé par maman Balance qui développera ses affinités culturelles, l'initiera à la peinture, à la musique, au théâtre et à la danse, toutes choses qu'il comprend très naturellement et auxquelles il adhère immédiatement. Ce qu'il préfère c'est sans doute de pouvoir rester sagement auprès d'elle à l'écouter parler aussi posément qu'elle sait le faire et il l'en admire d'autant qu'il se sent incapable de transmettre ses sentiments réels. L'amabilité et l'expressivité de sa maman sont pour lui un modèle de meilleure intégration sociale future. Il deviendra un homme cultivé, fin, sensible et de très agréable compagnie, d'autant qu'il déteste par-dessus tout les drames et les excès et que sa maman Balance n'en fait jamais montre dans son éducation. Elle apprécie pour sa part qu'il l'idéalise et soit dévoué car cela la conforte dans son idée de la femme à laquelle les hommes doivent tous égards. Leur rapport est donc fort harmonieux et leur sens de l'esthétique et leur amour du beau monde les rapprochent.

Le pire de la relation

Les apparences dans cette rencontre sont trompeuses. Ce n'est pas parce qu'ils paraissent très bien l'un avec l'autre et semblent communier à l'unisson que cela se passe ainsi en profondeur. Maman Balance est avant tout une femme cérébrale, qui vit librement sa vie et déteste les engagements excessifs. Or fils Poissons a des besoins de proximité, sinon de fusion sensorielle et sensuelle, auxquels elle ne peut répondre.

Il reste toujours sur sa faim d'amour tel que lui la définit. C'est d'autant plus vrai que les fils Poissons tiennent souvent leur mère pour une déesse et nourrissent l'idéal d'en faire la seule femme de leur vic. Maman Balance, aux yeux de ce fils-là, est la perfection incarnée et il est prêt à s'immoler pour avoir le droit de ne pas la quitter, ou plutôt de n'être pas quitté. Or une telle vision effraie maman Balance qui le voudrait plus libre, indépendant et audacieux et attend qu'il la rassure sur la gestion pratique du quotidien. Elle voudra le secouer, le rendre « plus viril » et il en sera meurtri. Ils vivent donc tranquillement l'un à côté de l'autre et leurs conversations sont subtiles mais ils n'en sont pas moins de parfaits étrangers.

Le conseil

Fils Poissons risque de courir après une image de mère idéale, attentive, dévouée, disponible que maman Balance, moderne, indépendante et intellectuelle ne lui renvoie pas. Il faudrait qu'elle accepte de le sentir s' « s'agripper » à elle jusqu'à l'adolescence et pourra y parvenir si elle comprend que c'est la condition pour qu'il ose prendre son envol.

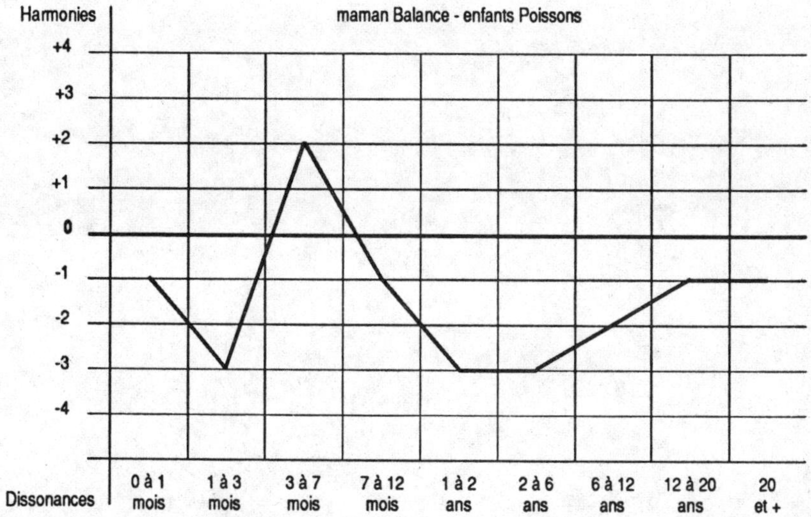

SCORPION

Être mère selon la femme Scorpion

Gouvernée par Pluton, planète de l'envers du décor et des entrailles de la terre, la maternité vous fait souvent découvrir, ou montrer, un aspect de vous-même que l'on ne vous attribuait pas d'emblée. Jusque-là votre vie était surtout consacrée à faire ce que vous vouliez, en dépit de l'avis de tous, menant votre barque avec vos moyens peu conformes mais efficaces, dévouée à vos amis et à vos idéaux, prête à tout pourvu que la vie ne soit pas vide de sens et d'intensité. Comment d'un coup avez-vous pensé que ce sens pouvait aussi prendre la forme d'un bébé? Vous qui avez les entrailles les plus métaphysiques du zodiaque, vous avez dû vous bagarrer contre des fantômes inconscients plus ou moins éprouvants avant de vous laisser faire par l'envie de mettre au monde un être aussi pur et dénué de toute défense à votre encontre. Non pas que vous soyez béate et attendrie devant votre gros ventre, cette étape, avec les restrictions qu'elle impose, décuple votre impatience et votre tendance à abuser de vos forces. Pas question de se coucher, de se prélasser, d'attendre le moment de l'accouchement, vous n'avez jamais neuf mois à perdre. Vous avez toujours mené votre vie à votre rythme, ça ne va pas changer parce que vous avez un enfant, au contraire. C'est l'occasion ou jamais d'être au top niveau de vous-même, c'est-à-dire de vos forces intérieures inépuisables, variées, mystérieuses, de votre idéalité et de votre perfectionnisme, de votre esprit à la fois analytique et inspiré et de votre atout majeur qui consiste à en penser un maximum en en disant moins qu'un minimum.

Votre enfant, vous le faites comme ça, comme un bastion conquis de plus, une renaissance palpitante, un nouveau mystère élucidé, la possibilité de vivre votre tendresse et votre affectivité sans méfiance et sans défenses. Il est le seul être sur la terre que vous regardiez sans le soupçonner d'avoir une idée derrière la nuque, voilà qui a de quoi vous métamorphoser. Alors ouvrez vos secrets, votre âme et votre cœur, montrez-vous perfectionniste dans votre rôle et faites des concessions comme jamais. En fait, les mamans Scorpion se répartissent en deux catégories : soit vous êtes en accord avec vous-même et jugez positif le bilan de votre vie et dans ce cas-là, mieux qu'aucune autre vous transmettrez à votre enfant vos passions, votre curiosité et votre soif de culture et de nouveauté, toujours prête à le provoquer pour qu'il sorte le meilleur de lui-même, pas vraiment confortante mais stimulante, exigeante et facilement autoritaire, parfaite pour canaliser ses possibilités et fabriquer des êtres exceptionnels malgré une fâcheuse tendance à prendre trop de sentiments pour de la mièvrerie et à penser que l'on « sort le meilleur de soi-même dans la souffrance », ce qui présage quelques « braquages » de part et d'autre; soit vous ne vous êtes pas accomplie dans votre vie sociale et affective et vous devenez une mère louve presque sacrifiée au devenir de ses enfants, sur-présente et sur-enveloppante, prête à tout pour forger à partir de cet être si malléable ce que vous pensez être l'idéal à atteindre, auquel cas vous pouvez très facilement faire des enfants qui ne se départiront jamais de votre ombre planante. Dans les deux cas de figure, vous haïssez la demi-mesure et la paresse, le laisser-aller et la négligence, toujours un peu dure et rigoriste « pour son bien ». A être aussi entière, êtes-vous sûre finalement que votre enfant vous comprenne bien et vous communique ses préoccupations et que vous, avec cette préoccupation que vous affichez de ne jamais vous permettre aucune faiblesse, parveniez à dompter les profondeurs libidinales qui vous hantent sans jamais les lui insuffler? La transmission d'inconscient étant ce qu'elle est, et le vôtre étant particulièrement nourri, on peut se demander jusqu'à quel point cet être pur ne devient pas un peu angoissé... Un enfant a d'abord besoin qu'on lui dise clairement les choses, toutes les choses : que la vie soit un mystère ne peut que l'empêcher de dormir la nuit... vous voyez ce que je veux dire?... D'avoir moins peur de vous-même vous aiderait sans doute à être une maman plus rassurante.

Ce que maman Scorpion attend de sa fille

Votre drame inavoué dans l'existence? N'être pas un homme. Non pas que votre corps vous insatisfasse ou que vous trouviez votre sexualité limitée, certes pas, mais plutôt que les gens sont idiots et continuent de séparer les rôles et de vouloir restreindre l'étendue de votre impact social. Vous les prenez d'ailleurs à leur propre piège, experte à les entortiller, façon féminine pour parvenir à vos fins façon masculine. Et maintenant que vous avez une fille, votre vengeance sur ce point est multipliée. « Fais ce que tu veux, comme tu l'entends mais ne viens pas pleurer dans mes jupes. » Bien sûr elle sera fascinante, espiègle, têtue, habile à commander et cela dès ses premiers pleurs qui font la loi à la maison (pour vous excepté!) et dans les rangs de l'école où elle coupe les nattes des petites timides sans parler des autres tours qu'elle cache soigneusement dans sa boîte à malices. Sans l'autoriser ouvertement à tout (vous seriez plutôt un roc de sévérité, usurpant facilement le rôle du père) elle saura que vous soutenez l'expression de sa forte personnalité d'un accord tacite. Vous voulez qu'elle se développe sans soucis et sans restrictions, qu'elle apprenne à trouver ce dont elle a besoin, qu'elle affûte ses armes et teste ses propres limites. Vous êtes là pour toujours la conforter et la regonfler à bloc car vous la voulez débrouillarde et tenace. Votre fille à vous ne peut qu'être une petite sorcière, un peu chipie et très maline, que vous seule comprenez.

Ce que maman Scorpion attend de son fils

Il pourra être artiste, prêtre, gourou, chercheur en médecine nucléaire, gangster, chef d'État, mendiant philosophe ou globe-trotteur, du moment qu'il s'affirme et n'ait jamais le manque d'ambition de devenir comptable dans une boîte de banlieue, vous serez sans limites son alliée la plus farouche, contrecarrant les critiques et les œillères morales de l'entourage car vous êtes vous-même trop intense pour admirer un homme moyen. Votre fils a d'ailleurs la lourde tâche de devenir extraordinaire car si vous vivez avec lui une véritable passion, un peu houleuse mais très dynamisante pour lui, du berceau à l'adolescence, vous risquez d'être carrément très exigeante au fur et à mesure qu'il grandit, accueillant ses faiblesses avec agacement et ses succès comme quelque chose de normal. Toujours plus et toujours mieux, un fils de vous ne peut que survoler les foules car voyons, lui, rien ne l'arrête, il n'a pas à se battre contre les conventions sociales. Pur, dur, intransigeant, jamais satisfait de lui-même, vous le regardez avec ce regard profond qui lui donnera l'énergie d'aller décrocher la Lune... ou de vous fuir! Et puis quoi? Quelle fille dans sa vie? Est-elle vraiment digne d'un tel être d'exception? Les passions ne sont jamais limpides...

Maman Scorpion-fille Bélier

Le meilleur de la relation

Deux caractéristiques signent cette rencontre astrologique : la combativité et la désobéissance. Maman Scorpion devant sa fille Bélier, si réactive et qui très tôt marque la force de son caractère, est pleine d'admiration, car elle ne respecte que les personnalités fortes et sur ce plan sa fille Bélier lui réserve de multiples occasions d'être fière. Fille Bélier pour sa part accueille bien l'exigence de sa maman Scorpion car elle y trouve un moteur dynamisant, son comportement dans la vie étant de relever tous les défis et de s'affirmer dans des situations hors normes. L'entente complice, le regard peu conventionnel porté sur autrui, ce sont là des ressources communes qui leur permettent de partager rires, sourires, sarcasmes et lucidités autant sur le plan de l'éducation scolaire, sur lequel maman Scorpion insiste car elle veut que sa fille se démarque du lot et conforte ainsi fille Bélier dans sa détermination à n'être pas à la traîne, que sur le futur plan relationnel et amoureux. Une moue enjouée et une exigence impartiale rapprochent donc cette mère et cette fille extraordinaires. Ce ne sont pas des lâcheuses mais elles sauront se conseiller et s'épauler, dans l'originalité qui les caractérise toute leur vie. Maman Scorpion apporte la secondarité et la profondeur de ses réflexions au jugement trop primaire et aux initiatives sans lendemain de sa fille Bélier qui est faite pour la bagarre et l'initiative mais manque absolument de sens stratégique. Si elle parvient à mener loin ses désirs, elle pourra certainement en remercier sa maman Scorpion.

Le pire de la relation

Entre ces tempéraments forts et réactifs, les emportements passionnels ne sont pas exclus. Fille Bélier réagit immédiatement et crie aussi fort qu'elle oublie vite. Maman Scorpion ne manifeste pas autant ses pulsions intérieures et couve plutôt les sentiments divergeants qu'elle porte en elle pour les faire jaillir comme la lave d'un volcan. Néanmoins, lorsque leurs jaillissements respectifs se rejoignent, le foyer familial tremble sur ses bases. Fille Bélier n'en aura jamais fini de se questionner sur ce que pense véritablement sa maman Scorpion. Question à laquelle celle-ci s'amuserait presque à ne pas répondre, exerçant ainsi un pouvoir sur les nerfs déjà fragiles de sa fille Bélier. Une certaine méfiance sinon des ressentiments réciproques, le tout coloré d'une violence prête à exploser à chaque instant, c'est bien là le pire de cette rencontre. La séduction n'est pas le moindre des points d'accrochage, celle que maman Scorpion exerce sur son entourage est faite de fascination, de mystère et d'audace tandis que fille Bélier est dans l'initiative, la fantaisie, le dynamisme physique et la repartie verbale. Elles sont toutes deux de grandes séductrices mais affichent une féminité très différente et les effets de miroir ne peuvent donc pas jouer. Le pire du pire serait que seuls la violence, les oppositions et les excès l'emportent et ne laissent aucune place à la complicité originale et extravagante qui pourrait se jouer entre elles.

Le conseil

Le problème de cette rencontre est que la bagarre peut facilement devenir le seul lien entre une maman Scorpion et une fille Bélier. De là à ce que celle-ci cherche à séduire sa maman et à se faire reconnaître comme aimable, il n'y a qu'un pas et il est conseillé à maman Scorpion de veiller à ne pas titiller la virilité ensommeillée de sa fille.

Maman Scorpion-fils Bélier

Le meilleur de la relation

Dans cette rencontre astrologique, l'énergie ne manque pas. Celle de fils Bélier reste essentiellement physique et elle l'est d'autant plus que celui-ci conjugue la virilité à tous les temps, tandis que maman Scorpion fait montre d'une énergie plus psychique, plus intérieure qui pour être plus souterraine, n'en est pas moins intense et faite d'autant d'intransigeance et d'esprit de compétition que celle de son fils Bélier. Les rapports sont donc empreints de curiosité multiforme, d'appréhensions dynamiques et exclusives de l'existence. La conformité et l'obéissance restent inconnues à leurs vocabulaires intérieurs et l'entente est basée sur les défis qu'ils se lancent mutuellement et que l'un comme l'autre ils relèvent. Maman Scorpion note que son fils Bélier, dès son premier âge, ne fait rien comme les autres mais elle est celle qui le confortera dans son tempérament hors normes. Elle demeure l'une des uniques figures féminines qui toute sa vie sauront le comprendre car elle porte un regard tacite et admiratif sur les actes de son fils et soutient tous ses faits et gestes contre l'avis de l'entourage familial. Pour fils Bélier, maman Scorpion est incontestablement « dopante ». Il est rassuré d'avoir affaire à une femme qui ne cherche pas à l'enfermer mais qui très tôt se comporte avec lui comme avec un adulte et construit ainsi une complicité qui fait d'eux un tandem « tornade » et développe chez fils Bélier le désir d'être à vie celui qui saura la comprendre et la protéger.

Le pire de la relation

Si les énergies communément fortes, teintées d'une imparable violence autant physique que psychique ne trouvent pas à s'exercer sur l'extérieur, elles deviennent autant de possibilités d'asphyxie, autant d'armes dirigées les unes contre les autres. Suit une surenchère dans laquelle ni maman Scorpion ni fils Bélier ne sont prêts à céder et il s'ensuit un duel sans merci systématique, incestueux et fatal. En effet, il est quelque chose dans la structure profonde du Scorpion et du Bélier qui ressemble à de l'idéalisme mal canalisé et qui se traduit par le besoin de faire mal alors qu'on aime. Le pire serait qu'ils mêlent leurs intransigeances, refusent tout compromis et demandent à l'autre des actes extraordinaires et peu conformes à ceux du plus grand nombre. Il y a ici quelque chose du défi héroïque, une projection très ambiguë dans laquelle on ne sait pas bien où s'arrête la masculinité de l'un et où commence la féminité de l'autre. Le danger serait que personne ne lâche de son terrain et qu'après avoir remporté mille défis courageux, fils Bélier se rende compte que sa maman Scorpion demeure toujours insatisfaite et continue de lui en demander toujours plus. Arrivé à ce point extrême, on envisage deux possibilités, soit il se lance dans un cycle infernal de défis à répétition dans le but de subjuguer sa mère dans des batailles extérieures dont il ramènerait les trophées aux pieds de sa maman, soit il rompt violemment et c'est la haine ouverte et sans merci. C'est en tout cas une passion dévastatrice.

Le conseil

L'autorité et la logique ne peuvent en aucun cas faire partie de leurs rapports qui de par leurs identités et leurs violences intérieures sont marquées par l'intransigeance et l'excessif. Il est vital pour fils Bélier qu'il trouve une troisième laronne dans ce jeu et que sa maman Scorpion le laisse faire.

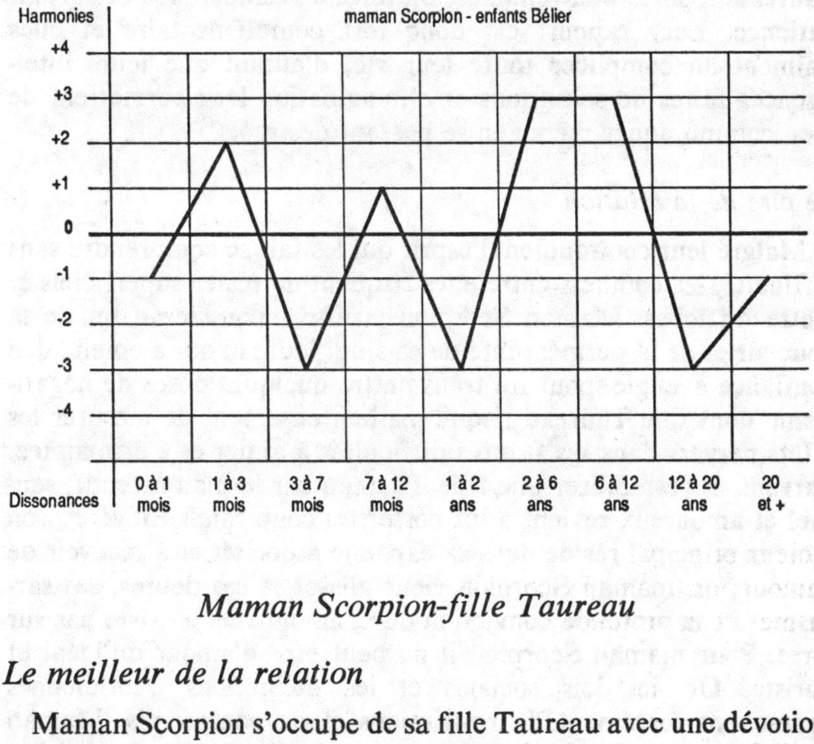

Maman Scorpion-fille Taureau

Le meilleur de la relation

Maman Scorpion s'occupe de sa fille Taureau avec une dévotion quasiment religieuse basée sur son sens du devoir et ce qu'elle a décidé de faire en tant que maman raisonnable et responsable. Les années de la petite enfance se déroulent sereinement car fille Taureau obéit naturellement et fait tout ce qu'elle peut pour contenter sa maman Scorpion, lui demandant en retour amour et protection absolus. Ainsi les goûts artistiques et la féminité de fille Taureau seront-ils développés grâce à l'éducation de maman Scorpion, qui excelle à bien éduquer et à diriger sa fille d'une main de maîtresse non dénuée de velours et d'affection. Il y a quelque chose de pratiquement mystique dans un rapport entre un Taureau et un Scorpion car ils partagent une vision du monde forcément faite d'exclusivisme et de créativité. Maman Scorpion est exigeante et développe la conscience et la capacité à juger les êtres et les situations de sa fille Taureau, qui sans elle, aurait trop tendance à la complaisance autant qu'à la paresse et à la recherche de compromis. Avec les années, maman Scorpion rend sa fille plus exigeante en apportant à la douceur câline de celle-ci quelques doses de violence et d'intransigeance. Ainsi, fille Taureau aura-t-elle plus d'armes pour ne pas se laisser impunément marcher sur les pieds. A la vision un peu noire des choses de sa maman Scorpion, fille Taureau apporte bienveillance, optimisme, tempérance et surtout patience. Leur rapport est donc fort complémentaire et elles s'aiment en complices toute leur vie, d'autant que leurs intelligences faites de sensations et d'imagination leur permettent de bien communiquer même en se passant des mots.

Le pire de la relation

Malgré leur communion d'esprit qui les fait se comprendre sans difficulté, les contacts entre elles risquent de rester superficiels et d'être difficiles. Maman Scorpion profite inconsciemment de la douceur et de la perméabilité de sa fille Taureau qui a en elle une confiance aveugle, pour lui transmettre quelques doses de négativisme dont fille Taureau risque malheureusement de mesurer les effets pervers dans ses futures difficultés à aimer et à être aimée. Parvenir à déstabiliser une fille Taureau sur le plan affectif, sensuel et amoureux revient à lui porter un coup fatal. En effet, son moteur principal réside dans sa capacité à donner et à recevoir de l'amour; or, maman Scorpion vient glisser là ses doutes, ses sarcasmes et sa profonde conviction que l'amour réel n'existe pas sur terre. Pour maman Scorpion il ne peut être d'amour qu'idéal et puriste. Or, les lois sociales et les obligations quotidiennes l'entachent forcément de restrictions et de compromis. Maman Scorpion en conclut vite que l'amour est une mascarade ou pire, un impossible idéal. Elle transmet cela à sa fille Taureau qui au contraire nourrit et se nourrit d'images tout à fait simples, quotidiennes et tranquilles, sur ce que peut être un couple. Mais elle est trop saine pour résister aux visions mortifères de sa maman d'autant qu'elle est l'enfant. Elle y perdrait son sourire, sa sensualité, sa capacité d'accueil, bref, le pire serait qu'elle renonce carrément à elle-même.

Le conseil

Qu'est-ce que la jalousie, aussi inadmissible et insoupçonnable paraisse-t-elle, a à voir dans cette rencontre? Tout. Maman Scorpion doit comprendre qu'à vouloir faire de sa fille Taureau une autre, elle risque d'y parvenir. Sa volonté de domination va-t-elle jusque-là?

Maman Scorpion-fils Taureau

Le meilleur de la relation

Maman Scorpion aime la délicatesse et le calme de son fils Taureau autant que son caractère fort et entreprenant même s'il ne le manifeste avec aucun excès. Celui-ci aimera être bousculé par l'énergie de sa maman, à condition toutefois que cette électricité ne provoque pas de court-circuit affectif qui le déstabiliserait. Il sent instinctivement qu'entre les mains de sa mère, sa terre glaise prendra forme et trouvera sa place dans la société.

Il obéit donc aux ordres qu'elle lui donne avec l'impression de le faire pour la bonne cause, ou d'être un héros. Dès les toutes premières années, Maman Scorpion devient donc le Pygmalion d'une ambiance qui sans elle pourrait ne pas être constructive. Face à celle de sa maman, fils Taureau démontre une ténacité faite d'entêtement, de possession et de refus inébranlables. Les qualités de cette ténacité seront habilement conduites par maman Scorpion et permettront à son fils Taureau de réussir dans ce qu'il souhaite ardemment. Il pourra progresser et faire sa place dans l'existence comme il le désire, dans le confort et la tranquillité. Maman Scorpion est en effet un mentor remarquable et elle met toute son ambition à construire l'ambition de son enfant. Pour sa part, fils Taureau avec les années palliera la vision plutôt négativiste de sa maman Scorpion grâce à son optimisme et sa tempérance. Ils ont donc un rapport complémentaire et seront toujours d'un soutien impartial et absolu, en particulier dans le rapport homme-femme, où joue la séduction qui est sans doute l'essentiel de leur rencontre.

Le pire de la relation

La passion constitue le caractère commun des signes du Taureau et du Scorpion. Une rencontre entre un fils Taureau et une maman Scorpion risque d'être passionnelle car c'est un peu le contact de la poudre et de l'allumette. Maman Scorpion, même inconsciemment, joue à être l'allumette et trouve toujours du répondant dans la sensibilité et l'amour de son fils Taureau pourtant si obéissant. Cependant, à l'approche de l'adolescence, il viendra à manifester ses désirs par beaucoup de violence, d'obstination et même de critiques à l'égard de sa maman qui redoublera d'attaque et de ténacité pour l'obliger à sortir de sa coquille. La timidité de fils Taureau ne fait que cacher l'immense dévouement qu'il porte à sa maman Scorpion. Il ne faudra pas que celle-ci en profite pour lui insuffler les doutes qui habitent son inconscient et pour lui transmettre une vision négativiste du monde qui augmentera la léthargie de fils Taureau. Lui qui a besoin de voir les gens et les choses simplement sera déconcentré par les visions excessivement agressives de sa maman.

Le conseil

Entre eux, c'est forcément l'amour ou la guerre. Fils Taureau penche pour l'amour tandis que maman Scorpion penche pour la guerre. On recommande à cette dernière de réfléchir quelque peu à l'impact mortifère qu'elle pourrait avoir sur la sensibilité de fils Taureau si elle ne veut pas que celui-ci renonce à la sensibilité et la simplicité qui marquent son caractère.

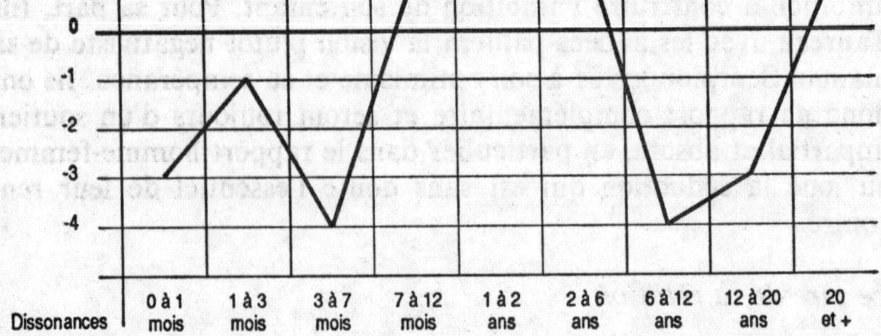

Maman Scorpion-fille Gémeaux

Le meilleur de la relation

C'est une relation pour le moins dynamique. Maman Scorpion et fille Gémeaux ne sont pas préoccupées par l'obéissance et dès le départ, leur rapport est basé sur l'originalité et sur les libertés respectives. Toute la relation se déroule sur le rythme d'un match de boxe où chacune use de ses armes, l'une verbales, l'autre instinctives, mais dans le meilleur cas cela permet un grand bouillonnement d'intelligence, des stimulations cérébrales autant qu'affectives même si le vent de la passion souffle au détour. Maman Scorpion est très intéressée par l'agilité intellectuelle et physique dont sa fille Gémeaux fait preuve et elle lui apporte toute sa profondeur de vue, son sens du juste mot et de la juste critique sans lesquels fille Gémeaux pourrait rester trop légère sinon superficielle. Elles parviennent à équilibrer les excès de leurs tempéraments et se stimulent l'une l'autre même si pour y arriver elles emploient des moyens extrêmes. De ne rien passer sous silence et d'être toujours sur le qui-vive produit au fil des années des effets fort constructifs pour fille Gémeaux qui fait profiter sa maman Scorpion de son humour et de ses relations extérieures.

Le pire de la relation

Des rapports aussi dynamiques ne sont pas des plus sécurisants. On ne sait jamais à quel moment leurs jeux de tac-au-tac deviennent une guerre ouverte sinon sanglante. Maman Scorpion use et abuse de ses critiques car elle voudrait que sa fille Gémeaux marche droit et renonce à sa versatilité, à son côté fantasque et à sa façon de vivre la vie au jour le jour. Fille Gémeaux a l'esprit fragile et si elle répond grâce à son cynisme et à son esprit pointu, elle renonce très vite à se bagarrer aussi impitoyablement avec sa maman.

Les assauts agressifs de celle-ci augmentent ses peurs intérieures ainsi que sa nervosité. Elle en devient d'autant plus instable et cherche toutes les issues dans des jeux et des fuites vers l'extérieur qui augmentent la sévérité de maman Scorpion. C'est un cercle vicieux d'agressivité, « une mayonnaise qui monte », et qui finit par les rendre extrêmement méfiantes l'une à l'égard de l'autre. La complicité d'esprit ne trouve là aucun moyen de s'exprimer et se transforme en violence ouverte. Fille Gémeaux rassemble toute son intelligence pour résister à sa maman Scorpion et en oublie de construire son avenir. De plus, les rythmes intérieurs sont très différents, maman Scorpion a toujours un « train de retard » sur la rapidité d'esprit et d'action de sa fille Gémeaux.

Le conseil

Maman Scorpion doit comprendre que comme elle a besoin de l'agressivité pour avancer dans la vie, sa fille Gémeaux a besoin de ses jeux pour se protéger. La guerre entre elles n'aura pas lieu si dans leur affrontement elles parviennent à trouver un troisième partenaire qui fasse tampon entre elles, dur rôle pour le papa.

Maman Scorpion-fils Gémeaux

Le meilleur de la relation

Fils Gémeaux manifeste rapidement son caractère emporté et maman Scorpion est bien obligée d'en tenir compte. Elle qui n'aime pas l'atonie est servie avec ce fils espiègle, malicieux, drôle, qui détend l'ambiance de la maisonnée et parvient même à dérider ses humeurs fluctuantes. Elle prend auprès de lui quelques leçons d'optimisme qui viennent à point tempérer sa tendance au négativisme et au doute. Leur relation sera certainement active et entreprenante toute leur vie. Les efforts respectifs pour y parvenir sont très différents, ceux de fils Gémeaux étant d'ordre cérébral tandis que ceux de maman Scorpion sont purement intuitifs. Ils dénotent des forces qui sont réparties suivant les mêmes modèles. Cela provoque entre eux un match de boxe où chacun utilise ses propres armes pour tenter de mettre l'autre au tapis. Dans cette surenchère et cette volonté de se démarquer, fils Gémeaux trouvera des bases d'affirmation de sa personnalité et deviendra, auprès de l'exigence imparable de sa maman Scorpion, un adulte responsable. La relation repose sur l'intelligence et la juste circulation de celle-ci : maman Scorpion apporte profondeur et capacité à cerner l'envers des décors autant que le côté entier de son caractère, fils Gémeaux allège l'univers passionnant mais lourd de sa mère par sa lucidité, son humour, ses rires frais et ses humeurs généralement joyeuses. Cette rencontre permet donc le calibrage des excès respectifs. D'être toujours sur le qui-vive leur permet d'avoir un rapport constructif et accentue l'originalité de fils Gémeaux.

Le pire de la relation

Le match de boxe précédemment cité pourrait devenir une guerre ouverte si chacun utilise ses moyens pour prendre le pouvoir sur l'autre. Dans l'œil intransigeant de maman Scorpion, fils Gémeaux pourrait passablement souffrir car il a l'esprit fragile, ou en tout cas pas suffisamment « machiavélique », pour supporter sans faillir la ténacité à toute épreuve de sa maman. Les tendances agressives de celle-ci la portent à ne rien laisser paraître mais à n'en pas transmettre moins, par le regard, ou simplement par son attitude qui est une accusation aphone pour le comportement ou les opinions de son fils. Cette absence de modération dans l'éducation de maman Scorpion pourrait pousser fils Gémeaux dans son instabilité car elle ne lui laisse que le choix de lui obéir et de se plier à ses exigences, or voilà bien ce dont il est incapable et qui ne va pas sans créer des crises plus ou moins violentes dès la période martienne (1-2 ans) puis au moment de la manifestation de l'adolescence. Il donnera volontiers dans son goût du mensonge et de la versatilité puisque c'est là le seul moyen efficace, selon lui, pour échapper à la mainmise de cette maman. S'ils n'y prennent garde (et cela s'adresse directement à la maman) la méfiance s'installera trop facilement, laissant place à la guerre d'usure. Pour échapper à l'autoritarisme de maman Scorpion, fils Gémeaux est prêt à tout, et surtout à faire montre d'un humour acerbe, déstabilisant et cynique qui atteindra maman Scorpion au cœur. A long terme, l'entente paraît difficile et pourrait prendre un goût aigre.

Le conseil

Maman Scorpion doit comprendre que comme elle a besoin de l'agressivité pour progresser, fils Gémeaux a besoin de ses jeux pour se protéger. Il faudrait qu'elle sache accepter les libertés de son fils et lui apporte plus de sens pratique.

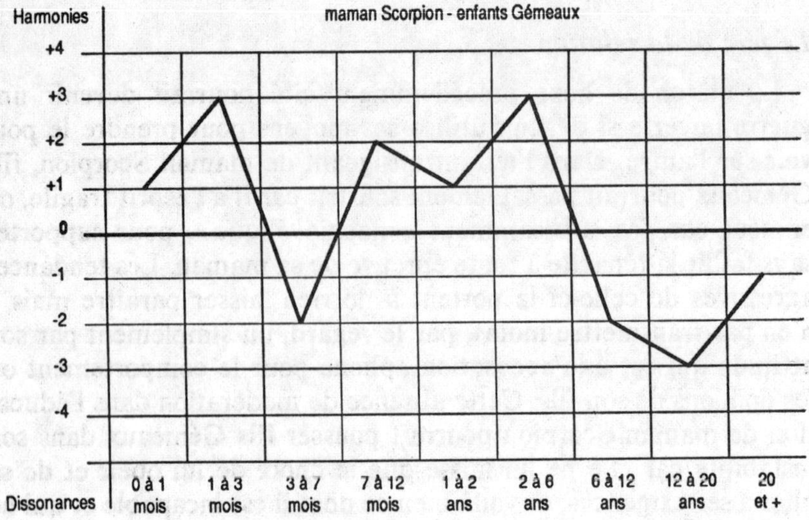

Maman Scorpion-fille Cancer

Le meilleur de la relation

Ces deux femmes d'eau partagent des affinités évidentes même si leurs « bains » sont totalement différents. Entre l'eau dormante, belle à rêver et tiède à s'y baigner, agitée de surcroît de mille rêves fluctuants, et celle de maman Scorpion, bouillonnante, passionnelle, brûlante, enfouie et sulfureuse, il existe, malgré les différences de température et de turbulences, une merveilleuse compréhension, une aura de mystère et de magie qui repose sur des affinités concrètes partagées pour l'ambiance familiale que maman Scorpion sait parfaitement aménager, organiser, pour y mettre confort et sécurité, ce qui correspond tout à fait à fille Cancer, réceptive, passive, admirative de tant de prouesses. En elle, la « sorcière » enchanteresse qu'est maman Scorpion trouve une spectatrice de choix qui ne manque pas pour sa part de dons surnaturels propres à bien communier dans la messe incantatoire qu'est la vie avec une telle maman. Fiabilité, fidélité, instincts, plaisirs de l'art et des sens, délices de féminités mystérieuses à l'impact certain, trempé d'un psychisme très fort et très magnétique, voilà tout ce qui les rattache et qui attache en particulier fille Cancer, pour qui l'affection prime sur la raison et qui fait tout en fonction de cette vision-là du monde. Maman Scorpion sait très bien conseiller, diriger, encourager, aider corps et âme sa fille Cancer et comme elle la porte de toute la force de son ambition, qu'elle déploie toujours mieux pour les autres que pour elle-même, fille Cancer se retrouve première de la classe par ambition interposée. Cela sera d'ailleurs vrai pour beaucoup d'aspects de sa vie car elle obéit sans faillir, nimbée de passivité, d'obéissance, d'admiration mais aussi d'une certaine crainte de fond à l'égard de sa maman. Signe d'eau, maman Scorpion est surtout signe de fer qui tient sa fille et la dirige contre vents et marées selon la boussole qu'elle est souvent seule à tenir entre ses mains. Le pouvoir lui revient et fille Cancer est un cobaye de choix.

Le pire de la relation

Maman Scorpion donne promotion sociale, profits financiers et sens de l'initiative à sa fille Cancer si malléable, d'autant qu'elle la sécurise et l'enveloppe sans jamais la lâcher seule dans la nature où règnent aussi des méchants. Maman Scorpion, mère louve, est certaine que sa fille Cancer n'est pas armée pour se battre et prend donc tout, tout en charge à sa place pour lui éviter le moindre heurt et la moindre déception. C'est là enfermer définitivement fille Cancer dans sa fragilité, la persuader de ses faiblesses, lui enlever toute initiative et tout sens offensif, et la confiner dans la rêverie qui lui est propre et l'éloigne tout à fait de la réalité. Maman Scorpion, habile en pouvoir, trouve en elle un réceptacle de choix mais il ne faudrait pas que la relation vire à la messe sacrificielle à laquelle la personnalité de fille Cancer, soumise et tendre et tellement aimante de sa maman, la porte facilement. De plus, de temps à autre, maman Scorpion, dont l'agressivité est toujours sous-jacente, sort ses armes et désarme encore plus sa fille Cancer. Celle-ci ne sait pas se défendre, se lamente, se recroqueville sur elle-même et attend la fin des tempêtes en se demandant toujours par où est venu le vent de la bourrasque. Outre la possessivité, la jalousie et les excès de maman Scorpion qui peut laisser déteindre son humeur sur sa fille, se développe une sorte de valse à deux temps entre des harcèlements d'un côté et des câlins de l'autre, valse qui laisse fille Cancer toujours un peu déconcertée et l'habitue à des tremblements souterrains.

Le conseil

Dire simplement que l'amour de maman Scorpion est certes immense et merveilleux mais qu'il est, elle le sait bien dominateur, impérieux, sans compromis et sans limites. Sa fille Cancer est trop facile comme victime de tels excès et il tient à la conscience maternelle de maman Scorpion de ne pas s'y laisser aller.

Maman Scorpion-fils Cancer

Le meilleur de la relation

Les affinités entre eux sont évidentes même si les bains qu'ils partagent sont différemment trempés. Fils Cancer baigne dans une eau dormante, faite de rêves, alors que maman Scorpion bouillonne de passions brûlantes, de sulfurances enfouies et de désirs secrets sans moins d'ambitions vastes et nourries. Malgré les différences de température, une merveilleuse compréhension de fond est faite de mystères et de magie, d'affinités partagées pour la sécurité, le confort et la confiance. Elle le fascine et l'éblouit et il est un spectateur de choix pour les mises en scène théâtrales qu'elle sait lui faire goûter comme aucune autre. Elle déploie en toute tranquillité les ressources qui font d'elle une femme ample, à la forte dimension psychique et spirituelle. Pour lui, elle est « sorcière enchanteresse » propre à communier dans une sorte de messe incantatoire dont elle demeure maîtresse hissant facilement son fils Cancer au rang de prêtre sacré. Fiabilité, confiance, jeux et enjeux de l'art telle est l'ambiance dans laquelle ils mêlent leurs courants. Le primordial pour le bon épanouissement de fils Cancer, c'est que dans ces rapports prime l'affection sur la raison, ce qui constitue toujours son moteur le plus sûr. Avec sa maman Scorpion, il est tranquille. Bien conseillé, dirigé, encouragé, il se sent pousser des ailes qui l'aideront à mieux s'inscrire dans la vie sociale. Elle le pousse de toute la force de son ambition qu'elle reporte souvent d'elle-même sur ses enfants et en fait des figures réussies, représentatives, imbattables car elle a la force de bien le faire. Cela ne va pas chez fils Cancer sans une certaine passivité qui repose sur une crainte de fond à l'égard de sa maman-poulpe. Le pouvoir est dans les mains de maman Scorpion c'est certain mais ce n'est pas fils Cancer qui s'en plaindrait.

Le pire de la relation

Le problème est justement que le pouvoir absolu que maman Scorpion peut facilement exercer ne dérange pas fondamentalement fils Cancer; pire, il finit – nature et aussi habitude –, par lui convenir. Maman Scorpion estime que son fils est trop tendre et trop inquiet pour qu'elle le lâche seul dans la jungle des relations sociales, mais avant cela scolaires ou simplement familiales, dans laquelle il vit. Elle prend tout en charge à sa place pour lui éviter le moindre heurt et la moindre déception. Cela enferme d'autant fils Cancer dans sa passivité et sa soumission, il devient une mouche ficelée dans une étoile de sentiments qu'il ne contrôle pas et subit avec un certain délice masochiste. Lui qui est avant tout porté à vivre dans le rêve avant que de s'inscrire dans la réalité, il trouve dans cette situation matière à ne plus s'intégrer du tout, rester à l'abri de l'efficacité de sa maman Scorpion qui trouve en lui une proie de choix pour y déposer tout ce qu'elle souhaite déposer, ce que, peut-être, elle ne peut faire ailleurs sans résistance. La résistance, de toute manière, n'est pas le fort de fils Cancer. L'agressivité toujours de la partie avec maman Scorpion, le désir d'être obéie coûte que coûte, les valses de sévérité puis de gentillesse qu'elle lui fait danser, le fait que fils Cancer regarde et subisse tout cela en se demandant un peu de quoi il retourne mais en accentuant sa tendance à se défendre, se lamenter, se recroqueviller sur lui-même à l'abri de son cocon en attendant que passe la bourrasque, voilà bien qui risque de lui donner des habitudes définitives de mépris à l'égard de lui-même. Il peut en bâtir une image et un rapport aux femmes qui en feraient par trop un éternel enfant cassé, usé mais encore attaché aux jupes, réelles, ou reproduites de sa maman. Et là, au fond de son inconscient, c'est maman Scorpion qui ne s'en plaindrait pas...

Le conseil

En deux phrases limpides : abandonner la prise totale qu'elle a trop facilement sur lui le plus tôt possible et le mettre dehors, opérationnel et sûr, avec un maximum de douceur. Comment? Par don de soi, ce qui recoupe une dimension tout à fait spirituelle.

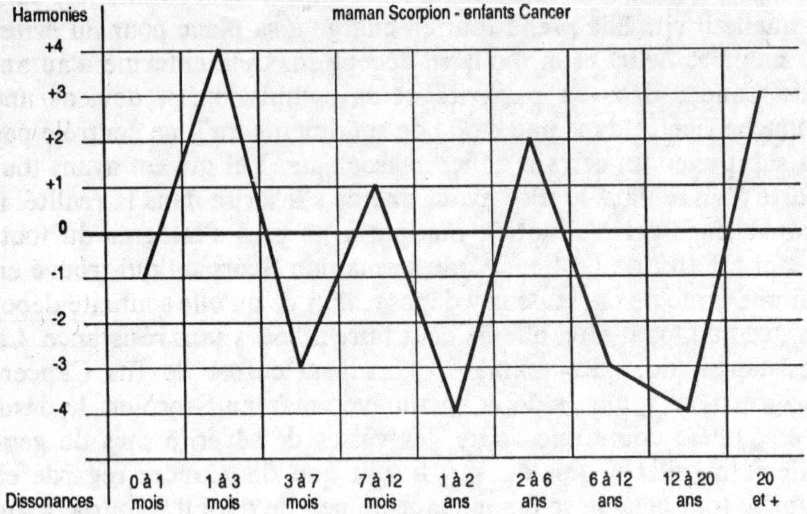

Maman Scorpion-fille Lion

Le meilleur de la relation

Dans cette rencontre les visions du monde sont parfaitement opposées. Maman Scorpion règne sur l'envers des choses avec sa capacité innée à démonter les mécanismes cachés et à n'être dupe d'aucune apparence. Fille Lion a au contraire besoin de s'attacher à l'aspect visible et représentatif avec une certaine tendance à croire que les choses sont ce qu'elles paraissent. Cette rencontre est donc l'occasion pour chacune d'elles de corriger ses excès et de prendre un peu de la vision du monde de l'autre pour équilibrer ses propres tendances. Maman Scorpion remarquera que sa fille Lion ne se laisse pas marcher sur les pieds et n'obéit en aucun cas. Ce qui d'emblée remet en question le caractère entier de maman Scorpion, qui voit bien qu'elle sera toute sa vie contestée dans son autorité de mère et de femme. Toutes deux fonctionnent sur la confrontation, le challenge, le pari et n'aspirent qu'à faire reconnaître leur supériorité. Elles s'admirent donc mutuellement et pensent le meilleur l'une de l'autre même si elles ne le disent qu'à l'extérieur. Leurs oppositions constituent finalement un moteur car si fille Lion aide sa maman à concrétiser dans le visible et à ne pas mépriser les reconnaissances sociales, maman Scorpion lui permet d'approfondir ses sentiments, de réfléchir à la face cachée des êtres qu'elle fréquente et de moins prendre ses désirs pour des réalités.

Le pire de la relation

Pour fille Lion tout est gestuel, elle s'attache au volume des déplacements et à la noblesse des effets. Pour maman Scorpion, tout est au contraire dans la pénétration en profondeur, dans l'élévation spirituelle et dans l'inspiration des caractères. C'est ici un véritable duel entre l'aspect émergé et l'aspect immergé de l'iceberg. Fille Lion voit sa féminité flamboyante et dominatrice remise en question par sa maman Scorpion, qui n'est jamais dupe d'aucun effet et qui met systématiquement à mal son orgueil et son ego.

En effet, maman Scorpion ne peut s'empêcher de remettre sa fille Lion à sa place et celle-ci y perd tout goût de réussite, se met à douter d'elle-même et à restreindre ses initiatives et ses projections d'avenir. Avec les années, le pire serait que maman Scorpion parvienne effectivement à amoindrir l'image que fille Lion a d'elle-même, à détruire ses élans et à lui infliger quelques blessures narcissiques fort déstabilisantes. Celle-ci ne se laissera pas facilement faire et comme la désobéissance la caractérise, on peut s'attendre à un climat de violence, une sauvagerie qui fera trembler le cercle familial.

Le conseil

Ce sont deux fortes femmes qui l'une à côté de l'autre décuplent leurs forces mais maman Scorpion, si elle n'accepte pas de laisser sa fille Lion prendre la place qui lui revient, la première, risque de la priver de son moteur existentiel principal. Qu'elle pense simplement qu'il est de son devoir de maman de passer au second plan derrière sa fille.

Maman Scorpion-fils Lion

Le meilleur de la relation

Tous deux règnent sur des mondes opposés. Maman Scorpion est une pythie en prise directe avec l'aspect caché des êtres et des choses, elle connaît le secret de l'humain grâce à une prescience instinctive qui ne la trompe jamais et qu'elle garde secrète. Elle sent les ondes et se révèle capable de décrire une situation sans que la seule logique lui serve de référence. Son fils Lion, au contraire, aime à s'attacher à l'aspect représentatif du monde et risque pour cela d'être dupe des apparences. Les faux-semblants et les méandres compliqués de l'inconscient lui sont étrangers car il n'y recueille rien. De réfléchir à ce qui se trame derrière la stricte réalité fragiliserait son esprit et mettrait à mal sa force d'action, très importante. Maman Scorpion n'est pas sans noter dès les premières années que son fils possède une forte personnalité et tient à être respecté comme tel. Il prend incontestablement de la place, veut l'espace qui lui est nécessaire pour exister et, en conséquence, requiert toute l'attention de sa maman. Celle-ci est dévouée et admirative devant la masculinité sans ambages de cet être charismatique et fera donc tout pour lui transmettre un peu de la vision du monde qui lui manque. La complémentarité entre eux réside dans le partage de l'évident et du caché, ce qui leur permet de créer un équilibre. S'ils s'associent, ils possèdent la maîtrise de tout ce qui constitue l'univers, deviennent des stratèges redoutables et il est sûr que maman Scorpion appuiera son fils de tout l'impact de sa profondeur de vue pour le pousser aussi loin qu'il est en droit d'aller.

Le pire de la relation

S'ils ne s'associent pas, ils peuvent au contraire fracasser leurs visions du monde opposées et ne jamais en tirer la substantifique force. La force est certainement ce qui les caractérise mais au pire, les leurs s'affrontent dans un duel qui, contre toute attente, risque de laisser fils Lion démuni de volonté. Si maman Scorpion parvient à un résultat aussi incroyable c'est qu'elle aura mis trop de doutes dans l'esprit carré de son fils. Celui-ci n'a tout simplement pas l'espace intérieur pour contenir les passions troubles proposées par maman Scorpion, il y perd pied, voudrait les résoudre par une action d'éclat, rationnelle et définitive, et ne comprend jamais quels méandres obscurs peuvent bien se cacher derrière ses silences, ses secrets, ses regards intenses mais pour lui opaques. Se battre et réussir oui, cela va pour lui de soi. Mais avec maman Scorpion, il ne cerne pas l'adversaire et renonce plutôt que de s'embourber. Au pire, il jouera Don Quichotte car la personnalité de sa maman est bien pour lui un moulin à vent dont le mécanisme des ailes lui reste insaisissable. Ce climat d'insécurité risque de jouer sur son ego fragile et de ternir l'image virile à laquelle il aspire. L'ambiguïté de maman Scorpion, qui est une femme particulière et ne se laisse jamais faire, fait qu'il a du mal à asseoir son identité dans ce miroir flou. Lui qui pense profondément qu'il doit protéger une femme, qui l'admirera d'y parvenir, se demande bien par où commencer avec maman Scorpion.

Le conseil

Le regard que maman Scorpion porte sur la personnalité de fils Lion est exigeant et en ce sens, constructif, à moins qu'il ne soit systématiquement dénégateur. Pas de doute qu'il doive s'appuyer sur le modèle paternel, fait d'un bloc, pour trouver le sol ferme qui lui permettra d'affirmer sa masculinité.

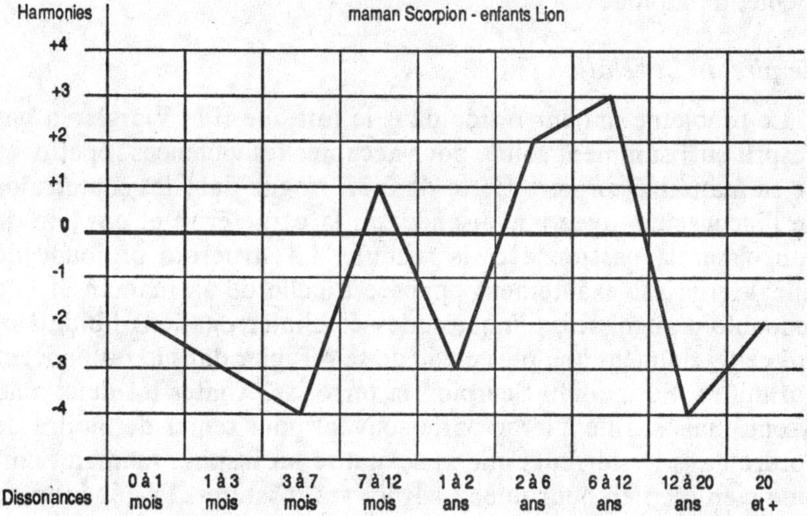

Maman Scorpion-fille Vierge

Le meilleur de la relation

La passion de la demi-mesure de fille Vierge rencontre ici la passion de l'excès de maman Scorpion. Une telle rencontre ne se passe que si une compréhension permet de rendre les extrêmes complémentaires et de les unir dans une action efficace. Maman Scorpion note très vite les hésitations de sa fille Vierge, qui est prête à tout pour ne pas renoncer à son auto-protection, à sa raison et à son besoin d'explication rationnelle des choses. Mais les peurs de sa fille l'exaspèrent car elle se demande bien comment celle-ci va pouvoir évoluer dans la vie avec une vision aussi restreinte, sans cesse à l'affût de compromis. Elle cherche donc à la faire sortir de ses retranchements et à lui donner le sens de l'audace et de l'impulsivité pour permettre à sa fille Vierge de mesurer le côté positif du coup d'éclat de la remise en question sinon de la provocation. Auprès de maman Scorpion, fille Vierge apprend que la violence peut être un moteur constructif et non pas représenter uniquement le pire des maux. Elle devient moins préservatrice et perd un peu de son côté guindé, de son maintien strict et de ses aspirations à la tranquillité. Elle ose afficher un peu plus d'originalité et fait moins attention au qu'en-dira-t-on. Finalement avec les années et grâce à l'éducation peu catholique de maman Scorpion, fille Vierge acquiert contre toute attente le sens de la liberté et même, de l'audace.

Le pire de la relation

Le problème majeur réside dans le fait que fille Vierge n'a pas l'esprit suffisamment solide pour accepter les violences répétitives de sa maman Scorpion. Cette dernière vogue dans les souterrains de l'inconscient avec une aisance qui la caractérise et qui loin de l'angoisser la passionne et la stimule. La structure profonde de fille Vierge est exactement opposée à celle de sa maman et elle redouble d'angoisses, d'inquiétudes et d'interrogations libidinales qui ne lui donnent que plus envie de se réfugier dans le rationnel et l'utilitaire. Sa maman Scorpion la terrorise. Toutes les deux analysent, mais si fille Vierge parle souvent pour tenter de mettre de l'ordre dans les terreurs que la sexualité lui inspire, maman Scorpion n'en dit rien pour mieux garder ses mystères. La féminité de fille Vierge risque d'en prendre un coup, de la rendre timide, retenue et soumise à l'extrême si elle ne renonce pas carrément au monde masculin tant elle est effrayée par « tant de choses horribles » qu'elle sent mais que maman Scorpion ne lui explique pas. Au contraire, avec elle, même le plus simple devient très compliqué.

Le conseil

Fille Vierge voudrait que le négatif n'existe pas, or maman Scorpion y nage à son aise. On recommande à cette dernière de ne pas augmenter les fragilités cérébrales de sa fille en lui donnant une vision trop compliquée des relations humaines.

Maman Scorpion-fils Vierge

Le meilleur de la relation

Maman Scorpion offre un modèle d'audace, d'impulsivité sinon de provocation, notions étrangères s'il en est au monde intérieur de son fils Vierge. Pour lui, qui a une sainte horreur du « malsain » produit par l'excès et les violences en tout genre, et qui se réfère à l'auto-protection, à la gestion rationnelle du quotidien et au maintien de l'établi, la personnalité de sa maman est déstabilisante mais c'est aussi par son impact qu'il découvrira le sens de la liberté, de la désobéissance et donc de l'initiative. Maman Scorpion, très tôt, devant les timidités et le désir de rester dans ses jupes affichés par fils Vierge, fait tout pour gommer ses hésitations et ses aspirations à la tranquillité. Il n'ose jamais et elle se demande encore comment il peut être son fils à elle, et cherche donc à le faire sortir de ses gonds pour qu'il parvienne à dépasser les limites qu'il est le seul à s'imposer. Il mesure ainsi l'aspect positif du coup d'éclat et de l'envergure et les tiendra moins pour source des pires maux. L'éducation peu catholique de maman Scorpion lui sera d'un grand secours pour se bâtir une personnalité dynamique et pour mieux assurer son insertion sociale, amoureuse et professionnelle. Il donnera pour sa part tout son sens du pratique et toute la protection de sa raison à sa maman qui méprise si ouvertement ce qu'elle appelle « la petitesse du quotidien ».

Le pire de la relation

A travers ce qui précède on aura bien compris à quel point leurs univers respectifs sont antinomiques. Si cela ne les fait pas se compléter, ils risquent de cohabiter en chiens de faïence, méfiants et irrités l'un par l'autre. Maman Scorpion donne toujours l'impression d'avoir lu Georges Bataille dès le berceau et de chercher par tous les moyens à dépasser toutes les limites pour s'en créer de nouvelles, et ainsi sans fin autre que celle de la vie. Fils Vierge est complètement terrorisé devant une vision du monde aussi exclusiviste, idéaliste, complètement opposé à son propre besoin de préservation, de demi-mesure et de recherche de compromis. Dès que maman Scorpion propose quelque chose, il se recroqueville en se demandant ce qu'elle va bien pouvoir inventer de nouveau, puisque tout ce qu'elle fait prend une ampleur qui vire à la destruction. Lui estime qu'il vaut mieux construire très lentement mais solidement, et le souffle de la passion ne recueille aucun de ses intérêts. De plus, il est timide et particulièrement en proie aux doutes libidinaux. Les choses du « ça » le terrorisent, il n'ose ni en parler ni ne pas y penser et se réfugie dans l'utilitaire. Maman Scorpion, dont l'inconscient est chargé, risque de lui insuffler une dose d'angoisse des plus inquiétantes. Sur tous les plans, il la voit jouer de ce qui lui fait peur et pourrait préférer, plutôt que de se mesurer à elle, renoncer à toute envergure, ce qui ne manquerait pas d'irriter encore sa maman.

Le conseil

Fils Vierge voudrait que le négatif n'existe pas, or maman Scorpion y patauge à son aise. On recommande à cette dernière de ne pas augmenter les fragilités cérébrales de son fils en lui donnant une vision trop compliquée des relations humaines. Après tout, n'a-t-il pas toute la vie pour devenir « un personnage »?...

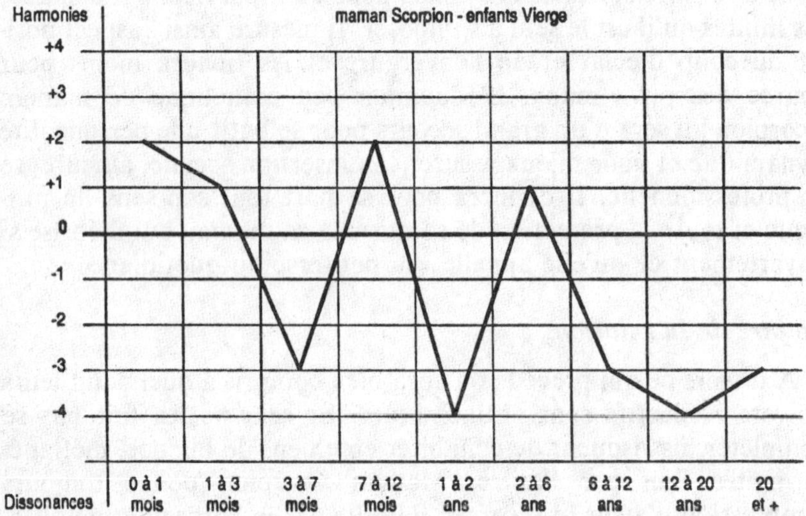

Maman Scorpion-fille Balance

Le meilleur de la relation

Maman Scorpion a sur sa fille un effet dynamisant et constructif car elle agit sur elle comme un détonateur même si elle le fait en la poussant dans ses derniers retranchements. Fille Balance a la passion du compromis et cherche toujours à se prouver que tout le monde est beau et gentil et qu'il suffit pour avoir une vision positive de la vie de trouver le bon angle de vue. Maman Scorpion n'accepte en aucun cas cette vision affadie et pastellisée de la vie qui lui paraît relever de la fiction. Selon elle, pour parvenir à ses fins il faut se battre et elle se demande toujours comment sa fille Balance trouvera sa place dans la société si elle use ainsi de douceur, de sourire et d'élégance et ignore absolument tous les aspects combatifs, agressifs et revendicatifs. Tout simplement elle trouve sa fille trop gentille et s'acharne à travers son éducation à la rendre plus violente. Le meilleur est qu'elle parvient avec les années à obliger celle-ci à faire des choix clairs, à prendre et à tenir ses engagements, ce qui n'est pas un mal pour fille Balance qui sans cela continuerait à chercher d'impossibles conciliations entre des choses qui ne peuvent qu'être opposées. Cela facilite son intégration sociale future. Pour sa part elle apporte à maman Scorpion sa tendresse et sa nonchalance et arrondit les angles de ses humeurs en dents de scie.

Le pire de la relation

Maman Scorpion donne à sa fille Balance une idée des rapports amoureux qui ressemble à un champ de bataille sur lequel il y a forcément un gagnant et un perdant et elle voudrait que sa fille non seulement se batte mais gagne, or celle-ci, qui ne peut se passer du genre masculin, n'envisage en aucun cas qu'il faille détruire les hommes ou pire prendre leur place. Il en va de sa féminité de séduire pour parvenir à créer une harmonie et une entente chaleureuse avec l'homme qu'elle aura choisi.

Le pire serait que maman Scorpion parvienne à la faire douter de sa capacité à aimer simplement et qu'elle finisse par remplacer sa confiance par le doute et le désir de vengeance. Elle donnerait là une vision complémentaire inadaptée aux besoins affectifs et sensuels de sa fille Balance et détruirait sa vénusté innée. Fille Balance se trouverait démunie de ses principaux moteurs existentiels.

Le conseil

Les féminités se heurtent et ne peuvent en aucun cas se rejoindre. Maman Scorpion verra sa fille Balance la fuir pour rejoindre les hommes car c'est bien d'eux qu'elle a vitalement besoin. Maman Scorpion ne doit pas chercher à interférer dans la tendresse qui dès les tout premiers jours s'installe entre fille Balance et son papa.

Maman Scorpion-fils Balance

Le meilleur de la relation

Fils Balance est un être affable, plein de charme, de tendresse et de douceur que sa maman Scorpion apprécie parce qu'il lui offre une image dédramatisante, mesurée, tranquille de l'existence, et que cela fait du bien à son monde personnel passionné et compliqué. Sur lui elle aura l'effet d'un détonateur, d'une constante « carotte » qui aidera fils Balance à aller plus loin, à oser ses envies, faire des choix sans compromis et tenir les engagements que sans elle il pourrait éviter. Dès les premières années, elle le met systématiquement au pied du mur de son exigence et lui demande de lui prouver sa capacité. Fils Balance en prend de la graine pour sa future inscription dans la vie adulte. Elle développe et affine ses goûts artistiques, lui donne une vision du monde plus sobre et moins pastellisée, lui fait découvrir l'aspect caché des choses et tous ces secrets qui régissent l'humain tandis que fils Balance aimerait rester dans une constante recherche de compromis un peu superficiel. Finalement elle scrute sa nonchalance avec tant de fixité qu'il se sent obligé de donner le meilleur de lui-même, voire de devenir plus « violent » ce qui serait la plus grande des victoires de maman Scorpion.

Le pire de la relation

L'incompatibilité entre eux est d'ordre sentimental. Fils Balance rêve de rapports tendres, de respect mutuel, d'élégances chevaleresques et d'éthique des rapports amoureux. Maman Scorpion ne vibre qu'à la passion, à l'excès, sinon à une certaine idée de l'amour qui ressemble plus à un champ de bataille qu'à une valse langoureuse. Elle pense que l'on doit souffrir si l'on aime or l'idée de souffrance arrive chez lui plus parce qu'il a du mal à s'engager que parce qu'il a du mal à rompre! Maman Scorpion le déstabilise car il n'est jamais sûr de la séduire or il ne fonctionne qu'à la séduction. Le pire serait qu'elle parvienne à le faire douter de sa capacité à aimer et à être aimé et qu'il en devienne mélancolique, fuyant, désaxé à l'extrême. Il remplacerait la confiance dont il a besoin dans ses relations par le doute, sinon le désir de vengeance. Ou pire encore, s'avouerait vaincu d'avance et détruirait ainsi sa sensualité et sa courtoisie innées. Il serait ainsi démuni de ses principaux moteurs vitaux.

Le conseil

Fils Balance a besoin de plaire pour exister or maman Scorpion voudrait qu'il existe pour lui plaire. Visions très différentes qui peuvent l'instabiliser à vie. Dans la recherche d'harmonie de son fils Balance, maman Scorpion ne doit en aucun cas voir de la mièvrerie.

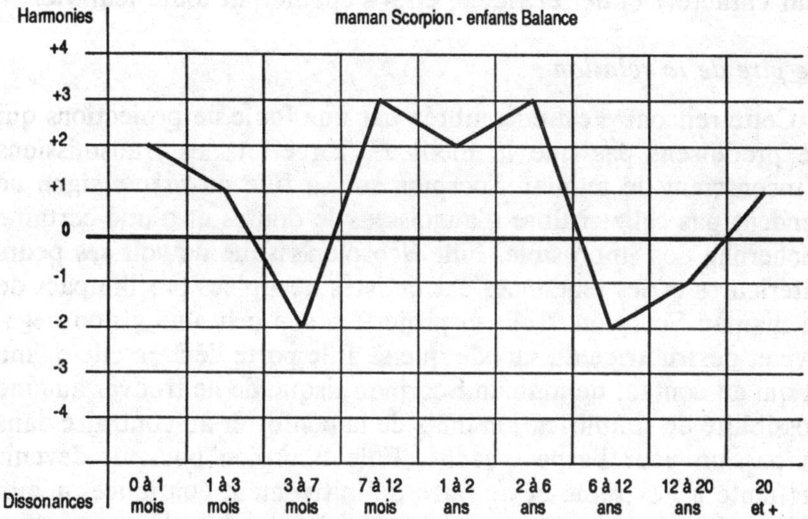

Maman Scorpion-fille Scorpion

Le meilleur de la relation

Maman Scorpion retrouvera chez sa fille du même signe les caractéristiques de sa propre personnalité. Exigence, originalité de vue et d'action, besoin de démarcation par rapport au grand nombre, magnétisme et intuition composent l'identité de maman et de fille Scorpion. Elles créeront dès les premières années un univers privilégié dans lequel elles vivront à deux leurs aspirations à ne ressembler à personne. Maman Scorpion excellera à développer chez sa fille l'intelligence, le fait de n'être dupe de rien ni de personne, de savoir faire reconnaître ses qualités et accepter ses défauts. Elle apprendra à sa fille à ne jamais se laisser faire et à répondre à toute attaque extérieure au centuple sans ménager ses forces. Fille Scorpion aime l'univers mystérieux et magique que crée sa maman car elle partage son goût de l'étrange et de la recherche intérieure. A l'école, elle est une rebelle qui de toute façon n'obéit qu'à sa maman, car il n'y a qu'avec elle qu'elle se sente en confiance. Elle deviendra avec les années une femme originale, magnétique et sensuelle dans la droite lignée de l'éducation donnée par sa maman. Elles se comprennent sans se parler et avec leur caractère entier et fidèle, elles s'épauleront toute leur vie.

Le pire de la relation

Cette rencontre est encombrée par une foule de projections qui ne produisent pas que le meilleur. En effet, les transmissions d'inconscient de maman Scorpion sur sa fille du même signe ne rendent pas celle-ci libre d'angoisses, de doutes et d'une certaine recherche de l'impossible. Fille Scorpion risque de voir ses peurs intérieures et ses tendances extrémistes décuplées par l'impact de sa maman Scorpion. Celle-ci projette à son insu une vision négative et destructrice du monde que sa fille porte déjà en elle-même et qui au contact de maman Scorpion risque de ne trouver aucune possibilité de simplification mais de la conforter au contraire dans sa passion pour l'aspect caché. Fille Scorpion pourrait devenir méfiante à l'extrême et ne faire définitivement confiance qu'aux idéaux donnés par sa maman. Le pire ici est dans le risque d'un inceste qui éloignerait fille Scorpion du monde masculin ou qui la porterait à considérer les hommes comme faibles et inférieurs et à vouloir donc les remplacer. Les effets sur sa future vie de femme et d'amante peuvent être des plus néfastes.

Le conseil

L'interrogation qui encombre l'inconscient de maman Scorpion est de se demander pourquoi elle n'est pas un homme. On lui recommande d'y répondre à temps au lieu de la reporter sur sa fille Scorpion.

Maman Scorpion-fils Scorpion

Le meilleur de la relation

Leurs personnalités reposent sur des composantes identiques et c'est un gage de respect mutuel et de bonne compréhension. Ainsi, chez ce fils qui affirme dès les premiers mois sa forte personnalité et son besoin de marquer son territoire en le définissant différent de celui du plus grand nombre, maman Scorpion sentira la passion qui l'habite elle-même et ses propres aspirations à ne ressembler à personne, quitte à le faire dans une systématique opposition. Leur rapport ne sera certainement pas terne, mesuré ou simple mais au contraire exigeant, mystérieux, extraordinaire. Maman Scorpion prouve à son fils à quel point il est bon d'être original et d'oser vivre tous les traits de sa personnalité. Avec lucidité et originalité, ils aimeront sortir à la découverte des arts et de personnages hors du commun, voyageront facilement et ne ménageront pas leurs forces lorsqu'il s'agira de s'épauler mutuellement face à l'adversité, réelle ou imaginée. Fils Scorpion est un rebelle qui n'obéit pas et qui à l'école montre bien des difficultés à s'intégrer. Maman Scorpion le comprend et l'aide à s'adapter au mieux car elle a fini par saisir, avec l'âge, par quelles voies on parvient à ne pas transformer son anticonformisme en marginalité compromettante. La séduction qui joue très fortement entre eux les aide d'ailleurs à œuvrer ensemble vers des buts constructifs.

Le pire de la relation

Le pire réside dans les transmissions d'inconscient qui jouent forcément entre des personnalités aussi magnifiques et aussi « inquiétantes », c'est-à-dire simplement incapables de compromis sur l'essentiel. Ni maman Scorpion ni son fils du même signe solaire ne se satisfont de demi-mesure ou de compromis. La guerre est vite arrivée.

Fils Scorpion risque de voir ses peurs intérieures et ses pulsions destructrices décuplées par les projections de maman Scorpion et s'en sentira d'autant aigri, sombre, mal à l'aise, en proie à une difficulté de vivre qu'il ne s'explique pas et qui est le lot du Scorpion. Rien n'est simple dans leur univers et tout se joue dans l'aspect caché, mystérieux, « habité » des choses et fils Scorpion peut y bâtir une tendance à se méfier de tout et de tous qui ne rendra pas ses rapports sociaux ou pire, amoureux, faciles. De plus, la forte personnalité de maman Scorpion conjuguée à l'ambiguïté qui caractérise le signe peuvent lui donner une image dévalorisante de la masculinité et ses troubles n'en seraient qu'aggravés.

Le conseil

Fils Scorpion ressemble trop à sa mère, c'est bien cela son problème fondamental. Si celle-ci lui rappelle sans cesse à quel point il est bon de lui ressembler, elle risque de le rendre tout à fait marginal, inintégré sinon désenchanté.

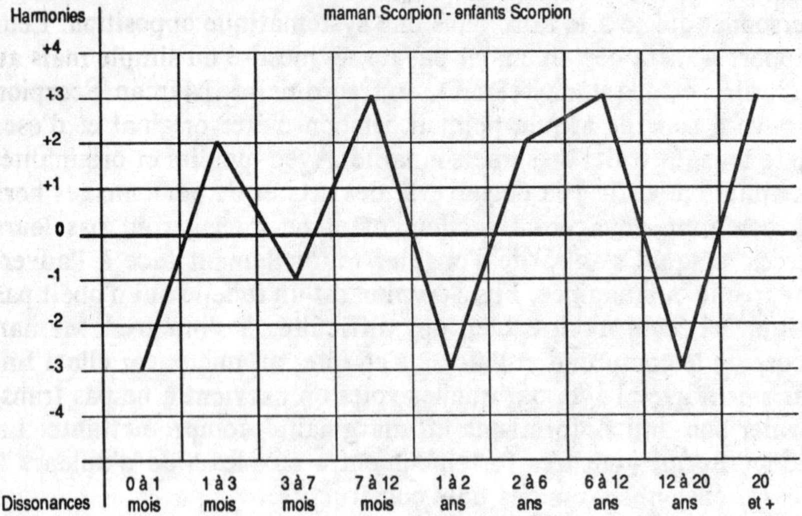

Maman Scorpion-fille Sagittaire

Le meilleur de la relation

Les univers de ces deux femmes répondent à des caractéristiques très dissemblables. Maman Scorpion remarque le caractère posé, optimiste, constructif et tranquille de sa fille Sagittaire et au contact de cette petite fille joyeuse et positive, elle perd un peu de son négativisme et de sa tendance à douter de tout à tout sujet. Elle n'en demeure pas moins exigeante, exclusive et audacieuse et constitue pour l'intelligence de sa fille Sagittaire une barre haut mise que celle-ci se fait un plaisir de viser. Auprès d'une maman Scorpion, fille Sagittaire acquiert un peu d'intériorité car sinon elle aurait tendance à ne voir que l'aspect extérieur représentatif et social de la vie. Sa maman Scorpion lui démontre qu'il ne s'agit pas de ne croire que ce que l'on voit, et que la valeur des êtres et des choses peut exister tout en étant cachée. Ces interrogations métaphysiques rejoignent les vues spirituelles de fille Sagittaire et en font un être véritablement bienveillant aux horizons larges et lointains qui aura la capacité de bien accueillir les étrangers. Elle ne développe pas ainsi le pire d'elle-même qui pourrait être son côté arbitraire, égoïste et démesuré, car maman Scorpion la remet à sa juste place et l'oblige à travailler sur ses défauts. Toutes deux sensuelles et affectives, elles s'aiment profondément et seront des amies fiables toute leur vie.

Le pire de la relation

Fille Sagittaire est protectrice, optimiste et constructive or, sa maman Scorpion lui insuffle sa propre méfiance à l'égard des êtres et des situations. Fille Sagittaire à ce contact peut douter du bien-fondé de ses visions et se trouve coupée dans ses élans. Elle qui a profondément besoin de renverser les montagnes sur son passage grâce à sa force de caractère et à son audace, elle pourrait s'autocensurer afin d'éviter de voir sa maman Scorpion le faire à sa place. Mais comme elle n'est pas obéissante et ne laissera en aucun cas sa maman Scorpion avoir le dernier mot, on peut penser que leurs rapports seront mouvementés sinon teintés de violence. Fille Sagittaire n'accepte simplement pas que sa mère Scorpion vienne détruire la vision optimiste, chaleureuse et conviviale qu'elle a de la vie et des humains. Les secrets, les mystères et les manigances affectives de maman Scorpion l'irritent car elles heurtent sa vision positiviste et son besoin de partage. Avec les années, après s'être reposée, on peut penser que fille Sagittaire s'éloignera de sa maman pour lui préférer des êtres beaucoup plus constructifs même s'ils sont moins originaux.

Le conseil

Fille Sagittaire a besoin de n'en faire qu'à sa tête, ce qui n'est pas pour déplaire à maman Scorpion. Or, celle-ci ne veut surtout pas que sa fille devienne superficielle mais qu'elle se rassure. La force de caractère de sa fille l'étonnera bien en temps et en heure.

Maman Scorpion-fils Sagittaire

Le meilleur de la relation

Dans la symbolique, le signe du Sagittaire suit celui du Scorpion car il en a tiré les enseignements et peut passer à une dimension plus spirituelle et plus humaniste de l'existence. Dans cette rencontre, la cohabitation entre le caractère posé, entreprenant, résolu et positif de fils Sagittaire et celui plus passionné, exigeant, exclusif et audacieux de maman Scorpion produit les meilleurs effects. Fils Sagittaire, qui aurait tendance à ne voir que l'aspect extérieur et à refuser même de mesurer les aspects cachés des êtres et des situations, acquiert un peu de profondeur et apprend à réfléchir sur le sens de ses actions. Il est préoccupé d'envergure, recherche les horizons lointains, larges et socialement reconnus mais a tendance à mépriser les mécanismes subtils de la psychologie humaine. Sans maman Scorpion, il pourrait développer son côté arbitraire, égoïste et démesuré et vouloir « pousser tout le monde » pour asseoir à l'excès sa personnalité. Maman Scorpion ne marche jamais dans cette complaisance qu'il nourrit à l'égard de lui-même, le remet à sa place et l'oblige à travailler ses défauts. Leurs sensualités respectives et la profonde affection qu'ils se portent les aideront à avoir une relation équilibrée toute leur vie.

Le pire de la relation

Maman Scorpion avec sa méfiance a tendance à donner à fils Sagittaire une vision amoindrie des relations humaines qui met à mal les aspirations de celui-ci. Pour respecter son besoin d'ampleur, il s'efforce d'idéaliser les gens et les situations. Il ne peut accepter d'être restreint dans ce besoin par la vision systématiquement négativiste et méfiante de sa maman.

Le faire douter de ses propres forces serait mettre de l'eau dans son vin, or le signe du Sagittaire, en grand œnologue du zodiaque, ne supporte aucune sorte de compromis sur le plaisir qu'il peut tirer de ses relations. Maman Scorpion s'irrite de sa naïveté alors que lui s'appuie sur son optimisme pour avancer dans la vie. Elle pourrait, à force de réduire ses pas par les doutes qu'elle lui insuffle, le démunir d'une grande partie de ses moyens. Au lieu d'être protecteur et constructif et de s'inscrire comme un être social représentatif, il développerait son côté instable, aventuriste et versatile.

Le conseil

Les visions du monde sont tellement opposées que fils Sagittaire ne peut simplement pas supporter les tendances destructrices de sa maman Scorpion. Il appelle systématiquement lourdeur ce qu'elle appelle lucidité et maman Scorpion doit se contenter de partager les aspirations spirituelles de son fils sans chercher à interférer dans son quotidien.

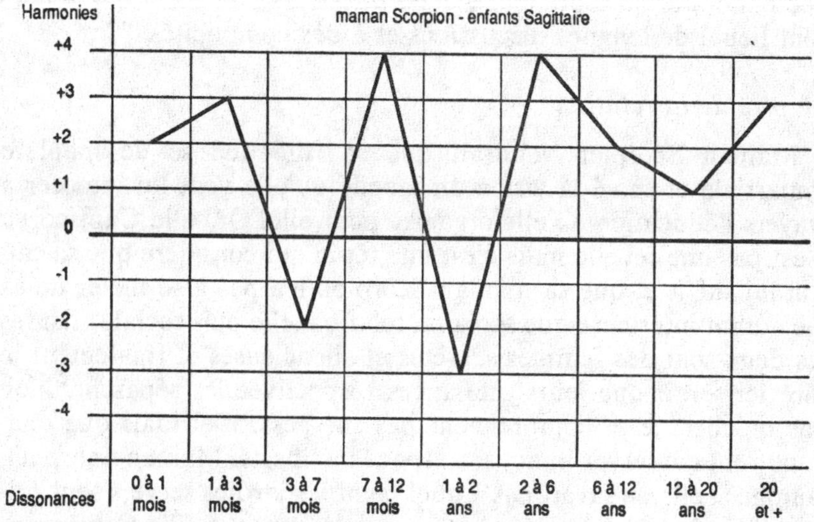

Maman Scorpion-fille Capricorne

Le meilleur de la relation

Maman Scorpion mène l'éducation de sa fille avec dévouement et intransigeance. Elle est exigeante, et prête à faire autant d'efforts qu'elle en demande à sa fille. Cette ambiance rigoureuse et morale convient bien à fille Capricorne qui voit en sa maman Scorpion une personne originale, peu portée au compromis mais stricte dans ses engagements, dynamique, entreprenante et affective. Un profond respect unit ces deux femmes et maman Scorpion s'attache à développer le sens du devoir ainsi que la lucidité et la capacité à juger les êtres de l'intérieur, toutes caractéristiques qu'elle remarque très tôt dans la personnalité de sa fille Capricorne. L'éducation sera exemplaire car fille Capricorne obéit facilement puisqu'elle a confiance en son devenir tant qu'il repose dans les mains habiles de sa maman Scorpion. Les discussions entre elles deviennent vite philosophiques. Elles sont calmes, posées et solides et nourrissent une passion pour l'intériorité. Fille Capricorne sait bien gérer le quotidien et assume l'aspect pratique du cercle familial tandis que maman Scorpion s'intéresse plus à ses recherches. Elles vivent côte à côte en grande quiétude, se respectent et auront toute leur vie des questions à se poser qui donneront lieu à de longues discussions et à des complicités.

Le pire de la relation

Maman Scorpion voudrait que sa fille obéisse de manière impartiale et suive la vision du monde qu'elle veut lui imposer à travers l'éducation qu'elle organise pour elle. Or, fille Capricorne n'est pas une rebelle mais c'est une têtue qui considère que sa raison lui suffit et que sa maman Scorpion n'a pas à se mêler de sa vie autant intérieure que scolaire, relationnelle puis sociale. Toutes les deux sont des femmes secrètes et silencieuses et finalement le pire ici serait que leurs méfiances respectives les séparent. Non pas qu'elles ne se comprennent pas sur l'essentiel mais que chacune veut conserver intact son espace de liberté. Maman Scorpion, comme si elle ne savait pas à quel point les jardins secrets sont primordiaux à l'existence de chacun, voudrait que sa fille Capricorne s'ouvre et dise tout. Or, pour cette dernière, il n'est de pire agression et elle y réagit en s'enfermant dans sa tour d'ivoire, ce qui malheureusement risque d'augmenter ses timidités et ses frustrations affectives. Ceci ne sera pas sans conséquences néfastes sur sa future vie de femme.

Le conseil

Maman Scorpion ne doit pas vouloir faire sortir sa fille Capricorne de ses retranchements, mais respecter son besoin de mystère et son goût de la solitude. Si elle peut en plus lui apporter chaleur et sensualité, son éducation spirituelle sera parfaite.

Maman Scorpion-fils Capricorne

Le meilleur de la relation

Leur rencontre est marquée par une tendance rigoureuse et morale qui convient bien à la personnalité de fils Capricorne. Il voit en sa maman Scorpion une personne originale, idéaliste et entière qui respecte ses engagements autant affectifs que professionnels. Ceci force son respect car il déteste avant tout ceux qui agissent sans foi ni loi. Bien sûr, maman Scorpion ne suit que sa loi propre mais, aux yeux de fils Capricorne c'est mieux que de ne pas en avoir du tout. Ils possèdent la lucidité qui permet de juger les êtres de l'intérieur et maman Scorpion dès les premières années de la vie de son fils note l'intransigeance et la sévérité de celui-ci. Loin de l'en accuser, elle le respecte comme un philosophe avant l'âge. Leurs discussions deviennent nourries et profondes, d'autant que fils Capricorne obéit facilement puisqu'il a confiance en l'éducation qu'il reçoit. L'ambiance dans laquelle ils cohabitent est calme et cultivée. Puisque maman Scorpion est peu préoccupée par le quotidien et ses exigences pratiques, fils Capricorne avec les années prendra en charge cet aspect. Le rapport homme-femme est équilibré car ils se posent les mêmes questions et aimeront se retrouver pour de longues heures complices.

Le pire de la relation

Leur mutuelle passion pour l'intériorité risque de les séparer. De caractère renfermé, obstiné et intransigeant, aucun d'eux n'est prêt à faire de concessions à l'égard du caractère de l'autre et maman Scorpion parce qu'elle abuse de son autorité de mère, voudrait que son fils Capricorne obéisse sans ambages mais se heurte à la résistance de ce dernier. Au moment de l'adolescence, ils pourraient se regarder en chiens de faïence bien qu'ils se comprennent sur l'essentiel. Mais leurs timidités et leur autoritarisme respectif rendent leur dialogue profond et difficile.

D'autre part, fils Capricorne sans le manifester a des besoins affectifs très importants, d'autant que sa pudeur le conduit à les mépriser. Il aimerait une maman plus tendre, plus chaleureuse et plus souriante et trouve sa maman Scorpion froide, distante, originale mais « sèche ». Une frustration risque d'apparaître à long terme, ce qui ne faciliterait pas ses futurs rapports humains.

Le conseil

Maman Scorpion ne doit pas vouloir faire sortir son fils de ses retranchements, mais respecter son goût de la solitude. Si elle pouvait en plus lui apporter chaleur et sensualité au lieu de ne jouer que sur la passion, son éducation spirituelle serait parfaite.

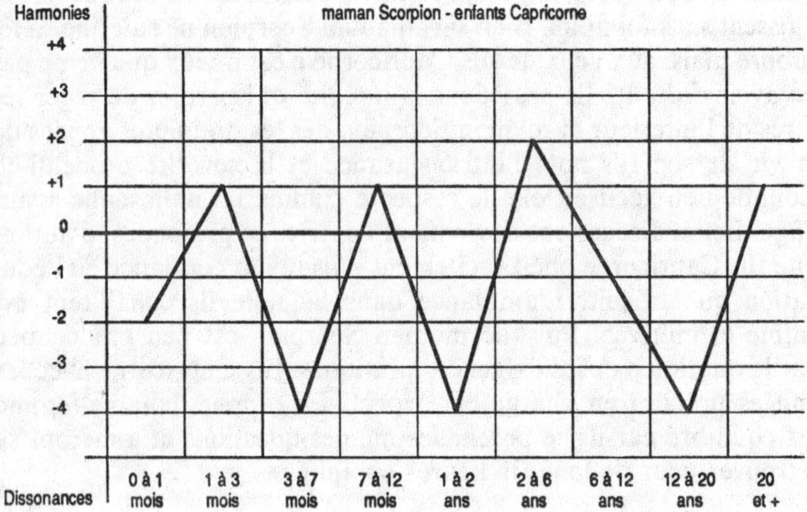

Maman Scorpion-fille Verseau

Le meilleur de la relation

C'est ici la rencontre entre deux caractères originaux, individualistes et qui ont besoin de se démarquer du plus grand nombre. Maman Scorpion note très vite l'originalité sinon l'extravagance de sa fille Verseau et elle crédite son besoin de différence. Toute l'éducation qu'elle lui donnera confortera fille Verseau dans sa féminité hors du commun car maman Scorpion l'autorise implicitement à vivre hors-la-loi et hors-la-conformité et à se considérer à juste titre comme unique au monde. Puisqu'elle-même ne cherche pas à se conformer et affiche une liberté de pensée et d'action, elle procure à sa fille aisance, envergure et dynamisme.

Leurs intelligences se complètent car elles sont à la fois faites de rationalité et d'intuition et avec les années, elles peuvent dialoguer sur l'avenir de l'humanité et ses origines profondes. Elles aiment les mêmes lectures, les mêmes films et auront ainsi des loisirs communs qui créeront entre elles une complicité amicale et sensitive. Les orientations à la fois culturelles et technologiques les préoccupent et un de leurs plaisirs communs sera de fréquenter ensemble les soirées dans lesquelles elles dérangent par leur magnétisme et leurs originalités mêlées. L'éducation de maman Scorpion convient donc bien au tempérament de fille Verseau.

Le pire de la relation

L'excès d'originalité et d'anticonformisme que maman Scorpion risque de provoquer chez sa fille Verseau pourrait être un frein à la bonne intégration future de celle-ci. En effet, à la laisser trop libre de ses mouvements et à lui dire sans cesse qu'elle a le droit d'être comme elle est, elle peut faire de sa fille une marginale, un éternel « mouton noir » qui amuse bien ses amis mais qui reste finalement incomprise. Ceci serait une projection de maman Scorpion sur sa fille puisqu'elle-même est profondément dérangeante et que peu de personnes peuvent se vanter de la connaître.

A force d'aller à l'encontre de la bonne société et des bien-pensants, fille Verseau et maman Scorpion pourraient créer un cocon privilégié mais aussi perdre pied avec la réalité. Le second point de désaccord est d'ordre affectif. Maman Scorpion est possessive, jalouse et autoritaire et a trop tendance à considérer que personne ne saura jamais comprendre et aimer sa fille Verseau comme elle le fait elle-même. Son comportement est vécu par fille Verseau comme un emprisonnement tout à fait néfaste pour ses besoins de liberté. Elle qui est effrayée par la passion, elle aspirera avec les années à échapper à l'emprise passionnelle de sa maman Scorpion.

Le conseil

Une réelle complicité unit les originalités de caractères de maman Scorpion et de fille Verseau. Or, les besoins affectifs de fille Verseau sont principalement empreints de liberté et maman Scorpion doit reconnaître que si sa fille est véritablement libre, elle l'est aussi vis-à-vis de sa maman.

Maman Scorpion-fils Verseau

Le meilleur de la relation

Cette rencontre est caractérisée par l'originalité. Il s'agit pour maman Scorpion comme pour fils Verseau de ne se plier à aucun code, aucune loi et de ne respecter de normes que les siennes. Fils Verseau note le caractère obstiné, passionné et extravagant de sa maman Scorpion et il est bien aise d'être protégé par son tempérament de mère louve. Celle-ci comprend bien que son fils préfère rester dans son univers intérieur plutôt que de se mêler à la réalité quotidienne et, toute sa vie, cette caractéristique lui apparaîtra comme une force et non comme une faiblesse. Elle l'entoure de toute sa compréhension et lui apporte une dose de sensualité charnelle qui manque à l'univers froid, désincarné sinon robotique de fils Verseau. Lui qui a tendance à préférer l'amour pour le genre humain à la passion qui peut unir deux êtres de chair et de sang, il découvrira auprès de maman Scorpion que la pulsion peut être un moteur constructif et non pas seulement la source de tous les maux. Leurs intelligences sont différentes mais leur permettent de bien se comprendre. Maman Scorpion respecte la liberté de son fils Verseau, développe son sens des contacts sociaux et ses goûts artistiques et humanistes. Leurs discussions seront toujours profondes et variées. Et on peut dire que l'éducation que fils Verseau reçoit ici est une de celles qui correspondent le mieux à sa personnalité.

Le pire de la relation

Fils Verseau apporte à sa maman Scorpion une vision moins excessive des rapports humains et par son impact lui fera découvrir que la méfiance et l'opposition systématiques ne sont pas les seules possibilités de faire reconnaître sa personnalité.

Le pire serait que devant un discours aussi idéaliste, maman Scorpion rie aux éclats. Elle trouve son fils Verseau naïf et exposé à mille dangers. Elle voudrait qu'il acquière du mordant et réponde aux attaques par l'attaque. Elle risque avec les années de le démunir de sa profonde confiance dans le genre humain et lui qui vit pour voir l'humanité devenir meilleure risque auprès de maman Scorpion d'acquérir une vision un peu noire, négative et déstabilisante pour sa personnalité. De plus, à cumuler leurs marginalités, ils risquent de devenir tous les deux des « moutons noirs » très amusants en société mais finalement incompris par le plus grand nombre. En effet, fils Verseau et maman Scorpion, pour des raisons différentes, dérangent toujours leur entourage. A force, ils pourraient perdre pied avec la réalité. Le dernier aspect difficile est d'ordre affectif. Maman Scorpion est jalouse, entière et possessive et pourrait chercher à interférer dans les besoins de liberté de son fils Verseau. Celui-ci ne supporte aucune entrave à son besoin d'aller et venir et refuse de s'expliquer sur ses sentiments. Si maman Scorpion ne respecte pas ce besoin, elle risque de voir son fils Verseau lui échapper dès la fin de la petite enfance.

Le conseil

Maman Scorpion est ravie de mêler sa liberté à celle de son fils Verseau. Mais elle doit comprendre que les besoins affectifs de celui-ci l'obligeront très vite à se démarquer d'elle. Véritablement indépendant d'esprit, il l'est aussi vis-à-vis de sa maman et quelle que soit l'intransigeance de celle-ci, il continuera toute sa vie à ne se plier à aucune règle.

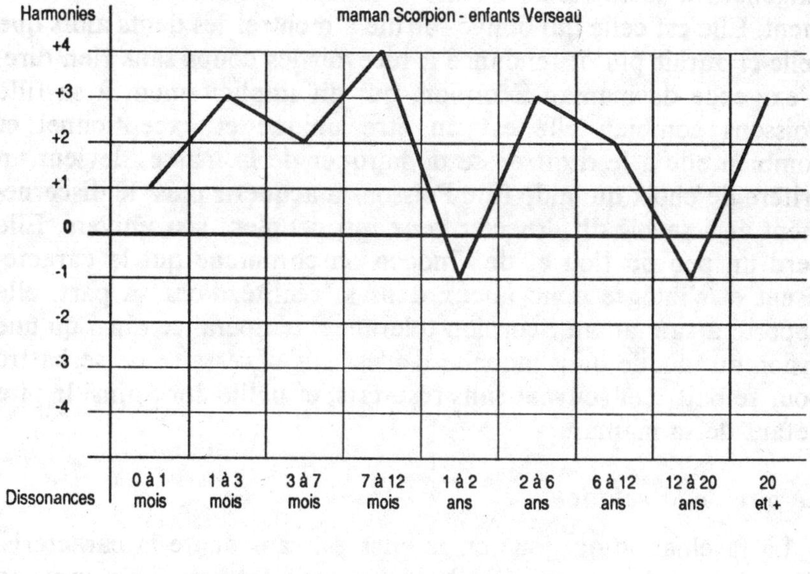

Maman Scorpion-fille Poissons

Le meilleur de la relation

Le partage des univers intérieurs identiquement faits de méandres intérieurs et de fluctuations pulsionnelles et sensitives permet à ces deux femmes d'eau de se rejoindre sur les berges d'une complicité de cœur et de corps et de faire mutuellement chanter leurs féminités respectives faites de magnétisme et de mystère. Devant sa maman Scorpion, fille Poissons est dès les premières années de sa vie en admiration, tout à l'écoute de la personnalité originale de sa maman et prête à beaucoup de choses pour mériter la protection, l'attention ou mieux le soutien partiel de celle-ci. Fille Poissons qui a tendance à trouver son identité dans celle que lui donnent les autres, a vitalement besoin de sentir que sa maman Scorpion la regarde d'une manière positive, compréhensive et bienveillante car elle trouve fierté et autorisation à acquérir sa propre liberté et sa propre indépendance.

Le regard de maman Scorpion sur sa fille Poissons soumise et réceptive est incontestablement la caution vitale la plus importante que cette fille puisse trouver sur son chemin de femme car c'est une caution qui n'est pas simplement exigeante et téméraire mais qui correspond effectivement au besoin essentiel et à la structure la plus intime de fille Poissons. Maman Scorpion lui apporte un peu de son goût de la bagarre et l'oblige à ne pas accepter les exigences d'autrui ainsi qu'elle a tendance à le faire naturellement. Elle est celle qui oblige sa fille à montrer les dents alors que celle-ci aurait plutôt tendance à recevoir les coups sans rien dire. L'exigence de maman Scorpion, qui dit implicitement à sa fille Poissons combien elle est un être unique et exceptionnel et combien elle a le droit de se démarquer de la masse, devient un critère de choix qui aide fille Poissons à acquérir plus de discernement et à savoir différencier ceux qui peuplent son univers. Elle perd un peu du flou et de l'indécision chronique qui la caractérisent et s'intégre donc mieux dans la réalité. Pour sa part, elle apporte à sa maman Scorpion tolérance, tempérance ainsi qu'une vision du monde dans laquelle il n'est pas nécessaire de se battre pour se battre et souvent sans résultats, et pallie donc ainsi le pire défaut de sa maman.

Le pire de la relation

La fascination qui joue entre elles est sans doute la caractéristique de cette rencontre. Si elle exerce ses effets positifs comme on l'a vu précédemment il n'en reste pas moins que fille Poissons risque de développer une fascination trop soumise et trop impartiale devant la personnalité mystérieuse, originale et excessive de sa maman Scorpion. Les rapports sado-masochistes sont à craindre si maman Scorpion plonge dans ses travers de sévérité et qu'elle joue sans même sans rendre compte de la fascination qu'elle se sent exercer sur sa fille. Celle-ci pourrait alors, avec sa tendance au mimétisme, réagir de deux manières, soit qu'elle prenne la personnalité de sa maman Scorpion pour la sienne et cherche donc à l'appliquer au quotidien, soit qu'elle se sente à jamais incapable de concurrencer sa maman sur le terrain de la féminité qu'elle occupe si bien et reste alors une éternelle petite fille. Si maman Scorpion sent sa fille plongée dans la deuxième possibilité, elle ne manquera pas de la juger sans merci et de lui reprocher ses faiblesses. Ce qui meurtrirait le cœur de fille Poissons mais lui enlèverait définitivement toute possibilité de réaction. Ce serait une grande messe de féminité magique et magnétique mais on ne saurait jamais qui séduit qui et au nom de quoi.

Le conseil

Les rapports de la toute petite enfance marqueront le rapport femme-femme et l'on conseille à maman Scorpion de laisser se développer la féminité particulière de sa fille Poissons sans montrer ses aspects dirigistes. Si elle y réfléchit à deux fois, elle sera obligée de s'avouer que sa fille Poissons, mine de rien, connaît plus de secrets qu'elle-même.

Maman Scorpion-fils Poissons

Le meilleur de la relation

C'est ici la rencontre entre deux onirismes très différents mais complémentaires. Tout entre une maman Scorpion et un fils Poissons est dans le dialogue aphone, les fluctuations pulsionnelles et sensitives, ce qui leur permet d'avoir une complicité de cœur et de baigner dans un univers sensuel qui est du meilleur effet sur l'inconscient agité de fils Poissons. Lui qui a déjà une tendance à être fasciné par la gent féminine, il regarde a fortiori sa maman Scorpion comme une déesse pleine de magnétisme et de mystère. Il admire la personnalité originale et les coups d'éclat dont sa maman témoigne avec abondance. Il se sent prêt à la suivre dans tous ses méandres et comme il la comprend sans mot dire, il la soutiendra toute sa vie. Auprès d'elle, il acquiert la liberté d'entreprendre et d'asseoir sa propre indépendance car maman Scorpion, par son éducation active et exigeante, le force à sortir de ses hésitations et à transformer ses rêveries en actes. Il sait qu'elle ne transigera jamais sur ses faiblesses et trouve là un moteur pour dépasser ses propres limites. L'impact de maman Scorpion est donc constructif pour la personnalité et la future vie professionnelle et amoureuse de son fils Poissons. Elle sait le conduire là où il veut aller, avec une main de fer et une sensualité de velours, et fils Poissons se sent d'un coup pousser des ailes.

Le pire de la relation

Le pire serait qu'il soit tellement fasciné par le caractère exceptionnel de sa maman Scorpion qu'il en arrive, au lieu de chercher à s'affirmer, à s'effacer totalement devant elle. Son caractère, naturellement soumis, pourrait prendre des couleurs masochistes et son mimétisme le conduirait non pas à se démarquer de sa maman mais à chercher à lui ressembler au plus près.

Celle-ci ne manquerait pas de le juger sans merci, de lui reprocher ses faiblesses, ce qui meurtrirait le cœur sensible de fils Poissons et le priverait de toute possibilité de réaction. Il développerait alors son côté marginal et pervers et préférerait rester un éternel petit garçon plutôt que d'oser la remettre en question. Maman Scorpion est aux yeux de fils Poissons « la femme absolue » et le pire serait qu'il ne parvienne jamais à se démarquer de ce modèle.

Le conseil

S'il développe un côté fuyant et pervers et si sa conduite ressemble à celle de Don Juan à la recherche de l'idéal féminin, maman Scorpion pourra se poser quelques questions sur elle-même. On lui recommande de rassurer fils Poissons sur ses forces particulières sans chercher à le diriger.

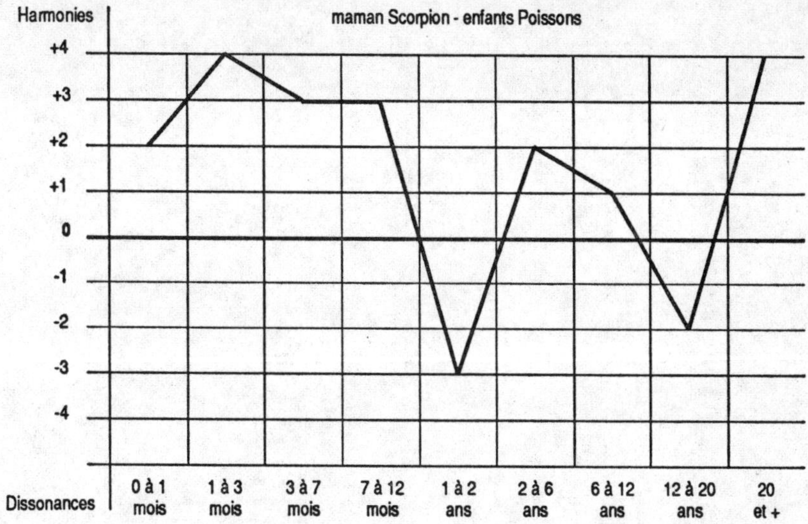
maman Scorpion - enfants Poissons
Harmonies
+4
+3
+2
+1
0
-1
-2
-3
-4
Dissonances
0 à 1 mois
1 à 3 mois
3 à 7 mois
7 à 12 mois
1 à 2 ans
2 à 6 ans
6 à 12 ans
12 à 20 ans
20 et +

SAGITTAIRE

Être mère selon la femme Sagittaire

Ce n'est pas pour rien que votre signe est gouverné par Jupiter, planète d'amplification et de bonne fortune dont le rôle principal réside dans la simplification et la sociabilisation de la vie concrète : vous êtes assurément une Junon efficace, chaleureuse, expansive et extravertie, peu concernée par l'envers des décors mais tellement habile à faire exister les choses dans la liberté et la jovialité. Autant de caractéristiques qui font de vous une « amazone des temps modernes », un peu superwoman, incontestablement égale aux mâles, ouverte et émotive, toujours prête à écouter puis à résoudre les tracas de ceux qui trouvent en vous force, stabilité et générosité. Maternelle, vous l'étiez déjà avant de devenir maman. Combien de canards boiteux avez-vous portés à bout de bras, combien de copines éplorées avez-vous secouées d'une tape dans le dos et d'un discours habile et coopératif, combien de patrons avez-vous époustouflés par votre dynamisme, votre rapidité et votre repartie? Certes vous avez toujours pris de la place, vous voyez loin et grand et méprisez sans retour toute ombre de compromis, de préservation, d'étiolement et pis encore, de mesquinerie. Le petit, le mièvre, le timoré, l'égotique chiffonnent votre grand cœur et désespèrent vos besoins de faire le bien de l'humanité sans discriminations ni a priori, quitte à devoir pour cela tout faire seule et porter les responsabilités. Vous ne demandez rien à personne, vous avez en vous les atouts pour jouer tous les rôles et vous en sortir mieux que si vous étiez toute une équipe. Alors si le père de votre enfant n'est pas « très très fort » qu'à cela ne tienne : il devient un enfant de plus ou disparaît de votre vie, tant pis pour lui s'il s'accroche au plancher des vaches... Si vous ne trouvez homme à l'ampleur de l'image que vous avez de votre propre père, eh bien tant pis : vous le remplacez illico sans jamais vous départir de votre forte sensualité ni de votre gouaille. La femme Sagittaire semble servir de modèle, caricatural, au portrait de la « nouvelle femme actuelle », qui veut tout et réussit tout et qui, au passage, écrase quelques orteils. Maman, vous restez dans ce schéma, très chaleureuse, très enveloppante, toute sourire et optimisme, protection, bienveillance, envergure et stimulation. Vous faites des enfants sains de corps et d'esprit, soucieuse de leur procurer le maximum d'ouverture vers le monde et la diversité des races, des cultures, des mœurs et des codes moraux car, selon vous, ils sont citoyens du monde autant, sinon plus, que membres de leur famille de sang. Votre organisation est de béton armé car vous voulez que vos enfants jouissent de la place à laquelle ils ont droit et puisent dans leur enfance l'insouciance et la plénitude qui les conduiront à se développer à leur juste mesure par la suite. Ceci assure d'autant votre indépendance imparable. La restriction étant un mot inexistant dans votre vocabulaire, vous ne l'imaginez ni pour vous ni pour eux. Vous êtes celle qui aménagera les chambres les plus vastes, choisira des nounous étrangères et n'hésitera pas à apprendre le kabyle pour discuter avec la baby-sitter, fera toujours des repas de fête même en étant chef d'entreprise, entourera et consolera ses petits dans toutes les occasions, gérera leurs comptes d'épargne comme le meilleur boursier, les inscrira dans une école bilingue et les ouvrira à toutes les religions, répondra à toutes les questions avec autant de détails que possible, sera là de toutes les façons tel l'Olympe dans le tourbillon que vous faites vous-même de votre vie. Bon, autant d'envergure est parfois de la démesure, vous êtes enveloppante mais parfois encombrante, avez réponse à tout mais parfois sans qu'on pose la moindre question, bref, avec cette énergie qui est la vôtre et ce profond sens du bien qui vous meut, il se pourrait que vos enfants ne voient jamais comment se passer de vous pour voler de leurs propres ailes. Maman « too much », il serait judicieux de vous freiner dans vos élans... pour laisser la place à leur identité.

Ce que maman Sagittaire attend de sa fille

Le matriarcat semble ici un mot tout à fait adapté pour décrire les liens de solidarité féminine, sinon de reconnaissance passionnelle, qui vous lient à cette enfant joyeuse, curieuse, sociable, indépendante et effrontée qui par tous les traits de son caractère vous prouve qu'elle est sans conteste « la chair de votre chair » et « l'esprit de votre esprit ». Vous en attendez beaucoup mais lui tolérez tout à la fois. Il n'est pas question pour vous de la couper dans ses désirs, de la restreindre au nom d'une odieuse répartition ancestrale des rôles, d'en faire un être timoré et dépendant qui se laissera plus tard marcher sur les pieds. Tant qu'elle respecte votre loi et celle de son père et qu'elle suit la bonne morale humaniste et éclairée et surtout qu'elle porte haut et fort ses ambitions, vous êtes celle qui la soutiendra en tout, la poussera et la réconfortera et si elle devient présidente de la République ou professeur de philosophie (de toute façon quelqu'un qui compte dans la société) vous serez certaine que c'est à vous qu'elle le doit en priorité. Penthésilée, reine des Amazones, votre fille est celle-là, mais si, parce que le monde est encore mal fait, elle faisait peur aux garçons, vous pourriez, à l'occasion, vous poser quelques questions...

Ce que maman Sagittaire attend de son fils

Fort, gentil, secourable et réfléchi, votre fils est pour vous un « homme de bien », à la fois spirituel et sensuel, protecteur, gentil mais ouvert d'esprit et indépendant, audacieux en affaires autant que charmeur et jovial en société. Petit déjà, vous lui parlez comme à un grand, il a besoin de savoir pour obéir et ce trait de caractère force votre admiration. Vous le souhaitez sportif, libre, dynamique et son large sourire épanoui, sa bonhomie vous séduisent dès le berceau. Vous détesteriez qu'il devienne renfermé, timide ou calculateur et vous vous réjouissez de le trouver si agile d'esprit et de jambes, ému par ses camarades moins fortunés que lui et ne rouspétez jamais lorsqu'il ramène tous les enfants de la classe pour partager son goûter et ses jouets. Vous ferez tout pour qu'il conserve ces traits de caractère, vous voulez qu'il soit quelqu'un sur qui on peut compter, qui sache faire le bonheur de ceux qu'il aime, autant matériellement qu'affectivement, qui soit au cœur des événements de son temps et qui entretienne des rapports honnêtes, au sens du XVIIIe siècle, avec sa mère. Pour lui, vous satisfaire n'est pas facile, vous lui en demandez beaucoup, trop, puisque pour vous impressionner, tout homme, fût-il votre fils, doit vraiment émerger du lot. Alors s'il disparaît à l'autre bout du monde ou refuse de grandir, vous lui marquerez sans doute votre désapprobation mais continuerez à vous en occuper. Vous pensez toujours être la seule à savoir y faire avec lui...

Maman Sagittaire-fille Bélier

Le meilleur de la relation

Très attentive à créer une famille soudée et obéissante aux bonnes traditions, maman Sagittaire fera en sorte que les différents membres de la cellule familiale ne soient pas favorisés, affectivement parlant. Une maman Sagittaire ne veut ni injustices ni passe-droits dans l'exercice de son ministère de mère et d'épouse. C'est une Junon parfaite, chaleureuse, efficace, expansive et extravertie, peu concernée par l'envers des décors mais très habile à faire exister les choses dans la liberté et la jovialité. Puisque le manque d'audace chiffonne son grand cœur et désespère ses besoins de faire le bien de l'humanité sans discrimination ni a priori, et puisque le signe du Sagittaire est par excellence celui de l'éducation et de la protection parentale, on peut dire qu'une rencontre entre une maman Sagittaire et une fille Bélier se passe sous les meilleurs auspices. Sincérité, ouverture d'esprit, intégrité, générosité, esprit secourable, voilà les qualités que toutes deux nourrissent et qu'elles savent porter au pinacle. Ce sont deux femmes fortes et dès les premières années de fille Bélier, maman Sagittaire saura lui donner les couleurs de ses forces véritables. Fille Bélier est naturellement un peu virile, c'est-à-dire qu'elle n'imagine pas devoir céder du terrain à la force des garçons. Toute petite déjà, elle préfère s'attaquer de front, prendre l'initiative et séduire à pleines dents, sinon en toute liberté, plutôt que de se retirer dans un effacement et une passivité qui conviendraient peut-être à ce qu'on imagine d'une petite fille. Maman Sagittaire est par excellence celle qui sera fière de voir sa fille ne pas se laisser marcher sur les pieds et conforter ainsi l'image de femme qu'elle a d'elle-même. Maman Sagittaire est cependant beaucoup plus secondaire que sa fille Bélier, primaire, immédiate, instinctive, elle refrène donc les trop grands élans de sa fille, lui apporte patience, quiétude, tempérance, et lui permet de mieux asseoir ses idées et mener à bien ses initiatives. Sans maman Sagittaire, fille Bélier pourrait avoir une vie qui ne serait qu'une suite d'envies non réalisées et éparpillées. Fille Bélier est par excellence dans l'éternel recommencement, maman Sagittaire est par excellence dans la réalisation et dans la fructification des idées. Leur complémentarité est très bonne sur ce point.

Le pire de la relation

Maman Sagittaire est experte à donner un attirail de bonne volonté, de bons principes, ceux de la bonne bourgeoisie et du « qu'en dira-t-on » à sa fille Bélier. Elle veut que sa fille suive la loi. Pour une maman Sagittaire, la loi c'est quelque chose, on ne peut pas la détourner; or fille Bélier devant tout cela sourit, s'impose et se cabre déjà dès qu'elle commence à marcher et peut manifester sa liberté de pensée et d'action.

L'obéissance, voilà quelque chose qui ne fait pas partie de l'état d'esprit de fille Bélier, or maman Sagittaire tient à être obéie car elle pense que c'est la seule possibilité pour ses enfants de bien s'intégrer socialement. Ses enfants doivent être conformes surtout parce qu'elle tient à ce que leur comportement extérieur ne vienne pas entacher la vision qu'a d'elle-même son entourage. Maman Sagittaire est donc pleine de bienveillance, de bonne volonté et de patience mais fille Bélier, à maintes reprises, envoie tout cela promener. Leur féminité, d'autre part, complémentaire mais peut-être un peu trop ancrée dans des modèles de force feront que fille Bélier pourrait développer une sorte d'audace à outrance et une sorte d'impunité dans ses actes et ses éclats. Maman Sagittaire a une tendance à la conforter dans tout ce qu'elle aime et à lui donner la liberté nécessaire à son organisation quotidienne. Avec les années, une concurrence peut donc naître. Maman Sagittaire ne se met pas facilement à l'ombre, fille Bélier n'est pas non plus celle qui se pliera. Les chocs de fortes personnalités sont à craindre avec beaucoup d'éclat au moment de l'adolescence.

Le conseil

Maman Sagittaire ne doit pas s'imposer et imposer trop à sa fille Bélier qui, pour préserver sa liberté, son identité et sa marginalité de vue, pourrait carrément s'opposer aux modèles sociaux, moraux, éducatifs et féminins que donnerait sa maman; elle deviendrait une rebelle, une sans-toit, ni loi, ni foi qui détruirait les bons principes que sa maman Sagittaire aurait voulu lui inculquer.

Maman Sagittaire-fils Bélier

Le meilleur de la relation

On peut être sûr qu'une telle rencontre astrologique place les relations entre une maman Sagittaire et un fils Bélier sous les meilleurs augures de par l'adéquation de leur vision du monde et la complémentarité de leurs moyens d'action. Ils rient des mêmes choses dans l'enfance et vivent d'un rythme primaire, dynamique, actif, se lancent des défis qu'ils sont capables tous les deux de relever et se retrouvent souvent sur le plan de l'exploit physique. Maman Sagittaire est ravie que son petit fils Bélier reçoive avec autant d'enthousiasme les nouveautés qu'elle sait si bien introduire dans le fade quotidien. Et fils Bélier se sent rassuré par le caractère entreprenant de cette maman avec laquelle rien ne traîne mais qui sait néanmoins certainement baliser ses emportements intempestifs. Ils sont tous les deux d'une grande morale et d'une grande rigueur. Fils Bélier a une manière de se poser dans l'existence qui ne permet aucune ombre malsaine. Maman Sagittaire, qui est dans le strict respect des bonnes manières, du « qu'en dira-t-on », aime à le trouver ainsi pur et dur, Bayard sans peur et sans reproche, toujours prêt à secourir et à aider. C'est sur le terrain de la clarté, de l'honnêteté, des relations aristocratiques, fair-play, authentiques et vivaces que se place le meilleur de la relation car ils savent parfaitement trier sur le volet tous ceux qui pourraient les décevoir sur ce point. C'est un tandem reconnu comme imbattable, une rencontre bénéfique et équilibrée car les rythmes de fonctionnement se complètent et permettent l'équilibre.

Le pire de la relation

Toutefois, au sortir de la petite enfance et dès que fils Bélier, très tôt, affirme ses exigences et son indépendance sacro-sainte, les autorités et l'obéissance dont maman Sagittaire se sent redevable lui pèsent.

Maman Sagittaire veut toujours se faire obéir et fils Bélier est par excellence celui qui n'obéit pas et n'en fait qu'à sa tête.

L'Autorité et la Loi sont ses pires ennemis et comme il est plus préoccupé par le besoin de s'affirmer dans l'opposition systématique et que maman Sagittaire ne supporte pas qu'on l'empêche de prendre les décisions qu'elle a à prendre, on imagine des conséquences verbales, violentes et vite arrivées. Fils Bélier est d'un seul bloc mais heureusement pour lui, maman Sagittaire est plus posée, moins emportée et plus diplomate.

Elle parle et phrase volontiers, ce qui exaspère facilement fils Bélier qui déteste par-dessus tout les beaux parleurs, les enrobeurs et finit par dire aux abords de l'adolescence à sa maman Sagittaire qu'elle doit aller voir ailleurs pour exercer ses mondanités. Maman Sagittaire a heureusement le sens des étapes et du travail bien tissé et c'est pour cela qu'elle rouspète très fort contre les emballements stériles de son fils Bélier qui, lui, a beaucoup d'idées mais ne sait pas bien les mener à bout. Elle lui reproche d'être en éternel recommencement, il lui reproche de ne pas savoir s'ouvrir aux autres et comme ils ne sont pas portés sur le dédain aphone mais sur l'explosion tonitruante, cela remplit la maison de houles, vite jaillies et vite taries.

Le conseil

Devant un fils à la virilité aussi affirmée, qui ne peut fonctionner dans l'atermoiement, le pire arrive lorsque maman Sagittaire cherche à faire reconnaître sa différence comme supérieure à la sienne. Pour qu'il accepte d'être guidé, il faut lui donner une carotte qui lui permette d'affirmer son identité. Pour lui la seule raison valable d'obéir à qui que ce soit est de découvrir qu'il peut trouver là un atout enrichissant pour son indépendance future. Maman Sagittaire a heureusement la diplomatie nécessaire pour trouver les mots.

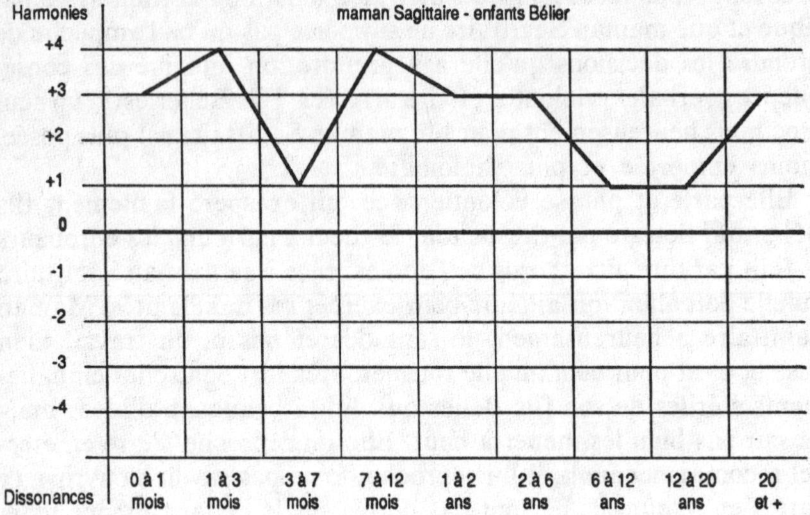

Maman Sagittaire-fille Taureau

Le meilleur de la relation

Maman Sagittaire affiche une confiance en elle qu'elle n'a pas toujours à l'intérieur mais qu'importe puisque l'essentiel est de faire bonne figure. Elle est parfois trop occupée par l'extérieur et trop peu apte à se poser des questions de fond, ce que sa fille Taureau fera très bien à sa place, et déjà la complémentarité s'affirme sur ce point dès les premières années de leurs rapports. Dans ce double jeu sont définies les relations entre une maman Sagittaire et sa fille Taureau car l'harmonie règne, les apparences sont heureuses et maman Sagittaire se montre mère parfaite, optimiste de l'être, souriante, accueillante de la sensualité de sa fille qu'elle sait conforter et développer puisqu'elle-même est sensuelle et apte à porter une féminité heureuse et protectrice. Il est certain que fille Taureau sera alors parfaitement élevée dans les bons principes et les autorités souriantes de sa maman qui lui conviendront, à condition bien sûr que celle-ci soit enveloppée d'affection. Fille Taureau a besoin d'affection pour avancer, comme une voiture a besoin d'essence, et maman Sagittaire est certainement celle qui lui donnera sa dose quotidienne. D'autre part, fille Taureau n'est pas celle qui désobéit et maman Sagittaire ne souffre donc pas dans son autorité naturelle, sa fille étant respectueuse des ordres et sa mère apte à les donner sans agressivité. Règles, bonnes manières, quotidien apaisant, voilà ce que fille Taureau trouvera auprès de maman Sagittaire en même temps que celle-ci saura ouvrir, développer et orienter son esprit et ses initiatives vers plus d'ampleur, plus de spiritualité et plus de sociabilité que la timidité foncière et pas forcément démontrée de fille Taureau lui permettrait de prendre.

Le pire de la relation

Les bonnes ententes entre elles sont souvent superficielles et cachent dans leur sein de petites révoltes. Les mécontentements de maman Sagittaire risquent d'aller en s'accentuant avec le temps en prenant une certaine démesure avec l'adolescence. A ce moment fille Taureau qui jusque-là obéissait sans rechigner aux ordres de sa maman, trouvera peut-être que celle-ci est un peu trop ankylosée dans des règles et des contraintes. Or, la liberté de fond, même invisible, est une chose essentielle chez fille Taureau alors que la liberté affichée de maman Sagittaire n'est pas toujours réelle. Fille Taureau ne s'opposant pas directement s'installera plutôt dans des ambiances de vie où elle n'obéira plus tout en s'arrangeant pour en avoir l'air, afin que sa maman ne vienne pas interférer dans sa vie. Très tendre et même plus que cela, fille Taureau souffrira peut-être alors d'un manque d'extériorisation affectif de sa maman Sagittaire. Elle préférerait un peu plus de secrets, de caresses et un peu moins d'images et de figures trop visibles et trop grandiloquentes. Il serait dommage qu'avec le temps et les années, ses attentes d'amour maternel vraies et exprimées ne conduisent fille Taureau vers une mélancolie un peu chronique, une tendance à se retirer et à se croire battue d'avance qui est déjà une caractéristique, un défaut du caractère Taureau.

Le conseil

Comme on fait son lit, on se couche : voilà ce que fille Taureau pense vraiment. Maman Sagittaire quant à elle, pense que si les draps semblent frais, le sommeil sera obligatoirement bon. Cette vision tout à fait opposée du monde ne peut pas les conduire à ne pas s'aimer, mais peut conduire fille Taureau à douter d'être aimée. Que maman Sagittaire ne cherche pas à imposer ses vues de la liberté et laisse donc sa fille Taureau développer les siennes, qui sont tout aussi valables.

Maman Sagittaire-fils Taureau

Le meilleur de la relation

Maman Sagittaire se révélera facilement une bonne éducatrice pour son fils Taureau qu'elle se targue très vite de trouver sage, obéissant, raisonnable et fort studieux. Elle lui manifestera donc son estime autant que son affection par des marques de tendresse onctueuses. Fils Taureau est très content de pouvoir ainsi trouver des câlins découpés comme de grosses parts de cake, dont il peut nourrir son affectivité, source dans laquelle il puise ses forces de construction future. Maman Sagittaire veut être obéie, fils Taureau obéit facilement à qui l'aime et comme maman Sagittaire aime bien son fils Taureau, la logique veut qu'ils s'entendent facilement, du moins dans les premières années de la vie de fils Taureau. En lui, maman Sagittaire sait développer son côté responsable, c'est-à-dire ayant à apprendre, à obéir et à faire les exercices qui lui seront imposés pour devenir l'être social et l'homme tel que maman Sagittaire le voit. Il acceptera que soient développées ses aptitudes et suivra avec plaisir les enseignements subtils mais rigoureux, ouverts sur l'étranger et sur les dépassements des limites que maman Sagittaire lui inculquera. L'essentiel ici est que maman Sagittaire sait parfaitement donner à la fois savoir-faire et savoir-aimer. Toute leur vie, ils auront une entente courtoise car tous deux aiment les êtres de bien(s). Une complicité se créera par le jeu des confidences dans lesquelles maman Sagittaire est experte et que fils Taureau découvre avec plaisir car il a besoin d'ouvrir son cœur. Il pourra ainsi exprimer ses pensées et ses sentiments en les communiquant à une maman qui pourra être une excellente conseillère. Il se départira à ce contact d'un peu de sa timidité bloquante et saura devenir plus généreux que son égoïsme profond l'y porte. Avec toute la richesse des sentiments dont elle dispose, maman Sagittaire se montre apaisante et adorable à aimer et fils Taureau est ravi de pouvoir la séduire, la faire rire et se montrer tendre et beau avec elle toute sa vie.

Le pire de la relation

Fils Taureau n'obéit que lorsqu'il est aimé mais néanmoins l'école telle que la conçoit maman Sagittaire risque d'être un peu trop dogmatique pour lui qui ne voit pas bien la nécessité de se plier à des conventions, à des formalismes et à des systématisations qu'il suit en surface mais ne reconnaît pas en profondeur car ils nuisent à ses souhaits de bien-vivre et de bien-être, lui pour qui l'essentiel est toujours dans les sentiments. Bien qu'obéissant, il refuse facilement de s'installer dans un rythme de vie aussi dénué de nuances, de sensibilité et trop théorique. Effectivement, maman Sagittaire est dans la théorie, dans les principes et les grandes idées mais elle ne voit pas bien la terre sur laquelle elle marche. Fils Taureau, lui, a la philosophie de l'intérieur des entrailles, il trouve sa maman trop guindée, trop peu concrète et réaliste, et se met à craindre que toutes les femmes soient à l'image de cette maman-là, ce qui pourrait le renforcer dans ses timidités et ses retraits par inquiétude sur le confort amoureux que peut procurer une femme dans l'existence.

Ce ne sont pas les effets et leurs implications sociales qui intéressent fils Taureau, c'est bien d'être près du cœur de sa mère, d'être écouté et entendu, de recevoir et de rendre l'amour. Si elle se montre trop intouchable par excès de hauteur, elle pourra renvoyer son fils à ses goûts pour la solitude. Cela signifie qu'avec le temps, elle continuera à fréquenter les dîners mondains et qu'il la regardera d'un œil de plus en plus méfiant, d'autant qu'il ne risque pas de l'y rencontrer.

Le conseil

A être trop brillante, maman Sagittaire risque de faire de l'ombre à son fils Taureau, or, celui-ci a besoin de séduire une femme qu'il aime. S'il ne trouve pas cette rencontre dans ce premier modèle féminin, on peut risquer de voir sa misogynie se développer avec les années.

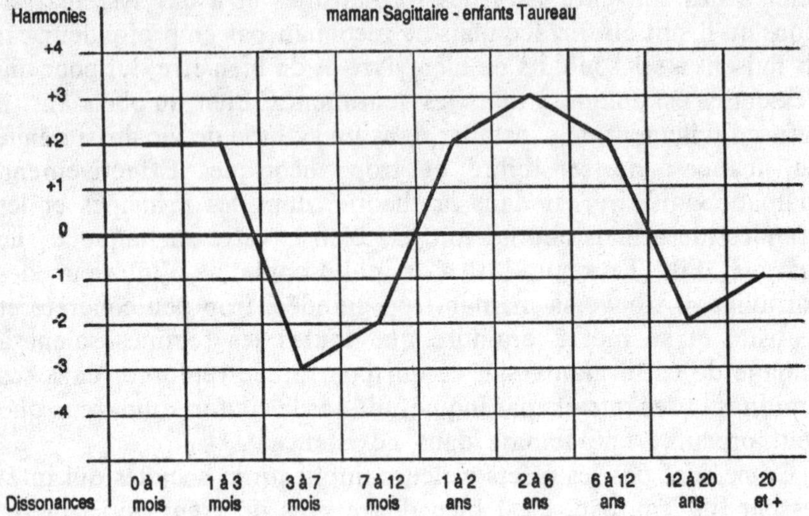

Maman Sagittaire-fille Gémeaux

Le meilleur de la relation

On peut être sûr que maman Sagittaire n'oubliera que rarement sa fonction de mère éducatrice qui sait où sont ses bons droits et les bons principes et qui cherchera dès le départ à les inculquer à sa fille Gémeaux, qu'elle considère vive, intelligente, audacieuse et drôle mais trop agitée et en tout cas incapable de mener ses désirs à bien. Si leurs différences de pensées et de valeurs essentielles peuvent les opposer par la suite, une harmonie est cependant tout à fait possible entre ces deux signes complémentaires. Cette harmonie est basée sur l'admiration que fille Gémeaux aura pour une mère Sagittaire magnifique, drôle, libre, indépendante, sachant toujours faire une fête de la vie et ne s'attachant jamais aux petitesses du quotidien. Fille Gémeaux a besoin d'avoir de la vie une vision ludique et sa maman Sagittaire la lui apporte, même si c'est avec ses principes personnels. Remarquant très vite que sa fille ne cherche qu'à bouger, à s'envoler et imposer un certain libertinage d'esprit et de morale, maman Sagittaire cherchera à l'améliorer, à l'affermir, à mieux guider son pas, à lui donner constance et intégrité et à faire tous les sacrifices que pourront lui demander le bien-être et le bien-vivre quotidien de sa fille Gémeaux. Très dévouée, on peut être sûr qu'elle recueillera les sourires et la bienveillance d'une fille très heureuse d'être ainsi protégée. Dernier point sur lequel l'impact de maman Sagittaire est fondamental, celui de la féminité qu'elle impose comme sensuelle, chaude et enveloppante, et qui rassure fille Gémeaux, trop cérébrale, trop agitée, presque androgyne.

Le pire de la relation

Elles se complètent certes, mais qu'est-ce qu'elles s'irritent! Leurs tempéraments sont opposés. Maman Sagittaire veut être obéie à tout prix. Fille Gémeaux ne veut obéir à aucun prix. Dès les premières années, tout se mêle pour compliquer leur rapport. Maman Sagittaire s'énerve, demande obéissance, clarté, fustige les mensonges, critique les comportements, impose la détermination et les choix précis et durables; fille Gémeaux se rebelle et déteste ces tâches dorées, même si elles sont protectrices. Le problème essentiel est peut-être dans leur rythme intérieur fondamentalement opposé. Fille Gémeaux, primaire, immédiate, instinctive, qui vit au jour le jour et ne peut en aucun cas mesurer les conséquences du lendemain, maman Sagittaire qui voit les choses à long terme avec une spiritualité et une profondeur de vue qui échapperont toujours à fille Gémeaux. Maman Sagittaire se fait l'illusion qu'en imposant une sorte de culpabilité à sa fille, elle arrivera à la faire marcher droit. Erreur! Fille Gémeaux en profite pour sautiller, louvoyer, tergiverser, mentir et rester ainsi dans la liberté que lui procurent ces jeux. Maman Sagittaire demande docilité et reconnaissance de ses autorités maternelles mais c'est à la charnière entre la souplesse et l'assujettissement que se trouveront les points de non-retour dans les possibilités d'obéissance très limitées de mademoiselle Gémeaux.

Le conseil

Accepter ce principe de ne jamais chercher, à coup de contraintes éducatrices, à amoindrir les libertés individuelles de sa fille Gémeaux, qui vit d'air et de jour sans lendemain, tel est le conseil. Fille Gémeaux ne sera jamais enfermée dans rien, même dans la coquille bienveillante de sa maman Sagittaire, que celle-ci se le dise, comprenne que malgré ces différences, sa fille est bien « l'esprit de son esprit », la liberté de sa liberté...

Maman Sagittaire-fils Gémeaux

Le meilleur de la relation

La relation est gaie. Maman Sagittaire et fils Gémeaux partagent le même goût pour l'optimisme, l'enthousiasme, les contacts et les déplacements. Une maman Sagittaire beaucoup plus calme, pondérée, structurée, et préoccupée de normes autant morales que sociales rassure et parvient avec les années à tempérer les excès de fils Gémeaux et lui permet ainsi de développer son éducation intellectuelle, amicale et sociale, car elle aiguise chez son enfant le goût des nouveautés, de l'amitié multiple et multiraciale, l'éveil à mille curiosités que l'esprit dynamique et fluctuant de large envergure de fils Gémeaux est à même de bien accepter et de bien développer. Ce qui forme le meilleur de cette rencontre astrologique est certainement l'ouverture sur le monde extérieur. On peut être certains que dès les premières années de la vie de fils Gémeaux, ils ne seront jamais renfermés sur leur petit quotidien et sur la gestion purement matérialiste des choses car tout ceci leur passe incontestablement au-dessus de la tête, qu'ils ont plutôt tournée vers les différentes dimensions de l'intelligence. D'un côté, fils Gémeaux avec l'emploi des mots, leur usage, leur poids et leur bigarrure; de l'autre, maman Sagittaire avec le passage à l'acte, qui souvent manque à fils Gémeaux, cantonné dans ses mots. La rencontre est donc très constructive et très enrichissante. Très tôt, cette maman qui bouge, parle, s'impose, se fait respecter, réussit sa vie en faisant le bien des autres, principalement de sa famille, qui s'impose comme une éducatrice hors pair, s'instruit à toutes les sources et ressources, élève l'esprit de son fils Gémeaux en le canalisant dans des balises de sérieux et d'une liberté non pas primaire mais choisie et lui procure ainsi une brèche constructive sur le vaste monde et non pas simplement un éclatement ludique et sans lendemain. Avec maman Sagittaire, fils Gémeaux sait qu'il a un sol ferme et à la fois compréhensif, sur lequel il peut non seulement s'appuyer mais toujours retomber et vit ainsi son indépendance et sa liberté d'esprit et d'action avec une totale sérénité. Puisqu'ils sont très tournés vers les rapports sociaux, leur rapport homme/femme sera surtout mondain car ils forment un tandem irrésistible dans les soirées en vue et les longues discussions dans lesquelles ils se renvoient la balle comme dans un ping-pong bien réglé.

Le pire de la relation

Le meilleur entre eux, c'est qu'ils bougent bien ensemble, le pire, c'est qu'ils ne bougent pas toujours dans le même sens ni surtout dans le même but. Fils Gémeaux est tout entier dans le mouvement, la parole, l'animation qui se jouent autour de lui et les jeux plus ou moins tortueux dans lesquels il s'engage avec son entourage sur tous les plans. Cela lui est indispensable comme l'air qu'il respire, c'est un besoin de mouvement et de multiplicité gratuit, une façon aussi d'échapper à ses souterraines angoisses qui jailliraient dans trop d'immobilisme. Maman Sagittaire a, elle, l'ambition du mouvement efficace, orienté, construit, balisé et aux retombées économiques et sociales certaines. Elle veut asseoir son existence, lui donner un sens et si possible celui de la meilleure adéquation entre son corps et son esprit alors que fils Gémeaux, dans le pire de lui-même, reste toujours dans une scission entre son corps et son esprit. Maman Sagittaire voudrait que la personnalité de son enfant soit comme la sienne, sociale et brillante. Elle s'énerve donc très vite des infantilismes de fils Gémeaux qu'elle voudrait voir s'assagir avec le temps sans jamais trouver aucun progrès dans ce sens. Elle s'offusque de ses agitations qu'elle juge stériles et de la nervosité qu'il distille alentour.

Lui la trouve pesante, bornée, autoritaire, et ne supporte pas de sentir à quel point elle cherche à canaliser sa liberté avec une dextérité de chef d'orchestre. Les oppositions sont réelles, autant émotivement que cérébralement. Maman Sagittaire ne peut que continuer à mener le jeu, fils Gémeaux ne peut que continuer à désobéir même s'il vient toujours chercher chez elle conseils, appuis, lucidité et protection. La protection constitue donc le nœud gordien de la relation mais aussi sa cassure. L'équilibre existe dans la petite enfance mais se rompt dès que fils Gémeaux s'échappe de la gangue trop bienveillante de maman Sagittaire et part pour l'école pour ne plus jamais dialoguer véritablement qu'avec ses copains. Les copains d'abord, ma maman ensuite voilà tout l'univers de fils Gémeaux, et maman Sagittaire n'en finira pas de se désespérer de le voir si peu adulte.

Le conseil

Ces deux signes mutables sont immédiatement complémentaires parce qu'opposés. Maman Sagittaire rêvait d'avoir un fils qui soit l'homme respectable qu'était son propre père et ne cesse de faire cette comparaison pour juger les instabilités de son fils; elle en profite par la même occasion pour juger le père de celui-ci mais si elle ne comprend pas l'essentiel de la structure de son fils, elle verra le fils et le père devenir copains, unis dans une complicité d'esprit qui lui échappera tandis qu'elle deviendra pour le reste de ses jours le chef de famille. Mais n'est-ce pas là au fond son véritable but?...

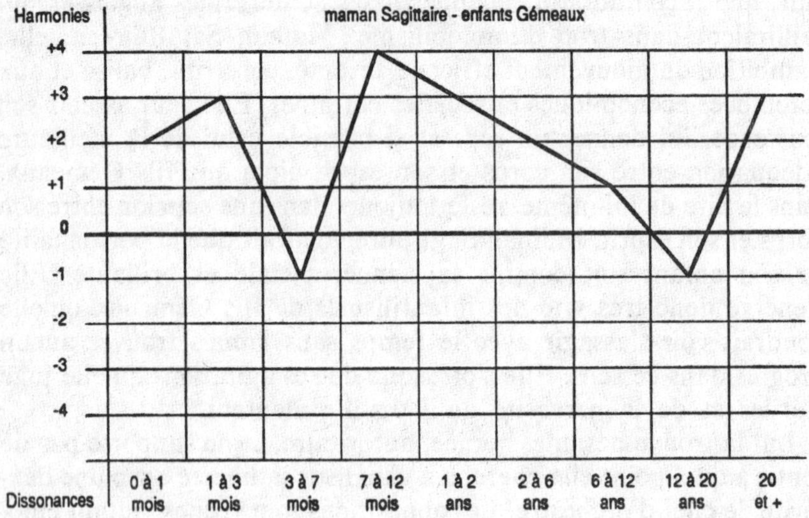

Maman Sagittaire-fille Cancer

Le meilleur de la relation

Les valeurs du Sagittaire et du Cancer sont fondamentalement opposées. Celles du Sagittaire : l'ouverture, le dépassement de limites, n'être bien qu'ailleurs et ne jamais se contenter de ce que l'on a, de ce que l'on est car l'évolution est la seule porte de sortie d'un quotidien toujours peu accommodant. Les valeurs du Cancer sont opposées, elles sont liées à l'attachement au quotidien, au connu, au familial, au rassurant, au cocon. Ceci n'intervient pas du tout dans les premières années des rapports entre une mère Sagittaire et une fille Cancer. Au contraire, maman Sagittaire sait très bien protéger et fille Cancer ne demande pas mieux; maman Sagittaire veut être obéie et fille Cancer obéit très bien.

Comme elles ont toutes les deux de la tendresse à revendre et que nombre de leurs faits et comportements sont imprégnés essentiellement d'une sentimentalité fluide et accommodante, on peut dire que leur cœur « grand comme ça », qu'elles partagent et nourrissent mutuellement est le meilleur pont qui les rapproche. C'est une sorte de débauche d'affection, de sentimentalité, d'attouchements quotidiens, d'une jouissance merveilleuse de la chaleur, de la jovialité, des rencontres, des plaisirs de la maison, de la bonne chère et de la bonne ambiance, quelque chose de merveilleux, une image de l'enfance et du cocon familial que fille Cancer gardera toute sa vie comme un trésor des plus précieux. C'est d'autant plus essentiel et extraordinaire que fille Cancer n'est pas de celles qui se développent dans la liberté immédiate. Elle a besoin de temps, de beaucoup de temps, pour se détacher du cordon ombilical du cercle de famille. Maman Sagittaire a le temps, elle la conforte, la comprend, la rassure, lui donne la possibilité de puiser en elle les forces dont elle a besoin pour devenir une femme adulte.

Le pire de la relation

Le pire arrive au moment où maman Sagittaire, impatiente, considère que sa fille met trop de temps à sortir de son cercle familial et ne comprend pas que la tranquillité et la perfection avec laquelle elle sait la protéger n'aide pas celle-ci à se détacher de ses liens primaires.

A partir de l'adolescence, les liens deviennent ainsi complexes et imprégnés d'intransigeance, maman Sagittaire a hâte de voir sa fille se développer et conforter son image de femme forte et resplendissante. Fille Cancer reste, quant à elle, dans sa timidité, sa fragilité, son rôle de princesse devant laquelle chacun doit déposer des fleurs et à laquelle chacun doit accueil et amour. Maman Sagittaire pourrait devenir téméraire pour faire de sa fille une femme forte. Mais le rayonnement, la prestance, cette espèce de facilité dont semble jouir une maman Sagittaire ne permet pas à une fille Cancer de prendre, pour s'imposer à elle et imposer sa féminité différente, les mêmes voies. Elles sont fondamentalement différentes et le resteront. Seul le respect peut les rapprocher. Casanière et timorée, prompte à rester dans ses rêves, fille Cancer peut regarder sa maman, si pleine de prestance, de bravoure, ou de gouaille avec beaucoup d'admiration mais peut-être aussi avec une certaine crainte. Comment être à la mesure d'une telle maman, voilà ce que fille Cancer risque de ne jamais comprendre et de ne jamais dépasser, ce qui la conforterait encore plus dans son état d'enfance éternel. Rien de tel pour énerver décidément et définitivement maman Sagittaire.

Le conseil

Calme, luxe et moralité, voilà l'ambiance qui règne entre elles. Des deux, laquelle est aventurière, laquelle est casanière, on ne le saura jamais. Maman Sagittaire doit le comprendre et laisser le temps à fille Cancer de démontrer ses forces, de toute manière différentes de celles qu'elle lui suggère.

Maman Sagittaire-fils Cancer

Le meilleur de la relation

Ce poupon tendre, rêveur et affectueux fait le ravissement de maman Sagittaire qui sent immédiatement monter en elle toute sa sève protectrice, stabilisante, rassurante et éducative. Il est tellement gentil et suit tellement bien les ordres de sa maman qu'on peut être certain qu'aucune résistance à l'obéissance n'aura lieu jusque très tard dans la vie. Véritablement, dans la réalité, fils Cancer suit sa maman Sagittaire, il fait ce qu'elle veut sans rechigner car il sait que d'une part, elle est celle qui détient les clés du quotidien concret, que d'autre part, c'est par cette attitude qu'il peut rester tranquillement dans ses rêveries, ses fantasmes, son univers enfantin où règnent princesse et pierrots mais certainement pas l'aérodynamique de la vie sociale. Ce héros mi-Junon, mi-d'Artagnan en jupe, c'est bien maman Sagittaire, elle a la parole aussi bien faite que les gestes amples et généreux, l'esprit ouvert et compréhensif pour toutes les timidités et les langueurs de son fils Cancer. Elle est imparable pour recueillir une foule de copains pour d'interminables goûters déguisés qu'elle adore préparer car elle est véritablement très attendrie par la bienveillance, la chaleur, l'intelligence subtile et les goûts artistiques très vite démontrés de son fils Cancer. Il la sent irrésistible, un peu mondaine et instable dans ses relations mais il n'empêche que pour lui, elle est le prototype de ce que doit être une femme, une vraie, digne de ce nom. Quant à elle, elle est bien contente d'avoir un fils qui ne marche pas sur ses pieds, et qu'elle peut modeler et aider à se développer sous son aile protectrice s'il en est. C'est ainsi que par ambitions interposées, elle finira par parvenir à l'intégrer dans la vie extérieure et à le sortir de ses cocons rêveurs mieux que sa personnalité de base ne l'y pousserait.

Avec maman Sagittaire dans la vie de fils Cancer, c'est une heureuse fenêtre ouverte qui apporte de l'air frais aux racines profondes. Avec fils Cancer, c'est pour maman Sagittaire, qui méprise trop le sens caché des choses, une fenêtre ouverte sur le rêve, la psychologie profonde, l'irrationnel, bref, les fondements du fonctionnement humain qui sans lui lui échapperaient.

Le pire de la relation

Maman Sagittaire, avec les années, se révèle finalement plus conventionnelle, préoccupée du « qu'en dira-t-on », de justes mesures et de respect des valeurs ancestrales, qu'aventurière magnifique, ce qui décevra fils Cancer, qui comptait tant sur elle pour le sortir de la gangue des rêveries, des timidités et des hésitations où il se languit. Il est d'ailleurs moins fragile, dépendant et immature qu'elle ne l'aurait pensé, ce qui la prive de son rôle de Bayard, d'éveilleuse.

La répartition des rôles qui semblait fonctionner selon des schémas établis devient beaucoup plus floue car fils Cancer possède, à défaut de liberté dans l'espace, un besoin de connaissances amples, notamment sur le plan artistique et relationnel qui fait de lui un personnage original et créatif, libre d'esprit et capable de comprendre des situations moins archétypes que celles que lui impose maman Sagittaire. Qui est libre, qui fait quoi, là est toute la question. Fils Cancer a l'air de se cantonner dans le quotidien, la préservation et une mentalité de « rond-de-cuir » et finalement on peut découvrir avec les années que c'est bien maman Sagittaire qui fonctionne de la sorte. La méprise sur le fond des choses risque alors de les séparer. Elle lui reproche d'être habité de mille songes qu'il ne palpe jamais et ne traduit pas dans la réalité. Quant à lui, il s'offusque très sincèrement de la voir remuer du vent pour peu d'effets concrets, se targuer de libertés sans finalement les appliquer dans sa vie de tous les jours. Le pire dans tout cela est que leurs structures affectives et sensibles étant totalement contradictoires, fils Cancer se sentira en définitive très protégé en superficie mais complètement abandonné en ce qui concerne ses besoins les plus profonds. Les conséquences sur son désarroi pourraient être dramatiques.

Le conseil

Prendre garde à l'apparence trop simpliste des choses. C'est le pire défaut de maman Sagittaire qui, en signe de feu, voit surtout la face surexposée de l'existence. Fils Cancer, habile et connaisseur des profondeurs, a bien des choses à lui apporter en la matière. Maman Sagittaire protège, oui mais comment et quoi? S'il s'agit de lui organiser un quotidien impeccable, elle assure, mais s'il s'agit d'entourer son cœur de la tendresse dont il a besoin pour grandir, on ne peut que conseiller à maman Sagittaire de se demander si elle assume réellement cet aspect-là.

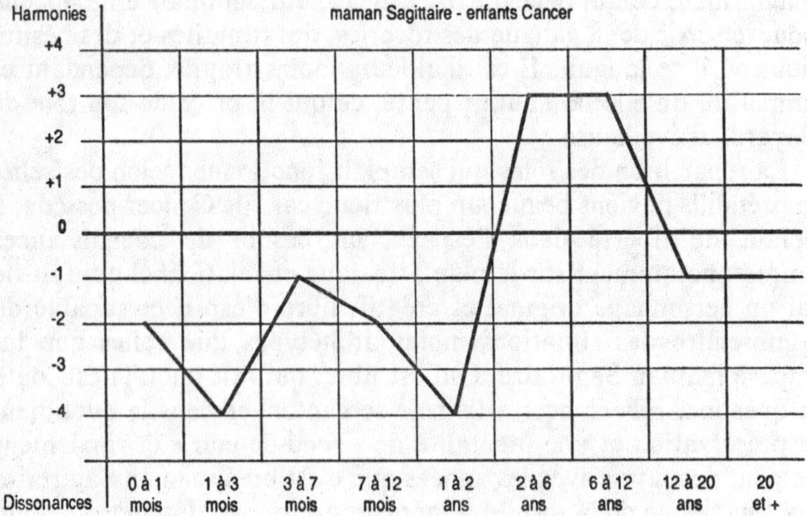

Maman Sagittaire-fille Lion

Le meilleur de la relation

Les affinités entre ces signes de feu qui voient la vie en grand, en beau, et surtout en réussi sont évidentes. Dans la première année de la vie de sa fille Lion, maman Sagittaire sait bien mener les choses et assurer un quotidien tout à fait impeccable et protecteur. Cet ordre, cette stabilité et ce respect des normes et des lois sont tout à fait conformes à la personnalité de fille Lion qui suit ainsi bien sa maman Sagittaire car elle aurait été au contraire déstabilisée par une maman trop laxiste, farfelue ou à l'esprit trop fermé. Maman Sagittaire n'est pas sans remarquer que sa fille Lion, qui revendique très tôt la juste place à laquelle elle estime avoir droit, ne se laissera pas marcher sur les pieds et elle est confortée dans l'image d'être humain, d'être social et surtout de femme qu'elle-même projette. Elle sait et fait tout pour conforter sa fille, lui donner l'assurance, l'éducation parfaite et la culture cosmopolites et ouvertes nécessaires pour que ses futurs succès lui soient incontestablement dus. Maman Sagittaire en est d'autant bienveillante, encourageante, saine et protectrice tandis que fille Lion lui donne en retour un regard fier, et fortes toutes deux, elles deviennent l'une avec l'autre de très très grandes, qui pourraient même être effrayantes. Leur futur rapport femme-femme est cependant placé sous les meilleurs augures. On peut être sûr que longtemps elles s'entendront, s'épauleront, et partageront leurs succès respectifs.

Le pire de la relation

L'envers de la médaille de la grandeur, de trop de grandeur et de trop peu d'intériorité est le risque de passer à côté de l'essentiel des choses. Bien sûr elles sont des femmes magnifiques mais leurs rapports risquent de s'inscrire dans le registre de l'énormité car maman Sagittaire est guettée par la pléthore tandis que sa fille Lion cultive l'exagération. Si maman Sagittaire sait effectivement bien donner à la vie de fille Lion un cadre éducatif, culturel, social, empreint de bonnes matières, de « qu'en dira-t-on », du respect des lois, elle n'est pas celle qui peut l'ouvrir à la face cachée des êtres et des choses et l'on se demande jusqu'à quel point leur rapport est réellement empreint de tendresse, d'affectivité et de chaleur intérieure profonde. Maman Sagittaire doit se méfier de sa vision trop gigantesque de l'existence qui augmenterait chez sa fille le syndrome de « superwoman », imbattable mais solitaire. Séduire, réussir, imposer, cela fait une vie mais elle pourrait être superficielle. Fille Lion, déjà naturellement portée à être une reine dans sa tour d'ivoire, pourrait, dans le regard de sa maman Sagittaire, avoir tendance à définitivement fermer tous les verrous. Les conséquences pour sa future vie de femme, de mère et d'épouse n'en seraient que plus néfastes.

Le conseil

Même si les mots ici employés sont un peu excessifs, il est bon de dire qu'entre bravoures personnelles d'une maman Sagittaire et d'une fille Lion, il est vital que puisse s'imposer l'image d'un père, grande, sûre et active, car c'est bien de la masculinité qu'il est ici question. Si les hommes ne sont pas à l'image qu'elles imaginent, fille Lion et maman Sagittaire ont vite fait de les remplacer. Humilié et écoute sont donc les palliatifs à apporter à cette relation.

Maman Sagittaire-fils Lion

Le meilleur de la relation

Fils Lion est un bébé calme qui a besoin de rester seul dans une chambre propre et claire mais pleure haut et fort pour revendiquer sa juste place. Maman Sagittaire n'est pas sans remarquer ce caractère et cela l'enorgueillit à la fois dans l'idée qu'elle se fait de l'homme et dans son rôle de mère. Elle voit dès les prémices de ses contacts sociaux qu'il est fort, dynamique, entreprenant, ouvert et éminemment sociable, qu'il est curieux et que son esprit de dialogue et de participation sont développés; cela forme autant d'aspects qui rapprochent maman Sagittaire de la psychologie de son fils Lion. C'est une belle rencontre astrologique, apparemment facile à mener car ils s'entendent bien sur le quotidien, le but des choses et même la façon d'y arriver. Leur entente est donc ponctuée de rires, de complicité, et d'une réelle envie de conjuguer leur talent créatif et créateur. Maman Sagittaire remarque que son fils Lion ne se laisse pas faire et elle en est ravie car elle est sûre d'être la seule à savoir le faire obéir puisqu'elle est la seule à savoir lui expliquer le pourquoi de son obéissance. Avec lui, c'est donnant-prenant. Maman Sagittaire juge ce rapport sain et constructif, elle lc développe. Protectrice, plus pondérée et tempérée que lui, elle sait néanmoins faire preuve de tempérance, d'indulgence et montrer des qualités de rigueur toujours conformes cependant aux lois sociales et aux codes moraux, ce qui permet à fils Lion de profiter de l'éducation exemplaire qu'elle lui donne et de mener sa scolarité aussi brillamment qu'il mènera par la suite sa carrière professionnelle. Finalement, dans cette rencontre, c'est un partage équilibré, dynamique des magnificences : le père faisant partie du trio car il n'est pas le moindre personnage, au contraire, on peut dire de lui qu'il est un tableau de rebondissements et un axe de stimulation pour l'entente entre maman Sagittaire et fils Lion.

Le pire de la relation

Même entre battants le pire peut exister. Les oppositions se marqueront d'abord au niveau de l'obéissance, très peu facile, de fils Lion qui ne voit pas pourquoi il obéirait, or maman Sagittaire a une fâcheuse tendance a être une mère protectrice mais aussi dominatrice et pense que l'obéissance lui est due, ne serait-ce que parce que c'est elle la maman. Fils Lion, dès les toutes premières années de sa vie, ne l'entend pas ainsi et les disputes ou du moins les résistances avant de devenir des disputes se manifestent rapidement. Chocs de caractères, éclats de voix puisqu'ils parlent tous deux beaucoup, fort et sans ambages. Tout cela a au moins le mérite de ne jamais rester dans l'ombre et de faire en sorte que les personnalités correspondent véritablement à ce qu'elles sont, même s'il n'est pas facile de vivre leur combinaison au quotidien. Lorsqu'ils ne sont pas d'accord, cela se sait à plusieurs kilomètres à la ronde, d'autres se bouchent les oreilles mais puisqu'ils savent s'expliquer, les choses avec le temps roulent leur bosse et vont dans la bonne direction.

Le problème de fond se trouve dans une surenchère de grandiloquence, de démonstration, de gestes qui remuent finalement beaucoup de vent mais ne passent pas toujours à la concrétisation. Ce que d'ailleurs fils Lion reprochera à maman Sagittaire et qu'elle ne sera pas elle-même sans lui renvoyer. Un trop grand ancrage sur la face surexposée des êtres et des choses et finalement une certaine superficialité de rapports car leurs contacts affectifs, sensibles et sensuels restent à l'ombre d'une relation trop délibérément tournée vers ces splendeurs sociales. A être trop grands, ils risquent tout simplement de ne pas voir l'essentiel et la base non seulement de leurs rapports mais de ceux avec leur entourage. Maman Sagittaire veut tellement que son fils Lion devienne une figure importante et imposante, que toute l'éducation exemplaire qu'elle met en place pour lui peut tout simplement le pousser dans ces travers-là et ce sont aussi les siens.

Le conseil

S'ils parvenaient à s'intéresser plus à l'essentiel de leur relation, si maman Sagittaire comprenait qu'un petit garçon futile Lion n'a pas seulement besoin d'admirer et de se mesurer à l'ampleur de sa maman mais d'être entouré, aimé et réconforté lorsqu'il a des peines de cœur ou lorsque tout simplement il lui arrive de se sentir moins magnifique qu'il n'en a l'air, et si elle cherche à développer chez lui des valeurs moins périssables et des aspirations plus spirituelles, un équilibre simple sera trouvé à long terme et permettra à fils Lion de trouver la simplicité qui lui manque.

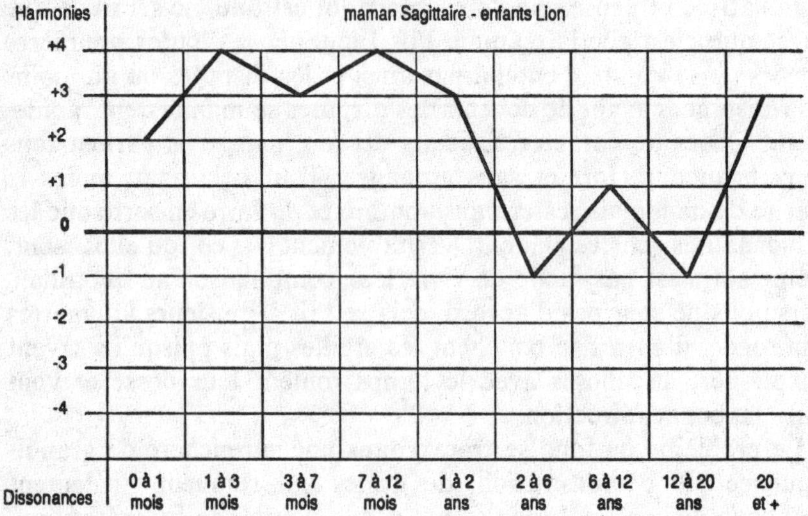

Maman Sagittaire-fille Vierge

Le meilleur de la relation

Les caractéristiques d'une maman Sagittaire sont celles de l'envergure, de l'audace, d'une vue exemplaire, bienveillante et accommodante des êtres et des choses. Elle organise le quotidien de sa fille Vierge dès les premiers mois de celle-ci suivant ces caractéristiques et avec les années, elle excelle à lui apporter l'audace, le fait d'oser, de sortir de sa coquille, de se lancer à l'assaut des êtres, des choses, de voir la vie en grand, qualité dont fille Vierge, qui a trop tendance à regarder par le petit bout de la lorgnette, manque cruellement. Il s'agit donc dans l'apport de maman Sagittaire d'une ouverture d'horizon, d'un éclatement des limites et des frontières aussi bien culturelles, philosophiques, linguistiques, morales; éclatement dans lequel fille Vierge peut épanouir son identité et surtout sa féminité en perdant un peu des blocages et des interdits libidinaux qui tapissent le fond de son inconscient et mettent souvent des bâtons dans les roues de sa réalisation personnelle. L'éducation de maman Sagittaire est néanmoins rigoureuse, elle veut que sa fille Vierge soit une femme de bien (et de biens) et fille Vierge la conforte dans ses principes car elle obéit, respecte le bon ton, la morale, le « qu'en dira-t-on » chers à maman Sagittaire. C'est une relation que l'on qualifiera de saine, tranquille et ordonnée, d'autant plus que fille Vierge assure le quotidien et sait se rendre utile grâce à ses qualités d'intelligence, de réflexion, de mesure et de maintien. Elle n'est jamais dupe des excès de sa maman Sagittaire et ne se prend jamais les pieds dans ces pléthores, ainsi elle apporte la mesure à la démesure et le meilleur à tirer de cette rencontre astrologique est certainement de rendre possible le compromis entre ces deux extrêmes.

Le pire de la relation

Logiquement le pire de la relation arrive lorsque les compromis sont impossibles. Maman Sagittaire parle beaucoup, impose ses vues, toujours suivies d'actes et prend incontestablement beaucoup de place dans la maison. Fille Vierge, qui a déjà tendance à délimiter son territoire et à se cantonner dans les coins, en est d'autant terrorisée et peut plonger dans une timidité maladive, un excès de retrait de sa féminité et au lieu de développer sa sensualité et sa confiance en elle auprès d'une maman Sagittaire qui manifestement jouit de toutes les libertés du corps et de l'esprit, elle ne se sent que plus incapable chaque jour et s'efface au fur et à mesure que l'impact de maman Sagittaire s'amplifie. Le pire dans tout cela c'est que maman Sagittaire, remarquant que sa fille se retire et n'ose pas, va jusqu'à l'en accuser, lui reprocher son manque d'audace et d'ampleur et ne se rend pas compte qu'elle ne laisse tout simplement aucune chance à sa fille de s'exprimer et de s'ouvrir. Pour exister au côté d'une maman Sagittaire, il faut être Tarzan ou Bayard et pas moins. Fille Vierge est plutôt de celles qui se réfugient dans une vision raisonnable, retenue des choses car elle n'ose aller aux gens et attend qu'on vienne à elle. Maman Sagittaire a les moyens et les prend pour aller extirper sa fille de ses protections sous prétexte de l'ouvrir au monde. C'est comme d'exposer un mal-voyant en pleine lumière, cela l'aveugle d'autant plus. Les mots ici sont excessifs mais le pire de la relation entre une maman Sagittaire et une fille Vierge pourrait très finalement ressembler à cela.

Le conseil

Fille Vierge n'a que ses mots à opposer à l'ampleur dévorante de maman Sagittaire, or, même lorsqu'elle ouvre la bouche pour se défendre, maman Sagittaire trouve les moyens de lui couper la parole et lui enlève cette ultime arme. Il serait bon qu'elle parvienne à comprendre que l'ampleur des êtres n'est pas dans l'exagération des actes et des effets de ceux-ci. Alors elle saisira les profondeurs de sa fille Vierge et ses qualités réelles d'intelligence, de subtilité, d'humilité et ses aspects secourables envers l'humanité car maman Sagittaire se targuant partout de faire le bien oublie parfois que l'on ne secourt pas les êtres avec les moyens qui ne leur sont pas adaptés.

Maman Sagittaire-fils Vierge

Le meilleur de la relation

La rencontre entre une maman Sagittaire et un fils Vierge est la rencontre entre la mesure et la démesure. Fils Vierge a besoin d'être ancré dans des valeurs et des cadres solides et d'avoir une éducation qui assure son intelligence fine et encyclopédique, son maintien, sa mesure, tout ce qui fait de lui un être sensible mais aussi cérébral. Maman Sagittaire sait bien lui apporter cette stabilité car elle fait très attention à son rôle d'éducatrice, à lui donner des codes, des normes, des ouvertures autant dans sa vie scolaire, que familiale et professionnelle. Mais, ce qu'elle lui apporte d'essentiel et qui manque totalement à l'univers trop restreint de fils Vierge c'est l'audace, le fait d'oser, sortir de sa coquille, de voir les êtres, les choses, la vie en grand. Fils Vierge a tendance à tout voir par le petit bout de la lorgnette et à restreindre presque volontairement son champ de vue pour mieux dépiauter les choses et aller à l'essentiel. L'essentiel est ce qui manque obstinément à l'univers de maman Sagittaire qui, elle, ne se porte que sur l'ampleur, l'enrobage, l'espace, le bloc plutôt que les détails. Leur rencontre est donc extrêmement complémentaire car fils Vierge avec les années saura apporter à sa maman Sagittaire ce sens du détail, du coup de marteau précis et essentiel dans une statue énorme qui sans l'efficacité de ces coups de marteau resterait une grosse masse difforme. L'éducation de maman Sagittaire est néanmoins rigoureuse, fils Vierge obéit bien et les principes de bon ton, de morale, de qu'en dira-t-on et de respect d'émotions familiales sont saufs. Avec les années, fils Vierge apportera aussi son grain de sel dans la gestion du quotidien, autant appuyé sur la rigueur de sa gestion économique et financière. Maman Sagittaire ne l'en admirera que plus, estimant à juste titre qu'elle a un fils raisonnable dont elle peut être fière en société.

Le pire de la relation

Entre une rencontre telle qu'on l'a dit, entre mesure et démesure, le pire est que chacun reste dans son camp. Que maman Sagittaire critique, dès qu'elle remarque dans les premières années de fils Vierge, ce qu'on appelle son étroitesse de vue, sa mesquinerie, son refus de partager son seau avec les enfants dans le square et de se cantonner dans un coin de table en silence, au lieu de parler, donner, partager. Le sens du partage manque certainement à fils Vierge. Il a celui de l'utile et du service mais non du partage. Maman Sagittaire ne fonctionne au contraire que dans celui-là et désespère de voir son fils Vierge la suivre. Elle lui dit qu'il a l'esprit « petit », et lui en a le cœur en miettes car il est tout simplement terrorisé par le « trop » de sa maman Sagittaire; trop grande, trop large, trop ample, trop immense, trop infinie, il est tout simplement perdu dans cette ampleur et finit par se cacher et se protéger dans une gangue qui n'en devient que plus restreinte.

Sa sensibilité et sa timidité risquent d'être heurtées de front par le manque de compréhension de maman Sagittaire et ils resteraient dans le pire du pire, chacun dans son monde absolument antinomique, sans avoir trouvé de portes de communication.

Le conseil

Quel autre conseil donner à maman Sagittaire qu'en lui disant que c'est dans le compromis entre « grandeur » et « petitesse », « largesse » et « protectionnisme », que se trouve finalement l'équilibre à la fois humain et social.

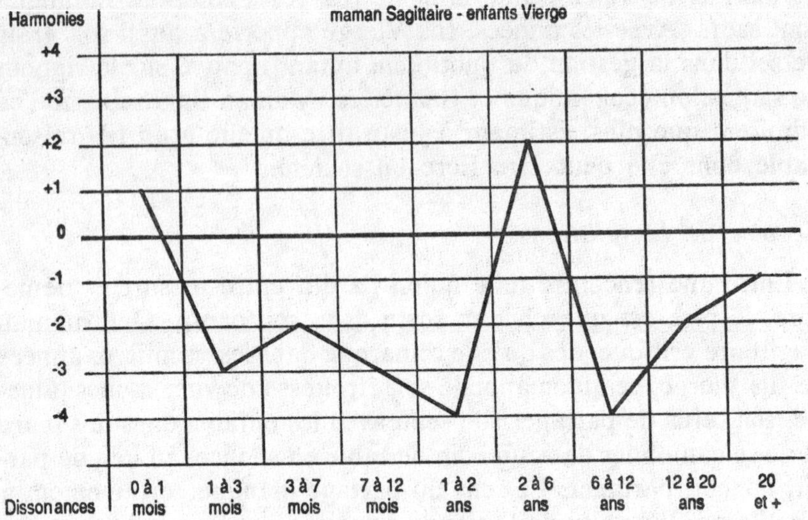

Maman Sagittaire-fille Balance

Le meilleur de la relation

La rencontre astrologique entre une maman Sagittaire et une fille Balance est faite d'équilibre, de bons principes, de générosité, et de recherche d'harmonie entre le corps et l'esprit. En effet, ces deux signes sont, chacun avec des moyens différents, soucieux de concilier et de rendre constructifs des compromis que l'on imagine à l'origine impossibles. Fille Balance, vénusienne, est un bébé souriant, tranquille, qui regarde sa maman Sagittaire avec beaucoup d'admiration ct, elle, qui est une femme efficace, possédant une vitalité d'esprit et une vigueur de cœur sans pareilles, cherche à lui donner des principes dès ses premières heures scolaires et dès ses premiers rapports familiaux qui seront teintés d'ambition contrôlée, de grands sentiments généreusement étalés. Comme elle n'est pas sans remarquer que sa fille Balance hésite, préfère ne rien faire plutôt que de faire mal, parle bien mais agit moins, elle fait tout pour lui donner l'envergure, l'audace, et l'oblige à faire des choix clairs, nets, précis, en assumer les conséquences, à les traduire en actes et si possible au mieux, à rendre ceux-ci glorieux. Fille Balance agit sur sa maman Sagittaire comme une tempérance nécessaire à ses emportements. Elle connaît souvent la juste valeur des choses. Elle est intelligente, fine et cultive le bon ton, les bonnes relations, le savoir-vivre et le savoir-plaire avec une séduction innée, des sourires et des raffinements certains et maman Sagittaire, à la voir évoluer avec autant de grâce et d'intelligence, est certainement très fière d'être sa maman. Ce sont des idéaux de bonne moralité et de chevalerie qui rapprochent en outre ces femmes dont l'une a l'air tellement magnifique et réussie et l'autre beaucoup plus fragile mais elles ont toutes deux un tempérament fort et s'entendront sur les libertés qui reviennent aux femmes et sur les manières de jouir de tous les aspects de la vie.

Le pire de la relation

Il ne s'agirait pas que maman Sagittaire, trouvant sa fille Balance trop disposée à une recherche d'équilibre qui ne la fait pas s'imposer sur tous les plans avec grandiloquence, vienne à la trouver mièvre. Sans cesse dans l'enfance, elle bouscule cette enfant plus préoccupée par son image dans le miroir que par son image dans le social, chose que maman Sagittaire ne peut comprendre et accepter. Elle veut la faire sortir de son monde narcissique et l'ouvrir à une confrontation avec un monde plus vaste, plus coloré, plus dynamique et surtout différent que celui auquel fille Balance se destine. Fille Balance, qui déteste les excès et qui est malgré tout d'une individualité tenace, s'offusque de ce qu'elle appelle une maman « too much »; effectivement, maman Sagittaire est trop, fait trop, parle trop, prend toute la place et heureusement que fille Balance a des caractéristiques très différentes des siennes sinon elle ne trouverait aucun espace d'intégration. Des aspirations d'ordre et de discipline les rapprochent mais si maman Sagittaire cherche à imposer son ordre et son équilibre, fille Balance a un réel souci de trouver la juste mesure et de ne heurter personne car il lui est impossible à envisager qu'elle pourrait à son tour être heurtée par quelqu'un; or celle qui la heurte le plus violemment au cours de son enfance c'est bien sa maman Sagittaire qui risque ainsi, malgré la vénusté et la gentillesse harmonieuse de fille Balance, de changer celle-ci en critique acerbe et de rendre les relations d'adolescence fort houleuses. Maman Sagittaire a un discours qui consiste à dire qu'il faut se passer des hommes, tandis que fille Balance ne peut pas envisager son avenir sans eux. Le fond des malentendus se trouve là.

Le conseil

Maman Sagittaire et fille Balance sont toutes deux femmes belles et nobles mais si maman Sagittaire a fondamentalement besoin de liberté, elle doit reconnaître que sa fille Balance n'en demande pas moins et qu'elle a le devoir de lui laisser trouver les couleurs de la sienne dans une féminité qui ne peut être que très différente des valeurs jupitériennes, grandiloquentes et énormes que sa maman Sagittaire pourrait vouloir lui imposer.

Maman Sagittaire-fils Balance

Le meilleur de la relation

Maman Sagittaire est une femme magnifique qui fait montre dans la vie de sentiments généreux, ce qui ne l'empêche pas d'être parfois « encombrante ». Elle est efficace, compétente et souveraine mais aussi experte en moralité et en un sens très profond de l'esprit chevaleresque. C'est sur ce plan qu'elle respecte son fils Balance qui lui, possède d'emblée, de manière flagrante, l'envie de concilier les contraires, de parvenir par des subtilités d'esprit à trouver tout le monde beau et gentil et à ne jamais opposer ce qui semblerait à l'origine opposé. Pour lui il n'est pas de conventions sociales qui séparent profondément les extrêmes même si justement, il se raccroche aux normes sociales par besoin d'intégration. Ses facultés d'intégration seront au cours de toute son enfance et de par l'éducation parfaite et exemplaire donnée par maman Sagittaire tout à fait consolidées. Leurs relations sont harmonieuses et bénéfiques. Fils Balance est sobre, élégant, fin, dévoué et souriant, il admire beaucoup sa maman Sagittaire tellement pétulante et extraordinaire, il en prend de la graine pour oser, s'installer, asseoir ses besoins d'art de vivre, de générosité et d'activité. Elle est dans sa vie la porte d'intégration, il est pour elle celle ouverte sur une certaine gratuité car il est avant tout attaché à la forme belle des êtres et des choses et c'est forcément gratuit. Si maman Sagittaire lui apporte le sens de la construction efficace et si lui la tempère parce qu'il sait qu'elle n'est pas essentielle au cœur, leurs relations homme/femme seront faites d'une attraction sensible et sensuelle des plus constructives pour la virilité fragile de fils Balance.

Le pire de la relation

Tous deux ont des besoins de structure, d'équilibre et d'harmonie avec une différence flagrante en ce sens que fils Balance est un vénusien qui cherche satisfaction à coloration narcissique, qu'il veut avant tout être beau, gentil et fin, et que maman Sagittaire le bouscule sans arrêt car elle le trouve trop nonchalant, trop retiré, trop passif et va jusqu'à lui reprocher l'admiration qu'il lui porte car enfin elle voudrait en faire un être socialement inscrit et un battant dont elle pourrait se targuer auprès de ses amis et elle trouve un être sensible, artiste, tranquille mais pas bagarreur. Elle a sans cesse des inquiétudes quant à son avenir social, le lui dit, ce qui irrite fils Balance car ce que maman Sagittaire risque de ne pas comprendre, c'est qu'il ne peut être touché que par ses sentiments et non par des harangues, même si elles sont généreuses et justes.

Le conseil

Les heurts ne sont pas vraiment violents entre eux puisque fils Balance ira plutôt se retirer et chercher ailleurs l'affection, la sensibilité et le miroir narcissique dont il a besoin plutôt que de parler, de s'opposer verbalement à sa maman Sagittaire car il sait que de toute façon elle gagnera sur ce terrain. Mais comme il est apparemment moins fort qu'elle, qu'il ne s'impose pas avec autant d'emphase, il risque de nourrir au côté de cette femme resplendissante des complexes d'infériorité qui n'en finiront pas d'étendre leurs blessures dans sa vie d'homme.

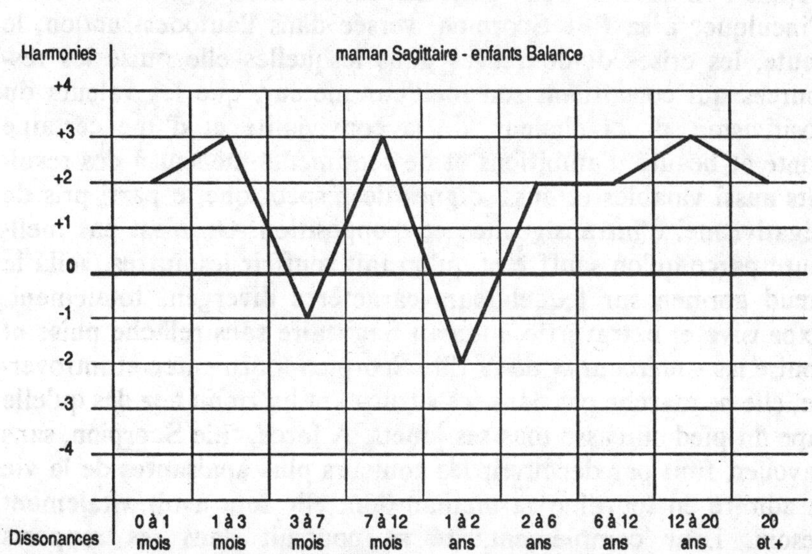

Maman Sagittaire-fille Scorpion

Le meilleur de la relation

Les univers de ces deux dames se suivent mais ne se ressemblent pas du tout et dès les premiers mois de la vie de fille Scorpion, l'impact de maman Sagittaire fait son effet dédramatisant, optimiste, constructif et enveloppant. Une maman Sagittaire n'est pas véritablement calme, mais elle est sereine, stable, bien posée dans la réalité et les exigences de son temps. Elle est sans doute étonnée par le caractère excessif, agressif, exclusif de sa fille Scorpion qui manifeste ses obstinations avec force cris, colères et encore pas mal de refus de toutes sortes. Ce n'est pas une fille « facile », tranquille, passive, maman Sagittaire se dit que c'est déjà cela de pris et qu'à défaut d'avoir une relation doucereuse avec sa fille, elle en aura une dynamique, originale, entreprenante et de toutes les manières forte. La force plane dans leurs rapports : force intérieure, psychique et troublante de fille Scorpion qui nage dans ses affres inconscientes avec volupté, force de caractère de maman Sagittaire peu intéressée par les méandres invisibles de l'humain mais imbattable sur le plan de l'action représentative, de l'élan vital et des résultats concrets, autant relationnels que financiers. Depuis l'enfance et pour toute la vie, maman Sagittaire tentera d'inculquer à sa fille Scorpion, versée dans l'autodestruction, le doute, les crises douloureuses dans lesquelles elle puise les ressources qui constituent son meilleur moteur, que les valeurs du positivisme, de la chaleur, de la convivialité et d'une certaine bonté et beauté d'ambitions et de sentiments mènent à des résultats aussi valables et aussi dignes de respect que le parti pris de négativisme, d'intransigeance et d'opposition. On n'est pas meilleure parce qu'on souffre et qu'on fait souffrir les autres, voilà le nœud gorgien sur lequel leurs caractères divergent totalement. Expansive et extravertie, maman Sagittaire sans relâche puise et épuise les « noirceurs » de sa fille Scorpion tourmentée et introvertie, elle ne marche pas dans ses « trucs » et lui rit au nez dès qu'elle tape du pied ou casse tous ses jouets. A force, fille Scorpion, sans l'avouer, finit par découvrir les couleurs plus apaisantes de la vie et admire en sourdine sa maman dont elle sent avoir vitalement besoin. Leur complémentarité se poursuit dans les rapports femme/femme et la sensualité libre de maman Sagittaire apaise les tensions libidinales de fille Scorpion.

Le pire de la relation

Maman Sagittaire est certes protectrice, optimiste et constructive mais elle verse parfois dans des excès de représentativité, méprise systématiquement l'intériorité et la partie cachée des êtres et des choses et peut, à force de ne pas marcher dans les pièges de sa fille Scorpion qui cherche par tous les moyens à trouver la faille dans son organisation pour la déstabiliser, être vécue comme une personne superficielle et somme toute peu attentive. Y a-t-il véritablement un remède et maman Sagittaire doit-elle « se prendre la tête » dans les atours-détours retours de fille Scorpion? Là n'est pas la question car il ne peut y avoir d'idée de sacrifice ni de perte de liberté dans le fonctionnement profond d'une personnalité Sagittaire. Comme il ne peut y avoir de pose d'armes et d'obéissance (ce que fille Scorpion nomme « mièvrerie ») dans une structure Scorpion. Le pire est que leur relation ressemble toujours à une bataille. Bataille de deux visions du monde qui finissent par déteindre l'une sur l'autre pour le meilleur, mais qui impriment un climat tendu, volcanique, sans cesse sur le qui-vive et le risque d'explosion. Fondamentalement leurs féminités ne se reflètent pas car elles projettent des contours incompatibles. Comme ni l'une ni l'autre ne se laisse marcher sur les pieds ni remettre en question, mais que chacune a tendance à vouloir que les autres se plient à leurs désirs, les frasques risquent d'être au rendez-vous quotidien de l'adolescence, jusqu'au moment où fille Scorpion trouvera à s'opposer ailleurs. Maman Sagittaire fait les choses pour elle et partant, pour son entourage qu'elle prend sous son aile protectrice, persuadée qu'elle fait forcément leur bien puisqu'elle le veut; fille Scorpion s'oppose aux certitudes de maman Sagittaire en passant les rouages de sa personnalité au crible de sa lucidité. Mais si fille Scorpion semble toujours irritée, elle est néanmoins celle qui possède le plus de ressources intérieures pour répondre aux interrogations que sa maman lui pose.

Le conseil

Maman Sagittaire attend reconnaissance et ne reçoit que critiques. Ça lui sape l'optimisme mais elle doit rester convaincue que sa persistance est positive pour sa fille Scorpion. Sa solidité, sa santé, physique et spirituelle, est la seule réponse.

Maman Sagittaire-fils Scorpion

Le meilleur de la relation

Pour fils Scorpion, intransigeant et exigeant, le caractère stable, serein, optimiste et fort de sa maman Sagittaire est des plus équilibrants. Il découvre dès les premiers mois de sa vie que les choses peuvent être simples, bonnes, belles, apaisantes mais, néanmoins, rester actives, constructives et de ne renoncer à aucune envergure. Au contraire, l'envergure est la grande affaire de maman Sagittaire qui ne voit la vie que libre, aisée, et évolutive. La stagnation, la petitesse, les méandres libidinaux et les doutes qui détruisent et autodétruisent ne la concernent pas du tout et vident donc son fils Scorpion de la partie majeure des blocages traditionnels de son for inconscient. Elle imprime en lui une vision du monde et des rapports humains qui lui donnera la possibilité d'avoir plus confiance en lui-même et en son devenir. Au lieu de taper, elle l'incite à sourire, au lieu de s'opposer à dialoguer, au lieu de critiquer à comprendre. Dès qu'elle le sent verser dans ses retranchements négatifs, elle ressort sa batterie de tendresse, de protection et de lucidité et l'aide à démêler les fils qui lui emprisonnent le cœur et le rendent « méchant ». Maman Sagittaire trouve en tout être et en toute situation un côté « beau et gentil » et elle applique cette vision sur son fils Scorpion qui, du coup, se laisse aller à être conciliant et doux sans culpabilité, sans se croire obligé d'être tourmenté pour être original, ce qui constitue une des caractéristiques de sa personnalité. De son côté, avec la lucidité et la pugnacité qui en font un homme peu ordinaire, il juge sa maman Sagittaire un peu naïve et lui apporte toujours des éclairages qui l'obligent à regarder les situations avec plus de profondeur qu'elle ne le ferait seule. Leur complémentarité est efficace et constructive, ils peuvent, une fois fils Scorpion devenu grand, mêler leurs forces pour faire un tandem redoutable et imbattable, réussir toutes les entreprises et voler au-dessus « de la masse » en toute quiétude et impunité.

Le pire de la relation

Toutes ces bonnes choses contiennent leur envers, à savoir qu'auprès d'une maman aussi positive, libre, indépendante qui, incontestablement règne sur le foyer et domine facilement le père, fils Scorpion, toujours un rien misogyne, développe une certaine rage de prouver sa virilité, même si, et justement parce qu'elle est quelque peu ambiguë. Leurs caractères s'opposent dans les forces différentes mais néanmoins énormes qui les meuvent. Elle impose sa loi. Il est exactement celui qui ne l'admettra et ne la suivra jamais, coûte que coûte et quels que soient les problèmes que cela peut lui poser. Elle finit par imposer son caractère à l'extérieur tandis qu'il règne sur l'intériorité, le mystère de l'humain et les méandres de l'inconscient. Il peut, avec l'adolescence, lui mener la vie dure, la houspiller sans arrêt, chercher à la démonter et à la faire douter d'elle-même, railler ses succès et amoindrir l'image dynamique, positive, parfaite qu'elle donne d'elle-même. Elle ne rend pas exactement la monnaie de la pièce puisqu'il ne s'agit pas de la même pièce, mais elle laisse plutôt la place vide car elle ne répond pas à ses tours-détours-atours et continue son chemin sans sembler touchée par ses critiques. Mutuellement, ils s'énervent souvent, se heurtent facilement et maman Sagittaire, alors qu'elle déteste tous les jeux morbides, s'y trouve forcément prise, à moins de se désintéresser totalement de son fils, ce que sa morale et son sens des responsabilités ne lui permettront sans doute jamais. Finalement, avec les années, fils Scorpion sera bien obligé d'admettre que d'autres forces que les siennes existent et sont valables et de surcroît, qu'elles peuvent être représentées par des femmes.

Le conseil

L'adolescence est forcément houleuse, pesante, dramatique mais on souhaite qu'il en sorte la découverte mutuelle de terrains d'entente constructifs. Mais qui déposera les armes le premier? Certainement pas fils Scorpion, certainement pas maman Sagittaire, à moins qu'elle ne comprenne que sa grandeur pourrait, aussi, être là...

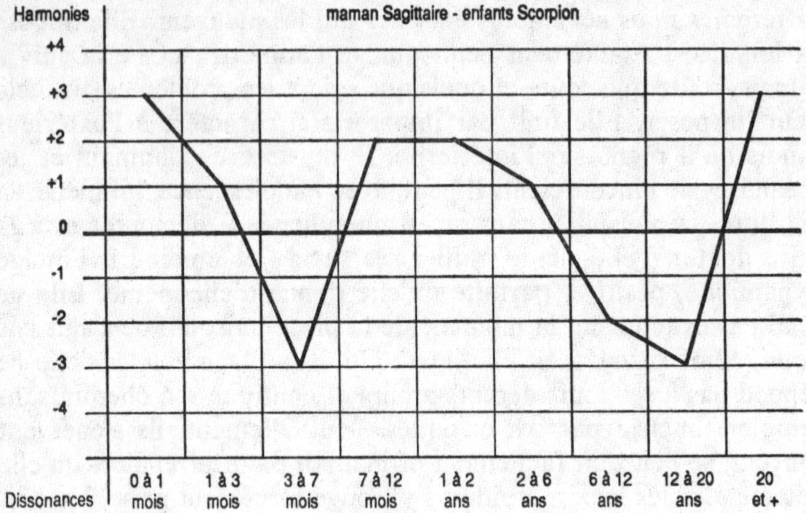

Maman Sagittaire-fille Sagittaire

Le meilleur de la relation

C'est une rencontre astrologique où deux femmes vont avec les années se regarder dans un miroir et vu les caractéristiques du signe du Sagittaire qui porte à l'ampleur et à la prise d'envergure, on peut être certain que ce miroir sera grossissant. Maman Sagittaire et sa fille ont la même idée du style de vie, les mêmes définitions des mots bonheur et amour qu'elles voient sans frontières, sans retenues, sans ambages. Maman Sagittaire sait parfaitement organiser la vie quotidienne de sa fille Sagittaire et celle-ci la voyant évoluer prendra avec les années une relève tout à fait efficace. L'équilibre dans l'éducation un peu stricte, respectueuse des normes familiales, des traditions ancestrales, du qu'en dira-t-on et de ce que maman Sagittaire appelle honnêteté, sera certainement inculqué à fille Sagittaire. Elle veut que sa fille ose et celle-ci n'a pas besoin qu'on le lui dise deux fois. Elles rient beaucoup ensemble, ont le même humour et le même rapport intelligent, dynamique et fastueux aux gens. Fille Sagittaire devient dans ce regard tout à fait consciente de sa valeur et de ses possibilités, elle est à l'aise dans toutes les circonstances et chaque jour, satisfaite d'exister, dans le regard bienveillant, protecteur et structurant de maman Sagittaire. Elle se construit donc une identité, une image de femme bourrée de qualités, bien élevée, bien éduquée par une maman aimante, compétente, Junon impartiale. Fille Sagittaire développera sa séduction, sa sensualité et ses réelles largeurs de vue au contact d'une maman qui n'est certainement pas restrictive et qui même dans leurs rapports femme/femme lui fait du bien car elle est un Pygmalion irremplaçable quand il s'agit de modeler sa fille à son image.

Le pire de la relation

Fille Sagittaire a de réelles revendications de liberté, maman Sagittaire a les mêmes mais lorsqu'elle est dans son rôle de mère, elle devient un peu conventionnelle, certainement plus restreinte, plus critique, plus exigeante qu'elle ne l'est en tant que femme ou que maîtresse. La convention ou le classicisme ne doivent pas encombrer l'enfance de fille Sagittaire qui n'imagine pas voir son monde obstrué par trop d'obligations quotidiennes, d'aspects mesquins, qu'elle vit toujours comme une restriction néfaste pour son identité profonde. Voir une image réduite d'elle-même dans le regard de sa maman conduirait fille Sagittaire à la longue à freiner sa progression et ses projections. Bizarrement, le pire de la relation se trouve encore une fois, de par les caractéristiques du signe, dans ces excès : soit maman Sagittaire est consciente de ses emphases et cherche à les réduire dès qu'elle les remarque; soit elle cherche au contraire à amplifier la démesure et elle risque alors de faire de sa fille Sagittaire une battante pure et dure, impossible à caser dans un quelconque tiroir, impossible à étiqueter d'une quelconque manière, libre, magnifique et pétulante mais qui fera peur à son entourage et plus particulièrement aux garçons.

Le conseil

Il n'est pas ici beaucoup de choses à dire, tout réside dans les caractéristiques du signe du Sagittaire qui est celui de l'ampleur mais aussi de la démesure. Toutes les combinaisons que l'on peut tirer à partir de ces caractéristiques forment autant le meilleur que le pire de la relation et maman Sagittaire devrait y réfléchir quelque peu en pensant, par exemple, à ses propres échecs amoureux.

Maman Sagittaire-fils Sagittaire

Le meilleur de la relation

Dans cette rencontre entre une maman Sagittaire et un fils Sagittaire c'est la perfection qui règne. La perfection qui est l'image que maman Sagittaire veut incontestablement donner d'elle, la perfection qui est ce que fils Sagittaire veut absolument qu'on pense de lui. Toutes ces additions de perfection provenant de tendances et de souhaits identiques, portés sur l'ouverture, sur le social, le financier, la morale et le respect des normes et des valeurs ancestrales. Ils veulent tous deux une vie magnifique, extraordinaire, qui serait exemplaire, protectrice et dont tout leur entourage pourrait partager les bienfaits. Aussi maman Sagittaire sera-t-elle efficace dans ses espérances de chercher et donner à son fils la meilleure des éducations; elle saura être constructive, enthousiaste, positive, dynamique et en même temps vertueuse car elle partage avec son fils des qualités de loyauté et de noblesse de caractère, basées sur un refus de vulgarité. Fils Sagittaire, puisque maman Sagittaire sait très bien lui expliquer et trouve les mots qu'il faut pour dire ce qu'il faut, a donc toutes les chances d'obéir là où il n'obéirait pas à d'autres. Ils développent donc ensemble des facultés physiques et intellectuelles qui porteront fils Sagittaire sur les hauteurs et il est difficile de penser que des heurts réels les opposent sur le fond. Dans leurs rapports homme-femme, ils se fréquenteront avec autant de bienveillance et d'encouragement mutuel et maman Sagittaire sera toujours heureuse de montrer à ses côtés un fils aussi réussi qui deviendra un homme aussi parfait, à la fois brillant, sécurisant, respectueux et aventurier.

Le pire de la relation

Si auprès de maman Sagittaire, fils Sagittaire se fabrique un personnage de héros brave, conquérant et dandy, on peut penser que leur ampleur et leur démesure conjuguées peuvent facilement conduire à la catastrophe. Trop c'est trop, il ne faut pas en rajouter. Regardant sa maman Sagittaire en dire autant, en faire autant, en vouloir autant, en décider autant, en réussir autant, fils Sagittaire se demande tout simplement où est sa place. S'il ne parvient pas à développer, malgré les caractéristiques de sa personnalité semblable à celle de maman Sagitaire, un réel impact dans la vie de celle-ci, il pourrait tomber dans une névrose d'échec, tout à fait préjudiciable à sa forte personnalité de fond. Au contraire, fils Sagittaire voudra par tous les moyens essayer de s'imposer aux yeux de sa maman pour s'en faire respecter, ainsi qu'elle le lui demande à haute voix. Alors les caractères se heurteront, les violences, les surenchères, les dynamismes deviendront tellement grands, qu'ils risquent d'être aveugle à l'essentiel des choses et des êtres, fixés qu'ils sont sur une image idéale de la vie et d'eux-mêmes. Ils passeraient alors à côté de toutes les sensibilités et en particulier celles de leur entourage. Au lieu de devenir protecteur, rassurant et bienveillant, fils Sagittaire deviendrait égoïste, mégalomane, et instable, ce que maman Sagittaire ne manquerait pas de lui reprocher.

Le conseil

Qui trop se ressemble ne peut pas toujours s'assembler. Maman Sagittaire doit admettre que dans l'esprit de son fils, une femme – fût-elle sa mère – doit rester à « sa place » pour qu'il puisse développer ses qualités de bienveillance et de protection.

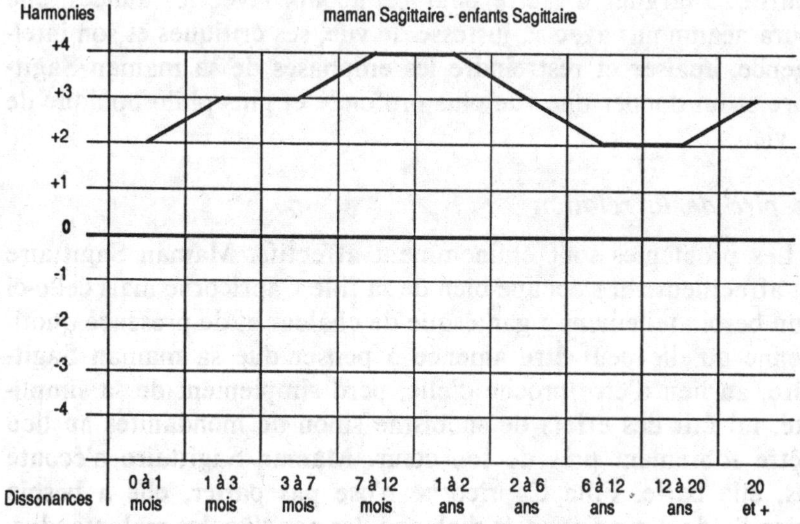

Maman Sagittaire-fille Capricorne

Le meilleur de la relation

Voilà deux fortes personnalités astrologiques qui en se rencontrant peuvent certainement avoir des effets très positifs.

Maman Sagittaire, parfaite éducatrice, saura élever et éduquer de façon irréprochable sa fille Capricorne qui a besoin de normes et sera rassurée par les rigueurs qu'elle-même saura par la suite appliquer dans sa future vie de femme, de mère et d'épouse. Maman Sagittaire est juste assez autoritaire et sévère pour être jugée efficace en étant cependant affectueuse, et fille Capricorne, pendant de très longues années de sa vie ne manifeste aucune résistance à l'obéissance qu'elle doit à sa maman Sagittaire. D'abord, parce qu'elle a un profond sens du devoir et ensuite, parce que son signe n'est pas porté aux houles et aux excès. Elle est d'un naturel philosophique retiré, porté plus sur l'observation des choses que sur leur expression dynamique ou du moins il lui faut de longues années pour acquérir la confiance en elle qui lui permettrait d'oser s'imposer. Maman Sagittaire le fait avec tellement de naturel que fille Capricorne en prend de la graine. Le meilleur de la relation est certainement dans l'entraide qu'elles ont à s'apporter pour se construire une image sociale et professionnelle, dans laquelle fille Capricorne sera quelqu'un de grand et d'intelligent, ce que maman Sagittaire admirera d'autant qu'elle pourra se targuer d'y être pour beaucoup. Avec les années, elle saura néanmoins avec sa justesse de vue, ses critiques et son intelligence, apaiser et restreindre les emphases de sa maman Sagittaire et lui donner une vue plus profonde et plus philosophique de la vie.

Le pire de la relation

Les problèmes sont éminemment affectifs. Maman Sagittaire est affectueuse et s'occupe bien de sa fille Capricorne mais celle-ci a un besoin tellement gigantesque de chaleur et de présence quotidienne qu'elle peut être amenée à penser que sa maman Sagittaire, au lieu d'être proche d'elle, perd simplement de sa simplicité, lui fait des effets de snobisme sinon de mondanités au lieu d'être sobrement près de son cœur. Maman Sagittaire n'écoute pas, elle parle. Fille Capricorne n'ose pas parler, elle a besoin qu'on l'aide. Le manque de dialogue, les non-dits, les malentendus, sont donc à mettre du côté du pire de ce qui peut arriver entre elles ou plutôt dans le panier de ce qui fera que rien d'essentiel ne pourra arriver. Avec l'adolescence, l'agacement de fille Capricorne peut atteindre son comble, elle sera gênée par les climats trop enveloppants et trop solennels de sa maman Sagittaire et elle imposera dans sa féminité, son aspect, son discours et ses relations, une sobriété et une mesure que sa maman Sagittaire se dépêchera de critiquer, lui reprochant de n'être pas drôle.

Le conseil

Il n'est pas de compromis possible entre la rigueur et la simplicité de fond de fille Capricorne et les emphases grandiloquentes de maman Sagittaire. Cette dernière est donc appelée au dégagement et à la libération de tous les superflus et à un travail intérieur pour éliminer dans ses actes, dans ses dialogues et dans son rapport à sa fille tout l'accessoire et tout le surajouté dont celle-ci n'est jamais dupe.

Maman Sagittaire-fils Capricorne

Le meilleur de la relation

Maman Sagittaire a des qualités de bienveillance qui sauront apaiser, entourer et inciter son fils Capricorne – petit homme puis homme avant l'âge – à se laisser être un enfant tout simplement dans la tendresse et le regard protecteur de sa maman. Elle est une femme dont il admire le courage, l'ambition et la générosité et qu'il regarde respectueusement. Elle s'engage quant à elle à lui donner l'éducation exemplaire qui lui permettra de développer ses qualités, et de devenir l'être d'importance sociale qu'il cherche, malgré ses retraits apparents, à devenir. L'essentiel est que comme elle est experte et curieuse de tout ce qui est contact humain, d'ouverture internationale et spirituelle, elle enrichit le monde trop fermé, frustré, sévère, froid du Capricorne. Elle lui apporte chaleur humaine, tendresse, rires, gratuité, rondeur, là où tout ne serait que sécheresse, ténacité et ascétisme. Dans cette rencontre astrologique, c'est véritablement un lien qui se crée entre le rond et le sec et cela renvoie – puisqu'il s'agit d'une maman et de son fils – au partage de ce que serait le meilleur du féminin et le meilleur du masculin.

Il est travailleur, courageux, régulier, et elle n'est pas sans lui dire toujours à quel point elle l'en admire, ce qui décuple les forces de fils Capricorne et lui permet d'aller toujours plus loin.

Le pire de la relation

Maman Sagittaire a l'air comme ça grandiloquente mais sous ses aspects calmes et sûre d'elle, elle est un volcan capable de révolutions autant imprévues que difficiles. Fils Capricorne, beaucoup plus préoccupé de parvenir à saisir ses propres méandres intérieurs, ne s'intéressera jamais beaucoup à comprendre sa maman Sagittaire. Il trouve qu'elle est trop dans les effets et les emphases et se demande encore si elle parviendra à atteindre ses buts. Quant à elle, elle remarquera très tôt son retrait et ce qu'elle appelle son regard de juge et ne cherchera alors pas à se mettre sous ce microscope-là. Pourquoi ne ris-tu pas? pourquoi ne jouis-tu pas de l'existence? voilà ce que maman Sagittaire peut inlassablement répéter à son fils Capricorne qui ne trouve là que plus de raisons encore de se fermer et de se méfier. C'est ainsi que leurs relations seront aimables mais peu profondes et qu'ils peuvent passer toute leur existence dans un côtoiement bénéfique sur le plan social et extérieur mais dans des froideurs affectives et intimes qu'ils seront seuls à vraiment mesurer. A la longue, ils peuvent très sérieusement s'ennuyer ensemble et ce serait le pire car leurs combinaisons pourraient leur permettre au contraire d'allier leurs différences pour bien s'amuser.

Le conseil

Il ne faut pas que maman Sagittaire fasse l'erreur de cataloguer son fils dans la catégorie des grands qui n'ont pas besoin d'elle, tout simplement parce qu'il ne le manifeste pas et fait tout pour se débrouiller tout seul. Il a besoin d'une énorme dose d'amour, d'affection et de tendresse et elle est sans doute la seule à pouvoir la lui donner. Qu'elle se le dise.

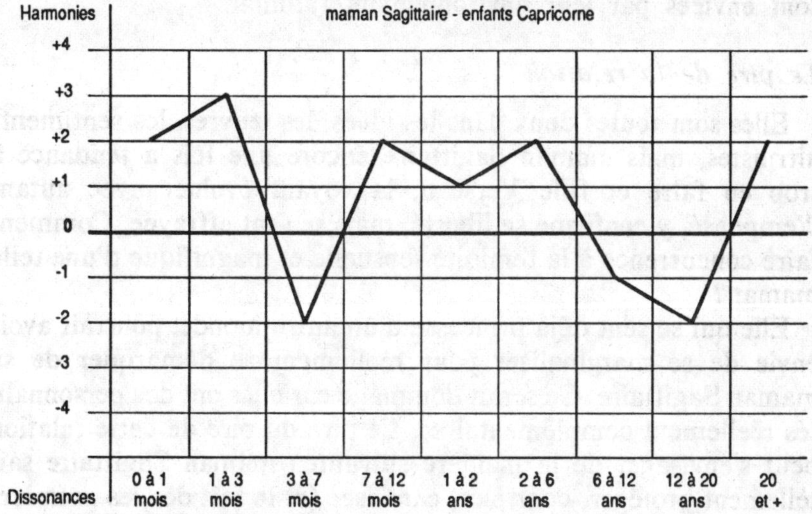

Maman Sagittaire-Fille Verseau

Le meilleur de la relation

Maman Sagittaire est avant tout soucieuse d'harmonie, elle cherche à créer des ambiances calmes et agréables et à utiliser ses qualités de générosité, de bienfaisance et de parfaite éducatrice et sait les mener à ses fins associatives, équilibrées et cohérentes. Fille Verseau, durant de longues années, a surtout besoin d'être protégée pour pouvoir, à l'abri de sa protection maternelle, vivre dans son monde où les princes, les robots et Merlin l'enchanteur ont plus de place que les héros de la vie quotidienne. Si fille Verseau est tout en désir et en espérance, elle est bourrée de dispositions et de potentiels dynamiques et la rencontre avec les conventions, les règles et les balises de maman Sagittaire lui sont donc fort utiles pour sa future construction et intégration sociale. Calme, méthode, respect des bonnes traditions éducatives, voilà qui est totalement étranger à l'esprit de fille Verseau mais qui sera fourni par maman Sagittaire. Avec efficacité et affection, l'enfance de fille Verseau sera gaie et dynamique. Là où fille Verseau pourrait rester dans sa distraction et ses rêveries, maman Sagittaire l'oriente vers l'action et les fruits bénéfiques de celle-ci. Toutes deux progressives et aptes à s'enthousiasmer, elles rient beaucoup ensemble et partagent des activités originales qui leur sont enviées par leur environnement familial.

Le pire de la relation

Elles sont toutes deux dans les idées, les œuvres, les sentiments altruistes, mais maman Sagittaire encore une fois a tendance à trop en faire et fille Verseau, la voyant évoluer avec autant d'emphase, y confirme sa liberté, mais se sent effrayée. Comment faire concurrence à la féminité sensuelle et magnifique d'une telle maman?

Elle qui se sent déjà princesse d'un autre monde, pourrait avoir envie de se marginaliser pour réellement se démarquer de sa maman Sagittaire. Ce serait dommage car elles ont des personnalités réellement complémentaires. Le pire du pire de cette relation peut s'envisager de la manière suivante : maman Sagittaire sait tellement protéger, contrôler, canaliser (et le fait dès les premiers jours jusque tard dans la vie adulte de fille Verseau) que celle-ci, un peu femme enfant, originale et préoccupée de son originalité, d'humeur changeante et d'esprit vagabond, pourrait avoir tendance à ne plus agir. Pourquoi agir puisque sans le faire elle recueille néanmoins tous les fruits qui lui sont donnés par maman Sagittaire? Cette relation risque donc d'être bloquante pour la maturité de fille Verseau qui affirmera son identité et son indépendance à l'adolescence avec beaucoup de mots et de frasques mais n'en grandira pas pour autant. Les idées d'intégration de maman Sagittaire s'en verraient alors détruites.

Le conseil

Le meilleur est qu'elles arrivent à équilibrer les tendances, le pire est que maman Sagittaire, cherchant absolument à trouver cet équilibre, finisse par faire basculer sa fille du côté de la marginalité, désordonnée, inintégrée, distrayante mais socialement inadaptable.

Maman Sagittaire-fils Verseau

Le meilleur de la relation

Auprès d'une maman Sagittaire qui regarde avec émerveillement son petit garçon Verseau tout droit tombé d'une planète étrangère et qui profite de sa protection pour rester dans ces mondes magiques et robotiques, fils Verseau peut être sûr d'être bien accepté dès son plus jeune âge, bien éduqué dès qu'il a l'âge de l'être et bien guidé pour toujours. Maman Sagittaire veut en faire un être parfait et fils Verseau verra les retombées enrichissantes dans sa future intégration d'homme, d'être social et d'amant. Lui qui ne parle pas beaucoup sera heureux de profiter des ambiances maternelles, chaleureuses et généreuses. Il sera content d'être protégé dans un certain conformisme de caste et de comportements raisonnablement enthousiastes qui caractérisent l'univers de maman Sagittaire. Il y aura de la présence et du maintien et toute sa vie, cette image apaisante d'un foyer sain et chaud accompagnera fils Verseau dans ses comportements fantasques, originaux, hors normes. Maman Sagittaire est parfaite pour consoler, éduquer et motiver les énergies non exploitées de fils Verseau qui préfère rester dans les idées plutôt que de s'inscrire dans les actes. Il admirera profondément sa mère tandis que celle-ci le poussera pour qu'il lui montre à quel point il peut être non seulement original et charmant, mais aussi efficace et constructif.

Le pire de la relation

Si maman Sagittaire fait montre d'une autorité souriante et chaleureuse qui ne heurte pas les sentiments de fils Verseau, il est cependant à craindre que toutes les disciplines qu'elle cherche à lui imposer pour en faire un homme bien ne finissent par véritablement lui être ennuyeuses et qu'à l'approche de l'adolescence, après s'être retiré dans ses mondes intérieurs, il ne vienne à fuir dans des relations extérieures totalement antinomiques aux images que maman Sagittaire aura voulu lui donner, et qui la décevront. Elle verra défiler chez elle une pléiade d'êtres marginaux, ce qu'elle appellera des rebuts de la société et qu'elle ne comprendra assurément pas. Elle peut alors se lancer dans des comportements rigides, sévères, sérieux à l'extrême et frustrant les libertés réelles de fils Verseau. Fils Verseau, ne sachant pas bien comment lui faire comprendre qu'il l'aime et veut faire des choses pour elle, glissera dans les velléités mais ne se sentira pas toujours à même de les réaliser. Il se peut alors au pire que devant une maman aussi parfaite, il reste toujours un tout petit.

Le conseil

Il est recommandé à maman Sagittaire de laisser à son fils Verseau la place de développer ses originalités et lui prouver que l'on peut être un homme socialement efficace, même si l'on ne suit pas les chemins balisés et les normes reconnues.

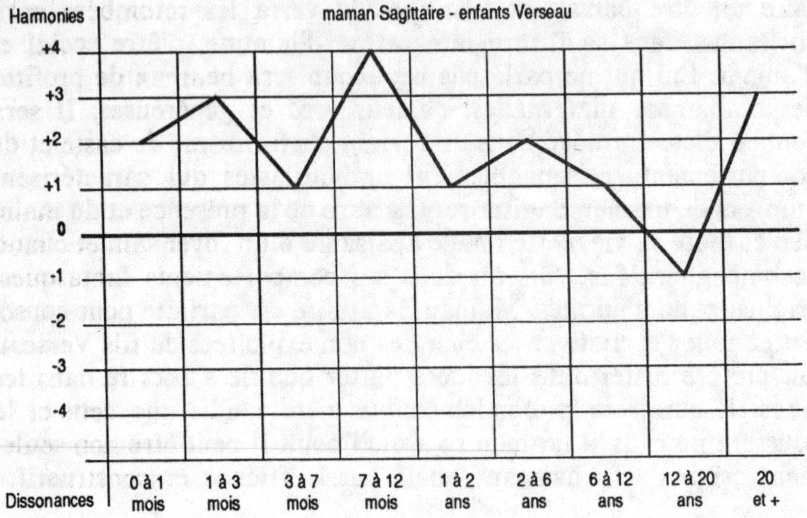

Maman Sagittaire-fille Poissons

Le meilleur de la relation

Maman Sagittaire est une maman pleine de sollicitude qui éduque avec une compétence parfaite et cherche à mener à bon port la formation de sa fille Poissons avec des critères de convenance et de moralité car elle n'est pas sans remarquer dès les premières années de sa fille Poissons, les fluctuations qui marquent le caractère de celle-ci. Elle voudrait donner une teinte bon chic bon genre à ses langueurs et à ses rêveries quotidiennes, elle argumente pour enthousiasmer les capacités et les dons de sa fille. Fille Poissons, qui vit dans un monde où les critères, les distinctions, les différences sont très peu nettes, et trempe dans des contours flous de l'esprit et de la réalité, se trouve ainsi motivée par les apports en raisonnement et en encouragement de sa maman Sagittaire, qui est une femme dynamique, entreprenante et épanouie et qui impose une image et une féminité aux contours très nets opposées à celles de sa fille Poissons. C'est une aide précieuse qui est mise en place dès les premiers jours de sa vie pour qu'elle puisse sortir de ses somnolences et de ses réflexions et les traduire en actes, entreprendre et terminer la réalisation de ses désirs. Maman Sagittaire apporte le social, le conventionnel, le balisé, la morale, choses qui ne font pas instinctivement partie du vocabulaire d'une fille Poissons. Cette dernière apporte tous les trésors de sa sensibilité, de sa fluidité et de son ouverture aux êtres et aux choses, de sa profonde confiance, à la limite de la naïveté, à une maman Sagittaire qui en est éblouie.

Le pire de la relation

Les normes et la réalité qu'une maman Sagittaire apporte à une fille Poissons ne vont pas sans produire sur cette dernière des effets d'énervement sinon de rébellion intime. Fille Poissons déteste en effet être bousculée, tiraillée, obligée, car sa structure profonde fait qu'elle a besoin d'un tempo de vie beaucoup plus lent, beaucoup plus fluctuant et irisé de mille couches changeantes que sa maman Sagittaire est tout simplement incapable de saisir. Leurs identités se heurtent rarement dans les mots et dans les faits car fille Poissons manifeste trop peu ses états d'âme mais cela débouche sur des glissades et des fuites (tout à fait caractéristiques du signe Poissons) hors des cadres trop stricts et trop conventionnels de maman Sagittaire. Mue par un désir profond d'échapper à une emprise aussi gigantesque, fille Poissons bifurque et finit par éviter les ruades et les effets de maman Sagittaire. Rarement celle-ci rencontrera autant de résistances, ce qui est bizarre car dans son vocabulaire à elle, la résistance a toujours une sonorité active. La résistance de fille Poissons est pourtant imparable car elle est faite d'intuition et de refus de se laisser enfermer. On n'attrape les Poissons que par le cœur or maman Sagittaire voudrait attraper sa fille par l'imposition de la réalité. Le décrochage psychologique qui s'ensuit peut entraîner des névroses affectives du Poissons qui a besoin qu'on l'aime simplement tel quel, or maman Sagittaire veut bien l'aimer mais à condition qu'elle devienne comme elle le veut.

Le conseil

Voilà deux signes de liberté mais les espaces que cette liberté recouvre sont totalement antinomiques. Maman Sagittaire dit sa liberté et l'affiche à grands coups d'actes visibles tandis que fille Poissons la porte en elle, la couve et la protège et n'a pas besoin de s'imposer. Entre elles, c'est un dialogue de sourds, maman Sagittaire doit se contenter d'apporter le port sans jamais chercher à y enfermer la mer.

Maman Sagittaire-fils Poissons

Le meilleur de la relation

Devant ce petit garçon si tendre et si fluctuant, maman Sagittaire se montre pleine de sollicitude, éduque avec une compétence parfaite et mène à bon port la formation de son enfant avec des principes et des critères de convenance et de moralité. Elle cherche toujours à donner une teinte bon chic bon genre à ses langueurs et à ses rêveries quotidiennes, elle sait argumenter pour enthousiasmer les capacités cachées de son fils Poissons et lui faire comprendre qu'il peut aller loin, toujours mieux, toujours plus fort, alors que lui préférerait se cantonner dans la douce protection d'une maman exemplaire à laquelle il ne se voit pas se mesurer. Elle est parfaite pour la motivation, par ses apports en raisonnement et en encouragement. Toutes les mamans de la terre devraient se réunir si elles ont des enfants et particulièrement des fils Poissons pour qu'on leur explique à quel point il est primordial d'aider ceux-ci à s'intégrer dans le social et la réalité si elles ne veulent pas les voir fuir d'une manière ou d'une autre. Maman Sagittaire est naturellement celle qui connaît l'importance de l'intégration et de la balise de la réalité et c'est cela qu'elle apporte en priorité à son fils Poissons. La rencontre est donc très bénéfique et très constructive. Fils Poissons sort de ses somnolences et de ses réflexions pour les traduire en actes, entreprendre et terminer la concrétisation de ses désirs. Quant à lui, il ouvre sa maman Sagittaire sur les trésors de l'essentiel de l'homme et de l'humain, toutes ces choses invisibles auxquelles maman Sagittaire pourrait être trop étrangère. On peut dire qu'elle est son meilleur Pygmalion et qu'il est sa meilleure réalisation artistique.

Le pire de la relation

Le problème c'est que maman Sagittaire, dans son désir d'aider son fils à s'intégrer, le fait en le bousculant, le tiraillant, l'obligeant, en plaçant sans cesse une barre très haute et en le fustigeant pour qu'il parvienne à la sauter, or, cela n'est pas une manière d'inciter fils Poissons à réagir. Il a besoin de rester dans ses lenteurs, dans son tempo de vie moderato, irisée de mille couches changeantes. On ne le motive profondément qu'en le touchant par le cœur et surtout par les sens. Maman Sagittaire ne sait pas bien le faire. Elle n'a ni la sensibilité, ni la profondeur de vues et de sentiments instinctifs du fils Poissons. Aussi se heurtent-ils rarement dans les mots et dans les faits mais effectivement, à être trop exigeante et à donner une image de la féminité trop flamboyante, maman Sagittaire peut larguer son fils Poissons dans ses timidités et ses virilités peu affirmées. Il va avoir tendance à chercher ses nourritures affectives et sensuelles ailleurs, fuir, glisser, échapper même aux modes, aux excès, et à l'interventionnisme excessif de maman Sagittaire. Finalement, le problème de maman Sagittaire est qu'elle n'arrive jamais à imposer véritablement la réalité et s'offusque de ne jamais parvenir à mettre son fils Poissons dans le cadre. Le décrochage psychologique est très vite arrivé. Ils en sont tous deux malheureux, largués dans leurs planètes respectives, sans aucune navette de secours. La future intégration de fils Poissons en tant qu'homme, qu'être social, qu'amant et surtout que père, intégration qui préoccupe tellement maman Sagittaire, peut alors être très sérieusement compromise, si elle ne produit pas le pire de la marginalité...

Le conseil

Maman Sagittaire, si elle cherche absolument à attraper son fils Poissons, peut produire deux catastrophes, la première serait de voir son fils lui échapper dans toutes les fuites artificielles qu'il trouvera sur son passage, la seconde qu'elle arrive effectivement à l'attraper et qu'il en ait le cœur desséché, l'affectivité et la virilité définitivement blessées. Douceur, modération, tempérance, libéralisme sont les seuls conseils à donner.

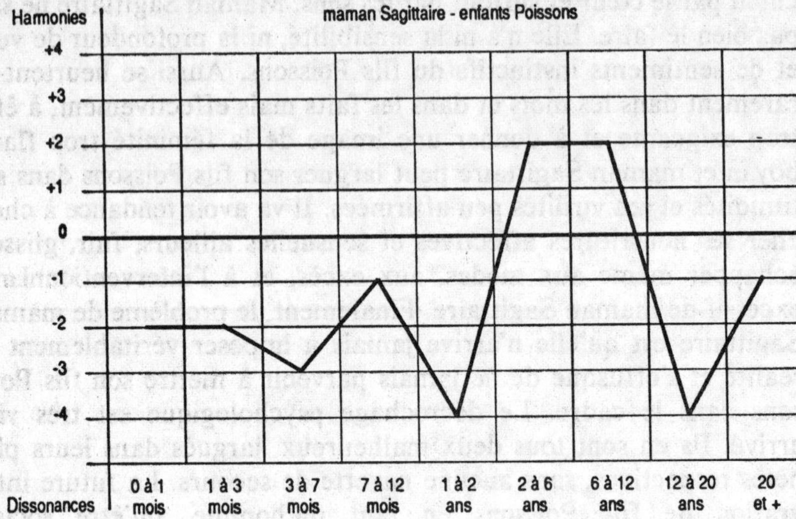
maman Sagittaire - enfants Poissons
Harmonies
+4
+3
+2
+1
0
-1
-2
-3
-4
Dissonances
0 à 1 mois
1 à 3 mois
3 à 7 mois
7 à 12 mois
1 à 2 ans
2 à 6 ans
6 à 12 ans
12 à 20 ans
20 et +

CAPRICORNE

Être mère selon la femme Capricorne

Saturne, qui gouverne votre signe solaire, ne vous invite certes pas à une maternité irréfléchie. Planète du retrait, du mûrissement des choses, de la lente structuration de soi, elle vous fait aborder la vie avec philosophie, sinon avec une froideur apparente. Pour finir par être enceinte, vous avez sans doute longuement pesé le pour et le contre et vous vous préparez à ce nouveau rôle avec la compétence et la vigilance qui vous caractérisent. C'est pour vous d'abord une responsabilité, un travail avant d'être un enthousiasme. Vous ne voyez vraiment pas ce qui doit dans l'existence être abordé avec plus de sérieux, non pas que vous ne preniez pas tout au sérieux, mais cette étape-là de votre vie vous apparaît comme la plus sérieuse entre toutes. Combient de fois avez-vous d'ailleurs regretté cette injustice de la Nature selon laquelle une femme ne peut procréer que dans la partie de sa vie où elle est incontestablement la plus immature, pensant sincèrement que pour faire le moins d'erreurs possible et apporter le meilleur de son expérience à un enfant, il faut avoir au moins soixante ans... C'est dire si la maternité vous rend, non pas douteuse ou accablée, mais certainement méditative et sans cesse préoccupée. Cela peut aussi expliquer que vous choisissiez facilement d'être la mère d'un seul enfant, cela vous apparaissant comme une implication suffisante à votre besoin de fidélité et de dévotion impartiales. Une fois fait votre choix, vous avez l'honnêteté de vous y consacrer entièrement et il n'est pas exclu qu'en femme forte et digne, vous preniez tout en mains, remplaçant parfois le père ou du moins, tenant le rôle central dans votre foyer. Votre vie de femme passe, pour un temps ou pour toujours, derrière votre tâche de mère et c'est un des éléments qui vous ont poussée à retarder cet engagement.

Maman, vous mettez toute votre intelligence, votre objectivité, votre compétence et votre sens pratique dans la construction de cet être qui de vos mains doit sortir tel l'immeuble des mains de l'architecte, sinon la statue des mains de son sculpteur. Votre enfant c'est à la fois votre création personnelle – et vous formulez sur son berceau le vœu d'en faire jaillir une œuvre exceptionnelle – et la possibilité pour vous de continuer à vous améliorer et à apprendre puisque vous cherchez jusqu'à votre dernier souffle à parfaire votre propre éducation.

Inutile de dire que vous lisez maints manuels et prenez force conseils auprès de plus sages et plus spirituels que vous puis que, vos enfants grandissant, vous suivez de très près leurs progrès scolaires, mais aussi humains en général. L'on ne vous reprochera certes pas d'être manquante, absente ou frivole, de ne pas comprendre et seconder vos enfants. Vous pensez à tous les aspects de leur vie d'adulte et construisez pierre par pierre l'édifice, prenant la meilleure des assurances-vie, faisant les meilleurs placements de votre patrimoine, surveillant leurs relations autant que l'éveil de leur conscience.

Sérieuse, persévérante, patiente, mesurée, aucune négligence, aucune velléité tentant votre enfant ne passe au travers du tamis fin de votre morale et de votre sévérité. Les résultats concrets, seuls, guident l'éducation parfaitement huilée que vous leur donnez. Tout cela fait bien sûr de vous une maman qui remplit bien tous ses devoirs mais votre enfant a-t-il vraiment le droit de se sentir simplement aimé pour ce qu'il est et non pour ce qu'il doit entre vos mains devenir? Votre amour, votre tendresse, vos sentiments pourtant si enflammés, ni disparaissent-ils pas complètement derrière trop de maintien, de rigidité, de silence austère? Vous qui recherchez la pureté des relations, l'authenticité, la justice, la franchise, parvenez-vous à exprimer votre affection? On souhaite que vous travailliez en priorité là-dessus pour ne pas faire des enfants parfaits mais renfermés et toujours insatisfaits dans leur demande immédiate de sensualité et de tendresse. Vous aimeriez avoir la confiance de dire vos sentiments. Essayez de les y autoriser.

Ce que maman Capricorne attend de sa fille

Avec elle, vous êtes plus rassurée car vous pensez pouvoir laisser votre tendresse s'exprimer plus facilement, du moins dans sa petite enfance qui vous unit, comme avec votre fils d'ailleurs, dans les câlins et les bisous. Avec l'âge, vous vous retenez de plus en plus et attendez cette même mesure de sa part. Votre fille ne sera pas une « tête brûlée » insouciante et dévergondée, inconséquente dans ses choix et dans ses actes. Vous tentez de lui inculquer la force des femmes dans ce monde qu'elles gouvernent incontestablement, quoi qu'en pense son père... Vous qui êtes si secrète et si observatrice, à votre fille vous dites tout : savoir mesurer une situation pour en tirer avantage, ne jamais dépendre de la décision d'autrui, se munir de tous les moyens de son indépendance et ne se livrer, corps et âme, que lorsqu'on a bien eu les preuves de la confiance que l'on peut enfin porter à l'autre, ami(es) ou amant(s). Qu'elle soit méthodique, pondérée, logique, ne construise pas des châteaux en Espagne (ni ailleurs) consciente et consciencieuse, secourable et d'une honnêteté à toute épreuve, voilà qui vous ravirait. La féminité n'est pas, selon vous et l'exemple que vous lui montrez, ce que les magazines « fleur bleue » en montrent. Elle ne va pas s'amouracher du premier venu et abandonner pour lui toute sa pudeur et sa lucidité, elle terminera d'abord ses études et assoira sa vie personnelle avant de penser à la partager. Et si, pour toutes ces raisons, elle décide de jeter l'argent par les fenêtres au lieu d'investir, si elle épouse un hippie qu'elle va soutenir de toute sa force, si elle hurle et vous trouve « fade », ou bien si elle est considérée par ses futures liaisons comme un glaçon (le feu ardent étant à débusquer), ne vous offusquez pas; c'est qu'elle vous aura vraiment suivie...

Ce que maman Capricorne attend de son fils

Politesse, bienséance, pudeur, lucidité et responsabilité sur tous les fronts, vous n'en attendez pas moins de lui car vous cherchez peut-être à y retrouver le portrait de votre père, personnage si sérieux et tellement au-dessus de tout soupçon, mais aussi timide et peu enclin à déverser ses passions souterraines. Solide et compétitif, vous espérez néanmoins que son humour sera tel qu'il pourra vous dérider et vous faire prendre les choses qui vous agacent avec plus de détachement et de second degré. Avec lui vous êtes souvent tellement rigide et sévère qu'il doit parfois se demander quels sont vos réels sentiments à son égard mais, mine de rien, vous êtes tellement préoccupée par le désir d'être la meilleure aux yeux de votre fils que cela peut aller jusqu'à vous rendre empruntée pour ce petit garçon qui veut simplement être entouré, tranquille dans les bras de sa maman. Cela, vous savez très bien le faire, même si vos bras sont un peu retenus, et il se peut aussi que vous l'habituiez tellement à être pris en charge par des femmes plus âgées et plus compétentes qu'il n'en finisse pas de rechercher le même schéma toute sa vie... Car enfin, ce que vous demandez en priorité n'est-il pas d'être obéissant et respectueux, ce que les petits garçons font si bien avec leur maman... à moins que l'adolescence ne soit violente...

Maman Capricorne-fille Bélier

Le meilleur de la relation

Maman Capricorne est sérieuse, persévérante, patiente, mesurée. Elle ne tolère aucune négligence et aucune velléité à son enfant puisqu'elle ne s'en tolère pas à elle-même. Pour elle, sa fille ne peut pas être une tête brûlée, insouciante et dévergondée, inconséquente dans son choix et dans ses actes. Or, fille Bélier dès les premiers mois de sa vie se révèle ainsi. Elle est mouvementée et aime les changements divers et si maman Capricorne n'est pas du genre à manifester trop vivement ses sentiments, fille Bélier au contraire leur donne arrogance, éclat, dynamisme. Le meilleur de la relation, puisque tant de différences existent, ne peut venir qu'après un réel effort de compréhension et de reconnaissance mutuelles qui leur permettent de ne pas systématiquement prendre les antinomies pour des incompatibilités établies et définitives. Fille Bélier peut stimuler, dynamiser, montrer toujours le côté optimisme et ouvert des situations, dédramatiser et rire franchement sans se préoccuper des conséquences du lendemain tandis que maman Capricorne annonce sa tendance à voir tout au taciturne et à se renfermer dans une inébranlable tour d'ivoire. Ceci dit, le sens de la mesure et de la durée étant ce qui manque le plus à fille Bélier, elle peut compter sur sa maman Capricorne pour le lui apporter et l'inclure à fortes doses dans son éducation. Maman Capricorne fait ainsi découvrir, tout au long de son enfance, à fille Bélier, ce qu'il y a de positif à être stable, réfléchie, patiente, sinon lente lorsque fille Bélier se révèle échevelée, explosive et impatiente parce que tout va trop lentement.

Le pire de la relation

Si on n'y prend pas garde, la relation peut très facilement rester bloquée dans ses antinomies. Maman Capricorne a le duvet qui se hérisse devant la tornade qu'est pour elle sa fille Bélier. Elle la juge avec sévérité et ne manque pas de lui dire, elle qui recherche en toute relation pureté, authenthicité, justice et franchise alors que fille Bélier cherche avant tout à s'amuser, à oublier et à ne subir aucune conséquence. Les personnalités se heurtent; fille Bélier dans les paroles et les actes violents, maman Capricorne dans les paroles et les actes retenus mais incontestablement empreints d'une sévérité presque dictatoriale. Elles se regardent en chiens de faïence, fille Bélier n'en finissant pas de se demander ce qui se passe derrière l'iceberg dans les bras duquel elle voudrait se jeter pour épancher ses vives émotions aussi changeantes que les feux de paille. Maman Capricorne ne manque pas de tendresse mais elle a tellement de mal à l'exprimer qu'elle finit par laisser sa fille Bélier sur ses faims affectives. Des drames se trament sous forme de heurts de sensibilités et de parasites sur les lignes de l'écoute mutuelle. Maman Capricorne estime qu'elle a à être obéie sans discussions tandis que fille Bélier prouve toute sa vie qu'elle n'en fait qu'à sa tête.

Le conseil

Fille Bélier dit, et s'il le faut pour se faire entendre, elle crie. Maman Capricorne a tant de mal à dire qu'elle préfère ne pas écouter les déclarations intempestives de sa fille. Tout est ici basé sur la capacité qu'elles auront à exprimer leur amour mutuel et dans la capacité que maman Capricorne aura à comprendre les rythmes et les besoins fondamentalement antinomiques de sa fille Bélier sans pour cela la juger impartialement et définitivement.

Maman Capricorne-fils Bélier

Le meilleur de la relation

Maman Capricorne attend de son fils politesse, bienséance, pudeur, lucidité et responsabilité sur tous les fronts mais elle n'est pas sans remarquer que le fils qu'elle a mis au monde sait s'affirmer, en actes et en paroles brusques et irréfléchies et elle se met donc en devoir dès la première année de sa vie de le calmer et le cadrer dans ce qu'elle estime être la raison. Cette rencontre est donc faite de complémentarité entre les mesures et le sens du très long terme de maman Capricorne et les actions, les audaces et l'esprit d'initiative de fils Bélier. A eux deux, ils peuvent ensemble aller très loin alors que séparément fils Bélier serait quelqu'un d'original, de fort remuant et de créatif mais qui pourrait être velléitaire et ne terminerait pas ce qu'il aurait engagé tandis que maman Capricorne serait un puits de froideur, de retenue, de sévérité et ne parviendrait pas à exprimer l'essentiel de ses sentiments. Cette complémentarité fait que la rencontre est équilibrée et les rendra utiles l'un à l'autre toute leur vie.

Le pire de la relation

Le pire arrive lorsque la complémentarité ne se fait pas, que fils Bélier reste la tête brûlée, pleine d'idées magnifiques, de courage, de bravoure, d'intensité et d'éclats, et ne parvient pas à prendre de la graine dans les conseils que lui prodigue sa maman Capricorne. Il serait aussi dommage que maman Capricorne continue à estimer qu'elle doit être obéie en tant que femme et que mère bien qu'ayant remarqué les indispositions flagrantes de son fils à obéir et à se plier à toute raison et à tout commandement. Des heurts interviendraient alors dès les premières années de la vie de fils Bélier sous forme de résistances, de cris et de rythmes chaotiques. Maman Capricorne le jugerait sévèrement et irait jusqu'à inventer mille punitions pour le faire rentrer dans le rang alors que fils Bélier n'aurait qu'une idée et c'est là son moteur principal, sortir la tête du rang quitte à ramasser tous les coups. Avec l'adolescence, les mésententes, les mésintelligences pourraient jaillir et se reporter avec violence sur la famille tout entière. Au lieu de s'unir face à l'extérieur en étant l'un à côté de l'autre, ils pourraient se borner à un rapport qui les opposerait dans la volonté de déterminer leur territoire propre et de démarquer leurs personnalités par la bagarre. Le pire serait qu'entre eux s'installent la méfiance et la surenchère.

Le conseil

Il est conseillé à maman Capricorne de ne pas trop chercher à s'imposer dans la personnalité et la vie de fils Bélier car celui-ci nourrit une sorte de philosophie de « surmâle » avec un besoin d'affirmation de son identité et de sa capacité à se réaliser seul. La diplomatie, heureusement, ne manque pas à maman Capricorne. Qu'elle l'utilise pour faire entendre raison à son fils trop primaire sans tirer uniquement sur la corde de la discipline et de la sévérité.

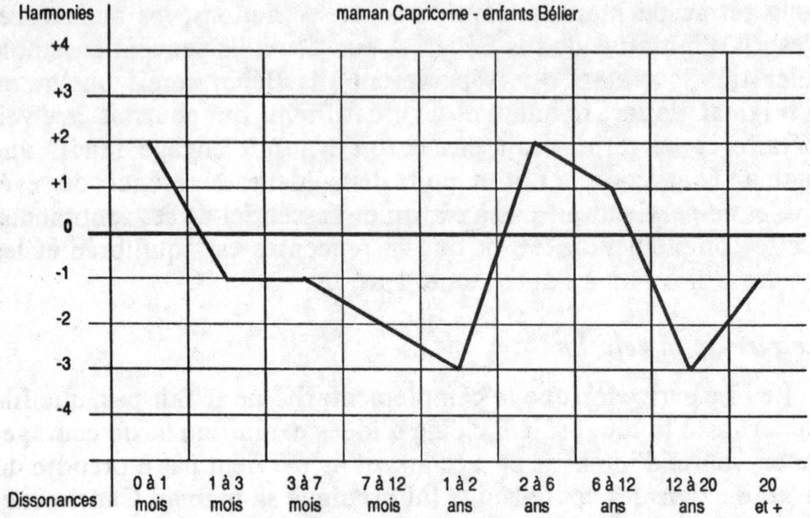

Maman Capricorne-fille Taureau

Le meilleur de la relation

Ces deux signes de terre ont forcément en commun une même idée de leurs ambitions et de la valeur des choses, des êtres et de la qualité de la vie d'une manière générale. Leurs intelligences se complètent et les associent dans les actes. Maman Capricorne sait parfaitement organiser et surveiller le quotidien et le confort de sa fille Taureau dès les premiers jours de celle-ci et mademoiselle Taureau est contente alors de développer pour plaire à sa maman son aspect studieux, courageux et volontaire. Maman Capricorne peut être tranquille, elle aura le privilège rare d'être obéie comme une mère par sa fille Taureau. L'aimable passivité de fille Taureau sera certainement bousculée par les tendances entraînantes un peu sévères de maman Capricorne qui fait fi de tous obstacles lorsqu'il s'agit d'orienter son enfant dans le droit chemin. Fille Taureau sera ainsi propulsée en avant dans l'existence à grands coups de travail acharné, de discipline et de logique à long terme. Elle en corrigera ses aspects trop sensibles et trop sensuels pour devenir constructive et atteindre les objectifs qu'elle s'est fixés ou plutôt, que maman Capricorne fixera à sa place. L'efficacité règne et les fruits ne manqueront pas de mûrir dans cette rencontre astrologique car fille Taureau autant que maman Capricorne sont préoccupées par le résultat tangible et matériel des choses. Leur complicité sera sur ce point, réelle toute leur vie.

Le pire de la relation

Ces deux femmes définissent l'art de vivre et le bonheur d'une manière différente au possible et des désaccords sont alors à craindre.

Il ne s'agit surtout pas de lutte déclarée ou de révolte ouverte et c'est là, si l'on peut le dire, le pire de la relation. A savoir que chacune reste dans ses frustrations, ses déceptions et ses silences et que les taciturnités de maman Capricorne viennent s'ajouter aux ruminations de fille Taureau pour créer un silence bloquant. Maman Capricorne observe sa fille, la juge par rapport au stable et au raisonnable et porte des verdicts sans retour sur ce qu'elle appelle les faiblesses sentimentales de sa fille. Avec l'adolescence, ces incompatibilités affectives peuvent s'amplifier, ce qui envenimera d'autant les rapports femme-femme, puisque les intolérances de l'une et les obstinations de l'autre porteront sur des comportements et des attitudes touchant à leur féminité.

Le conseil

Fille Taureau vibre à l'affectif et au sensuel, maman Capricorne, non seulement ne le comprend pas mais ne veut pas le comprendre, estimant que son rôle de mère se borne à l'efficacité de son éducation quotidienne. Si elle oublie de faire montre de tendresse et si les calins ne font pas partie du programme éducatif, fille Taureau ne prendra jamais la liberté de dire sereinement ce qu'elle a à dire tandis que maman Capricorne verra toute sa vie sa fille Taureau comme un mystère peu conforme à ses normes. Tolérance et chaleur sont ici les seules rigueurs applicables aux besoins sentimentaux de fille Taureau.

Maman Capricorne-fils Taureau

Le meilleur de la relation

Cette rencontre privilégie l'efficacité car les dons de maman Capricorne à développer les compétences de ses enfants rencontrent ici la personnalité obéissante, studieuse et raisonnable de fils Taureau. Entre les mains de sa maman Capricorne, celui-ci ne pourra que devenir un adulte responsable, compétent dans ses activités et formé selon la logique. Cette maman surveillera ses études avec autorité et attention, saura lui faire découvrir les meilleurs choix compte tenu de ses aptitudes à la réflexion lente mais sûre et lui fournir ainsi les meilleurs outils de réussite sociale : science, lettres, arts et techniques sont donc au programme éducatif de fils Taureau s'il veut séduire sa maman Capricorne. Les attentions, les générosités mais aussi la discrétion de l'amour, le ton de la relation est ainsi donné. Maman Capricorne est donc celle qui portera les ambitions de son fils, sera la première à savoir se sacrifier pour son avenir. Elle le fera de plus sans s'en vanter car c'est pour elle sa tâche essentielle, elle n'affichera pas d'intérêts ou de satisfactions particulières quant à ses succès futurs.

Le pire de la relation

Trop de raison tue l'amour : c'est exactement ce qui pourrait au pire arriver dans cette rencontre astrologique. Le véritable moteur de fils Taureau étant son affectivité, il estimera toujours ne pas recevoir la dose dont il a besoin de la part de sa maman Capricorne. Jouir des compétences d'une mère admirable, fils Taureau en est bien heureux mais si elle pouvait également être une mère affectueuse, il ne s'en porterait pas plus mal. Les styles de vie se révèlent opposés et ils vivent en contraste car le jeu obéissance-commandement accentue le déséquilibre. Fils Taureau est obstiné, buté et orgueilleux et ne se plie pas facilement aux exigences de sa maman Capricorne. Il souffrira en silence d'avoir à supporter les techniques éducatrices de sa mère car il est volontaire et courageux et attendra d'être grand pour pouvoir dire ce qu'il pense. Maman Capricorne demandant des résultats concrets risque de ne même pas se rendre compte des manques affectifs de son fils. Le quotidien sera alors vécu dans des ambiances pénibles car les démarches trop raisonnables de maman Capricorne freineront les démarches affectives et spontanées de fils Taureau. Froideur, discipline, maintien et sévérité risquent alors de colorer la relation et cela en aucun cas ne peut véritablement construire la personnalité d'homme, d'amant et de père de fils Taureau.

Le conseil

Être plus près du cœur de son petit garçon Taureau, voilà le conseil qui est donné à maman Capricorne et qu'elle doit appliquer dès les premiers mois sans perdre de vue les faims affectives de son fils, faims gigantesques qui ne s'apaiseront pas avec le temps mais qui seront d'autant amplifiées si maman Capricorne refuse de les entendre et d'y répondre.

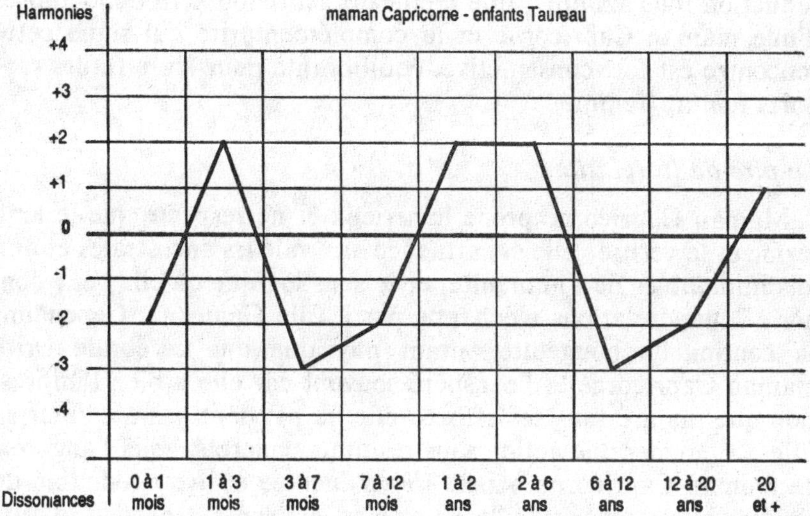

Maman Capricorne-fille Gémeaux

Le meilleur de la relation

Cette rencontre astrologique met en présence deux personnalités aux caractéristiques absolument divergentes. Elles ont respectivement tout ce que n'a pas l'autre et on peut donc raisonnablement dire qu'elles ont tout à s'apporter. Avec une maman aussi sage, aussi bienveillante, structurée et consciente de ses responsabilités à très long terme, fille Gémeaux peut en toute quiétude et dès les premières années redoubler de légèreté, de gaieté, d'entrain, faire montre de ses facéties, car elle a bien conscience que le sol stable et régulier que sa maman Capricorne offre sur ses pieds n'est pas près de s'effondrer. Maman Capricorne stabilise et sécurise donc sa fille Gémeaux qui elle-même introduit la notion de gratuité, d'humour, d'optimisme qui manquent à la structure naturelle d'une maman Capricorne. Fille Gémeaux voudrait tout vivre au jour le jour sans qu'il y ait de conséquence sur le lendemain et maman Capricorne parvient à la cadrer pour que ses actions finissent presque malgré elle par porter des fruits féconds. En portant ainsi le flambeau du sérieux et de la rigueur, maman Capricorne donnera à sa fille Gémeaux tous les aspects de ce que l'on nomme une bonne éducation. L'élan, l'aisance du verbe, la séduction tous azimuts, fille Gémeaux en redoublera donc auprès d'une maman Capricorne et la complémentarité qui signe cette rencontre est fort constructive, équilibrante pour leurs futurs rapports femme/femme.

Le pire de la relation

Maman Capricorne prône le sérieux et ne respecte que le long terme et le vérifié. Elle est attachée aux valeurs ancestrales et aux lois immuables de l'humanité, et le sens logique qu'elle veut donner à toutes relations n'échappe pas à fille Gémeaux. Cependant sa continuelle bougeotte autant physique que cérébrale irrite maman Capricorne et l'exaspère souvent car elle a bien l'impression que malgré tous ses efforts, elle ne parvient pas à calmer sa fille. Or, mener une action sans résultats concrets, voilà l'angoisse de maman Capricorne. Après s'être énervée et avoir redoublé de rigidité et de sévérité, elle pourra en arriver à regarder sa fille Gémeaux comme une curiosité, une étrangère qui évolue dans un monde d'elle absolument inconnu et qui remet en question l'image de femme et de mère qu'elle veut donner. Fille Gémeaux, elle, trouve l'univers de maman Capricorne trop pesant; s'il la protège, il l'étouffe un peu aussi. Cérébrale et future femme-enfant, elle n'est pas sans sentir le modèle de sensualité chaude et enveloppante que lui donne sa maman Capricorne mais elle remet en question son maintien guindé et peut arriver à se servir de ses habiletés verbales pour la railler, la faire sortir de sa coquille à coup de titillements, d'humour grinçant, de critique aigres-douces qui loin de rassurer maman Capricorne et de lui donner envie de communiquer avec sa fille Gémeaux laminent sa susceptibilité et achèvent de la renfermer. De vagues mais profondes rancunes mutuelles seraient le pire du pire qui pourrait arriver et elles n'en finiraient pas de se critiquer ou sinon de s'éloigner totalement avec les années.

Le conseil

Les différences, cela se construit. Maman Capricorne et fille Gémeaux ont la chance immense d'avoir tout à s'apporter. Maman

Capricorne se l'avoue sans doute moins car elle pense que c'est à elle de donner les modèles et attend un résultat en obéissance et en actes concrets mais personne ne parvient à enfermer et à limiter la liberté de fille Gémeaux, pas même une maman Capricorne qui, si elle ne le comprend pas, risque de perdre le contact avec sa fille.

Maman Capricorne-fils Gémeaux

Le meilleur de la relation

D'un côté, la lucidité, l'intransigeance, la volonté de maman Capricorne, qui est une mère parfaite et a longtemps hésité avant de s'engager dans ce rôle qu'elle prend pour la tâche essentielle de sa vie et veut mener à bien avec un maximum de compétences; de l'autre, le besoin de liberté absolue, d'humour, de légèreté, et d'inconséquence de fils Gémeaux, qui révèle sa pétulance et sa mobilité autant physique que cérébrale dès les tout premiers mois de sa vie. Fils Gémeaux est un bébé rieur, tendre, parfaitement agréable qui parle et marche vite, et que sa maman Capricorne regarde avec l'œil rassurant qui donnera tout au long de la vie de fils Gémeaux une sécurité et un but fécond à ses pas et à ses mouvances. Elle n'est pas sans remarquer son côté irrégulier et c'est sans doute sur ce point que son impact sera le meilleur. Elle parviendra avec les années à lui faire comprendre que seule la lucidité et le goût du travail mené à bout permettent de s'inscrire socialement alors que lui aurait tendance à s'attacher à la face extérieure des êtres et des choses et à penser que l'on peut vivre au jour le jour sans penser à demain. Maman Capricorne canalisera, sécurisera et protégera, elle fera tout pour que son éducation comprenne tous les aspects de ce qui fait d'un être humain un adulte responsable et utile à la société et fils Gémeaux, s'il rechigne et n'a pas en lui les possibilités de comprendre immédiatement les buts poursuivis par sa maman, n'en gagnera pas moins en constance, en efficacité et surtout en sincérité.

Le pire de la relation

Fils Gémeaux est instable, versatile, et il n'inspire pas confiance à sa maman.

Maman Capricorne pourrait passer sa vie à le critiquer et à vouloir le faire rentrer dans des cadres en cherchant à l'obliger à l'obéissance or l'obligation est bien ce à quoi on ne peut pas contraindre fils Gémeaux. Il lui échappe sans arrêt, soit par la parole soit par les actes, puis avec l'adolescence par les relations très différentes de celles que sa maman voudrait le voir fréquenter.

Il la trouve guindée, autoritaire et par certains côtés, dans son inconscient, il doit lui en vouloir de dominer de la sorte son père. Le père dans la tête de fils Gémeaux auprès d'une maman Capricorne est bien « l'homme enfant » et c'est à ce modèle qu'il s'identifie, ce modèle qu'il suit malgré les remontrances de sa maman Capricorne. Il la critique, avec cet humour acerbe et pointilleux et ce sens de la repartie qui laisse maman Capricorne démunie, elle qui a tant de mal à se servir des mots.

Le conseil

Il faut que maman Capricorne comprenne que son fils Gémeaux a autant vitalement besoin de sa sécurité et de sa force, qu'il redoute la sévérité avec laquelle elle joue son rôle de mère lucide et protectrice. Le juste milieu est à trouver et elle doit en elle chercher les trésors de diplomatie dont heureusement elle ne manque pas.

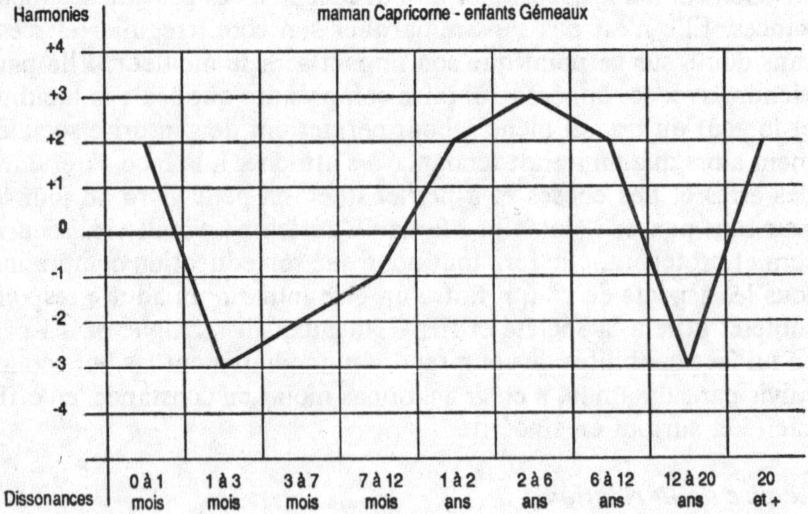

Maman Capricorne-fille Cancer

Le meilleur de la relation

Cette rencontre astrologique entre deux signes solaires contraires permet d'espérer que la complémentarité saura s'installer entre les divergences. L'atmosphère de vie des premières années est merveilleuse de compréhension, de tendresse, de joies simples du quotidien, d'assurance, de gentillesse et d'attention. Maman Capricorne ayant pour but de mener à bien sa tâche éducative et faisant tout pour assurer le matériel et la sécurité, cette sécurité dont fille Cancer a si vitalement besoin. Fille Cancer, ludique, rêveuse et passéiste, ouvrant devant sa maman de grands yeux étonnés, se sentira toujours bien protégée avec une maman aussi consciente de son rôle. La rencontre est donc facile car elle respecte à la fois la pudeur de maman Capricorne, la sentimentalité de fille Cancer, et leurs rythmes intérieurs pareillement lents, patients, durables et fiables. Ni l'une ni l'autre ne sont des écervelées, elles pèsent, soupèsent et avancent en maîtrisant les événements autour d'elles. Le temps et la stabilité sont deux facteurs très importants de leur relation. Fille Cancer, si maman Capricorne n'était pas là, mépriserait trop facilement les contingences matérielles et les nécessités de la réalité et elle est bien aise de pouvoir s'appuyer sur la rigueur d'esprit et de gestion d'une mère aussi efficace, raisonnable, mesurée et pondérée. Cependant, fille Cancer, puisqu'elle est romantique et affectueuse, apporte les attentions et les preuves d'amour dont sa maman Capricorne a besoin et devant ce regard mouillé de tendresse et habité de mille songes profonds, même l'iceberg qu'est maman Capricorne fond d'émotion.

Le pire de la relation

Si la sensibilité et la lucidité sont de mise, elle s'accompagne d'une trop grande fermeté, d'une sévérité et d'une exigence intransigeante de la part de maman Capricorne, choses qui mettent à mal l'affectivité et la sensiblerie voire la susceptibilité de fille Cancer. Maman Capricorne s'est mis dans la tête de bien éduquer ses enfants et elle remarque que fille Cancer répond oui à tout pour mieux se réfugier dans ses rêveries et ne jamais vraiment prendre pied dans la réalité. Maman Capricorne détaille les failles de sa fille Cancer mais elle a toujours beaucoup de mal à dire ce qui ne va pas et la situation pourrait – puisque l'une et l'autre ne parviennent pas à s'exprimer mais ressentent profondément les douleurs respectives –, avec les années se bloquer. Le second problème est que maman Capricorne cherchant incontestablement à tout prendre en charge pour rendre la vie de sa fille Cancer plus facile et puisqu'elle cherche à pallier par la sévérité son manque de rigueur et de discipline, peut véritablement pousser fille Cancer dans ses travers de fermeture absolue et finalement la laisser dans un désarroi qui l'inquiète et l'angoisse d'autant. Car, puisque ce n'est pas en l'obligeant, que l'on parvient à faire grandir fille Cancer, maman Capricorne, à trop vouloir être un Pygmalion, risque au contraire d'en faire une éternelle petite fille jamais capable de s'affirmer toute seule.

Le conseil

Les féminités, effectivement, sont très différentes entre une fille Cancer passive, rêveuse et évanescente et une maman Capricorne, efficace, organisée, sévère. Il serait bon que maman Capricorne, en ne paraissant pas trop un roc indestructible, parvienne à trouver les voies de la communication qui ne feraient pas de fille Cancer une belle au bois dormant pour toute sa vie.

Maman Capricorne-fils Cancer

Le meilleur de la relation

Bardée de bons principes éducatifs, maman Capricorne voit débarquer fils Cancer dans son univers comme un pierrot tombé de la lune et elle est extrêmement attendrie par ce petit garçon tendre et ludique. Elle fait tout pour le protéger car elle voit à quel point il a immensément besoin de son aide pour s'intégrer dans la réalité. Comme elle sait très bien le faire, elle prend en charge tous les aspects du quotidien, organise et balise sa vie pour qu'il ne ressente jamais le désarroi et surtout qu'il ne se sente pas abandonné dans ce monde de grands qu'il redoute tellement. Fils Cancer est sans doute fier et rassuré d'avoir une maman aussi efficace qu'il écoute attentivement et lui répond sans jamais élever la voix et qui incontestablement cherche à tenir compte de ses désirs tout en trouvant le moyen de les canaliser, de les traduire en actes concrets et applicables. Cette rencontre est donc fort complémentaire, elle aide fils Cancer à se structurer, à prendre confiance en lui, et par conséquent à déployer ses ailes pour voler à sa juste ampleur. Quant à maman Capricorne, elle a fort à apprendre de l'univers imaginaire, ouvert sur l'intériorité et les mystères du genre humain de son fils Cancer. Elle le respecte et l'aime tel quel et sera celle qui toute sa vie saura l'accueillir et le protéger en toute circonstance et quoi qu'il arrive.

Le pire de la relation

Le pire est dans les excès qui apparaissent dans cette complémentarité, à savoir que maman Capricorne prenne toute sa vie durant les responsabilités et la gestion du quotidien et, voulant protéger son fils Cancer, qu'elle empêche ainsi toute intégration sociale.

Si c'est elle qui commande et il n'y a dans son attitude aucune ambiguïté là-dessus, fils Cancer ne sera pas sans le remarquer et en profitera pour ne jamais devenir véritablement mature. Comme de plus, elle fait tout pour lui expliquer à quel point elle fait des efforts pour lui, il pourrait se sentir simplement culpabilisé de se détacher d'elle et de la laisser tomber pour lui faire des infidélités en dehors de ce parfait cocon familial. Dans ce cas, il resterait pour de bon un petit pierrot tombé de la lune et aurait pour but unique dans sa vie de reproduire cette relation à sa mère en recherchant des femmes mûres et sûres pour s'accrocher à elles et ne prendre aucune initiative, ayant été dans l'enfance largement convaincu par l'éducation de maman Capricorne que les femmes sont plus fortes que les hommes et qu'il n'est pas la peine de batailler contre cette réalité-là. A voir son papa d'ailleurs, cette vérité lui paraît d'autant plus insurmontable et il pourrait se bloquer dans des régressions que maman Capricorne n'irait pas sans critiquer mais qu'elle devrait s'avouer avoir elle-même construites.

Le conseil

Laisser faire son fils Cancer, voilà bien la victoire que maman Capricorne doit impérativement remporter sur elle-même. Bien sûr, il a l'air fragile et incapable de s'intégrer, bien sûr il ne sait pas et a besoin d'apprendre mais une fois qu'elle a tout pris en charge et lui a transmis le maximum de son savoir, elle doit bien comprendre qu'il l'utilisera loin d'elle.

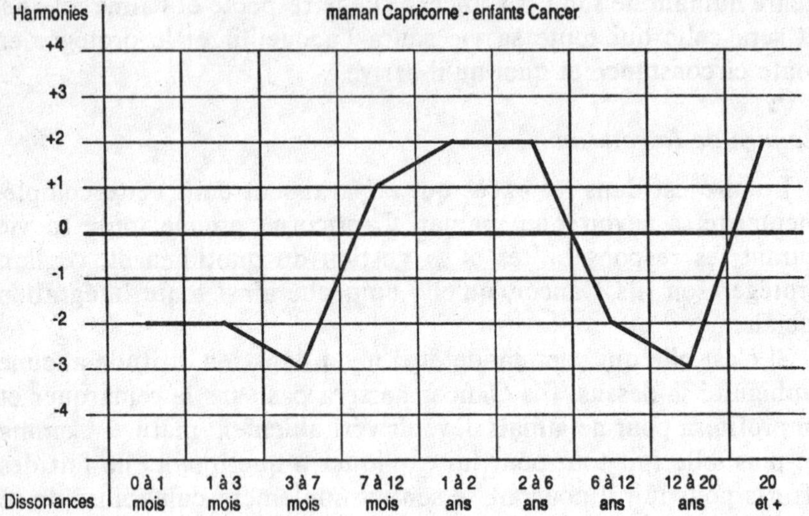

Maman Capricorne-fille Lion

Le meilleur de la relation

C'est ici une rencontre astrologique qui met en contact la profondeur et le brillant. Maman Capricorne n'est pas sans se rendre compte que sa fille Lion dès ses premiers mois sait s'imposer et imposer ses volontés. Elle se dit instantanément qu'elle doit apporter à cette petite fille si vivace tout l'impact de sa profondeur, de sa sécurité, de sa capacité à regarder les êtres et les choses à travers l'essentiel sans jamais se laisser bluffer par les apparences extérieures aussi brillantes et aussi représentatives soient-elles. Maman Capricorne a choisi d'être une mère parfaite, éducatrice rigoureuse et attentive qui fait tout pour le bien de ses enfants car elle veut en recueillir des lauriers pour son identité de femme et de mère. Fille Lion, quant à elle, aurait trop tendance à se contenter de l'aspect extérieur des êtres et des choses, elle en deviendrait superficielle si maman Capricorne n'y veillait pas chaque jour. « Il n'y a que le résultat qui compte, prouve-moi les choses », tel est le discours de maman Capricorne, discours devant lequel fille Lion sait qu'aucun effet ne sera possible car maman Capricorne n'est nullement impressionnée et ne récompense et n'approuve sa fille Lion que lorsque les succès de cette dernière sont véritablement issus d'un travail. De son côté avec les années, fille Lion pourra ouvrir sa maman Capricorne à la vie sociale et lui démontrer que tout est plus agréable lorsqu'on prend les choses comme elles viennent, sans se poser de questions trop fondamentales.

Le pire de la relation

Si elles n'arrivent pas à se prouver l'une l'autre le bien-fondé de leurs différentes visions du monde, elles s'opposeront violemment. Fille Lion trouve sa maman pesante, ennuyeuse, dictatoriale, or elle n'est vraiment pas du genre à se plier aux ordres, à obéir et à suivre une route bien tracée.

Maman Capricorne ne supporte pas que sa fille soit aussi échevelée et ne fasse attention qu'à la face surexposée de la vie. Elle la trouve superficielle, peu profonde et peu fiable et ne cesse de le lui reprocher. La violence de leur opposition risque cependant de ne pas être verbale et le pire serait bien là. Maman Capricorne critique sa fille au fond d'elle-même et marque ses désapprobations par de lourds silences ou par des regards critiques que fille Lion comprend bien mais qu'elle ne peut supporter. Car la remise en question de son ego qui est dans ce silence l'empêche tout simplement d'évoluer. Massacrer le narcissisme d'une fille Lion c'est la démantibuler, la laisser vide de toute initiative et de tout goût du risque. Or, c'est cela son moteur fondamental et maman Capricorne n'a pas le droit d'y mettre fin au nom d'une quelconque discipline. Elles n'ont dans la vie pas les même choses à faire, même si elles ont toutes deux un vocabulaire manichéen et sont toutes deux faites pour commander. Isolées dans leurs besoins de domination respectifs, le pire du pire serait qu'elles ne se rencontrent jamais ou qu'en heurtant constamment leurs narcissismes respectifs, elles en viennent à les fracasser.

Le conseil

Maman Capricorne estime qu'elle doit être obéie puisque c'est elle la mère et que même une fille Lion doit se plier à cette loi. Jamais fille Lion ne pourra accepter un tel discours, elle s'opposera d'abord puis s'en ira après avoir fait trembler l'univers tranquille de maman Capricorne. Leurs sensibilités communes peuvent être meurtries et il faudrait que maman Capricorne comprenne qu'il est aussi de son devoir de mère de respecter la féminité de sa fille.

Maman Capricorne-fils Lion

Le meilleur de la relation

Cette rencontre met en présence la passion pour l'extérieur de fils Lion et la passion pour les profondeurs de maman Capricorne. Remarquant la force de caractère de son fils Lion, dès les tout premiers mois de celui-ci, maman Capricorne admire sa détermination à ne pas se laisser marcher sur les pieds et à ne suivre de lois que la sienne. Cela la rassure quant à la future capacité de son fils à « devenir quelqu'un », autant sur le plan humain que professionnel et social. Elle comprend donc très vite que pour parfaire et compléter l'exigence dont fils Lion témoigne à l'égard de lui-même, elle doit orienter son impact sur ce qui lui manque totalement, à savoir la profondeur de vues et de pensées, la capacité à regarder les êtres et les choses au quotidien en allant droit à l'essentiel sans se laisser bluffer par les apparences aussi brillantes et représentatives soient-elles. Sans sa maman Capricorne, fils Lion ne respecterait que la face surexposée de la vie et prendrait tout ce qui brille pour argent comptant. Mais maman Capricorne est par excellence celle qui connaît la valeur périssable de ce qui ne repose que sur un jugement hâtif. Sa philosophie personnelle est basée sur une longue observation qui ne se transforme en jugement définitif qu'après de longues années. Elle empêche donc son fils Lion de devenir superficiel car elle l'oblige avec sa rigueur et son intransigeance à penser, plus souvent qu'il ne le ferait tout seul, à ce que signifient les mots « immuable » et « essentiel ». La complémentarité qui marque la rencontre est donc stabilisante pour fils Lion.

Le pire de la relation

Vie sociale contre vie intérieure, le match ne se déroule pas sans quelques égratignures.

Fils Lion trouve sa maman pesante, ennuyeuse, sévère, sinon dictatoriale, or sa personnalité le pousse à ne jamais se plier aux ordres, à être sourd à toutes remontrances et à tous conseils et dès ses tout premiers mois il manifeste catégoriquement son refus de suivre l'autoritarisme de maman Capricorne. Celle-ci a un côté chef de famille qui estime que toute la maisonnée doit se soumettre car selon elle, elle a toujours raison et elle ne supporte simplement pas que son fils remette ainsi en question son rôle de femme et de mère sous son propre toit. Elle pourrait en arriver non pas à critiquer ouvertement son fils Lion car le pire de cette relation se trouve justement dans le fait que maman Capricorne ne parle pas. Le mépris qu'elle porte à la superficialité, au manque de profondeur, et aux agitations sociales de son fils Lion s'exprime dans une sorte de maintien hautain et par une froideur bloquante. Elle marque sa désapprobation par de lourds silences et des regards critiques qui annihilent le narcissisme de fils Lion. Or, massacrer l'image qu'un Lion a de lui-même c'est tout simplement le vider de toutes ses forces, démantibuler sa structure de base et lui ôter toutes ses initiatives et tout son goût de la construction. Maman Capricorne, au nom du « respect » qu'on lui doit et qu'elle voudrait que ses enfants pratiquent comme une religion risque au pire d'anéantir l'identité de son fils Lion.

Le conseil

Maman Capricorne voudrait corriger les excès intempestifs de son fils Lion mais elle doit avant toute chose corriger ses propres excès, faits d'exigence sinon de tyrannie. Si déjà elle apprend à critiquer son fils avec des mots, il pourra au moins lui répondre...

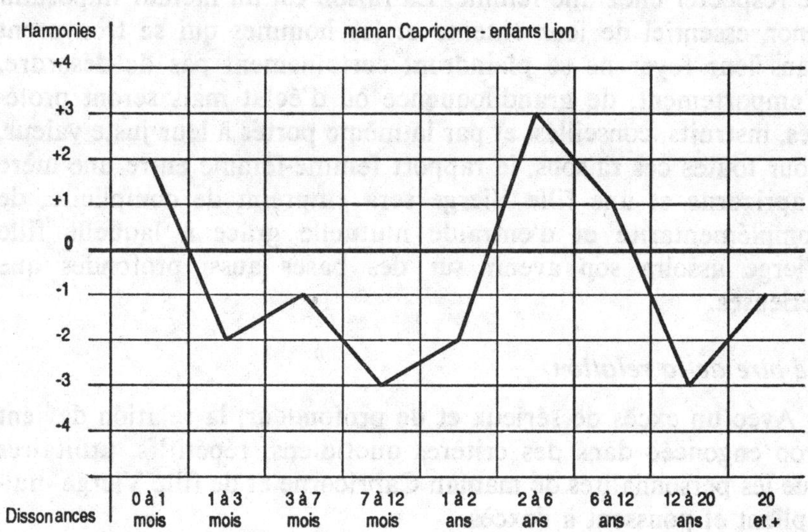

Maman Capricorne-fille Vierge

Le meilleur de la relation

C'est une rencontre astrologique qui privilégie le côté sérieux et l'aspect concret et matériel des choses car maman Capricorne est soucieuse d'organiser le quotidien, d'en bien définir et d'en baliser les bases et fille Vierge est celle qui incontestablement la suivra le mieux dans ce chemin-là. Leurs esprits s'entendent pour donner à la logique la valeur et la place qu'elle doit avoir dans le quotidien. Fille Vierge est intelligente et ne se laisse jamais aller à perdre la tête et elle suit au pas tous les ordres de sa maman Capricorne. Cette dernière est, quant à elle, sûre d'avoir raison puisqu'elle à mûrement réfléchi aux objectifs qu'elle veut atteindre. Et dans cette ambiance, on peut être certain que l'éducation qui sera donnée à fille Vierge sera exemplaire et tout à fait constructive pour son avenir autant humain que relationnel, social et financier. Les féminités se rejoignent, faites de retenue, de sensibilité, de gentillesse, et maman Capricorne pour sa fille Vierge est incontestablement un modèle de fiabilité, de solidité et de ce qu'il convient de respecter chez une femme. La raison est un facteur important sinon essentiel de leur entente et les hommes qui se trouveront dans leur foyer ne se plaindront certainement pas de désordre, d'emportement, de grandiloquence ou d'éclat mais seront protégés, instruits, conseillés, et par là même portés à leur juste valeur. Pour toutes ces raisons, le rapport femme-femme entre une mère Capricorne et une fille Vierge sera empreint de complicité, de complémentarité et d'entraide mutuelle grâce à laquelle fille Vierge assoira son avenir sur des bases aussi profondes que sérieuses.

Le pire de la relation

Avec un excès de sérieux et de profondeur, la relation devient trop engoncée dans des critères quotidiens, répétitifs, utilitaires que les personnalités de maman Capricorne et de fille Vierge multiplient et poussent à l'excès.

Etre sage et construire tranquillement son avenir, fille Vierge y prend incontestablement goût auprès de maman Capricorne mais ce n'est pas vraiment auprès d'elle qu'elle va apprendre à sortir de sa réserve, à renoncer à sa timidité et à ses angoisses libidinales car maman Capricorne lui propose toujours de réfléchir sur les fondements de ce problème mais ne lui apporte jamais aucune solution facile ou attrayante. Une gangue de renfermement et de sévérité pourrait alors se refermer sur cette relation mère Capricorne fille Vierge. Maman Capricorne ne parle jamais de séduction. Non pas qu'elle en manque mais parce qu'elle ne sait pas communiquer ces choses-là. Fille Vierge pourrait avec les années devenir « vieille fille avant l'âge ». Comme en plus, elles ne parviennent pas à communiquer, bien que fille Vierge parle beaucoup mais souvent pour ne pas dire ce qu'elle à dire, et que maman Capricorne ne parle pas de peur de ne pouvoir exprimer ce qu'elle a à exprimer, les silences, les non-dits seront rois, ainsi que les transmissions d'inconscient, pleines d'angoisses pour fille Vierge.

Le conseil

Le conseil tiendra en deux mots : savoir se débrider, rire, envoyer tout par-dessus les moulins, voilà ce que maman Capricorne ne sait pas faire et qui est cependant vital à l'équilibre de fille Vierge que l'on doit pousser pour qu'elle montre le côté foufou de sa personnalité, lequel est nécessaire à sa bonne santé morale et psychique.

Maman Capricorne-fils Vierge

Le meilleur de la relation

Auprès d'une maman Capricorne, on peut être certain que l'avenir de fils Vierge est assuré car elle est celle qui rendra toutes ses réussites envisageables. En effet ici, toutes les tendances, les espérances et les possibilités se trouvent exacerbées pour donner une assise raisonnable, fonctionnelle, sérieuse et matérielle aux objectifs sociaux que poursuit fils Vierge et que sa maman Capricorne l'aide à atteindre et à asseoir dans la durée. Pour son fils Vierge, maman Capricorne est une maman sans peur et sans reproche, car elle fait montre d'une solidité et d'une force de caractère à toute épreuve. Et il n'est pas sans noter dès les premiers mois de sa vie, qu'il pourra compter sur ses énergies inépuisables et sur ses conseils plus pratiques qu'imaginatifs mais qui se révèlent toujours justes dans le monde concret où ils vivent. Maman Capricorne est dévouée corps et âme jusqu'à la limite de sa santé physique et psychique parce qu'elle veut que son fils Vierge devienne un homme tel qu'elle se voit le construire. Pour elle, la tâche maternelle relève d'une « religion » qu'elle pratique avec dextérité. Fils

Vierge, sous l'impact d'une maman aussi tenace et aussi intransigeante, mais néanmoins dans le regard de conscience et d'amour qu'elle lui porte, redoublera d'énergie, osera dépasser ses timidités, ses angoisses et ses retraits et réagira comme un diable poussé par un ressort pour atteindre des buts que sans elle il n'aurait même pas osé convoiter.

Le pire de la relation

Maman Capricorne a beaucoup de mal à dire, préfère se taire, plutôt que de gaffer ou de ne pas exprimer le fond de ses pensées et de ses désirs; quant à fils Vierge, il parle beaucoup et souvent pour cacher l'essentiel.

L'incommunicabilité de fond se porterait surtout sur les angoisses psychiques et sexuelles de fils Vierge dont le monde intérieur est encombré de complications, de doutes, de terreur aux origines mal connues. Mais lui qui a besoin qu'on lui explique et qu'on simplifie cet univers un peu glauque risque de ne pas trouver en sa maman Capricorne les mots pour le dire et les mots pour dédramatiser. Il nourrira donc une masculinité retirée qu'il risque de pallier par une efficacité professionnelle qui n'est certes pas apte à développer ses besoins affectifs les plus profonds. Devant une maman qui lui paraît aussi rigide et efficace, il se dit que décidément il n'est pas de place pour le plaisir en ce monde. Ce serait sans doute le pire que maman Capricorne pourrait lui transmettre, surtout qu'elle-même ne le pense pas du tout puisqu'elle est aux prises avec ses passions intérieures, même si elle cherche à les cacher.

Le conseil

Oser s'ouvrir, rire et montrer de temps en temps de ses chaleurs intérieures, oser toucher son fils plutôt que de lui parler et de le diriger, et le rassurer sur la séduction qu'il pourrait exercer sur cette première femme de sa vie, c'est indispensable si maman Capricorne ne veut pas le voir seul et malheureux dans son avenir d'homme.

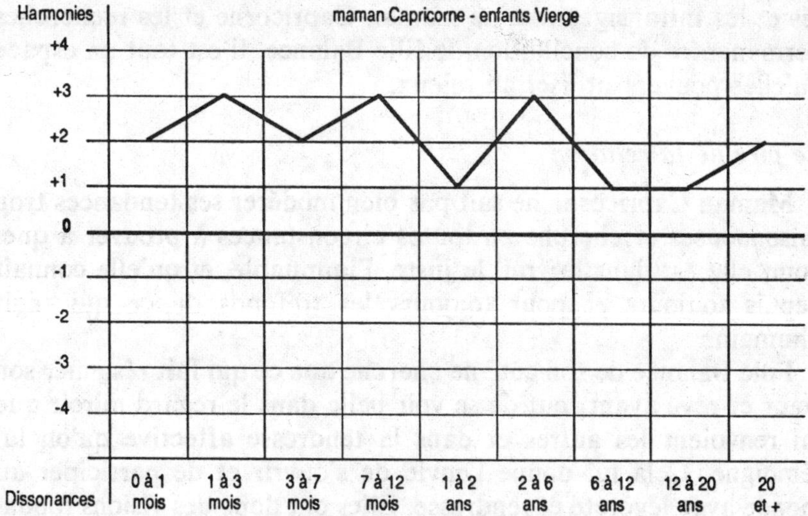

Maman Capricorne-fille Balance

Le meilleur de la relation

Maman Capricorne formule peu ses sentiments mais elle est convaincue d'avoir raison et découvrant sa fille Balance, aussi peu préoccupée de rigidité, de sérieux et d'obéissance, elle cherchera dès les premières années de sa vie à la rendre efficace et à lui apprendre ce qu'elle pense que fille Balance doit acquérir pour bien s'intégrer par la suite dans la vie, en tant que femme et être social. Son premier travail avec sa fille Balance est donc d'essayer de la manœuvrer avec volonté et ambition pour faire quelque chose des élégances et des nonchalances de celle-ci. Ainsi dirigée, balisée et poussée par les raisonnements imparables de sa maman Capricorne, fille Balance arrivera à moins douter d'elle-même, à faire des choix précis et constructifs et à s'en tenir à ses engagements. Ceci est un principe que maman Capricorne lui inculquera avec les années et fille Balance lui en saura gré car sans elle, elle pourrait sans cesse fluctuer entre les endroits et les envers des choses sans parvenir à fixer ses choix. De son côté, fille Balance apporte à sa maman toute sa tendresse, sa liberté, faite de sensualité et de relations simples avec les gens puisque sa préoccupation principale est dans la vie de trouver que « tout le monde est beau et gentil » et qu'il y a en chaque être, en chaque situation et en chaque opportunité, une face forcément positive. Entre les rigidités et les intransigeances de maman Capricorne et les recherches permanentes de conciliation de fille Balance, il est tout un espace qu'elles peuvent utiliser au mieux.

Le pire de la relation

Maman Capricorne ne sait pas bien modérer ses tendances trop raisonneuses et cherche en toutes circonstances à prouver à quel point elle est dans le vrai, le juste, l'immuable, et qu'elle connaît depuis toujours et pour toujours les tréfonds de ce qui régit l'humain.

Fille Balance de son côté ne cherche que ce qui fait résonner son cœur et rêve avant tout de se voir belle dans le regard miroir que lui renvoient les autres et dans la tendresse affective qu'on lui témoigne. Cela lui donne l'envie de s'ouvrir et de participer au monde avec légèreté et tendresse. Elles ont donc des visions fondamentalement opposées du monde et comme maman Capricorne estime qu'elle a à être obéie en tant que mère et que fille Balance déteste la confrontation, il est simplement à craindre qu'une froideur, un côté mélancolique, un mur d'incompréhension et de mésintelligence les éloignent l'une de l'autre. Toutes ces difficultés surgiront à partir du moment où fille Balance ira à l'école, et risque de trouver des résonances éclatantes au moment de l'adolescence.

Le conseil

Que maman Capricorne fasse attention à ses tendances raisonneuses et rigides et qu'elle comprenne que fille Balance développe une féminité faite de sensualité, de charme, d'élégance et d'un narcissisme un peu égoïste car son premier objectif dans la vie est de séduire puisque sa réussite à elle se trouve d'abord là.

Maman Capricorne-fils Balance

Le meilleur de la relation

Maman Capricorne se montre toujours une mère redoutable et exemplaire. Elle s'acharne dès les premières années de son fils Balance à l'élever selon des canons d'énergie, de courage, de force de caractère et s'efforce de préserver son mental d'une mauvaise logique et son affectif de sentiments dilués autant qu'elle voudrait préserver son corps de faiblesses diverses. Bref, elle veut faire de son fils Balance un être parfait et, celui-ci, puisque la perfection fait partie de son programme d'évolution personnelle, ne s'en portera pas plus mal car il trouvera en maman Capricorne la rigidité dont il a besoin pour oser développer sa personnalité et surtout oser l'asseoir dans un cadre d'abord scolaire puis social représentatif et dynamique. Toujours mieux, toujours meilleur, tel est le sens de l'éducation que maman Capricorne prône et à ses côtés, fils Balance devient plus sérieux, plus réfléchi, plus indépendant, plus volontaire et surtout il est moins exposé aux faiblesses affectives car sa sensibilité et son affectivité sont d'autant cuirassées par les conseils et les comportements de maman Capricorne. De lui, elle a à apprendre tendresse, naïveté et sens de la conciliation, ce qui n'est pas ce qui lui manque le moins et leur complémentarité est donc possible à travers cette rencontre.

Le pire de la relation

Malgré ce désir d'en faire un être parfait, maman Capricorne risque de noter dès les premières années que son fils Balance ne correspond décidément pas aux critères qu'elle voudrait lui imposer. Avec lui, elle ne manque pas de vivre un dilemme psychologique. Les tendances qu'elle voudrait lui inculquer pour bien structurer sa vie et bien se mêler à celle des autres seront ébranlées par leurs affectivités respectives. En effet, c'est un séducteur et il échappe avec ses sourires, sa passive tranquillité, aux rigidités et à l'éducation sévère d'une maman Capricorne. Elle tombe simplement sous son charme et ne parvient pas à être aussi volontariste qu'elle le voudrait. Fils Balance qui n'écoute que les élans de son cœur, aime à constater l'impact de son charme et de sa sensibilité, sera meurtri par l'impossibilité d'une maman Capricorne à lui dire combien elle l'aime et à le lui prouver alors qu'il se nourrit principalement de regards désirants. La relation homme-femme est donc toute ambiguïté après que l'adolescence ait pu se révéler chaotique entre les exigences redoublées de maman Capricorne et les fuites et nonchalances de fils Balance. Heureusement avec le temps, maman Capricorne s'aperçoit que fils Balance, malgré tout, devient un garçon responsable et un adulte conscient et bien intégré.

Le conseil

Se laisser aller à la tendresse qu'elle éprouve pour ce fils irrésistible, voilà bien ce que l'on peut conseiller à maman Capricorne qui ne doit pas croire que montrer son affection est une faiblesse mais comprendre que fils Balance se nourrit autant de ses conseils judicieux, que de l'affection et de l'admiration qu'elle voudra bien lui témoigner.

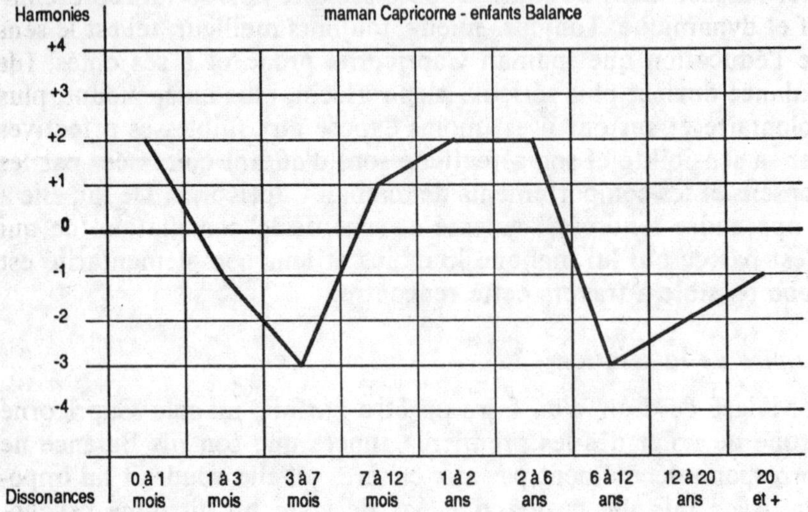

Maman Capricorne-fille Scorpion

Le meilleur de la relation

Les relations entre un Scorpion et un Capricorne ne sont pas évidentes. Aussi pourra-t-on dire que la relation n'est possible que par le partage des intelligences et des subtilités. Devant cette fille, relativement agitée, qui manifeste ses humeurs avec violence sinon avec agressivité, maman Capricorne comprend qu'elle a manifestement à jouer un rôle de frein, de stabilisateur. Elle est tout à fait apte à clarifier l'esprit tortueux de sa fille Scorpion en lui apportant tout le poids et tout l'impact de son sérieux. Raisonner les pulsions, voilà le rôle de maman Capricorne qui fera tout pour donner à sa fille Scorpion une éducation exemplaire, certes empreinte de rigidité, des meilleurs principes moraux, des exigences sociales et humanitaires. Fille Scorpion sera canalisée, parviendra mieux à s'intégrer et à concrétiser les fruits de ses investigations intérieures et donc finalement à ramasser les lauriers d'une réussite visible de tous. C'est donc en allant jusqu'au bout dans le positif que maman Capricorne joue un rôle important dans la vie de sa fille Scorpion. De plus, elles s'entendent sur une certaine philosophie de la vie, leurs discussions ne manqueront jamais de profondeur et leurs recherches spirituelles respectives se rejoindront.

Le pire de la relation

Il faut que maman Capricorne sache qu'une fille Scorpion n'est absolument pas prête à se plier à une quelconque loi et en particulier pas à celle de sa maman. Imposer sans cesse les règles de la raison, et cela du seul fait qu'une maman a à être obéie, voilà ce qu'elle devra abandonner progressivement.

Réfractaire et désobéissante, celle-ci l'est sur tous les plans, quitte à être agressive et à tout casser autour d'elle. Elle ne veut être enfermée dans aucun code et maman Capricorne aura bien du fil à retordre avec elle. Cependant, fille Scorpion est lucide, elle sait où elle va malgré les excès dont elle témoigne sans cesse. Elle voudra donc mettre son grain de sel dans sa propre éducation et leurs forces de caractère respectives finiront par les opposer. Le pire est qu'elles ne parviennent pas vraiment à se parler et à s'exprimer sincèrement car elles sont toutes deux timides pour dire l'essentiel. Les silences lourds et pesants pourraient donc s'installer à l'adolescence. La sensualité qui est très forte chez ces deux femmes et qui court toujours en arrière-plan est sans doute pour beaucoup dans cette atmosphère houleuse.

Le conseil

Il serait bon que maman Capricorne sache véritablement apaiser sa fille Scorpion sans chercher à augmenter ses violences et son agressivité par des impositions et des désirs d'obéissance constamment renouvelés. Fille Scorpion est une rebelle, il faut l'aimer telle quelle et lui donner la possibilité de traduire sa rébellion sur le plan social et non pas simplement sur le plan relationnel.

Maman Capricorne-fils Scorpion

Le meilleur de la relation

Maman Capricorne regarde son fils Scorpion avec beaucoup d'admiration car elle n'est pas sans noter, dès les premiers mois de sa vie, que celui-ci sait ce qu'il veut et ne se laissera certainement pas faire. Elle l'en respecte mais se demande toujours comment il va pouvoir traduire toutes ses houles et toutes ses exagérations intérieures sur le plan social et s'emploie donc dès le début à lui faire prendre conscience qu'il est plus intéressant de faire les choses avec pondération, raison, calme et à très long terme, plutôt que de chercher simplement à faire reconnaître son originalité à très court terme sans en tirer un véritable profit. Elle canalise donc les pulsions créatrices de son fils et celui-ci lui en saura gré lorsqu'à force de conseils et de solidité, elle aura réussi à en faire un être plus intégré qu'il ne l'aurait été sans elle. Comme en plus, ils partagent une idée hautement spirituelle et progressiste de l'humanité et que leurs visions du monde et leurs intelligences se rejoignent, leurs conversations seront toute leur vie profondes.

Le pire de la relation

Le pire sera certainement dû à de très fortes oppositions entre les caractères pareillement renfermés, sévères, dirigistes et autoritaires de fils Scorpion et de maman Capricorne. Comme celle-ci cherche à être obéie coûte que coûte pour la bonne raison que c'est elle la maman, et que fils Scorpion n'obéit à personne quoi qu'il en coûte, on peut se demander jusqu'à quel point maman Capricorne ne sera pas épuisée par son énergie intense. Comme on imagine qu'elle ne pliera pas aux désirs de liberté de son fils, les confrontations risquent d'être légion.

Ces deux forts caractères ont vraiment beaucoup de mal à vivre sous un même toit, d'autant que l'humour semble totalement exempt de leur atmosphère. Tout simplement parce que tous deux voient toujours l'envers du décor et s'attachent plus à l'essentiel des êtres et des choses qu'à leur apparence et qu'ils n'ont pas l'esprit à faire de cadeau à la facilité ou à la frivolité. Ils auraient tendance à tout voir en noir sinon en dramatique et l'atmosphère de leurs relations peut pour cela être tendue, pesante, lourde, difficile à supporter à long terme autant pour eux-mêmes que pour le reste de la famille. Fils Scorpion ne supporte pas de voir son autorité contestée, aussi peu que maman Capricorne supporte de voir la sienne remise en cause. Le troisième problème important qui peut se présenter est que malheureusement ils ne parviennent pas à en parler clairement et se heurtent par impossibilité de communication réelle.

Le conseil

C'est une relation qui doit être désamorcée car s'ils sont constamment dans un face à face, la situation est irrespirable de pesanteur. Pourtant, ils s'aiment profondément mais à force de se bloquer sur des détails, ils ne parviennent pas à profiter pleinement de leur amour mutuel.

Désamorcer, signifie que l'on souhaite une autre présence entre eux deux, celle du père ou d'un autre membre de la famille.

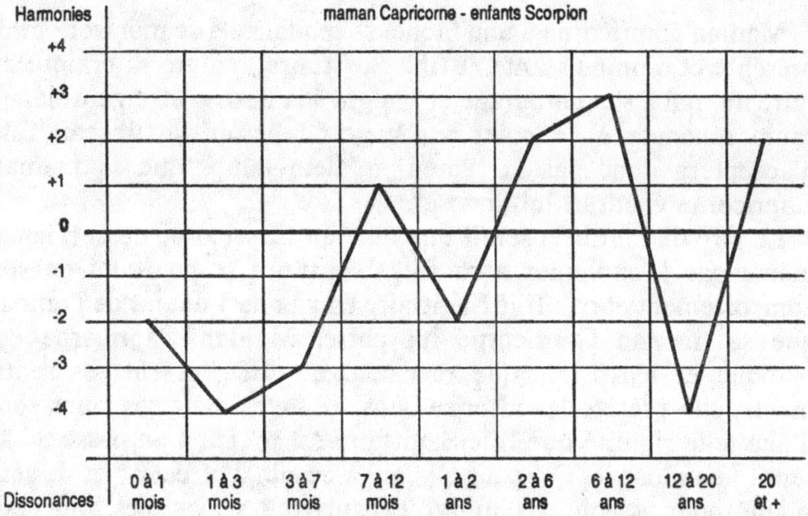

Maman Capricorne-fille Sagittaire

Le meilleur de la relation

Maman Capricorne et fille Sagittaire se rencontrent surtout sur le plan de l'intelligence. Les esprits sont identiquement portés aux études, aux analyses et à des ambitions intellectuelles que maman Capricorne et fille Sagittaire ont toutes les deux la possibilité de bien mener. Maman Capricorne sera d'un impact décisif sur la prise d'envergure et la prise de liberté de sa fille Sagittaire car elle saura façonner ses connaissances avec un esprit des lois qui conforte et assoit l'idée de bien que fille Sagittaire porte profondément en elle. En faire une femme ouverte, profonde, dynamique et entreprenante, une qui ne se laissera pas marcher sur les pieds et saura parfaitement tenir sa place aussi bien au sein de sa future famille que de son cercle familial et social : voilà les objectifs que maman Capricorne cherche à atteindre et qu'elle atteint d'ailleurs avec dextérité. La philosophie qui porte ses pas sera fort utile pour fille Sagittaire qui, à ses côtés, pourra se calmer et donner plus de profondeur à ses désirs relationnels, à ses extraversions et à son besoin d'expansion. Devenir grande, oui, se montrer forte, oui, mais sur de solides bases : voilà ce que maman Capricorne saura apporter à sa fille Sagittaire.

Le pire de la relation

Maman Capricorne a une fâcheuse tendance à se montrer omniprésente et omnipuissante et fille Sagittaire, malgré sa crainte de faire du mal à son entourage et malgré son désir d'être gentille, ne saura renoncer à ce point à son grand besoin de liberté. Elle n'acceptera donc pas la rigueur à plein temps que sa maman Capricorne voudrait lui imposer.

Le pire de tout cela serait que maman Capricorne ne parvienne même pas à expliquer à sa fille Sagittaire le pourquoi de son comportement et que fille Sagittaire en vienne à douter de l'amour que sa maman Capricorne lui porte. Maman Capricorne est pudique et n'exprime que rarement et difficilement ses sentiments, elle préfère les inscrire dans ses actes mais ses actes sont d'une telle rigidité que fille Sagittaire est toujours en passe de se sentir abandonnée. Or, pour elle qui a besoin d'affection et de sensualité pour asseoir sa féminité expansive, les manques font mal. En effet, fille Sagittaire ne comprend pas bien le silence et elle préfère toujours les mots, même en pagaille et même à l'excès. C'est ainsi que maman Capricorne lui reprochera d'être superficielle, de s'intéresser à tout le monde pour ne plus s'intéresser à personne le lendemain. Elle trouve qu'il y a là quelque chose de chaotique et de non vigoureux qui ne peut, devant elle, trouver d'indulgence. C'est pourquoi il est à prévoir des heurts et des frictions dès la 6e année.

Le conseil

Pour que maman Capricorne aide sa fille Sagittaire à réellement se détendre et à vivre en quiétude et en sérénité, elle ne doit pas trop imposer ses désirs et ses intransigeances. Fille Sagittaire a besoin de liberté, d'initiatives et de relations multiples. Sa vision du monde est large et sa façon d'aborder la vie extravertie, ce n'est pas pour cela qu'elle n'atteindra pas ses buts, maman Capricorne peut être rassurée.

Maman Capricorne-fils Sagittaire

Le meilleur de la relation

Devant ce gros poupon joufflu, rieur, joyeux, maman Capricorne sera contente de pouvoir appliquer ses désirs et ses idées de bien. Elle cherchera à donner de la régularité et de la profondeur aux gestes et aux actes de son fils Sagittaire et y parviendra certainement avec le temps. Leurs intelligences se rejoignent et ils peuvent discuter en étant sûrs de bien se comprendre. Maman Capricorne est tout à fait apte à expliquer simplement mais efficacement à fils Sagittaire pourquoi il doit obéir et dans quelles conditions il doit savoir se plier car fils Sagittaire ne se plie et n'obéit que lorsqu'il est profondément convaincu des utilités d'une telle attitude. Il a l'esprit ouvert à mille curiosités extérieures. Ses relations avec ses amis sont cosmopolites. Il jette ses aspirations spirituelles et humaines partout et convoite de larges horizons, que son esprit ouvert et indépendant lui permet d'atteindre. Maman Capricorne l'admire et le respecte et saura le canaliser et le diriger pour qu'il devienne l'être social, fiable et reconnu qu'elle le sait capable d'être.

Le pire de la relation

Maman Capricorne sait bien sûr expliquer le fondement des choses mais ne le fait pratiquement jamais. Plutôt que d'être tranquillement ouverte et d'expliquer à son fils Sagittaire les raisons qui la conduisent à se comporter aussi rigoureusement, elle préfère dire « c'est ainsi, obéis car c'est moi ta maman ». Elle impose une loi que fils Sagittaire ne peut tout simplement pas accepter puisque lui-même cherche à imposer la sienne.

La désobéissance est donc de la partie et maman Capricorne en sera profondément meurtrie car elle a beaucoup de mal à exprimer non seulement ses mots mais ses humeurs intérieures et elle en viendra à douter du bien-fondé de son attitude même si les doutes la conduisent justement à accentuer sa sévérité. Fils Sagittaire pour sa part pense que si on l'aime aussi sévèrement, c'est qu'on ne l'aime pas et son profond besoin d'affection sensuelle, tendre et légère en sera violemment frustré. Incompréhension et incompatibilité risquent de les larguer dans un éloignement qu'ils vivraient tous deux mal.

De plus, fils Sagittaire a besoin de protéger, de bâtir très tôt son futur profil de pater-familias qui prendra les responsabilités et saura en assumer les conséquences, or maman Capricorne, chef de famille elle-même, pourrait se montrer trop imposante pour donner confiance à sa virilité.

Le conseil

Maman Capricorne ne doit pas chercher à réduire les horizons vastes de son fils Sagittaire même si elle est convaincue de faire ainsi son bien. Les désobéissances et les extraversions dont il témoigne ne sont qu'autant de force de caractère, maman Capricorne doit le comprendre comme tel et non pas s'en inquiéter en pensant que son fils est un bon à rien. Qu'elle lui laisse le temps de prouver à quel point il est un être de bien, elle ne l'en admirera que plus.

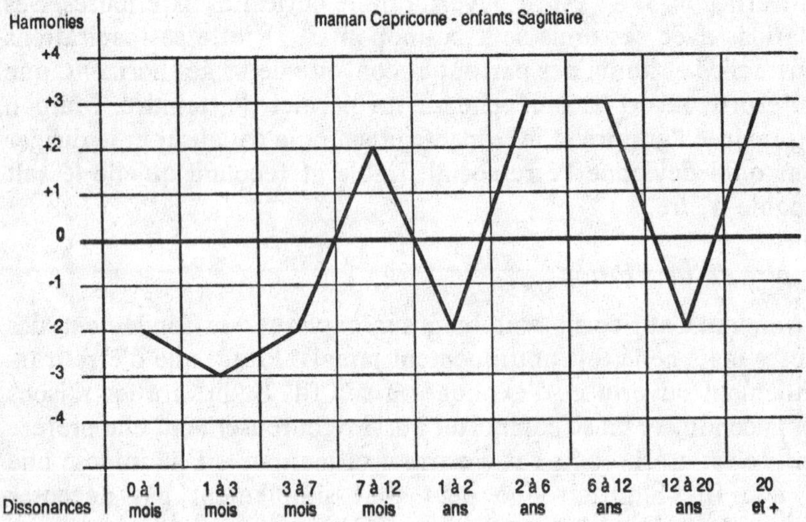

Maman Capricorne-fille Capricorne

Le meilleur de la relation

Dans cette rencontre mère-fille Capricorne priment l'intelligence, l'objectivité, la volonté de réussir, les pulsions contrôlées et tout cela dans une remarquable complicité qui aidera fille

Capricorne à atteindre des buts solides, viables à long terme et à réaliser des études sérieuses pour asseoir ainsi son avenir à travers des travaux enracinés et si possible utiles à l'humanité. Maman Capricorne considère que sa tâche de mère est une occasion en or de parfaire sa propre éducation puisqu'elle cherche à évoluer jusqu'à son dernier souffle. Elle a à travers l'éducation de sa fille Capricorne, qui lui ressemble tant, l'occasion rêvée d'atteindre cet objectif. Entre ses mains, sa fille Capricorne est une création proche de ce qu'est l'immeuble dans les mains de l'architecte : elle veut incontestablement en faire une œuvre exceptionnelle. Maman Capricorne est rassurée car elle n'est pas sans noter le sérieux et l'obéissance de sa fille et elle fait en sorte que celle-ci ne manque de rien en ce qui concerne sa formation d'adulte responsable. Elles ont toutes deux le même respect de la persévérance et du devoir accompli et avec une patience exemplaire, maman Capricorne veillera à ce que sa fille du même signe ne passe sur aucune négligence ou velléité. Les objectifs éducatifs de celle-ci sont donc parfaitement possibles et fille Capricorne deviendra une femme de bien, raisonnable et constructive telle que sa maman Capricorne l'aura projetée.

Le pire de la relation

Bien sûr, tout ici est efficace et tourné vers des résultats concrets mais puisqu'elles sont toutes deux pudiques et ont tant de mal à exprimer leurs sentiments et leurs désirs, on peut penser que cette relation manquera singulièrement de tendresse.

Le risque pour fille Capricorne est de plonger trop profondément dans ses travers d'enfermement et de cloisonner trop parfaitement sa sensibilité et ses sentiments, estimant que ceux-ci n'ont pas besoin de s'exprimer pour exister. Cela pourra la bloquer dans ses rapports affectifs et sociaux futurs et comme elle ne trouve pas une image d'extraversion et d'humour auprès de sa maman Capricorne, elle influencera ses silences. L'une à côté de l'autre, elles pourront vivre avec des impassibilités et des rigidités de propos et de comportement, qui seront de froides blessures dans les désirs pourtant brûlants de fille Capricorne.

Le conseil

Maman Capricorne doit s'avouer qu'elle a du mal à exprimer sa sensualité et doit impérativement aider sa fille à ne pas souffrir du même renfermement. Le conseil qui lui est donné est donc celui de l'extériorisation car même si la pudeur du Capricorne est avant tout désir de franchise, de pureté et d'authenticité, le rire, la tendresse et la chaleur ne doivent pas en être exclus.

Maman Capricorne-fils Capricorne

Le meilleur de la relation

Maman Capricorne cherche à être une femme responsable et infaillible et elle rencontrera en son fils Capricorne des aspirations et une identité d'intelligence qui lui permettront de tenir ce rôle avec efficacité et brio. Fils Capricorne n'échappera donc pas à la compétence et à la technique maternelles et recevra l'éducation exemplaire bien choisie et bien menée qui en fera un adulte irréprochable. Maman Capricorne cherche avant tout à ne pas se laisser entraîner dans des sentimentalités pour donner à son fils les outils les plus affûtés et les mieux appropriés à la réussite de sa future vie d'homme et d'être social. La logique et la raison sont donc les caractéristiques principales de cette rencontre. Fils Capricorne pourra se targuer, une fois devenu grand, mais aussi au cours de son enfance, d'avoir une maman qui sache organiser son quotidien avec une efficacité et une profondeur, une intelligence silencieuse mais réelle qui portera les meilleurs fruits.

Le pire de la relation

Leur complicité est évidente mais il serait dommage qu'elle joue ses effets négatifs. Ceux-ci résident surtout dans l'incapacité du signe à exprimer clairement et ouvertement ses sentiments. Il est presque exclu d'espérer des tête-à-tête pleins de confidences car qui parlerait le premier de ses inquiétudes, de ses espérances, de ses désirs? Maman Capricorne a une attitude d'attente affectueuse mais son fils Capricorne la sent tellement stricte qu'il se demande à l'avance s'il sera véritablement écouté. A la longue, il apprend à se taire et perd jusqu'à l'initiative d'une ouverture. Ce travers est malheureusement ce qui le caractérisera mais aussi lui pèsera le plus tout au long de sa vie.

Il est tellement peu expansif et expressif, qu'il en devient mélancolique. Il pourra donc passer la majeure partie de sa vie dans le silence, la réserve et la timidité et il lui manquera donc autant de sensualité, d'affection, de rire, de joies gratuites et de futilité quotidienne.

Le conseil

Il ne faudrait pas que la logique prime sur l'affection et maman Capricorne va y réfléchir à deux fois. Si elle veut faire de son fils Capricorne un être responsable et bien intégré, elle y parviendra mais doit-il pour cela devenir un « mendiant » du cœur?

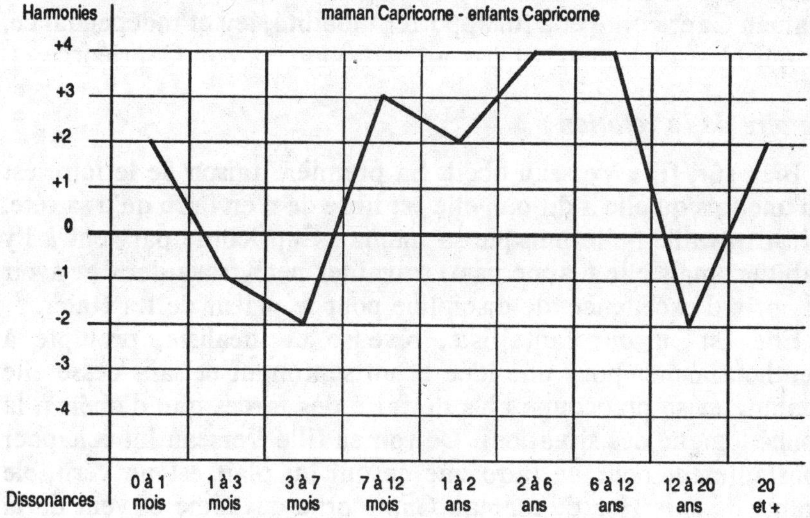

Maman Capricorne-fille Verseau

Le meilleur de la relation

Apparemment cette rencontre entre une fille Verseau et une maman Capricorne ne peut produire que de trop grands contrastes qui ne permettent pas de vivre la relation dans son côté serein et positif. Cependant, c'est justement dans les dissemblances que l'on peut envisager des résultats brillants car maman Capricorne parvient admirablement à canaliser l'originalité et le besoin de remuer de sa fille Verseau car elle lui donne une éducation et une formation irréprochable. Fille Verseau sans elle pourrait se contenter de s'intéresser aux êtres et aux choses et de naviguer dans des univers intérieurs et extérieurs très vastes mais sans trop se préoccuper de donner les assises concrètes et des objectifs viables à son étonnante intelligence. Elle acquiert donc auprès de maman Capricorne logique et volonté, ce qui pallie certainement sa distraction naturelle. Maman Capricorne garde le cap solidement orienté vers l'épanouissement et la progression de sa fille Verseau qu'elle trouve rigolote et pimpante mais pas forcément apte à s'engager seule vers de brillants résultats et d'exemplaires réussites. Avec les années et malgré les critiques qu'elle reçoit pour cela, fille Verseau parviendra à alléger l'univers trop lourd de sa maman Capricorne et à lui apporter mobilité, jeu et indépendance, ce qui n'est certainement pas un mal pour maman Capricorne.

Le pire de la relation

Bien sûr, fille Verseau obéit. Sa première raison de le faire est qu'une fois qu'elle a dit oui, elle est libre de n'en faire qu'à sa tête. Ainsi travaille-t-elle puisque sa maman Capricorne parvient à l'y habituer mais elle n'aime pas « travailler pour travailler » et avoir des prix d'excellence, de discipline pour le plaisir de les étaler.

Elle est surtout fantaisiste, rêveuse et idéaliste, prompte à s'enthousiasmer pour une idée et un sentiment et sans cesse elle chahute et se préoccupe plus de faire des farces que d'obéir à la bonne logique des situations. De voir sa fille Verseau lui échapper constamment pour ne faire que ce qui lui plaît est un véritable drame dans la tête de maman Capricorne qui aime et veut de la discipline et ne rencontre que mobilité, jeux et indépendance. De toute façon, leurs personnalités se heurtent sur le fond car elles ne poursuivent pas du tout les mêmes objectifs et ne peuvent communiquer leurs visions du monde trop fondamentalement opposées. Opposées, elles le sont surtout en disposition, manière d'être et d'aimer mais aussi en projets et en finalités de vie. Fille Verseau sera toujours une originale, une « en avance sur son temps », qui s'entoure de gens, parle et rit beaucoup, et il se peut que maman Capricorne, avec les années, la regarde de plus en plus comme une étrangère.

Le conseil

Maman Capricorne doit comprendre que son rôle éducatif se borne à parvenir à intégrer sa fille Verseau dans la réalité quotidienne et à être là pour le cas où elle redescendrait un peu brutalement de ses univers imaginaires. Mais de là à vouloir la contraindre et à refréner ses libertés, il n'y a qu'un pas que fille Verseau ne franchira pas, quitte à s'éloigner définitivement.

Maman Capricorne-fils Verseau

Le meilleur de la relation

Fils Verseau est un petit garçon vif, qui manifeste idées et esprit ouverts à tout ce qui est originalité, inventions et fantaisies. Maman Capricorne est fort attendrie devant ces grands yeux rêveurs et s'est dit depuis le début que celui-là aura bien besoin d'elle pour construire une vie efficacement dans le concret et la réalité. Elle est pour cela exemplaire et parvient avec son éducation parfaite, empreinte de sévérité et d'exigences, à l'orienter professionnellement dans les domaines privilégiés qui intéressent fils Verseau, à savoir les domaines humains, psychologiques, sociaux, religieux et en particulier celui des nouvelles communications et des nouvelles technologies. Mais seulement, sans sa maman Capricorne, ces aspirations peuvent n'être que velléités pour fils Verseau qui, heureusement grâce à sa maman, pourra les transformer en réalité concrète, et en travail quotidien. Elle est donc primordiale pour dialoguer avec lui, comprendre ses besoins et lui tenir la main jusqu'à ce qu'il recueille les lauriers de sa réelle intelligence et de son incontestable originalité. Quant à lui, il apporte l'enthousiasme, la simplicité et la spontanéité, qui manquent à l'univers trop renfermé de maman Capricorne. En effet, il est amical et jamais bloqué dans ses relations et sa fraîcheur sera très importante dans leur rapport homme-femme.

Le pire de la relation

Il ne faudrait pas que maman Capricorne oublie que l'éducation comprend une part affective primordiale pour fils Verseau. Il s'agit pour elle de comprendre le paradoxe du signe de son fils qui est à la fois détaché et déteste tout ce qui est foule et groupe, mais a néanmoins besoin d'une dose affective très importante car c'est un sentimental, fantasque, original et fraternel. Il ne supporte pas l'isolement, que sa maman Capricorne apprécie. La sensibilité de fils Verseau risque donc d'être choquée, sans compter les silences qui pèsent entre eux car ils sont tous deux du genre à ne pas pouvoir exprimer l'essentiel. Le pire serait que les demandes d'affection de l'un et de l'autre, pourtant très fortes, ne puissent trouver de réels répondants, que les différences d'expression et de manifestations affectives se terminent en heurts, sinon en éloignement.

Le conseil

De toute façon, fils Verseau ne se pliera pas, même s'il en a l'air. Il n'obéit qu'en surface pour pouvoir garder ses libertés essentielles et maman Capricorne est amenée à le comprendre dès le début. Qu'elle lui tienne la main quand il redescend dans la réalité terrestre, voilà ce qu'il lui demande et ce qu'elle est parfaitement apte à faire. Quant au reste, elle peut lui faire confiance, il est celui qui sait où va l'avenir.

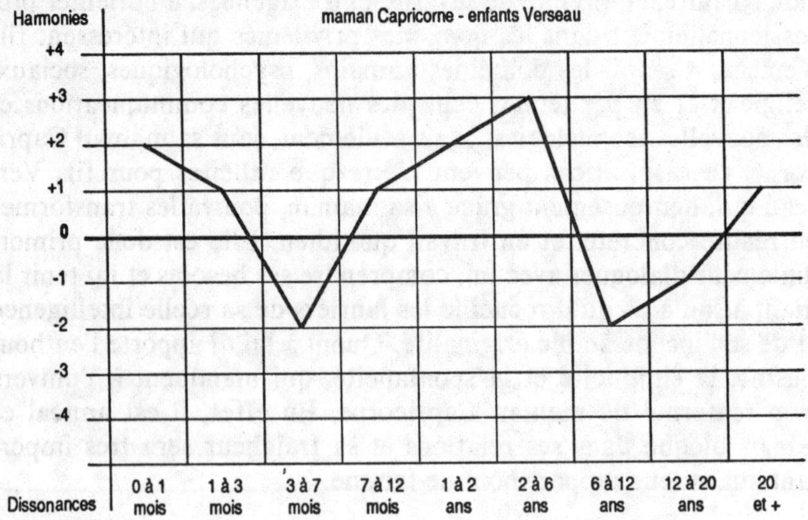

Maman Capricorne-fille Poissons

Le meilleur de la relation

Dans cette rencontre, entre une maman Capricorne vigoureuse, attentive, convaincue que son rôle de mère est le meilleur travail qu'elle ait à mener à bien dans sa vie de femme et une fille Poissons d'emblée tournée vers la tendresse, et ses univers intérieurs aussi fluctuants que féconds, on trouve une harmonie salutaire pour l'équilibre et l'épanouissement de fille Poissons. En effet, entre les fluidités de l'une et les rigueurs de l'autre, il y a une complémentarité possible qui fait de cette relation une grande source créative au nom de laquelle on peut penser que l'enfance de fille Poissons sera tout à fait calme, saine et tranquille et que les rapports femme-femme seront équilibrés, faits d'entente et de secours mutuels. Maman Capricorne est par excellence celle qui aidera sa fille à s'intégrer dans la réalité, à traduire ses velléités et ses rêveries en quotidien palpable. Elle ne transige jamais sur l'essentiel et fille Poissons lui en sait gré. Elle ne peut en effet se contenter d'une maman qui la suivrait dans ses méandres et qui risquerait ainsi d'augmenter ses possibilités de noyade. Avec maman Capricorne, elle est tranquille, elle a un sol ferme, un roc immuable, fiable et raisonnable à long terme. De son côté elle apporte à maman Capricorne tout cet aspect invisible des êtres et des choses que maman Capricorne voudrait mépriser ou ignorer et, avec sa tendresse, et tous les délices de sa sensualité profonde, fille Poissons rassure et enveloppe le cœur un peu froid de maman Capricorne.

Le pire de la relation

Les dissonances existent pourtant et elles sont d'ordre affectif. Maman Capricorne est trop peu portée à afficher ses sentiments et elle gèle ses tendresses par crainte de les voir se diluer dans des faux semblants et des illogismes romantiques. Rien n'est pire aux yeux d'une maman Capricorne que le laisser-aller, au point qu'elle ne comprend pas que la tendresse est un laisser-aller vital et nécessaire. Maman Capricorne apparaît donc à fille Poissons comme tiède et trop analyste de ses spontanéités. L'enfant Poissons a une image idéale d'une mère confidente, intimiste, prompte à vibrer de concert avec ses imaginations et ses rêves. Maman Capricorne met un fameux holà à tout ça car elle pense et dit tout fort « qu'il n'est pas raisonnable de », « qu'il ne faut pas ou il faut », ou « que c'est la faute de l'un et que l'autre a raison ». A ainsi voir la vie de façon trop manichéenne, elle finit par rompre totalement la communication avec l'univers beaucoup moins compartimenté, beaucoup moins différencié de fille Poissons. Fille Poissons n'a absoluement pas cure de ses programmations solides, elle veut des câlins et des câlins, et des poutous tout plein et se sent le cœur meurtri par les exigences trop péremptoires et trop incontournables de sa maman Capricorne. Le pire serait qu'elle s'enfuie dans toutes les fuites possibles et que maman Capricorne, notant cela, aille en plus l'en accuser.

Le conseil

Maman Capricorne se donne incontestablement beaucoup de mal pour intégrer sa fille Poissons dans la réalité. Mais si elle ne comprend pas que la seule intégration du Poissons vient du cœur, des sentiments et non de la raison, elle aura raté son éducation et fera de sa fille une marginale ou une boulimique d'affection, ce qui véritablement serait un comble.

Maman Capricorne-fils Poissons

Le meilleur de la relation

Fils Poissons est tout doux et tout tendre et il ne demande pas mieux que de se laisser guider par la main solide et fiable de sa maman Capricorne. Celle-ci est attendrie par ce petit poupon malléable, qu'elle saura conduire toute sa vie, pour qu'il parvienne à réaliser ses ambitions aphones et qu'il s'intègre dans une réalité quotidienne que, sans elle, il fuirait avec crainte. L'harmonie entre la fluidité de fils Poissons et la rigidité de maman Capricorne est parfaitement salutaire pour l'équilibre et l'épanouissement du fils. En effet, elle est un chef d'orchestre infaillible de ses musiques intérieures et elle arrive à lui expliquer que tant que les choses ne sont pas traduites en actes, elles n'existent pas. Cela lui fait trouver en lui les forces de l'imaginaire et de la concrétisation mais ne manque pas au passage d'apporter à sa maman l'aspect invisible, ludique et gratuit des choses et des êtres; leur relation est ainsi complémentaire autant dans l'enfance et dans l'adolescence que dans la vie adulte de fils Poissons. Il sait en effet qu'il peut revenir toute sa vie à ce solide port d'attache, qu'il y trouvera conseils et réconfort pour avoir la force de se battre au pays des adultes, pour lui toujours un peu étranger.

Le pire de la relation

Si maman Capricorne cherche à intégrer son fils Poissons dans la réalité quotidienne, elle doit savoir qu'elle n'y parviendra qu'en pariant sur leur relation affective. Or, les dissonances sont majeures sur ce plan-là. Maman Capricorne, plus prompte à cacher ses sentiments et à réduire ses tendresses, se dit toujours que cela « ne sert à rien » et ne se laisse pas aller à démontrer son immense amour dont fils Poissons a impérativement besoin.

Il évolue forcément dans le sensuel car pour lui la parole passe d'abord par les pores, les yeux, les mains et tous les petits soins que l'on peut apporter à une personne dans une ambiance privilégiée plutôt que par des mots solides et efficaces. Maman Capricorne lui apparaît donc comme glaçante car elle analyse trop ses spontanéités et empêche fils Poissons de se rapprocher simplement d'elle, de faire des câlins sur ses genoux et de respirer son odeur, lui dont les sens olfactifs sont si développés. Elle casse tout simplement son image de mère idéale, confidente et intimiste et lui impose une image de maman fouettarde pleine de discipline et de sévérité mais aussi de trop de retenue. S'il veut se faire câliner, elle lui dit que ce n'est pas raisonnable et fils Poissons en est tout meurtri.

Le conseil

Maman Capricorne a à comprendre que la réalité quotidienne n'est pas faite que d'actes de bravoure, de programmations solides et de raisons imparables. Pour fils Poissons, elle est surtout faite de tendresse et de communion aphone entre les cœurs et les corps. S'il ne trouve pas auprès de sa maman Capricorne sa ration de tendresse essentielle, il ira loin, dans des contrées ou maman Capricorne, même si elle en est désespérée, ne pourra plus le suivre.

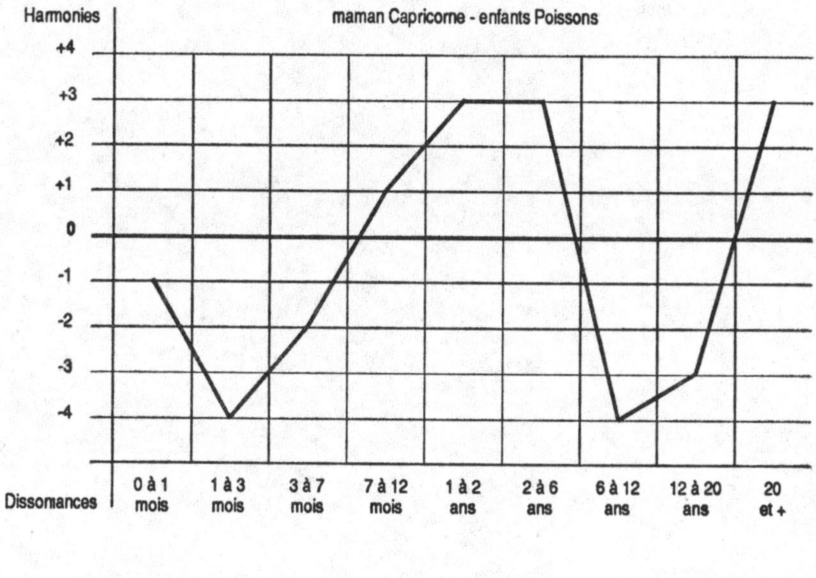

VERSEAU

Être mère selon la femme Verseau

Gouvernée par Uranus qui signe votre originalité et votre passion de la re-création de tous les codes, le moins que l'on puisse dire c'est que vous êtes une maman que les vieux modèles attribués à ce rôle ne parviennent pas à cerner. Beaucoup ne vous cacheront pas leur désapprobation mais puisque l'opinion d'autrui ne vous sert pas de loi comportementale, tout va bien. Ce que l'on dira peut-être le plus volontiers c'est que vous vous occupez de vous-même plus que de vos enfants et rien n'est plus injuste ou alors, cela relève d'une opinion moraliste selon laquelle une mère doit se sacrifier à ses petits, ce qu'heureusement pour eux, vous ne faites pas. Mère vous ne l'êtes pas devenue parce que vous vouliez suivre les schémas épouse, mère, grand-mère, etc. mais parce qu'à un moment précis vous avez décidé qu'un enfant pouvait faire partie de votre voyage terrestre, sans que pour cela celui-ci se cristallise. Au contraire, vous redoublez d'originalité, d'élan, d'innovations, d'audace, d'émotion pour ennoblir le fade quotidien par le jeu et l'imagination, la détente et la complicité. Votre besoin vital d'ajouter à la banale réalité un zeste de merveilleux et une once de mystère prend pour vous toute sa signification : vous n'allez tout de même pas présenter le monde sous un jour rigide et austère. Vous voulez des enfants gais, sûrs d'eux et de leur bon droit à être tels qu'ils ont envie d'être, entourés de vos copines toujours présentes et d'une multiplicité de langues, de couleurs, de cultures, un œil rivé sur le Macintosh, l'autre sur les apparitions de l'Étoile Polaire. Libres, frères, égaux en droit avec les adultes, les enfants sont pour vous d'éternels petits princes auxquels il faut chaque jour dessiner de nouveaux moutons et faire découvrir de nouvelles roses, et mieux que toute autre vous êtes en cela inépuisable. Signe d'air, vous cherchez évidemment à survoler le banal terre-à-terre et apportez toujours des réponses originales, parfois décriées de tous, aux faits et événements concrets. Vos questions sont sincères, vos étonnements intacts, les graves problèmes de l'existence ne trouvent jamais à vos yeux de réponse valable mais votre optimisme et votre tendresse rassurent vos enfants. Vous êtes alors l'amie, celle qui demeure un axe central bien que de nombreuses personnes gravitent autour de vous pour s'occuper de vos enfants. Ils ne deviennent sans doute pas des modèles, ne se sentent jamais obligés d'obéir ou de respecter mais sont confiants et admiratifs de cette mère si à l'aise dans le vaste monde. Vous leur faites bien comprendre que vous vous occupez d'eux, et votre altruisme réel, votre curiosité, votre ouverture et votre simplicité de cœur les séduisent. En somme, vous les élevez pour eux, pour qu'ils deviennent des membres heureux du genre humain et certes pas pour avoir le plaisir – pour vous ce serait de l'angoisse – de les posséder et de vous les attacher à vie. La liberté mutuelle est la clef sine qua non de vos rapports. Mais derrière tellement de bien-être affiché, votre inquiétude interne transparaît et il vaut mieux effectivement que vous ne vous posiez pas la question de leur avenir seule. On souhaite un papa solide et rassurant, mature et plus stable intérieurement pour vous éviter l'écueil de devenir avec le temps l'enfant de vos enfants que votre originalité, votre tendresse, votre volonté de les laisser faire ce qu'ils veulent pour privilégier les seuls aspects ludiques de votre rôle, pourraient agacer car cela les obligerait à porter des responsabilités que vous haïssez porter. Ben oui, c'est navrant mais les enfants ont quand même besoin de se raccrocher à du connu même s'ils comprennent, plus tard, que vous êtes extraordinaire parce que vous détenez les clefs de l'avenir...

Ce que maman Verseau attend de sa fille

La sororité est la relation humaine qui vous est la plus naturelle et lorsqu'il s'agit de votre fille, cette sororité devient amicale, complice sinon passionnée. En voilà une avec laquelle vous allez pouvoir vous amuser, vous chamailler tendrement, créer tous azimuts et porter haut le flambeau de la nouvelle féminité. Vous imaginez qu'elle se préoccupe aussi peu que vous de tous les aspects ennuyeux de la réalité mais que par contre elle renchérit dès qu'il s'agit de tester un nouvel objet, une nouvelle relation, un nouveau voyage, un nouveau projet. Peut-être est-elle un peu velléitaire, peu importe, l'essentiel reste qu'elle soit sensible et réagisse au quart de tour, vous seconde dans vos enthousiasmes. L'une l'autre, vous vous rassurez par cette caractéristique commune qui vous pousse à toujours chercher, et trouver, le moyen de faire rejaillir la nouveauté même là où l'on croyait que tout était mort. C'est dans cette roue motrice qu'est votre optimisme, que vous puisez l'essence de votre entente et ce n'est pas demain que vous ajouterez de l'eau dans le vin de vos originalités mêlées.

Ce que maman Verseau attend de son fils

En le voyant naître, vous n'avez pas échafaudé mille plans de carrière pour ce petit garçon au sourire angélique. Vous lui faites confiance, il trouvera bien sa voie tout seul. Pour l'y aider vous le comblez d'amour et de caresses, stimulez son imagination et sa curiosité plus que ce que l'on pourrait appeler hâtivement sa virilité car vous pensez que l'on ne se développe bien que dans le respect de sa propre identité. Vous n'êtes pas une maman-poule pour autant, les copains et la crèche auront dans sa vie autant d'importance que votre présence. Du moment qu'il n'est pas égoïste, pas sectaire, pas avare, pas négatif ni sentencieux, vous êtes contente. Dans sa petite enfance vous l'emmenez partout avec vous et lui servez de lien privilégié avec le vaste monde, qui en aucun cas ne doit se réduire au cocon de votre appartement. Vous le rassurez pour que son pas devienne ferme. Puis, dès qu'il entre à l'école vous le lâchez progressivement, présente mais de loin en loin et c'est un mouvement qui va s'amplifiant avec les années. Finalement, il saura toujours que vous êtes sa mère mais n'en constituez pas moins un axe parmi d'autres dans sa vie. Et si, devenu grand, indépendant, subtil et entreprenant il pouvait vous protéger, vous consoler, vous cajoler vous lui en seriez véritablement reconnaissante...

Maman Verseau-fille Bélier

Le meilleur de la relation

Dans cette rencontre c'est manifestement l'énergie autant physique que spirituelle, l'enthousiasme, la haine du qu'en-dira-t-on et la recherche d'originalité qui priment. Maman Verseau n'est pas préoccupée par le qu'en-dira-t-on et n'a certainement pas été maman pour posséder ou limiter les enfants qu'elle a faits. Fille Bélier se développera bien dans cette liberté, redoublera d'initiatives, de jeux, de rires, et aimera que sa maman Verseau la conforte dans son envie de bouger, de découvrir et de s'intéresser au vaste monde sous tous ses aspects. Ensemble elles ont mille projets à réaliser. Leurs discussions sont aussi ludiques que sonores car maman Verseau cherche toujours à apporter à ses enfants une vision originale et à leur donner envie de s'y intégrer avec un maximum d'aisance, d'anticonformisme, dc non-respect des conventions mais de respect de leurs désirs propres. Désobéissante, jamais désireuse de suivre la bonne logique du plus grand nombre, fille Bélier se trouvera ainsi par sa maman Verseau confortée dans son propre caractère. Elles sont complices et imbattables lorsqu'il s'agit d'expliquer aux autres, et même au papa, que la vie est trop courte pour la vivre tristement et que la tristesse ne rend pas plus intelligent. Maman Verseau cependant est plus rationnelle et moins immédiate qu'elle n'en a l'air et parvient à force de discussion et de persuasion à montrer à sa fille Bélier qu'il est bon d'aller au bout de ce que l'on entreprend. La relation est donc constructive et concise. Elles s'entendent comme « larrons en foire » et sont incontestablement de grandes amies pour la vie.

Le pire de la relation

Trop de nervosité les guette. En effet, elles sont tout entières dans l'action et la projection dans l'avenir, elles se préoccupent aussi peu l'une que l'autre de la réalité quotidienne et des contingences matérielles.

A force de n'en faire qu'à leur tête, elles finissent par construire un terrain sur lequel seule la ludicité et l'envie de se démarquer trouvent grâce. Mais fille Bélier qui est une révoltée et une originale dès sa naissance, risque d'en être par trop inintégrée devant le refus de sa maman Verseau d'appliquer quelque règle que ce soit. Dans les excès de liberté on peut se demander jusqu'à quel point elles n'échappent pas totalement l'une à l'autre et ne vivent pas une relation un peu superficielle et égoïste. « Fais ce que tu veux, tu en as la force », voilà le discours de maman Verseau. « Mais je ne fais que ce que je veux car j'en ai la force », renchérit fille Bélier. Qui s'occupe de qui finalement dans cette histoire? Et si maman Verseau donne à sa fille Bélier l'image d'une femme libre, indépendante et entreprenante, elle n'est pas du tout celle qui va la rassurer.

Le conseil

Il ne s'agirait pas que maman Verseau – qui a refusé de suivre toutes les règles et toutes les conventions – pousse sa fille Bélier dans ses travers naturels d'exagération et dans son penchant pour la marginalité. Liberté ne signifie pas forcément inintégration. Il serait bon que maman Verseau s'intéresse un peu plus aux fades aspects de la réalité quotidienne.

Maman Verseau-fils Bélier

Le meilleur de la relation

Ce petit garçon, si dynamique qui crie haut et fort et ne se laisse manifestement pas marcher sur les pieds, ravit maman Verseau qui voit bien là qu'elle ne sera pas obligée de jouer un rôle de mère fouettarde qu'elle répugnerait à tenir. Elle développe son imagination et sa curiosité et est ravie de voir que fils Bélier suit bien ce rythme. Elle est contente parce qu'il est ni égoïste, ni sectaire, ni avare, et surtout pas négatif, qu'il s'intéresse à tout ce qu'elle lui propose et que son esprit rapide et dynamique lui permet d'appliquer ses idées dont maman Verseau sera plus tard très fière. Ils sont donc tous deux dans une surenchère de ludicité et d'activité et maman Verseau sera l'amie sincère, la complice de toujours dans la vie mouvementée de son fils Bélier qui viendra la voir pour vérifier que le monde n'est intéressant qu'à condition qu'on ne mette jamais d'eau dans son vin.

Le pire de la relation

Le pire est que fils Bélier a besoin d'être rassuré, guidé, calmé car il s'emporte facilement et ne connaît aucune limite. Il est le lièvre qui court tellement vite devant les tortues qu'il risque pour cela de ne pas arriver. Or, maman Verseau est par excellence celle qui risque de le conforter dans son aspect lièvre. Elle n'est pas proprement sécurisante car elle pense que ses enfants doivent se développer dans la même indépendance affective et sensuelle que celle dans laquelle elle vit elle-même mais fils Bélier a besoin d'être entouré, et aussi virilisé. Maman Verseau est peu préoccupée de virilité, elle s'intéresse surtout à la personnalité plutôt qu'à la représentativité.

Fils Bélier, lui, fonctionne dans un modèle masculin, une sorte d'image de Rambo qu'il a besoin d'avoir de lui-même, et qu'il ira chercher chez son papa. Maman Verseau l'insécurise sur ce plan, d'autant qu'elle n'est pas très démonstrative et ne lui procure peut-être pas toute la tendresse et la chaleur dont il a besoin au quotidien.

Le conseil

Fils Bélier voudrait posséder sa maman, or maman Verseau y répugne complètement. Qu'elle évite cependant de lui paraître inaccessible, c'est tout ce qu'on peut lui recommander pour la future vie d'homme, d'amant et de père de fils Bélier.

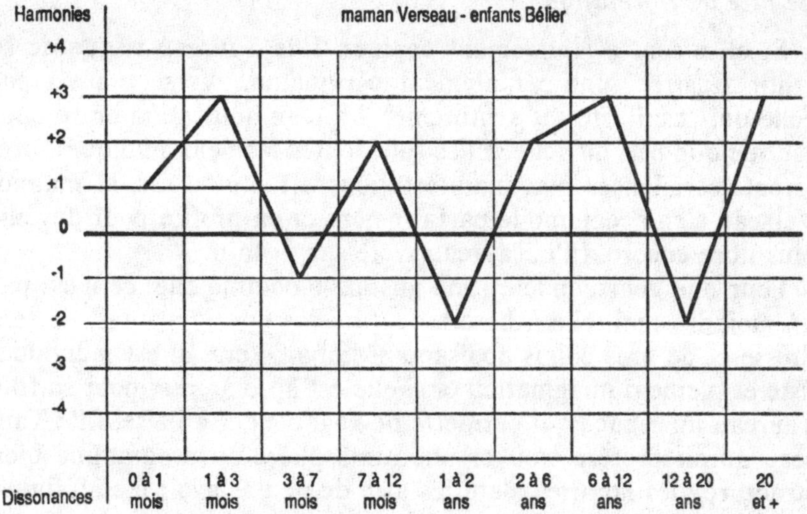

Maman Verseau-fille Taureau

Le meilleur de la relation

Le meilleur de la relation intervient surtout parce que fille Taureau, malgré ses besoins affectifs, n'est pas celle qui fera vivre à sa maman Verseau la maternité comme un poids. Heureusement, car elle est allergique à la moindre contrainte, et au moindre règlement, elle se sent tout de suite étouffer. Fille Taureau avec son obéissance, sa tendresse et son désir intact de plaire et d'être aimée par sa maman Verseau saura prendre sur elle tout le réel de la vie, tout le quotidien et le raisonnable de l'existence et n'assujettira pas l'indépendance de sa maman. Fille Taureau acquiert auprès de sa maman Verseau une indépendance de vue, un détachement des normes et des conventions et une certaine ludicité que sans elle, elle n'aurait pas. Maman Verseau est prolixe en narrations et fille Taureau reste ébahie devant les largeurs de vues de sa maman. Elles sont donc amies, copines, liées par une profonde complicité et elles s'entendront sur ce ton toute leur vie. Fille Taureau grandira donc dans une ambiance familiale pleine de fantaisies imprévisibles et cette ambiance sera fort vivifiante pour elle qui a trop tendance à s'installer dans l'existence avec un sérieux d'adulte. L'insolite de maman Verseau protège et encourage ses audaces et ses désirs d'ouverture.

Le pire de la relation.

Si elles sont effectivement copines, fille Taureau risque de se sentir frustrée sentimentalement car maman Verseau n'est pas celle qui manifeste ses sentiments. La communication entre elles est quelque peu difficile. Elles sont toutes les deux pudiques, préfèrent les silences aux manifestations affectives. Or, si maman Verseau s'en accommode parfaitement et en profite pour devenir plus libre encore, fille Taureau reste sur sa faim.

Pour une gourmande et une gustative comme elle, ce n'est pas un moindre mal, elle a besoin de caresses enveloppantes, de tendresse et de gros câlins apaisants. Maman Verseau est individualiste et pleine d'imagination et si elle est apte à créer pour sa fille Taureau un espace qui permette de vagabonder à l'aise, fille Taureau aurait préféré trouver une atmosphère au programme bien structuré, des horaires planifiés afin de ne pas avoir à se fatiguer dans des travaux non essentiels. Un peu plus de quotidien ne ferait donc pas de mal à fille Taureau qui risque soit de s'irriter et de s'éloigner de sa maman Verseau avec l'adolescence, soit de plonger à l'excès dans ses aspects rigoristes et matérialistes.

Le conseil

Il s'agirait pour maman Verseau de parvenir à nourrir sa fille Taureau sur tous les plans, d'abord affectif, car c'est là le moteur du Taureau mais aussi sensuel et terrestre car enfin, elles vivent bien sur la terre ferme et fille Taureau ne perd jamais son proche horizon de vue. Si maman Verseau reste dans sa distraction, elle risque au passage d'y perdre sa fille.

Maman Verseau-fils Taureau

Le meilleur de la relation

Entre eux, le charme opère et cela permet à la complicité de s'installer grâce aux dispositions qu'ils ne possèdent pas respectivement et qu'ils sont ravis de trouver chez l'autre. Maman Verseau est celle qui a l'optimisme et le don de la re-création, c'est-à-dire qu'à chaque fois qu'une situation paraît désespérée ou jouée d'avance à fils Taureau, maman Verseau trouve la subtilité qui permet de redémarrer et de parvenir à de meilleurs résultats. Elle allège donc l'univers de son fils Taureau, lui apprend la ludicité et lui donne un regard tout neuf sur la vie. Quant à lui, puisqu'il n'est pas sans noter qu'elle est plus faite pour les contes merveilleux que pour le roman bourgeois et qu'elle s'intéresse peu aux réalités quotidiennes, il sera heureux de lui apporter son bon sens. Fils Taureau sera d'autre part heureux qu'il n'y ait pas d'obligation, d'obéissance et de punition dans sa vie d'enfant. Si sa maman Verseau se montrait rigide et exigeante, il se sentirait meurtri dans son affectivité et cette meurtrissure l'empêcherait d'évoluer. Il est important que cela ne soit pas le cas et qu'une acceptation tacite des humeurs respectives les rapproche. Si maman Verseau lui donne des libertés inconditionnelles, fils Taureau est suffisamment sérieux pour ne pas en faire n'importe quoi. Avec les années, les rôles risquent d'être complaisamment renversés.

Le pire de la relation

Il serait bon cependant que les rôles ne s'inversent pas trop, en particulier dans les premières années de la vie de fils Taureau et en particulier du premier au huitième mois dans lesquels il a besoin d'un maximum de présence, et de toutes ces choses du corps qui le stabiliseront à vie et que maman Verseau rechigne un peu à lui donner car elle le ressent comme une restriction à sa liberté personnelle. Maman Verseau doit bien comprendre qu'elle a à jouer un rôle sécurisant, ne serait-ce que pour aider son fils Taureau à devenir l'homme solide qui par la suite la protégera elle-même. Il a besoin de réalité, même si les excès de sa maman l'amuse. Il ne peut se permettre de se perdre dans des féeries et préférera toujours le matériel à l'évanescent. Enfin, pour que leur complicité réelle puisse se développer tranquillement, il serait bon que maman Verseau, en plus de son humour et de sa générosité, montre physiquement combien elle aime son fils. Celui-ci alors s'acharnera à la séduire et cela aussi est fort constructif pour sa future intégration d'homme et d'amant.

Le conseil

Que maman Verseau ne navigue pas trop dans des mondes interstellaires et qu'elle ne soit pas si prompte à prendre la première navette spatiale pour échapper aux réalités quotidiennes car fils Taureau, s'il l'admire et se targue d'avoir une maman aussi originale, ne peut renoncer au matérialisme. Si ce devait en être le cas, il en serait profondément insécurisé.

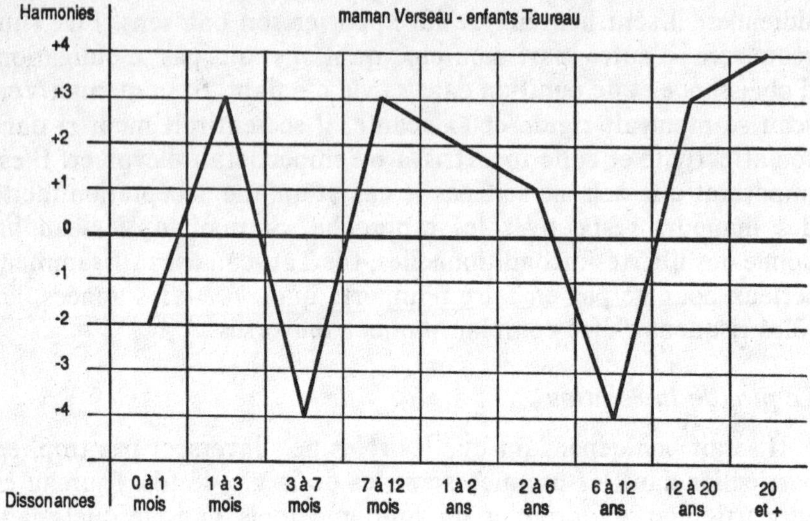

Maman Verseau-fille Gémeaux

Le meilleur de la relation

Entre ces signes d'air, les affinités cérébrales et émotionnelles paraissent évidentes. La gaieté, l'enthousiasme, la curiosité, et les étrangetés constituent un terrain favorablc pour une entente de fond qui s'installe dès les premiers mois et dure toutc la vie. Entre une maman Verseau et une fille Gémeaux, c'est la liberté d'être, de se comporter et de penser qui demeure le noyau d'échangcs et de stimulations mutuels. Sans qu'elle ait véritablement à y réfléchir, maman Verseau développe chez sa fille Gémeaux le sens de l'activité novatrice et de l'échange avec l'extérieur. Le fait qu'elle ne soit pas une maman cordon-bleu, toujours experte à s'occuper de sa maison et du quotidien est aux yeux de fille Gémeaux une garantie de bonne compréhension plus qu'une source de heurts. Elle préfère effectivement une maman ludique et extravagante qui vit la vie comme un conte de fées, qu'une maman qui serait ancrée à ses fourneaux et ne lui permettrait donc pas de s'amuser autant qu'elle le veut. Elle est rassurée de ne pas trouver en maman Verseau une femme moraliste, réduite dans des obligations et des adéquations à un aspect trop conventionnel de la maternité. L'audace sinon une certaine témérité dans leurs besoins de bougeotte et de novations, voilà ce qui les lie au jour le jour. Tout cela permet à fille Gémeaux de ressortir le meilleur d'elle-même c'est-à-dire son imagination, son audace, son sens inné de l'air du temps. Elles communiquent sans qu'il soit obligatoire de parler, grâce à la similitude de leurs structures intérieures et à l'adéquation de leurs rythmes de fonctionnement.

Le pire de la relation

Mine de rien, comme tous les enfants, fille Gémeaux, surtout lorsqu'elle est très petite, a besoin de beaucoup plus de quotidien, de règles et de critères mais aussi de calme et de protection que sa maman Verseau n'est véritablement préoccupée de lui donner.

Puisqu'elle ne peut imaginer être restreinte dans ses libertés et ses mouvements d'esprit, maman Verseau préférera déléguer l'aspect trop pesant de la petite enfance. Fille Gémeaux, parce qu'elle-même a des aspirations à la liberté et parce qu'elle-même rechigne sur la gestion du quotidien, aime qu'on la prenne en charge pour qu'elle puisse continuer à rêvasser dans son univers magique. Maman Verseau n'est pas véritablement experte en protection et elle expose très vite sa fille Gémeaux à l'extérieur plus qu'elle ne l'en ménage. La nervosité monte et les heurts peuvent s'installer aussi violents verbalement qu'éprouvants physiquement. C'est une ambiance vite électrique car elles fonctionnent toutes deux comme des piles branchées sur du haut courant et les tensions qui naissent ne sont favorables ni à l'une ni à l'autre. Fille Gémeaux reçoit les éloignements de sa maman Verseau comme un affront et réagit avec des mots violents, un cynisme, une versatilité, et un besoin chronique de bougeotte sans but. Vers l'adolescence, c'est un véritable match de ping-pong acharné qui s'installe entre elles.

Le conseil

Maman Verseau risque de confondre non-dirigisme avec laxisme et fille Gémeaux ne s'en sentirait que plus insécurisée. L'ambiance entre elles est certainement amusante et stimulante mais frise l'inorganisation. Quelle est donc la personne de la famille qui saura apporter à fille Gémeaux l'ordre, le calme, la tranquillité et la sérénité qui doivent impérativement colorer son enfance?

Maman Verseau-fils Gémeaux

Le meilleur de la relation

Cette rencontre entre deux signes d'air assure une bonne compréhension mutuelle tant au niveau affectif que cérébral. Tournés vers l'extérieur et vers la nouveauté, fils Gémeaux et sa maman Verseau partagent le goût de l'extraordinaire, du non-quotidien, de l'optimisme à toute épreuve et en toutes circonstances et rient facilement ensemble de tas de riens qui constituent leur réalité; leur rapport s'avère donc gai, détendu et dynamique, et un climat favorable s'établit à long terme basé sur une réelle communion d'esprit. Ils détestent tous deux tout ce qui est trop pesant, trop sérieux, trop engageant et le noyau d'affinité reste donc incontestablement la liberté, liberté d'être, de pensée, de se comporter, de devenir. Maman Verseau développe le sens des contacts humains chez son fils Gémeaux qui sera toute sa vie résolument tourné vers la communication, la transmission de son savoir multiple. Le positivisme de maman Verseau est un aspect qui joue entre eux et fils Gémeaux, toujours prêt à tout critiquer avec son esprit cynique et son sens de la dérision, trouve auprès de maman Verseau moins de facilité à démolir chaque chose en la passant au crible de son humour grinçant. Il se met à regarder les êtres et la vie avec plus de sérénité constructive et la relation est d'une complicité salvatrice à très long terme. Les liens ainsi se tissent au jour le jour, se colorent suivant les nuances particulières de chaque heure qui passe, et restent toujours mouvants et empreints d'imagination. Maman Verseau est une visionnaire, fils Gémeaux un audacieux, ils sont deux êtres originaux, indépendants et d'agréable compagnie.

Le pire de la relation

Un problème se pose d'emblée : il faut savoir qui va initier fils Gémeaux à la réalité, l'en protéger puis l'aider à s'y intégrer puisqu'on ne peut pas dire que maman Verseau soit véritablement experte en la matière. Finalement, fils Gémeaux se suffit à lui-même pour l'originalité, l'extravagance, le dynamisme et l'optimisme constructeur et le tempérament de maman Verseau ne vient que rajouter trop d'instabilité à son univers. Elle risque en effet d'exagérer ses tendances à la distraction, aux jeux gratuits sans concrétisation, à la versatilité et tout cela avec une nervosité de fond qui ne parvient finalement pas à lui donner confiance en son pas, ne serait-ce que parce qu'elle commence naturellement à présenter le monde comme idéal et que fils Gémeaux s'en étonne, lui qui a besoin de dépiauter, de critiquer, et d'analyser. Fils Gémeaux avec les années n'épargnera pas sa maman Verseau. Il a besoin de lever les voiles et ses paroles seront souvent dures au cœur tendre de sa maman Verseau. Pour elle, trop positiviste, supporter les attaques verbales de son fils Gémeaux est difficile d'autant qu'elle ne sait pas bien se défendre sinon en criant à son tour et en cherchant à lui expliquer avec raison et rationalité ce que fils Gémeaux entend très bien mais ne veut pas appliquer. Elle voudrait que tout se passe très bien mais qu'elle n'ait pas d'efforts à faire pour cela et fils Gémeaux peut à ses côtés plonger dans l'amoralité et la marginalité.

Le conseil

Fils Gémeaux aime qu'on le colle à la réalité pour se contenter d'une maman Verseau toujours à cheval sur une étoile filante. Maman Verseau doit le comprendre et si elle n'y parvient pas elle-même elle doit trouver la personne de la famille qui fermement dirigera les pas de son fils Gémeaux. Sinon elle risque de voir celui-ci devenir effectivement original et entreprenant et aussi asocial, immature et capricieux.

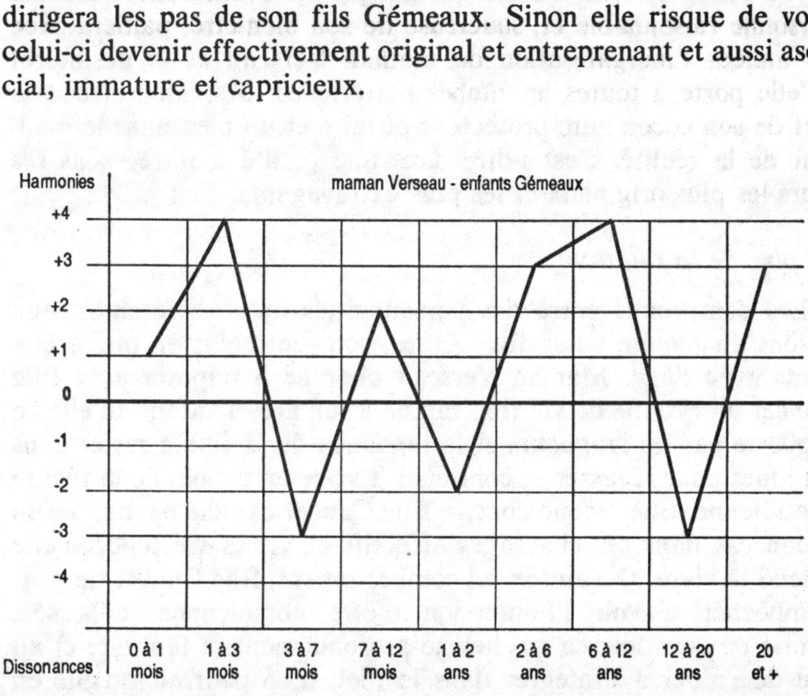

Maman Verseau-fille Cancer

Le meilleur de la relation

Fille Cancer regarde le monde avec ses grands yeux émerveillés, elle passe de longs moments à observer son environnement en souriant sans forcément chercher à s'y inscrire. Maman Verseau n'est pas sans remarquer ce penchant pour les féeries et comme elle-même le partage, elle sera celle qui dès le début aidera sa fille Cancer à s'éveiller, la confortera dans son idée du monde, et c'est dans ce sens que l'on peut dire qu'elle protège son enfant, au nom du principe qui a toujours conduit sa vie, et qui est celui du respect de la liberté d'autrui pour que soit respectée la sienne. Ainsi peut-on être sûr que pour se raconter des histoires, inventer des personnages et des activités hors du commun, maman Verseau et fille Cancer se compléteront toute la vie et sauront ainsi créer entre elles un lien solide. Bien sûr fille Cancer n'est pas celle qui épargne les complications et les tracas du quotidien pour sa fille Cancer mais leur personnalité originale est ce qui constitue le noyau solide de fille Cancer qui malgré ses évanescences est une personne raisonnable et, soucieuse de son bien-être, palliera avec les années l'inorganisation de maman Verseau et le désintérêt qu'elle porte à toutes les tâches matérielles. Maman Verseau la sort de son cocon auto-protecteur et lui met un pied dans le meilleur de la réalité, c'est-à-dire dans une réalité montrée sous ses jours les plus originaux et les plus extravagants.

Le pire de la relation

Les compromis entre des personnalités aussi différentes, aux visions du monde aussi divergentes, sont de moins en moins évidents avec l'âge. Maman Verseau cherche à imposer à sa fille Cancer un rythme de vie trop rapide à son gré, d'autant qu'elle ne supporte pas les langueurs et la tendance de sa fille à rester dans ses jupes pour rêvasser et continuer à vivre en dehors de la réalité quotidienne. Elle secoue donc sa fille Cancer car elle ne marche en aucun cas dans ses chantages affectifs et vit sa vie telle qu'elle entend la vivre. Devant un tel comportement, fille Cancer ne peut s'empêcher d'avoir l'impression d'être abandonnée, délaissée, remise en question, ce qui heurte profondément sa féminité et au lieu de l'aider à s'intégrer dans le réel, il se pourrait qu'elle en attrape définitivement une peur bleue. La liberté de maman Verseau qui ne se laisse pas facilement impressionner est tout à fait naturelle mais fille Cancer la vit comme une offense volontaire, un acte de guerre, une ingratitude blessante, et le tort de maman Verseau est de peu se préoccuper des méandres émotionnels et émotifs des gens. Elle pourrait tout simplement ne pas remarquer le désarroi de sa fille et ne pas comprendre ce que signifient ces somatisations diverses. Si en plus avec les années, en ayant assez des sous-entendus culpabilisants de fille Cancer, elle préfère décidément l'extérieur et finit par reprocher verbalement son attitude à sa fille, l'éloignement entre elles serait inévitable. Fille Cancer, boudeuse et obstinément enfermée dans sa chambre, refuserait de sortir de ses rêveries, ne se rendant pas compte qu'elle est la seule à qui sa bouderie porte préjudice. La difficulté réside véritablement dans l'impossibilité de cadrer les peurs de fille Cancer et les audaces de maman Verseau.

Le conseil

Elles vivent dans des mondes passablement étrangers l'un à l'autre. Maman Verseau sait très bien stimuler sa fille Cancer pour l'aider à sortir de son cocon protecteur mais étouffant. Une fois que la petite enfance est passée et qu'elles ne jouent plus ensemble à la Princesse et à Merlin l'Enchanteur, que restera-t-il donc de leur merveilleuse complicité si maman Verseau ne sait pas en plus trouver la voix du cœur qui rassurera affectivement sa fille Cancer?

Maman Verseau-fils Cancer

Le meilleur de la relation

Fils Cancer a l'air tellement passif et tellement réceptif que maman Verseau en est tout étonnée et elle ne manque pas de chercher à nourrir son monde intérieur de mille combinaisons magiques qui éveillent en même temps qu'elles rassurent l'imaginaire de fils Cancer. De toute façon, celui-ci évolue en dehors du morne et répétitif quotidien et c'est sur ce plan qu'il rencontrera sa maman Verseau; ils bâtissent ensemble un monde merveilleux, ludique, extravagant et aussi privilégié qu'un Disneyland privé. Cependant, maman Verseau vit dans l'originalité et non pas dans le manque de rationalité, elle a l'esprit droit et ferme et c'est dans ce sens que son impact est constructif et stabilisateur pour fils Cancer. Elle ne le fait pas brutalement descendre de ses voyages intérieurs, elle sait ménager et stimuler ses rêves et les élargir aux contes des villes et à des personnages aussi extraordinaires mais plus humains, inscrits dans la réalité et si possible dans toutes les nouvelles technologies qui améliorent l'avenir de l'homme. Cela donne une issue possible aux élucubrations de fils Cancer et l'aide à mieux s'inscrire dans la réalité. Ensemble, ils s'amusent bien et avec les années, fils Cancer prendra progressivement sa maman Verseau pour sa meilleure amie car il ne la voit ni sévère, ni abrupte, ni trop carrée dans les décisions qu'elle prend. Entre eux jouera une certaine fascination, fils Cancer étant fasciné et ébloui par l'intelligence de sa maman Verseau, maman Verseau étant fascinée et éblouie par l'intuition, la sensibilité, les goûts artistiques vite développés de son fils Cancer.

Le pire de la relation

Il est vrai qu'ils partagent la même capacité « à décoller du quotidien » mais la manière dont ils le font les opposent. Fils Cancer est par trop tourné vers ses images intérieures et vers les rêves magiques qu'il fait de la réalité sans que malheureusement ceux-ci interfèrent véritablement avec l'organisation rationnelle de son quotidien.

Au pire, il manque réellement d'existence. Maman Verseau, au contraire, est à l'écoute non pas de voix intérieures mais bien de la façon dont elle pense que la réalité quotidienne devrait être rénovée et ses aspirations au renouvellement sont traduites en actes. Il s'agit pour elle d'un réel comportement autant humain que professionnel et social. Ces visions du monde très différentes risquent de les différencier et de les opposer avec les années car maman Verseau s'inquiète de la relative incapacité de son fils à passer outre à ces rêveries et à construire du vrai. D'autre part, les heurts peuvent être d'ordre affectif car fils Cancer a besoin « d'enrobage » affectif, de câlins, de bisous et de compréhension, or, maman Verseau, finalement timide et réservée, n'est pas très démonstrative. Le comportement libre et détaché de maman Verseau peut être vécu par lui comme une offense, un abandon. Il l'interprète comme un manque d'amour. Il use de chantages affectifs, tombe régulièrement malade et balise sa vie quotidienne de mini-catastrophes pour obliger maman Verseau à s'occuper de lui. Celle-ci marche très peu dans les chantages affectifs et si elle comprend la signification des somatisations répétitives de son fils Cancer, il n'est pas sûr qu'elle les accepte pour autant. Les mésintelligences et l'incommunicabilité de fond entre ces êtres à l'affectivité et aux ambitions fort étrangères risquent de les voir s'éloigner à l'approche de l'adolescence.

Le conseil

Maman Verseau doit comprendre les besoins affectifs très importants de son fils Cancer qui requiert sans conteste plus de temps que les autres pour grandir et se détacher d'elle. Le pousser à le faire pour s'inscrire dans la réalité sociale en l'intéressant à mille nouveautés et en mettant du peps dans son quotidien est une chose mais il faut aussi qu'elle sache lui apporter confiance en son pas, sinon il restera devant sa maman comme un enfant devant une vitrine, incapable de s'approprier ces merveilles.

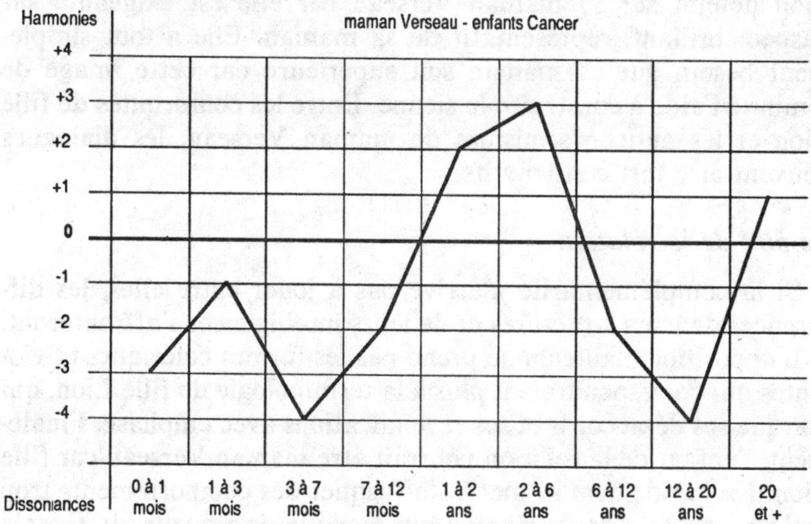

Maman Verseau-fille Lion

Le meilleur de la relation

Maman Verseau est rassurée par sa fille Lion qui se montre dès ses premières années structurée, forte et certainement pas prête à se laisser marcher sur les pieds. Cette structure provoque le respect de maman Verseau pour sa fille Lion tandis que celle-ci regarde sa maman Verseau comme une femme étonnante, gaie et enthousiaste dans son quotidien. L'une sur l'autre, elles ont des effets fort complémentaires qui jouent sur les différences de leur caractère. Fille Lion aurait tendance à avoir une vision du monde un peu trop carrée, un peu trop fermée, balisée dans des principes sociaux et des reconnaissances superficielles et elle risquerait de se diriger dans le monde uniquement dans le but d'être la première. Maman Verseau vient lui donner les couleurs de l'individualité et des différences qui constituent l'humanité. Elle l'égaie en même temps qu'elle lui fait comprendre que l'originalité, l'extravagance et le fait de construire sa vie au jour le jour ne sont pas forcément signes de clochardise. C'est elle qui ouvre l'esprit de fille Lion à plus de tolérance et qui la ramène sur terre alors que fille Lion aimerait se croire unique. Pour maman Verseau, profondément humble, altruiste et généreuse, le comportement trop égotique de fille Lion est insupportable et elle est très certainement celle qui parviendra au mieux à réduire ses tendances. Néanmoins, fille Lion déteint sur sa maman Verseau car elle est exigeante sur l'aspect brillant, représentatif de sa maman. Elle a tout simplement besoin que sa maman soit supérieure car cette image de féminité l'aide à construire la sienne. Entre les conformités de fille Lion et les anticonformismes de maman Verseau, les dialogues peuvent être fort constructifs.

Le pire de la relation

Si la complémentarité n'arrive pas à jouer entre elles, les différences de leurs structures et de leurs intelligences s'affronteront.

L'opposition d'ailleurs ne prend pas les formes colériques et violentes qui correspondraient plus à la terminologie de fille Lion, qui marque ses désaccords et ses revendications avec emphase. Finalement, l'enfant de la relation pourrait être maman Verseau car fille Lion très rapidement se met à s'offusquer des comportements trop anticonformistes de sa maman qui manque de rigueur, de morale et d'exigence sociale. Puisqu'elle veut dicter la loi, elle cherchera à éduquer et à faire changer sa propre maman, ce que celle-ci ne fera pas puisqu'elle a d'abord pour ambition d'assouvir sa liberté. Maman Verseau s'irrite profondément des attaques de sa fille Lion et finit par la trouver ennuyeuse, superficielle et trop préoccupée d'elle-même. On peut dire donc qu'elles ne s'entendent pas du tout sur l'essentiel des choses et que leurs discussions avec les années peuvent ressembler à une suite de malentendus. De plus, elles risquent de rester chacune dans leurs éloignements affectifs, dans leurs retraits, avec une commune incapacité à se rapprocher physiquement des êtres pour témoigner simplement de leurs sentiments. Même en s'aimant beaucoup elles pourraient se regarder en chiens de faïence.

Le conseil

C'est ici un duel entre le respect obligatoire de la loi que nourrit fille Lion et le respect obligatoire de la liberté auquel aspire maman Verseau. Que maman Verseau se rassure : elle n'a pas à marcher dans les exigences de sa fille Lion...

Maman Verseau-fils Lion

Le meilleur de la relation

Fils Lion fait d'emblée montre de son fort caractère, maman Verseau ne l'en admire que plus. Elle sait lui tendre la main, lui sourire et l'égayer car il paraît un peu sérieux sinon un peu sentencieux. Ce qu'elle a à lui apporter de meilleur, c'est une vision plus agréable, plus libre, plus dynamique de la vie. En effet, fils Lion est très vite intéressé par tout ce qui est traditionnel, habituel, qui correspond à la loi, aux codes et aux normes, et maman Verseau, qui est exactement à l'opposé de cette vision léonine du monde fera en sorte d'ouvrir son esprit, de le rendre moins obéissant et moins étriqué... En faisant montre d'originalité, d'extravagance, et de curiosité, maman Verseau aidera son fils Lion à avoir de la vie des couleurs plus légères et à comprendre que la réalité existe en dehors de l'égotisme et des restrictions que lui-même voudrait lui imposer. Fils Lion se projette dans l'impact qu'il voudrait avoir de façon totalitaire sur les êtres et les choses. Or, maman Verseau est celle qui toute sa vie, par excellence, lui échappera. Cela peut irriter fils Lion mais cela n'est pas mauvais pour la construction de sa personnalité. En même temps, il n'est pas sans noter la fragilité et la nervosité de sa maman Verseau et avec les années, il deviendra certainement celui qui la protège et qui lui montre le chemin sûr et structuré de la vie. Dès là, on peut dire que cette rencontre astrologique est parfaitement équilibrante et complémentaire.

Le pire de la relation

On se demande qui suit qui dans cette relation. Et il y a de fortes chances pour que fils Lion marque le pas. Maman Verseau n'est pas véritablement préoccupée par une éducation ferme et balisée et fils Lion ne trouvera donc pas les règles et les codes qu'il aurait aimé trouver sur son chemin.

Avec maman Verseau, il est hors la loi et cela ne va pas tarder à l'irriter. Il a besoin de conformité car il en est rassuré, et cela l'aide à asseoir son emprise sociale. Arrivera rapidement le moment où il reprochera ce fait à maman Verseau qui de toute façon ne peut que rester sourde à ses remontrances, car elle est tout simplement incapable de fonctionner dans tout ce qui est restriction et rigidité. C'est leur vision du monde qui les sépare le plus, d'autant qu'ils sont pratiquement incapables de se rapprocher physiquement l'un de l'autre. En effet, la distance et l'aspect non tactile des rapports est sans doute ce qui caractérise le plus l'axe Lion-Verseau et une maman Verseau et son fils Lion pourraient rester dans un amour immense et tacite mais dans un éloignement émotif que l'adolescence ne manquera pas d'accentuer. A être trop différents, ils pourraient rester les étrangers qu'ils sont fondamentalement de par leurs aspirations respectives.

Le conseil

Fils Lion avec les années pourrait se lamenter de porter sa maman Verseau à bout de bras et pourtant cela conforte son idée de ce que l'homme doit apporter à la femme. Mais maman Verseau échappe même à ses désirs de protection et ne lui offre que peu de retour. Bien sûr, c'est chez elle un comportement tout à fait naturel qui ne remet pas en question ses sentiments pour son fils. Peut-être de temps en temps, au détour d'un de ses voyages intérieurs et extérieurs, pourra-t-elle un peu plus se rapprocher de son fils pour témoigner son immense admiration?

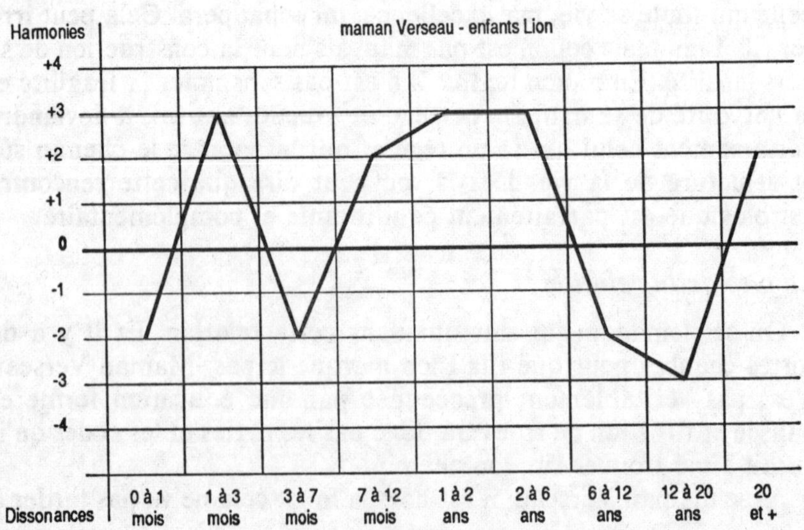

Maman Verseau-fille Vierge

Le meilleur de la relation

Maman Verseau est caractérisée par la liberté, celle de ses visions du monde comme celle de son attitude quotidienne. Elle a besoin de se démarquer par l'originalité de ses points de vue et par l'application qu'elle en fait dans sa vie de tous les jours. C'est une extravagante fort différente de sa fille Vierge qui fera au contraire tout pour passer inaperçue et ne pas dépasser les codes comportementaux définis par la bienséance. D'autre part, elle est beaucoup plus attachée aux réalités et au bon fonctionnement de la maison que ne l'est sa maman Verseau indifférente à ce genre de contingences ménagères. C'est donc dans cette rencontre entre une fille Vierge et une maman Verseau, la cohabitation de deux désirs opposés, le désir de limiter et d'autoprotection pour fille Vierge et le désir de dépassement de toutes les limites et de toutes les protections pour maman Verseau. Elle est en cela constructive. Maman Verseau aide sa fille à s'étonner au lieu de critiquer. C'est une garantie de meilleure intégration autant humaine que sociale qui facilitera sa vie future. Le sens du contact et de la spontanéité qui manque cruellement à une structure Vierge est par excellence le meilleur des cadeaux que maman Verseau puisse mettre dans le coffret d'éducation qu'elle destine à sa fille.

Le pire de la relation

On pourrait penser, compte tenu de ce qui précède, que maman Verseau est délurée et que fille Vierge détient le flambeau de la rationalité, or cela n'est qu'apparence; car fille Vierge se perd facilement dans ses méandres intérieurs, et ses culpabilisations libidinales aux origines diverses la font se poser mille questions, s'inquiéter de tout, ériger la nervosité en mode de vie et finalement s'accrocher à l'utilitaire pour être rassurée. Maman Verseau est au contraire celle qui a l'esprit le plus clair et le plus net, c'est en ce sens qu'elle parvient à rassurer sa fille Vierge en l'empêchant de couper les cheveux en quatre pour parvenir à des réponses qu'elle remet en question dès le lendemain. La communication se révèle difficile sinon impossible, maman Verseau parlant avec sa tête et fille Vierge parlant sous l'influence de ses remontées intérieures et de la complexité dans laquelle elle se débat. Maman Verseau, très vite, est lassée par les interrogations de sa fille Vierge, car elle a profondément besoin de vivre au lieu de s'interroger sur les harcèlements de sa fille Vierge. Elle y répond par un soupir que celle-ci ne manque pas d'interpréter comme une offense et se sent définitivement abandonnée dans ses peurs intérieures. Les mésintelligences du cœur pourraient être entre elles des drames car fille Vierge a besoin qu'on lui explique l'aspect charnel et sensuel des choses, or maman Verseau passe dessus en refusant d'y penser.

Le conseil

Savoir ouvrir son cœur et passer des heures à simplifier l'univers encombré et complexé de sa fille Vierge, voilà une lourde tâche pour maman Verseau qui a des aspirations bien plus libertaires. Mais elle doit comprendre que cela fait partie de sa responsabilité de mère et faire appel à tous ses sentiments altruistes. Dès lors, la relation pourra s'équilibrer.

Maman Verseau-fils Vierge

Le meilleur de la relation

Dans cette rencontre sont réunies la raison et l'extravagance. Bien sûr, cela n'est pas visible dès les premiers mois et maman Verseau est étonnée par le calme et l'obéissance de son fils Vierge qui la laisse tranquillement libre de ses mouvements; elle le vit avec la plus grande simplicité et elle lui en sait d'autant plus gré. Dès la première année, elle remarquera ses réticenses à prendre de l'indépendance, peut-être même son retard à marcher et à parler autant que sa timidité. Sur ce point, elle intervient avec énergie, dans la mesure où elle ne comprend pas qu'il puisse préférer rester seul à la maison à tourner et retourner ses pensées plutôt que de sortir jouer avec ses copains ou simplement partager la vie active et mouvementée de sa maman Verseau. Plus tard, elle sera celle qui aura un impact décisif sur l'intégration humaine, professionnelle et sociale de son fils car elle simplifie son univers intérieur et le pousse à passer aux actes là où il préférait uniquement dépiauter les choses. Il est intelligent, elle le sait et elle joue sur cette corde pour lui apporter des réponses intellectuelles qu'il est à même d'appliquer dans son quotidien. Quant à lui, puisqu'il est profondément attaché aux valeurs concrètes et à la bonne marche du quotidien, il protégera sa maman Verseau dans ses échappées d'extravagance car il saura la ramener à la raison, même si pour cela il doit la critiquer et la houspiller. Leur relation est donc fort complémentaire et si elle lui ouvre les portes de l'avenir, il est celui qui pour elle garde au chaud les clefs de la maison et de l'intériorité.

Le pire de la relation

Fils Vierge, très vite résiste aux tentatives d'ouverture que lui impose sa maman Verseau. Il vit son comportement et les défilés de copains qui égayent son univers quotidien comme une agression. Elle ne s'intéresse qu'à l'aspect ludique, irrégulier, extravagant et extra-quotidien des êtres et des choses, or c'est une offense vivante pour la structure profonde de fils Vierge. Il est tout simplement insécurisé parce qu'elle n'assure pas son rôle de mère et de femme au foyer et se sent implicitement obligé de le faire, ce qui n'est pas contradictoire avec ses capacités profondes mais qui le frustre de ce qu'il serait en droit d'attendre en tant qu'enfant. Finalement, maman Verseau le responsabilise avant l'âge, en fait un adulte avant terme et cela risque d'augmenter ses timidités. Puisqu'il est du côté de la raison et du suivi du quotidien et que maman Verseau est obstinément du côté des jeux et de l'extravagance, fils Vierge, tout en se targuant d'être le chef de famille, n'en nourrit pas moins mille angoisses qui n'en finissent pas d'augmenter sa pudeur. Comme ils ne sont pas du genre à s'opposer violemment, on peut simplement prévoir qu'ils s'éloignent avec les années, ce qui ne manquera en plus de meurtrir leurs besoins d'affectivité et de sentimentalité respectifs.

Le conseil

Exprimer ses sentiments et ne pas fuir devant l'organisation du quotidien tel est le conseil donné à maman Verseau dans l'éducation de son fils Vierge. Il attend beaucoup d'elle et surtout qu'elle simplifie et sécurise sa vie autant intérieure qu'extérieure. Elle doit comprendre que cela relève simplement de sa responsabilité de maman et que ce n'est pas un boulet à traîner.

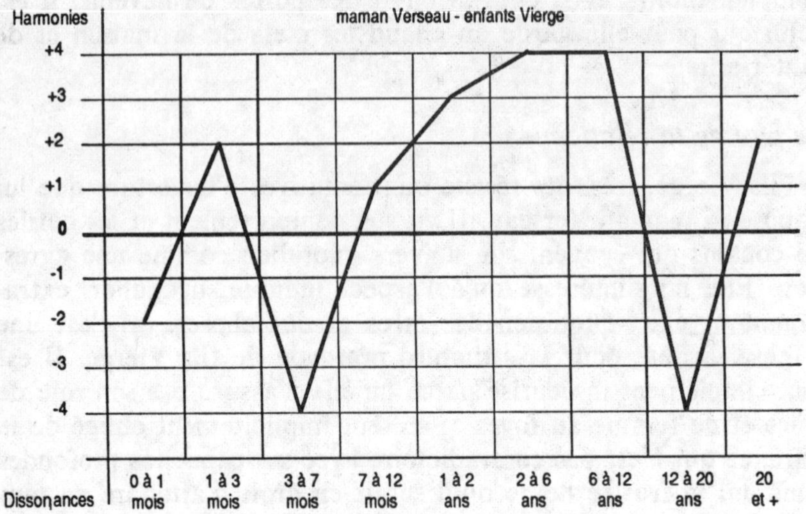

Maman Verseau-fille Balance

Le meilleur de la relation

La rencontre entre une maman Verseau et une fille Balance repose sur leurs désirs mutuels de liberté et de tendresse. En effet, elles n'empiéteront jamais sur leurs territoires propres et elles sauront s'apporter par leur comportement et leur dialogue complice et constructif la sécurité affective qui leur permettra de bien asseoir leurs vies de femme. Entre ces signes d'air, la communication paraît simple. Fille Balance a besoin de la féminité évidente et naturelle de sa maman Verseau. Elle s'intéresse à ses amis et à l'aspect social que développe ouvertement sa maman car elle voit là une possibilité d'intégration future. Maman Verseau est quant à elle rassurée par sa fille Balance qui ne demande pas une protection et une présence excessives, qui est très vite capable de s'assumer seule, de s'occuper d'elle et de son univers, ne serait-ce que parce qu'elle veut se préserver et ne supporterait pas les ingérences étrangères, pas même celles de sa maman Verseau. Elles ont un rapport de femme-femme même très tôt dans l'enfance, à savoir que chacune vit tranquillement sa vie sans plier à des exigences d'obéissance que l'autre imposerait. C'est sur cet aspect qu'elles sont fort complices et qu'elles s'uniront, à la fois pour éveiller leurs intelligences mutines, tournées vers l'art et l'humanisme, et pour distiller leurs sensualités libertaires qui en séduiront plus d'un sur leur passage et le papa en premier lieu.

Le pire de la relation

Le pire entre elles est certainement le manque d'intérêt pour la réalité quotidienne.

Fille Balance, romantique et sentimentale, est toujours beaucoup plus préoccupée de séduire et de charmer que de s'enfermer dans une cuisine pour y être un parfait cordon-bleu. Maman Verseau n'est pas plus préoccupée par les tâches ménagères et à elles deux, elles pourraient être du genre à rendre le quotidien « désordre » pour ne s'intéresser qu'à ce qu'elles ont de personnel. La relation est certainement colorée d'une pointe de narcissisme et d'égoïsme qui fait que chacune d'entre elles respectera profondément l'autre; surtout par volonté de ne pas trop s'engager et être obligée de s'intéresser, sinon prendre en charge les besoins essentiels de l'autre. Le détachement entre une mère et une fille est toujours bon mais lorsqu'il est excessif, on peut craindre une sorte de froideur qui nuirait même à leur compréhension intellectuelle. Le discours de maman Verseau dit : « débrouille-toi toute seule, il en est ainsi dans la réalité humaine », et fille Balance en profite pour se réfugier dans ses hésitations, ses doutes et ses mélancolies car ce n'est pas maman Verseau qui l'oblige à passer aux actes, à choisir et à verrouiller ses choix. Le côté un peu évanescent et nonchalant de fille Balance en serait donc exacerbé, ce qui nuirait à sa bonne intégration en tant que femme, amante et épouse dans sa vie future. Celle-ci d'ailleurs aura tôt fait d'aller chercher du côté de son papa pour trouver des réponses et vérifier si son charme lui vaut encore la protection des hommes puisqu'il ne lui vaut pas la protection et l'attention de sa maman Verseau.

Le conseil

Maman Verseau doit impérativement s'intéresser de près aux besoins affectifs et sensibles de sa fille Balance, l'écouter et lui donner les réponses même si cela lui paraît difficile.

Maman Verseau-fils Balance

Le meilleur de la relation

Maman Verseau, si originale, gaie et pimpante n'en finit pas de fasciner son fils Balance qui a besoin d'une femme qui égaie son quotidien et le fasse rire, lui qui plongerait facilement dans ses mélancolies et ses doutes. Maman Verseau n'est pas sans remarquer ses goûts pour l'esthétique et la tendresse et elle sait très bien le nourrir sur ce plan. Très tôt, elle l'entraîne derrière elle et lui fait découvrir les joies des musées mais aussi du devenir humain, autant robotique que télématique et lui fait rencontrer mille êtres susceptibles d'admiration que fils Balance ne manquera pas de vouloir séduire mais aussi à la longue de copier et cela sera fort positif pour la combativité avec laquelle il devra s'inscrire dans sa future vie d'homme, d'être social et professionnel. Les intelligences de ces deux signes d'air sont complices et tacites et leur dialogue ne paraît pas poser de difficultés. En effet, ils sont tous deux portés vers les mêmes choses et aspirent à la même liberté de vues et d'actions respectives. Sur ce plan, on peut être sûr qu'ils ne marcheront jamais sur les territoires de l'autre et que leurs conversations seront fort attrayantes autant pour eux-mêmes que pour leur entourage. Une bonne communication de fond assurera donc leurs rapports homme/femme.

Le pire de la relation

A force de trop de liberté, et de peur de s'engager elle-même, maman Verseau pourrait pousser fils Balance dans son narcissisme. En effet, elle préfère ne jamais trop le critiquer et ne jamais le pousser dans ses extrémités, d'abord parce que le respect de l'identité de l'autre lui est chose parfaitement naturelle mais aussi parce qu'elle aurait peur de le contraindre, ce qui l'obligerait à s'engager et à être contrainte elle-même. Finalement avec sa maman Verseau, fils Balance risque de se sentir nager entre deux eaux car il n'a pas de réelles balises quotidiennes et concrètes. Et puisque sa difficulté à lui est de se poser volontairement dans la vie, il perdrait tout à fait le goût du choix, de l'engagement et le respect de celui-ci. A long terme et cela se sent dès les premières années, maman Verseau peut être peu apte à structurer les méandres et les hésitations de son fils Balance et ce serait dommage car elle le pousserait ainsi dans le pire de lui-même. Il serait un peu dérouté mais ne saurait l'expliquer et avec les années, ils vivraient sans heurts, mais aussi en parfaite étrangeté, à force de trop se respecter.

Le conseil

Maman Verseau ne doit pas croire que la liberté est la seule chose que l'on peut donner à un enfant. Pour en jouir, fils Balance a besoin de trouver des balises concrètes car comment définir sa liberté et son extravagance de vues et d'actions si l'on ne doit jamais s'opposer. Dans le flou, il pourrait devenir excessivement opportuniste et l'altruisme et la rationalité de maman Verseau s'en offusquerait. Qu'elle y pense donc à deux fois et tâche, même si cela est contraire à sa nature profonde, de poser des limites et de revendiquer haut et clair ce qu'elle attend de son fils Balance.

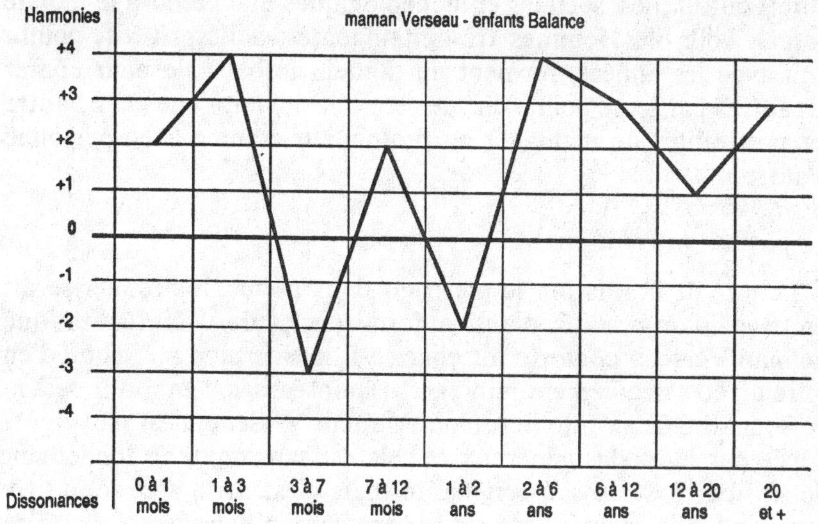

Maman Verseau-fille Scorpion

Le meilleur de la relation

C'est ici la rencontre entre deux caractères originaux portés sur la démarcation et l'individualité, ce qui toute leur vie rapprochera une maman Verseau de sa fille Scorpion. Même si leur volonté de se démarquer du groupe n'est pas colorée par les mêmes caractéristiques ni issues des mêmes préoccupations profondes, elles n'en sont pas moins deux femmes que l'on remarque et qui ne sont pas prêtes à se plier aux lois générales. Dans ce sens, maman Verseau est celle qui par excellence saura créditer le besoin de différence de sa fille Scorpion sinon l'autoriser à s'opposer si telle est la voie que fille Scorpion juge la meilleure pour se faire reconnaître. C'est possible car l'éducation de maman Verseau n'est jamais conforme à des modèles mais tournée vers la recherche du respect de l'identité de l'autre qui lui apparaît toujours comme unique au monde. Puisqu'elle-même cherche toujours à marquer sa différence et fait montre de liberté, d'anticonformisme à tous égards, elle ne sera nullement culpabilisante pour les tendances identiques qu'elle n'est pas sans remarquer chez sa fille Scorpion dès les toutes premières années de celle-ci. Aisance, envergure, dynamisme, nourris de beaucoup de lectures et de discussions passionnantes sur l'avenir de l'humanité ou ces origines profondes, sur ce qui fait l'essentiel de l'univers ainsi que toute sorte de paris sur les orientations à la fois culturelles, sociales et technologiques que prendra le monde actuel, voilà des femmes très intelligentes, à l'esprit vif, pointu qui, avec les années, forment un tandem imbattable pour épater les autres par leurs points de vues et qui trouvent l'une chez l'autre les possibilités de dialoguer en profondeur comme avec personne d'autre.

Le pire de la relation

Le pire de la relation se porte sur deux points, le premier serait un excès d'originalité, d'anticonformisme et de démarcation que maman Verseau conforterait chez sa fille Scorpion au risque d'en faire un être décidément inintégré. L'inintégration guettant déjà la personnalité de sa fille Scorpion. Maman Verseau n'est pas préoccupée par les codes généraux et cela est sans doute le fondement de sa liberté et de son originalité mais c'est aussi son défaut. A savoir, qu'elle risque d'être tellement compréhensive et libertaire dans l'éducation qu'elle donne à fille Scorpion d'une part, parce qu'elle la sait intelligente et, d'autre part, parce que celle-ci révèle un caractère agressif et rébarbatif à toute discipline, qu'elle pourrait en faire une marginale, toujours à contre-courant de ce que fait la bonne société et les bien-pensants. Le second point de désaccord est d'ordre affectif. Fille Scorpion est profondément passionnelle et s'oppose presque à l'humanité par les courants fluctuants de ses pulsions intérieures. Or, maman Verseau redoute la passion et les méandres libidinaux car elle a l'esprit rationnel et pense qu'il n'est de pires freins et de pires boulets que les états d'âme nourris de désirs troubles. Elle refuse donc, tout simplement parce qu'elle n'en a pas l'esprit, de s'intéresser à l'univers tortueux de sa fille Scorpion et dans ce refus d'intéressement, elle l'insécurise.

Le conseil

C'est une éducation fort intelligente et finalement bien adaptée à sa fille Scorpion que maman Verseau est en mesure de donner. Cependant, il est primordial qu'elle s'intéresse à l'univers intérieur compliqué de sa fille Scorpion car celle-ci au-delà de sa culture et de ses capacités d'action est avant tout un être secret, régi par des pulsions dévorantes et passionnelles que sa maman doit impérativement l'aider à simplifier.

Maman Verseau-fils Scorpion

Le meilleur de la relation

L'originalité de vue, l'envergure, la désobéissance, et partant de là la démarcation par rapport au modèle acquis est sans doute ce qui caractérise cette rencontre astrologique entre une maman Verseau et un fils Scorpion. Maman Verseau n'est pas sans remarquer dès les toutes premières années de son fils, que celui-ci fait tout pour agir à contre-courant de ce qui lui est proposé et le manifeste par une agressivité, un refus de suivre coûte que coûte les conseils. C'est loin de déplaire à maman Verseau. Elle est celle qui par excellence comprend le besoin de ne pas s'identifier au plus grand nombre et de n'être pas porteur des courants généraux. Elle est donc la complice, celle qui défend envers et contre tout et tous son fils Scorpion dans son originalité. Elle le regarde avec bienveillance comme un être exceptionnel même s'il est fatigant à force d'intransigeance et de pulsions dominatrices. A eux deux, ils sont vraiment les moutons noirs du groupe social mais aussi de la cellule familiale. Avec les années, il s'intéresse à mille choses et notamment aux origines essentielles de l'humanité et n'hésite pas à se cultiver tous azimuts pour nourrir leurs conversations qui deviennent extraordinaires d'intelligence. Dynamisme et liberté les font se rejoindre et ils prennent un grand plaisir à communiquer puis avec les années à aller dans les soirées où ils seront fortement appréciés car ils y mettent une ambiance secrète, intempestive et libertaire qui égaye et stimule. Maman Verseau est aussi positive pour son fils Scorpion, qui a un peu trop tendance à ne voir que l'envers du décor, car elle simplifie son intériorité compliquée, elle sait très bien « faire l'ange » lorsque son fils Scorpion s'obstine à faire la bête.

Le pire de la relation

Maman Verseau et fils Scorpion sont des marginaux, or maman Verseau pourrait accentuer ce penchant chez son fils. Fils Scorpion résiste par tous les moyens à l'intégration et à l'obéissance sociale et si maman Verseau l'écoute trop, elle le poussera dans ses travers en nourrissant son côté original, son intelligence pointue, et sa pré-science innée des êtres et des choses qui lui fait mépriser toutes les explications trop visibles et trop rationnelles de l'univers. Bien sûr, fils Scorpion n'en deviendra que plus fascinant mais il peut aussi, à cause de cela, être sans cesse contredit, de dérouter et finalement faire peur à son entourage; chose qu'il aimera augmenter mais qui risque de lui poser des problèmes relationnels. D'autre part, ce n'est pas parce qu'elle le laisse faire à peu près ce qu'il veut qu'il en est moins agressif à son égard. Au contraire, fils Scorpion aime et a besoin qu'on lui résiste car l'agressivité et l'opposition constituent ses moteurs existentiels primordiaux. Maman Verseau se dérobe car elle déteste la violence et s'effraie devant les pulsions intérieures que son fils Scorpion manifeste avec autant d'intensité. Elle ne se sent pas à la hauteur pour répondre aux inquiétudes qui ont élu domicile dans la sexualité forte et compliquée de son fils Scorpion. Cette attitude angoisse fils Scorpion qui redouble d'agressivité sinon d'auto-sadisme et qui finira peut-être par taire toutes ces choses qui le préoccupent.

Le conseil

Le conseil est ici teinté d'humour et on souhaite que maman Verseau reçoive le message. On ne doit pas renoncer à ses pulsions libidinales propres au nom d'un quelconque grand amour universel! L'avenir de l'humanité n'exclut pas les pulsions sexuelles dévastatrices, maman Verseau devrait y réfléchir à deux fois si elle veut réellement comprendre le monde intérieur de son fils Scorpion.

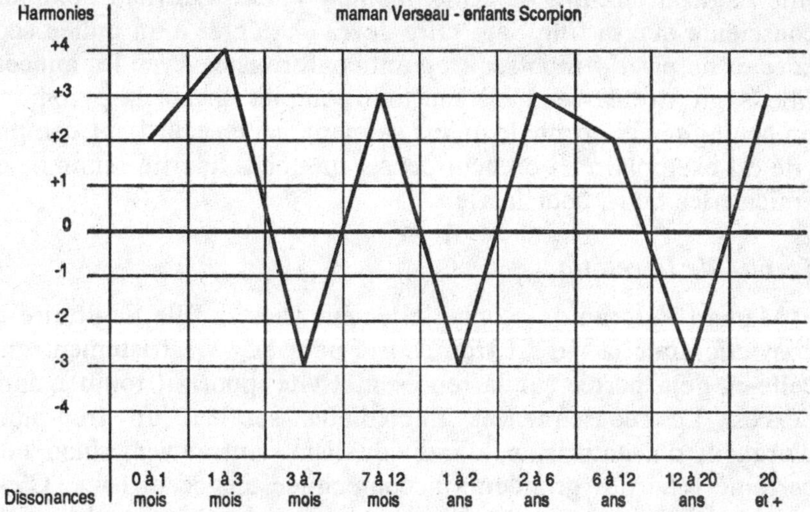

Maman Verseau-fille Sagittaire

Le meilleur de la relation

De profondes affinités existent entre les structures profondes d'une maman Verseau et fille Sagittaire. C'est ici la rencontre du pompier et du pyromane, sans que l'on sache bien qui est qui, car elles échangent alternativement leur rôle. Cependant, dans les premières années de la vie de fille Sagittaire, maman Verseau sera celle qui aura l'impact le plus dynamisant. Elle sera donc pyromane jusqu'à environ la sixième année de sa fille Sagittaire. D'un tempérament calme, elle parle avec retard mais dès qu'elle le fait elle parle beaucoup, s'intéresse et manifeste une vive curiosité à l'égard de tout ce qui compose le monde extérieur à la cellule familiale. Mais elle fait tout cela avec tempérance, dans le respect de certaines règles personnelles, et maman Verseau n'est pas sans l'admirer pour ses profondeurs de vue et son côté respectueux des normes et des conventions. Elle voudrait dans l'idéal que sa fille Sagittaire soit une enfant moins sage, car elle estime que la petite enfance doit être vécue dans un maximum de liberté car c'est une période privilégiée qui ne se renouvellera plus. Fille Sagittaire entend bien ce message. Elle rit et s'amuse beaucoup avec sa maman Verseau car elles aiment toutes deux passer leur journée à l'extérieur, rencontrer des gens et parfaire leur culture. Dès que sa fille Sagittaire rentre à l'école, maman Verseau devient pompier, consciente que sa fille Sagittaire devra s'intégrer à un milieu scolaire et ne pas s'y montrer trop anticonformiste. Avec les années, fille Sagittaire deviendra à son tour pompier devant la pyromane un peu agitée et originale qu'est sa maman Verseau. Leur complicité est exemplaire et on peut penser qu'une solidarité féminine et amicale les unira pour la vie.

Le pire de la relation

Maman Verseau développe tellement chez sa fille Sagittaire la conviction que la vie est trop courte pour la vivre tristement que celle-ci, déjà portée sur la représentativité, pourrait tomber dans l'excès. Les conséquences immédiates seraient un trop-plein d'orgueil, d'aventurisme, d'individualisme outrancier, sinon une certaine folie des grandeurs accompagnée d'égocentrisme. C'est bien le pire que maman Verseau puisse développer chez fille Sagittaire à force de la laisser faire tout ce qu'elle veut. Une fille Sagittaire à laquelle tout est permis finit par ne plus voir l'essentiel des êtres et des choses, ne respecte personne et pas même sa maman Verseau; elle ne se préoccupe plus que d'être la première sur terre comme au ciel, estimant qu'elle est imbattable et que tout lui est dû. La légitimation des actes par l'expérience concrète lui paraît chose tout à fait insensée et avec l'adolescence, maman Verseau pourrait reprocher à sa fille Sagittaire d'être arbitraire sans se rendre compte, cependant, à quel point son éducation en est responsable.

Le conseil

Leur relation est originale et distrayante mais trop superficielle, en particulier parce qu'elle passe outre à tous les aspects affectifs et rationnels nécessaires à fille Sagittaire. Maman Verseau doit tendre à se rapprocher du cœur de sa fille Sagittaire pour lui expliquer que les humains se découvrent un par un et pas seulement en groupe.

Maman Verseau-fils Sagittaire

Le meilleur de la relation

Le respect de son identité au-delà de ce que les bonnes mœurs en pensent, voilà l'impact de maman Verseau sur la personnalité déjà libre et spirituelle de son fils Sagittaire. La rencontre est donc constructive et immédiate car leurs aspirations profondes se répondent comme dans un merveilleux tac au tac. Dans les premières années de la vie de son fils Sagittaire, maman Verseau remarque qu'il est sage, attentionné et courtois mais elle peut estimer qu'il est trop obéissant à son goût. Dans ce cas, elle fera tout pour l'inciter à la désobéissance et aux actes éclatants et représentatifs. Elle l'entraîne vers l'extérieur et lui montre le vaste monde et lui fait découvrir des étrangers intéressants, extravagants et enrichissants. C'est ainsi qu'elle fera de lui un être cultivé, préoccupé par le devenir de l'humanité et conscient des grands problèmes du présent à la fois politique, économique, social et culturel de l'époque dans laquelle il vit. Pour maman Verseau, une éducation réussie est celle qui développe la conscience de l'instant présent et permet aux êtres d'asseoir leur avenir de la façon la plus altruiste possible. Fils Sagittaire deviendra protecteur et à l'écoute de son entourage car il saura développer ses qualités de cœur et son intelligence pour la mettre au service des autres. A eux deux, ils se stimulent et avec les années, fils Sagittaire ayant au passage noté la fragilité de sa maman Verseau un peu femme-enfant sera celui qui saura au mieux l'écouter et la protéger. Une bonne entente de fond persiste donc au-delà des années.

Le pire de la relation

Maman Verseau est tellement portée sur l'extérieur, qu'elle pourrait pousser son fils Sagittaire dans les mêmes travers. Celui-ci, déjà plus intéressé par la globalité des choses et leurs aspects représentatifs pourrait, à ses côtés, en arriver à mépriser totalement les détails et les subtilités qui régissent l'humanité. A force de lui dire qu'il faut vivre sa vie libre et que tout lui est permis, fils Sagittaire développerait son côté arbitraire, préoccupé uniquement d'être le premier et d'imposer son sentiment de puissance personnelle, sinon son autoritarisme. D'un être généreux et ouvert, il pourrait sortir un être égocentrique et superficiel. Maman Verseau ne serait pas sans l'en accabler mais elle devrait reconnaître que l'impact de son éducation y est sans doute pour quelque chose. Le coup de force et l'ampleur voilà le pire du fils Sagittaire, et maman Verseau à ne pas vouloir le restreindre pourrait le conforter dans ce pire.

Le conseil

Maman Verseau doit être consciente des aspirations affectives et sensuelles de son fils Sagittaire qui a besoin qu'on le prenne par le bout du cœur et pas seulement que l'on éveille son intelligence et ses aspirations sociales. Il faudrait qu'elle réussisse à le calmer et à l'intéresser aux choses du quotidien. Bien sûr, cela lui indiffère parfaitement mais elle doit comprendre qu'il est de son devoir de maman d'aider son fils à s'intégrer dans la réalité, aussi rébarbative soit-elle.

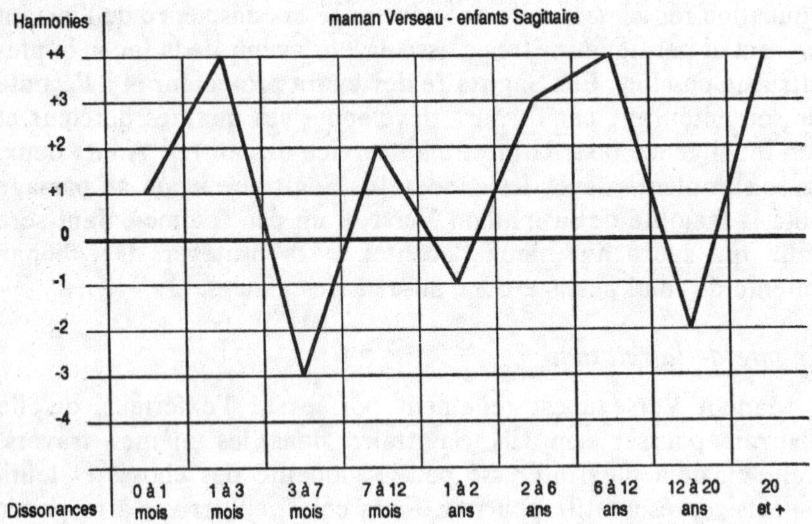

Maman Verseau-fille Capricorne

Le meilleur de la relation

Sous des airs calmes et distrayants, la relation entre une maman Verseau et une fille Capricorne est empreinte d'un bon fond de morale et d'une certaine prescience des profondeurs de l'être mais aussi de l'avenir de l'humanité en général. Dès les premières années de sa vie, maman Verseau remarquera chez sa fille Capricorne son exigence, son intelligence, sa sévérité. Elle comprendra intuitivement que sa fille est préoccupée par ce qui fait l'essentiel et elle saura par les longues discussions qui les uniront leur vie durant développer ses expériences et ses connaissances autant que l'acuité et le sens stratégique inné chez une fille Capricorne. Les aspirations peu communes que toutes deux nourrissent en leur for intérieur représentent donc le terrain sur lequel se construira leur rencontre mais maman Verseau, justement parce qu'elle remarque l'intelligence et l'obéissance de sa fille Capricorne, saura lui apporter légèreté, extravagance et originalité dans ses propos et dans ses actes. Elle se demande toujours pourquoi sa fille Capricorne est si triste, si sérieuse, si peu portée aux amusements qui, d'habitude, font la joie des enfants. Elle cherche à développer sa liberté et à lui expliquer qu'il sera bien temps de se préoccuper de sa vie future lorsqu'elle sera une grande. Fille Capricorne se détend sous l'impact de sa maman Verseau et devient plus farfelue, plus optimiste et finalement plus intégrée autant dans la cellule familiale que sociale. Avec les années, puisque de son côté, elle aura remarqué le côté femme-enfant de sa maman Verseau, elle cherchera à lui apporter tout son bon sens et sa capacité à gérer le concret et le quotidien. Paradoxalement et bien qu'elle soit la fille, on peut penser que c'est elle qui stabilisera et sécurisera sa maman Verseau. En résumé, c'est une relation fort complémentaire qui aura de grandes résonances toute leur vie.

Le pire de la relation

Cette rencontre est faite d'humour, de calme et de confiance mais la méfiance mutuelle n'en est pas exclue. En effet, leurs comportements sont tellement antinomiques, fille Capricorne restant ancrée à son côté sérieux et persévérant et maman Verseau à son côté ludique, original et extravagant qu'elles n'en finissent pas, pendant toute l'enfance, de s'étonner l'une et l'autre car, elles ne sont jamais sûres de se comprendre. En effet, la communication entre elles est difficile, fille Capricorne a beaucoup de mal à exprimer le fond de sa pensée de peur de ne pas la dire exactement, maman Verseau, malgré ses grands airs, est aussi une timide qui évite toujours de parler de l'essentiel. Or, l'essentiel entre elles demeure l'affectif. Les besoins sentimentaux et sensuels de fille Capricorne sont aussi gigantesques que son attitude réservée les rend insoupçonnables. Fille Capricorne est toujours un peu frustrée affectivement par sa maman Verseau, qui a tout simplement peur de s'intéresser à cet aspect-là de l'éducation. La féminité de fille Capricorne pourrait donc en être bloquée et ce serait dommage car c'est une sensuelle rentrée, qui douterait ainsi, dans sa future vie de femme, de sa séduction et se réfugierait dans sa timidité.

Le conseil

La morale et les grandes ambitions terrestres, c'est bien mais maman Verseau doit savoir qu'avec une fille Capricorne, il est d'abord utile de parler clairement des choses du cœur et du corps.

Maman Verseau-fils Capricorne

Le meilleur de la relation

Dans cette rencontre astrologique entre une maman Verseau et un fils Capricorne l'intelligence règne. En effet, ils ont les structures cérébrales et les visions du monde qui leur permettent de bien s'entendre non seulement au cours de l'enfance de fils Capricorne mais plus particulièrement, dans leur rapport homme-femme. Maman Verseau, malgré ses airs extravagants et ludiques, n'en a pas moins l'esprit rationnel et cherche à dédramatiser les situations et à montrer le côté optimiste et positif. La raison, le sérieux, la lucidité sont aussi les préoccupations fondamentales du Capricorne et l'on peut donc dire qu'ils influeront l'un sur l'autre pour asseoir une identique lecture du monde. Expériences et connaissances, multiples et vite acquises formeront leur quotidien; en particulier, sous l'égide de maman Verseau qui cherche à ouvrir son fils Capricorne sur l'extérieur et à le faire sortir de ses cercles de connaissances et de vues un peu restreints par sa timidité. Le meilleur de leur relation est sans doute qu'à côté de leur recherche mutuelle de vérité et de morale, ils s'apportent l'un à l'autre des qualités qui leur manquent. Maman Verseau égaie et allège l'univers trop renfermé et trop taciturne de son fils Capricorne, elle lui fait comprendre que la vie va vite et que le sérieux ne rend pas plus intelligent. Elle a, pour sa part, une façon tout à fait ludique et extravagante de vivre l'intelligence et fils Capricorne à ses côtés se déride et voit sous un jour nouveau les bienfaits de l'optimisme et du contact souriant avec autrui. Avec les années, puisqu'il aura remarqué la fragilité de sa maman femme-enfant, il sera celui qui acceptera de gérer les fades aspects du quotidien pour la rassurer et la stabiliser. Là n'est pas le moindre des paradoxes qui se jouent entre eux, mais, de paradoxes en paradoxes, leur relation s'équilibre au fil des années.

Le pire de la relation

Le pire serait que maman Verseau ne comprenne pas que son fils Capricorne a besoin de stabilité et de régularité et qu'elle finisse par l'effrayer avec ses tendances excessives à la bougeotte autant physique que cérébrale. Il sait bien qu'elle le comprend et qu'il partage le même univers intérieur puisque de temps à autre ils parviennent à lâcher les quelques mots qui leur permettent de se reconnaître habitants d'un même monde intérieur. Cependant, il a besoin de sa présence, de sa sensualité et de sa communication, or maman Verseau choisit toujours l'extérieur et les copains plutôt que de s'enfermer dans ce langoureux tête-à-tête avec son fils Capricorne. Elle n'est pas à proprement parler sensuelle puisqu'elle est plutôt cérébrale et son fils Capricorne à ses côtés pourrait se sentir frustré dans ses besoins affectifs et sensitifs qu'il a déjà tant de mal à montrer. Son rapport futur aux femmes n'en sera que plus difficile. Comme en plus, ils ont tous deux des difficultés à exprimer véritablement leurs sentiments, les mésententes et les mésintelligences du corps et du cœur pourraient créer des doutes et constituer la partie difficile de leurs relations.

Le conseil

Maman Verseau veut développer l'intelligence, le sens moral et humanitaire de son fils Capricorne car elle a bien remarqué les tendances philosophiques de celui-ci. Cependant, elle ne doit pas ignorer la partie affective, sensuelle et sensitive très forte chez son fils Capricorne et que son refus d'engagement pourrait la conduire à négliger.

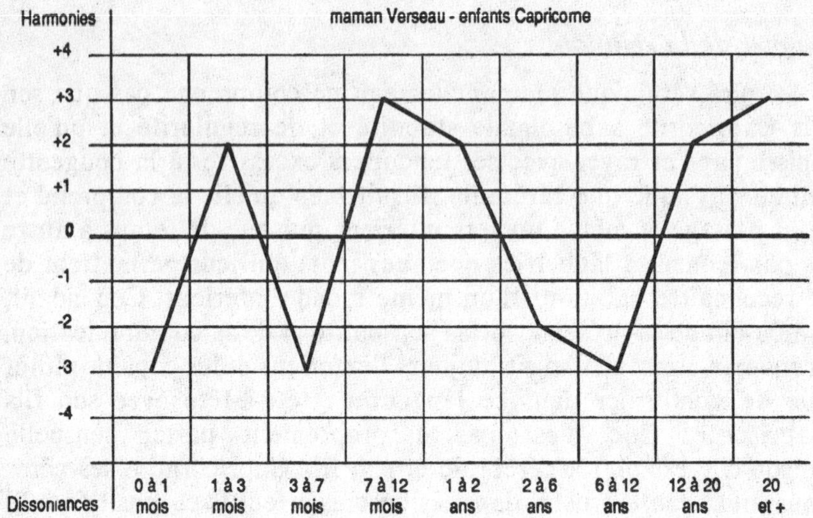

Maman Verseau-fille Verseau

Le meilleur de la relation

L'originalité signe cette rencontre astrologique entre deux femmes qui seront manifestement libres, extravagantes, portées vers l'extérieur et les relations humaines multiples et sans cesse renouvelées. Elles sont cérébrales et leur communication sera donc positive et constructive. A elles deux, elles nourrissent maints rêves, projets, vivent de lendemains qui changent et d'idéaux progressistes. A la fois rationnelle et intuitive, la structure du Verseau lorsqu'elle est ainsi représentée par deux femmes du même signe, permet l'approche des identités par l'intuition mais aussi par tout ce qui est nouveau, science prospective ou art divinatoire. En effet, elle développe une féminité un peu étrange car elle multiplie ce qui constitue la symbolique du Verseau à savoir le paradoxe. Les rapports de la petite enfance seront surtout faits de gaieté, de balades extérieures car maman Verseau est plus préoccupée par le fait de faire rencontrer ses copains à sa fille et de l'initier à toute forme de manifestations culturelles, que par une stricte protection du quotidien et un respect d'horaires ou de programmes nutritifs. Fille Verseau s'accommode bien de ce rythme et deviendra auprès de sa maman du même signe une femme ouverte, intelligente, capable de discernement, de jugement mais aussi intéressée par l'humanité, ce qui appuie ses tendances altruistes et fraternelles. Copines pour la vie, elles seront toujours d'un conseil lucide l'une pour l'autre.

Le pire de la relation

On l'aura facilement compris dans ce qui précède, c'est surtout le quotidien dans ses aspects les plus rébarbatifs mais aussi les plus rassurants qui semblent manquer dans cette relation.

Maman Verseau n'est véritablement pas préoccupée par la question du concret et sa fille Verseau ne trouvera pas de foyer accueillant ou de cocon hyper-organisé, or tout enfant, même Verseau, en a besoin. Cela risquerait d'augmenter son instabilité naturelle et d'en faire une originale outre mesure, c'est-à-dire une marginale qui vivrait en dehors de toute règle et de tout respect des conventions quelles qu'elles soient. L'extravagance à tout prix représente le pire du Verseau inadapté et il serait dommage que maman Verseau le décuple. L'abstraction et la distraction sont encore d'autres avatars du Verseau qui le font vivre sur terre comme s'il vivait dans un nuage ou entrer tout habillé dans son bain sans même sans apercevoir. Au pire l'éducation d'une maman Verseau peut faire que sa fille Verseau s'insurge contre tout aspect pratique, contre toute fonction utile, et fustige les appétits possessifs et même sensuels. Bien sûr, elles n'ont pas d'œillères mais elles manquent de barrières et si toutes les maîtresses puis les professeurs de sa fille se plaignent en se demandant comme ils vont parvenir à asseoir l'intégration sociale de fille Verseau, maman Verseau pourra se poser quelques questions sur elle-même.

Le conseil

Vivre dans l'avenir c'est très bien mais cela n'empêche pas d'assurer le quotidien le plus strictement et de la manière la plus rassurante possible. Voilà un discours qui effraie maman Verseau et pourtant d'y penser avant de s'endormir ou avant de sortir avec ses amis relève de son devoir de mère.

Maman Verseau-fils Verseau

Le meilleur de la relation

L'intelligence rationnelle autant que l'intuition sont les paradoxes du Verseau mais puisqu'ils ont la même structure intérieure, fils Verseau et sa maman du même signe pourront communiquer facilement et certainement plus qu'avec qui que ce soit d'autre. A eux deux, ils vivent dans un monde relativement privilégié, dans lequel ils sont seuls à percevoir les vérités non manifestes, à les deviner et à les approcher par les intuitions mêlées mais aussi par leur capacité à décortiquer strictement et sévèrement les êtres et les choses. Sous des dehors de nounours souriant, fils Verseau est profondément attaché à sa liberté et sa maman Verseau le comprend très bien. Elle ne sera pas celle qui empiétera sur son intimité et au contraire elle le poussera à vivre aussi simplement, aussi librement et aussi drôlement qu'elle lui reconnaît en avoir besoin. Quant à lui, il est ravi que sa maman ne lui impose pas de règles et qu'elle le laisse tranquille dans ces mondes où Merlin l'Enchanteur est plus présent que la maîtresse d'école ou devant la télévision qui dans sa vie tient une place beaucoup plus importante que les cours de morale. Ils vivent donc dans un univers magique, certainement étranger à leur entourage mais puisqu'ils s'y sentent heureux et y sont bien, on est ravi que la relation se prolonge sous des teintes aussi doucereuses toute leur vie.

Le pire de la relation

Trop de liberté et pas assez de cadre restrictif pourrait faire de fils Verseau un inadapté et un marginal pour le reste de sa vie. Maman Verseau doit reconnaître que par son éducation, elle lui apporte intelligence et ouverture sur l'extérieur mais elle ne sait pas bien s'occuper de l'aspect pratique et concret des choses et ne lui fournit donc pas les défenses dont tout être a besoin pour évoluer dans la réalité quotidienne.

D'autre part, les heurts pourraient se faire jour au niveau affectif et sentimental. Maman Verseau dit peu ses sentiments car elle est malgré ses grands airs une timide, or fils Verseau a un besoin d'affection, de présence sensuelle et charnelle d'autant plus importante qu'il a trop tendance à l'abstraction sinon à l'utopie. Dire, palper, toucher, voilà bien qui fait partie du monde terrestre, or maman Verseau qui vit dans l'avenir et chevauche les étoiles filantes peut entraîner son fils Verseau dans ces mondes interstellaires et l'empêcher ainsi de trouver sa place en tant qu'homme et qu'être social. Les débridements auxquels elle le pousse pourraient faire de lui un aventurier effréné mais il n'en resterait pas moins le cœur vide.

Le conseil

Les originaux sont des personnes très intéressantes mais il leur arrive parfois d'être très malheureux. Fils Verseau serait désorienté de vivre dans un cocon que sa maman Verseau rendrait par trop magique et qui l'empêcherait de toucher la terre ferme. Qu'elle essaie de mettre un peu plus de tendresse et de chaleur charnelle dans leur rapport, elle verra à quel point son fils Verseau en sera rassuré et d'autant plus admiratif de sa pétulante maman.

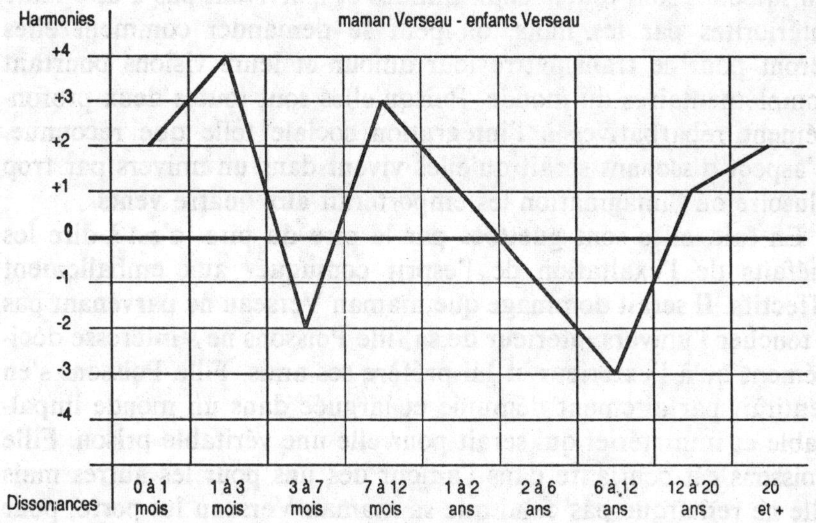

Maman Verseau-fille Poissons

Le meilleur de la relation

A sa fille Poissons, enfoncée dans ses rêves, dans ses évanescences et ses fluctuations intérieures, qui regarde la vie avec de grands yeux émerveillés dès sa naissance, maman Verseau apporte tout l'impact de sa rationalité et de ses vues, certes originales et dynamiques, mais profondément portées sur la réalisation concrète sinon sociale. Elle aidera sa fille Poissons à mieux s'intégrer dans le monde de terriens dans lequel elle vit et lui permettra donc de réaliser et de faire reconnaître ses rêves. A elles deux, elles façonnent une sorte de révolution dans les faits car cette rencontre constitue un heureux alliage de lucidité et d'intuition. Sans sa maman Verseau, fille Poissons serait uniquement dans la théorie et la pensée et, sans sa fille Poissons, maman Verseau serait par trop abstraite et distraite. Elles parviennent donc à conjuguer pensées et actions, théorie et pratique. Leurs féminités sont différentes mais leur communication, si elle ne passe pas par les mots, aboutit à une réelle entente et de vivre à côté d'une maman Verseau est, pour fille Poissons, un réel bienfait.

Le pire de la relation

Elles s'entendent intuitivement certes, mais que se disent-elles? Puisqu'elles sont toutes deux timides et n'arrivent pas à dire leurs intériorités par les mots, on peut se demander comment elles feront pour se transmettre leur amour et leurs visions pourtant complémentaires du monde. Puisqu'elles sont toutes deux profondément rébarbatives à l'intégration sociale telle que reconnue. L'aspect dissonant serait qu'elles vivent dans un univers par trop illusoire où l'imagination les emporterait aux quatre vents.

En fait, elles sont guettées par le pire du pire, c'est-à-dire les méfaits de l'exaltation de l'esprit conjugués aux emballement affectifs. Il serait dommage que maman Verseau ne parvenant pas à toucher l'univers intérieur de sa fille Poissons ne s'intéresse décidément qu'à l'extérieur et lui préfère ses amis. Fille Poissons s'en sentirait parfaitement démunie et larguée dans un monde impalpable et immatériel qui serait pour elle une véritable prison. Fille Poissons est confiante dans l'amour des uns pour les autres mais elle ne remarque pas celui que sa maman Verseau lui porte, pour la simple raison que celle-ci n'arrive pas à le lui exprimer et la laisse vide de la nourriture sensuelle et affective, pour elle essentielle. Entre elles peut alors régner une réelle confusion car elles ne savent jamais bien sur quel pied danser pour s'atteindre mutuellement.

Le conseil

Maman Verseau est attirée par le monde impalpable de sa fille Poissons et elle tente d'apporter toute sa rationalité mais la rationalité n'est jamais l'essentiel de fille Poissons, elle lui est même totalement étrangère. Son cœur, son corps et ses sensations diverses ne se nourrissent pas de l'esprit trop abstrait de sa maman Verseau qui doit se montrer plus exigeante et plus précise avec sa fille.

Maman Verseau-fils Poissons

Le meilleur de la relation

Cette rencontre permet l'alliance de l'intuition et de l'impalpable dans lequel trempe fils Poissons dès sa naissance et de la rationalité, de l'attachement à l'extérieur qui caractérise la vie de maman Verseau. Si elle ne lui apporte pas une sécurité dans le concret et le quotidien, maman Verseau est néanmoins celle qui simplifie et allège l'univers fluctuant et tortueux de fils Poissons, qui se noie dans un verre et a tendance à rester dans la théorie et le rêve plutôt que de passer à la pratique et l'action. Leur rencontre est donc créative sur ce plan car à eux deux ils peuvent unir les forces de l'imagination et celles de la concrétisation. Cela s'entend surtout dans les possibilités qu'offre l'éducation de maman Verseau à l'intégration sociale, relationnelle et professionnelle car elle lui laisse bien entendre qu'elle ne l'aimera que s'il parvient à réaliser ses envies. Il trouve là un moteur tout à fait constructif pour sa personnalité et lui donne en retour toutes les doses d'affection, de tendresse et de rêveries dont elle pourrait sans lui cruellement manquer.

Le pire de la relation

Effectivement, maman Verseau n'est pas celle qui va asseoir l'aspect pratique, concret et matérialiste des choses, or fils Poissons, totalement démuni devant la réalité, et toujours un peu effrayé par le monde des grands (jusque tard dans la vie) a impérativement besoin d'un solide port d'attache dans lequel il puisse trouver toutes les couleurs usuelles et même conventionnelles du quotidien. Il a besoin qu'elle le sécurise, l'enveloppe, le nourrisse, l'habille et l'empêche de s'égarer dans l'immatériel qui constituent son négatif. De plus, comme elle n'ose véritablement exprimer ses sentiments, elle frustre fils Poissons de ce qui est pour lui l'essentiel, les câlins, les tendresses, les mamours, toute une affectivité doucereuse et sensuelle qui est la seule chose qui véritablement le motive et lui donne envie de bouger. Le pire ici serait qu'ils ne parviennent pas à communiquer leurs sentiments et que fils Poissons dans ce manque de regards désirants de sa maman Verseau préfère toutes les fuites artificielles à l'initiative créatrice et sociale.

Le conseil

Maman Verseau sait bien expliquer les choses et rendre plus claires les idées dans la tête bien encombrée de son fils Poissons. Cependant, fils Poissons n'entend jamais les mots comme il entend la douceur et la communication sensitive. Il serait important que maman Verseau y pense et se laisse aller à de simples tendresses du cœur et du corps.

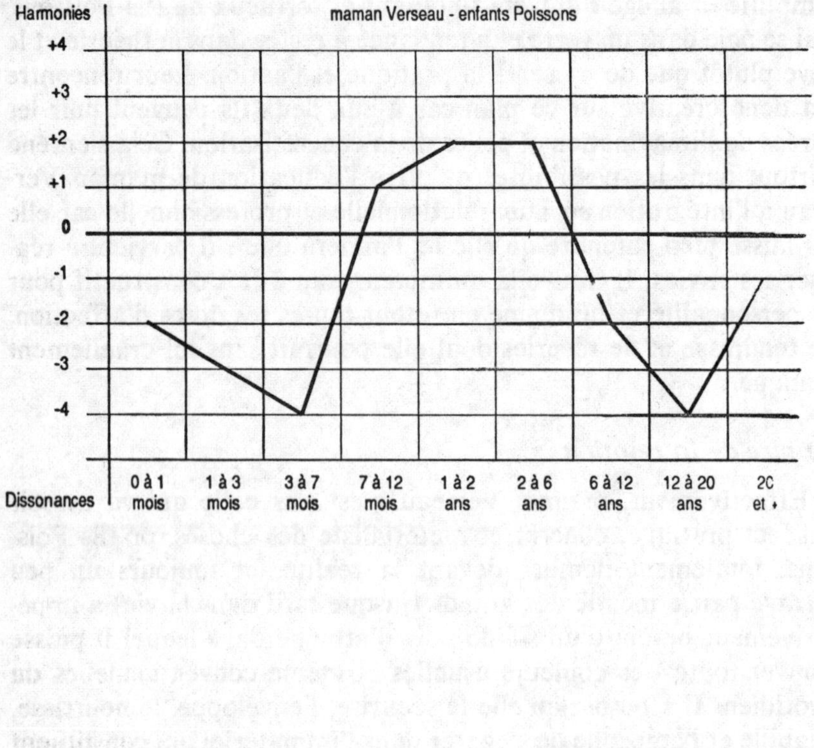

POISSONS

Être mère selon la femme Poissons

Neptune, planète régissant votre signe solaire, est tout brume, incertain, ondoyances et médiumnité. Autant dire que vous êtes une femme aussi attirante qu'insaisissable et devenez une maman on ne peut plus tendre, attentive, sensible et sensuelle, toujours à l'écoute de ses enfants mais à laquelle on souhaite d'avoir, soit réussi à s'organiser, soit trouvé l'épaule adéquate auprès du père de ses enfants. Mais de toutes les façons, l'initiative de cet enfant est venue d'un accord soupesé ensemble, sinon carrément comme un souhait exprimé par votre mari ou compagnon. Vous êtes tellement soumise aux désirs de celui que vous aimez qu'un refus de sa part aurait été un veto infranchissable. Pour vous l'essentiel est d'aimer, aimer encore et pour toujours, et quelles que soient les difficultés (duretés, absences, tromperies, violences...) que vous rencontrerez dans votre relation, vous essaierez toujours de les comprendre, de les accepter, de les sublimer pour continuer à aimer.

Il en est de même lorsque l'enfant paraît : il devient l'objet de votre passion, vous êtes pour toujours son inconditionnelle, son adoratrice, sa muse, passant votre journée à le couvrir de baisers et de caresses si bien que l'on espère finalement pour lui que quelqu'un d'autre pensera pour vous à le couvrir d'un édredon ou lui préparer sa bouillie! Ah ce n'est pas avec vous qu'un enfant souffrira de carences affectives, vous serez toujours dévouée, sinon carrément dédiée à ce rôle extraordinaire que vous découvrez, chaque jour un peu plus ébahie. Le médiocre quotidien, les horaires stricts, les courbes de poids puis les dates des vaccins autant que le programme de maths vous font soupirer d'ennui... il y a bien des gens compétents pour ça! Ce que vous préférez, c'est ce charme indéfinissable qui se tisse chaque jour avec magnétisme, intuitivité, la musique, la danse, l'astronomie, les mystères célestes et humains, les longues discussions et les longues lectures, fourrée avec vos enfants sous de chaudes couvertures pendant que le père s'occupe de la pitance quotidienne, à moins que votre métier touchant à la créativité, vous ne le fassiez participer à l'éducation esthétique, sensorielle, culturelle que vous excellez à donner, et toujours comme une énorme preuve d'amour.

Magicienne de la maisonnée, invitant petits amis et mamans autour de gros gâteaux et d'un dessin animé au magnétoscope, vous comprenez à demi-mot, bercez de votre tolérance, fusionnez merveilleusement les inconscients. Auprès de la maman que vous êtes, les enfants trouvent inspiration et confiance, le monde leur paraît soudain, et pour toujours, un nuage suspendu au-dessus des contraintes et de la vulgarité de l'effort social et on espère qu'ils sauront quand même que le monde n'est pas celui de Merlin l'Enchanteur, du Magicien d'Oz, ce que, dans votre farouche haine de la terne réalité, vous pourriez facilement leur faire croire. Ceci d'ailleurs les conforte beaucoup dans leur petite enfance, l'ennui serait qu'ils y restent à jamais, gardent une image idéalisée de vous, et refusent finalement de sortir du cocon que vous leur avez offert. Leur intégration sociale, leur autonomie de vie, la structuration même de leur personnalité pourraient dans ce cas en souffrir. Les refuges, même les plus doucereux, ne peuvent tenir lieu de réalité, ne leur imposez pas d'emblée la schizophrénie...

Ce que maman Poissons attend de sa fille

Petite sirène aux yeux liquides, vous la voyez ainsi, elle est si câline et désireuse de tous vos soins. Vous la laissez rêver dans son coin, lui touchez de temps à autre la tempe et déposez un bisou sur sa paume mais vous en faites autant pour votre fils. Ce qui change entre eux, c'est que vous pensez, même sans le dire ouvertement, que les petites filles sont de petites princesses et doivent recueillir tout le dévouement des petits garçons. Alors vous la laissez tranquille voguer au gré de ses lubies, vous êtes de toute façon si tolérante et optimiste qu'il ne vous vient pas l'idée saugrenue de faire votre loi. Si elle devient femme d'affaires, vous serez ébahie mais tout à fait admirative, si elle entre au couvent, vous respecterez son choix, si elle préfère le dessin, vous l'inscrirez dans un cours. Du moment qu'elle demeure sensible, aime et secourt son prochain (vous pensez cette phrase très intimement sans connotation religieuse mais par réel humanisme), et qu'elle ne devient pas pédante, calculatrice, égoïste, pour vous tout va bien. Vous lui souhaitez toutes les libertés et votre porte lui sera à jamais grande ouverte pour parler de tout...

Ce que maman Poissons attend de son fils

Comme on vient de le dire, les petites filles sont des princesses, les petits garçons sont donc des princes charmants. Vous ne concevez pas que le monde tourne grâce aux seules dames, les féministes d'ailleurs vous ont toujours hérissé le duvet. Pour vous, un petit garçon, c'est dynamique, entreprenant, concret, laborieux, responsable, secourable, ça a les idées claires et ça commande s'il faut pour obtenir des résultats durables dans son travail autant scolaire que professionnel. Ainsi fait, il sera digne de votre confiance, votre admiration, et recevra le plus merveilleux et le plus rassurant des regards magnifiants dès qu'il aura donné une preuve, ne serait-ce qu'une, de l'aide, de la solidité et de la serviabilité que vous lui demandez de posséder. On peut facilement penser que vous êtes avec votre fille embarquée dans des voyages de langueurs tandis que les hommes, père et fils, se préoccupent du quotidien. Oui c'est ainsi, pour vous c'est « les femmes d'un côté, les hommes de l'autre » mais pas pour un duel, certes non! Plutôt pour que la complémentarité, puis la complicité, puissent se perpétuer et faire le monde s'harmoniser et s'améliorer. Que votre fils ne se défile pas devant ce rôle imposé par la Nature, c'est cela sans doute que vous convoitez... Il grandit, bientôt il vous donnera des ordres et vous protégera. En tout cas, il a beaucoup de responsabilités.

Maman Poissons-fille Bélier

Le meilleur de la relation

Les caractéristiques des signes Poissons et du Bélier sont fondamentalement opposées et c'est ainsi que l'on peut dire qu'à travers cette rencontre, maman Poissons et fille Bélier ont véritablement tout à s'apporter. C'est sur ce besoin fondamental des différences de l'autre que se construira donc le meilleur de leur relation. Le moteur du fonctionnement de fille Bélier, maman Poissons n'est pas sans le remarquer dès les premières années de sa vie, est celui du duel et de l'opposition systématique à un adversaire qu'elle imagine comme tel. Elle avance dans la bagarre, peut-être pour mesurer ses propres forces, en tout cas pour faire reconnaître son identité. Maman Poissons est exactement le contraire, elle est tout simplement incapable d'opposition, incapable d'affront, incapable de duel car elle est fondamentalement convaincue de l'inutilité de tout cela. Elle est donc très étonnée, sinon un peu effrayée par le comportement intempestif de sa fille Bélier. Elle cherchera dès les premiers mois à la calmer, à l'apaiser, à détourner et à canaliser ses violences et ses colères. Avec les années, elle parviendra à diluer un peu ses excès et à la rendre plus réceptive et plus communicative. De son côté fille Bélier, qui a effectivement besoin de la pondération de sa maman Poissons, ne continuera pas moins de croire que l'on n'a rien sans efforts et qu'il est inutile de penser si l'on ne réalise pas. Maman Poissons, elle, se contenterait facilement de ses rêveries. Elle poussera, houspillera donc sa maman Poissons et l'obligera à prendre des positions nettes. Leur dialogue est cacophonique mais avec les années, elles parviennent à reconnaître mutuellement les bienfaits de leur cohabitation.

Le pire de la relation

On l'aura compris dans ce qui précède, maman Poissons et fille Bélier ne voient pas la vie sous le même angle. Maman Poissons est inspirée et fille Bélier est créative mais il se peut très bien que chacune reste dans ses extrêmes et vive l'univers de l'autre comme totalement étranger et absolument inintégrable à son propre univers. Leur relation peut ressembler à un brouillard absolu, une incommunicabilité totale. Fille Bélier est entièrement projetée dans ses actes qui souvent précèdent ses pensées alors que maman Poissons vit dans un univers intérieur, presque clos, et se barricade de toutes les tentatives houleuses de sa fille Bélier. Elles vivent l'une à côté de l'autre, dévouées à des causes qu'elles ne pourront jamais servir ensemble. Maman Poissons doit se demander chaque jour comment cette fille peut être la sienne tandis que cette dernière se désespère d'avoir une maman qui ne réagisse et ne réponde à rien et surtout qui continue de rester tout sourire et toute tendresse même lorsqu'il est flagrant qu'elle est agressée par l'extérieur. Bien sûr fille Bélier sera celle qui prendra sa défense et jouera les Bayard mais elle n'en profite pas moins pour critiquer et crier fort sur une maman qui continue de ne pas répondre. Alors avec les années, à force d'incompatibilité, même fille Bélier avec son obstination se lassera de chercher à comprendre sa maman Poissons et voudra l'intégrer dans l'univers réel. Le pire serait qu'elles s'éloignent, trop étrangères l'une à l'autre.

Le conseil

Il est impératif que maman Poissons comprenne que l'univers de sa fille Bélier ne peut en aucun cas se rapprocher du sien et que si un choix est à faire, fille Bélier fera celui de l'extérieur, de l'action et de la combativité. Il est donc inutile de prêcher la tendresse et la compréhension universelle car ce serait tout simplement la démunir de son moteur principal. Il lui suffit d'admirer sa guerrière de fille et d'être prête à la réconforter lorsque, même elle, échoue.

Maman Poissons-fils Bélier

Le meilleur de la relation

Quelque chose de l'ordre de la fascination se joue incontestablement entre eux. Maman Poissons note que son fils Bélier est impulsif, volontaire et qu'il ne se laisse pas marcher sur les pieds; c'est ainsi dès les premiers mois de sa vie et elle pourra le vérifier au cours des années. Elle est donc toute tendresse, tout calme, tout sourire et toute pondération pour ce petit garçon si nerveux et si agité qu'elle cherche à calmer et à conforter en lui chantant de douces chansons et en le caressant pour qu'il prenne conscience de la chaleur et de la sensualité. Fils Bélier est sans doute rassuré et très heureux dans cet univers car il y puise des forces et emmagasine des énergies pour les batailles que sera forcément sa future vie scolaire mais aussi sociale, amoureuse et professionnelle. Il a une haute idée de la virilité et s'identifie à des modèles de Rambo ou de Bayard, conforté d'autant par la féminité fragile et fluide de sa maman Poissons. Tout petit déjà, il la prend pour une princesse et se targue d'être celui qui saura la protéger et assurer sa pitance et son secours quotidien; en cela il s'identifie à son papa, et maman Poissons, avec le regard désirant et admiratif qu'elle lui porte, valorise cette projection.

Le pire de la relation

L'incommunicabilité est ici un risque flagrant. En effet, ils vivent véritablement dans des planètes très éloignées l'une de l'autre; fils Bélier est entièrement inscrit dans ses actes et ses initiatives, tandis que maman Poissons reste dans les rêveries d'un univers intérieur qu'elle ne traduit pas forcément dans la réalité. Ils vivent donc côte à côte mais notoirement étrangers et comme ils ne parviennent pas à trouver les mots pour dire leurs différences, on peut se demander quelles navettes spatiales aideront leurs différences à se rapprocher. Si ce ne sont pas celles de la parole, ce ne sont pas non plus celles de la sensualité. Fils Bélier a une certaine tendance à ignorer son corps qu'il n'utilise que dans son aspect physique, énergique, sinon sportif tandis que maman Poissons est par excellence celle qui connaît la communication des sens et la voie de la sensitivité. Ils ont donc des idées tellement différentes de la sensualité que cela ajoute à leurs dissonances et à leurs possibilités de heurts. Ceux-ci, très peu perceptibles dans les premières années de la vie, deviennent de plus en plus flagrants dès l'entrée de fils Bélier dans la vie sociale, c'est-à-dire dès les premières années de la maternelle. Ils s'accentueront au fur et à mesure qu'il grandira, et le fils s'éloignera de sa maman.

Le conseil

Finalement, ce que fils Bélier demande à maman Poissons est qu'elle reste dans son rôle et n'interfère jamais dans ce qu'il a à construire de l'existence. Tant que chacun reste dans sa planète il n'y a ni disputes ni compromis et maman Poissons, heureusement, n'est pas du genre à s'imposer.

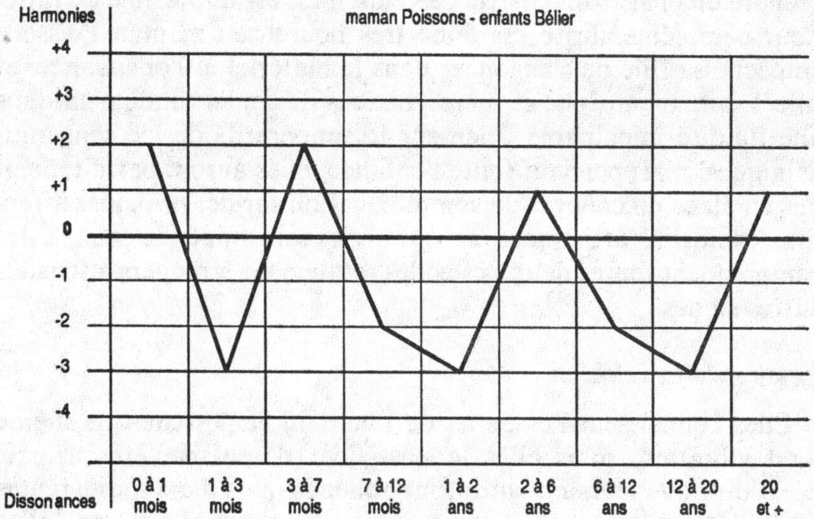

Maman Poissons-fille Taureau

Le meilleur de la relation

La communauté de cœur et d'esprit, la vibration affective, émotionnelle et les attraits pour la beauté, la sensualité et la quiétude font entre maman Poissons et fille Taureau des liens magiques et exceptionnels. Elles se comprennent sans parler, ce qui fait de la toute petite enfance de fille Taureau, un long moment de communion magique, tranquille, tendre, chaleureux, nourricier, hyperprotégé. Câlins, douces chansons, jolis tissus, moites ambiances, tiédeurs des corps, tout ce qui est nécessaire à la vie de fille Taureau sera présent chez sa maman qui possède le foyer le plus accueillant pour ces sensibilités inexprimables mais primordiales qui tissent et tapissent l'inconscient de fille Taureau. Leurs féminités sont très proches et permettent leur bonne communication. Maman Poissons entoure sa fille d'une sollicitude un peu mystique, superstitieuse, inquiète et l'ouvre plus à une éducation de l'esprit et de la sensibilité qu'à celle de la morale, du concret, de la volonté. Heureusement, fille Taureau a la tête sur les épaules pour deux (au moins) et sait faire un judicieux tri entre les possibles et les impossibles des fluctuations et des annonces uniquement verbales de maman Poissons. Pleine de bon sens et de tolérance, avec les années fille Taureau s'attendrira devant la fragilité de maman Poissons et son inadaptation aux exigences quotidiennes et saura prendre en charge une partie de ce qu'il lui est impossible de faire. Leur complémentarité est donc très heureuse : maman Poissons empêche sa fille de s'engoncer dans le matériel et l'obéissance, et fille Taureau empêche sa mère Poissons de couler totalement dans une fluidité impalpable. Bien sûr les impératifs de vie sont antinomiques, mais pendant toute l'enfance, elles auront parfaitement mis en place un canevas de communication sur des principes affectifs, exclusifs, artistiques et culturels car, mine de rien, elles comprennent toutes deux des codes totalement étrangers à tous les autres signes.

Le pire de la relation

Elles connaissent l'essentiel de l'humain et possèdent le même fond vibratoire mais elles le possèdent d'une manière bizarre. C'est dire que leurs ententes sont aphones mais leurs mésententes hurlantes! Elles ne peuvent pas communiquer car elles n'emploient jamais les mêmes mots et ne disent jamais les mêmes choses! Bref, c'est le cœur qui les rapproche mais dès que l'on est dans le domaine de la raison et du rationnel, fille Taureau devient experte et maman Poissons absente. D'abord, fille Taureau a besoin de manger, de se nourrir de tangible, de solide, de palpable, or maman Poissons ne lui propose que de la magie, des courants et des fluctuations. Leurs régimes terrestres ne peuvent qu'en affamer une sur les deux et c'est souvent, dans cette combinaison, fille Taureau qui est l'« affamée ». L'intuition et les méandres affectifs, c'est bien mais comment en faire une route fiable? Maman Poissons n'apporte pratiquement rien quant à la discipline, les règles, les balises nécessaires à tout enfant mais qui, pour fille Taureau, jouent aussi un rôle rassurant et constructif. La liberté totale de vie et de relations que sa maman Poissons lui laissera pourrait larguer fille Taureau dans une difficulté de choix et la pousser dans ses retranchements passionnels les plus houleux. Insatiable, boulimique, fille Taureau cherchera un port d'attache qui fixe enfin son cœur, son corps, ses besoins concrets. Les caprices et les susceptibilités de maman Poissons sont pour elle peu rassurants et elle pourrait avec l'arrivée de l'adolescence, mais surtout dans sa vie de femme le lui reprocher ou du moins, se sentir toujours en manque de terre, un comble pour elle qui n'a plus pour cela qu'à se tourner vers son papa.

Le conseil

Entre deux femmes qui « s'aiment à l'infini », et c'est déjà pas mal d'avoir les âmes et les cœurs à l'unisson, il manque une borne de fixation tangible, immuable et concrète. Et cela n'en finit pas de faire tanguer fille Taureau sur ses propres bases. Ce serait dommage de la voir perdre sa consistance et l'on adresse donc un conseil à maman Poissons : qu'elle trouve un papa solide, un membre de la famille qui la décharge de ce rôle-là et lui permette de conserver le fief de l'affectivité.

Maman Poissons-fils Taureau

Le meilleur de la relation

Entre maman Poissons et fils Taureau, un magnétisme rare opère. Il joue surtout sur fils Taureau qui est fasciné très tôt par les fluctuations et les évanescences hypersensibles de maman Poissons qui sont pour son esprit terrien stable, concret et constant une source de mystère mais aussi d'émerveillement. Intuitive, tendre et affective, maman Poissons assure à son fils Taureau la certitude d'être aimé, dorloté, compris. Le bain de chaleur, de sensualités partagées, de belles musiques, chaudes ambiances, tendres atmosphères, beaux tissus et beaux objets, tout cela fera autour de lui une aura d'enfance magique dont il gardera un fond enveloppant des plus constructifs pour son avenir d'homme. Les conditions de tolérance et d'intelligence semblent entre eux faciles à remplir et aideront fils Taureau à transcender ses forces, asseoir ses ambitions et se surpasser dans les résultats qu'il espère car l'affectif est son moteur, son essence, sa garantie de vie et maman Poissons lui assure cette sécurité de fond. Fils Taureau, qui aime qui l'aime, trouvera donc sa ration d'amour et se montrera pour sa part inconditionnel dans ses propres dons affectifs. Il y a dans les tréfonds psychiques et les perméabilités de l'inconscient d'une maman Poissons des trésors d'ingéniosité pour donner confiance à fils Taureau et le sortir de la rigidité de sa coquille et des doutes qu'il porte, de manière toujours invisible et insoupçonnable pour les autres, sur ses qualités, ses forces et le bien-fondé de ses désirs. En contrepartie, il procurera avec les années toute la solidité et la fiabilité de sa vision carrée et concrète du monde et de sa capacité à assurer le matériel, le rationnel, l'immuable.

Le pire de la relation

Les fluidités et les affectivités certaines dont maman Poissons sait entourer et rassurer son petit garçon Taureau ne procureront cependant pas à celui-ci la solidité d'une discipline élémentaire dont il a besoin comme tous les enfants et en particulier les enfants de la Terre, élément zodiacal qui les porte à aimer le tangible, le palpable, l'immuable. La tendresse infinie, diluée, fluctuante et métaphysique de maman Poissons émerveille fils Taureau et le rend très sensible à cette femme à la fois fragile, fantasque et surnaturelle. Mais il en est tout à fait déconcerté. De plus, maman Poissons, inquiète et mouvante, lègue une bonne partie de son inquiétude à son fils Taureau qui ne sait sur quel pied danser et tangue sur ses bases au lieu de s'y trouver solidement ancré. Il est gêné de ne pouvoir compter sur des assises maternelles sûres et redouble de gentillesse à son égard en pensant que peut-être, si elle est si nerveuse c'est qu'il en est responsable. Cela le déstabilise, lui enlève ses forces plutôt que de lui en donner. Responsable de sa maman, il ne peut véritablement penser à sa propre structuration et à sa propre maturation. Il répond à ses demandes avant qu'elle ne les ait formulées et finit par mépriser ses besoins personnels. On comprendra vite les conséquences d'une telle attitude sur sa future vie d'homme dans laquelle il risque de toujours chercher à faire plaisir pour recevoir un minimum de sécurité. Il ne s'agirait pas que se produise le pire : une névrose répétitive qui le laisserait le cœur en miettes et le tempérament dépressif. Il développerait alors le pire de ses travers : la renonciation, le pessimisme, la passivité.

Le conseil

Un maximum d'amour et de tendresse et un minimum de balises concrètes qui assurent un sol ferme à ses besoins d'affectivité. Maman Poissons, si elle ne se sent pas de taille à apporter la seconde partie devra au moins avoir l'intuition de bien déléguer.

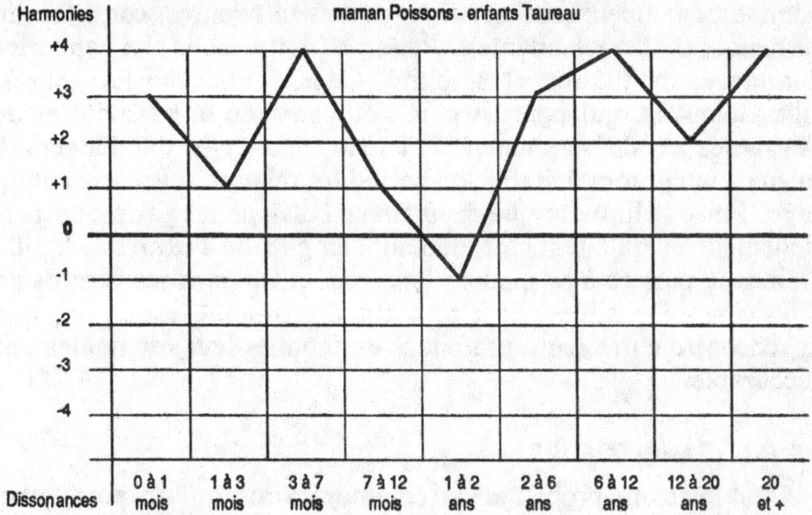

Maman Poissons-fille Gémeaux

Le meilleur de la relation

Ici se rencontrent l'intuitivité qui caractérise maman Poissons et la cérébralité qui marque la personnalité de sa fille Gémeaux. Le dialogue est traditionnellement considéré comme impossible car les canons de transmission, les codes comportementaux et surtout les rythmes intérieurs sont tellement différents qu'il est difficile d'imaginer comment une véritable communication peut s'établir entre elles. Le meilleur dans une telle situation ne peut donc jaillir que d'un total respect de l'univers de l'autre. Maman Poissons note dès les premiers mois de sa fille Gémeaux, à quel point elle est mobile, ouverte à l'extérieur et désireuse de contacts et de ludicité. Somme toute la personnalité de sa fille l'amuse car elle la fait rire, la fait un peu sortir de son univers intérieur fluctuant mais trop peu intégrable à la réalité quotidienne. Elle voit bien que sa fille Gémeaux ne lui ressemble pas et ne lui ressemblera jamais car les féminités et les besoins fondamentaux sont tellement différents qu'ils ne pourront jamais se compléter.

Puisqu'elle remarque l'agitation, sinon la nervosité de sa fille Gémeaux, maman Poissons tente de la calmer et de lui apporter une certaine profondeur de vues sur les êtres et les choses. La superficialité de fille Gémeaux, qui reste la plupart du temps dans les mots sans les traduire en actes et qui parle, gigote et s'amuse sans cesse comme pour mieux cacher ses angoisses intérieures, constitue un terreau sur lequel maman Poissons agira pour lui apporter constance, méditation et stabilité. Cependant, avec les années, fille Gémeaux, qui pour sa part s'étonnera de la passivité et de l'évanescence de sa maman Poissons, sera celle qui l'aidera à mieux s'intégrer et à établir de véritables relations avec son entourage. Puisqu'elle note que sa maman Poissons ne parle que partiellement et qu'elle-même détient l'empire de l'expression, fille Gémeaux parlera à sa maman Poissons, et traduira ses regards en mots compréhensibles par le plus grand nombre. C'est en cela que la rencontre entre leurs profondes antinomies leur est finalement secourable.

Le pire de la relation

C'est bien un problème de communication qui se pose entre elles. Car même lorsqu'elles ont l'air de jouer ensemble et de partager les mêmes ludicités se comprennent-elles véritablement? L'une devant l'autre, elles n'expriment jamais leurs besoins véritables pour la bonne raison qu'elles ne voient pas le monde sous les mêmes aspects et n'aspirent pas aux mêmes buts fondamentaux. Fille Gémeaux pense qu'il est bon de vivre au jour le jour sans trop se préoccuper des lendemains tandis que maman Poissons a des buts à très long terme sinon sans terme du tout. Avec les années, à force de perplexité, devant un monde aussi éloigné du sien, maman Poissons s'interroge et culpabilise toujours un peu de ne pas parvenir à se rapprocher de sa fille Gémeaux. Celle-ci regarde sa maman comme une étrangère et au détour de trois paroles en l'air, elle s'arrête en proie au doute. Le pire serait qu'elles s'irritent de ne pouvoir véritablement se toucher et à force d'irritation avec les années, c'est bien l'éloignement qui les guette. Le plan sensible et sensuel semble être celui qui les sépare le plus car fille Gémeaux joue avec son corps mais n'en jouit pas tandis que maman Poissons fait tout passer par ses pores, ses regards et sa peau. Les féminités ainsi ne peuvent se refléter et fille Gémeaux se construit une identité dont elle ira chercher le modèle en dehors de l'image maternelle.

Le conseil

Chaque fois qu'elles tentent de se parler elles ne se disent rien. La petite enfance heureusement peut se combler de jeux, de rires et de câlins mais à partir de l'âge de 5-6 ans, les incompatibilités ne peuvent plus s'ignorer; fille Gémeaux se tourne vers l'extérieur et laisse maman Poissons dans ses univers intérieurs. Celle-ci à défaut de pouvoir suivre sa fille peut néanmoins laisser sa porte ouverte pour qu'elle puisse venir chercher auprès d'elle chaleur et protection.

Maman Poissons-fils Gémeaux

Le meilleur de la relation

Dans cette rencontre, entre l'intellect et l'intuition, le premier sentiment qui prime est bien l'étonnement mutuel. Les univers sont tellement divergents et les rythmes intérieurs tellement antinomiques, les aspirations et les visions du monde tellement opposées que l'on se demande comment maman Poissons et son fils Gémeaux vont bien pouvoir arriver à se toucher, à communiquer véritablement et durablement. Le meilleur de la relation se trouve donc dans le respect réciproque, ils ont tellement à s'apporter qu'il serait bon qu'ils le reconnaissent au plus vite. Fils Gémeaux vit dans l'extérieur, dans les mots, les mouvements et les amis multiples qu'il fréquente avec les années beaucoup plus assidûment que ne le fait sa maman Poissons. Mais sa vie est un peu superficielle et agitée et il considère sa maman Poissons comme un havre de paix, de tendresse et de chaleur auprès duquel il peut se réfugier lorsque de temps à autre il a le désir de rentrer à la maison. Elle lui apporte ce qu'il ignore, à savoir que la vie n'est pas que dans son aspect extérieur et qu'il existe des choses fondamentales qui n'ont pas besoin d'être vues et entendues pour exister. Même s'il est un peu sceptique et sévère devant une telle vision du monde, il n'en gagne pas moins en profondeur et en subtilité. Avec les années, il forcera quant à lui sa maman Poissons à sortir un peu de ses fluctuations internes pour s'intégrer à la vie sociale et cela n'est pas un mal pour maman Poissons qui acquiert là le sens de la réalité intelligible. C'est finalement une relation bizarre qui pourrait leur rapporter des trésors qu'ils n'auraient pas respectivement.

Le pire de la relation

C'est toujours difficile à dire mais la conclusion entre un Gémeaux et un Poisson est toujours à long, moyen, ou court terme l'incompatibilité.

En effet, les univers sont tellement divergents que l'on imagine mal comment une véritable communication pourrait les rapprocher. Le pire serait que fils Gémeaux avec les années s'étonne tellement de la personnalité de sa maman Poissons qu'il la critique or, il est expert en mots durs et en sarcasmes cyniques. Celle-ci en aurait le cœur meurtri car elle ne sait répondre aux attaques et cherche toujours à comprendre et à conforter son fils Gémeaux. Puisque de toutes les manières ils ne parlent pas de la même façon et jamais pour dire les mêmes choses, maman Poissons tentera de donner à son fils Gémeaux l'impact de la communication sensuelle et sensitive mais sans tout à fait y parvenir. A la longue, on peut craindre un rapport un peu sadique de la part du Gémeaux sur la maman Poissons.

Le conseil

Maman Poissons est véritablement prête à tout pour comprendre et aider son fils Gémeaux. Mais ce n'est pas exactement ce que celui-ci demande puisqu'il se nourrit intensément de liberté et ne supporte aucune entrave, pas même la tendresse passive et attentive de sa maman Poissons. Le pire est effectivement dans les rapports sado-masochistes qui peuvent s'installer et on peut simplement conseiller à maman Poissons de veiller à ne pas y entrer.

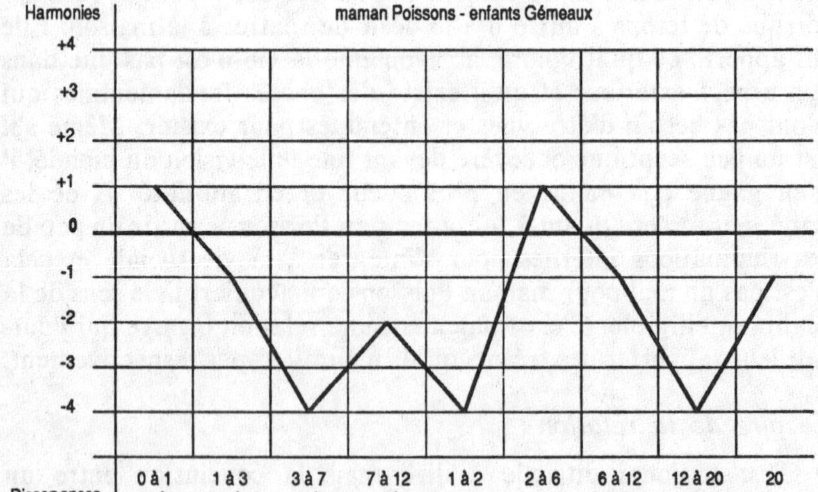

Maman Poissons-fille Cancer

Le meilleur de la relation

C'est un cocon doucereux dans lequel maman Poissons et fille Cancer vibrent aux mêmes frémissements d'âme et de cœur et savent communier, s'aimer et s'entourer toute leur vie des meilleures douceurs. On peut voir cette communication comme un état gestatif prolongé, une paix journalière dans laquelle vivent en priorité l'art, la musique, la peinture, de toutes les façons l'esthétique, l'humour et la courtoisie autant que la sensualité. Une maman Poissons et une fille Cancer partagent absolument le même univers intime irisé de mille couches de sensualité et porté vers la chaleur et l'affectivité partagée. Avec fille Cancer, maman Poissons peut partager des heures de silence et d'attouchement sensuel et il est rare de dire que d'autres signes pourront avoir une telle communication aphone. Les féminités se reflètent et se rejoignent et elles construisent ainsi tout au long de l'enfance de fille Cancer une sorte de cage un peu dorée et intacte dans laquelle fille Cancer développe sa personnalité tendre, passive, respective et intérieure et finit par se dire que les hommes ont sans doute pour fonction de faire exister les femmes, de se bagarrer pour mériter leur joliesse et leurs rêveries mais qu'ils ont en contrepartie droit à des obéissances, des admirations que fille Cancer saura de toutes les façons donner mieux et plus que d'autres femmes. Les femmes d'un côté, les hommes de l'autre, voilà bien ce qui ici se joue et fille Cancer auprès de sa maman Poissons se dit à jamais que tout lui est dû puisqu'au cours de son enfance, maman Poissons fait tout pour le lui prouver.

Le pire de la relation

Après les cours de danse, de dessin, de piano, d'initiation à une féminité parfaite qui pourrait s'apparenter à celle des muses un peu inaccessibles, que se passe-t-il réellement entre une maman Poissons et une fille Cancer? Il se passe que justement la réalité n'intervient pas et ce sera bien le pire. Maman Poissons est déjà elle-même enfermée dans un univers intérieur aux fluctuations diverses qui n'ont aucune inscription dans la réalité sociale et professionnelle et il serait dommage qu'elle développe les mêmes tendances chez sa fille Cancer. Celle-ci qui a besoin qu'on la sorte de son cocon, qu'on l'amène doucement dehors pour l'obliger à s'inscrire dans la réalité, ne trouvera certainement pas « le coup de pied nécessaire » auprès de sa maman Poissons qui, au contraire, risque de l'enfoncer définitivement dans des eaux profondes certainement doucereuses mais étouffantes à long terme. Une sorte de rapport un peu masochiste s'établit entre elles qui communient sans avoir besoin de parler et qui forment une bulle parfaite, inaccessible à l'extérieur, ne serait-ce qu'aux autres membres de la cellule familiale. Maman Poissons et fille Cancer sont en danger d'asphyxie dans cette dyade parfaite mère-enfant que l'on verra se développer au cours de l'enfance. Il serait dommage que fille Cancer devienne excessivement passive et dépendante, ce qui est pourtant le danger de sa structure intérieure.

Le conseil

Il y a une sorte de perfection dans cette relation, perfection de la compréhension, de la communion et des féminités partagées. Or, c'est une véritable prison pour fille Cancer; si maman Poissons ne s'en rend pas compte à temps et ne l'aide pas à quitter ce cocon, elle risque de voir sa fille devenir capricieuse, dépendante et finalement très vite désillusionnée dès qu'elle osera le moindre pas vers l'extérieur.

Maman Poissons-fils Cancer

Le meilleur de la relation

Vivant dans le même univers intérieur sensible et fluctuant et partageant la même lenteur dans la pensée et dans les actes, maman Poissons et fils Cancer se comprennent instantanément plus avec le cœur et le toucher, le sens olfactif et les regards que par les mots, l'esprit et l'action. L'action d'ailleurs peut manquer à cette relation mais ce ne sont pas eux qui s'en plaindront, ils communiquent par les ondes qui font ainsi autour d'eux un halo cohérent mais relativement hermétique d'accès pour moins irrationnels qu'eux. C'est un état gestatif prolongé car maman Poissons sait par excellence développer les affinités artistiques et esthétiques de son fils Cancer et construit avec lui un cocon magique, un Disneyland qu'ils seront soucieux tous deux de préserver le plus longtemps possible. Leurs inconscients très proches leur permettent de communier et ils sont heureux de n'avoir jamais beaucoup besoin de s'expliquer, ils savent comment agir et réagir l'un vis-à-vis de l'autre, ils partagent aussi le goût des intimités familiales, le sens du foyer, du clan parents-enfants et en particulier mère-enfant. La vibration est celle d'un long opéra des sens et leurs relations femme/homme deviennent par là un peu ambiguës. Main dans la main, ils tanguent au-dessus du terrestre et des foules besogneuses. L'art et les travestissements du quotidien les intéressent et ils vivent dans un univers de langueur et de douceur que beaucoup leur envient et qu'ils font tout pour préserver le plus longtemps possible.

Le pire de la relation

Il ne faudrait pas prendre ce que l'on vient de décrire comme un idéal de perfection car, dans cette relation effectivement merveilleuse mais totalement irréelle, fils Cancer peut trouver excuse à ne jamais s'intégrer, ce qui est déjà une tendance très marquée chez lui.

Ce qui les soude l'un à l'autre est très fort mais marqué par les exagérations de la fusion totale et indestructible. Fils Cancer y perdrait son identité et maman Poissons ne s'en rendrait pas compte, c'est bien là le pire. Fantasmes de fusion et dépendances affectives vis-à-vis de l'extérieur seraient le lot de cette relation et on imagine mal que fils Cancer puisse un jour véritablement se détacher d'une image aussi idéale. Des rapports sado-masochistes issus du modèle absolu qu'est pour fils Cancer sa maman Poissons pourraient se tisser avec les années. La relation en deviendrait malsaine car fils Cancer devant le manque d'exigences et de rigueur absolue de sa maman Poissons serait tendre jusqu'à en être faible, et réceptif à en être complaisant. Avec les années, préférant toujours se réfugier auprès de sa maman plutôt que d'aller vers des amis et des rencontres, il pourrait nourrir un complexe d'inutilité avec des dangers de fuite dans des paradis artificiels et cela dès l'adolescence.

Le conseil

Bien sûr, ils comprennent parfaitement leurs rêveries, leurs nostalgies et leurs vibrations invisibles mais maman Poissons ne doit pas provoquer la noyade par un total manque de balises, d'exigences et d'interdits. Il est impératif que fils Cancer sache que c'est sa maman et qu'on n'y touche pas. Cela paraît un peu caricatural mais c'est bien de l'inceste le plus trouble qu'il s'agit ici.

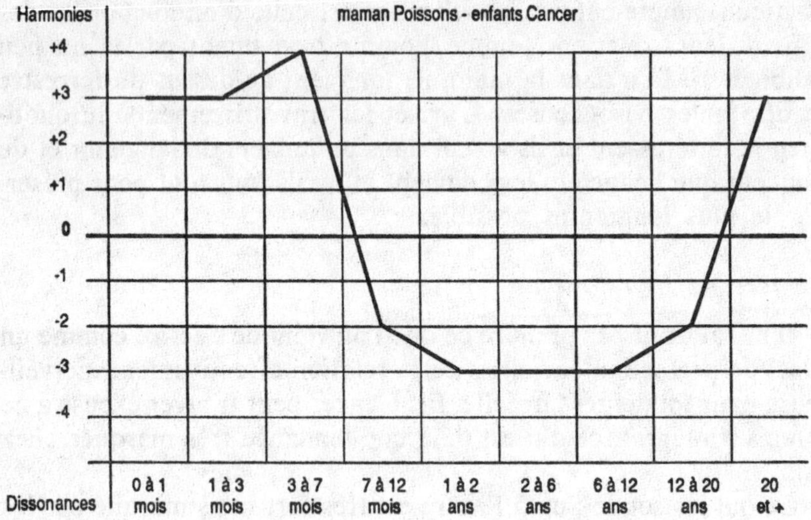

Maman Poissons-fille Lion

Le meilleur de la relation

Maman Poissons n'en finira pas de se demander comment elle a pu avoir une fille telle que sa fille Lion aussi magnifique et resplendissante, n'ayant peur de rien ni de personne. Celle-ci affirme sa volonté dès ses toutes premières années et maman Poissons est rassurée de voir qu'elle ne sera jamais une victime. Mais elle n'est pas sans remarquer par la même occasion que sa fille Lion est un peu trop attirée par la superficialité des êtres et des choses et se laisse facilement avoir par l'apparence sinon le brillant de toutes les situations. Pour elle qui est toute intuitivité, médiumnité et sensation, elle fait tout ce qu'elle peut pour apporter un peu plus de profondeur et d'intériorité à sa fille Lion qui sans elle pourrait être sèche, hautaine et autoritaire et ne jamais parvenir à une réelle communication affective et intime avec son entourage. Maman Poissons est donc primordiale dans la vie de sa fille Lion pour lui apporter la part de rêve, de féminité simple, ludique et évanescente alors que fille Lion porte au pinacle des valeurs beaucoup plus viriles. Leur complémentarité est tout à fait bienvenue, fille Lion en grandissant se reposera sur le sol tendre et accueillant de sa maman et pourra se consacrer à ses réussites extérieures et en faire profiter cette dernière. La rencontre ici des valeurs intérieures et de la réussite extérieure est donc fort réussie.

Le pire de la relation

Les difficultés entre elles se jouent à deux niveaux. En premier lieu, fille Lion effraie sa maman Poissons car elle développe une féminité et une personnalité qui sont tellement aux antipodes de celles de sa maman que celle-ci tremble constamment pour sa fille. A chacune des initiatives, des coups d'éclats et d'envergure de celle-ci, maman Poissons se demande si elle parviendra à ses buts.

Elle s'inquiète, pose mille questions et cherche toujours à ralentir le rythme de sa fille car elle aurait mal à sa place si ses initiatives devaient se solder par un échec. Or, cette notion est étrangère à l'esprit de fille Lion et comment faire autrement lorsqu'on se lance dans une vaste bataille. L'envisager la bloquerait et la priverait de tous ses moyens. Maman Poissons, à sans cesse lui dire de faire attention et à l'inquiéter, l'encombre et l'irrite. Maman Poissons a un côté victime qui ne dit rien lorsque sa fille rouspète devant ses inquiétudes et qui est toujours prête à la comprendre, à la secourir et à l'apaiser. Cependant, cette protection trop mielleuse enfonce fille Lion et la met dans des états qui ne correspondent pas à sa personnalité profonde. En effet, elle a besoin qu'on la dynamise plutôt que de larmoyer sur son sort. L'exaspération est portée à son comble avec l'adolescence puis devient un facteur de mésentente dans leurs rapports femme/femme. En effet, les féminités très différentes qu'elles développent respectivement ne peuvent pas leur permettre de se rencontrer ni de se refléter l'une l'autre. Fille Lion ne peut se construire que dans l'opposition, la négation de l'identité que sa maman Poissons lui offre et celle-ci en est toute meurtrie mais le pire est qu'il ne lui vient même pas à l'esprit de s'en offusquer.

Le conseil

Il faudrait que maman Poissons comprenne que sa fille Lion ne vivra jamais la vie qu'elle vit elle-même et que ce qu'elle entend par féminité ne recouvrira jamais la sienne propre. Or, donc cette battante tout feu tout flamme a besoin que sa maman Poissons lui laisse la porte grande ouverte pour les rares moments où elle viendra y chercher tendresse, protection et chaleur.

Maman Poissons-fils Lion

Le meilleur de la relation

Fils Lion est un petit être viril et sa maman Poissons n'est pas sans remarquer son fort caractère et la personnalité sans nuances qu'il développe dès les premiers mois de sa vie. Elle le sait entreprenant, dynamique et brillant et elle cherche avec le calme, la tendresse et l'intuition qui sont ses forces, à l'apaiser, le protéger et lui apporter toute la douceur d'un quotidien qu'elle organise parfaitement pour lui. Il y a dans cette relation quelque chose de la « geisha » parfaite au service de l'homme éclatant tourné vers la réussite extérieure et les contacts relationnels et sociaux car c'est bien sous cette forme-là que se joue la relation entre une maman Poissons et un fils Lion. Maman Poissons est bien sûr au service de son fils Lion dès que celui-ci apparaît dans sa vie. La répartition des sexes que fils Lion nourrit dans sa tête est tout à fait confirmée par l'attitude et la personnalité de sa maman Poissons. Les femmes à l'intérieur, occupées d'art, d'intuition, fragiles, évanescentes et peu capables de s'intégrer dans la réalité, les hommes à l'extérieur, dynamiques, entreprenants, courageux et battants. Ces caractéristiques se mettent en place dès les toutes premières années de fils Lion. Elle le protège et le rassure mais avec les années, il deviendra le mâle de la maison et s'occupera de sa maman Poissons avec compétence, efficacité et dynamisme.

Le pire de la relation

Le pire est que maman Poissons a tellement peur pour son fils Lion dès qu'elle le voit quitter la maison et se lancer dans de grandes entreprises, qu'elle finit à force de larmoiements et de craintes par l'irriter car son comportement est un frein incontestable à ses initiatives. Fils Lion ne peut tout simplement pas imaginer qu'il est possible de perdre car s'il venait à penser cela, il en perdrait tout son dynamisme.

Maman Poissons pose toujours mille questions et cherche constamment à tempérer car le monde auquel aspire son fils Lion est tellement opposé au sien qu'elle a beaucoup de mal à comprendre même qu'il puisse exister. Non pas qu'elle ne fasse pas confiance à son fils pour réussir, mais bien qu'elle continue très longtemps à le voir comme un tout petit qui n'a besoin que d'elle. Finalement, le discours qu'elle lui tient est à la fois restrictif et culpabilisant, or fils Lion ne mange pas de cette culpabilité-là et s'oppose à sa maman car elle l'exaspère avec son attitude de mère sacrifice, plaintive et démonstrative. Il trouve qu'elle est bien dans le rôle de la maîtresse de maison, de la princesse au petit pois mais dès qu'elle cherche à jouer les mères Courage, il la repousse car il a besoin dans sa tête d'avoir une image de femme forte, sûre et indépendante. Les heurts qui interviennent peuvent se manifester avec éclat à l'adolescence et il serait dommage que fils Lion s'éloigne pour quelques années.

Le conseil

Fils Lion aime beaucoup la fragilité et la féminité douce de sa maman Poissons tant que celle-ci ne devient pas un frein et un boulet à ses initiatives viriles. Il est donc bon que maman Poissons reste dans son rôle et le joue positivement, à savoir que dès que son fils sera fatigué de ses batailles extérieures, il viendra forcément chercher écoute et détente auprès d'une maman tout à fait apte à les lui procurer.

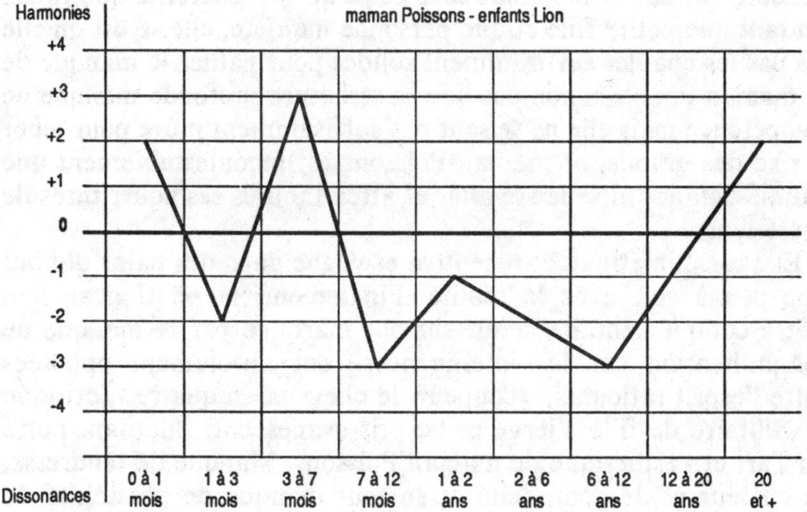

Maman Poissons-fille Vierge

Le meilleur de la relation

Maman Poissons, tendre et réceptive, voit arriver dans son monde un peu irréel une fille Vierge bardée de raison, de rationalité et préoccupée par l'aspect utile et matériel des êtres et des choses. A elle qui manque décidément de frivolité, maman Poissons apporte calme, tranquillité et capacité à ne pas culpabiliser sans cesse à l'égard de mille nécessités quotidiennes. Maman Poissons et fille Vierge ont des dons opposés et c'est dans la complémentarité que se situe le meilleur de leur rencontre. Elles sont toutes les deux naturellement au service d'autrui et elles seront donc par cette rencontre au service l'une de l'autre. Maman Poissons apportera à fille Vierge son goût de l'art, de la gratuité et de la délicatesse et l'empêchera de s'enfoncer dans trop de contingences matérielles. Avec les années, fille Vierge influera sur sa maman Poissons en lui apportant règles, balises, efficacité et sens de la gestion, autant de choses qui sans sa fille Vierge manquerait totalement dans l'univers coton-bleu de maman Poissons. L'enfance est donc calme et structurante et leurs rapports femme-femme seront eux aussi basés sur la complicité.

Le pire de la relation

Fille Vierge très tôt est irritée par les fluctuations de sa maman Poissons car elle se demande sans cesse qui va assurer le quotidien. En tant que petite fille et que personne inquiète, elle se dit qu'elle n'a pas les épaules suffisamment solides pour pallier le manque de sa maman Poissons, non pas que sa structure profonde manque de compétence mais elle ne se sent pas suffisamment mûre pour jouer le rôle des grands, or maman Poissons est incontestablement une femme-enfant qui se laisse aller et attend toutes ses nourritures de l'extérieur.

Elle est mimétique et réceptive et vogue dans des bains qui ont trop peu à voir avec la réalité. Finalement, la relation au lieu d'être complémentaire serait surtout marquée par le manque de compréhension car les intelligences sont absolument opposées entre l'esprit rationnel, « coupeur de cheveux en quatre », critique et utilitaire de fille Vierge et l'esprit évanescent, fluctuant porté sur l'art et l'esthétique de maman Poissons. Manque de tendresse, de chaleur et de complicité et surtout manque de possibilité de dialogue, voilà ce qui risquerait avec les années de les éloigner.

Le conseil

Maman Poissons, si elle méprise à ce point l'aspect matériel et quotidien des choses, déstabilisera et poussera la nervosité de sa fille Vierge dans ses extrêmes. Cela n'en sera que plus périlleux pour les timidités et les culpabilités que fille Vierge nourrit à tous égards. Finalement, maman Poissons doit faire appel à l'envers d'elle-même et essayer d'introduire dans ses nonchalances quelques principes bien fermes.

Maman Poissons-fils Vierge

Le meilleur de la relation

Cette rencontre met en présence deux structures opposées et chacun a, au mieux, une vision du monde complémentaire à celle de l'autre. Fils Vierge est un petit garçon sage, ordonné et timide dont maman Poissons remarquera l'intelligence ainsi que la raison dès les premiers mois de sa vie. Il préfère rester dans sa chambre et regarder sagement des images ou bien discuter avec sa maman pour tenter de mieux comprendre les mécanismes qui régissent la vie sur laquelle il porte un regard préoccupé. C'est ainsi que maman Poissons note l'inquiétude dont il témoigne à l'égard de son monde quotidien. Cette notion de fébrilité paraît totalement absente de la structure profonde de maman Poissons. Elle s'efforce de le tranquilliser, le rassurer et lui montrer l'aspect ludique, esthétique, simplifié, sinon gratuit, des êtres et des choses et le fait avec toute la tendresse et la chaleur sensuelle qui la caractérise. Ses doux sourires et ses câlins sont un baume magique pour les frustrations et le manque de confiance que fils Vierge nourrit en lui-même. Elle parvient ainsi avec les années à le libérer de ses peurs libidinales complexes et encombrantes, à l'inciter à s'ouvrir à l'extérieur et donc à mieux s'y intégrer afin de faire reconnaître ses qualités. Quant à lui, puisqu'il remarque que maman Poissons se préoccupe peu de l'aspect pratique et rationnel de la vie et que lui-même est un parfait gestionnaire, il apportera tout son sens de l'utile à l'univers trop évanescent de sa maman Poissons. La complémentarité se développe dans l'enfance et trouve une expression dans leurs rapports homme/femme.

Le pire de la relation

Le pire serait qu'au lieu de jouer leur différence dans la complémentarité, maman Poissons et fils Vierge en arrivent à multiplier par deux leur côté positif aussi bien que leur côté négatif.

Cela signifierait qu'aux inquiétudes de son fils Vierge, maman Poissons viendrait ajouter les siennes, faisant du climat familial des sables mouvants dans lesquels le besoin de fils Vierge à comprendre les choses et à percevoir les mécanismes comme logiques et immuables ne pourrait trouver aucune assise. En effet, rien n'est pire pour la structure cérébrale et affective de fils Vierge que de se rendre quotidiennement compte qu'il n'est aucune certitude en ce vaste monde et que suivant la philosophie qui caractérise le signe des Poissons « chaque chose vaut son envers et aucune valeur n'est supérieure à une autre ». L'amoralité, les fluctuations, la recherche de compromis et de tempérance, le besoin sacrificiel de respecter la volonté d'autrui, tout cela produit un manque de structure dans la personnalité de maman Poissons et déteint d'autant sur le climat dans lequel elle éduque son fils. Le côté hystérique qui va chercher des refuges dans un utilitarisme obsessionnel, qui répond à tous les appels du corps par des intelligences de l'esprit, qui « coupe les cheveux en quatre » et se conduit en dévot infréquentable, voilà ce que finalement, à trop prôner la liberté et l'ouverture maman Poissons risque de provoquer chez son fils Vierge, à savoir le pire de lui-même. Dans ce cas, ils auraient un dialogue de sourds et s'éloigneraient définitivement avec les années.

Le conseil

Maman Poissons est toujours quelque peu irritée par le côté trop rationnel de son fils Vierge mais elle doit comprendre qu'il est vital pour lui de s'accrocher à des certitudes; pour parvenir à lui en apporter quelques-unes, on lui conseillera simplement de penser avec franchise aux angoisses qui obstruent son quotidien...

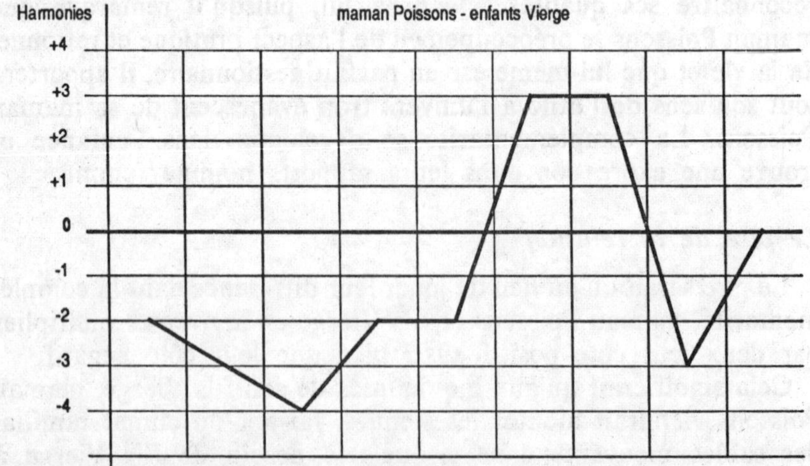

Maman Poissons-fille Balance

Le meilleur de la relation

La sentimentalité, le goût de l'esthétique, une certaine aspiration au confort, au luxe, à la tranquillité, une certaine passion de l'agréable, dominent cette rencontre. Fille Balance trouvera dans l'atmosphère créée par maman Poissons le meilleur de ce qu'elle peut rechercher en équilibre doucereux, en compréhension affective, en attouchements sensuels et en écoute tacite. Fille Balance, qui déteste par-dessus tout les affrontements, les revendications, l'agressivité mais aussi l'effort sera confirmée dans sa vision du monde et surtout dans celle de sa féminité par une maman Poissons qui estime profondément que les femmes doivent jouir de la protection et des égards des hommes. Ce n'est pas une idée réellement défaitiste des choses car sa passivité relève plus de la confiance et du désir de partage que d'une incapacité réelle à se débrouiller toute seule. On retrouve ces caractéristiques chez fille Balance mais cependant celle-ci a une idée plus active de ce qu'elle a à entreprendre pour recevoir la protection masculine. Aux apports essentiels de sa maman Poissons elle rajoutera donc son sens de l'équilibre, son esprit rationnel et son amour de la justice, ainsi que sa séduction qu'elle mène comme une stratégie innée et elle se construira ainsi au fil des années une identité équilibrée, cultivée, aimable et accueillante qui en fera ce qu'elle cherche à devenir : une « geisha » des temps modernes, à la fois femme d'esprit et courtisane.

Le pire de la relation

A la demi-mesure de fille Balance répond la recherche de compromis de maman Poissons. A elles deux, elles peuvent passer leur temps à biaiser les points d'affrontements mais aussi, par cette attitude de conciliation excessive, éviter l'essentiel de leur relation.

Maman Poissons a tendance à ne pas comprendre que la construction de l'identité passe forcément à un moment donné par l'opposition sinon l'agressivité. Pour elle, tout ce qui est agressif est forcément mal et personne n'est plus incapable d'être « méchante ». Mais à trop en faire, elle développerait une certaine tendance au refus d'engagement chez sa fille qui plongerait dans son pire travers, celui du narcissisme égoïste, au nom d'une recherche de ce qui constitue son propre équilibre, sans se préoccuper des besoins d'autrui. Les « geisha » sont ainsi faites pour recevoir en « monnayant » ce qu'elles ont à donner... Ce serait là une vision exagérée de ce qu'est la féminité mais le pire serait que maman Poissons n'aille même pas se rendre compte à quel point une telle attitude pourrait être négative pour l'intégration de sa fille Balance dans son futur rôle de femme, d'amante et de mère.

Le conseil

Le climat entre elles pourrait être celui de l'atermoiement, une constante balade entre deux courants. Fuites, atours-détours, velours se conjugueraient avec paresse pour faire de fille Balance un être sensible et cultivé, un bel objet d'art un peu inutile. Maman Poissons doit aider sa fille à comprendre qu'en plus de recevoir, elle a à donner et en particulier à elle-même.

Maman Poissons-fils Balance

Le meilleur de la relation

Fils Balance est un petit garçon calme, profondément ému par la sensualité souriante et la tranquillité d'esprit de sa maman Poissons. Autour de lui, elle crée un climat magique dans lequel prime le goût de l'art, de l'esthétique, de l'équilibre et du confort. Il ne s'agirait pas que de trop fortes houles viennent secouer l'harmonieuse relation qu'ils construisent mutuellement par petites touches de sensualité et de tendresse. Aussi font-ils tout pour se préserver. L'enfance de fils Balance auprès d'une maman Poissons développera chez lui le goût des masques, du costume, de l'élégance, celle du cœur comme celle du corps et il apprendra à être profondément aimable, galant, un rien dandy. Chevalier servant, aux manières et à la courtoisie impeccables, fils Balance trouvera ses tendances naturelles portées au pinacle par la manière gracieuse et enthousiaste qu'a sa maman Poissons de les accueillir. Il pourrait vouloir passer sa vie à lui faire plaisir et développer une idée du monde dans laquelle rien n'est plus important que de disserter pendant de longues heures, de l'art chinois du XVIIIe siècle et du drapé des costumes florentins, autour de mets et de breuvages rares.

Le pire de la relation

Dans cette sphère parfaite dans laquelle la vulgarité du monde rationnel et pratique ne peut en aucun cas trouver sa place, fils Balance et maman Poissons vivront comme des rois mais risquent d'être isolés parmi leurs non-semblables. Fils Balance avec les années a goûté tant de douceurs privilégiées auprès de sa maman Poissons qu'il en viendra simplement à se demander au nom de quoi il devrait sortir à l'extérieur, affronter le monde des grands et s'occuper de choses aussi stupides et ennuyeuses que l'argent, la construction de carrières, les businessmen, et toute autre figure représentative à laquelle il veut surtout ne pas ressembler.

Il serait dommage qu'il développe ainsi à l'excès son côté nonchalant, instable, irrégulier et que sa maman Poissons ne le force pas à choisir, lui qui a tant de mal à le faire. Il passerait sa vie dans la préoccupation d'éviter les choix et de se dérober à toutes possibilités d'affrontement, de rupture mais aussi d'évolution. S'il devient opportuniste, égoïste, jouisseur et vit dans un cercle restreint et privilégié, le pire serait que maman Poissons ne comprenne même pas pourquoi il est en danger.

Le conseil

Avec son fils Balance maman Poissons vit dans le meilleur des cocons suaves, où tout est luxe, calme et volupté. Au nom de ce confort intérieur et extérieur, elle est prête à toutes les tolérances. Mais à ne lui demander aucun effort, elle risque à long terme d'en faire un handicapé.

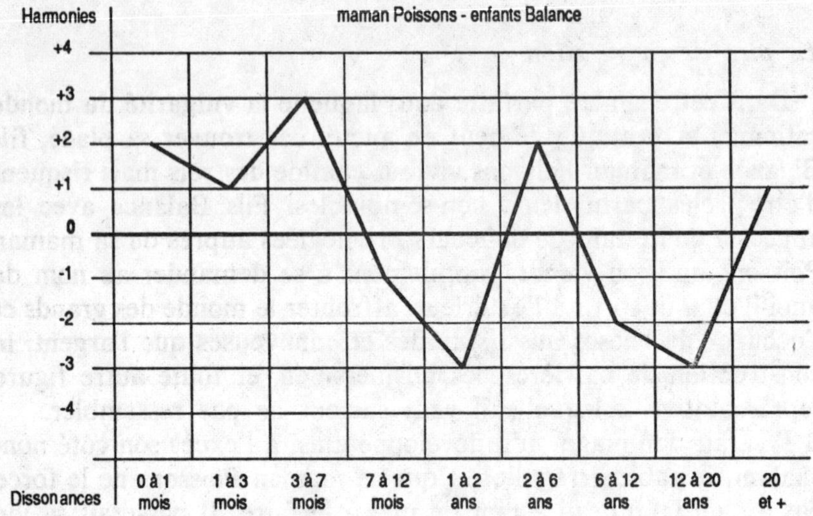

Maman Poissons-fille Scorpion

Le meilleur de la relation

Cette rencontre astrologique met en présence des tempéraments fondamentalement antinomiques : maman Poissons et fille Scorpion ont tout à s'apporter. Le meilleur intervient lorsqu'elles parviennent à le faire dans le respect issu de la compréhension des univers respectifs. Leur intériorité est pareillement faite d'intuition, d'une sorte de prescience de ce qui constitue les origines de l'humain et elles savent évoluer entre les courants de leurs méandres sensitifs et pulsionnels comme des sous-marins au radar hyper-perfectionné qui évoluent avec une habileté déroutante dans des eaux très profondes et inaccessibles à la plupart de leurs semblables. Il y a quelque chose entre un Poissons et un Scorpion qui ressemble à la fusion originelle. Maman Poissons regarde avec fascination sa fille Scorpion qui marque tout ce qu'elle sent par un froncement de sourcils ou en tapant du pied. Et elle respecte profondément la détermination, l'intransigeance et la lucidité imparable de sa fille, dans laquelle elle voit depuis sa toute petite enfance un être exceptionnel qu'elle admire sincèrement.

Pour tenter de pallier le goût de l'extrême, de l'exclusif de sa fille Scorpion, maman Poissons développe l'impact de sa douceur, de son sens de la conciliation, de sa légèreté de vue et de comportement, elle essaie de rassurer sa fille et de lui donner une image de la féminité faite d'accueil et de confiance et non d'agressivité et de destruction. Parce qu'elles savent profondément ce qu'est l'univers intérieur de l'autre, leur complémentarité leur permet de se secourir autant sur le plan affectif que pratique tout au cours de l'enfance de fille Scorpion alors que leur rapport femme-femme a toutes les chances de devenir aussi intense que la plus belle des messes.

Le pire de la relation

La rencontre entre les intériorités et la complémentarité des visions du monde relève de quelque chose de presque miraculeux mais elles sont tellement liées par des zones impalpables qui n'ont pas grand-chose à voir avec la réalité extérieure que leur rapport peut trop facilement virer à la messe sacrificielle. Deux points de mésentente apparaissent. Le premier est que fille Scorpion dont le caractère exigeant n'hésite pas à s'imposer dans la violence et à user de mille jeux pour parvenir à ses fins, joue finalement de sa maman Poissons comme d'un yoyo. Elle développerait immodérément son goût de la domination et croirait ses possibilités réellement sans limites. Le jour où elle reportera ce comportement sur des personnes autres, des déceptions, les crises d'identité qui en découleront n'en accentueront que plus ses tendances à l'angoisse. Le second réside dans une interrogation sur l'identité féminine de fille Scorpion. En effet, maman Poissons et fille Scorpion trempent dans une sorte d'indétermination des sexes. Et fille Scorpion dont une des interrogations inconscientes est de se demander ce qui fait qu'elle n'est pas un garçon pourrait auprès du comportement trop passif de maman Poissons développer ses doutes quant à sa féminité.

Le conseil

Maman Poissons ne donne aucune structure aux méandres intérieurs de sa fille Scorpion et a une fâcheuse tendance à accepter tous ses faits et gestes. Il est vital pour sa fille Scorpion mais aussi pour elle-même qu'elle impose des limites et des lois aux attaques provocatrices de sa fille.

Maman Poissons-fils Scorpion

Le meilleur de la relation

Une compréhension tacite permet à maman Poissons et à fils Scorpion de partager leur intériorité et de prendre plaisir dans un rapport aux êtres et aux choses fait d'intensité affective et pulsionnelle. Ils s'attachent aux mêmes aspects de la réalité et nourrissent une même prescience de ce qui constitue l'essentiel de l'humain. Si le sexuel domine l'identité de fils Scorpion, le sensitif marque les pas de maman Poissons. Leur complémentarité est de l'ordre de ce qui unit la fin avec les moyens. Maman Poissons excelle à donner à son fils Scorpion les moyens de devenir l'être original, intransigeant, exceptionnel qu'elle le sait être et qu'il devient dans le regard admiratif qu'elle lui porte dès ses premiers mois. Elle est celle qui sait le rassurer, le calmer et par l'impact de son affectivité le débarrasser quelque peu des doutes, des angoisses et des crises violentes qui secouent son intérieur et peuvent au négatif le conduire à tout casser plutôt que d'avoir à s'expliquer. Avec maman Poissons, fils Scorpion n'a rien à expliquer. Elle est sans doute, avec la maman Taureau, celle qui l'accepte le mieux tel qu'il est et l'aide ainsi à se développer en toute impunité à sa juste ampleur. Le rôle qu'elle tient dans l'intégration de fils Scorpion sur le plan à la fois relationnel et amoureux est donc primordial. A force de tendresse et de gentillesse, maman Poissons pourrait produire le miracle de le voir s'ouvrir et sourire. Quant à lui, la sachant fragile, il la protégera avec les années comme aucun autre ne saura le faire, grâce à la passion qu'elle lui inspire.

Le pire de la relation

Auprès d'une maman Poissons, fils Scorpion pourrait trop facilement se croire tout permis. Dès les premiers mois, elle le regarde fascinée car elle remarque la force de caractère et la tendance de son petit garçon à ne rien faire comme les autres.

Pour elle qui a tellement peur de s'affirmer, l'originalité et l'intransigeance représentent les qualités qu'elle admire le plus. Elle se dit donc qu'elle est la maman la plus heureuse du monde puisqu'elle a en charge un être exemplaire. Mais fils Scorpion n'évolue que dans l'exigence sinon les limites que l'on oppose à son côté extraordinaire. A être trop conciliante, trop réceptive et passive, maman Poissons pourrait simplement développer ses tendances sadiques et masochistes. Dans l'inconscient de ce fils se développe un discours : « Ah, elle me croit génial, je lui prouverai que je peux aussi ne pas l'être. » Maman Poissons voudrait alors avec calme lui expliquer qu'elle l'aimerait autant s'il était gentil mais rien n'est plus inaudible pour fils Scorpion, dont le moteur principal reste l'agressivité, l'opposition sinon la destruction. Les tendances masochistes de sa maman Poissons, le fait qu'il la trouve trop facile à manipuler, pourraient à la longue le vider de ses propres forces. Il faut dans cette rencontre se méfier des rapports de dominant-dominé qui s'installent avec trop de facilité et peuvent s'exercer toute leur vie.

Le conseil

Le pire de maman Poissons est de se dire que même si elle est meurtrie par le comportement de son fils Scorpion, il est de son devoir de mère de se laisser faire. On lui conseille de penser qu'à la longue, même lui pourrait ne plus trouver amusant d'en faire ce qu'il veut.

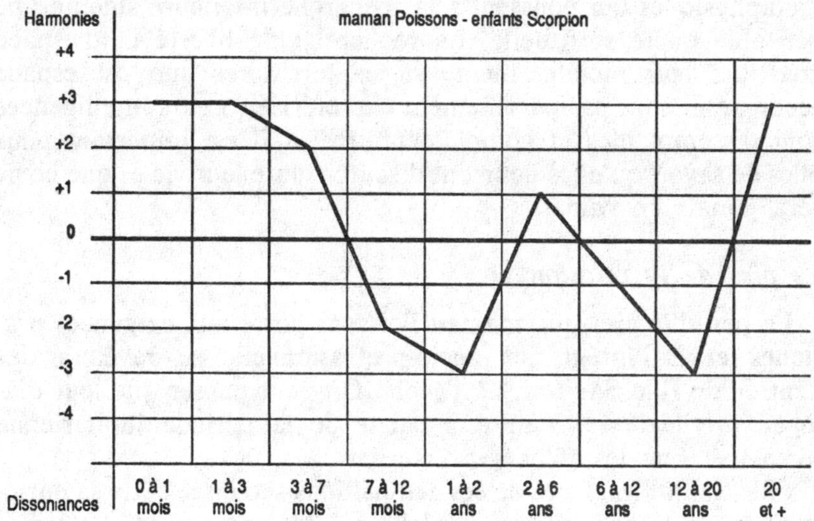

Maman Poissons-fille Sagittaire

Le meilleur de la relation

Dans cette rencontre, c'est plutôt fille Sagittaire qui détient le rôle éducatif de par sa personnalité portée sur le respect du conventionnel et le besoin de construction sociale et professionnelle. Maman Poissons lui apporte dès ses premières années sa tendresse, son calme, son goût du quotidien doucereux dans lequel fille Sagittaire trouve l'ouverture et la tranquillité qui sont nécessaires pour développer ses fortes aspirations à la fois humanistes et spirituelles. Mais elle n'est pas très préoccupée par la nécessité de traduire les qualités de sa fille Sagittaire dans le quotidien. Cependant, cela ne s'exerce pas de manière négative car celle-ci possède de toutes les façons la force nécessaire à l'intégration et elle saura en temps et en heure devenir la femme de bien qu'elle aspire à être. Ce qu'elles ont à partager reste incontestablement d'ordre humaniste et spirituel. Maman Poissons développe chez sa fille Sagittaire l'intérêt pour l'étranger et les étrangers, l'ouverture aux espaces terrestres et extra-terrestres autant que les interrogations métaphysiques qui poussent à la recherche intérieure sinon à une véritable quête spirituelle. La recherche de liberté et d'espace constitue leur monde, même si les territoires que cet espace recouvre ne sont pas pareillement caractérisés. Leurs intelligences sont dissemblables et complémentaires et il est important pour elles de savoir qu'elles pourront discuter toute leur vie et que ce ne sera jamais en vain.

Le pire de la relation

Le peu d'intérêt que maman Poissons porte aux exigences pratiques et à l'intégration socio-professionnelle se révélera dès l'entrée de fille Sagittaire à l'école. On peut penser que leur dialogue privilégié se rompra à partir de la période jupitérienne (6 ans) et que les rôles s'inverseront.

Fille Sagittaire, forte de ses acquisitions scolaires et de sa curiosité pour le monde extérieur qu'elle préfère au cocon de tendresse tissé par sa maman Poissons, aura le besoin d'imposer ses connaissances et ses visions du monde à la nonchalance de sa maman Poissons. Elle deviendra l'éducatrice de ce tandem et il faut savoir que le signe du Sagittaire est par excellence celui des éducateurs et des protecteurs. Estimant que sa maman Poissons est décidément incapable de s'occuper d'elle mais aussi de sa maison, fille Sagittaire la remplacera efficacement dans une attitude materfamilias exacerbée. « Elle sait tout », en tout cas elle le dit et fait sa loi. Le pire serait qu'auprès de maman Poissons, elle ne trouve effectivement aucune raison de douter d'une attitude aussi excessive. Le pire d'elle-même, à savoir, la démesure dans les actes et les paroles, se développerait car maman Poissons plutôt admirative et contente de voir sa fille prendre en charge la réalité qui lui indiffère n'y oppose aucune limite. De là à ce que fille Sagittaire remplace le mari de sa maman Poissons, il n'y a qu'un pas.

Le conseil

Maman Poissons développe la sensualité de sa fille Sagittaire autant que son côté spirituel. Mais avec les années, celle-ci en profite pour trouver ce modèle trop peu performant et imposer le sien. Le conseil donné à maman Poissons est de parvenir à ne pas se laisser dévorer. Car cela conviendrait moins à sa fille Sagittaire qu'à elle-même.

Maman Poissons-fils Sagittaire

Le meilleur de la relation

La manière dont maman Poissons sait construire autour de son fils Sagittaire un univers de tendresse chaleureuse et sensuelle convient parfaitement à celui-ci car cela lui permet de développer l'aspect bienveillant, confiant, optimiste et joyeux de son caractère. Fils Sagittaire est un être profondément positif qui n'aime pas se préoccuper des méandres intérieurs et des aspects invisibles des êtres et des situations. Il reçoit la gentillesse, l'écoute et la compréhension de sa maman Poissons comme quelque chose d'inné, un don gratuit sur lequel il n'y a aucune question à se poser. Simplement il jouit du confort et de la capacité de sa maman Poissons à stimuler ses aspirations spirituelles et artistiques. Entre eux, la relation est facile et avec les années, il lui donnera toute sa protection, sa largeur de vues, et l'entraînera dans des voyages terrestres qui viendront s'ajouter aux voyages intérieurs et interplanétaires de maman Poissons. Ils partagent donc des territoires qui pour n'être pas identiques répondent au qualificatif de grandeur et de liberté. Leur commune philosophie de la vie rend leur rapport homme/femme facile et constructif.

Le pire de la relation

Fils Sagittaire offre à sa maman Poissons sa lucidité et son positivisme de vue ainsi que ses capacités innées d'intégration socio-professionnelle et, avec les années, la protection de son épaule virile, avec la même gratuité qu'il reçoit la tendresse, l'éveil spirituel, artistique et sensuel de sa maman Poissons. L'incompréhension peut s'installer entre eux sur cette notion de gratuité. En effet, les dons absolus et illimités de maman Poissons sont toujours guettés par un désir de sacrifice qui serait un boulet inacceptable pour le besoin de liberté de fils Sagittaire.

Avec les années, maman Poissons remarquant la facilité de son fils à fréquenter des milieux divers, originaux sinon un peu mondains, pourrait vouloir s'y accrocher car elle-même manque de facultés innées à la rencontre et à l'intégration. Fils Sagittaire ne l'entend pas de cette oreille. Il ne supporte simplement pas qu'on vienne le chercher à la sortie de l'école, qu'on surveille ses relations scolaires ou amicales, et qu'on range sa chambre sous couvert de vouloir lui faciliter la vie ou de vouloir lui montrer l'amour qu'on lui porte. Il a besoin d'indépendance comme de l'air qu'il respire et il est encombré par les peurs que développe chez sa maman Poissons son sens de l'audace et de la libre entreprise. Il pourrait pour cela dès l'adolescence préférer s'éloigner d'elle plutôt que d'avoir à s'occuper de son inquiétude. Fils Sagittaire a en effet cette caractéristique que n'être protecteur qu'avec aussi indépendant que lui-même. Comme, de plus, leurs intelligences se révèlent différentes, les mésententes peuvent facilement s'installer.

Le conseil

Maman Poissons a la chance d'avoir en fils Sagittaire un être qui ne requiert aucun soin excessif. Si elle ne sait que faire du trop-plein de liberté qui lui est ainsi donné, qu'elle comprenne simplement que son fils n'aura aucun mal à l'utiliser.

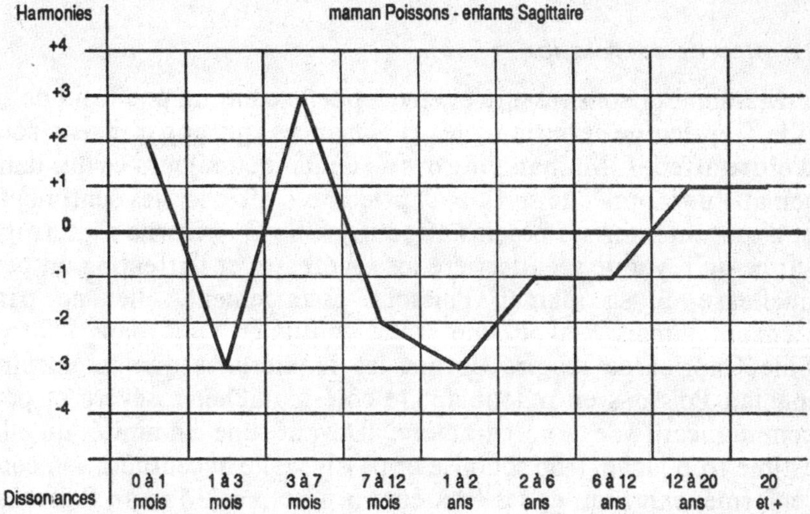

Maman Poissons-fille Capricorne

Le meilleur de la relation

Dans cette rencontre astrologique entre une maman Poissons caractérisée par la tendresse, la fluidité, les fluctuations fécondes de son intériorité et une fille Capricorne qui se révèle très vite vigoureuse, attentive et raisonnable, on trouve une harmonie salutaire dans laquelle s'épanouit leur féminités respectives. Aux sévérités et aux tendances de sa fille Capricorne à rester dans le silence de peur de ne pas parvenir à exprimer ses sentiments et dans un certain maintien guindé qui la laisse sur des faims sensuelles qui virent à la frustration avec les années, maman Poissons sait très bien apporter l'autorité et la confiance qui manquent à fille Capricorne pour oser s'ouvrir à l'extérieur, montrer et vivre ses désirs. Avec les années, fille Capricorne devient plus tendre et communique plus facilement avec son entourage. Pour sa part, elle saura apporter à sa maman Poissons, qui méprise un peu l'aspect pratique du quotidien palpable et lui préfère ses rêveries et ses velléités, un sol ferme, fait de raison, de capacité à gérer, décortiquer et sécuriser les interrogations intérieures de sa maman Poissons. Leur complémentarité est très importante pour l'équilibre de leur rapport femme/femme.

Le pire de la relation

Maman Poissons rassure et enveloppe le cœur un peu froid de sa fille Capricorne. Pourtant, les dissonances qui apparaissent sont d'ordre affectif. Maman Poissons se demande toujours ce qui dans son attitude empêche sa fille Capricorne d'afficher ses sentiments et d'oser montrer ses besoins affectifs. Fille Capricorne s'interroge sur ce qu'il y a de réel derrière les tendresses et l'affection un peu mielleuse de sa maman Poissons. Bizarrement, elles ne parviennent jamais à avoir une réelle confiance l'une dans l'autre. Fille Capricorne réagira devant les inquiétudes que lui inspire maman Poissons en redoublant le côté manichéen, sévère et peu communicatif de son caractère. Devant une féminité qu'elle estime trop lâche, trop soumise et passive, elle accentuera son côté renfermé, exigeant, et ses froideurs instinctives. Maman Poissons, qui aura voulu développer sa chaleur, sera meurtrie d'atteindre un résultat contraire.

Le conseil

Il est simplement conseillé à maman Poissons de comprendre que fille Capricorne devant trop d'indulgence, de légèreté et trop peu d'exigence est non pas rassurée mais méfiante et donc d'autant plus renfermée.

Maman Poissons-fils Capricorne

Le meilleur de la relation

Dans cette rencontre astrologique entre une maman Poissons caractérisée par la tendresse, la fluidité, les fluctuations fécondes de son intériorité et un fils Capricorne qui se révèle très vite vigoureux, attentif et raisonnable, on trouve une harmonie salutaire dans laquelle s'épanouit le respect mutuel. Aux sévérités et aux tendances réfractaires de son fils Capricorne, qui reste dans le silence de peur de ne pas parvenir à exprimer ses sentiments et développe un maintien guindé qui le laisse sur ses faims sensuelles, maman Poissons sait très bien apporter l'autorité et la confiance qui manquent à fils Capricorne pour oser s'ouvrir à l'extérieur, montrer et vivre ses désirs. Avec les années, fils Capricorne devient plus tendre et communique plus facilement avec son entourage. Au contraire, il saura apporter à sa maman Poissons ce dont elle a besoin : un sol ferme et une épaule protectrice, selon l'idée qu'il a du rôle d'un homme qui doit sécuriser et orienter la vie des femmes, rôle qu'il développe très bien dans sa relation à maman Poissons. De plus, ils nourrissent une certaine vision philosophique du monde et peuvent passer de longues heures à discuter de l'avenir de l'humanité.

Le pire de la relation

Maman Poissons rassure et enveloppe le cœur un peu froid de son fils Capricorne. Pourtant, le pire entre eux vient d'un excès de leur complémentarité affective. Fils Capricorne trouve auprès de sa maman Poissons une telle compréhension pour ses timidités et une telle capacité à le réchauffer qu'il pourrait ne pas comprendre les raisons qui le pousseraient à trouver un équivalent hors de cette relation. Maman Poissons trouve auprès de son fils Capricorne une quiétude, une profondeur de vue et une protection qu'elle peut considérer comme idéales et qui la porteraient à tout faire pour que se perpétue ce lien privilégié. Tout faire serait aussi trop en faire et tout accepter. Le risque est dans une sorte de sacrifice à deux coloré des couleurs de l'inceste. Ce serait néanmoins un « inceste » aphone car ils n'ont même pas besoin de communiquer avec des mots pour mesurer l'irremplaçable qui les lie. Cela augmenterait leur incapacité respective à communiquer et les rendrait d'autant plus fermés à l'extérieur. L'étouffement à très court terme constitue l'épée de Damoclès qui pourrait s'abattre sur leur relation et c'est finalement leur trop grande complémentarité qui pourrait les désunir.

Le conseil

Le conseil donné à maman Poissons est de ne pas établir avec son fils Capricorne une relation tellement parfaite qu'elle en soit une prison mutuelle...

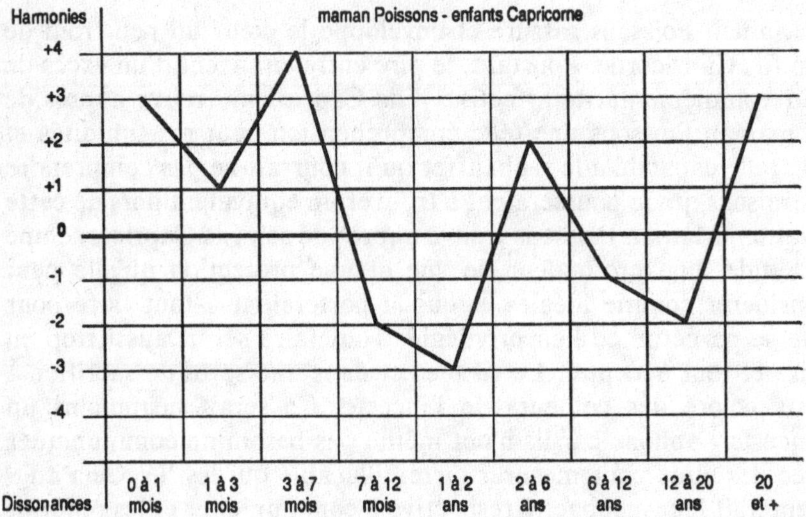

Maman Poissons-fille Verseau

Le meilleur de la relation

Dans cette rencontre maman Poissons et fille Verseau peuvent partager leurs originalités quand bien même celles-ci ne correspondent pas aux mêmes caractéristiques. Maman Poissons note chez sa fille Verseau le goût de la liberté, de l'étrange et de l'extravagance mais aussi la sympathie que celle-ci sait immédiatement inspirer à son entourage. Puisqu'elle est profondément respectueuse de l'identité d'autrui et qu'à ses désirs immenses et flous correspondent ceux extraordinaires et idéalistes de sa fille Verseau, on peut être sûr que cette maman respectera la liberté, l'intelligence, la vivacité d'esprit et de comportement de sa fille. Elles vivent ainsi l'une à côté de l'autre sans que leurs univers se complètent mais sans qu'il y ait de risque d'interférence ou d'invasion. Le meilleur entre elles est leur possibilité de partage du rêve, de l'amitié, de la tendresse car elles sont toutes deux beaucoup plus préoccupées de créativité et tournées vers les mondes immatériels, novateurs et philosophiques que centrées sur l'aspect pratique et quotidien des êtres et des choses. Leur rapport femme/femme leur permet d'approfondir leurs originalités respectives et elles s'aimeront comme des amies sincères et dévouées.

Le pire de la relation

Leurs intelligences sont tellement différentes que l'on peut penser qu'elles auront beaucoup de mal à communiquer ou du moins que cette communication restera superficielle et ne permettra jamais de partager les intériorités respectives. Fille Verseau malgré son originalité comportementale a l'esprit rationnel et ne se laisse aller dans aucun des méandres affectifs et sensitifs de sa maman Poissons. Elle en est même avec les années irritée car la demande de protection implicite de sa fragile maman représente pour elle un boulet que son besoin de liberté refuse catégoriquement de porter.

Elle oppose aux exigences de sa maman un discours de raison et de détachement qui insécurise et déroute maman Poissons dans ses aspirations à communier par le cœur et par l'âme. L'âme, voilà un truc qui n'existe que dans les bandes dessinées et qui n'a rien à faire dans le devenir robotique de l'humanité. Fille Verseau regarde sa maman Poissons comme une étrangère qui décidément n'habitera jamais son monde tandis que maman Poissons est désespérée de ce qu'elle appelle l'indifférence de sa fille Verseau. Une certaine froideur risque donc de dominer les rapports.

Le conseil

Il faudrait qu'elles trouvent une cause commune à servir, car elles ont pareillement besoin de dévouement. Maman Poissons doit comprendre que la mystique ne peut en aucun cas devenir la cause de sa fille Verseau et chercher plutôt du côté de la recherche médicale qui correspond aux aspirations de celle-ci.

Maman Poissons-fils Verseau

Le meilleur de la relation

Leurs goûts pour la liberté, l'étrange et l'extravagant les rapprochent, même s'ils ne se définissent pas de la même façon.

Maman Poissons a beaucoup d'admiration pour la sympathie que le caractère extravagant de son fils inspire de manière générale. Puisqu'elle est profondément respectueuse de l'identité d'autrui et que l'idéalisme de son fils conforte le sien, maman Poissons l'observe comme un être extraordinaire et dans ce regard, fils Verseau se sent magnifique. Le regard d'une maman Poissons sur le narcissisme d'un fils est toujours très important et il l'est ici d'autant plus que fils Verseau est peu préoccupé de virilité, du moins telle que définie par les codes usuels... Il est entendu dans l'attitude de maman Poissons qu'elle en attend pas mal de la part de ce fils-là et il agit ainsi avec les années. L'intelligence, la vivacité d'esprit et de comportement de ce fils sont autant de garanties de leur bonne entente à long terme. Ils partagent leurs rêves, leurs amitiés, leurs voyages terrestres et intérieurs même si tout cela les tient un peu éloignés du fade aspect matériel des choses. Amis pour la vie, ils vivront longtemps l'un à côté de l'autre, dans la dévotion et le respect mutuels.

Le pire de la relation

Sans heurts ni reproches, maman Poissons et fils Verseau vivent tranquillement mais aussi en totale étrangeté. Rien de commun n'existe en effet entre leurs intériorités, et leur communication tendre, chaleureuse et intéressante, est néanmoins totalement superficielle. Fils Verseau est un rationnel qui ne se laisse déborder par aucun sentiment et qui ne perd jamais la tête par excès d'affectivité.

Il sait cerner et analyser les situations, et la fragilité de sa maman lui semble un boulet puisqu'il faut toujours la rassurer et calmer les angoisses nées de ses fluctuations internes. Fils Verseau ne comprendra jamais la sensibilité de sa maman qu'il tient pour une « Bovary » emphatique, toujours prête à pleurer sur la misère du monde alors que lui, devant le moindre problème, commence par chercher les causes et les résout le plus rationnellement possible. Il trouve qu'elle l'empêche de respirer et même son altruisme se lasse des demandes de prise en charge affective dont elle fait sans cesse démonstration. Il lui chante les vertus de la raison et de la logique et c'est à maman Poissons d'être complètement désarçonnée. Elle jugera peut-être que son fils est trop sec, insensible et indifférent et cela meurtrira ses sentiments. Au pire, elle redoublera de petits soins et de « mamours » insupportables pour fils Verseau et de ce cercle vicieux ils pourraient ne jamais sortir, passant l'un à côté de l'autre pour le reste de leurs jours.

D'autre part, à un fils Verseau très peu intéressé par les exigences matérielles du quotidien, maman Poissons n'est pas vraiment en mesure de donner un sol ferme car elle est elle-même trop éloignée de ces contingences ennuyeuses. Lui requiert à ses côtés une femme forte qui le prenne en charge et ira chercher ce modèle ailleurs.

Le conseil

L'instabilité est ce que chacun ressentira comme une douleur à travers cette rencontre. Maman Poissons tente d'y pallier avec les trésors de son affectivité chaleureuse. Son fils Verseau lui en saura gré, surtout si elle ne cherche pas à lui faire porter le poids de ce qu'elle lui donne, ou pire, de ce qu'elle l'oblige à lui donner en retour...

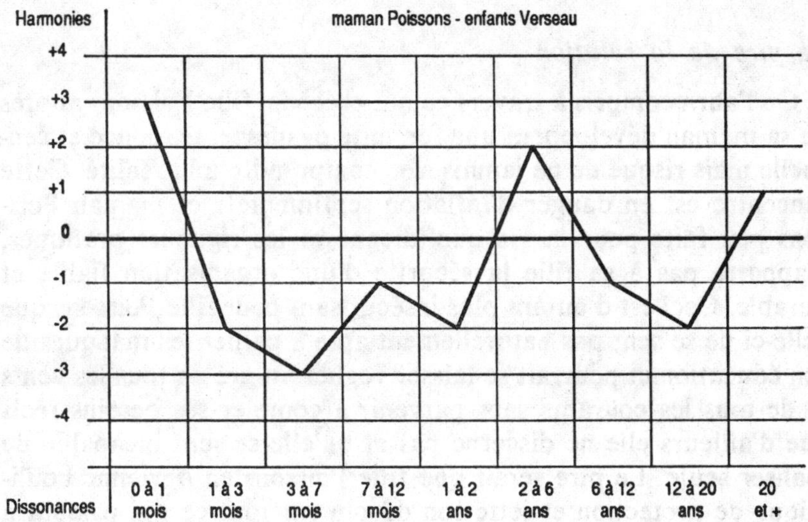

Maman Poissons-fille Poissons

Le meilleur de la relation

Le partage des âmes, des sensualités et des affectivités trouve dans cette rencontre une merveilleuse possibilité. Fille Poissons et sa maman du même signe n'auront jamais besoin d'employer les mots pour communiquer l'essentiel et on peut dire que la période de la toute petite enfance qui se développe jusqu'au moment où fille Poissons apprend à parler constitue la période qui correspond le mieux à leurs identités. En effet, l'essentiel passera toujours entre elles par les sens, les regards et les goûts communs pour la musique, les parfums et l'esthétique en général. Maman Poissons développe chez sa fille une féminité langoureuse et réceptive et lui transmet le don d'être une femme accueillante, profondément respectueuse des désirs d'autrui qui lui tiennent lieu de désirs propres. Auprès de sa maman Poissons, cette fille pensera toute sa vie qu'il n'est aucune autre cause valable en dehors de celle de donner et de recevoir l'amour. Muse, inspiratrice et inspirée, fille Poissons deviendra un être tout à fait agréable à fréquenter, sensible, intuitif et ludique qui détestera les enfermements de quelque sorte qu'ils soient et trouvera son intégration dans l'épaule protectrice d'un être plus carré et plus rationnel que sa maman Poissons, mais c'est bien à cela que celle-ci la prépare. Elles garderont une complicité toute leur vie durant.

Le pire de la relation

On l'aura compris à travers ce qui précède, fille Poissons auprès de sa maman développera une féminité évanescente, douce et sensuelle mais risque de ne jamais rien comprendre à la réalité. Cette rencontre est en danger d'inflation sentimentale et maman Poissons peu faite pour la vie quotidienne et les rigueurs pratiques, n'apporte pas à sa fille la sécurité d'une organisation fiable et durable. Ceci est d'autant plus insécurisant pour fille Poissons que celle-ci ne se sent pas naturellement apte à pallier les manques de son éducation et pourrait se laisser voguer au gré de tous les vents et de tous les courants sans parvenir à combler ses besoins réels que d'ailleurs elle ne discerne pas et qu'elle se sent incapable de réaliser seule. Le pire serait que fille Poissons en devienne boulimique de protection et jette son dévolu sur tout ce qui passera à ses côtés et semblera répondre à ses besoins. Cela la conduirait à accepter n'importe quoi et n'importe qui et à croire que qui s'occupe d'elle l'aime. Cet être profondément sensible et dévoué risque dans le monde des « grands » de recevoir bien des coups.

Le conseil

Le conseil à donner à maman Poissons est évident : qu'elle pense à ce qui constitue ses pires angoisses et ses pires manques, elle trouvera les balises et la fermeté qu'il est impératif d'introduire dans l'éducation d'un enfant Poissons.

Maman Poissons-fils Poissons

Le meilleur de la relation

Maman Poissons et son fils du même signe solaire partagent le même univers intérieur, mouvant et sensitif, ce qui leur permet de bien s'entendre toute leur vie. « S'entendre » d'ailleurs, constitue entre eux une litote car ils se comprennent toujours mieux sans employer les mots, grâce à leurs codes secrets communs, tout cet univers de nuances et de fluctuations se renvoient. Si la fermeté et la réalité ne les concernent pas, ils pourront toujours se lier dans l'amour de la musique, des arts, de l'esthétique. Maman Poissons entoure son petit garçon d'une dévotion absolue qui ne la rendra que plus idéale à ses yeux et correspond à sa personnalité puriste. « L'amour-toujours » constitue bien leur religion commune, ils s'y unissent avec douceur et bienveillance. Nonchalant, intuitif et intrigant, fils Poissons exercera son magnétisme sur son entourage et tous le prendront pour un être étrange, dont la fréquentation apporte néanmoins originalité et poésie. Il détestera les enfermements de quelque sorte qu'ils soient et trouvera son pain quotidien dans l'épaule protectrice d'un être plus carré et plus rationnel que sa maman Poissons mais c'est bien à cela que celle-ci le prépare. Ils garderont une complicité sans partage ni embages.

Le pire de la relation

La compréhension, la douceur, l'intuitivité de maman Poissons correspondent bien aux aspirations de son fils mais ne peuvent pallier son désir d'être pris en charge qui caractérisera sa personnalité. S'il en vient à nourrir une passion soumise pour les femmes mûres et sûres, il faudra en chercher les causes dans sa relation à sa maman.

En effet, la réalité et les exigences pratiques du quotidien semblent tellement étrangères au monde qu'ils partagent tous deux, que fils Poissons ne peut s'y sentir protégé. Il a trop tendance à méconnaître ses besoins profonds et par conséquent, à s'estimer incapable d'y pourvoir, cela s'entendant autant sur le plan social qu'amoureux. Sa quête de lui-même ne trouve pas auprès de sa maman les bouées nécessaires pour qu'il se trouve. Son désarroi peut en être augmenté.

Il développerait un donjuanisme aussi pervers qu'idéaliste qui ne ferait qu'augmenter ses faims affectives et lui donnerait le goût de l'oubli dans diverses fuites artificielles. Le décrochage total d'avec la réalité constituerait le « pire du pire ».

Le conseil

Il serait bon que maman Poissons sache faire preuve de fermeté tout au long de son éducation pour permettre à son fils, qui est toute sa vie en besoin d'intégration, de trouver les repères qui lui sont nécessaires.

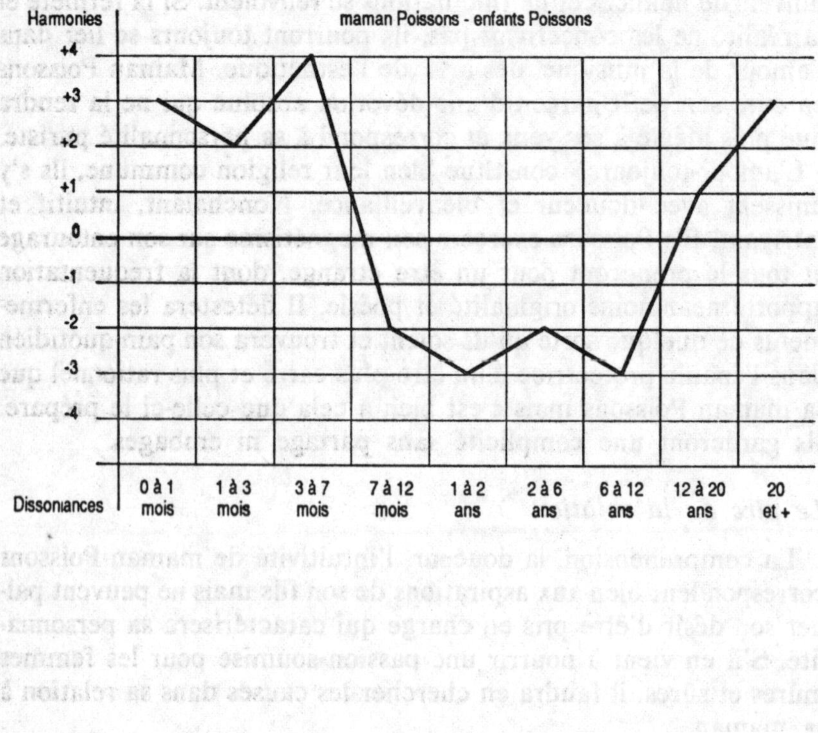

Table

Cet ouvrage a été réalisé sur
Système Cameron
par la SOCIÉTÉ NOUVELLE FIRMIN-DIDOT
Mesnil-sur-l'Estrée
pour le compte des Éditions Balland
le 10 mars 1989

Imprimé en France
Dépôt légal : mars 1989
N° d'impression : 11491
ISBN : 2.7158.0735.X
F2 7030